LA RÉSISTANCE AU CHRISTIANISME

DU MÊME AUTEUR

Traité de savoir-vivre à l'usage des jeunes générations, Gallimard, 1967.
Le Livre des plaisirs, Encre, 1979.
Le Mouvement du Libre-Esprit, Ramsay, 1986.
Adresse aux vivants sur la mort qui les gouverne et l'opportunité de s'en défaire,
  Seghers, 1990.

RAOUL VANEIGEM

LA RÉSISTANCE
AU CHRISTIANISME

Les hérésies
des origines au XVIIIe siècle

FAYARD

AVANT-PROPOS

Le flot montant de la marchandise n'a pas laissé debout, sur le rivage où s'achèvent deux mille ans d'ère chrétienne, une seule des valeurs traditionnelles du passé. En ruinant les idéologies de masse qui avaient hâtivement ravalé l'édifice des religions, alors que l'État relayait Dieu dans la conduite des affaires, ne pousse-t-il pas inéluctablement vers le néant les restes d'une Église dont le concile de Vatican II avait socialisé les mystères ?

L'indifférence où s'enlisent aujourd'hui les croyances gouvernées par des rituels de parti ou de bureaucratie ecclésiale éveille à l'endroit de leur histoire un intérêt que ne soutient plus l'obsolète souci d'apologétique ou de dénigrement, mais tout simplement cette curiosité préoccupée de son propre plaisir et se piquant au jeu de découvrir ce que les vérités officielles mirent tant de zèle à enfouir sous l'*ultima ratio* de leur canon dogmatique.

S'imaginait-on que le christianisme, délavé de l'apparat sacré par les grandes eaux de l'affairisme, pût échapper au concasseur où se sont délités en moins d'un demi-siècle les rocs sacrificiels que des générations adorèrent, dans un mélange de fascination et de terreur, sous le nom de nationalisme, de libéralisme, de socialisme, de fascisme, de communisme ?

Maintenant qu'il ne subsiste plus des naufrages de jadis qu'une mer étale et faiblement agitée par le rictus de la dérision, c'est à une manière d'archéologie que convient les objets longtemps hérissés d'une gangue de sainteté ; excitant au respect ou à la profanation, ils ne sollicitaient guère jusqu'à présent, je ne dirais pas l'impartialité, mais la naïve indiscrétion d'un découvreur dénué de préjugés et de cautèle.

De même qu'il est désormais permis d'examiner la naissance, le développement, le déclin du bolchevisme sans s'exposer aux accusations de matérialisme, de spiritualisme, de marxisme, de révisionnisme, de stalinisme, de trotskisme — qui prêtent aujourd'hui à sourire et se payèrent pourtant au prix du sang —, de même le regard porté sur la religion chrétienne n'a-t-il cure du désaveu ou des louanges de la théologie et de la philosophie, de cet archaïque affrontement en trompe-l'œil où le Dieu des uns et le non-Dieu des autres se rejoignaient au ciel des idées en un même point de fuite, en une même abstraction de la réalité corporelle et terrestre.

Au sentiment d'une prééminence du vivant se mêle un étonnement qui, pour candide qu'il demeure, éprouve le désir de savoir pourquoi et par quelles filières le monde des idées a si souvent exigé en échange d'horizons chimériques sa livre de chair tailladée dans le vif.

La crise de mutation, qui accule aujourd'hui l'économie à se détruire avec le monde ou à se reconstruire avec lui, a du moins le mérite de dessiller les consciences sur l'origine de l'inhumanité et sur les moyens d'y remédier. La politique de stérilisation qui gangrène la planète, les sociétés, les mentalités et les corps a démontré par la pertinence de son état extrême comment l'homme, soumettant la nature et ses semblables à l'exploitation marchande, produisait aux dépens du vivant une économie qui le subjuguait d'une puissance mythique d'abord, idéologique ensuite.

Mus par un système d'échanges qu'ils avaient créé et qui, les arrachant à eux-mêmes, les déterminait sans jamais leur mécaniser tout à fait le corps, la conscience et l'inconscient, les individus ne furent rien pendant des millénaires, en regard du formidable pouvoir qui les vampirisait. Comment leur misérable sort ne les aurait-il pas induits à auréoler d'une autorité absolue, parfaite comme la voûte céleste, la transcendance d'un Père dont les décrets gérant la fortune par l'infortune proclamaient à longueur de générations l'éternelle et capricieuse instance ?

Investie d'une souveraineté extra-terrestre, dont seuls les prêtres avaient pouvoir de décrypter le sens mythique, l'économie inclinait cependant à dévoiler sa matérialité fondamentale à travers les intérêts qui précipitaient dans une mêlée on ne peut plus profane les maîtres temporels et les brasseurs d'affaires.

La religion — c'est-à-dire «ce qui relie» — avait disposé entre les mains d'une fantastique déité le maillon central d'une chaîne qui, enclavant à l'un et l'autre bout la tyrannie et l'esclavage, ancrait du même coup à la terre cette puissance céleste que le mépris des hommes envers eux-mêmes avait consacrée souveraine, immuable, intangible.

Dieu tirait ainsi du monde cyclique et archaïque, enclos entre remparts et sillons de l'économie agraire, une pérennité sans cesse démentie en de grands tumultes de «fin des temps» par la politique novatrice du commerce et du libre-échange, dénouant la boucle du temps mythique, corrodant le sacré de ses crachats acerbes, introduisant dans les citadelles du conservatisme le cheval de Troie du progrès.

Pourtant, en dépit de l'état de conflit qui oppose de façon endémique la conquête de marchés à la propriété foncière, leurs émanations antagonistes — rois et prêtres, temporel et spirituel, philosophie et théologie — ne cessèrent pas de constituer, tant que la structure agraire et sa mentalité demeurèrent dominantes, les deux moitiés de Dieu.

En décapitant Louis XVI, dernier monarque de droit divin, la Révolution française abat dans le même temps l'hydre bicéphale du pouvoir temporel et du pouvoir spirituel, dont le plus récent d'une longue lignée de forfaits avait mené à l'échafaud, pour délit d'impiété, le jeune chevalier de La Barre★.

Si Rome, privée du bras séculier qui entretenait la vérité de son dogme, a lentement déchu au rang d'épouvantail spirituel, c'est que l'ère des seigneurs et des prêtres et son économie dominante s'étaient soustraites à ses recours, lui ôtant par l'abandon de la férocité pénale les moyens de son arrogance.

L'Ancien Régime, définitivement rompu sous la masse inexorable de la liberté marchande et de sa démocratie réduite au lucratif, se démantelait dans le même temps que ses remparts, ses châteaux, sa mentalité obsidionale, sa vieille pensée mythique.

Dieu, dès l'instant, succomba au coup de merlin d'un État en mesure de régner sans la caution de son céleste acolyte. Le christianisme entre alors dans l'histoire spectaculaire de la marchandise. À l'aube du XXIe siècle★★, il en sortira broyé à l'égal des autres idéologies grégaires.

Qu'il subsistât au sein des systèmes d'idées supplantant la mythologie chrétienne — y compris parmi les opinions les plus furieusement hostiles aux allégeances christiques — une manière d'esprit religieux et une sinistre couleur de fanatisme, l'exaltation des militants et l'hystérie des foules le démontraient assez lors des grandes messes solennellement servies par les tribuns et harangueurs du nationalisme, du libéralisme, du socialisme, du fascisme, du communisme.

L'arrachement hystérique qui jetait l'homme hors de son corps pour l'identifier à un corps collectif et abstrait — une nation, un État, un parti, une cause —, rien ne le distinguait de l'adhésion, je dirais presque de l'adhérence, spirituelle à un Dieu dont le regard injecté de sollicitude et de mépris exprimait symboliquement la relation entre l'abstraction mécanique du profit et une matière vivante corvéable à merci.

Or il s'est produit en trois décennies plus de bouleversements qu'en dix millénaires. En soldant les idéologies sur les rayonnages de l'indifférence, les self-services du consommable à tout prix ont, volens nolens, dépouillé l'individu de cette carapace caractérielle qui le dissimulait à lui-même, le condamnait à des désirs contraints, sans autre issue que le défoulement, la morte passion de détruire et de se détruire. Ainsi voit-on peu à peu s'éveiller au grand jour une volonté de vivre qui n'a jamais cessé d'appeler à la création et à la jouissance conjointes de soi et du monde. Ne s'agit-il pas désormais pour chacun d'atteindre à la possession amoureuse de l'univers ?

★ Dans les années 1990, l'hostilité, sournoise ou déclarée, des milieux catholiques, protestants, juifs à l'égard d'un romancier condamné à mort, pour impiété, par le fanatisme islamique en dit long sur la sincérité démocratique et l'esprit de tolérance dont se prévalent volontiers les divers sectateurs du «vrai Dieu», fort heureusement dépourvus de l'appoint d'un terrorisme d'État.

★★ Une datation arbitraire accréditant un messie rappelle encore aujourd'hui l'extravagante appropriation du temps par l'Église.

Hier encore objet manipulé par un Esprit, nourri de sa substance même, l'individu, découvrant sur la terre et dans sa chair le lieu de sa réalité vivante, devient sujet d'une destinée à construire par l'alliance renouvelée avec la nature. Lassé des désirs factices que lui prêtait la raison lucrative et qui, des siècles durant, le menèrent où il n'avait que faire, il contemple avec une curiosité amusée ces objets qui l'objectivèrent et jonchent les rivages de son passé, fragments d'une mort aujourd'hui refusée.

Bien que le piètre enthousiasme des manifestations grégaires indique une baisse constante de la foi religieuse et idéologique dans les pays industrialisés, les folliculaires, attentifs à galvaniser par à-coups un spectacle quotidien désespérément léthargique, n'ont pas manqué, devant quelques soubresauts d'archaïsme et de barbarie, de crier au retour des religions et des nationalismes. Mais, comme disait Diderot, quel est le cul qui poussera tout cela? Quel impératif économique fera contrefort à des remparts d'un autre âge, hâtivement redressés par la désespérance et le ressentiment, et les empêchera de s'ébouler sous le poids du manque à gagner?

Sans doute la fin des institutions religieuses ne signifie-t-elle pas la fin de la religiosité. Chassé par la débâcle des grandes idéologies, imparfaitement rassasié par les sectes, de plus en plus mal logé dans des Églises, catholique ou protestante, aux insupportables relents de dernier totalitarisme, le sentiment chrétien cherche de nouveaux lits d'écoulement.

Trouvera-t-il à se répandre à la faveur d'un paysage que la mutation économique s'apprête à remodeler? D'aucuns le subodorent dans le sillage d'un capitalisme écologique puisant dans la dépollution une rentabilité que la désertification des sols, des sous-sols et des espérances de survie ne garantit plus guère. Que les vocations célestes s'investissent en divinités terrestres, Gaïa, Magna Mater, sylphides, dryades et autres élémentaires, il m'importe assez peu de le conjecturer. Aucune croyance au reste ne répugne à l'humain tant qu'elle n'en exige pas le sacrifice.

Je me réjouis en revanche de l'apprentissage de l'autonomie qu'engendre, par l'effondrement des souteneurs et soutènements du passé, la nécessité d'aller seul. La fin des foules, la conscience individuelle d'un combat pour la vie, la résolution de vaincre la peur de soi, d'où découlent toutes les peurs, l'émergence d'une créativité se substituant au travail ne laissent pas d'acheminer de nouvelles générations vers une véritable humanité qui, si son avènement n'est pas inéluctable, réside, pour la première fois dans l'histoire, entre les mains des hommes, et plus particulièrement des enfants élevés dans la jouissance de la vie plutôt que dans son refus morbide.

Telle est la perspective présente selon laquelle j'ai souhaité examiner la résistance que pendant près de vingt siècles l'inclination aux libertés naturelles a opposé à l'*antiphysis* de l'oppression chrétienne.

Je ne conçois pas, en quelque domaine que ce soit — historique, scientifique, philosophique, social, économique, artistique —, qu'une analyse se veuille exercer en dehors de l'histoire individuelle où s'inscrivent les gestes quotidiens de celui qui a résolu de l'entreprendre. Bien que les circonstances m'aient épargné le contact de la chose religieuse, j'ai toujours éprouvé une singulière répulsion à l'endroit d'un empire mortifère, armorié d'une croix enfoncée dans le cœur de tout ce qui naissait à la vie. Je comprends donc l'indignation de Karlheinz Deschner fustigeant, dans *Kriminalgeschichte des Christentums*, les meurtres, impostures et falsifications de l'Église catholique, mais je n'ignore pas à quel point la polémique, en pénétrant sur le terrain même de l'adversaire, lui prête une reconnaissance et un intérêt dont il a tout lieu de se prévaloir. Et pourquoi raviver par le souffle de la colère les braises d'un bûcher millénaire que la rosée d'un temps nouveau condamne à s'éteindre?

N'y avait-il pas, en outre, de quoi se prémunir contre les vertus du ton comminatoire dans la simple évidence qu'athées, libres penseurs, anticléricaux et autres militants du «Bon Dieu dans la merde», loin de se départir du comportement judéo-chrétien, versèrent le plus souvent dans ses plus odieuses pratiques : sacrifice, culte du martyre, culpabilité, culpabilisation, haine du désir amoureux, mépris du corps, fascination de l'Esprit, quête de la souffrance salvatrice, fanatisme, obédience à un maître, une cause, un parti? Quel plus bel hommage à l'orthodoxie que l'hérétique, le non-conformiste s'infatuant de contester l'axe autour duquel il gravite?

Peu soucieux d'arbitrer le douteux combat des victimes et des bourreaux, j'ai préféré dégager d'un passé — où les ensevelissaient des oublis, mépris, malentendus, préjugés et calomnies le plus souvent stratifiés par la fameuse objectivité des historiens — les cicatrisations que le tissu humain, irrigué par les libertés de nature, opère inlassablement pour se reconstituer et s'affirmir en dépit des effets délétères de la peur, de la déréliction, de la souffrance, de l'espérance en l'au-delà et des consolations du trépas, tramant à l'ordinaire le réseau social.

Saisir ainsi le vif sous le mort qui s'en empare en un subtil mélange de violence et de persuasion ranime en fait, sous le regard, des êtres et des choses, non plus répertoriés selon la traditionnelle perspective où Dieu, l'État, l'Économie collectent pour un bonheur différé les larmes des vallées terrestres, mais frémissant de ce battement d'ailes du vivant, mieux perceptible aujourd'hui que ne l'étouffe plus le poids des oppressions anciennes.

Or les raisons de s'émerveiller d'une vie si obstinée à refleurir en crevant l'asphalte d'une histoire inhumaine suscitent en contrepartie quelques doutes sur l'honnêteté et sur la qualité des érudits et des spécialistes accoutumés de parcourir comme en terrain conquis cette histoire-là.

J'admets qu'un théologien, qui fait métier de ripoliner son Dieu afin d'en remontrer l'éclat aux aveugles qui n'en perçoivent pas la quotidienne évidence, ordonne les faits selon sa manière de croire, qu'il prête à son jargon les dehors d'une langue sensée, appelant le désir une tentation, le plaisir un péché, l'étreinte des amants une fornication; qu'il vénère du titre de saint des émules de ces héros du peuple honorés par Lénine; qu'il use des Évangiles selon la vérité que Staline accorde à l'*Encyclopédie soviétique*. Voilà qui ressortit non du mensonge mais du prosélytisme. Rencontrer la même attitude chez un historien que n'inspirent pas d'aussi vastes desseins a de quoi, on en conviendra, laisser perplexe.

Que penser d'universitaires, instruits dans la science de révoquer en doute l'authenticité de manuscrits brinqueballés de copiste en copiste et truffés d'interpolations, qui commentent comme textes originaux et datant du début de l'ère chrétienne les *Lettres*, récrites sinon écrites par Marcion, remaniées par Tatien, soumises à corrections jusqu'au IVe siècle, d'un certain Saül, dit Paul de Tarse, citoyen romain qui vécut vers 60 alors que Tarse ne fut romanisée qu'en 150 ?

Nul n'ignore que les manuscrits des Évangiles canoniques et des *Actes des apôtres* apparaissent au plus tôt au IVe siècle et composent, sous l'égide de Constantin, la bibliothèque de propagande qu'Eusèbe de Césarée et ses scribes révisent et diffusent vers toutes les Églises ainsi universalisées sur une même base dogmatique. Apparemment, l'argument n'est pas de nature à troubler la bonne conscience des chercheurs qui, avec une belle unanimité, les tiennent pour des reportages pris sur le vif, presque contemporains des témoins ou apôtres d'un Adonaï, Kyrios ou Seigneur dont le nom de Josué/Jésus ne s'impose guère avec son sens symbolique de « Dieu a sauvé, sauve, sauvera » qu'à l'extrême fin du Ier siècle. Seules dissonances dans le concert extatique, les athées Dupuy, Alfaric, Couchoud, Kryvelev, Dubourg, les catholiques Loisy et Guillemin, le protestant Bultmann.

Peu se font scrupule d'user, pour désigner le polythéisme et les cultes des « étrangers à la foi », des termes de païens et de paganisme par lesquels l'Église signifiait son mépris pour des croyances de *pagani*, de paysans, ploucs, péquenots imperméables à la civilisation des villes. S'agit-il de mentionner les anges du panthéon juif, les semi-légendaires Paul et Pierre, l'antignostique Irénée, le philosophe Augustin d'Hippone, l'antisémite Jérôme, le maître spirituel de l'Inquisition, Dominique de Guzman, le massacreur des fraticelles, Jean de Capistrano ? Beaucoup y vont du titre de « saint » par lequel l'Église récompense ses serviteurs réels ou mythiques. Il existe bien des biographies de Staline où il est nommé sans dérision « Petit Père des peuples ».

Il appartint à l'athéisme de fourbir avec les armes de la critique un des arguments les plus péremptoires de l'Église, l'existence historique de ce Josué/Jésus qui accréditait la légitimité de son pouvoir temporel. Enragé à nier la divinité du Christ, un militantisme dit de libre pensée tomba dans le piège d'un Jésus ami des pauvres, sorte de Socrate prêchant les vérités d'un socialisme d'Évangile et expiant sur la croix une insolence de tribun pacifiste. Tertullien et le mouvement chrétien de la Nouvelle Prophétie n'auraient pu, dans la seconde moitié du IIe siècle, rêver meilleur avenir pour leur héros, fraîchement épuré de son sémitisme et travesti en Zorro pour l'édification et le salut des masses laborieuses.

Une fois admise l'existence d'un agitateur et fondateur d'Église, crucifié sous Ponce Pilate — et ce sans le moindre témoignage contemporain, et alors que Jésus garde longtemps son sens de Josué biblique —, pourquoi s'étonner que de doctes esprits reprennent à leur compte les fausses listes de papes et d'évêques dressées par Eusèbe de Césarée, antidatent les textes canoniques, interpolant dans des écrits du IIe siècle des citations issues des controverses des IVe et V^e, taxent d'hérésies, comme si elles s'articulaient dès l'an 30 autour d'une orthodoxie à peine esquissée en 325, les doctrines dosithéenne, nazoréenne, séthienne, naasène, ébionite, melchisédéquienne, elchasaïte, carpocratienne, basilidienne, marcionite, antimarcionite, montaniste, valentinienne, marcosienne, bardesanienne, novatienne qui brassent des idées de toutes provenances et dont l'Église constantinienne, en les concassant, les remodelant, les rajustant, composera les assises instables de son dogme?

À la manière de Staline récupérant le bolchevisme et fusillant les compagnons de Lénine, les «pères» catholiques condamnent *a posteriori* comme hétérodoxes non seulement les choix (*hairesis* en grec) non chrétiens, mais les divers christianismes sur lesquels s'élève le trône de Constantin. Et les historiens de leur emboîter le pas en discernant autour de Pierre, «premier pape de Rome», les efforts méritoires d'une Église catholique aux prises avec la perversion hérétique qui corrompt l'intégrité de son enseignement canonique.

Bien qu'il ne me parût pas dénué d'utilité de souligner une telle imposture, en un temps où il se conçoit mal que l'autorité pontificale et les bureaucraties cléricales survivent à l'effondrement des dernières citadelles totalitaires, j'ai trouvé moins d'attraits à rectifier une opinion dont rien, si ce n'est quelque inertie de pensée, ne soutient plus la prétention qu'à déceler sous l'histoire parcheminée du passé ces innervations du vivant, souvent frêles et cependant génératrices d'une force incomparablement plus efficace que la conscience critique dans le dessein de déliter les pierres tombales de l'oppression.

Que recouvrent, sous le label d'hérésie, les étiquettes par lesquelles l'Église assujettit à son contrôle, en les nommant, les divers comportements humains et inhumains dont la condamnation renforce la prépotence de l'orthodoxie? Des rivalités épiscopales, des luttes intestines, à l'exemple de l'arianisme, du monophysisme, du lollardisme anglais. Ou un déhanchement du corps claudiquant de la contrainte à la licence, de l'ascétisme à la débauche, du refoulement au défoulement, que le marché de la pénitence et de la mort exploite avec une remarquable habileté. Ou encore une attitude plus secrète, objet de perplexité pour la police religieuse, la volonté individuelle de fonder, à l'encontre des formes sociales de l'*antiphysis*, une destinée mieux accordée aux promesses d'une nature jusqu'à présent reléguée, par son exploitation, en deçà de l'humain. On devinera aisément à quels types d'hérésies ou de rémanences irréligieuses ma curiosité s'est le plus volontiers attachée.

À l'intention des quelques lecteurs familiers du *Traité de savoir-vivre*, du *Livre des plaisirs* et de l'*Adresse aux vivants*, je précise que s'applique ici mon apostille au *Mouvement du libre-esprit* : «Un livre n'a d'autre génie que le génie qui s'en tire pour le plaisir de vivre mieux. Qu'il soit donc entendu, dès l'abord, que l'étude du libre-esprit ne relève pas, pour moi, d'une telle exigence. »

Un seul mérite devrait-il, en revanche, être consenti à l'ouvrage : j'aimerais que ce fût d'avoir méconnu aussi peu que possible les sollicitations du plaisir de connaître et les agréments du gai savoir. Si sommaire que se révèle au fil du temps le débroussaillage d'une histoire incertaine, j'ai le sentiment qu'il échappe au moins au risque de concurrencer en somme d'erreurs, d'ignorances et d'hypothèses controuvées la plupart des volumes, monographies et scolies empilés à notre époque sur la tête de Jésus, des apôtres et de leurs légataires universels.

S'il fallait enfin fournir une excuse à un style d'écriture où ne se retrouve guère le soin que je tente d'apporter aux livres qui ne s'éloignent pas trop de ma ligne de vie, je dirai simplement que chaque matière a le traitement qu'elle suggère.

Janvier 1992

CHAPITRE PREMIER
Une nation sacrifiée à l'histoire

Singulière et paradoxale destinée que celle du peuple juif. Les Livres ou *Biblia*, qui sous le nom de Bible fondent la mythologie hébraïque, l'élèvent à la gloire élective d'un Dieu unique, aspirant à régner sur l'humanité tout entière. Investi d'une vérité éternelle et universelle, il n'entre dans le dessein prêté à YHWH qu'au prix d'un effacement dans le temps et dans l'espace dont aucune nation n'offre si malheureux exemple.

Née d'un centralisme étatique ralliant des nomades, hâtivement sédentarisés sur des territoires nouvellement conquis, l'arrogance du Dieu des guerres saintes ne cessera, par une cruelle ironie, d'enfler au vent du prophétisme à mesure que la puissance temporelle des Hébreux, loin de s'emparer du monde pour y propager l'obéissance à YHWH, succombera sous les coups des Assyriens, des Perses, des Grecs, des Romains, et se retrouvera extirpée pendant près de deux millénaires des lieux mêmes où elle s'était érigée.

Qu'une nation remette unanimement son sort entre les mains d'un Dieu et subisse partout et si longuement l'hostilité, la haine, le mépris, là ne réside pas son étrange spécificité. Mais qu'elle garde foi, confiance, crédit en une déité qui lui est aussi contraire a de quoi étonner.

Se situant dans une histoire mythique, dont l'aspect temporel n'est que l'ombre de la volonté divine, les Juifs ont subi comme une malédiction à laquelle ils souscrivaient par avance une exclusion historique dont ils ne sont sortis qu'au XXᵉ siècle en oblitérant le religieux sous l'estampille des préoccupations sociales. Que l'armée et le système coopératif offrent à Israël de meilleures garanties que YHWH, peu de croyants en disconviennent aujourd'hui.

Il était bien temps. Vilipendés, opprimés, massacrés, emprisonnés dans des ghettos, ils n'avaient cessé d'interpréter le cauchemar en un sens exégétique. La malédiction confirmait leur statut de peuple élu ; elle leur conférait, par l'eau, le feu, le sang du sacrifice et du rachat, de l'épreuve et du salut, de l'expiation et de la rédemption, une existence pour ainsi dire métaphysique, *sub specie aeternitatis.*

Expulsés de Palestine dès 135, après l'écrasement de leur dernière insurrection, les Juifs seront dépouillés dans le même temps de leur religion par
ce christianisme issu du judaïsme et dont la carrière politique à l'occidentale
débouchera au IVe siècle sur un catholicisme pourvoyeur de pogromes.

Il n'y a pas lieu d'éclaircir ici par quels détours une volonté conquérante
se mue en résignation, voire en déréliction, mais il n'est pas inutile de souligner ce que l'on pourrait appeler le dédoublement de l'ambition expansionniste hébraïque.

Tandis qu'une succession de revers, salués par les agitateurs prophétiques
comme une juste punition divine, gonfle de colère et de sang l'impitoyable
mythe du Dieu d'Israël, une conquête plus pacifique se précise. Une diaspora essaime aux quatre coins du monde des colonies juives qui, pour intran-
sigeantes qu'elles demeurent sur la question du Dieu unique, ne répugnent
pas à des compromis quand l'exigent la sauvegarde du droit d'asile et les intérêts financiers. C'est là, dans l'ouverture d'esprit qu'imposent les lois du
commerce, que le cruel YHWH cédera le pas à un Dieu plus compatissant,
tandis que la rigueur mosaïque s'accommodera d'un assouplissement des
rituels. C'est là que se fomentera la «trahison» du judaïsme, que s'implan-
tera, pour s'helléniser, le judéo-christianisme essénien.

Les impérialismes égyptien, babylonien, perse, grec, romain, englobent dans
leur politique d'expansion la reconnaissance des dieux honorés par les nations
vaincues. Pourtant, après Babylone, Grecs et Romains détruiront le Temple
de Jérusalem et proscriront le culte de ce YHWH qui n'admet d'autre Dieu
que lui-même.

Une fois accomplie la conquête des territoires cananéens, le jeune et pré-
caire État hébreu reste sur la défensive. Il s'enracine dans une structure agraire.
Rassembleur des nomades, il cimente la nation dans un bloc monothéiste où
Dieu, solidaire de son peuple, a créé la terre pour qu'il la cultive et impose
partout sa loi.

YHWH est encore un Dieu en formation quand l'invasion babylonienne
du VIIe siècle porte un sérieux coup au mythe unitaire, déjà entamé par le
schisme entre la Judée et la Samarie. Il commence à peine à se distinguer
du Dieu cananéen El, un Dieu doté de femme et enfants, et dont la forme
plurielle, Elohim, ne sera pas étrangère au futur dualisme de la gnose juive
samaritaine.

Les comptoirs de la diaspora ne constituent pas des têtes de pont, des can-
tonnements de troupes promptes à frayer un passage aux marchands. Mais
ils n'en sont pas moins des enclaves juives où la synagogue représente le Temple de Jérusalem. Bien que prosélytes, ces enclaves s'isolent dans un repli
défensif comme si s'appesantissait sur elles l'immobilisme de la caste sacerdotale qui sévit en Judée, en Samarie, en Galilée.

Le dynamisme des classes industrieuses juives s'empêtre dans les filets de
la bureaucratie sadducéenne, caste aristocratique des fonctionnaires du Temple. Son conservatisme concrétise ce Dieu de conquête qui a frappé ses fidè-

les d'impuissance et tient pour une salutaire expiation le don qu'ils lui font chaque jour de leur existence.

L'essor du parti moderniste, le pharisaïsme, arrive trop tard, à l'heure où la nation juive n'est plus qu'une colonie dont les empires successifs héritent négligemment. Les pharisiens se heurtent de surcroît à des révoltes de type intégriste circonscrivant leur projet au massacre des *goyim*, ou mécréants, et à l'adoration de YHWH. Quand l'essénisme rompt avec le yahwhisme du Temple, il entreprend de promouvoir un rigorisme ascétique qui nourrira, contre l'occupation romaine et la collaboration pharisienne, la guérilla forcenée des zélotes.

À défaut de mordre sur l'histoire, le peuple juif, édenté par le Dieu tout-puissant qu'il s'est choisi, se condamnera au temps des holocaustes.

Maintes fois réécrits et remaniés, les noyaux originaux des premiers textes bibliques dateraient des Xᵉ et XIᵉ siècles avant l'ère chrétienne, succédant de peu à l'établissement des Hébreux dans le pays de Canaan.

Là vivaient en semi-nomades et en une mosaïque d'États-cités des tribus de race sémitique. Nomades eux-mêmes, les Hébreux, dont les tribus ont séjourné en Mésopotamie et en Égypte, y glanant croyances religieuses et techniques d'organisation, s'emparent d'une partie du pays de Canaan sous la conduite d'un personnage auquel leur mythologie prête le nom de Moïse.

La formation de la nation juive s'opère autour du prêtre-guerrier, qui se donne pour l'instrument d'une divinité patriarcale et créatrice.

Des combats victorieux contre des raids menés par les «peuples de la mer», les Philistins de la Bible, renforcent l'unité politique des tribus hébraïques et dessinent, avec la stature grandissante de cet El qui deviendra YHWH, le symbole triomphant de la puissance hébraïque réduisant à néant les nations sémitiques et leurs dieux archaïques : Dagan (le Dagon de la Bible), Astoreth ou Astarté, Baal-Zébub, popularisé plus tard sous les traits diaboliques de Belzébuth.

Le roi David amorce peut-être, vers − 1000, le syncrétisme monothéiste, car le centralisme étatique a besoin d'une puissance transcendante pour imposer sa cohésion à des tribus traditionnellement indépendantes. S'arrogeant les fonctions de grand-prêtre, le monarque temporel sacralise son pouvoir de guider le peuple élu par El, le Père, créateur de l'univers et des hommes, conçus pour lui obéir.

À Salomon, fils de David, la légende attribue la construction du premier Temple de Jérusalem, symbole de la foi et de la suprématie juives, monument du monothéisme, que s'empresseront de détruire les envahisseurs et auquel se substituera un jour la basilique de Rome.

Cependant, la tyrannie de Salomon provoque la sécession des tribus du Nord. À sa mort, elles refusent l'obéissance à son fils et, fortes de l'assentiment égyptien, fondent vers − 900 un royaume indépendant où le culte de El-YHWH, imparfaitement implanté, se heurte aux partisans des dieux anciens.

Dès lors, la Palestine se déchire en deux régions rivales : au sud le royaume de Juda, avec Jérusalem pour capitale ; au nord le royaume d'Israël, comprenant la Samarie et la Galilée (aujourd'hui Cisjordanie).

Pendant des siècles, la haine et le mépris dresseront la Judée contre la Samarie, la première se réfugiant dans le culte jaloux de YHWH, la seconde, plus tolérante, s'ouvrant aux idées nouvelles et à l'influence grecque.

Parce que les Samaritains n'appartiennent pas à la tribu de Juda, les Judéens les tiennent non pour des Juifs mais pour des *goyim*, des mécréants, généralement associés à l'anathème : «Que leurs os pourrissent !»

L'opposition entre Judéens et Samaritains explique pour une part importante l'hellénisation du gnosticisme juif, omniprésent dans les premiers christianismes. Surtout, il rend compte de cet antijudéisme qui anime les «Hommes de la Communauté» ou esséniens, et que le racisme gréco-romain travestira en antisémitisme.

Se targuant d'être les vrais enfants d'Israël, les Samaritains rejettent le judaïsme rabbinique et ne retiennent pour écriture sacrée que les livres du *Pentateuque* : la *Genèse*, l'*Exode*, le *Lévitique*, les *Nombres*, le *Deutéronome*.

Sur les monts Ebel et Garizim s'élèvent des lieux de culte qu'ils estiment plus puissants que le Temple de Jérusalem. YHWH, Dieu de la guerre et de la conquête, n'a pas, chez eux, aboli El, le Père, dont il est issu, ni la tétrade qu'il forme originellement avec son épouse Astérath (Astaroth, Astarté), leur fils et leur fille.

Deux divinités féminines atténuent chez les Samaritains le patriarcat impitoyable dont les Judéens se revendiquent. Aussi n'est-ce pas un hasard si la femme occupe une place prépondérante dans la philosophie du médecin et philosophe Simon, auquel toutes les variétés de christianisme, et le catholicisme à leur suite, imputent l'origine d'une pensée radicalement hostile à l'esprit religieux.

En −722, la Samarie succombe aux envahisseurs assyriens. La population réduite en servitude prend le chemin de l'exil. Des étrangers règnent désormais sur des territoires que le légendaire Moïse avait décrétés «terre promise» et où Josué avait conduit son peuple.

En −586, Nabuchodonosor s'empare du royaume de Judée, rase le Temple, détruit Jérusalem. Parmi les survivants, les notables et les riches sont emmenés en esclavage et «il ne reste que les très petites gens [...]. Les historiens désignent communément sous le nom de judaïsme la forme prise par la religion du peuple juif postérieur à la ruine du premier Temple et à la captivité de Babylone [1]».

Première d'une longue série, la défaite suscite à la fois une apologie aussi désespérée que frénétique de la toute-puissance de Dieu et un sentiment exacerbé de culpabilité collective. La litanie des prophètes errants exalte à chaque revers la grandeur de YHWH, ressassant sur le mode psalmodique la vocation du peuple juif à dominer le monde et à éprouver en son sein la juste expiation de son peu de foi.

Ainsi la mythologie biblique résonne-t-elle d'hymnes à la forfanterie expansionniste tandis qu'en contrepoint se scandent les aigres accords d'une culpabilité sans cesse rabâchée. Les battements de coulpe rythment la Bible et l'envol aux ailes brisées de la puissance hébraïque.

Le polythéisme révoque sans trop de peine l'une ou l'autre de ses divinités incapable de satisfaire aux oraisons qui lui sont adressées. Le suppliant n'ose-t-il pas menacer de mesures vexatoires le dieu qui remplit maladroitement son office ? Mais quand il s'agit d'un Dieu unique, d'un père de famille nationale à qui ses enfants doivent crainte, tremblements, vénération et amour de surcroît ! Car, le peuple élu, YHWH le multipliera autant qu'il y a de grains de sable dans la mer, il lui garantira une prospérité sans pareille, tous les peuples devront s'incliner devant la grandeur d'Israël et le servir sans murmurer. Que l'histoire persiste à ruiner la promesse d'une gloire aussi éclatante, voilà qui n'embarrasse pas le croyant, peu disposé à accuser de parjure, d'impuissance ou de perversité le juste et terrible YHWH.

Non, à l'évidence, les coupables sont les Juifs eux-mêmes, hommes indignes qui, par leur schisme entre les royaumes du Nord et du Sud, ont profané l'héritage de David, cependant que la faiblesse de leur zèle attire le juste courroux du Seigneur. Les plus cruels ennemis, Babyloniens, Perses, Grecs, Romains, tressent entre les mains de l'Éternel le filet du malheur et de la rédemption. Car si les enfants d'Israël s'amendent, se résignent, accueillent l'infortune avec une joie morbide, clament leur confiance inébranlable dans le feu des épreuves, alors la miséricorde divine abattra sur eux sa grâce perpétuelle. Tel est le message essentiel des prophètes bibliques et des textes sacralisés ; les hommes sont invités à se couvrir d'imprécations pour racheter la conduite incongrue d'un Dieu qui, ayant choisi d'accabler d'opprobres un empire naissant, n'hésiterait pas davantage à anéantir l'univers qu'il a produit.

Sans doute est-ce là un phénomène unique dans l'histoire que celui d'un État, possédé par un Dieu invincible et dépossédé de toute victoire, où germe le projet d'une théocratie universelle, d'un millénium sanctifiant la terre, d'une guerre sainte dont les combattants n'ont pour affronter l'ennemi d'autres armes que les larmes de leur corps.

Une fois de plus, c'est en Samarie que s'élèvera contre l'intransigeance yahwhiste le dualisme qui oppose au Dieu de la guerre, au Démiurge, créateur d'un monde mauvais, un Dieu bon, inconnaissable, insaisissable et qui n'est pas de ce monde ; idée adoptée par le christianisme de type nazoréen comme par les gnostiques hédonistes de l'école carpocratienne.

Où finit l'essor politique et militaire de la Judée commence le mythe de l'impérialisme religieux.

Une véritable saga imprécatoire, remodelant des textes plus anciens, s'inscrit sur les marches du Temple saccagé par les Babyloniens. Elle a pour héros du passé les «Juges», prêtres et guerriers chargés de mener la guerre sainte au nom de YHWH. Ils sont aidés — et c'est là un héritage et une récupération des cultes pré-yahwistes — par des femmes, des prophétesses, comme Déborah, commandant les tribus du Nord. Les nazirs, ascètes et combattants consacrés à Dieu, Samson, par exemple, composent les troupes de choc.

La rivalité traditionnelle entre le prince temporel et le prêtre transparaît dans le sort réservé aux rois : honorés dans les livres narratifs, ils sont honnis dans les livres prophétiques et les psaumes. Pour les fanatiques de la guerre sainte, Dieu est roi et n'a nul besoin pour mener son peuple à la victoire d'un chef d'État. Cependant, il arrive qu'un roi particulièrement pieux revête les traits d'un saint et soit appelé *Messiah*, «oint du Seigneur», que le grec traduit par *Christos*.

Élie et Élisée propagent, contre les sectateurs de Baal et des anciens dieux, le culte de YHWH dans les villes et les campagnes. Jérémie, agent du parti assyrien contre l'Égypte, prêche l'inutilité de la lutte contre Nabuchodonosor. Il place la défense opiniâtre de la religion au-dessus des préoccupations politiques, comme si l'indiscutable suprématie d'un Dieu impliquait l'infaillible grandeur d'un peuple dont la misère croissante n'est que le signe secret d'un triomphe d'autant plus assuré qu'il tarde à se manifester sur l'échelle dérisoire de la temporalité humaine.

Sous l'occupation romaine, le parti pharisien n'agira pas autrement, collaborant avec l'ennemi pour la plus grande gloire de Dieu qui l'éprouve. C'est que, se situant sous le regard éternel de la divinité, l'esprit du judaïsme se veut ahistorique. Prophète, héros changent de nom et d'époque tout en restant les mêmes. Adam, Moïse, Josué, Ésaïe n'en finissent pas d'être à chaque instant présents.

Vers −550, l'empire babylonien ne résiste pas à l'assaut des Perses. En −536, Cyrus permet aux Juifs de rentrer dans leur patrie et de reconstruire le Temple. Seuls les plus pauvres regagnent la Palestine. Beaucoup d'exilés se sont enrichis en Assyrie et en Babylonie comme marchands, entrepreneurs, banquiers — à Nippour, la banque Murashu offre un parfait exemple de la réussite juive. Ceux-là se sentent chez eux parmi leurs coreligionnaires regroupés en petites communautés.

Ainsi s'esquisse, mélange d'exil forcé et d'émigration volontaire, le phénomène d'expansion pacifique auquel les Grecs donneront le nom de *diaspora*.

La diaspora offre la particularité de fonder des comptoirs juifs qui constituent autant d'enclaves de la judaïté monothéiste en territoire *goy*. La théologie fermée du mythe agraire se double de l'ouverture spirituelle qu'impliquent la pratique commerciale et la circulation des marchandises.

Implantée dans le polythéisme, la synagogue représente le Temple de Jérusalem, mais débarrassé du despotisme sacerdotal des sadducéens et, par conséquent, plus réceptif aux innovations religieuses. C'est le lieu où s'affrontent au Iᵉʳ siècle le parti pharisien et les diverses tendances esséno-chrétiennes.

La fin de l'exil n'entraîne pas le rétablissement d'une monarchie. Passé sous le contrôle de la Perse, l'État juif se transforme en théocratie. Le grand-prêtre de Jérusalem dirige une bureaucratie sacerdotale qui, menant par ailleurs une existence dissolue, s'emploie à collationner et à remanier des textes anciens dont le corpus sanctifiera l'unité de la nation sous la houlette du Dieu suprême, le seul appelé à régner sur le monde qu'il a produit. À l'issue des rivalités de pouvoir dans la caste dirigeante naîtra plus tard le parti sadducéen, conservateur de l'orthodoxie dans ce royaume de Juda qui prétend au monopole de la judaïté.

Aux gens du Temple, dont la rapacité s'apparie à un ritualisme qui remplace la foi, répondent tantôt l'indifférence et la passivité de ceux qui en subissent le despotisme, tantôt des accès de véhémence religieuse, des appels à la purification, à la mortification, à l'ascétisme, propagés par des prophètes prompts à enflammer la révolte latente des artisans, des petits commerçants, de la plèbe. Par révélations ou «apocalypses», comme disent les Grecs, des illuminés annoncent à grands cris l'imminence de la fin des temps et emportent aisément l'adhésion de ces foules où cordonniers, charpentiers, menuisiers, boulangers ne dédaignent pas de jouer les rabbins et de prêter à leurs revendications les oripeaux de la spéculation religieuse. Tel est le ferment des sectes futures.

Dès avant −450, le vieux schisme samaritain a engendré des dissidences au yahwhisme. Les *Lettres d'Éléphantine* (Assouan), rédigées à l'occasion d'un incident de frontière entre mercenaires d'Israël au service du roi des Perses et des Égyptiens, montrent l'importance, au Ve siècle, de religions distinctes du monothéisme judéen[2]. On y honore le Dieu Iao, dérivé d'El mais différent semble-t-il de YHWH. Parfois confondu avec le Démiurge Ialdabaoth, Iao sera plus tard invoqué par plusieurs sectes gnostiques, dont les séthiens. Son nom se retrouve fréquemment dans les conjurations magiques, les rituels d'envoûtement, les tablettes d'exécration, les pierres talismaniques appelées abraxas. Est aussi célébrée la déesse Anath Béthel, d'où est peut-être issue la mystérieuse Barbélo des gnostiques non chrétiens. Assim Béthel, enfant de Iao et d'Anath, passe déjà pour Fils de Dieu.

Dès −400, l'empire perse s'effrite sous la poussée de l'impérialisme économique, politique et culturel de la Grèce. En −331, la victoire d'Alexandre marque la fin de la domination perse.

À la mort d'Alexandre, en −323, l'empire hellène éclate, l'Égypte passe aux mains de Ptolémée, la Syrie et la Palestine échoient aux Séleucides.

C'est à l'époque que furent rédigés des livres le plus souvent antidatés afin de les auréoler du prestige des temps anciens. L'Église catholique, elle aussi, reculera la date de ses évangiles canoniques pour des raisons identiques.

Le *Deutéronome*, faussement remonté à −622, et inspiré par le retour de Babylone, se redéfinit dans le cadre plus ancien de l'exode afin d'accentuer le rôle, en quelque sorte réactualisé, de Moïse autour duquel se restructure le mythe unitaire opérant une synthèse des trois grands courants de pensée : royal, sacerdotal et prophétique[3]. *Ézéchiel*, repoussé entre −586 et −536, présente son héros comme prophète et sacerdoce alors que la fonction sacerdotale n'existait pas. Les prêtres décrits sont identiques aux «Fils de Sadoq», secte fondée vers −300. La dernière partie du *Livre d'Ézéchiel* propose une eschatologie religieuse et nationaliste : un grand fleuve sort d'en dessous du

Temple pour arroser la terre sainte tandis que s'ébauche la lutte finale contre Gog, l'ennemi d'Israël, que Torrey identifie à Alexandre [4].

Le *Livre des Proverbes* trahit, dans ses neuf premiers chapitres, une influence hellénique ; plusieurs traits rappellent un livre de sagesse égyptien, la *Sagesse d'Aménopé*. Il est significatif que les conseils de politesse, de civilité quotidienne s'enrobent peu à peu d'un ritualisme religieux.

Favorisés par l'hellénisation, les livres sapientaux fondent une tradition qui jouera un rôle important dans la rédaction, au IIe siècle, des *logia* ou propos attribués à Josué/Jésus.

En perpétuelle réécriture, le corpus des livres sacrés — avec ce pluriel grec *biblia* qui aboutit au singulier *Bible* comme pour suggérer l'idée d'un livre unique dicté par le Dieu unique — se veut un monument céleste dédié au pouvoir absolu de YHWH, sculpté avec l'amertume, la haine, la déréliction et la mégalomanie que sécrète une mentalité résignée à supporter le joug étranger et puisant dans la souffrance sa raison d'exister. Et ce livre qui n'a jamais reflété que l'ignominie imposée à ses scribes, des générations le proposeront en modèle à plus de la moitié du monde.

Le sadducéisme imputera au héros épique Moïse le souci d'avoir prescrit dans tous leurs détails les rites, les coutumes, les habits, les objets du culte auxquels recourent les sacerdoces, instillant l'omniprésence de Dieu dans la routine des gestes et des comportements. Les textes les plus anciens, légendairement attribués au même «Père», seront ainsi revus périodiquement, voire corrigés par des prophètes comme Dosithée qui, à l'instar de beaucoup, se qualifie de «nouveau Moïse».

Antidaté lui aussi, le texte connu sous le nom d'*Ésaïe II* contient une partie intitulée «Les chants du serviteur de YHWH» (50-53) dont le thème inaugure la légende du messie souffrant. Le Serviteur, un homme résolu à se sacrifier et à mourir pour le salut des nations, a été méprisé et méconnu : «Nous l'avons dédaigné, nous n'avons fait aucun cas de lui. Cependant, ce sont nos souffrances qu'il a portées. [...] Le châtiment qui nous donne la paix est tombé sur lui. Et c'est par ses meurtrissures que nous sommes guéris» (53). Ici apparaît pour la première fois le prototype littéraire de l'envoyé de Dieu expiant pour le salut de tous. Les esséniens appliqueront le modèle à leur Maître de Justice, mis à mort vers −60, avant que les nazoréens et leurs ennemis de l'école paulinienne n'en revêtent le messie qu'ils nomment Josué, et les Grecs Jésus.

Encourageant le refus d'obédience de la Samarie à la Judée, l'occupation grecque permet aux Samaritains d'ériger dans la région d'Ebal et de Garizim un Temple distinct de celui de Jérusalem. Elle rencontre ainsi dans le Nord l'accueil favorable que la Judée lui refuse. En Samarie naîtra donc de la conjonction du judaïsme et de la philosophie grecque cette pensée axée sur la connaissance de soi et du monde — la pensée gnostique — s'enracinant tantôt dans la spéculation religieuse, tantôt dans un sentiment de vie qui révoque toute forme de religion au profit d'un hermétisme magique, voire d'une analyse somatique, comme chez Simon de Samarie.

Un tel esprit de modernité se propagera sans peine dans les communautés de la diaspora, dans les colonies juives de Mésopotamie, d'Égypte, de Syrie, d'Asie Mineure, de Rome, des Gaules.

Du schisme samaritain procèdent les sectes où s'opposeront différentes conceptions du judaïsme : les sadducéens, les pharisiens, les esséno-baptistes qui formeront à travers les groupes nazoréens et ébionistes le christianisme originel.

Les Samaritains ne reconnaissent d'autres textes sacrés que le *Pentateuque* et le livre de ce Josué promis sous le nom de Jésus à un certain avenir. Ceux-ci présentent avec les manuscrits découverts à Qumrân des similitudes qui accréditent l'étroite relation entre Samaritains et esséniens ; ils diffèrent des textes massorétiques, exégèses entreprises sur les livres sacrés par les massorètes ou docteurs juifs.

De −300 à −165 environ, l'hellénisation de la Palestine imprègne la littérature religieuse d'une pensée radicalement étrangère à la mentalité juive. Deux civilisations se heurtent : l'une refermée sur son économie agraire et dont les activités commerciales se situent à l'extérieur des frontières, dans des comptoirs et des communautés repliées sur un intransigeant monothéisme ; l'autre, essentiellement marchande, propageant sa logique et sa rationalité partout où pénètre son système d'échange.

Rien de plus antagoniste que l'esprit mythique, analogique, ahistorique des Juifs et le Logos grec, le temps linéaire des historiens, l'usage du syllogisme, l'analyse et la synthèse, une réalité où les dieux tirent leur éclat des capricieuses facettes de la destinée.

La structure indo-européenne de la langue grecque n'arrive que très imparfaitement à rendre les idiomatismes hébraïques, avec ses verbes intemporels, ses jeux de mots, sa magie des sons, ses équivalences phonétiques, ses valeurs numériques attribuées aux lettres, éléments qui prêtent aux *midrashim* pré-évangéliques des significations que développeront les spéculations kabbalistiques mais qui, demeurant lettre morte pour le grec, aboutissent à des contresens*.

Bien qu'attestant l'universelle curiosité des Grecs, la traduction dite des « Septante » (parce que légendairement attribuée à soixante-dix traducteurs) des textes bibliques apparut aux massorètes ou docteurs juifs comme un sacrilège et une trahison du message biblique. C'est là, il n'est pas inutile de le mentionner, que Josué se trouve pour la première fois traduit par *Ièsous*, Jésus.

De l'époque alexandrine datent deux genres littéraires diamétralement opposés mais qui entreront l'un et l'autre dans la fabrication des « romans » de Jésus : les « sagesses » portant l'empreinte de la morale hellénique, les « apocalypses » ou « révélations », prophéties hostiles aux occupants grecs puis

---

* « *Midrash* : l'exégèse juive (ou samaritaine). Terme dérivé de l'hébreu *DRS*, ''chercher, fouiller''. Parmi tous les *midrashim* rabbiniques, commentaires de la Thora puis de la Bible dans son ensemble, il convient de citer le *Midrash Rabbah* (*Grand Midrash*), compilation hébraïque dont certaines portions renvoient à une époque très antérieure au Ier siècle [5]. »

romains, s'enracinent dans le mythe hébraïque du Dieu tout-puissant dont les châtiments sont gages d'amour et de rédemption.

Issue principalement d'Égypte, la «sagesse» s'hellénise en Palestine à travers deux textes promis à un grand rayonnement : la *Sagesse de Jésus ben Sira,* ou, plus exactement, *Sage Instruction et Proverbes soignés de Siméon, fils de Jésus, fils d'Éléazar, fils de Sira.* Bien que les pharisiens l'excluent de leur canon, le *Talmud* le cite près de quatre-vingts fois. Les catholiques en feront un de leurs livres de prédilection sous le titre que lui impose vers 250 l'évêque de Carthage, Cyprien : l'*Ecclesiasticus liber,* en français l'*Ecclésiastique*.* L'épître faussement attribuée à Jacques lui emprunte un grand nombre d'expressions, ainsi que les *Logia* prêtés à Jésus, où figure aussi ce Siméon devenu Simon-Pierre.

Un premier manuscrit hébreu du VIIIe siècle avait été exhumé en 1896 de la génnizah** d'une synagogue du Caire. L'authenticité du texte a été confirmée par la découverte, en 1964, à Masada, haut lieu de la résistance zélote aux Romains, d'un rouleau contenant d'importants fragments dans leur version originale hébraïque***. L'œuvre a été attribuée au rabbin Sira (vers −190). Son petit-fils Josué/Jésus l'aurait traduite en grec vers −117.

À l'époque du rabbin Sira, les Séleucides, maîtres de la Syrie et de la Palestine, tentent, par une hellénisation forcée, de briser le rigorisme monothéiste des Juifs. En −165, la révolte suscitée par Mattathias Maccabée et son fils Juda, démontre une fois encore qu'une tyrannie d'État ne met jamais fin à une tyrannie religieuse, mais la revigore du principe autoritaire même qui la devait détruire. L'insurrection offrira un modèle de sainteté héroïque et désespérée à la lutte que les zélotes conduiront plus tard contre les Romains, à l'initiative de Juda de Gamala et de ses deux fils, Jacob et Siméon.

En interdisant l'exercice du culte dans le Temple, le roi séleucide Antiochus IV Épiphane (215-163) réussit surtout à convaincre les Juifs de la vanité des empires terrestres et de l'intérêt d'un royaume céleste dont l'agitation prophétique proclame l'imminence.

L'auteur de la *Sagesse* ne rejette pas l'hellénisme, il s'efforce — comme plus tard Philon d'Alexandrie — de l'assimiler à la judaïté. Sa foi en la victoire finale du peuple élu ne dédaigne pas les lumières de la pensée grecque.

Le vrai fils d'Israël est un sage. La sagesse le sauvera, car «celui qui se saisit de la Loi reçoit la sagesse» (15, 1). Couronnant l'espérance messianique, la *Sophia* (Sagesse) joue entre Dieu et l'homme le rôle de grande médiatrice : «Elle vient au-devant de lui comme une mère, comme une épouse vierge elle l'accueille, elle le nourrit du pain de la prudence, elle lui donne à boire l'eau de la sagesse.»

---

* A ne pas confondre avec le *Qohélet* («Celui qui parle dans les assemblées»), appelé *Ecclésiaste* par les catholiques («Assemblée» se dit en grec *ekklèsia,* Église), texte du IVe siècle avant l'ère chrétienne, qui véhicule les inusables banalités sur l'amère destinée de l'homme et l'ignominie de la femme.

** Réserve où s'entreposent les livres sacrés dont on ne se sert plus.

*** Yadim situe la rédaction du texte dans la période pré-hérodienne, soit vers −40, entre *Ésaïe A* et le *Manuel de discipline*[6].

Le grec *sophia*, qui traduit l'hébreu *Hochma* et l'araméen *Achamoth* — deux termes féminins, désignant aussi l'Esprit —, revêt une importance considérable dans les gnosticismes esséno-chrétiens et dans les courants hédonistes où figure, sous une grande variété de noms et de formes, celle qui apporte le salut aux hommes. Épouse, mère et vierge, Sophia est à l'origine des deux Myriam-Marie, la vierge-mère et sa compagne Marie de Magdala (ainsi présentée dans l'*Évangile attribué à Thomas*), mais aussi du Saint-Esprit descendu sur le Messie.

Rédigée vers −50, la *Sagesse de Salomon* allie à la pensée judéo-grecque une conception magique qui connaîtra dans le courant hermétique, et en particulier à Alexandrie, une grande vogue. Flavius Josèphe rappelle dans les *Antiquités judaïques* que «Dieu lui accorda même de comprendre l'art contre les démons pour l'utilité et la guérison des hommes. Ayant composé des incantations grâce auxquelles sont soulagées les maladies, il a laissé des formules d'exorcismes par lesquelles les possédés chassent les démons afin que ces derniers ne reviennent jamais plus [7]».

Un extrait de la *Sagesse* lui attribue au reste la connaissance «du pouvoir des esprits et de la pensée des hommes, des variétés des plantes et des vertus des racines» (7, 20).

On a voulu y déceler les idées d'une communauté essénienne du lac Maréotis, que Philon nomme Thérapeutes, et il est vrai que la magie judéo-grecque n'est pas absente des textes de Qumrân [8]. Le gnosticisme chrétien du Ier et du IIe siècle comprend des groupes thaumaturgiques, dont les divers romans évangéliques de Jésus s'inspirent pour travestir leur héros en exorciste, guérisseur et faiseur de miracles.

Rejetée par le synode pharisien de 80-90, la *Sagesse de Salomon* entrera dans le canon catholique. Le platonisme où semble se fondre la mythologie biblique laisse entrevoir ce dépassement du judaïsme auquel travailleront les christianismes hellénisés dès la seconde moitié du IIe siècle.

En revanche, l'hostilité du judaïsme à l'encontre de l'hellénisation s'exacerbe à travers un mode d'expression original : la «révélation», mieux connue sous sa forme grecque «apocalypse» — un terme revêtu plus tard du sens de «catastrophe universelle».

Pensée cyclique bouclant, dans le raccourci fulgurant de la naissance et de la mort, l'origine et la fin des temps, l'alpha et l'oméga d'un monde créé pour s'anéantir sous sa forme terrestre et renaître dans un au-delà cosmique, l'apocalypse draine en une rage soudaine les multiples raisons d'en finir avec une existence vouée au malheur. Sa résolution suicidaire a des accents vengeurs, car aucun des puissants n'échappera au nivellement égalitaire de la mort qu'elle annonce. À travers les siècles, la créature opprimée y découvrira une panacée aux malédictions de l'injustice, la consommation des siècles qui fonde l'espoir du grand soir et des lendemains qui chantent. Elle est le chant d'une histoire immobile, figée dans sa glaciation et que seule peut ébranler une explosion totale. Née dans la rupture du judaïsme archaïque avec l'histoire, elle reparaîtra chaque fois que l'oppression désespérante éclatera sous les coups d'une révolution désespérée.

La littérature judaïque et chrétienne compte une cinquantaine d'apocalypses. Deux d'entre elles scintillent d'une lueur particulière dans le torrent spéculatif qui ravinera le paysage historique où vont proliférer les christs ou messies.

Sous le nom du patriarche légendaire Hénoch, les *Paraboles* contiennent une apocalypse dont l'influence a marqué le mythe de Jésus chez les chrétiens. Au terme d'une ascension qui le conduit dans le royaume des cieux, Hénoch voit de ses yeux le Fils de l'Homme, c'est-à-dire Adam, et découvre sa vraie nature : le Fils de l'Homme a collaboré à la création du monde en tant que partie intégrante de YHWH ; il siège ensuite à sa droite et à la fin des temps, qui est imminente, il reviendra sur terre afin de délivrer les hommes de leur pitoyable condition.

L'*Apocalypse attribuée à Daniel* reflète la lutte des religieux juifs contre la politique d'hellénisation d'Antiochus IV Épiphane. Par un artifice qui relève moins du mensonge délibéré que d'une vision cyclique de l'histoire, l'œuvre se prétend d'une époque antérieure et prévoit donc l'avenir. L'auteur antidate la prédiction d'événements qui se passent en fait sous ses yeux, vers −165, pendant la révolte de la famille Maccabée et de ses partisans, défenseurs de la foi.

Obéissant à une logique mythique, aussi conforme à la structure de l'hébreu que peu accordée à la rationalité du grec, qui échoue à le rendre, le récit transpose la situation politique sur le plan divin. Michaël, chef des anges et protecteur d'Israël, use de sa puissance pour sauver son peuple. Le visionnaire prophétise la ruine des quatre grands empires oppresseurs : la Babylonie, l'Assyrie, la Perse, la Grèce. La disparition effective, en −165, des trois premiers augure bien entendu la ruine du quatrième et ranime l'ardeur des combattants en démontrant que Dieu ne livrera jamais son peuple à une domination impie. Qu'une fois de plus l'écrasement des Juifs insurgés jette une ombre amère sur l'antienne : «Les temps sont proches où Sa puissance et Sa justice rétabliront Israël dans sa gloire», ne tarit pas la source d'inspiration d'un genre que, loin de le décourager, les échecs stimulent.

La dernière apocalypse juive sera aussi, sous sa forme hâtivement christianisée, la seule que retiendra, en dépit de celles qui fleurissent jusqu'au VIᵉ siècle, le canon catholique. L'original juif (perdu) stigmatisait sans doute la politique romaine de Tibère qui, dès 19, encourage les pogromes à Rome et interdit la religion juive en Italie.

La version grecque, attribuée à Jean, adopte le schéma de toutes les révélations : le mal a perturbé l'ordre divin ; il importe de le restaurer afin de propager sur terre le royaume des cieux et des saints. Le déchaînement des calamités sonne l'heure annonciatrice des Jours du Seigneur, l'extermination des méchants, la gloire de Jérusalem. L'ère de prospérité, de paix, de félicité paradisiaque coïncidera avec le triomphe des «communautés» ou Églises esséniennes.

En clamant que seule une aveugle foi en Dieu vaincra l'ennemi, l'*Apocalypse attribuée à Daniel* habillait d'émanations divines le manifeste des assidéens, observants fanatiques de la Loi mosaïque et troupes de choc de l'insurrection maccabéenne. L'apocalypse tardivement mise sous le nom de Jean résonne pareillement des échos du programme zélote ; peut-être la rage de détruire Rome ne fut-elle pas étrangère à l'incendie de 64, si déraisonnablement imputé à Néron.

Des guerres maccabéennes datent également les Psaumes, chants de louanges adressés à Dieu par les dévots, et dont la rythmique et les répétitions obéissent au souci d'imprégner les esprits et de conforter la foi.

CHAPITRE II
Diaspora et antisémitisme

Alors que l'hébreu *galout* (exil) s'emploie dans une perspective théologique et implique une eschatologie du déracinement et du retour, le terme grec *diaspora* renvoie à un phénomène historique : la dispersion des Juifs à travers le monde.

À l'origine, les Juifs de Judée et de Samarie sont chassés de Palestine par une conjuration de violences et de contraintes politiques. En −722, Israël, le royaume du Nord, tombe au pouvoir de la Babylonie ; en −586, le royaume de Judée succombe à son tour.

Une partie de la population subit la déportation, puisant dans son malheur l'espérance d'un retour sous la conduite d'un héros élu par Dieu pour secourir son peuple, sanctifié par les épreuves.

Le sens des réalités l'emporte néanmoins sur les desseins, au reste tortueux, de la providence. Beaucoup de Juifs exilés, peu soucieux de regagner leur patrie depuis qu'ils se sont ménagé une place confortable aux lieux mêmes de leur transplantation, créent des communautés, pratiquent leur culte, instaurent entre eux une politique d'entraide où les nantis soutiennent les plus pauvres.

Ainsi la première diaspora amorce-t-elle un mouvement de dispersion volontaire. Il s'accentuera après la conquête d'Alexandre, lorsque la Palestine, insérée dans le monde grec, participera de son intense activité commerciale. Les Juifs se propagent alors dans les contrées soumises aux Ptolémées et aux Séleucides, dont ils sont les sujets.

Aux communautés installées depuis longtemps en Égypte et en Babylonie s'ajoutent celles de Syrie, d'Asie Mineure et bientôt de l'empire gréco-romain tout entier.

La deuxième diaspora s'étendra du IIe siècle avant l'ère chrétienne aux abords de l'année 135, quand l'écrasement par Hadrien de la révolte de Bar Kochba marque le début d'un troisième et dramatique exode. La flamme de la persécution, ravivée par ces relaps du judaïsme que sont les chrétiens gréco-romains du IIe siècle et les catholiques du IVe, les consumera jusqu'au XXe siècle.

Au cours du IIe siècle avant l'ère chrétienne, la dynastie asmonéenne noue des relations diplomatiques avec Rome, où les communautés juives se multiplient.

«On ne trouverait pas facilement, écrit Strabon (qui vécut de −58? à +25?), un endroit sur la terre habitée qui n'ait donné asile à ce peuple, et dont il ne soit maître.» Et Agrippa, dans une lettre à Caligula : «Jérusalem est la métropole non seulement du pays de Judée mais de beaucoup d'autres en raison des colonies qu'elle a envoyées, selon les occasions, dans les pays voisins, en Égypte, en Phénicie, en beaucoup de parties de l'Asie, jusqu'en Bythinie, également en Europe, en Thessalie, en Béotie, en Macédoine [1].»

Comme dans la plupart des grandes villes de la Gaule du Sud, il y avait des Juifs à Lyon où, mêlés aux chrétiens de la Nouvelle Prophétie, ils furent victimes du pogrome de 177.

Des statuettes en terre cuite caricaturant des Juifs au phallus circoncis attestent la présence à Trèves, vers 275, d'une communauté assez ancienne pour attiser l'antisémitisme.

L'implantation juive dans les villes explique le caractère urbain du judéochristianisme, puis des christianismes hellénisés et déjudaïsés qui lui succèdent. Ainsi la qualification insultante de *goyim*, désignant les non-juifs, les mécréants, se traduira-t-elle chez les chrétiens antisémites du IIe siècle, en raison du mépris des villes pour le conservatisme des campagnes, par le terme de *pagani*, «paysans», «ploucs», «péquenots», soit en français «païens★».

Dans la population de l'Empire romain, les juifs constituent de 7 à 10 % de l'effectif global, soit quelque 6 millions de personnes, chiffre qui excède le nombre des habitants de la Judée.

Au Ier siècle de l'ère chrétienne, la colonie juive de Rome comptait de 40 à 50 000 personnes; elle disposait de quinze synagogues où se croisaient des sectes souvent rivales, sadducéens, pharisiens, esséniens, nazoréens ou ébionites, naassènes, séthiens, et des convertis au judaïsme de toutes nationalités, une diversité où le mouvement zélote et sa lutte terroriste contre les Romains jetteront le trouble.

Pendant six siècles, la propagation du judaïsme s'apparente à une forme de conquête. À la différence des époques futures, vouées au repli, un prosélytisme très actif multiplie encore les adeptes parmi les classes dominantes comme dans les milieux défavorisés. Excitée par l'intransigeance monothéiste, par les incessantes révoltes nationalistes et intégristes, l'hostilité de l'État s'accentue sous Tibère pour culminer avec le sac de Jérusalem en 70 et l'anéantissement de la nation juive en 135.

Pourtant, quatre siècles plus tard, le principe politique du monothéisme : «Un Dieu, un État, une nation», séduira le pouvoir romain, au terme d'une longue évolution qui verra les juifs spoliés de leurs textes sacrés par des christianismes gréco-romains, eux-mêmes exclus pour la plupart des Églises romaine et byzantine dont le règne commence à Nicée en 325.

★ Les historiens adoptent sans scrupule le mépris que le monothéisme nourrit à l'égard du polythéisme en parlant de païen et de paganisme.

PROSÉLYTISME JUIF ET ANTISÉMITISME

La Bible des Septante, version grecque des textes sacrés, forme le fer de lance du prosélytisme juif dans l'empire gréco-romain. Elle répond à une volonté d'ouverture sur le monde des *goyim* ; le pharisaïsme l'exprime en premier, avant de se dresser contre le modernisme de certaines sectes judéo-chrétiennes qui, non contentes de rejeter, comme l'essénisme, les sacrifices et les prêtres du Temple, remettent en question les rituels tatillons de la loi mosaïque, et surtout la circoncision, obstacle majeur aux conversions.

L'orthodoxie juive ne s'y trompe pas : elle tient la traduction grecque pour une trahison de l'esprit et de la lettre.

Avec la Bible des Septante, une civilisation dominée par le capitalisme commercial s'empare d'une civilisation de type agraire, murée dans son immobilisme et sa pensée mythique. Là commence la spoliation de la nation juive de ses écritures sacrées ; l'apologiste Justin n'affirmera-t-il pas, vers 160, qu'elles ont cessé d'appartenir aux juifs parce qu'ils ne les comprennent plus ? Pour la première fois, Adonaï devient le *kyrios*, le Seigneur, Josué se transforme en Jésus et *messiah* en *christos*, christ.

À mesure que le judaïsme hellénisé s'éloigne de la tradition judéenne — une tendance que l'essénisme antijudéen a nettement préparée —, le pharisaïsme, seule secte juive orthodoxe survivant au désastre de 70, opère un mouvement de repli sur le corpus biblique traditionnel, le *Talmud*. Attaquée de toutes parts, la communauté pharisienne se réfugie dans une attitude défensive, elle s'entoure de remparts dogmatiques, non sans ouvrir sur les visions cosmiques du gnosticisme la grande fenêtre de la kabbale.

Le judaïsme hellénisé s'est aisément enraciné en Samarie où brasille toujours le vieux refus de YHWH. Du royaume du Nord rayonneront le baptiste Dunstan/Dosithée, le nazoréisme, l'essénisme, la philosophie de Simon «père de toutes les hérésies».

Alexandrie, pépinière d'érudits et d'esprits curieux, possède une importante colonie juive. L'antisémitisme grec s'y défoule occasionnellement en féroces pogromes. C'est un creuset où se mêlent et se heurtent les opinions les plus diverses. Là jaillissent, à côté d'un puissant courant hermétiste brassant les mystères de l'Égypte, des textes apologétiques comme la *Lettre d'Atis-tée*, le *Quatrième Livre des Maccabées*, le *Contre Apius* de Flavius Josèphe, l'œuvre de Philon (qui vécut d'environ −20 à +50) où la foi judaïque absorbe la sagesse grecque et est absorbée par elle.

Même si Philon garde au cœur Jérusalem, métropole et patrie spirituelle, sa conception et son langage sont grecs. Philosophe de la diaspora, il jette les semences du judaïsme sur des terres étrangères où abondent les pierres de l'antisémitisme et où l'essénisme antijudéen se confond déjà avec le judéo-christianisme.

Dès le début du Ier siècle, l'idée d'un judaïsme rénové et rénovant la loi mosaïque coïncide avec le dynamisme d'un marché en pleine expansion où l'affairisme de la diaspora épaule et concurrence tour à tour les milieux d'affaires grecs et romains.

«Pour un marchand, écrit Josy Eisenberg, être ou devenir juif, c'est l'assurance d'établir aisément des relations d'affaires dans de nombreux pays, d'y bénéficier d'un accueil chaleureux et d'une large hospitalité. Pour les pauvres, l'appartenance au judaïsme pouvait représenter la garantie d'une assistance et de secours réguliers [...]. Il y a à Alexandrie des armateurs, des banquiers, de grosses fortunes juives. Mais, à considérer l'ensemble de l'Empire, la population juive comporte une majorité de petites gens. Les esclaves y sont nombreux. À Rome, ni le quartier de Trastevere, ni celui de la Porte Capère ou le Subure ne sauraient passer pour distingués. Ce que l'on reproche le plus souvent aux juifs, ce n'est pas d'être cousus d'or, mais bien plutôt d'être loqueteux et sordides [2]. »

Vers le début du IIIe siècle, l'historien Dion Cassius (vers 155-235) s'interroge encore sur le phénomène de l'expansion juive : «D'où vient cette dénomination ? Je l'ignore, toujours est-il qu'on l'étend à tous les hommes, même issus d'autres peuples, qui suivent la loi des Juifs. Cette espèce se rencontre même parmi les Romains. Bien des fois réprimés, ils ont toujours repris des forces et fini par conquérir le droit de pratiquer librement leurs usages. » Pour Dion Cassius, et cela deux cents ans après la prétendue naissance du christianisme, aucune différence notable ne s'établit encore entre pharisiens et chrétiens marcionites, chrétiens de la Nouvelle Prophétie, chrétiens valentiniens, naassènes, séthiens, gnostiques en tout genre.

Le discrédit qui atteignait nombre de cultes anciens ou modernes pratiqués dans l'Empire, les honneurs rendus comme à un Dieu à des despotes offrant le spectacle de leur dégénérescence et pimentant de leurs caprices sanguinaires l'impuissance où ils se trouvaient fort ordinairement d'imposer une politique cohérente à l'État, une dérision tranchant avec les protestations d'austérité et de grandeur patriotiques, tout incitait à la nostalgie d'une unité où la foi religieuse seconderait la ferveur citoyenne, alliant le charme du mystère et la raison calculatrice, ordonnant un nouveau mariage du ciel et de la terre, unissant aux audaces et à la modernité marchandes les prudentes vertus du conservatisme agraire.

Le monothéisme juif proposait justement un principe d'unité fondé sur une pratique communautaire dominée par la solidarité. Les milieux d'affaires tout autant que les classes pauvres des villes y découvraient un commun intérêt. La forte natalité — justifiée par le fait que n'avoir pas d'enfants «diminue l'image de Dieu» —, après avoir favorisé l'émigration de Palestine, jouait en faveur de l'essor démographique rapide des colonies juives dont la puissance sociale et économique s'accroissait.

«Même dans les masses, note au Ier siècle Flavius Josèphe, il y a depuis longtemps un vif désir de notre religion, et il n'est pas une seule ville grecque ou barbare où n'ait pénétré la pratique du septième jour pendant lequel on se repose, et où l'on observe les jeûnes et les usages des lumières, et beaucoup de nos prescriptions alimentaires [3]. »

C'est cependant sur l'écueil de rituels complexes qu'échouera le prosélytisme des juifs. Leur intransigeance procédait d'un conservatisme inconciliable avec la mentalité gréco-romaine. L'histoire des sectes judéo-chrétiennes et chrétiennes des origines s'articule selon d'incessants remaniements du monothéisme et du messianisme juifs, comme dictés par la nostalgie d'un Dieu étatisé, fort de l'obédience des nations.

Attrayante par sa doctrine unitaire, la religion juive irrite par son intolérance et son fanatisme. La destruction des monuments d'autres cultes, au nom de l'idolâtrie réprouvée par YHWH, suscite le scandale et attise la haine raciale des pogromes.

Partout où s'installent des communautés juives, les incidents et les conflits ne tardent pas à éclater, dès le Iᵉʳ siècle.

En 19, Tibère, qui régnera de 14 à 38, prend prétexte de troubles causés à Rome par «trois dévots juifs extravagants et une grande dame convertie au judaïsme» pour interdire le culte judaïque à Rome et dans l'ensemble de l'Italie. D'après Mommsen, «ceux qui ne consentirent pas à renier publiquement leur foi et à jeter dans le feu les vases sacrés furent chassés d'Italie, à moins qu'on ne les jugeât propres au service militaire ; ils furent alors incorporés dans les compagnies de discipline, mais leurs scrupules religieux en emmenèrent un grand nombre devant les conseils de guerre [4]».

Rome qui, jusqu'en 19, avait observé à l'égard du judaïsme la tolérance appliquée aux autres religions, use soudain de l'antisémitisme comme d'une dissuasion à la menace réelle ou imaginaire que la fréquence des rébellions palestiniennes propageait dans le Latium. Sans doute la répression inaugurée par Tibère n'est-elle pas étrangère à la décision des romanciers évangéliques de situer sous son règne l'existence historique de Jésus.

Quand Gaïus, successeur de Tibère, suscite en 38 le grand pogrome d'Alexandrie, Philon n'hésite pas, dans son *In Flaccum*, à fustiger la passivité de Flaccus et du pouvoir romain qui ont favorisé le parti grec, supérieur en nombre aux juifs.

Dans une lettre de 41, l'empereur Claude menace les juifs d'Alexandrie de les châtier s'ils ne renoncent à leurs menées subversives. Il les accuse de «fomenter une peste commune à tout l'univers».

En 49, le même Claude chassera les juifs de Rome parce qu'ils y provoquent des troubles. En 64, prenant prétexte de l'incendie de Rome, Néron organisera un pogrome que l'histoire officielle catholique présentera comme la première persécution des chrétiens.

La haine des juifs s'accroît encore avec l'insurrection de la Palestine à laquelle aboutit de 66 à 70 la longue guérilla zélote. «Dans les villes grecques voisines, Damas, Césarée, Askelon, Skytopolis, Nippos, Gadara, les Grecs massacrèrent les juifs. À Damas, de 10 500 à 18 000 juifs furent mis à mort [5].»

D'autres pogromes se succédèrent à Alexandrie, à Antioche, à Pella. Toutes les persécutions du Iᵉʳ siècle, que les catholiques enregistreront dans leurs martyrologes en vue d'accréditer leur ancienneté, furent en fait des pogromes. Le refus de «sacrifier aux idoles», si fréquemment rappelé dans les légendes hagiographiques, appartient en propre à l'obstination religieuse juive. En 38, Philon d'Alexandrie intercédera auprès de l'empereur en faveur des Juifs qui refusent de rendre hommage à sa statue. Les catacombes serviront, jusqu'à la fin du IIIe siècle, de sépulture et de refuge aux seuls juifs, et à quelques gnostiques vraisemblablement naassènes, que le pouvoir impérial traque sans distinction aucune.

Le plus fréquemment, les reproches adressés aux juifs par les moralistes romains portent sur l'impiété, justifiée par l'absence de prêtres, et sur l'immoralité, accusation traditionnelle à l'égard d'une communauté occulte, mal connue ou échappant au contrôle de l'État. Celse, dans son *Discours vrai*, ne laisse aucun doute : « Ces gens qui n'ont ni prêtres ni autels sont pareils à des athées, vivant en communautés closes, on leur suppose des mœurs dissolues. » Celse se souvient ici des « orgiastes » persécutés en − 42 dans l'Empire, où ils constituaient des groupes secrets, ravivant la tradition des cultes dionysiaques. Le même argument servira maintes fois à l'Église pour condamner les hérétiques [6].

Par ailleurs, la guérilla zélote n'a pas peu contribué à vulgariser l'image du « juif au couteau entre les dents » que l'antisémitisme du XXe siècle régurgitera, ignorant qu'elle trouve son origine chez le Juif pharisien Flavius Josèphe, ami des Romains, pour qui les zélotes sont des *lestoi*, des bandits, et des sicaires ou « tueurs au couteau ».

La stupidité de l'antisémitisme gréco-romain ne le cède en rien, nul ne s'en étonnera, à l'ignominie de ses résurgences modernes. Le poète Horace (65-8) s'irrite de voir son ami Fuscus, converti au judaïsme, observer le sabbat et refuser de « faire la nique aux juifs circoncis ».

Pétrone (10-66) les raille en assurant qu'ils adorent un Dieu-Cochon et rendent grâces à une tête d'âne [7]. Si le Dieu-Cochon ironise sur l'interdit de la viande de porc, la mention du Dieu à tête d'âne ne manque pas d'intérêt : une telle représentation figure sur nombre d'amulettes magiques séthiennes et confirme la présence à Rome, dans les milieux judaïsants des années 50, d'un groupe pour qui le messie est Seth, Fils de l'Homme, c'est-à-dire Fils d'Adam [8].

Pour Pline l'Ancien (28-79), « les juifs sont une nation célèbre pour son mépris des divinités » et, selon Lysimaque d'Alexandrie, « Moïse les exhorta à n'être bienveillants pour personne ». Martial (vers 40-vers 104) recourt au leitmotiv de la frustration fantasmatique, qui prête au racisme la violence du défoulement : « Tu n'évites même pas de faire l'amour avec des juifs circoncis », s'indigne-t-il, conscient du péril suspendu sur la virilité romaine.

Vers 120, Tacite dénonce dans les fréquentes conversions au judaïsme des membres de l'aristocratie romaine, voire des familiers de la cour impériale, le déclin de l'Empire et la corruption des vertus ancestrales. Il relève chez les juifs une commisération active qui contraste avec « la haine implacable qu'ils portent au reste des hommes ». Il parle d'« exécrable superstition » et les estime « moins convaincus d'avoir incendié Rome que de haïr le genre humain ».

Dès l'écrasement de Bar Kochba par Hadrien et la fin de la nation juive, l'antijudaïsme des judéo-chrétiens se mue en antisémitisme chez les chrétiens hellénisés, tant sous l'impulsion de Marcion, l'inventeur de Saül/Paul, que d'antimarcionistes comme Justin, qui tenteront de se rapprocher de Rome en excipant de leur hostilité à toute forme de judaïsme.

«Le judaïsme, écrit David Rokeah, laisse place à un produit de remplacement qui va poursuivre la conquête du monde païen. À partir du milieu du IIe siècle, l'activité de la "mission" chrétienne s'intensifie[9].»

Quand Philostrate affirme vers 230 : «Ce peuple s'était depuis longtemps insurgé non seulement contre les Romains, mais aussi contre le genre humain tout entier. Les hommes qui ont imaginé une vie insociable, qui ne partagent pas avec leurs semblables ni la table ni les libations ni les sacrifices, sont plus éloignés de nous que Suse ou Bactres[10]», ses propos peuvent être contresignés par ceux qui l'accuseront bientôt de déicide, à savoir les pères de l'antisémitisme ecclésiastique : Jean Chrysostome, Jérôme, Athanase, Augustin d'Hippone[11].

Le judaïsme entretenait une si morbide propension à se tenir pour responsable des épreuves d'un «Dieu juste» qu'il attirait, à la façon dont le masochiste sollicite le sadique, le coup de pied de l'âne que lui décocha, après l'écrasement définitif de 135, un mouvement issu de son sein et qui, pendant des siècles, martyrisera les juifs au nom de l'amour du Christ et d'un Dieu bon. Une double forfaiture préside à l'acte de naissance du christianisme : la spoliation des juifs de leurs textes et la légende d'un messie crucifié, dont le sang retombera sur eux. La sanglante ironie de ce que Deschner appelle l'«histoire criminelle du christianisme», c'est que le catholicisme n'a fait qu'entériner l'incessante réécriture des textes juifs par les prophètes, les esséniens, les juifs chrétiens et leurs *midrashim*, et la haine des esséno-baptistes pour Jérusalem dont les prêtres ont exécuté leur Maître de Justice.

CHAPITRE III
Les sectes judéennes

Le terme de «secte» ne comporte à l'origine aucune connotation péjorative. Il désigne des factions politiques et religieuses qui entraînent à leur suite une partie de la population.

Dès Alexandre et la domination grecque se confirme l'existence d'une secte samaritaine, issue de la séparation entre les royaumes du Nord et du Sud. L'hellénisation l'encourage en lui accordant d'édifier un Temple distinct de celui de Jérusalem. Ses membres ne connaissent et ne reconnaissent que le *Pentateuque* (les cinq premiers livres de la Bible) et le *Livre de Josué/Jésus*, dont un sermon d'Origène, écrit dans la première moitié du IIIe siècle, dévoile l'influence sur la genèse mythique du Sauveur messianique. La Bible samaritaine diffère du texte massorétique, établi postérieurement, et est proche des manuscrits découverts à Qumrân.

LES SADDUCÉENS

La secte des sadducéens apparaît, croit-on, vers 300 avant l'ère chrétienne. Elle s'inscrit dans la ligne politique du centralisme yahwhiste. Anti-daté de l'exil (586-536) mais rédigé en fait au IVe siècle, le *Livre d'Ézéchiel* décrit des prêtres conformes à l'idée qu'en donnent les sadducéens, Fils de Sadoq (ou Tsadoq). Cumulant le rôle de prophète et la fonction de sacerdoce, Ézéchiel unit sous un même ministère deux attitudes religieuses souvent opposées, celle de l'agitateur populaire et celle du fonctionnaire du Temple.

Prêtre qui passe pour avoir ordonné Salomon (*Rois*, 1, 38), Tsadoq évoque l'idée de justice selon la pratique sémitique du jeu de mots appelé *thémoura*, «procédé kabbalistique par lequel, sur la base d'un tableau logique de permutation, on remplace une lettre hébraïque par une autre. Ces remplacements, appliqués aux textes bibliques, permettent d'en multiplier les sens cachés (ou tenus pour tels) [1] ».

Ici, le mot clé est *tsedeq*, « justice », dont usera la secte judéo-chrétienne de Melchisédeq, Melchitsédeq. On le retrouve dans le culte essénien du Maître de Justice, dans le nom qu'ils se confèrent eux aussi de « Fils de Tsadoq », et jusque dans la qualité de « Juste » accordée à ce Jacob tenu pour apôtre par les légendes évangéliques chrétiennes et catholiques.

Le sadducéisme conforte la doctrine unitaire de l'État et du monothéisme. Caste dirigeante sacerdotale, le parti sadducéen fait du Temple de Jérusalem l'axe de son pouvoir temporel et le lieu privilégié où Dieu manifeste la volonté de guider son peuple. Hauts fonctionnaires du jugement divin, les sadducéens se consacrent surtout aux querelles de préséance et aux rivalités de pouvoir.

Chargés d'accomplir les sacrifices du Temple et de veiller à l'observance de rites auxquels YHWH plie l'existence quotidienne, ils ne diffèrent guère par la mentalité de ces princes-évêques du Moyen Age et de la Renaissance qui, vivant dans l'opulence et la débauche, ne protestent de leur foi que pour mieux assurer les prérogatives de l'Église et de leur autorité sacrée.

En bons conservateurs, ils assimilent le changement à la révolte et les proclamations prophétiques à l'apostasie. D'autant plus attachés à leurs privilèges qu'ils se prévalent d'un Dieu tout-puissant, ils n'hésitent pas à collaborer avec les envahisseurs et à réprimer férocement les Juifs qui ne s'en accommodent pas.

Les pharisiens les traiteront d'épicuriens, terme insultant selon leur opinion. Les chrétiens les accuseront de ne croire en rien, reproche que, par un malicieux retour des choses, Celse et ses contemporains adressent aux chrétiens qu'ils confondent encore, au IIe siècle, avec les juifs orthodoxes disparus depuis 70. Les sadducéens, il est vrai, rejettent trois grands enseignements pharisiens repris par les chrétiens : l'attente d'un messie, l'immortalité de l'âme et, évoquée pour la première fois dans le *Livre de Daniel* en −165, la résurrection des corps.

Leur soutien à la politique d'hellénisation d'Antiochus IV Épiphane provoque l'insurrection dite des Macchabées. En −169, le pillage du Temple et le massacre des factions hostiles au parti grec, suivis deux ans plus tard par l'instauration à Jérusalem du culte de Jupiter Olympien, suscite un soulèvement populaire nationaliste et religieux dont un certain Mattathias prend la tête. Le mouvement participe des grandes agitations prophétiques, exigeant pour tous une stricte obéissance à la loi mosaïque.

Tué en −166, Mattathias a pour successeur son fils Juda, surnommé Maccabée. Sous sa conduite, la rébellion se propage et contraint Antiochus IV Épiphane à abroger, en −164, les mesures prises à l'encontre de la religion. En dépit de l'amnistie et du rétablissement du culte, Juda poursuit le combat contre les occupants. Comme sa vindicte frappe pareillement les partisans de l'hellénisme, il s'aliène par son fanatisme une fraction des Juifs sensibles aux libertés de la pensée grecque et au bien-fondé de la critique rationnelle. La mort de Juda au cours d'un combat en −160 entraîne une répression impitoyable.

L'accession au pouvoir de Jean Hyrcan Ier (134-104) marque le début de la dynastie asmonéenne. Hyrcan se rend odieux aux Samaritains en s'emparant de leur pays. Il détruit le Temple du mont Garizim; il annexe, au sud de la Judée, l'Idumée et judaïse la cosmopolite Galilée. Son fils Aristobule lui succède, mais meurt un an plus tard, en − 103. Sa veuve épouse Alexandre Jannée (103-76), qui s'arroge le titre de roi.

Selon Flavius Josèphe, un nouveau parti intervient alors dans la querelle du pouvoir pontifical et du pouvoir monarchique — la vieille querelle du temporel et du spirituel. Le pharisaïsme affronte la secte sadducéenne, qu'une alliance avec les despotes du jour a maintenue dans ses privilèges.

Les pharisiens se prononcent contre l'attribution du titre royal à Alexandre Jannée. Celui-ci fait aussitôt crucifier 800 pharisiens; leurs femmes et leurs enfants sont égorgés sous leurs yeux.

De la même matrice tourmentée sortira une troisième secte, celle des Fils de Tsadoq ou Hommes de la Communauté, appelés «esséniens» par les Grecs. Hostiles aux sadducéens et aux pharisiens, ils manifestent de surcroît une violente opposition à Jérusalem, au Temple et à la pratique des sacrifices.

Collaborateurs de tous les occupants de la Palestine, les sadducéens ne survivront pas à la guerre des zélotes, qui se terminera par le sac de Jérusalem et la destruction du Temple en 70. À la fin du Ier siècle, les pharisiens détiendront seuls le monopole de l'orthodoxie juive [2].

LES PHARISIENS

L'appellation hébraïque de *peroushim* signigie «séparés, mis à part», allusion au schisme qu'entraîna vers − 163 la guerre nationaliste et sainte fomentée contre l'occupation grecque par Mattathias et son fils Juda Maccabée. Mieux connus sous leur nom hellénisé de pharisiens, les sectaires prônent la stricte observance de la loi mosaïque et opposent la ferveur populaire à l'hypocrisie sadducéenne.

Vitupérant les mœurs dissolues de la caste sacerdotale, le pharisaïsme, précurseur des mouvements de réforme qui fustigeront les mœurs de l'Église romaine, célèbre les vertus de la morale ascétique, souligne l'importance de la solidarité, encourage la piété et rallie une foule d'opprimés dont il canalise les sentiments de frustration, de désarroi et d'envie.

Il dispose dans sa lutte contre la domination sadducéenne de deux armes institutionnelles qui prouvent sa puissance d'organisation : le rabbinat et une assemblée de fidèles ou synagogue, modèle des futures Églises.

Quel que soit son métier, le *rabbi* («mon maître»), pédagogue laïque, dispense l'enseignement religieux dans les classes laborieuses. Après la défaite de 70 et la disparition du sadducéisme, ce sont les rabbins qui imposeront à la religion juive sa modernité, fixant le canon des textes sacrés, défendant l'orthodoxie, condamnant l'hérésie des *minim* (dualistes ou gnostiques) et des *noisrim* ou nazoréens.

Les synagogues, du grec *synagôgè*, «réunion», désignent des maisons de prières, d'études et de réunions. Les esséniens les imiteront en les appelant «communautés», en grec *ekklèsiai*, soit en français «église» pour le lieu, «Église» pour l'assemblée.

Lorsque s'abattra sur eux, vers −100, la sanglante répression d'Alexandre Jannée, allié des sadducéens, un grand nombre de pharisiens quitteront la Judée pour s'installer en Galilée. Là, ils rivaliseront avec les nazoréens dès la seconde moitié du Ier siècle *avant* l'ère chrétienne. Dans les villes de la diaspora, leur influence ne cessera de croître jusqu'aux grandes vagues antisémites de 70 et de 135.

Quand Pompée s'empare de Jérusalem en −63, inaugurant une domination romaine qui se perpétuera jusqu'en 324, les pharisiens choisissent à leur tour de collaborer avec l'occupant.

À la même époque, sous le pontificat de Jean Hyrcan II, un rabbi dissident, chef d'une communauté essénienne connu sous le nom de Maître de Justice, est mis à mort sinon à l'instigation du moins avec l'assentiment des pharisiens. Les esséniens voueront aux pharisiens une haine égale à celle dont ils accablent les sadducéens et le judéisme en général. Non seulement l'exécution du christ ou messie essénien prêtera son aura dramatique à la crucifixion de Jésus rapportée par les légendes évangéliques, mais elle accréditera de surcroît l'opinion d'une mort réclamée par les pharisiens.

Bien que peu prisés des rois choisis par les Romains, tel Hérode dit le Grand, ils estiment que les souverains gouvernent en raison d'une volonté divine et soutiennent le principe qu'il faut «rendre à César ce qui appartient à César».

Ils prennent le parti de Rome dans la lutte contre les zélotes, qu'un de leurs plus célèbres sectateurs, l'historien Flavius Josèphe, appelle des *lestoi*, «bandits», «terroristes». N'est-ce pas avec l'assentiment des autorités romaines que, peu avant la destruction de Jérusalem, le grand rabbin Johanan Ben Zakaï et les pharisiens quitteront la ville? L'exode, volontairement entrepris pour éviter un affrontement que les pharisiens désapprouvent, entrera sous une version falsifiée dans le roman apologétique connu sous le nom d'*Actes des apôtres* (fin du IIe siècle); les pharisiens s'y transforment en chrétiens, ainsi crédités de ne nourrir aucune hostilité envers Rome (dès la seconde moitié du IIe siècle, la politique des divers christianismes s'efforce d'obtenir de la part du pouvoir impérial romain un brevet de bon citoyen). Ils se réfugient à Pella, en Macédoine. Comme les sadducéens, les pharisiens pactisent avec le pouvoir en place afin de mieux situer la religion au-dessus des contingences terrestres. L'Église catholique n'agira pas autrement aux XIXe et XXe siècles. En revanche, les pharisiens s'attirent la haine et le mépris des zélotes et des factions esséniennes qui leur sont favorables.

Avec le pharisaïsme s'est popularisée la pratique du *midrash* ou commentaire biblique. Car les textes dits sacrés sont recopiés, remaniés sans scrupule en fonction des polémiques en cours, lus en public, expliqués, glosés, corrigés par l'évolution des mentalités, mis à jour, voire supprimés, comme le Livre de Tobie. Une littérature — *targum, midrash, mishna, Talmud* — se modèle ainsi au feu des assemblées et de la nécessité de dégager des textes une règle morale applicable à la communauté ou à l'ensemble des croyants.

Le courant paulinien, que Marcion imposera vers 140 à l'encontre des communautés judéo-chrétiennes se revendiquant de Pierre et de Jacques, doit une grande part de sa doctrine à l'enseignement pharisien : notamment l'au-delà où les morts ressuscitent individuellement après un Jugement dernier qui les a départagés en bienheureux, élevés dans un éden céleste, ou en damnés, précipités dans la géhenne ; l'existence des anges, agents et intercesseurs des grâces divines ; la fin du monde où un messie, envoyé par Dieu, anéantit les royaumes terrestres pour y substituer le royaume de Dieu ; l'imminence des temps où se révélera la puissance du Seigneur.

Comme les esséniens, les pharisiens pratiquent la cène ou banquet eucharistique, mais ils défendent une religion plus personnelle, moins austère, mieux accordée à la faiblesse humaine. Bien qu'attachés aux sacrifices et aux rigueurs tatillones des observances, ils se montrent beaucoup plus accommodants, s'attirant le reproche de laxisme de la part des esséniens qui, eux, refusent les sacrifices du Temple pour y substituer le sacrifice de l'existence et les macérations du corps.

Ils se montrent d'ardents prosélytes, à la différence des esséniens, des nazoréens ou de ces chrétiens elchasaïtes mentionnés dans une lettre de Pline le Jeune à Trajan, plutôt enclins à décourager les néophytes. Autre paradoxe, ils ne lèveront pas, comme les juifs chrétiens le réclament dans l'*Épître attribuée à Barnabé* (90 ? 100 ? 110 ?), l'obstacle de la circoncision, du sabbat, des rites de purifications, des interdits alimentaires.

Mettant l'accent sur une solidarité active, les pharisiens ont fait des synagogues des lieux d'entraide et de rencontre. Il s'y développe une manière de sécurité sociale, comportant l'assistance aux pauvres, aux vieillards, aux veuves, aux malades. Les Églises — judéo-chrétiennes puis déjudaïsées — reprendront à leur compte la politique caritative des pharisiens, misant sur elle pour s'implanter plus aisément dans les milieux populaires.

LE MOUVEMENT ZÉLOTE

Les zélotes constituent moins une secte à proprement parler qu'un front de guérilla nationale regroupant, dans une haine commune de l'occupant romain, les diverses tendances religieuses des Juifs de la Palestine et de la diaspora.

Roi de −37 à −4, Hérode n'a pas manqué de faire rebâtir le Temple, d'apaiser les scrupules religieux et de s'assurer de la faveur des partis sadducéen et pharisien. Pourtant, une agitation sans doute issue des milieux esséniens et baptistes (dosithéens, nazoréens) ravage ses États.

Parlant de la révolte de Juda de Gamala, Flavius Josèphe mentionne un bandit du nom d'Ézéchias : « Il y avait également un certain Juda, fils d'Ézéchias, ce redoutable chef de brigands qui n'avait été pris jadis par Hérode qu'avec les plus grandes difficultés[3]. »

Juda de Gamala ou de Galilée passant pour le chef de la révolte de l'an 6, la crucifixion de son père Ézéchias se situerait vers −30.

L'état endémique de révolte s'aggrave dès la mort d'Hérode, en −4. « Des troubles éclataient de tous côtés dans les campagnes [...]. Un esclave du roi défunt se ceint du diadème et, parcourant la région avec les brigands qu'il avait rassemblés, il incendia le palais royal de Jéricho, ainsi que beaucoup d'autres résidences luxueuses[4]. » Un berger, Athrongée, est également ceint du diadème et parcourt le pays, tuant des Romains et des gens du roi. Alors le général romain Varus est envoyé avec deux légions et quatre régiments de cavalerie.

En 6, le recensement organisé par Quirinus, légat de Syrie, donne le signal d'une insurrection générale, invoquée pour des raisons religieuses, car «seul Dieu peut faire le compte de son peuple★», mais suscitée surtout par le sort misérable des classes défavorisées. Elle est dirigée par Juda de Gamala, sur lequel Flavius revient plusieurs fois :

« Alors, un Galiléen, du nom de Juda, poussait ses compatriotes à la révolte, en leur reprochant d'accepter de payer l'impôt aux Romains et de supporter des *maîtres mortels, en dehors de Dieu*[5]... »

« Il y avait également *un certain Juda, fils d'Ézéchias*, ce redoutable chef de brigands, qui n'avait été pris jadis, par Hérode, qu'avec les plus grandes difficultés. Ce Juda réunit autour de Sepphoris, *en Galilée*, une troupe de désespérés et fit une incursion contre le palais royal. S'étant emparé de toutes les armes qui s'y trouvaient, il en équipa ceux qui l'entouraient, et emporta toutes les richesses qu'il avait recueillies en cet endroit. Il terrorisait tout le voisinage par ses razzias et ses pillages, visant à une haute fortune *et même aux honneurs de la royauté*, car il espérait parvenir à cette dignité, non par la pratique de la vertu, mais par l'excès même de son injustice[6]... »

« Mais un certain Juda le Gaulonite, de la ville de Gamala, s'adjoignit un pharisien nommé Saddok, et se précipita dans la sédition. Ils prétendaient que ce *Recensement* n'amenait avec lui rien de moins qu'une servitude complète, et ils appelaient le peuple à revendiquer sa liberté. Car, disaient-ils, s'il leur arrivait de réussir, ce serait au bénéfice de la fortune acquise, et s'ils étaient frustrés du bien qui leur restait, du moins obtiendraient-ils l'honneur et la gloire d'avoir montré de la grandeur d'âme. D'ailleurs, Dieu collaborerait de préférence à la réussite de leurs projets, si, épris de grandes choses, ils n'épargnaient aucune peine pour la réaliser...

« De là naquirent des séditions et des assassinats politiques, tantôt de concitoyens, immolés à la fureur qui les animait les uns contre les autres, et à la passion de ne pas céder à leurs adversaires, tantôt d'ennemis ; la famine poussant jusqu'aux extrémités les plus éhontées ; des prises et des destruc-

---

★ Ainsi que le précise le recensement de David dans le *Livre de Samuel* (2, 24).

tions de villes, jusqu'à ce qu'enfin cette révolte livrât le Temple même de Dieu au feu de l'ennemi. Tant le changement des institutions nationales et leur bouleversement ont d'influence pour perdre ceux qu'ils atteignent, puisque Juda de Gamala et Saddok, en introduisant et en éveillant chez nous une *quatrième secte philosophique*, et en s'entourant de nombreux adhérents, remplirent le pays de troubles immédiats, et plantèrent les racines des maux qui y sévirent plus tard, et cela grâce à cette philosophie inconnue avant eux, et dont je veux parler un peu, principalement parce que c'est *la faveur de la jeunesse pour leur secte*, qui fut cause de la ruine du pays.

« La quatrième secte philosophique eut pour auteur ce Juda le Galiléen. Ses sectateurs s'accordent en général avec la doctrine des pharisiens, mais ils ont un invincible amour de la liberté, car ils jugent que *Dieu est le seul chef et le seul maître*. Les genres de mort les plus extraordinaires, les supplices de leurs parents et amis, les laissent indifférents, pourvu qu'ils n'aient à appeler aucun homme du nom de maître. Comme bien des gens ont été témoins de la fermeté inébranlable avec laquelle ils subissent tous ces maux, je n'en dis pas davantage, car je crains, non pas que l'on doute de ce que j'ai dit à leur sujet, mais au contraire que mes paroles ne donnent une idée trop faible du mépris avec lequel ils acceptent et supportent la douleur. Cette folie commença à sévir dans notre peuple sous le gouvernement de Gessius Florus, qui, par l'excès de ses violences, les détermina à se révolter contre les Romains. Telles sont donc les sectes philosophiques qui existent parmi les Juifs [7]... »

Le texte de Flavius Josèphe appelle plusieurs remarques. Le mouvement des zélotes ou « zélés serviteurs de la loi de Moïse » ne prend pas naissance sous le gouvernement de Gessius Florus, c'est-à-dire en 65 ; il surgit dans la coulée de Juda de Gamala, dit le Galiléen comme ce messie Jésus dont Josèphe ignore l'existence, et qui voulut lui aussi devenir roi des Juifs.

Le nom du pharisien, Sadoq, que Flavius Josèphe, pharisien lui-même, tient en médiocre estime, évoque l'idée de justice, commune au Maître de Justice des esséniens et au Jacob/Jacques des judéo-chrétiens. Enfin, que l'historien appelle « quatrième secte » un regroupement de diverses tendances religieuses ne suggère-t-il pas l'idée d'un syncrétisme religieux où chaque combattant, ne reconnaissant d'autre autorité que celle de Dieu, est aussi frère et témoin d'Adonaï, du Kyrios, du Seigneur ?

En 45, Caspius Fadus, nommé par l'empereur Claude gouverneur de Judée, doit faire face à une insurrection menée par le messie Theudas (*alias* Juda ou Thomas), entraînant à sa suite un grand nombre de pauvres. A l'instar d'Élie et d'Élisée de la mythologie hébraïque, il promet à ses troupes de prendre Jérusalem et de leur faire traverser le Jourdain à pied sec. Par la promesse de mener ses ouailles vers la terre sainte, il réédite le geste de Josué. Fadus vient à bout de la révolte. Theudas décapité, ses partisans sont massacrés.

Entre 46 et 48, Tibère Alexandre, qui a succédé à Fadus, ordonne la crucifixion des deux fils de Juda de Gamala, Siméon (Simon) et son frère Jacob (Jacques).

Sous Agrippa III, de nouveaux heurts éclatent entre juifs et zélotes, vers

49. Des combats font rage aux abords du Temple. En 66, Césarée est le théâtre d'affrontements entre Juifs et Grecs. Deux ans plus tard, un incident met le feu aux poudres. Éléazar, fils du grand-prêtre Anania et chef de la garde du Temple, tue le troisième fils ou le petit-fils de Juda de Galilée, Menahem, l'un des chefs du mouvement zélote (son nom signifie «paraclet», «consolateur»). La guerre générale contre Rome et l'indépendance d'Israël sont proclamées dans une grande confusion, car les Juifs de factions rivales se massacrent à Jérusalem. Elle durera jusqu'en 70.

Flavius Josèphe, qui avait été gouverneur de la Galilée, parle en connaissance de cause de la campagne de Vespasien :

«Après la prise de Jopata, tous les Galiléens qui avaient échappé au bras des Romains se livrèrent à eux. Ils occupèrent alors toutes les places, hormis Gischala et le mont Itabyrios (le Thabor). Aux insoumis se joignit aussi Gamala, ville des Tarichéens, située au-dessus du lac, là où prenait fin le royaume d'Agrippa, et voisine de Sogoné et de Séleucie, et là où se trouve aussi le lac Séméchonitis. Sa largeur est de soixante verstes, et il arrive au bourg nommé Daphné, qui est de toute beauté, et il y a là des sources d'où naît le petit Jourdain, sous le temple de la Vache d'Or (un des veaux d'or de Jéroboam : *I Rois*, 12, 29), avant d'arriver au grand Jourdain. Agrippa, en députant à ces places et en leur donnant sa foi, les avait pacifiées.

«Mais Gamala ne se soumettait pas, comptant sur sa solidité, car le sol était rocheux, et la ville se dresse sur un contrefort, comme sur un cou et deux épaules, et a l'apparence ainsi d'un chameau. Aussi fut-elle nommée *Gamal*, les gens du pays ne pouvant l'appeler de son véritable nom de *Kamil* (prononciation galiléenne de *Gamal*), parce qu'ils détestent cet animal (en grec *kamélos*).

«Sur son flanc et de face, étaient des précipices sans fond ; sur le derrière, elle n'était pas très fortifiée, mais les habitants l'avaient renforcée d'un profond fossé. Quant aux demeures, ils les avaient bâties extrêmement serrées à l'intérieur de la place, et ils avaient foré des puits au bout de la cité.

«Si forte que fût la place, Flavius Josèphe l'avait fortifiée davantage en construisant des remparts solides, et établi des conduits et des souterrains, afin que l'on pût circuler aussi sous terre [8].»

Située à l'est du lac de Tibériade (Génésareth), Gamala, en dépit de sa situation privilégiée, tombe aux mains de Titus, fils de Vespasien, au prix de durs combats.

En août 70, la Decima Legio romaine s'empare de Jérusalem, la saccage et ruine le Temple. La résistance désespérée des zélotes se poursuivra jusqu'à la chute de leur dernière forteresse, Masada, en 73.

Dans la première moitié du IIe siècle, la révolte se ranime sous la conduite du messie Bar Kochba. Hadrien l'écrasera en 135, réduisant pour dix-neuf siècles la nation et l'État juifs à l'inexistence.

Si Flavius Josèphe parle des zélotes comme d'une secte, c'est que l'insurrection a été vécue comme une véritable épopée nationale et religieuse, une saga dont les fragments épars nourriront les *midrashim* de la colère, du désespoir et de l'eschatologie avant d'être remaniés, fautivement traduits en grec et implantés dans des récits de propagande — chrétiens puis catholiques — qui en dénaturent le sens.

Des juifs de toutes croyances se rencontrent parmi les zélotes. En aristo-crate hellénisé, Flavius Josèphe, fonctionnaire de l'Empire romain, leur repro-che leur violence et leur fanatisme★. Mais, la xénophobie et le messianisme nationaliste aidant, les tendances religieuses s'amalgament en une apparente unité dont le judéo-christianisme tirera, après la défaite, une manière de spé-cificité.

Le pharisaïsme y exprime l'espérance du salut, la fin imminente du monde, l'approche du Jugement dernier et de la résurrection.

En dépit du pacifisme dont on les crédite généralement, les esséniens par-ticipent au mouvement zélote. La Decima Legio rasera le site de Qumrân. Parmi les textes retrouvés à Masada figure, outre la *Sagesse de Jésus ben Sira*, un rituel spécifiquement essénien, la prière du sabbat en union avec les anges du ciel [9].

Qu'en est-il de la présence judéo-chrétienne de type ébionite ou nazoréenne ? Les œuvres de Flavius Josèphe mentionnent plusieurs noms qui se retrou-vent dans la littérature d'exégèse et de propagande, s'échelonnant des *midrashim* hébreux ou araméens du Ier siècle aux textes catholiques des IVe, V^e et VIe siècles. Il semble ainsi qu'en raison de l'esprit ahistorique du judaïsme les deux chefs zélotes Jacob/Jacques et Simon, fils de Juda de Gamala, « revêtent » Jacob de Kepher Schanya, chef d'une communauté nazor-réenne, exécuté entre 41 et 42 sur les ordres d'Hérode Agrippa, et Simon l'Essénien, ennemi de Jochanaan dit Jean le Baptiste. Le premier deviendra Jacques le Juste, le second Simon/Pierre, issu de Simon Kephas (Simon le roc, Simon le caillou, Simon le chauve, Simon le cruel, Simon l'inébranlable ?).

L'agitateur Theudas contient le doublon Jude/Judas et Thomas. Les légen-des évangéliques le qualifient d'Athlète (selon l'expression essénienne « ath-lètes de vertu ») et de « frère du Seigneur ». Les quatre noms entreront dans la récollection future des apôtres élus au patronage des diverses communau-tés. Vers la fin du IIe siècle, le rassemblement des apôtres composera l'équipe du seul héros dont il n'existe aucune trace en dehors de la mythologie hébraï-que, Josué/Jésus.

Il n'est pas sans intérêt de mentionner la thèse de Brandon, pour qui Jésus fut un zélote mis à mort avec d'autres brigands ou *lestoi*. Saül/Paul, adver-saire des communautés ou Églises se revendiquant de Jacques et de Simon/Pierre, l'érige en valeur exemplaire de son système sautériologique et

---

★ Rien n'exclut que l'incendie qui ravage Rome en 64, et auquel répondent les pogro-mes de Néron, soit l'œuvre de la faction dure des zélotes, active dans la communauté juive romaine. En 49, des troubles imputés aux juifs avaient éclaté à Rome.

À supposer qu'il ne s'agisse pas d'une interpolation, la formule « *impulsatore Christo* » qu'emploie vers 130 Suétone dans sa *Vie des douze Césars* (« à l'incitation d'un mes-sie », *chrestos* ou *christos* traduisant simplement l'hébreu *messiah*) s'y réfère.

pénitentiel. Par souci de complaire à Rome, il substitue au terroriste un saint mis à mort non par les Romains mais par les Juifs, qui ne lui pardonnent ni son pacifisme ni l'œcuménisme de son Dieu de bonté. Les fictions qui prennent au XXᵉ siècle le relais des Évangiles canoniques pour ravaler la statue d'un Jésus historique accordent un crédit croissant à l'hypothèse zélote, supputant que Jésus fut le frère de Jacques et de Simon, et donc le fils de Juda de Gamala★.

Bien que la thèse de Dubourg d'un Josué biblique, incarné en plusieurs prophètes, confirme l'inexistence d'un Jésus historique jusque dans la seconde moitié du IIᵉ siècle (en 150, un ouvrage reconnu par toutes les Églises de l'époque comme le *Pasteur attribué à Hermas* l'ignore encore), elle n'exclut pas l'intervention, dans la longue lutte des dissidences juives contre Rome, d'un «nouveau Josué» auquel s'identifie peut-être ce Theudas/Thomas plus tard appelé souvent «frère jumeau de Jésus».

Dès 70, Rome impose à la Palestine la paix des cimetières. L'aristocratie sadducéenne a disparu, le dernier parti zélote résiste désespérément à Masada. Les Samaritains et les esséniens, entrés dans la guerre aux côtés de Judéens, sont décimés et se réfugient dans les villes de la diaspora. Seuls les pharisiens amis de Rome et défenseurs de la paix échappent à la violence des vainqueurs, mais pour tomber sous l'animosité des vaincus, ces esséno-chrétiens eux-mêmes déchirés en une multitude de sectes, répudiant le Dieu sanguinaire d'Israël, contestant la loi de Moïse, redécouvrant le pacifisme un instant délaissé.

★ On ne manque pas de citer des propos peu conformes à la douceur du Messie et qui a subsisté dans la rédaction composite des Évangiles : «Au reste, amenez ici mes ennemis qui n'ont pas voulu que je règne sur eux, et égorgez-les en ma présence. Après avoir ainsi parlé, Jésus se plaça en tête des siens pour monter à Jérusalem» (*Évangile attribué à Luc*, 19, 27-28).

CHAPITRE IV

Les Hommes de la Communauté ou esséniens

Seuls Flavius Josèphe et Philon d'Alexandrie désignent par *essènoi* ou *essaoi**, que Dupont-Sommer [1] traduit par «congrégation», «hommes de la communauté», une dissidence juive hostile aux deux sectes dominant la Judée et la diaspora, le sadducéisme et le pharisaïsme.

Hadot n'exclut pas une influence de l'araméen *ossio*, «médecin», de nature à justifier l'appellation de Thérapeutes ou «médecins des âmes» que Philon prête à une secte essénienne installée non loin d'Alexandrie.

Eux-mêmes, ainsi qu'il est loisible d'en juger par les manuscrits découverts à Qumrân, se nomment «Hommes de la Communauté», «Conseil de Dieu», «Conseil de la Communauté», «Fils de Sadoq ou Tsadoq» (Fils du Juste ou de la Justice). D'une manière générale, ils s'intitulent les «Fidèles» ou les «Pieux», en hébreu *châssé* (le syriaque *hasaya*, qui signifie «pieux», «saint», se rapproche phonétiquement d'«essénien». «La porte orientale de Jérusalem, qui regarde le pays des esséniens, a conservé le nom de *Bab Essahioun*, qui semble rappeler le nom de cette communauté mystérieuse [2]. »

Selon des textes qumrâniens plus tardifs, ils forment la secte de la «Nouvelle Alliance», formule que Marcion, s'inspirant selon toute vraisemblance du juif chrétien Saül, traduira par Nouveau Testament, pour l'opposer à l'Ancien avec un succès qui ne s'est pas démenti.

En quelque deux siècles d'existence, l'essénisme, dont l'expansion suit les traces de la diaspora, n'a pas manqué d'emprunter diverses filières et d'embrasser plusieurs doctrines. Philon parle des «Thérapeutes» du lac Maréotis. Dans certains textes, les Hommes de la Communauté s'identifient aux *ebbyonim* , les «pauvres», qu'il y a tout lieu de rapprocher de la secte judéo-chrétienne des ébionistes, proches ou rivaux des nazoréens, et auxquels semblent s'opposer les *rebym*, les «nombreux», terme employé par Saül/Paul pour désigner ses disciples.

---

* De l'hébreu *esah'*, «conseil», «parti».

HISTOIRE DE LA SECTE

Récusant une première hypothèse, qui fixait l'origine de la dissidence essénienne sous les Asmonéens Jonathan et Simon, Dupont-Sommer la situe plutôt sous Alexandre Jannée (103-76).

L'opposition aux prétentions monarchiques du grand-prêtre Alexandre Jannée aurait incité le chef des esséniens à se retirer, comme jadis Moïse, dans le désert avec ses partisans.

« Nous savons par Flavius Josèphe qu'Aristobule Ier, succédant au grand-prêtre Jean Hyrcan, son père, ajouta le premier à son titre de grand-prêtre celui de roi. Un an plus tard, en −103, son frère Alexandre Jannée lui succédait et ne désavouait pas cette initiative hardie : il prenait à son tour le titre de roi. Des trois grands partis juifs, seul le parti essénien s'opposa fermement à cette innovation [3]. »

La résolution de quitter Jérusalem et de gagner le désert est évoquée dans *La Règle de la guerre des fils de la Lumière contre les fils des Ténèbres*.

Où s'installe la communauté ? L'historien Dion Chrysostome (environ 42-environ 125) parle d'esséniens habitant près de Sodome. Pour Saulcy, Qumrân serait Gomorrhe [4]. Doresse se contente d'affirmer : « Sodome et Gomorrhe comptaient parmi les lieux où s'établirent leurs colonies [5]. »

Le premier maître de la secte porte, dans l'*Écrit de Damas*, le titre de prêtre. Il serait issu de la famille sacerdotale de Gemul et sa dissidence procède, à l'origine tout au moins, d'une lutte de pouvoir dans la caste sadducéenne, attachée mythiquement à ce Sadoq, grand-prêtre sous Salomon.

Son titre renvoie à la notion sacrée de justice, à ces justes ou saints que Dieu désigne comme ses élus et dont l'exemple de Jacob/Jacques se perpétuera dans le christianisme. C'est aussi le sort de Melchisédeq, personnage biblique secondaire, élevé par la consonance symbolique de son nom *tsedek*, «justice», à la dignité de messie chez certains esséniens. Des fragments issus de *midrashim*, repris dans les billets attribués à Saül/Paul, attestent encore la vénération professée à l'égard d'un *alter ego* du Maître de Justice.

Vers −100 se développe donc à Qumrân une secte juive dissidente du sadducéisme et hostile à ces pharisiens que persécute Alexandre Jannée. À la mort du monarque et grand-prêtre, sa veuve, Alexandra (76-77), occupe le trône et désigne au poste de souverain pontife son fils Hyrcan II.

À la mort d'Alexandra, une guerre oppose Hyrcan II (67-63) à son frère Aristobule II. Les pharisiens se rangent aux côtés du premier, les sadducéens choisissent le second.

Vers −65, la persécution d'Hyrcan II s'abat sur les esséniens qui se réfugient à Damas, ville sainte dont le nom hébreu (DMS) signifie «sanctuaire [6]». Sa fondation mythique est attribuée à Seth, Fils de l'Homme (c'est-à-dire d'Adam), dont l'importance, soulignée dans les manuscrits de Qumrân comme dans les textes découverts à Nag-Hammadi, démontre l'existence de sectes tenant Seth pour le Messie. L'*Écrit de Damas* situe l'événement peu avant l'arrivée de Pompée en Judée, en −63.

Entre −65 et −63 éclate un drame dont les conséquences eschatologiques dépasseront l'histoire des esséniens : la mise à mort du Maître de Justice, celui qui, selon le *Commentaire d'Habacuc*, est «le prêtre que Dieu a placé dans la [Maison de Juda] pour expliquer toutes les paroles de ses serviteurs les prophètes». S'agit-il, comme le suggère Dupont-Sommers, d'Onias le Juste, mis à mort dans le camp d'Hyrcan II⋆ ?

Quoi qu'il en soit, les textes de Qumrân opposeront désormais à l'exécration du despote ou «Prêtre impie» la vénération de sa victime, le «Dernier Prêtre», le «Messie de l'Esprit». Philonenko voit dans le martyre d'Ésaïe une transposition de l'histoire de la secte et de l'exécution sacrificielle de son messie [8].

Lorsque Pompée, en −63, s'empare de Jérusalem et rase le Temple, les esséniens propagent la rumeur d'une juste punition infligée par Dieu aux Judéens, coupables de la mort du Messie. Le scénario, colorant l'antijudéisme en antisémitisme, entrera au IIe siècle dans l'élaboration romanesque de la mort de Jésus.

Peu à peu, les Hommes de la Communauté regagnent la région de la mer Morte, non sans laisser d'importantes colonies dans les cités de la diaspora et à Damas, la ville sanctuaire où la biographie légendaire de Saül/Paul situe l'illumination du prophète et sa révélation du Messie.

L'invasion des Parthes, ravageant la région de Qumrân entre −38 et −40, et un tremblement de terre ruinent une communauté séculière dont l'importance numérique est attestée par le développement architectural des bâtiments, l'extension des cultures, le système d'irrigation et jusqu'au cimetière, où reposent hommes et femmes.

L'attitude tolérante d'Hérode (−37-4) favorise la liberté de déplacement des esséniens. Ils sillonnent les routes qui, de Jérusalem à la mer Morte, longent les rives du Jourdain. Là se manifestera un important mouvement baptiste. Faut-il voir un essénisme évolué, dépouillé de son élitisme, ou la perpétuation des enseignements du messie Dunstan/Dosithée, crucifié lui aussi, dans ce nazoréisme implanté en Judée, en Galilée et en Samarie bien avant l'ère chrétienne ?

La guérilla contre Rome provoque, dès −4, un nouvel afflux de population à Qumrân. Il est plus que probable qu'une fraction de l'essénisme a fourni des armes doctrinales au mouvement zélote. Il y avait, à Masada, des esséniens pour qui *La Règle de la guerre des fils de la Lumière contre les fils des Ténèbres* syncrétisait combat eschatologique et guerre nationale.

En 68, le site de Qumrân est dévasté par la Decima Legio Pretensis, la horde militaire d'élite envoyée par Rome afin d'écraser l'insurrection juive. L'essor de l'essénisme n'est pas brisé, il commence.

⋆ Selon J.-M. Rosenstiehl [7], le noyau ancien de l'*Apocalypse d'Élie* se rapporte à l'époque d'Hyrcan II. Un roi qui n'est pas oint persécute la vierge Tabitha qui est la Communauté de Qumrân, mais l'Oint, le Messie, vient la délivrer et l'emmène au paradis terrestre. Le retour d'Hénoch évoque celui du Maître de Justice.

Avec le châtiment divin s'abattant sur Jérusalem et sur le Temple, qu'ils n'ont jamais cessé de vouer à l'exécration, les Hommes de la Communauté se montrent, au grand jour de la diaspora, pour ce qu'ils ont toujours été : des messianistes juifs attendant le retour imminent de leur *kyrios*, de leur Seigneur, des illuminés que les Grecs appelleront, aux abords du IIe siècle, des *chrestianoi* ou *christianoi*, c'est-à-dire tout simplement des messianistes, et non pas, comme le suggèrent mensongèrement les historiens, des disciples d'un Christ unique.

Contrairement à ce qu'affirme Renan, le christianisme n'est pas un essénisme qui a réussi ; il n'est rien d'autre que l'ensemble des sectes esséniennes, qu'englobe le terme général de judéo-christianisme, et qui s'opposent au pharisaïsme.

Épargnés par la répression romaine, les pharisiens resserrent les rangs, se replient sur une canonicité rigoureuse, concrétisée par le *Talmud* et ses commentaires. Ils combattent deux hérésies, les *noisrim* ou nazoréens, préoccupés par la réforme de la Loi mosaïque, et les *minim* ou gnostiques, «ceux qui savent», dont l'éventail s'étend des dualistes, opposant le Dieu bon et YHWH, à la doctrine simonienne du salut individuel par la création de soi.

MONACHISME ET ORGANISATION ECCLÉSIALE

L'essénisme a beaucoup évolué en deux siècles. Si sa forme archaïque, de type monastique, n'a pas disparu des ermitages et monastères coptes, fondés par Pacôme et Macaire vers 251, sous la persécution de Dèce, la doctrine a pris des colorations plus modernes qu'expriment l'ébionisme, le nazoréisme, l'*Épître attribuée à Barnabé*, les enseignements de Saül/Paul, voire l'elchasaïtisme des *Homélies de Pierre attribuées à Clément*, sans parler des hénochiens, des melchisédéchiens et des séthiens.

Les fouilles pratiquées à Qumrân ont dégagé un bâtiment carré, flanqué d'une tour peut-être destinée à guetter le retour du Messie mis à mort vers −63.

Un système de canalisations alimente, au départ d'un torrent, sept piscines dotées d'un escalier et quelques bassins ronds, réservés au baptême des néophytes et aux ablutions purificatrices.

Consacré au culte et aux rencontres, le monastère n'abrite pas les membres de la communauté, logés dans le voisinage. Une salle de réunion sert à la lecture et à l'exégèse des textes bibliques, réécrits et remaniés sans scrupules par des sectaires convaincus de détenir seuls la vérité. Ne louent-ils pas leur Christ de leur avoir révélé les sens des Écritures, les élevant ainsi au statut d'élus de Dieu, de saints, de «parfaits»?

Là se célèbrent aussi les banquets sacrés ou «cènes», repas rituels de pain et de vin (ou d'eau) par lesquels les fidèles communient avec la présence de Dieu (l'eucharistie catholique s'en inspirera, ajoutant au passage le symbolisme de la chair et du sang, emprunté au culte phrygien d'Attis).

La population moyenne de Qumrân s'élève, selon les estimations, à quelque 200 personnes. Le système autarcique se fonde sur l'agriculture, abandonnée aux soins des néophytes, tandis que les Parfaits s'adonnent aux louanges du Seigneur, au chant des hymnes, à l'exégèse des textes sacrés. Flavius Josèphe estime à 4 000 le nombre des esséniens répartis à Alexandrie (où Philon les connaît sous le nom de «thérapeutes»), à Damas, en Grèce, en Asie Mineure, en Italie.

Les cimetières ont livré des squelettes d'hommes et de femmes, épouses probables des convers affectés aux activités laborieuses et à qui il est accordé de se marier dans le but de procréer. Ils enterrent leurs morts la tête vers le nord, à la différence des autres juifs, qu'ils tiennent pour des mécréants, car ils se jugent seuls représentants du vrai Israël. Ils embrassent dans une même exécration sadducéens et pharisiens, coupables d'avoir versé le sang du Messie. Refusant les sacrifices accomplis sous l'égide du grand-prêtre, ils appellent la vengeance divine sur le Temple, objet d'infamie rebâti par Hérode.

Quant à Jérusalem, ils nourrissent l'ambition de la délivrer des juifs qui par leurs doctrines impies profanent la sainteté du lieu. Parmi plusieurs tentatives effectuées en ce sens, le tumulte suscité par Theudas/Thomas et ses 4 000 «pauvres» (ebbyonim) participe bien de l'esprit essénien.

La répartition du temps les distingue également de leurs coreligionnaires. Seuls vrais observants de la loi mosaïque, ils prétendent tenir leur calendrier d'une révélation divine. À la différence du calendrier judéen, le leur est solaire et non lunaire.

Selon les indications que préconise Ézéchiel, l'année s'y divise en quatre trimestres et en mois de 30 et 31 jours, de sorte que les fêtes tombent à date fixe. La pâque échoit le mercredi 14 Nizân, deux jours avant la pâque célébrée à Jérusalem [9].

Tel est le calendrier auquel se réfère le roman évangélique de Josué/Jésus et qu'adoptera l'orthodoxie catholique quand, s'appropriant à son tour le contrôle du temps, elle ancrera arbitrairement en un point zéro le départ de deux mille ans d'ère chrétienne.

Les esséniens remplacent les sacrifices du Temple par le sacrifice du corps : la mortification éteint le feu des désirs et attise l'ardeur de l'esprit, à quoi se réduit leur misérable existence. Leur ascétisme forcené nourrit l'ordinaire misogynie des peuples patriarcaux et la pousse à l'état de névrose. Les manuscrits de Qumrân comportent un poème contre la femme, source de tous les maux et perdition de l'homme [10].

La Règle de la guerre proscrit les relations sexuelles et exclut des troupes des Lumières la femme, le jeune garçon et l'impur, entendez celui qui a éjaculé [11].

Un texte plus tardif, issu de Damas, tolère le pis-aller du mariage, mais dans le seul but de procréer et de perpétuer la secte.

Le mépris de la femme court en contrepoint dans toutes les partitions du christianisme. L'essénien ou nazoréen Saül/Paul ne la tolère dans les assemblées ecclésiastiques qu'à la condition qu'elle se taise ; les marcionites, les elchasaïtes, les montanistes, les catholiques la traitent en bête impure. Soutenir qu'il n'y a rien là que de très ordinaire selon les préjugés du temps, c'est ignorer qu'à la même époque des écoles, voire des sectes, reconnaissent à la femme et à l'amour qu'elle suscite l'inestimable privilège de créer la vie et de sauver l'humanité. C'est le cas de Simon de Samarie, de certains naassènes et des barbélites.

Sans doute Pline l'Ancien est-il fondé à brosser des esséniens le portrait peu amène d'un «peuple sans femme, sans amour, sans argent». L'amour s'y travestit en adoration de Dieu et en solidarité clanique. Quant à l'absence d'argent, résultat d'une économie autarcique ou, chez les ébionites, d'une pauvreté volontaire, elle hantera plus tard de son fantasme les rêves collectivistes et millénaristes qui, s'enracinant dans les crises de transformations économiques et sociales, exigeront le retour à un christianisme égalitaire, fraternel, désintéressé, prélude cathartique au règne des saints.

L'ESSÉNISME EST LE VÉRITABLE CHRISTIANISME ORIGINEL

Au XVIIIᵉ siècle, l'érudit Bernard de Montfaucon suscite une polémique au sujet des Thérapeutes décrits par Philon d'Alexandrie. Il s'agit pour lui d'une secte chrétienne ; il le prouve par une argumentation sérieuse [12]. Son contradicteur lui rétorque que d'autres milieux juifs présentent les mêmes singularités. Tous deux ont raison : les Thérapeutes sont juifs et chrétiens. Jusqu'au début du IIᵉ siècle, la seule forme de christianisme, avant que Marcion ne le récuse au nom d'un christianisme grec, s'inscrit dans le cadre d'une judaïté réformée et antijudaïenne.

L'essénisme réunit tous les traits de ce christianisme primitif : il est baptiste, croit en un messie, fonde des Églises et est marqué par la dualité des voies, Lumière et Ténèbres, voire par la dualité du Démiurge et du Dieu bon.

Sadducéens et pharisiens recourent au baptême comme rituel de purification, mais il ne revêt pas comme chez les esséniens la valeur d'un engagement spirituel et d'un rite d'initiation communautaire. Ainsi que le proclame un hymne : «C'est par l'humilité de son âme à l'égard de tous les préceptes de Dieu / que sera purifiée la chair / quand on l'aspergera avec l'eau lustrale / et qu'il se sanctifiera dans l'eau courante [13]. »

L'eau dépouille symboliquement le corps de son impureté naturelle, le lave des passions sensuelles, l'exonère de sa gravité matérielle et l'élève vers Dieu dans le mouvement ascendant de l'esprit. Le baptême demeure sans effet s'il ne s'accompagne pas d'une conversion du cœur. La doctrine de Saül/Paul prête au baptême le même sens spirituel, à l'inverse de la conception baptismale en l'honneur dans certaines sectes gnostiques alexandrines pour lesquelles l'eau signifie le retour à la matrice maternelle et la renaissance au sein de la communauté d'accueil.

L'état présent des études ne permet pas de conjecturer s'il existe ou non une influence du baptisme dosithéen ou du nazoréisme, mais indubitablement certains traits de l'essénisme procèdent de la liberté samaritaine à l'égard de l'orthodoxie judaïque.

LE MESSIE

Le système doctrinal des Hommes de la Communauté comporte en commun avec le *Livre d'Hénoch I* les linéaments du gnosticisme et du messianisme qui domineront, jusqu'à la fin du IIe siècle, voire au-delà, les christianismes juifs puis helléniques.

Les anges, princes des Lumières, y affrontent les anges déchus, princes des Ténèbres ; les «couples» ou syzygies opposent Michaël et Raphaël, Bélial et Satan.

La théorie du Fils de l'Homme (Adam) est exposée dans l'*Ascension d'Hénoch*. Comme Hénoch interroge l'ange, qui l'accompagne, sur le Fils de l'Homme : «Qui est-il ? D'où vient-il ?», celui-ci lui répond : «C'est le Fils de l'Homme qui possède la justice, qui révélera tous les trésors secrets parce que le Seigneur des Esprits l'a choisi.»

Il est aussi, précisera l'ange, «engendré par la Justice», référence applicable au Maître essénien comme à Melchisédeq, son parèdre ou *alter ego*.

Comme le Fils de l'Homme s'est incarné dans le Maître de Justice, il reviendra sous les traits d'un nouveau messie, que les paraboles d'Hénoch nomment l'Élu, selon la tradition inaugurée par les stances du Serviteur du YHWH dans le *Livre d'Ésaïe* (42, 1).

Ainsi que le souligne Philonenko [14], il existe dans les textes de Qumrân une véritable christologie. Elle atteint à une telle précision que l'on a supposé dans certains écrits, comme les *Testaments des douze patriarches**, des interpolations des christianismes grecs, voire du catholicisme. Or, comparant les manuscrits trouvés à Qumrân et les versions remaniées, Philonenko relève un nombre réduit d'interpolations, le plus souvent bornées à l'ajout du mot *Christos*. Il y avait là un messie tout prêt à se revêtir du nom emblématique de Josué/Jésus.

La christologie essénienne a évolué d'une première conception à une vision moderne du Christ. Les textes les plus anciens évoquent deux messies : l'un, sacerdotal, indique aux fidèles la voie de la sanctification ; l'autre, royal, conduira Israël à la victoire contre les *goyim*. Quarante ans plus tard, un seul messie est attendu, le Maître de Justice, l'Élu, le *Kyrios* choisi par Dieu pour révéler la «Nouvelle Alliance» (le *Novum Testamentum* dont parlera Marcion).

---

* *Testaments des douze patriarches* : discours d'adieu des douze fils de Jacob à leurs enfants Ruben, Siméon, Lévi, Juda, Issachar, Zabulon, Dan, Nephtali, Gad, Aser, Joseph, Benjamin.

L'attente commence plusieurs décennies avant l'ère chrétienne. Tandis que la *Règle annexe* (1 Q. Sa 2/11-12) parle d'un temps où Dieu «aura engendré le Messie», la partie consacrée à Benjamin dans les *Testaments des douze patriarches* évoque clairement la venue d'un messie unique, réincarnation du Maître de Justice[15].

«Alors, nous aussi, nous ressusciterons, chacun dans notre tribu, adorant le roi des cieux qui paraît sur la terre sous la forme d'un homme humble ; et tous ceux qui auront cru en lui se réjouiront avec lui. Et alors, tous ressusciterons, les uns pour la gloire, les autres pour la honte, et le Seigneur jugera d'abord Israël pour l'injustice [commise] contre lui, quand Dieu vint en chair [comme] libérateur, ils ne crurent pas en lui[16].»

Rappelons qu'il s'agit ici d'un texte retrouvé à Qumrân, ne comportant aucune interpolation tardive. Il est difficile de ne pas y découvrir à la fois la source du personnage mythique appelé Jésus et l'essentiel de la doctrine prêtée à Saül/Paul. Amplifiées par les *midrashim*, complétées par les pratiques communautaires particulières et par les modernités polémiques, adaptées à la mentalité gréco-romaine, les spéculations nées autour du messie essénien supplicié vers −63 ébaucheront le scénario d'un messie syncrétique issu de Josué et dont le drame est transposé pendant la guerre des zélotes, sous Tibère, tandis que meurent crucifiés Jacques et Pierre, héroïques témoins et disciples du *Kyrios* qui a guidé leurs actes.

Le nom secret d'un tel messie forme l'enjeu d'une longue lutte dans les milieux pénétrés par l'eschatologie juive. Chaque communauté ou Église essénienne produit alors ses preuves et ses témoignages en vue de susciter l'agrément de son Christ.

La grotte 4 de Qumrân a livré un texte araméen dont les termes entrent dans la composition du futur Josué/Jésus :

«Il sera grand sur la terre [ô Roi et fera] la paix et chacun le servira. Il sera appelé le Fils du Grand Dieu et par ce nom il sera nommé. Il sera salué comme Fils de Dieu et on l'appellera Fils du Plus-Haut et son royaume sera un royaume éternel[17].»

Il sera la figure céleste du Fils de l'Homme annoncé par le *Livre de Daniel*, «l'élu en présence du Seigneur des Esprits». «Lumière des peuples», il possédera l'esprit de sagesse, de science et de force, trois qualités qui se retrouveront dans les *logia* ou propos attribués, au IIe siècle, à Jésus.

Nombre de traits anecdotiquement arrangés dans les romans évangéliques de Jésus foisonnent dans les écrits de Qumrân. L'apocalypse incluse dans le *Testament de Joseph* alimente la légende d'une naissance virginale : «Et je vis que de Juda était née une Vierge, portant une robe de lin, et d'elle surgit un agneau sans tache[18].»

Le manuscrit répertorié 1 Q H 6, 12 impute à ce Christ-Agneau une vocation non plus nationaliste mais universelle, selon une ouverture que l'Église attribue ordinairement à l'école de Saül/Paul : «Toutes les nations reconnaîtront ta vérité et tous les peuples ta gloire.»

En outre, le Maître de Justice apparaît à l'instar du futur Josué/Jésus comme un messie souffrant et un fondateur d'Églises : «Dieu a voulu que, dans ses douleurs, le Maître de Justice édifiât sa glorieuse Église et bien que les *Hymnes du Maître de Justice* ne présentent pas explicitement ses souffrances comme ce qui expiera le péché des autres, c'est une doctrine fondamentale dans la secte et on trouve dans les *Chants du Serviteur* (qui figurent dans le *Livre d'Isaïe* et ont inspiré les hymnes qumrâniens) que le Serviteur "fut percé à cause de nos rébellions, broyé à cause de nos iniquités [...]. Il s'est chargé du péché de beaucoup et a intercédé pour les pécheurs" (*Isaïe*, 3, 9, 12)[19].»

Autre fonction du Maître de Justice attribuée à Josué/Jésus et à Saül/Paul : annoncer la Bonne Nouvelle, soit en grec l'*Evangelion*, l'Évangile.

Les hymnes qumrâniens stipulent que Dieu lui a donné mission d'être «selon Sa vérité celui qui annonce la Bonne Nouvelle [dans le temps] de Sa bonté, évangélisant les humbles selon l'abondance de Sa miséricorde, [et les abreuvant] à la source de sainteté et consolant ceux qui sont contrits d'esprit et les affligés» (XVIII, 14-15).

L'hymne s'inspire des «Chants du Serviteur» dans *Isaïe*[20] :

L'esprit du Seigneur YHWH est sur moi,
Parce que YHWH m'a oint.
C'est pour annoncer la Bonne Nouvelle aux humbles qu'il m'a envoyé,
Pour panser ceux qui ont le cœur contrit...

Rien ne manque à l'ensemble des matériaux fondamentaux qui, de réécritures en remaniements, aboutiront aux textes des christianismes helléniques et du catholicisme, pas même le Nouveau Testament que Marcion brandira comme une arme contre l'Ancien.

Dupont-Sommer ne manque pas de le relever[21], l'essénisme (ou du moins un parti essénien qui fut peut-être celui de ce Saül, opposé au parti de Jacques, de Pierre, de Thomas) se veut la secte de la Nouvelle Alliance, autrement dit du Nouveau Testament (*Hymne* V, 23; *Écrit de Damas*).

Déjà, R.H. Charles, étudiant ces *Livres d'Hénoch* qui font partie du canon essénien, remarque que les *Testaments des douze patriarches* sont «un produit de l'école qui a préparé la voie au Nouveau Testament». Il va plus loin, soulignant que le fameux *Sermon sur la montagne* attribué à Jésus «reflète en plusieurs passages et va jusqu'à reproduire les phrases mêmes de notre texte». Charles ajoute que Paul semble s'être servi du livre comme *vade-mecum*[22]. Dupont-Sommer relève entre autres exemples, dans le *Manuel de discipline* : «Je ne rendrai à personne la rétribution du mal», ou encore la recommandation de type apostolique : «Ils pratiqueront la vérité en commun et l'humilité, la justice et le droit, et l'amour de la bonté, et une conduite modeste en toutes leurs voies[23].»

En ce qui concerne Saül/Paul, Teicher a collationné un grand nombre d'analogies entre les fragments de ses lettres et plusieurs manuscrits de Qumrân (selon sa thèse, les manuscrits sont tardifs et expriment les opinions du judéo-christianisme et en particulier des ébionites[24]).

Sur un fond commun s'inscrivent néanmoins des divergences entre groupes rivaux, mais le clivage semble de nature politique, pour ne pas dire stratégique. Les Églises esséniennes de type ébionite ou nazoréen qui se revendiquent des options de Jacques, Pierre et Thomas, voire de ce Jean l'Essénien mentionné par Josèphe, conservent une structure relativement fermée, élitiste, ésotérique peut-être, alors que les écoles propagées par Saül font appel aux *rebbim*, aux «nombreux», et s'affirment donc exotériques, populistes.

LES ÉGLISES ESSÉNIENNES

L'Église du Maître de Justice se veut présente dans le monde entier, universelle, terme que traduit le grec *catholicon*. Elle fut bâtie par lui pour «servir de refuge inexpugnable aux élus durant la guerre qu'à la fin des temps les forces du mal mèneront contre eux[25].»

L'*Hymne* VII (8-9) révèle l'origine de ce *Kephas*, «rocher», «pierre», qui, adjoint au zélote et essénien Simon, aboutira au jeu de mots qui fonde l'Église de Rome («Et sur cette pierre, tu édifieras ton Église»). On y lit en effet :

Et tu as fondé sur le rocher ma bâtisse,
Et des assises éternelles me servent de fondement,
Et tous mes murs sont devenus un rempart éprouvé
Que rien ne saurait ébranler.

L'Église, c'est la communauté, l'assemblée : «La source de la justice et le réservoir de la puissance [...] c'est à ceux qu'il a élus que Dieu les a donnés en possession éternelle. Et il leur a accordé en partage dans le lot des saints, et, avec le Fils du Ciel, il a réuni leur assemblée, celle du conseil de la communauté[26].»

À côté des synagogues pharisiennes de la diaspora s'organisent, dans une relation d'hostilité et de concurrence, des Églises esséniennes. Alors que les assemblées synagogales puisent leur unité dans un pharisaïsme doté d'un centre spirituel, la ville sainte Jérusalem dont le Temple garantit l'orthodoxie, les communautés esséniennes, adonnées à la refonte inlassable des textes sacrés, décrétant la fin des temps et spéculant sur l'imminence, la nature et le nom du messie, constituent des Églises le plus souvent rivales, fécondes en doctrines nouvelles. Il faudra trois siècles pour que le monarchisme ecclésial aboutisse à la primauté de l'évêque de Rome, contestée jusqu'au VIIe siècle, et impose cette universalité — ce *catholicon* — souhaité par le Maître de Justice, le «Messie juste».

Le *Manuel de discipline* précise le mode d'organisation en vigueur : «En tout lieu où il y aura dix personnes du parti de la Communauté, que ne manque pas parmi eux un homme qui soit prêtre. Et que chacun selon son rang, ils s'assoient devant lui[27].»

Comme chez les pharisiens, les premières places sont réservées aux anciens, *prebyteroi*, c'est-à-dire presbytes, prêtres. L'un d'eux, appelé «l'inspecteur des nombreux» (les *rebbim* ou nombreux désignant le commun des fidèles, en regard des «parfaits») deviendra en grec le chef, l'archonte, l'*episcopos* (évêque). Il est invité à se comporter comme un berger, comme un pasteur, titre qui vers 140-150 inspirera un roman judéo-chrétien attribué à Hermas, où précisément l'auteur déplore la zizanie entre les diverses Églises de Rome.

Certaines Églises obéissent à une direction collégiale, à un conseil d'archontes ; d'autres adoptent la forme monarchique privilégiée par la politique d'unification, vers la fin du IIᵉ siècle.

Quand Marcion provoque la rupture avec le christianisme juif, il tente de fonder des Églises unifiées dont il aimerait assurer le contrôle depuis Rome, fédère des Églises favorables à l'école de Saül et rejette les communautés qui ont choisi de placer leur légitimité sous le patronage des héros zélotes, ébionites, nazoréens, Jacques, Pierre, Thomas, Clément, dont les partisans traitent Paul de faux prophète. C'est encore le *Testament des douze patriarches* qui justifiera le nombre des compagnons d'un messie dont le nom, inconnu d'Hermas vers 140, commence à imposer sa révélation : Josué/Jésus, celui qui «a sauvé, sauve, sauvera» ; un combat infime dans la multitude des sectes qui se côtoient et s'affrontent à Alexandrie, Antioche, Corinthe, Colossée, Édesse, Rome...

UNE TENDANCE DUALISTE

L'orthodoxie juive, sadducéenne et pharisienne, abomine tout dualisme qui, révoquant en suspicion l'unicité de YHWH, menace l'État et la mystique nationale. En revanche, les Samaritains, souvent réticents à l'égard du Dieu judéen importé, n'ont jamais fait mystère de leur attachement au Dieu pluriel El-Elohim, voire au dualisme Père divin-Mère divine.

L'essénisme n'a pas totalement extirpé de son sein l'influence samaritaine. La gnose juive attestée par les *Livres d'Hénoch* (combattant eux-mêmes d'autres tendances gnostiques) se perpétue dans les divers christianismes primitifs — qu'ils soient juifs comme l'elchasaïtisme des *Homélies de Pierre* (vers 110), judaïsants comme dans *Le Pasteur d'Hermas* (vers 140), ou hellénisés et antisémites comme dans le marcionisme — jusque dans la seconde moitié du IIᵉ siècle où seul en viendra à bout l'essor populaire de la Nouvelle Prophétie ou «montanisme».

La pensée dualiste se manifeste dans l'essénisme de diverses manières. Aucun manuscrit de Qumrân n'expose implicitement l'idée qu'il puisse exister deux Dieux. Pourtant, il n'est pas exclu que certains courants accréditent la syzygie du Dieu bon et du Démiurge, présente chez Cérinthe, Marcion, les naassènes, les séthiens, les barbélites et beaucoup de sectes, chrétiennes ou non.

L'historien arabe Shahrastani (XIIᵉ siècle) affirme qu'au IVᵉ siècle Arius emprunta sa doctrine selon laquelle le Messie est le premier ange de Dieu aux maghariens « qui ont vécu quatre cents ans avant Arius et se sont signalés par la simplicité de leur mode de vie et leur sévère abstinence ».

Qui sont ces maghariens dont l'existence remonte au Ier siècle avant l'ère chrétienne ? Leur nom arabe laisse peu de doute ; il signifie « peuple de la caverne ou de la cave » parce que, précise Shahrastani, ils dissimulent leurs textes sacrés dans des cavernes.

Il n'y a rien de surprenant à ce que la doctrine de l'ange-messie (l'*angelos-christos*) soit d'origine essénienne, puisqu'elle est commune aux christianismes et prédomine jusqu'à l'historisation de Jésus, entreprise dès la seconde moitié du IIe siècle.

L'historien arabe explique en outre que le refus d'un YHWH anthropomorphique les aurait induits à imputer la création de l'univers matériel à un Démiurge [28]. Il n'est donc pas impossible que se soit imposée dans certaines Églises esséniennes l'opinion, défendue par Marcion, d'un Dieu bon et inaccessible doublé d'un Dieu créateur du monde mauvais (que Marcion, dans sa haine du judaïsme, identifie à YHWH le sanguinaire).

Sans porter au crédit de l'essénisme en général une position aussi scandaleusement perçue par le pharisaïsme (et plus tard par le courant monarchique — un Dieu, un évêque — auquel s'attacheront les chefs de communautés chrétiennes en réaction contre le marcionisme), le dualisme s'exprime sans ambiguïté dans la doctrine des deux voies et jusque dans ces « couples » ou syzygies encore attestés dans les *Homélies de Pierre*. La lutte entre les Fils des Lumières et les Fils des Ténèbres domine la pensée des Hommes de la Communauté. Car Dieu a « disposé pour l'homme deux esprits [...] les esprits de vérité et de perversion » (*Règle de la guerre*).

À chaque génération, les fils du prince des Lumières et les fils de l'ange des Ténèbres s'affrontent dans une guerre dont sortiront vainqueurs les saints, les purs qui renoncent à la chair et possèdent la connaissance, la gnose.

Par les privilèges qu'il accorde à la connaissance, l'essénisme appartient au gnosticisme juif (celui qui se perpétuera dans la recherche kabbalistique).

« Tu m'as donné l'intelligence de ta foi et la connaissance de tes secrets admirables », déclare *l'Hymne* VII (25). Connaissance secrète, la gnose n'est rien d'autre. Mais de sa racine essentielle croît une grande diversité d'options, de choix (que traduit le grec *hairèsis*, hérésie) : dualisme ; refus ou dépassement des religions ; monothéisme ; salut par l'individu lui-même, par une commmunauté, par un christ ; approche rationnelle, mystique ou magique du Logos. La gnose implique le primat de la *gnosis*, connaissance, sur la *pistis*, foi, et le secret, l'*apocryphon*, texte apocryphe que l'Église, par sa mainmise sur le langage et le sens, identifiera à « faux, falsification ».

L'ésotérisme des groupes esséniens s'achemine plus aisément dans les villes de la diaspora vers un exotérisme plus apte à concurrencer le prosélytisme pharisien. Telle est sans doute la tendance de l'école de Saül/Paul. L'ésotérisme lui-même emprunte des voies différentes. Les évangiles secrets (apocryphes) et les propos hermétiques de Jésus (*logia*) ne procèdent pas des mêmes Églises que celles qui — selon un manuscrit de la grotte 4 de Qumrân étudié par S.T. Millik [29] — infèrent de la morphologie des individus nés sous tel signe du zodiaque leur appartenance à la cohorte des «esprits de Lumière» ou à la horde des «esprits des Ténèbres* ».

VERS UN SYNCRÉTISME JUDÉO-CHRÉTIEN

La thèse, accréditée par la plupart des historiens, d'un prophète nommé Jésus fondant une Église avec des vérités dogmatiques issues en fait, après un long et pénible accouchement, des IVe, Ve et VIe siècles, a sous-estimé le caractère marginal des spéculations religieuses tout en occultant, dans les milieux particuliers qu'elles touchent, la profusion de messies, de sectes, d'écoles, de communautés.

Dosithée, le messie samaritain crucifié, le Maître de Justice, mis à mort par les Judéens, Melchisédeq le Juste, Hénoch guidé par le Fils de l'Homme, Barbélo qui recueille le sperme pour sauver le monde, Naas, *Ophis-Christos* ou Serpent rédempteur, Hermès Trois fois Grand, Seth, Fils de l'Homme à tête de cheval ou d'âne, Abrasax aux jambes ophidiennes et à la crête de coq, sauveur des âmes menacées par les archontes, autant de christs parmi lesquels Josué/Jésus, dont le nom secret signifie «Dieu a sauvé, sauve, sauvera», se taillera tardivement une place sous la forme d'un ange envoyé par Dieu.

Et parmi les 4 ou 5 000 esséniens dont parle Flavius Josèphe, quel embrouillamini! Partisans de Jacques le Juste, de Simon-Pierre, de Jean l'Essénien, de Jochanaan dit Jean le Baptiste, de Theudas/Thomas, de Saül connu depuis Marcion sous le nom de Paul, de Cérinthe, de Zachée/Clément, de combien d'autres qui commentent et adaptent les textes bibliques, en extrayant des *midrashim* parfois traduits en grec, dont la plupart ont disparu mais dont il est permis de se faire une idée à travers un écrit, mal accepté par l'Église et qui illustre le passage du judéo-christianisme ou essénisme à un christianisme hellénisé, prêt à fouler aux pieds ses racines judaïques : la *Didachè*.

Dans le courant du Ier siècle circule parmi les milieux judaïsants non pharisiens, qu'ils soient esséniens ou samaritains, un pamphlet à vocation moralisante intitulé *Doctrine des deux voies*, dont le libellé indique assez la provenance.

Recopié, remanié, développé, hellénisé, il aboutit vers 140-150 à une version à laquelle le dernier rédacteur donne le titre de *Didachè Kyriou dia tôn dodeka apostolôn tois ethnesin* (*Enseignement du Seigneur adressé aux étrangers [à la foi] par l'entremise de ses douze apôtres*).

Une analyse des divers états du texte et des strates de réécriture a permis de dégager le noyau le plus ancien de la *Didachè*. Il s'inspire du *Manuel de*

---

* De telles spéculations se retrouvent dans l'astrologie chrétienne de Bardesane, mais aussi dans la magie divinatoire, dans l'esprit des querelles sur la prédestination, dans l'art de reconnaître, aux XVIe et XVIIe siècles, sorciers et sorcières.

discipline et précise « l'ordre disciplinaire qui s'impose à la communauté ». Les supérieurs y sont appelés *episkopoi kai diakonai*, évêques et diacres. Les comportements moraux se hiérarchisent selon les « deux voies ». On y traite du baptême, du jeûne, de la prière, du partage du pain (devenu plus tard eucharistie).

Le deuxième grand remaniement date des années 140-150 et est donc contemporain de l'hostilité adoptée à l'égard du judéo-christianisme originel. L'écrit, connu sous le titre de *Didachè* ou *Doctrina apostolorum*, est honoré dans les Églises gréco-romaines qui dans la diaspora se séparent des Églises juives et chrétiennes issues de l'essénisme. Il est contemporain du *Pasteur* (encore judéo-chrétien) attribué à Hermas de Rome, des *Homélies de Pierre attribuées à Clément* (sur un écrit de base elchasaïte contemporain de Trajan), de l'*Épître attribuée à Barnabé* (vers 117-130 selon Erbetta [30]).

Une doxologie trinitaire viendra s'ajouter au IVe siècle, en raison des polémiques engagées contre Arius.

Longtemps tenue pour canonique, la *Didachè* sera finalement écartée des Écritures catholiques. Version moderne du judéo-christianisme, elle récuse les sacrifices et les rituels judaïques, surtout la circoncision, qu'elle spiritualise et interprète symboliquement. Le nom de Jésus y apparaît, mais sous des traits particulièrement embarrassants pour la future orthodoxie catholique : à l'instar du Maître de Justice, il porte le titre de Serviteur de Dieu, et de surcroît il est perçu comme un ange-messie, un *angelos-christos*, selon la tradition du temps et en accord, notamment, avec l'*Épître attribuée à Barnabé*, dans laquelle Jésus n'est nul autre que le Josué biblique.

CHAPITRE V

Le mouvement baptiste
du messie samaritain Dusis/Dosithée

OMBRE ET LUMIÈRE DE SAMARIE

Si la Samarie a constitué pour la Judée, sa voisine du sud, un objet de scandale, c'est en raison des anciens cultes qui, s'y perpétuant, entraient dans un projet de résistance religieuse et nationale, résolu à entraver la politique d'envahissement du yahwhisme et de son terrible Dieu vengeur et guerrier.

De YHWH même, les Samaritains ne toléraient qu'une forme archaïque, encore proche d'El, le Père, et de la pluralité angélique contenue dans sa forme Elohim. Tenant pour seul véritable Temple le sanctuaire de Sichem, sur le mont Garizim, le samaritanisme n'admet d'autres Écritures sacrées que la *Torah* ou *Pentateuque* (les cinq premiers livres de la Bible) et le *Livre de Josué*, que l'hellénisation, très tôt implantée en Samarie, propage sous le nom de *Livre de Jésus* (ainsi qu'Origène le citera encore vers 250).

La haine entre Judéens et Samaritains s'exacerbe avec la destruction de Sichem sous le règne de Jean Hyrcan, prince asmonéen et grand-prêtre de Jérusalem (135-105).

En revanche, l'hellénisation, mal acceptée par la Judée, rencontre un meilleur accueil en Samarie. Il est vrai que les substrats cananéens et philistins, bien vivaces, ne sont pas étrangers à une implantation achéenne, lors des migrations du IIe millénaire avant l'ère chrétienne. La persistance de formes cultuelles issues de la *Magna Mater*, alliée aux audaces critiques de la philosophie grecque, instille dans l'univers clos des Dieux un mélange assez corrosif dont les enseignements de Simon et les pratiques barbélites offrent de singuliers exemples, quand on les découvre sous le silence et les calomnies accumulés par le travail d'éradication de l'Église et de ses historiens complaisants.

Cette lumière de Samarie s'accommode mal de l'étincelante et vertueuse voie choisie par l'essénisme. Pourtant, elle éclaire peut-être la naissance de sectes dissidentes, comme ces séthiens encore mal connus et dont le Messie-Fils de l'Homme se rencontre fréquemment dans les manuscrits qumrâniens.

Entre Judée et Galilée, la Samarie s'étend jusqu'aux rives de la mer Morte où s'est établi le noyau originel de l'essénisme. Les lieux étaient propices à l'implicite constitution d'un front hostile au Temple, à Jérusalem, aux croyances judéennes, voire à la loi de Moïse[1].

Le dualisme essénien ne tire-t-il pas son origine de la distinction samaritaine entre YHWH et sa composante angélique Elohim ? En tout cas, l'hérésie des «deux pouvoirs célestes» — véritable crime, aux yeux d'un juif orthodoxe, contre le Dieu unique —, bien que condamnée par les *Livres d'Hénoch*, s'y glisse subrepticement dans l'affrontement entre les anges bons et les anges mauvais.

Une telle doctrine imprègne même la pensée du très pharisien Philon d'Alexandrie quand il oppose le pouvoir bénéfique de *Theos*, le Dieu bon, à la fonction punitive dont se charge le *Kyrios*, le Seigneur, traduction d'Adonaï, équivalent du *Tetragrammaton* YHWH. Marcion se bornera à préciser la divergence entre le Dieu des Juifs, créateur d'un monde mauvais, et ce Dieu bon que le christianisme déjudaïsé substituera à YHWH comme créateur d'un monde où le bien se réalise par l'intervention du Messie-Rédempteur.

Mais la relation entre l'essénisme et le samaritanisme, compris ici l'un et l'autre dans la diversité de tendances qu'ils nourrissent, découvre en Dusis/Dosithée une figure messianique dont peu de chercheurs ont jusqu'à présent souligné l'importance.

LE MESSIE DUSIS/DUNSTAN/DOSITHÉE

Au XIVe siècle, le chroniqueur samaritain Abu'l Fath parle d'un certain Dusis ou Dunstan autour duquel se serait réuni, lors de la crise engendrée par la destruction du temple de Garizim par Hyrcan II, vers −135, un groupe messianiste et baptiste qu'il appelle dunstanites.

Une seconde expansion du dunstanisme s'est-elle manifestée, comme le suggère Isser, avec un nouveau prophète eschatologique nommé Dosithée[2] ? Il aurait eu pour successeur un prophète appelé Aulianah.

Mais le nom de Dosithée, Dosi-theos, renvoie à la fois à Dusis et signifie «Dieu l'a donné», rappelant la qualité d'ange-messie de Dusis. Il convient sans doute d'établir un rapprochement avec un autre messie, venu de Galilée, Hanina Ben Dosa, c'est-à-dire fils de Dusis[3].

Le dosithéisme semble bien revêtir d'une forme hellénisée l'ancien mouvement dunstanite, un mouvement baptiste et messianiste qui résulte d'un schisme dans le samaritanisme[4].

Comme dans la dissidence essénienne, le schisme de Dusis s'accompagne d'une refonte du calendrier : les adeptes attribuent trente jours au mois. Un siècle plus tard, les elchasaïtes, traduisant anecdotiquement dans les *Homélies* le mépris qu'ils ont pour Saül, assimilé à Dosithée et à Simon, rapporteront que Dosithée avait fondé une secte de trente hommes et d'une femme appelée la Lune, prostituée d'un bordel de Tyr et maîtresse du prophète avant de se jeter dans les bras de Simon.

Au VIe siècle, l'évêque Euloge rencontre à Alexandrie des groupes samaritains qui reprochent encore à Dosithée d'avoir altéré un grand nombre de textes sacrés. Abu'l Fath partage du reste le même sentiment d'indignation.

En vérité, si le prophète dunstanite récrit les messages sacrés — comme d'ailleurs les esséniens, les nazoréens, les marcionites, les antimarcionites et les catholiques —, c'est que, Moïse parlant par sa voix, il est fondé à revoir la loi et à l'adapter à sa vérité divine.

Les disciples de Dusis ont-ils poussé plus avant la critique des doctrines judéennes et mosaïques ? C'est l'hypothèse retenue par Fossum[5]. Dosithée — version hellénisée de Dusis — aurait rejeté les prophètes admis par le canon juif, appelé à la réforme de la loi de Moïse et même prôné l'abolition des devoirs religieux.

Tous les milieux préoccupés à l'époque par le judaïsme débattent de l'observance et de la remise en cause des rituels prétendument prescrits par Moïse. L'hellénisation du judéo-christianisme, dès les années 140, ne s'opère pas sur un autre terrain. Le rejet des prophètes annonce Marcion.

Quant à l'attitude irréligieuse, elle correspond assez à la philosophie de Simon de Samarie, que les hérésiologues qualifient communément de disciple de Dosithée et de père de toutes les hérésies. Mais l'amalgame entre Dosithée et Simon paraît bien relever de la même veine polémique que l'identification de Saül à Simon par les partisans des Églises de Jacques et de Simon-Pierre.

Les dosithéens participent du mouvement général de réforme qui, à travers l'essénisme, l'ébionisme, le nazoréisme, le paulinisme, aboutira au christianisme hellénisé des marcionites et des antimarcionites du IIe siècle.

Selon Abu'l Fath, les dosithéens étaient appelés «les enfants de l'Apôtre», l'apôtre étant Moïse[6].

À la charnière de cette ère officiellement décrétée chrétienne, innombrables sont les apôtres et leurs enfants. Il faudra, pour en effacer le souvenir, qu'une conjuration d'intérêts ecclésiastiques impose le pouvoir symbolique de Josué conduisant les nations vers l'au-delà mythique du Jourdain, sous le nom rédempteur de «Dieu a sauvé, sauve, sauvera», conjuration plus tard oblitérée à son tour pour la fabrication d'un Jésus historique.

En Dosithée, l'historicisme chrétien a voulu faire un disciple de Jésus, Nathanaël, dont le nom correspond à Dosithéos, Dieu l'a donné[7].

Les romans de Jésus abondent en traits de ce genre où la réalité travestie et mise en scène s'accorde à la gloire du personnage principal. Le héros mythique subjugue ainsi des êtres et des symboles dont, en fait, sa légende procède.

Dusis précède, annonce, prépare l'effervescence — somme toute limitée jusqu'à ce que le mouvement zélote lui prête une audience accrue — où messies, apôtres, prophètes, illuminés et charlatans se taillent une réputation populaire en prônant réforme, renaissance ou abolition du conservatisme judéen.

Comme l'essénisme, le dosithéisme ou dunstanisme est un mouvement baptiste, messianique et réformiste. Le baptême y occupe une place primordial. Les prières sont pratiquées dans l'eau, celle des piscines ou du Jourdain, si fertile en symboles.

Les œillères érudites des chercheurs explorant avec les préjugés de l'Église une époque sur laquelle elle fondait frauduleusement ses assises n'ont guère permis de démêler ce qui rapproche et distingue le courant baptiste et samaritain de Dunstan/Dosithée, (né vers − 135), l'essénisme (né vers − 100), le nazoréisme (né vers − 50), le johanisme de Jochanaan/Jean le Baptiste, tous attachés à une grande rigueur ascétique, au mépris du corps, du monde, de la femme et de la vie.

Mais il y a plus troublant : Dusis est lui aussi un messie crucifié et ressuscité.

Les *Annales* d'Abu'l Fath citent un groupe appelé les *saduqay* qui affirme : «Les hommes connaîtront la résurrection parce que Dusis est mort d'une mort honteuse et que Lévi fut lapidé ; car si Dusis était mort réellement, alors tous les hommes justes de la terre seraient morts.»

Réservée aux esclaves et aux criminels vulgaires, la «mort honteuse» signifie l'exécution par la croix. L'idée que Dusis, élevé au ciel, n'a pas été frappé par une mort réelle prévaut, appliquée à Jésus, dans tous les christianismes des trois premiers siècles, voire au-delà, jusqu'à ce que le catholicisme la condamne sous le nom de «docétisme».

Dusis, s'incarnant en tant qu'Esprit de Dieu et réincarnation de Moïse dans une existence terrestre marquée par la souffrance rédemptrice, ne laisse pas d'évoquer le messie syncrétique des judéo-chrétiens elchasaïtes qui s'expriment, vers 110, dans les *Homélies de Pierre* : «Il n'y a qu'un seul vrai prophète : celui qui depuis Adam s'est incarné dans les patriarches Hénoch, Noé, Abraham, Isaac, Jacob, Moïse et qui, à la fin, a trouvé son repos en s'incarnant dans Jésus [8].»

Comme le Maître de Justice, Dusis, Messie souffrant et glorieux, assure à ses fidèles une survie éternelle, une résurrection selon l'esprit. Dusis, le Maître de Justice, Dosithée, Jochanaan, Jacques et Simon-Pierre ne tracent-ils pas la ligne de syncrétismes successifs hostiles au syncrétisme yahwhiste et qu'un œcuménisme des diverses tendances unifiera, après l'«apocalypse» de 70, selon le mythe de Josué le rassembleur ?

Il n'est pas sans intérêt de noter que, disciple du Christ Dusis, le personnage de Lévi, mis à mort par lapidation, se retrouve dans les romans de Jésus sous les traits de Lévi le Publicain, *alias* Matthieu auquel sont attribués un évangile secret et un évangile consacré par le canon catholique.

Proche des sectes johanites, ébionites, nazoréennes, le dosithéisme s'oppose en revanche aux naassènes. Les *saduqay* dont parle Abu'l Fath enseignent en effet que «le Serpent gouvernera la vie des créatures jusqu'au jour de la résurrection [9]». Ils identifient le Serpent au Cosmocrator, au Démiurge, au Dieu mauvais régnant sur le monde, à l'inverse des naassènes pour qui NHS, le Serpent, révèle le chemin du salut. Les naassènes, il est vrai, répugnent parfois à l'ascétisme et à la chasteté, uniformément prêchés par l'esséno-christianisme.

L'hostilité à l'égard du yahwisme a-t-elle engendré dans le dosithéisme cette identification de YHWH au Démiurge dont se prévaudra Marcion ? Dans un *midrash* du IIIe siècle ou du IVe siècle, le Samaritain Marqua évoque une tradition ancienne où YHWH se révèle en tant que destructeur suprême. Il rapporte en outre un trait dont on retrouve trace dans les légendes évangéliques : « A minuit, YHWH détruisit tous les nouveau-nés d'Égypte [10]. »

Les exégètes du Nouveau Testament marquent un certain embarras devant le mensonge qui attribue à Hérode l'extermination massive connue sous le nom de « massacre des innocents ». Imputer à un roi juif, au demeurant parfaitement sanguinaire, un forfait que le marcionisme devait compter au nombre des manifestations courroucées du Dieu d'Israël exprime bien la volonté des fabricants d'évangiles de prêter aux symboles et aux abstractions un caractère anecdotique et historique.

Enfin, le dosithéisme apporte dans le tumulte eschatologique une résonance qui n'est pas étrangère à la tendance supposée de ce mystérieux Saül si fabuleusement connu sous le nom de Paul de Tarse.

Selon Fossum [11], un prophète dosithéen, Aulianah (faut-il l'identifier avec Hannina Ben Dosa?), proclame que le pardon divin est sur le point de s'accomplir. Ses disciples, sectateurs du Messie Dusis, estiment « qu'ils vivent déjà dans la période de grâce divine ».

Ils affirment que « le salut et la période de grâce divine ne sont pas des événements futurs : le paradis et la résurrection sont à trouver ici et maintenant ». Saül/Paul s'exprime-t-il d'autre façon en soutenant que le Messie est venu, a racheté les hommes de leurs péchés et a sauvé tous ceux qui, imitant son exemple, sacrifient leur chair à l'esprit ?

CHAPITRE VI

Simon de Samarie et la radicalité gnostique

Dépouillé des mensonges et calomnies dont l'a revêtu, comme d'un habit de dérision, la tradition judéo-chrétienne et catholique, Simon de Samarie ne laisse pas d'évoquer ces penseurs qui, à l'égal d'Héraclite et de Lucrèce, s'inscrivent irrésistiblement dans la modernité de chaque époque.

Samaritain hellénisé, né, selon les hérésiologues, dans le faubourg de Getta, au cours des dernières années du Ier siècle avant l'ère chrétienne, il fut sans doute philosophe et médecin à la manière de Paracelse dont il se rapproche par le souci d'aborder solidairement le microcosme et le macrocosme, le corps de l'homme et la totalité du monde.

Les rares fragments de son œuvre perdue suffisent à suggérer une volonté radicale au sens précis du terme : ce qui s'attache à la racine des êtres et des choses. Issue de la rationalité grecque, son analyse entreprend de rendre à la *materia prima* du corps, dont elles sont issues, les visions mythiques du *Pentateuque*, que la religion hébraïque avait arrachées à la luxuriance des désirs pour les transposer, par fonction cathartique et castratrice, dans le domaine de l'esprit.

Une malédiction particulière frappe la plupart des censeurs. Fascinés par les œuvres qu'ils exècrent, accablent de leur rage, dénaturent et détruisent, ils succombent au besoin de citer des extraits d'ouvrages dont ils ne cessent de déplorer l'existence.

Vers 230-250 se propage la première version d'un recueil intitulé *Philosophoumena è kata pasôn aireseôn Elenchos* (*Philosophoumena ou Réfutation de toutes les hérésies*), soit en abrégé *Elenchos*. Attribué successivement à Origène et à l'évêque Hippolyte de Rome, l'*Elenchos* émane vraisemblablement du christianisme de la Nouvelle Prophétie ; il range en effet parmi les hérétiques un autre évêque de Rome, Callixte, accusé de permettre le remariage des veuves et le pardon des chrétiens qui ont abjuré, par crainte des supplices, deux crimes aux yeux des fidèles de la Nouvelle Prophétie.

Un chapitre consacré à Simon cite, pour les réfuter avec une grande maladresse, des extraits de son ouvrage, *Apophasis megalè**.

Selon Salles-Dabadie, l'*Apophasis megalè* « est le témoin d'une gnose archaïque et non d'une gnose tardive [1] ».

Le fragment I offre en incipit le titre original (dépouillé de ses ajouts) : *Apophasis tès megalès dynameôs* (*Révélation de la Grande Puissance*). Plus tard, l'ouvrage sera cité sous le titre *Megalè Apophasis* (*Grande Révélation*), à l'instigation soit des chrétiens, soit de sectes religieuses qui travestissent le philosophe en prophète et l'appellent *ó hestôs uios*, le Fils de « Celui qui se tient debout » (les judéo-chrétiens des *Homélies de Pierre* en feront un imposteur, rival de Josué/Jésus, mais il est vrai qu'à travers l'anecdotique Simon ils visent le « faux prophète » Saül/Paul).

Le sens de l'écrit, précise Simon, « sera scellé, caché, enveloppé et placé dans la demeure où la racine du tout a ses fondations [2] ».

« Cette demeure est cet homme né du sang et [en qui] est venue habiter la Puissance infinie [3]. »

La Grande Puissance n'est rien d'autre qu'un feu dont la nature est à la fois cachée et apparente.

« La [nature] visible du Feu renferme toutes les choses visibles, celles que l'on perçoit et aussi celles qui restent inaperçues faute d'attention ; la [nature] cachée du Feu renferme toutes les choses intelligibles, celles qui viennent à la pensée, et celles qui nous échappent faute d'y penser [4]. »

Conscient et inconscient, le Feu est l'énergie de vie.

Le cosmos, lui aussi, a été engendré par un feu éternel. Une énergie incréée lui a conféré six racines : *Nous* et *Epinoia* (esprit et pensée), *Phonè* et *Onomè* (voix et nom), *Logismos* et *Enthymesis* (raison et réflexion). La Grande Puissance est enclose dans les six racines, mais à l'état de potentialité seulement.

Demeure-t-elle ainsi en sommeil ? Elle n'accédera pas à l'unité de sa perfection : « Elle s'évanouit et disparaît comme disparaît dans l'âme humaine la puissance à la grammaire ou à la géométrie ; car la puissance, aidée par l'exercice, devient la lumière des êtres, mais sans l'exercice [elle n'est] qu'inhabileté et ténèbres ; elle disparaît avec l'homme qui meurt, comme si elle n'avait jamais existé [5]. »

Les six racines de l'être participent indissociablement du corps individuel et du cosmos. *Nous* et *Epinoia* sont mâle et femelle, ciel et terre où les fruits

---

* Une manière d'ironie objective a voulu que l'étude la plus sérieuse à ce jour sur Simon de Samarie vienne d'un jésuite, Salles-Dabadie. Non content de publier le texte grec avec apparat critique, il pousse le scrupule jusqu'à établir une distinction typographique entre le texte de l'auteur, les propos de Simon et les interpolations. L'ensemble illustre bien le traitement appliqué par les panégyristes chrétiens ou catholiques aux manuscrits qu'ils transcrivent. Aux extraits, interprétés en fonction des polémiques du temps, s'ajoutent des citations canoniques, le plus souvent multipliées par les copistes tardifs. Il s'agit ainsi de prouver que le prétendu hérétique les connaissait, les déformait ou les interprétait faussement. Les citations canoniques se trouvent ainsi antidatées.

de l'arbre macrocosmique se déposent pour se reproduire en elle. *Phonè* et *Onomè* sont le soleil et la lune ; *Logismos* et *Enthymesis*, l'air et l'eau.

Chaque élément compose avec ses semblables une unité où se recrée la Grande Puissance qui y était enclose. En rassemblant les éléments où elle était éparse*, la *Megalè Dynamis* se révèle comme « septième puissance** ». Dans le même temps, elle manifeste la présence dans le macrocosme et dans le microcosme de l'*Hestôs* : celui qui s'est tenu debout, se tient debout, se tiendra debout***.

Le feu-énergie, incréé, a donc engendré et façonné l'homme au sein de la matière corporelle et cosmique. Simon entreprend alors d'interpréter les livres du *Pentateuque*, les seuls reconnus par les yahwhistes samaritains, comme l'expression de la réalité corporelle et terrestre dont il les juge issus.

Que signifie le *Livre de la Genèse* ? Le paradis est la matrice, Eden le placenta, et le fleuve qui « sort d'Eden et arrose le paradis » (*Genèse*, 2, 10) le cordon ombilical [6].

« Celui-ci se divise en quatre branches car des deux côtés du cordon se trouvent placées deux artères, canaux du souffle, et deux veines, canaux du sang [7]. »

« Lorsque le cordon ombilical, sortant de l'Eden-placenta, se fixe dans l'épigastre du fœtus, à l'endroit appelé vulgairement ombilic, les deux veines qui conduisent et transportent le sang depuis l'Eden-placenta [se fixent] dans ce que l'on appelle les ''portes du foie'', et celles-ci nourrissent le fœtus.

« Quant aux artères, qui sont, comme nous l'avons dit, les canaux du souffle [*pneuma*], elles passent de chaque côté de la vessie dans la région de l'os plat, et aboutissent à la grande artère rachidienne appelée aorte ; et ainsi, le *pneuma*, à travers les ''portes secrètes'' [les valvules sigmoïdes], chemine jusqu'au cœur et provoque le mouvement embryonnaire [littéralement, la respiration du fœtus].

« Car l'enfant, tant qu'il se forme dans le paradis, ne prend pas de nourriture par la bouche, et ne respire pas par les narines. Plongé dans les liquides, il mourrait sur-le-champ s'il respirait ; il aspirerait du liquide et serait asphyxié. Mais il est enveloppé tout entier par la membrane appelée amnios ; il se nourrit par le cordon ombilical, et, comme je l'ai dit, c'est au moyen de l'[artère] rachidienne qu'il reçoit la substance du *pneuma***** [8]. »

---

* Ainsi se comporte aussi Barbélo, forme judéo-grecque de la *Magna Mater*, qui collecte en elle le sperme de tous les êtres épars afin de s'engrosser d'un univers nouveau.

** La septième puissance deviendra l'Hebdomade dans les systèmes valentiniens.

*** Salles-Dabadie s'étonne de la bizarrerie de la formule. Elle ne fait pourtant que traduire en grec (*estôsa, stanta, stèsomenon*) le caractère intemporel des verbes en hébreu. Le principe d'un homme assumant sa divinité potentielle, debout au centre de lui-même et du monde, est bien entendu aux antipodes du principe qu'exprime le nom de Josué/Jésus : Dieu a sauvé, sauve, sauvera.

**** *Pneuma* a, chez Simon, le sens de « souffle de la vie ». Les barbélites identifieront *pneuma* et *sperma*. Pour les judéo-chrétiens, il est l'Esprit, avant de finir, chez les catholiques, sous les espèces du Saint-Esprit.

Les quatre branches ou vaisseaux en lesquels se divise «le fleuve qui sort d'Eden» correspondent aux quatre sens du fœtus : la vue, l'odorat, le goût, l'ouïe. Le toucher n'apparaît qu'après la naissance de l'enfant.

Le fleuve est ce que Moïse a appelé la Loi, et chacun de ses livres se rapporte à l'un des sens.

La *Genèse* illustre la vue, le regard saisissant le cosmos. Traversée de la mer Rouge, l'*Exode* est le chemin du sang qui, par les épreuves et les amertumes, mène à la connaissance de la vie. Là commence le goût, s'initiant à l'«eau amère» (le sang) avant que la connaissance et le Logos le changent en eau douce, source de vie.

Simon, pour expliquer la transmutation du sang en sperme, cite dans l'*Odyssée* (X, 304-305) la fleur de vie offerte par Hermès : «Sa racine est noire, et sa fleur comme du lait ; les dieux l'appellent *moly*. Difficile à arracher pour les hommes mortels ; mais les dieux peuvent tout.»

L'odorat et la respiration se rattachent au troisième livre, le *Lévitique*, l'ouïe au quatrième, les *Nombres*, dont la rythmique renvoie aussi à la parole. Enfin, le *Deutéronome* renvoie au toucher du nouveau-né, qui découvre le monde en s'en appropriant. Comme le *Deutéronome* récapitule les livres précédents, le toucher résume et contient les autres sens.

Mais voici la partie la plus importante de la doctrine de Simon : l'homme qui, dans la formation et le perfectionnement de ses sens, prend conscience de la présence en lui de la Grande Puissance, celui-là acquiert le pouvoir de la restaurer et de la recréer dans son devenir.

«Les choses inengendrées sont toutes en nous en puissance, non en acte ; ainsi la grammaire, la géométrie. Si donc intervient le secours de la parole et de l'enseignement, si l'amertume est changée en douceur, c'est-à-dire les lances en faux et les épées en charrues, on ne sera pas de la paille et du bois destinés au feu, mais un fruit parfait pleinement réalisé, égal et semblable à la Puissance inengendrée et infinie. Mais si on reste simplement un arbre sans produire de fruit parfait, l'arbre sera détruit [9].»

Il existe une relation indissoluble entre le microcosme du corps individuel et le macrocosme. Si l'homme ne réalise pas sa nature de Feu, son énergie originelle et immanente, «il périra avec le cosmos*».

Quelle est la nature de la Grande Puissance dès l'instant qu'elle se matérialise dans l'être engendré ? Selon Simon, le feu, ou flux énergétique éternel, s'identifie au principe génésique, à la force sexuelle.

«Chez tous les êtres engendrés, le feu est le principe du désir de la génération, et c'est à juste titre que désirer la génération changeante se dit "brûler" [10].»

«Or le feu, qui est simple, subit deux transformations : chez l'homme le sang, qui est chaud et rouge à l'image du feu, se transforme en sperme, tan-

---

* La *Première Lettre aux Corinthiens* attribuée à Saül/Paul reprend à Simon une expression (I, XI, 32) qui n'est pas la seule trace de gnosticisme résiduel dans les écrits de l'ennemi de Jacques et de Pierre. Elle prête un singulier crédit aux *Homélies* où Simon désigne Paul.

dis que chez la femme ce même sang se transforme en lait. La forme masculine [du feu] devient force génésique et la forme féminine devient nourriture pour le nouveau-né [11]. »

Il y a, pour Simon, somatisation de la Grande Puissance : elle se manifeste dans le pouvoir d'engendrer les êtres par le désir, mais aussi par la puissance du désir d'engendrer à son tour — ou plus exactement de recréer dans l'unité de ses fragments épars — cette *Dynamis* dont toute vie est à la fois l'effet, l'immanence et le devenir.

Prendre conscience du flux permanent de la vie révèle dans l'énergie libidinale la source d'une volonté capable de réaliser en chacun cette Grande Puissance en acte qui n'est autre que le gouvernement des destinées. C'est ce que l'esprit religieux traduit par l'expression «devenir Dieu». Assurément, aucun homme, à l'exception de Lucrèce, n'a, dans l'Antiquité, osé affirmer à un tel point la primauté de la terre sur le ciel et de l'homme de désir sur la brute spiritualisée.

Achevant de démythifier la *Genèse*, Simon explique que l'énergie feu-désir est l'épée flamboyante «qui tournoie pour garder le chemin de l'arbre de vie» (*Genèse*, 3, 24).

«Car le sang se tournant en sperme et en lait, la même Puissance devient père et mère ; père des êtres qui sont engendrés, nourriture des êtres qui grandissent. Elle n'a besoin de rien et se suffit à elle-même.

«Quant à l'arbre de vie ''gardé par l'épée flamboyante et tournoyante'', c'est comme nous l'avons dit la Septième Puissance, née d'elle-même, qui contient toutes choses et qui réside dans les six puissances» (c'est-à-dire les six racines).

«Car si cette épée de flammes ne tournoyait pas, ce bel arbre dépérirait et serait détruit ; mais si elle tourne en semence et lait, le Logos qui y habite en puissance, trouvant un lieu convenable et bien à lui pour y devenir Logos des âmes, débutera par une très petite étincelle, puis grandira de plus en plus. Il croîtra jusqu'à devenir une puissance infinie, immuable, égale et semblable à un éon immuable, qui ne subira plus de devenir durant l'éternité infinie [12]. »

Ainsi, la conjonction amoureuse de l'homme et de la femme réalise par l'acte de la création l'incarnation de la Grande Puissance. Dès sa conception, l'enfant reçoit avec le Logos l'étincelle de la *Megalè Dynamis*. Cette étincelle, il lui appartiendra d'en accroître l'ardeur comme feu et Logos — autrement dit comme désir et conscience de l'acte créateur —, afin de réaliser en lui la présence éternelle de cette énergie qui crée et se crée sans commencement ni fin, et qui est un flux de vie.

Pour autant qu'il développe par le désir et sa conscience — le feu et sa pensée — la *Megalè Dynamis* dont il a reçu l'étincelle, chacun est en mesure de passer de l'état de récepteur d'énergie à la capacité d'agir sur lui et sur le cosmos. Dépassant le couple monstrueux formé par l'homme et ses dieux, l'homme de la Grande Puissance invente un univers qui lui appartient sans réserve.

Simon n'est gnostique que par l'importance qu'il accorde à la conscience de cette énergie par laquelle chacun s'assure le privilège de devenir la totalité de la vie qu'il porte en lui.

Comment ne récuserait-il pas des hommes qui ont créé les dieux en s'avilissant dans l'idée que les dieux les ont créés ? Et comment ne serait-il pas en butte à la haine de gens dont l'esprit s'exalte religieusement par le mépris de la terre, du corps et du désir ?

Le premier travestissement de Simon a été de l'affubler d'une réputation d'homme-Dieu. Justin l'apologiste affirme à tort qu'une statue fut élevée à Rome à la gloire du philosophe★. La mise en scène judéo-chrétienne l'érige en rival d'un autre homme-Dieu nommé Jésus, dont le projet met à détruire et à rabaisser l'homme l'énergie que Simon invoquait pour l'édifier et le grandir.

Peut-être, au demeurant, faut-il imputer aux disciples mêmes de Simon cette déification dont parlent les communautés chrétiennes se revendiquant de Jacques le Juste et de Simon-Pierre, et dont l'insistance à appeler Saül/Paul du nom de Simon «le mage» suggère une manière d'autodéification où l'auteur présumé des *Lettres* assimile la Grande Puissance au Messie souffrant et glorieux, incarné en chaque homme. (Paul ne s'est-il pas identifié à l'*Hestôs*, au Dieu vivant en son sein, qu'il nomme Josué/Jésus et dont il s'érige en champion ?)

Dans *Le Nom de Dieu* [13], Fossum explique que la Grande Puissance, la *Megalè Dynamis*, désigne, chez les Samaritains, le nom divin mais aussi la forme humaine revêtue par la manifestation divine. Bien que Simon lui ôte son acception religieuse pour l'assimiler à un flux de vie créatrice dont l'étincelle, ravivée par l'amour, offre à l'individu la capacité de se créer soi-même, la mentalité dominante obéit à ce conditionnement religieux qui imprègne des sectes à la fois proches et radicalement divergentes des enseignements de Simon, comme les naassènes et les barbélites, où la fusion sexuelle reste sous l'obédience d'une divinité.

L'autre singularité de Simon tient à la primauté qu'il accorde à l'homme individuel et à son corps, solidaire du cosmos. Son projet réside dans la réalisation et dans la maîtrise des destinées, non dans cette notion de salut que le christianisme imposera pour près de deux mille ans.

Simon apparaît à un point de fracture. Le mythe unitaire juif rencontre à son déclin la critique désacralisante de la rationalité grecque, une rationalité marchande. Et de même que la Renaissance européenne voit la liberté se concrétiser dans la radicalité de Paracelse et de La Boétie, de même les abords du Ier siècle ont manifesté par des créateurs comme Simon de Samarie et Apollonios de Tyane une présence de l'humain dont la régression au

---

★ Il précise dans son *Apologie* (XXVI) que Simon était adoré à l'égal de Zeus. Il parle d'une femme appelée «la première pensée de Simon». C'est Epinoia, en qui s'incarne ce *Nous* qu'Athéna symbolise dans la philosophie grecque. Anecdotiquement traduit par Justin, l'allégorique Epinoia devient Hélène, maîtresse de Simon et prostituée d'un bordel de Tyr.

mythe chrétien étouffera le souvenir, jusqu'à ce que disparaissent à leur tour le mythe et le sacré.

L'enseignement de Simon n'échappe pas à la régression qu'impose le retour aux formes religieuses, retour dont le judaïsme hellénisé, rationalisé, épuré de son orientalisme, consacrera le triomphe en couronnant de sa toile arachnéenne l'empire bureaucratique que Rome a propagé dans le monde.

Son influence transparaît chez les naassènes et les barbélites. Elle touche Saül/Paul et Marcion, s'exprime dans certains manuscrits de Nag-Hammadi. Elle pénètre même jusque dans le christianisme antignostique de la Nouvelle Prophétie où Priscilla affirmait que le Christ la «visitait» et dormait près d'elle à Pepuza — la Nouvelle Jérusalem —, prenant la forme d'un feu et «mettant en elle sa Sagesse».

Mais c'est surtout avec le courant hermétiste, très important à Alexandrie, que le rapprochement s'impose, sans qu'il soit aisé de démêler à qui appartient l'antériorité dans l'échange.

«C'est bien une conception nouvelle du monde, écrit Annequin, que proposent des théurges comme Alexandre d'Abonatichos ou Apollonios de Tyane [14].»

La terre, l'eau, l'air et le feu végétal composent d'après un propos prêté à Apollonios de Tyane une alchimie de la réalisation microcosmique et macrocosmique que ne désavouerait pas Simon : «Les portes de la terre sont ouvertes, les portes du ciel sont ouvertes, la route des fleurs est ouverte. Mon esprit a été entendu par l'esprit du ciel, par l'esprit de la terre, par l'esprit de la mer, par l'esprit des fleurs [15].»

N'est-ce pas contre un tel magistère que les talmudistes mettent en garde : «Quiconque fait des recherches sur quatre choses, sur ce qui est en haut, ce qui est en bas, ce qui a été au commencement, ce qui sera à la fin [...], il vaudrait mieux pour lui qu'il ne fût pas né [16].»

La gnose de l'*Hermès Trismégiste* présente une version spiritualisée de la doctrine simonienne («Si tu es fait de Vie et de Lumière, et si tu le *sais*, tu retourneras un jour vers la Vie et vers la Lumière»). En revanche, la tradition qui s'exprime dans l'*Apocalypse d'Asclépius* (8ᵉ écrit du codex 6 de Nag-Hammadi) appartient à la théorie simonienne de la *Megalè Dynamis* :

«Si tu veux voir la réalité de ce mystère, regarde là aussi l'image merveilleuse de l'union [*synousia*] qui est consommée par l'homme et par la femme : une fois donc arrivée à son terme, la semence jaillit. À ce moment-là, la femme reçoit la puissance de l'homme et l'homme lui aussi reçoit sur lui la puissance de la femme car tel est l'effet [*energein*] de la semence [17].»

À contre-courant de la morbidité que propageront des générations de judéo-chrétiens, de gnostiques, de marcionites, d'antimarcionites, de catholiques, l'*Apocalypse d'Asclépius* fustige ceux qui méprisent le monde et «préfèrent la mort à la vie».

C'est, à l'inverse, une tendance abstraite et spéculative qu'illustre le *Poimandrès*, dont s'inspireront plusieurs cosmogonies gnostiques. Après la séparation de la lumière et des ténèbres, la lutte s'engage entre les deux principes antagonistes. L'entité divine, séduite par l'image qu'elle projette dans la matière, désire s'unir à elle. Le père créateur, de forme androgyne, engendre ainsi une créature composite mi-Logos et mi-Anthropos, ou Homme primordial (Adam, selon la mythologie juive).

En sa partie supérieure, l'homme rayonne d'une parcelle lumineuse, éjaculée par la divinité et emprisonnée en lui. À l'origine jaillit l'émission spermatique de la puissance divine. Toutefois, la panspermie est à la fois spiritualisée — le *pneuma* ou souffle de vie transcende le *sperma* — et assimilée à une chute, dévoiement cascadé de lumière dans la matrice terrestre, obscurité, chaos, matière.

En fait, ce qui distingue fondamentalement l'enseignement de Simon des gnoses religieuses ou hermétistes, c'est la nature de la relation amoureuse, relation fondamentale s'il en est, exaltée comme force créatrice ou, au contraire, grevée de culpabilité, nouée par l'idée de déchéance, mortifiée par le renoncement, l'abstinence, l'ascétisme.

Cela va, à l'encontre de la radicalité simonienne, de la répression brutale, de type esséno-chrétien, au rituel hiérogamique des naassènes et des barbélites pour qui le sperme éjaculé nourrit le *pneuma* divin*, voire aux pratiques magiques**.

LES PRÉTENDUS DISCIPLES DE SIMON

Dans l'ignorance où demeurent et la vie et l'œuvre de Ménandre, il faut accorder foi à Justin l'apologiste, ce qui n'est guère aisé, pour le compter parmi les disciples de Simon. Gnostique samaritain, il enseigne à Antioche, où les nazoréens jouissent d'une certaine influence. Irénée l'accuse de pratiques magiques destinées à vaincre les anges mauvais et à ressusciter pour ne plus mourir, programme pour le moins vague et qui en tant que tel n'exclut pas une optique esséno-chrétienne.

Il en va de même pour Satornil. Irénée lui prête un dualisme de type samaritain, distinguant entre El le Père devenu le YHWH des Judéens, et Elohim, sa cohorte angélique parmi laquelle des éléments rebelles auraient créé

---

* Irénée, s'en prenant aux pérates, écrit qu'«ils appellent la matrice la fabrique du ciel et de la terre» (*Hysteram autem fabricatorum coeli et terrae* [18]). De même, à la fin du IIe siècle, l'*Évangile attribué à Philippe* appelle le Plérôme (la Totalité), *koinôn*, «chambre nuptiale», «lieu de l'union [19]».

** Delatte parle d'une pierre magique appelée la «clé de la matrice», sans doute liée à un rite de participation à la vitalité fécondante et sexuelle qui est l'apanage des dieux et dont le magiste espère s'approprier comme d'une parcelle d'éternité [20].

Il y a là une magie inhérente à la création fœtale : la matrice forme l'athanor, la transmutation du sperme et de l'ovule renvoie aux notions de *surrectio* et de *resurrectio*. Elle encourt la condamnation des rabbins, selon un fragment collationné par Köller : «Dieu s'est réservé trois clés qu'il n'a voulu confier à aucun intermédiaire : celle de la matrice, celle de la pluie, celle de la résurrection [21].»

le monde mauvais[22]. Seul un messie sauveur viendrait à bout d'un univers livré aux forces du mal. Et ici, Satornil, proche de l'essénisme mais non de Simon, prône un strict ascétisme. Il semble que Satornil ait, parmi les premiers, conféré à son messie-sauveur le nom emblématique de Josué/Jésus[23].

Quant à Cérinthe, il fait partie de ces philosophes judéo-chrétiens préoccupés par le nom et la nature de l'*angelos-christos*. Une indication d'Épiphane de Salamine qui, au IVe siècle, le traite de faux apôtre, et d'Irénée qui argue d'une polémique avec l'apôtre Jean, jette *a contrario* une certaine lueur sur l'écrit fondamental plus tard remanié en évangile canonique attribué à Jean. On sait en effet qu'à l'origine le texte porte des traces de naassénisme et appartient au gnosticisme chrétien. Il n'est pas impossible que Cérinthe soit — mais ce n'est qu'une hypothèse — l'auteur d'un *midrash*, maintes fois remanié avant d'être mis sous le nom de Jean, et dont le sens obéirait à la volonté syncrétique d'accorder naassénisme et nazoréisme, le Serpent rédempteur ou NHS revêtant le nom du messie Josué/Jésus, lui-même identifié au Serpent crucifié.

En revanche, l'ombre de Simon se profile plus nettement sur le groupe fondé par Carpocrate et son fils Épiphane, de même que sur le gnostique Justin (à ne pas confondre avec l'apologiste décapité en 165), auteur présumé du *Livre de Baruch*, où la *Genèse* est analysée dans le sens de l'autocréation de l'homme (l'*autogène*). Dieu plantant le jardin d'Eden accouple deux principes incréés, Elohim et Eden, d'où naîtra un troisième principe, le plus élevé, Priape, en qui se concentre le Bien et la Vie.

Le nom de la Grande Puissance s'est multiplié avec les sectes. Michel Tardieu étudiant le concept de *Brontè*, le Tonnerre, dans l'*Écrit sans titre* (2e du codex VI dans la Nag-Hammadi Library) constate qu'il s'identifie à la *Megalè Dynamis*, à cette Grande Puissance que l'*Apocryphon de Jean* appelle Ennoia, les valentiniens Sophia, les barbélites Barbélo, les naassènes Brimo-Déméter[24].

Les recueils de Nag-Hammadi comportent un hymne (NHL II, 8, 39-45), *Ego eimi*, qui célèbre avec une force singulière la volonté, pour l'individu, de devenir son propre créateur, dans la fusion des forces universelles :

« Je suis la partie de ma mère et je suis la mère, je suis la femme, je suis la vierge, je suis la consolatrice des douleurs, mon époux est celui qui m'a engendré et je suis sa mère et il est mon père et mon seigneur ; il est ma force ; ce qu'il veut, il le dit ; en toute raison je deviens, mais j'ai engendré un homme seigneurial. »

CHAPITRE VII
Les cultes phalliques et fusionnels

La conquête du pays de Canaan par les envahisseurs hébreux a commencé par judaïser les cultes agraires en honneur chez les vaincus pour frapper bientôt d'interdit et d'infamie leur pratique persistante. Ainsi en va-t-il des rites d'adoration du serpent, dont la symbolique participe à la fois de la puissance phallique et des mystères de la fécondation.

En dépit du danger que présentent certaines espèces, le serpent évoque par la grâce de son mouvement la danse de l'amour à laquelle se livre le corps des amants. L'allégorie de la santé n'a-t-elle pas conservé, avec les deux serpents entrelacés du caducée, le souvenir de la force de vie inhérente à la jouissance et à sa lente reptation ? Plus que toute autre mythologie, la Bible l'a changé en objet d'abjection, de terreur, de mal.

J'aimerais assez conjecturer que l'esprit religieux se substituant à une approche analogique et totémique du serpent — qui lui ôtait en quelque sorte les périls du venin et de la strangulation — a souligné jusqu'à l'hyperbole un danger de mort bien davantage issu de l'anathème lancé contre cette part de vie et de jouissance si hostile au pouvoir de l'Esprit et de ses prêtres.

Les Hébreux annexent à leur syncrétisme monothéiste en gestation le culte des serpents. Ce sont les *séraphim* (les « séraphins », plus tard changés en anges).

Dans le *Deutéronome* (8, 15), *nahash seraph* désigne les serpents brûlants qui mordaient le peuple au désert. Les *Nombres* (21, 6) parlent de *nahashim seraphim*. Si le mot *seraph* s'applique au serpent, c'est en raison d'une idée de « morsure brûlante », car la racine même du mot évoque en sémitique le verbe « brûler », et plus précisément, dans *Jérémie* (7, 31), l'acte de brûler des enfants sur l'autel de Baal [1].

Fécondation et sacrifice expiatoire du nouveau-né, enfant ou animal, s'inscrivent dans l'essence des religions : la production de vies réduites à la force de travail implique la destruction ou le refoulement de l'énergie libidinale non productive.

Le serpent (*nahash, NHS*) tient dans la *Genèse* un rôle sexuel prépondérant. Il est la sexualité condamnée, comme l'illustre bien une tradition talmudique (*Aboda Zara*, 22 b) : « Quand le serpent posséda Ève, il lui inocula une ordure[2]. » Et la *Genèse* ne paraît pas moins explicite dans la résolution d'Adam (3, 20) d'appeler sa femme Hawwah (Ève), jouant sur le mot *hayah* qui exprime l'idée de vie et sur l'araméen *hivyah*, « serpent ». Plus tard, Clément d'Alexandrie remarquera que « si l'on épaissit un peu la prononciation du nom de la première femme, on évoque pour des oreilles juives le nom de la femelle du serpent[3] ».

L'initiation sexuelle, avec sa lascivité ou art des caresses, relève originellement des privilèges de la femme. Le patriarcat, que le viol de la terre par l'agriculture de labours a porté au pouvoir absolu, traite la femme dans le même esprit d'exploitation. L'ondulation lascive et féminine de la vie exubérante tombe sous l'interdit tandis que s'érige en signe de pouvoir le « soc » phallique, symbolisé par les serpents d'airain que Moïse dresse dans le désert, porteurs d'une vie mortifère, serpents dont le venin engrosse la femme et la nature, toutes deux condamnées à produire jusqu'à épuisement.

Ce serpent, triomphe et terreur de la politique virile, se transformera dans la mythologie hébraïque en Satan. Alan Rowe a montré l'importance du culte du serpent à Beth-Shan, où il a dirigé une campagne de fouilles. Beth-Shan ne serait autre que la Maison du Dieu Serpent et Shahan le serpent divinisé. Il remarque que *shahan* lu à rebours donne *nahash*, la racine *NHS* exprimant en ses permutations diverses l'idée du serpent dans toutes les langues sémitiques[4].

C'est au culte archaïque du serpent, à la fois proscrit et récupéré par le judaïsme, que se rattachent des sectes qui, lors de leur rencontre avec les judéo-christianismes et les christianismes hellénisés, s'efforceront de l'intégrer à leurs mythes salvateurs, l'influençant dans certaines de ses tendances avant de tomber sous la condamnation de la Nouvelle Prophétie et du catholicisme.

LES NAASSÈNES OU OPHITES

Leur étude, tardive et rudimentaire, laisse dans l'ignorance l'histoire de la secte entre l'antiquité judaïque et l'apparition en Égypte, et principalement à Alexandrie, de groupes messianiques spéculant sur la nature rédemptrice du Serpent ou NHS (*nahash*).

Le naassénisme d'Alexandrie constitue peut-être un syncrétisme accordant des éléments juifs, phéniciens, égyptiens et grecs. Les Phéniciens donnaient au serpent le nom d'*Agathodaimôn*, « être bénéfique » (le sens apotropaïque n'est pas évident). Les Égyptiens traduisent *Agathodaimôn* par *Kneph*, que l'on retrouve dans les *knouphis* (serpents lovés) des amulettes ou abraxas. L'apport du vieux culte ophidien connu des Grecs prêtera au naassénisme son nom tardif d'ophitisme[5].

Quand le nazoréisme aura gagné en importance vers la fin du Ier siècle, les naassènes ne dédaigneront pas, dans une volonté de rassemblement œcuménique, d'intégrer le nom de Josué/Jésus aux diverses appellations de leur Ophis-Christos, de leur Serpent-Messie : Kneph, Agathodaimôn, NHS, Abrasax.

Le caractère concurrentiel de Jésus et de l'Ophis-Christos inquiète et indigne encore Origène vers 230-250. S'en prenant à un prophète naassène, appelé Euphrate, il juge utile de préciser : «Les ophites ne sont pas chrétiens, ils sont les plus grands adversaires du Christ.»

Au reste, la confusion entre chrétiens et naassènes procède d'une évolution tardive, comme le remarque Fossum : «Le serpent s'est transformé en rédempteur tandis que le Dieu de l'Ancien Testament s'est trouvé dégradé en un démiurge malfaisant et dépourvu de sagesse, nommé Ialdabaoth, qui ignore qu'il existe un Dieu au-dessus de lui [6].»

Quoi qu'il en soit, le naassénisme entre, au Ier siècle, dans la querelle des messies qui agite les milieux religieux de tous bords. En dépit de ses remaniements et réécritures, l'*Évangile canonique attribué à Jean*[*] a gardé, tout comme l'*Évangile apocryphe attribué à Thomas*, des traces d'un écrit fondamental appartenant au courant naassène où Ièsous-Christos s'est substitué à l'Ophis-Christos.

Dans la nécessité où elle se trouve de falsifier l'histoire pour démontrer son ancienneté, l'Église avancera que les naassènes se sont inspirés de Jésus pour faire de NHS un messie souffrant et rédempteur. Mais, outre que le naassénisme précède de beaucoup le christianisme, il n'a même pas été contraint de puiser son inspiration dans le martyre du Maître de Justice ou de Dusis. Car la nature première des séraphins qui se tiennent le plus près de Dieu, c'est, ainsi que le rappelle le *Livre d'Hénoch* (20, 7 ; 61, 10 ; 71, 7), le serpent. Il a voulu révéler à Adam et à Ève la jouissance et la connaissance en l'union desquelles réside l'immortalité divine, et c'est pourquoi le Dieu jaloux l'a puni, le clouant au sol ou, selon certains textes attribués à Moïse, sur l'arbre de vie où sa dépouille pend, crucifiée.

L'*Évangile de Vérité*, découvert à Nag-Hammadi, raconte encore l'histoire du jardin d'Eden d'un point de vue naassène : principe de la sagesse divine — à l'égal donc de Sophia, de l'ange-messie ou du *pneuma* —, il propose à Adam et à Ève de leur offrir la connaissance. Le Dieu jaloux leur interdit l'accès à la gnose et, les expulsant du paradis, les voue à un sort mortel.

NHS, serpent de la connaissance et de la jouissance — à la manière de la *kundalini*, qui éveille le corps à ses richesses potentielles —, introduit dans l'être humain, mâle et femelle, le souffle vital, devenu, dans les groupes cultuels, le *pneuma* ou Esprit.

De ce que le Dieu-Serpent pénètre dans Ève et dans Adam, leur insufflant un ferment d'immortalité, certains ont inféré que les naassènes pratiquaient l'accouplement dans une indifférenciation sexuelle qui recréait symboliquement l'androgynat originel. Peut-être est-ce à eux que s'applique le propos

---

[*] «Et de même que Moïse éleva le Serpent dans le désert, de même il faut que le Fils de l'Homme soit élevé afin que quiconque croit en lui ait la vie éternelle» (*Évangile attribué à Jean*, 3, 14-15 [7]).

parfois prêté à Simon de Samarie : «Toute terre est terre et qu'importe où l'on sème. »

Nul doute qu'il existe une diversité de sectes dans le naassénisme puisque certaines tendances prônent l'ascétisme, et se rapprochent donc de l'esséno-christianisme, tandis que d'autres pratiquent la liberté sexuelle au nom de la fusion de l'homme, de la femme et du monde enlacés dans NHS.

L'invocation d'une entité érotique primordiale s'exprime dans une représentation fréquemment gravée sur les pierres talismaniques ou amulettes en forme de camée, auxquelles on a donné le nom d'abraxas, par déformation du nom même de la puissance : Abrasax.

C'est un Dieu tutélaire à tête de coq et aux jambes en forme de serpents. Armé d'un bouclier et d'un fouet, il éloigne les forces hostiles et s'érige phalliquement à l'intérieur d'un ovale symbolisant le sexe de la femme. Solaire par la tête, terrestre par les jambes ophimorphiques qui forment les soutènements de la puissance sexuelle, il est un Dieu de fusion dont l'invocation se module sur le «chant des sept voyelles [8]» correspondant aux sept sphères que l'initié, élevé par l'extase amoureuse, doit franchir pour atteindre à la Grande Puissance.

Il est possible que se soit développée chez les naassènes l'idée d'un salut par l'enthousiasme sexuel, assez proche du tantrisme et affublant d'un travestissement religieux la pensée de Simon.

L'idée que le Logos, à la façon d'un serpent qui se love en forme de boucle★, descend dans la matière et retourne au Dieu dont il est issu, leur a suggéré une interprétation de la *Genèse* imitée de Simon :

«L'Océan qui coule en cercle de haut en bas et de bas en haut, le Jourdain qui descend et remonte son cours sont les images d'un seul et même Logos qui se meut en lui-même et constitue l'essence la plus intime du monde animé. Un autre symbole de ce processus est celui du serpent, *naas* ou *ophis*, sous la forme du serpent qui se mord la queue, figurant ainsi le cycle du devenir, le *Hen to Pan*. Le serpent est le seul objet de leur culte. ''Il est l'élément humide (Océan et Jourdain); sans lui, aucun être au monde ne peut se constituer, qu'il soit immortel ou mortel, animé ou inanimé. Tout lui est soumis; il est bon; il renferme comme dans la corne d'un taureau à une seule corne (*Deutéronome*, 33, 17) la beauté de tous les êtres et il donne la grâce de la jeunesse à chaque créature suivant sa nature propre; car il imprègne toutes les choses 'à la manière du fleuve qui sort de l'Eden et se divise en quatre branches''' (*Genèse*, 2, 10; *Elenchos*, V, 9, 12-15). Eden d'où sort le fleuve, c'est le cerveau de l'homme, les sphères célestes sont les membranes qui enveloppent ce cerveau. Le paradis que traverse le fleuve est la tête de l'homme. Les quatre branches dans lesquelles il se divise : le Pison, le Géon, le Tigre et l'Euphrate, sont la vue, l'ouïe, la respiration et la bouche. De la bouche sortent la prière, le Logos en tant que parole; en elle entre la nourriture, la nourriture spirituelle obtenue par la prière : ''Elle réjouit, nourrit et forme le pneumatique, l'homme parfait [9].'' »

★ Il forme ainsi l'*ouroboros* ou serpent qui se mord la queue, souvent figuré sur les abraxas.

De même, toujours selon l'*Elenchos*, qui semble se référer à un naassénisme christianisé — car ceci diverge radicalement de la philosophie de Simon —, ils divisent l'homme «en trois parties, dont la première est spirituelle, la deuxième psychique et la troisième terrestre. C'est par la connaissance de cet homme que commence la connaissance de Dieu : la connaissance de l'homme, disent-ils est le commencement de la perfection ; la connaissance de Dieu en est la consommation» (*Elenchos*, V, 6, 4-7). Et l'auteur de l'*Elenchos* ajoute, accréditant un rapprochement entre certains naassènes et les nazoréens : «Tels sont les points capitaux des nombreuses doctrines que Jacques, le frère du Seigneur, aurait transmises à Mariamné.»

Qui est Mariamné ? Non pas la reine juive, épouse d'Hérode qui la fit mettre à mort à près de quatre-vingt-dix ans (elle vécut de −60 à +29), mais un autre nom de l'Achamoth juive, de la Sophia grecque, et qui deviendra Myriam-Marie, Vierge et mère du Sauveur dans les romans évangéliques de Jésus.

C'est Mariamné, issue de l'antique *Magna Mater*, que les naassènes placent au-dessus du Chaos. Elle a engendré le Fils de l'Homme (Adam), dont NHS est une des incarnations, afin de sauver les hommes du monde mauvais où le Démiurge les tient prisonniers, du moins selon les ophites dont l'*Elenchos* rapporte les doctrines*.

L'œuvre du Démiurge produit la corruption et la mort. Ici intervient l'Ophis-Christos, né de la Vierge Mariamné :

«"Nul donc ne peut être sauvé ni remonter sans le Fils, c'est-à-dire le Serpent. Car, de même qu'il a apporté d'en haut les empreintes du Père, de même, inversement, il reporte d'ici-bas en haut les empreintes du Père réveillées et ayant repris les traits du Père" (*Elenchos*, V, 17, 7-8). Tout le cycle est conçu comme un cycle naturel, nous dirions presque physique. Le Logos supérieur attire à lui de nouveau l'élément spirituel de la matière : "Comme le naphte attire à soi de toutes parts le feu, ou plutôt comme l'aimant attire le fer et seulement le fer, comme le dard du faucon de mer attire l'or mais seulement l'or, comme l'ambre attire les rognures de papier, ainsi le Serpent ramène de ce monde, à l'exclusion de toute autre, la race parfaite formée à l'image du Père et de même essence que lui, telle qu'elle avait été envoyée par lui ici-bas [10]."»

PÉRATES, CAÏNITES, NICOLAÏTES, KOUKÉENS

Le phénomène de prolifération des sectes n'atteint pas seulement l'esséno-baptisme, il caractérise aussi les grands courants religieux issus d'autres sources judéennes ou samaritaines. Le naassénisme se subdivise en groupes rivaux,

---

* Celse parle de chrétiens tirant leur origine de Mariamné (Origène, *Contra Celsum*, V, 63).

communautés ou Églises. Dans la confusion doctrinale des deux premiers siècles de l'ère chrétienne, l'assentiment fondamental procède moins du nom
et de la nature du messie — NHS, Seth, Josué, Dussis, Adam, Sophia, Barbélo etc. — que d'un comportement marqué par l'ascétisme et le renoncement ou livré soit aux plaisirs de l'amour, soit au défoulement des désirs
contraints.

La remarque agressive de l'*Elenchos* révèle en fait un constat : « Les prêtres et les gardiens de cette doctrine furent ceux qu'on appela d'abord les
naassènes, du mot hébreux *naas* qui signifie "serpent" ; dans la suite, ils s'inti-
tulèrent aussi gnostiques, prétendant seuls connaître les profondeurs. Ils se
divisèrent en nombreuses sectes pour former une hérésie multiple qui n'en
fait, en réalité, qu'une, car c'est la même chose qu'ils désignent avec des noms
différents, de sorte que ces rivalités ont profité au progrès de la doctrine »
(*Elenchos*, V, 3, 3-4).

Koukéens, phibionites, stratiotiques, lévitiques, pérates, caïnites, nicolaïtes, autant d'appellations mystérieuses ; désignations locales de groupes ancrés
avec leurs particularismes dans une foi commune ou fruits fantasmatiques
des hérésiologues, toujours empressés à exhiber le chaos des hétérodoxies afin
de souligner l'unité de la « vraie » croyance en un « vrai » messie.

Prééminence d'une déesse mère salvatrice et culte fusionnel du serpent phallique prêtent une manière d'unité à un naassénisme par ailleurs en proie à
des variations comportementales qui vont de l'abstinence essénienne à l'amour
créateur prôné par Simon de Samarie.

Voici, selon le *Livre des scolies* de l'hérésiologue syriaque Bar-Konal, la poétique cosmogonie des koukéens :

« Dieu naquit de la mer située dans la terre de Lumière, qu'ils appellent
Mer éveillée. La mer de Lumière et la terre sont plus anciennes que Dieu. »

« Lorsque Dieu naquit de la Mer éveillée, il s'assit sur les eaux, les regarda,
et y vit sa propre image. Il étendit la main, prit [cette image], la prit comme
compagne, fit l'amour avec elle et engendra d'elle une foule de dieux et de
déesses. »

L'idée d'un Dieu amoureux de son reflet, de son Esprit, de sa Sagesse ou
Sophia, n'est pas étrangère aux spéculations judéo-chrétiennes sur la nature
de l'*angelos-christos*.

Plus proche de l'essénisme paraît la position des nicolaïtes :

« Les Ténèbres (l'abîme et les eaux) rejetées par l'Esprit inengendré montent, furieuses, pour attaquer ce dernier ; cette lutte produit une sorte de
matrice qui, par l'Esprit, engendre quatre Éons, qui en engendrent quatorze
autres ; après quoi se sont formées la "droite" et la "gauche", la lumière
et les ténèbres. L'une des puissances supérieures émanées de l'Esprit, Bar-
bélô, la Mère céleste, a engendré l'entité mauvaise (Ialdabaôth ou Sabaôth)
créatrice de ce bas monde ; mais, se repentant, elle se sert de sa beauté pour
commencer le salut, du cosmos inférieur [11]. »

Une rumeur veut que ces nicolaïtes, du nom de l'évêque Nicolas gouvernant leur communauté, aient fait l'objet de polémiques dont le texte grec de
l'*Apocalypse attribuée à Jean* porte témoignage. Si l'on se souvient que le même

nom de Jean revêt un évangile originellement tiré d'un *midrash* naassène, il n'est pas improbable qu'à l'original juif de l'*Apocalypse* se soit ajouté, à la fin du Ier siècle — alors que s'affrontent à Éphèse, à Antioche, à Pergame, à Alexandrie, à Corinthe, des philosophes judéo-chrétiens comme Cérinthe, Satornil et les partisans de Saül/Paul —, un programme de réunification esséno-chrétienne excluant le vieux naassénisme. Le texte de l'*Apocalypse* attaque nommément (2, 6 et 15-16) les nicolaïtes influents à Éphèse et à Pergame, où ils semblent s'efforcer de concilier naassénisme et essénisme.

Les pérates constituent selon toute vraisemblance une branche tardive des naassènes. Dans son étude sur le WAW, la lettre hébraïque qui symbolise le Messie, Dupont-Sommers fait découler leur nom du grec *paratai*, les « traverseurs », ceux qui franchissent l'eau de la corruption [12]. Peut-être se confondent-ils avec les caïnites, car ils estiment, selon l'*Elenchos*, que le serpent est « le signe dont Dieu marque Caïn pour l'empêcher d'être tué par ceux qui le rencontraient » (V, 15).

Les naassènes de type caïnite auraient rallié de nombreux adeptes en Afrique du Nord, autour d'une prophétesse appelée Quintilla. Ils professent l'existence de deux divinités. Leur Démiurge, comme plus tard chez Marcion, s'identifie à YHWH. Caïn est, à l'égal du Serpent, sa victoire expiatoire : « Le serpent est Caïn dont le Dieu de ce monde n'agrée pas l'offrande, tandis qu'il agréait le sacrifice sanglant d'Abel, car le maître de ce monde se complaît au sang [13]. »

Il est possible que les caïnites d'Afrique du Nord, absorbés par le christianisme de la Nouvelle Prophétie, particulièrement influente autour de Carthage dès 160-170, les ait convaincus de prêter à leur rédempteur le nom générique du Dieu qui sauve, Josué/Jésus.

La secte des pérates, peut-être contemporaine de l'*Elenchos*, qui s'y attarde longuement, témoigne d'un naassénisme tardif et hellénisé.

L'auteur de l'*Elenchos* s'en prend en particulier à deux prophètes, évêques ou fondateurs de communautés : Euphrates le pérate et Kelbès le Karystien.

« Ils se donnent à eux-mêmes le nom de pérates, parce qu'ils croient qu'aucune créature ne peut échapper à la destinée qui attend, dès leur naissance, tous les êtres engendrés. Car ce qui est engendré doit nécessairement se corrompre. [...] Nous qui sommes les seuls à avoir connu les lois nécessaires de la génération et la voie par laquelle l'homme est entré dans le monde, sommes les seuls à savoir exactement y marcher et à pouvoir *franchir* la corruption. [...] La mort saisit les Égyptiens dans la mer Rouge avec leurs chars ; les Égyptiens, ce sont tous ceux qui sont dans l'ignorance — c'est-à-dire tous ceux qui n'ont pas reçu la gnose. La sortie d'Égypte, c'est la sortie du corps ; car le corps, d'après eux, est une petite Égypte ; *franchir* la mer Rouge, c'est traverser l'eau de la corruption, c'est-à-dire Kronos ; être de l'autre côté de la mer Rouge, c'est être parvenu de l'autre côté de la génération ; arriver dans le désert, c'est se trouver hors de la génération, là où se trouvent à la fois tous les dieux de la perdition et le Dieu du salut. Les dieux de la perdition, ce sont les étoiles, qui imposent aux êtres engendrés la fatalité d'une génération changeante » (*Elenchos*, V, 16, 1 et 4 [14]).

L'interprétation que Simon de Samarie applique aux textes de la Bible se retrouve ici, mais dans le mépris du corps, commun aux religions.

Le Serpent rédempteur et parfait s'oppose aux serpents qui inoculent la mort.

« Ce n'est pas seulement le Logos comme puissance primordiale issue du Père qui est le serpent ; les diverses puissances qui régissent le monde terrestre sont également des serpents. Moïse a appelé les étoiles les serpents du désert, qui mordent et tuent ceux qui croient avoir franchi la mer Rouge. Aussi Moïse montra-t-il aux enfants d'Israël qui avaient été mordus par les serpents dans le désert le vrai et parfait Serpent : ceux qui eurent foi en lui ne furent pas mordus dans le désert, c'est-à-dire par les puissances. Personne donc ne peut sauver ni défendre ceux qui sortent d'Égypte, c'est-à-dire du corps et de ce monde, si ce n'est le Serpent parfait qui est rempli de toute plénitude. Celui qui met en lui son espérance ne sera pas détruit par les serpents du désert, c'est-à-dire par les dieux de la génération. C'est ce qui est écrit dans le livre le Moïse. Ce Serpent est la puissance qui était attachée à Moïse, la verge qui se changea en serpent*. Les serpents des magiciens d'Égypte, c'est-à-dire les dieux de la perdition résistèrent à la puissance de Moïse. Mais sa verge les soumit et les détruisit tous. Ce serpent qui embrasse l'univers est le Logos sage d'Ève. C'est le mystère d'Eden ; c'est le fleuve qui sort d'Eden ; c'est le signe dont Dieu a marqué Caïn pour l'empêcher d'être tué par quiconque le rencontrerait. Le serpent est Caïn dont le Dieu de ce monde n'agréa pas l'offrande, tandis qu'il agréait le sacrifice sanglant d'Abel, car le maître de ce monde se complaît au sang. C'est ce serpent qui, dans les derniers jours, aux temps d'Hérode, est apparu sous la forme humaine**, à l'image de Joseph qui fut vendu de la main de ses frères et qui était seul revêtu d'une robe bigarrée. Il est à l'image d'Esaü, dont la robe reçut la bénédiction, bien qu'il fût absent, et qui ne reçut pas la bénédiction aveugle, mais s'enrichit du dehors sans rien recevoir de l'aveugle, dont Jacob vit le visage ''comme un homme verrait le visage de Dieu'' (*Genèse*, 33, 10). C'est du serpent qu'il est écrit : ''Comme Nemrod le géant, chasseur devant l'Éternel'' (*Genèse*, 10, 9). Il a beaucoup d'adversaires, en aussi grand nombre que les serpents qui mordirent les enfants d'Israël dans le désert et dont les morsures furent guéries par ce Serpent parfait que Moïse dressa au milieu d'eux. [...] C'est à son image qu'était le serpent d'airain élevé par Moïse dans le désert***. Il est le seul dont la constellation céleste est visible partout. Il est le grand ''commencement'' dont parle l'Écriture. C'est de lui qu'il est dit : Au commencement était le Logos, et le Logos était auprès de Dieu et

---

* Le serpent comme principe de jouissance — compris chez les pérates comme perdition — est vaincu par le symbolisme phallique du bâton de commandement.

** Le Serpent incarné sous une forme humaine est évoqué dans le substrat sémitique de l'*Évangile attribué à Jean* avant d'être, comme Melchisedeq Seth ou le Maître de Justice, revêtu du nom de Josué/Jésus. L'image du Serpent crucifié se perpétuera dans les représentations alchimiques.

*** Cf. le texte de l'*Évangile attribué à Jean* : « Et comme Moïse a élevé un serpent dans le désert, ainsi faut-il que le Fils de l'Homme soit élevé » (3, 14).

le Logos était Dieu. Il était au commencement auprès de Dieu, tout a été fait par lui et rien n'a été fait sans lui. Ce qui a été fait par lui est vie*. C'est par lui qu'Ève a été faite, Ève est la vie. Cette Ève est "la mère de tous les vivants" (*Genèse*, 3, 20), la nature commune à tous, c'est-à-dire la mère des dieux et des anges, des immortels et des mortels, des êtres sans raison et des êtres doués de raison**» (*Elenchos*, V, 16, 6 sq.).

En face du Logos semblable au serpent se dresse la matière qui se boucle pareillement sur elle-même ; elle est figurée sous le symbole de l'eau, que l'on rencontre également chez les naassènes :

«La corruption, c'est l'eau et rien ne détruit aussi rapidement le Cosmos que l'eau ; l'eau s'étend sous forme sphérique autour du monde. C'est Kronos (entendez par là la sphère planétaire, extérieure, de Saturne, celle qui enceint toutes les autres). C'est une puissance couleur d'eau et, à cette puissance, c'est-à-dire à Kronos, aucune créature ne peut échapper, car c'est à cause de Kronos que toute créature encourt la corruption et aucune génération n'a lieu qui ne trouve l'obstacle de Kronos sur son chemin. C'est le sens des vers du poète à propos des dieux : "J'en atteste la terre, la voûte du ciel qui la couvre et les eaux mortes du Styx. C'est le serment des dieux immortels" (*Odyssée*, V, 184 sq.).»

L'*Elenchos* cite un fragment d'hymne pérate :

«Je suis la voix du réveil dans la nuit éternelle. Je commence maintenant à délivrer la puissance de l'emprise des voiles du chaos. La puissance du limon abyssal qui prend et porte la boue de l'humidité éternelle et muette ; la puissance entière, toujours en mouvement, des convulsions aqueuses qui porte ce qui est en repos, retient ce qui vacille, libère ce qui vient, soulage ce qui repose, détruit ce qui croît, la fidèle gardienne de la trace des airs, elle qui jouit de ce qui est versé sur l'ordre de douze yeux, qui révèle le sceau à la puissance qui règne au milieu de l'eau invisible, puissance qui a été appelée la mer. Cette puissance, l'ignorance l'a appelée Kronos, Kronos qui a été enchaîné lorsqu'il eut fermé le filet du Tartare épais et nébuleux, obscur et ténébreux» (*Elenchos*, V, 14, 1-2).

Le syncrétisme des pérates ne se contente pas d'accorder les mythologies grecque et hébraïque, il incorpore à sa doctrine du salut une spéculation astrologique au reste présente dans l'essénisme, comme dans les christianismes de Bardesane et de Priscillien.

L'univers et l'individu connaissent une existence soumise à des influences astrales que les pérates identifient à la puissance des archontes, agent du Démiurge. L'art du Serpent-Logos consiste à y échapper.

«De même que les astres tendent vers le centre du monde pour s'en éloigner de nouveau, ainsi la création tout entière s'éloigne de son centre, la Divinité, pour y faire retour. La chute est désignée par le côté gauche du mouvement circulaire, l'ascension en est le côté droit. Le ciel lui-même offre

---

* Que l'on retrouve dans le même *Évangile* (1, 1-3). L'*Apocryphon de Jean* appartient aussi à la littérature naassène ou pérate.
** Ève comme principe de vie et mère universelle se rencontre chez les barbélites.

comme une grande fresque du combat entre le Logos, le Serpent bon et parfait, et le Maître de ce monde, le Serpent mauvais. Le Logos est figuré par la constellation du Dragon ; il a, à droite et à gauche de sa tête, la Couronne et la Lyre. Devant le Dragon est agenouillé l'homme «pitoyable», la constellation d'Hercule, qui touche de la pointe du pied droit le Dragon. Derrière lui, le Maître mauvais de ce monde, la constellation du serpent, s'approche pour ravir la Couronne, mais le Serpentaire l'enserre et l'empêche de toucher à celle-ci★» (*Elenchos*, V, 16, 14-16).

Plus tardivement encore, Épiphane de Salamine prête à ceux qu'il nomme «ophites» une eucharistie en l'honneur du Serpent-Rédempteur. Certaines sectes la pratiquent encore aujourd'hui :

«Ils amoncellent des pains sur la table ; ils appellent un serpent qu'ils élèvent comme animal sacré. On ouvre la cage, il sort, gagne la table, se déroule parmi les pains et, disent-ils, les transforme en Eucharistie. Alors ils rompent les pains parmi lesquels a rampé le serpent et les distribuent aux communiants. Chacun baise le serpent sur la bouche, car le serpent a été apprivoisé par l'incantation et ils se prosternent devant un pareil animal. C'est par le serpent, disent-ils, qu'ils envoient au Père d'en haut un hymne. Telle est leur manière de célébrer leurs mystères (Épiphane, *Panarion*, XXXVII, 5).

Du serpent de la tentation lubrique à l'Ophis-Christos, en passant par la baguette phallique et magique d'Hermès-Trismégiste, l'ancien totémisme de l'animal qui se love, enlace, frétille, pénètre, unit, éjaculant le venin ou la vie, s'est spiritualisé et est entré dans les stéréotypes religieux sans perdre sa nature ambiguë.

Arraché à son androgynat originel — que célèbrent certains groupes naassènes hostiles au puritanisme —, l'*ophis* s'est fait messie rédempteur et messie destructeur, verge de fer et de terreur qui règne sur la nature, la bête et la femme pour imposer au monde l'ordre du pur renoncement, incarné en Jésus, et l'ordre du pur défoulement, incarné en Satan, l'*alter ego* du Messie.

Peut-être est-ce aussi par le biais de l'Ophis-Christos que succombe à une manière de castration le culte d'Hermès-Logos que les Grecs appelaient *agathéphoros*, porteur de bien (comme l'*agathodaimôn*), et qui s'offrait à la vénération populaire le phallus érigé.

Quoi qu'il en soit, l'ascétisme essénien envahira le monde gréco-romain, y propageant sous les espèces antagonistes du marcionisme et du montanisme le goût forcené de la continence, de la macération, du corps martyrisé.

Mais tandis que la verge de Moïse se substitue à la «baguette d'or d'Hermès», les rites de fusion sexuelle entretiendront une vivacité parfois moins clandestine qu'on ne le suppose, puisque Épiphane de Salamine rencontrera des barbélites qui se disent «chrétiens», restituant au mot son sens de «messianiste». Leur messie s'appelle non Jésus, mais Barbélo.

À la fin du IVᵉ siècle, Priscillien d'Avila ne jugera pas inutile de préciser

★ Le thème des deux serpents est évoqué dans le *Livre d'Isaïe*, (27, 1).

encore : « Dieu, ce n'est ni Armaziel, ni Mariamné, ni Joël, ni Balsamus, ni Barbilon*, c'est le Christ Jésus » (*Corpus eccles. latin.*, XVIII, 29).

JUSTIN LE GNOSTIQUE ET LE LIVRE DE BARUCH

Grec familiarisé avec les textes juifs et maître d'une école ésotérique où l'enseignement se dispensait sous le sceau du secret**, Justin le gnostique rédige, vers la moitié du IIe siècle, le *Livre de Baruch* dont l'*Elenchos* a conservé des extraits.

Il offre un exemple de syncrétisme judéo-grec, très différent de celui que son contemporain, Marcion, élabore en s'autorisant de Saül/Paul.

Justin se réfère a un mythe, rapporté par Hérodote, selon lequel Hercule fait l'amour avec un être mi-jeune fille, mi-serpent, qui lui donne trois enfants. Il en tire une théologie trinitaire :

« "Il y a trois Principes inengendrés du Tout" : deux sont masculins, un est féminin. Le premier principe masculin s'appelle le Bon ; il est seul à porter ce nom et il possède une prescience universelle ; le second s'appelle le Père de toutes choses, il est dépourvu de prescience, inconnaissable et invisible. Le principe féminin est également dépourvu de prescience, il est irascible, il a double esprit et double corps et ressemble absolument à l'être du mythe d'Hérodote, jeune fille jusqu'au sexe, serpent au-dessous. Cette jeune fille s'appelle aussi Eden et Israël. Tels sont les Principes du Tout, la Racines et les sources desquelles est issue toute existence ; il n'en existe pas d'autres. Le Père ayant vu cette demi-jeune fille, Eden, s'éprit d'elle, ignorant qu'il était de l'avenir. Ce Père s'appelle Elohim. Eden s'éprit pareillement d'Elohim et le désir les réunit dans le plaisir de l'amour. De cette union le Père eut d'Eden douze anges. Voici les noms des douze anges du Père : Michel, Amen, Baruch, Gabriel, Esaddée... [les sept autres noms manquent dans les manuscrits]. Les noms des anges maternels enfantés par Eden sont les suivants : Babel, Achamoth, Naas, Bel, Belias, Satan, Saël, Adonée, Kanithan, Pharaoth, Karkamenos, Lathen. De ces vingt-quatre anges, les uns, les anges du Père, servent le Père et font en tout sa volonté ; les anges maternels servent Eden. L'ensemble de ces anges forme le Paradis dont Moïse dit : Dieu planta un jardin vers l'Orient (*Genèse*, 2, 8), c'est-à-dire en face d'Eden, afin qu'Eden vît toujours le paradis, à savoir les anges. Les anges sont appelés allégoriquement les arbres de ce paradis : l'arbre de la vie est Baruch, le troisième des anges paternels ; l'arbre de la science du bien et du mal est Naas,

---

* Mariamné est la Mère-Esprit-Sophia-Vierge et Mère des naassènes. Barbilon est Barbélo, la divinité spermatophage et rédemptrice des barbélites.
** Il n'est pas exclu que Justin ait fréquenté les milieux kabbalistes juifs qui, sous couvert d'obédience pharisienne, perpétuent et amplifient la gnose des groupes hermétiques d'Égypte et d'Asie Mineure.

le troisième des anges maternels. C'est ainsi, dit-il, qu'il faut expliquer les paroles de Moïse ; Moïse a voilé son expression parce que tout le monde n'était pas capable de comprendre la vérité. Quand le paradis eut été constitué par l'amour d'Elohim et d'Eden, les anges d'Elohim prirent un peu de la terre la plus noble, c'est-à-dire non pas des parties bestiales d'Eden, mais des régions nobles de la terre, celles qui sont placées au-dessus du sexe et sont semblables à l'homme, et ils firent l'homme. Les parties bestiales servirent pour les bêtes sauvages et les autres animaux. Ils firent l'homme en symbole de l'union amoureuse d'Elohim avec Eden et ceux-ci mirent en lui leurs puissances, Eden mit l'âme, Elohim le *pneuma*. Voilà comment Adam est comme le sceau, le gage de l'amour et le symbole éternel des noces d'Eden et d'Elohim. Ève, de même, a été faite, comme l'écrit Moïse, pour être une image et un symbole, pour conserver en elle durant l'éternité l'empreinte d'Eden. Et pareillement dans l'image qu'est Ève, Eden a déposé l'âme et Elohim le *pneuma*. Puis Adam et Ève reçurent le commandement : ''Croissez et multipliez-vous et remplissez la terre'' (*Genèse*, 1, 28), c'est-à-dire Eden. Telle est la signification de l'Écriture. À son mariage, Eden a apporté à Elohim toute sa puissance en guise de fortune. C'est à l'exemple de ce premier mariage que les femmes, aujourd'hui encore, apportent une dot à leur époux, fidèles en cela à la loi divine de leurs premiers parents, observée la première fois par Eden à l'endroit d'Elohim. Lorsque tout eut été créé ainsi que Moïse l'a décrit, le ciel et la terre et toutes les créatures qu'elle contient, les douze anges de la mère se partagèrent en ''quatre principes'' et chacune de ces quatre parties porte le nom d'un fleuve : Pison, Gihon, Tigre et Euphrate, comme il est écrit dans Moïse. Ces douze anges, répartis en quatre groupes, parcourent le monde en tout sens et sont investis par Eden d'une lieutenance sur le Cosmos. Ils ne restent pas toujours à la même place, mais, comme dans une ronde, ils font le tour, changeant sans cesse de lieu et cédant, à intervalles réguliers, les lieux qui leur ont été attribués.

«Quand Pison règne sur une région, la famine, la détresse et la tribulation y font leur apparition, car ce groupe d'anges apporte avec lui une période d'avarice. De même, chaque partie du monde est le théâtre de fléaux et de maladies suivant la puissance et la nature des groupes qui la dominent. Ce déluge de mal, qui varie avec le groupe qui domine, enlace sans cesse l'univers de son flot inépuisable, suivant le décret d'Eden. Voici comment s'est instaurée cette fatalité du mal. Après avoir, par ses amours, construit et façonné le monde, Elohim voulut regagner les régions supérieures du ciel pour voir si rien ne manquait à sa création et il prit avec lui ses anges respectifs ; car sa nature le portait vers le haut mais il laissa Eden ici-bas, car Eden, étant terre, ne voulut pas accompagner l'ascension de son époux. Parvenu aux frontières du ciel, Elohim vit une lumière plus puissante que celle qu'il avait créée ; il dit : ''Ouvrez-moi les portes afin que j'entre et loue le Seigneur ; car je croyais jusqu'ici être le Seigneur'' [citation déformée de *Psaume* 118, 19]. Du sein de la lumière une voix répondit : ''Voici la porte du Seigneur, les justes y passeront'' [*ibid.*, 20]. Aussitôt la porte s'ouvrit et le Père [Elohim] entra chez le Bon sans ses anges et il vit ce que l'œil n'a point vu, ce que l'oreille n'a point entendu et ce que le cœur de l'homme n'a point conçu. Alors le Bon lui dit : "Assieds-toi à ma droite" [*Psaume* 110, 1]. Mais le Père dit au Bon : "Seigneur, laisse-moi détruire le Cosmos que j'ai créé" ; car mon *pneuma* est resté emprisonné dans l'homme et je veux le reprendre. Le Bon reprit : "Maintenant que tu es près de moi, tu ne peux plus faire le mal ; par votre amour réciproque, toi et Eden, avez fait le monde ; laisse donc Eden jouir de la création aussi longtemps qu'il lui plaira ; pour toi, reste près de moi." Se voyant délaissée par Elohim, Eden éplorée rassembla autour d'elle ses propres anges et se para splendidement dans l'espoir qu'Elohim s'éprendrait à nouveau d'elle et redescendrait vers elle. Mais Elohim qui se trouvait sous l'autorité du Bon ne redescendit pas vers Eden. Alors celle-ci ordonna à Babel, qui est Aphrodite, de provoquer parmi les hommes adultères et divorces ; elle avait été séparée d'Elohim : elle voulait que le *pneuma* qui demeure dans l'homme fût torturé de ces séparations douloureuses et souffrît, comme elle-même du fait de son abandon. Et Eden donna à Naas, son troisième ange, une grande puissance avec mission de punir de toute façon le *pneuma* d'Elohim qui habite dans les hommes ; elle punirait ainsi Elohim dans son *pneuma* parce qu'il avait abandonné son épouse malgré la parole donnée. Ce que voyant, le Père Elohim envoya Baruch, son troisième ange, au secours du *pneuma* qui réside en tout homme. À son arrivée, Baruch se plaça au milieu des anges d'Eden, c'est-à-dire au milieu du paradis (car le paradis, ce sont les anges au milieu desquels il se tenait) et commanda aux hommes : "Tu mangeras de tous les arbres du paradis, mais tu ne mangeras pas de l'arbre de la connaissance du bien et du mal", qui est le serpent, c'est-à-dire : tu obéiras aux onze autres anges d'Eden, car s'ils portent les passions, ils ne portent pas l'injustice. Car le serpent s'est approché d'Ève, l'a séduite et a commis avec elle l'adultère, ce qui est contraire à la Loi ; puis il s'est approché d'Adam et a commis avec lui l'acte de pédérastie, ce qui est également contre la Loi. C'est de ce moment que datent l'adultère et la pédérastie. C'est depuis lors que le mal et le bien ont régné sur les hommes ; les deux ont la même origine, le Père, Elohim. En effet, en s'élevant vers le Bon, le Père a montré le chemin à ceux qui voulaient monter ; en descendant vers Eden, il a été à l'origine du mal pour le *pneuma* qui est dans l'homme. Baruch fut donc envoyé à Moïse et, par le truchement de ce dernier, il apprit aux enfants d'Israël le moyen de revenir au Bon. Mais le troisième ange d'Eden, Naas, qui, par l'âme issue d'Eden, habitait en Moïse comme dans tous les autres hommes, étouffa les prescriptions de Baruch au profit des siennes. C'est pourquoi, d'une part, l'âme est soumise au *pneuma*, et de l'autre, le *pneuma* est soumis à l'âme. Car l'âme, c'est Eden ; le *pneuma*, c'est Elohim ; l'un et l'autre se retrouvent chez tous les êtres humains, hommes et femmes. Puis Baruch fut envoyé aux prophètes, afin que le *pneuma* qui habite dans l'homme écoutât les prophètes, s'arrachât aux œuvres mauvaises du corps comme avait fait le Père Elohim. Cette fois encore, Naas, à l'aide de l'âme qui, avec le *pneuma* du Père, réside dans l'homme, égara les prohètes ; tous se laissèrent suborner et ils n'obéirent pas aux paroles qu'Elohim avaient confiées à Baruch. Finalement, Elohim se choisit un prophète du milieu des incirconcis et il l'envoya

combattre les douze anges d'Eden et délivrer le Père des douze mauvais anges
de la création. Ce sont les douze travaux d'Hercule, travaux qu'il a accomplis dans l'ordre, du premier jusqu'au dernier, en luttant avec le lion, l'hydre,
le sanglier, etc. Ce sont là des noms que les étrangers à la foi ont donnés
aux anges pour exprimer métaphoriquement l'activité particulière de chacun des anges de la mère. Alors qu'il semblait avoir réussi à les abattre tous,
il s'unit à Omphale, qui n'est autre que Babel, Aphrodite ; celle-ci séduisit
Hercule et lui déroba sa puissance qui consistait dans les commandements
qu'Elohim avait confiés à Baruch et elle le revêtit, en échange, de sa robe
à elle, c'est-à-dire de la puissance d'Eden, la puissance d'en bas. Ainsi avor-
tèrent la mission prophétique et les travaux d'Hercule. Enfin, aux jours du
roi Hérode, Baruch fut encore une fois envoyé ici-bas par Elohim» (*Elenchos*, V).

La suite offre un exemple typique d'interpolation. Elle date au plus tôt du
IVe siècle, puisque Nazareth n'existe pas auparavant.

«Étant venu à Nazareth, il y trouva Jésus, le fils de Joseph et de Marie,
un enfant de douze ans, occupé à garder des brebis ; il lui révéla toute l'histoire d'Eden et d'Elohim depuis le début ainsi que l'avenir, et il lui dit : tous
les prophètes qui sont venus avant toi se sont laissés séduire ; tâche-donc, Jésus,
Fils d'homme, de ne pas te laisser séduire, mais annonce cette parole aux
hommes, communique-leur le message touchant le Père et le Bon, puis
remonte vers le Bon et assieds-toi là, à côté d'Elohim, notre père à tous. Jésus
obéit à l'ange et dit : Seigneur, je ferai tout cela, et il se mit à prêcher. Naas
voulut aussi le séduire mais il échoua, car Jésus fut fidèle à Baruch. Furieux
de n'avoir pu dévoyer Jésus, Naas le fit crucifier. Mais Jésus laissa sur la croix
le corps d'Eden et monta vers le Bon. Il dit à Eden : "Femme, prends ton
fils", c'est-à-dire l'homme psychique et l'homme terrestre. Puis il remit son
pneuma entre les mains du père et il s'éleva vers le Bon» (*Elenchos*, V, 26).

C'est avec pertinence que Leisegang décèle chez Justin et dans sa mythologie les échos d'un tourment amoureux, hypostasié en drame cosmique. Je
laisse la parole à l'exégète. Sa sympathie pour l'homme vindicatif et son anti-
pathie pour la femme, ici accordées à l'intérêt sentimental qu'il témoigne à
Justin, montrent bien l'origine sensuelle de toute «hairesis», de tout choix
prétendument religieux ou idéologique.

«Le désir amoureux et sa satisfaction : telle est la clé de l'origine du monde.
Les désillusions de l'amour et la vengeance qui les suit, tel est le secret de
tout le mal et de l'égoïsme qui existe sur la terre. L'histoire entière du monde
et de l'humanité devient un roman d'amour. On se cherche, on se trouve,
on se sépare, on se torture, puis, finalement, devant une douleur plus aiguë,
on renonce : voilà l'éternel mystère de l'amour avec la contradiction, intrinsèque à l'amour, qui fait désirer de se délivrer de la femme et du féminin.
Tout cela marqué au coin d'une fine intelligence des différences essentielles
qui séparent l'homme de la femme. La tragédie de la destinée de l'univers
commence avec l'élan amoureux qui porte son Créateur à quitter le domaine
du Bon. En descendant vers Eden, qui le guette, Elohim s'est chargé de la
première faute, dans laquelle entrent à la fois une libre décision et un instinct

naturel. Si l'on considère qu'il a quitté sa femme, qu'il n'est pas descendu du ciel pour revenir à elle, qu'il se repent des suites de son amour et voudrait détruire toute ce qui est issu de lui, sa culpabilité est énorme. Pourtant sa conduite a beau apparaître, sous l'angle de la terre, une affreuse infidélité, elle est bien moins coupable que la conduite et la vengeance d'Eden dans lesquelles elle trouve une justification partielle. On pense au mot de Nietzsche : "Que l'homme craigne la femme qui aime : elle ne reculera devant aucun sacrifice, et tout le reste lui paraîtra sans valeur. Que l'homme craigne la femme qui hait : car l'homme au fond du cœur est méchant ; mais la femme est mauvaise" (*Ainsi parlait Zarathoustra*, trad. G. Bianquis, Paris, Aubier, 1946, p. 153). Eden est méchante : elle met tout en œuvre pour déjouer les efforts sans cesse renouvelés d'Elohim pour effacer le mal issu de lui ; efforts qui finiront par aboutir après des millénaires de persévérance. Aussi la sympathie est-elle partagée entre Eden et Elohim. La douleur de Dieu devant les conséquences fatales de son amour et la détresse de la femme déçue visent l'une et l'autre à éveiller la sympathie et l'émotion de l'homme qui, dans sa pauvre petite existence, s'est laissé engrener dans cette tragédie de l'amour et en a fait l'expérience. Que finalement Elohim réalise le salut au prix de laborieux efforts et que Eden, acharnée à dire non et à entraver l'œuvre du Bon, trouve sa fin tragique dans un abandon éternel et ne soit plus qu'un cadavre déspiritualisé : cela répond au sentiment de la justice, qui exige le plus dur châtiment pour la haine irréconciliable [15]. »

LES ADEPTES DE BARBÉLO

Vers 335, le jeune Épiphane de Salamine, futur maître à penser de l'Église et auteur d'une liste de dénonciation des hérésies, *Panarion kata pasôn tôn aireseôn* (*Pharmacie contre toutes les hérésies*), adhère à une secte qui s'intitule encore «chrétienne» au sens grec de «messianique».

Son christ ou messie, nommé Barbélo, émanation moderne de l'ancienne Déesse-Mère, se révèle sous les traits d'une Sophia qui serait l'exaltation non du *pneuma* dans son sens spirituel mais du souffle de vie, de la puissance sensuelle du corps.

Rongé par la culpabilité, et converti par la suite aux frénésies de l'ascétisme, Épiphane accable ses premiers coreligionnaires avec la même rage indignée qu'Augustin d'Hippone reniant le manichéisme dont il avait été le zélé partisan.

Parmi les livres propageant la doctrine barbélite, Épiphane cite les *Livres de Ialdabaoth*, l'*Apocalypse d'Adam*, l'*Évangile d'Ève*, les *Livres de Seth*, le *Livre de Noria*, les *Prophéties de Barkabbas**, l'*Ascension d'Élie*, la *Nativité de Marie*, l'*Évangile des apôtres*, les *Grandes et Petites Interrogations de Marie*, l'*Évangile de Philippe*, l'*Évangile de la perfection*.

---

* Citées par Basilide.

Le nom de la Déesse a donné lieu à plusieurs hypothèses. Pour Leisegang, il procéderait de l'hébreu *Barbhé Eloha*, « en quatre est Dieu », allusion à la tétrade divine, non le *tetragrammaton* YHWH mais l'ancien groupe céleste sémitique : El le Père, la Mère son épouse, leur fils et leur fille, devenus Père, *Pneuma* féminin, Fils, messie ou christ. D'autres y voient une déformation de *baal Bélo* ou culte de la divinité Bel, issue des rites de la fécondité et de la lumière, encore vivace en Samarie en dépit de l'implantation yahwiste voire une émanation d'Anath. Dans le *Livre de Baruch* de Justin le gnostique, l'entité Babbel est identifiée à Aphrodyte.

Selon le rapport d'Épiphane : « Ils adorent une certaine Barbélo, qui vit, disent-ils, dans le huitième ciel et qui est issue du Père. Elle est, suivant les uns, la mère de Ialdabaoth, suivant d'autres, la mère de Sabaoth. Son fils exerce sur le septième ciel une autorité tyrannique et dit à ses sujets : ''Je suis l'Éternel et il n'y en a point d'autre ; il n'y a pas d'autre Dieu que moi'' » (*Panarion*, XXV, 2 *sq.*).

L'Éternel tyrannique n'est autre que YHWH, le Dieu des Judéens, identifié par la gnose juive antijudéenne, et ensuite par la gnose hellénique, au Démiurge, le Dieu sanguinaire, popularisé sous le nom de Ialdabaoth ou Sabaoth ; il préside aux destinées d'un monde irrémédiablement mauvais. Que YHWH-Ialdabaoth soit le fils de la Déesse-Mère rappelle ici l'éviction des cultes de la Femme et de la Mère par le patriarcat accédant au pouvoir avec l'agriculture néolithique.

En entendant de telles paroles, raconte la mythologie barbélite, la mère du divin despote décide de sauver l'humanité du sort misérable auquel Dieu l'avait réduite. Comment résout-elle de restaurer la puissance dont un fils odieux l'a dépouillée ? Par ruse et séduction. Elle se présente aux archontes, les serviteurs du Seigneur, dans la voluptueuse majesté de sa féminité et, ayant excité leurs désirs, recueille leur sperme « afin de ramener ainsi à elle sa puissance disséminée dans les différents êtres » (*Panarion*, XXV, 2 *sq.*).

Les fidèles de Barbélo imitent donc le geste salvateur de la déesse et, avec la bonne conscience d'une offrande, s'adonnent au plaisir de faire couler, au lieu du sang que tant de religions répandent, le sperme et la cyprine dont l'émission ravive l'énergie de la *Natura Magna*.

Épiphane, dans un passage qui inspirera plus tard les inquisiteurs accusant de débauche les ascètes cathares et vaudois, rapporte l'usage d'un signe de reconnaissance, attesté chez les messaliens, les bégards et béguines, et qui, avant la mode hédoniste des libertés sexuelles au XXᵉ siècle, s'est longtemps perpétué chez les jeunes gens, indiquant, par une caresse dans la paume de la main, le caractère impérieux de leur désir :

« Ils ont, d'hommes à femmes et de femmes à hommes, un signe de reconnaissance qui consiste, lorsqu'ils se donnent la main pour se saluer, à pratiquer une sorte de chatouillement dans la paume de la main si le nouveau-venu appartient à leur religion. Dès qu'ils se sont reconnus les uns les autres, ils se mettent aussitôt à banqueter. Ils servent des mets délicieux, mangent de la viande et boivent du vin, même les pauvres. Lorsqu'ils ont bien banqueté et se sont, si je puis dire, rempli les veines d'un surplus de puissance, ils passent à la débauche. L'homme quitte sa place à côté de sa femme en disant à celle-ci : "Lève-toi et accomplis l'*agapê* avec le frère★." »

L'homme et la femme prennent alors soin de recueillir le sperme entre leurs mains, et ils le vouent à la Déesse-Mère, afin qu'elle fortifie la vie dans le monde et aussi en eux.

La secte fréquentée par Épiphane offre l'exemple d'une croyance archaïque, de type orgiastique, qui s'est dégradée en des syncrétismes successifs ; même le christianisme érigé depuis Nicée en religion d'État s'imprègne encore des courants où il a d'abord été formulé avant de se décanter en une doctrine politique et théologique. Beaucoup de tendances, fondamentalement hostiles au christianisme, survivront en s'adaptant avec plus ou moins de souplesse aux normes imposées par Rome (la récupération des mythologies celtiques ou slaves, incorporées dans le culte des saints, est à cet égard exemplaire, comme l'a montré Robert Graves [16]).

Dans le cas des barbélites tardifs dénoncés par Épiphane, peut-être la communion de type chrétien remplace-t-elle l'hommage rendu jadis au «souffle de vie» tel que l'exprime fortement la jouissance amoureuse. Comme le rappelle Leisegang, «le mot *pneuma* est immédiatement lié à l'évocation d'une matière génésique spermatique. Le *pneuma*, au début, n'a absolument rien d'un esprit ; c'est du "vent", c'est un "air chaud". La conception suivant laquelle c'est un *pneuma*-vent, et non pas un *pneuma*-esprit, qui engendre la vie humaine, se rencontre dans la tradition grecque [17]... »

L'idée d'un *sperma* générateur de vie, d'une substance qui crée l'homme et le monde, n'est pas absente de la traduction grecque d'«Esprit» par *pneuma* telle qu'elle apparaît dans l'Ancien et le Nouveau Testament, mais elle oblitère peu à peu l'élément le plus inacceptable pour une société dominée par la religion : l'acte de création de soi, du monde et aléatoirement de l'enfant que recèle en substance l'union amoureuse de l'homme et de la femme. La réalité masquée ne resurgit-elle pas ironiquement chez les peu folâtres stoïciens et chez le castrat volontaire Origène sous les traits de ce *logos spermatikos* devenu, dans l'imagerie saint-sulpicienne, les langues de feu de la Pentecôte.

Pour les barbélites, l'homme et la femme possèdent dans leur propre semence le *pneuma*, le souffle de Dieu. Et l'individu s'approche d'autant plus de l'essence divine qu'il irradie de sa puissance spermatique et la dispense dans un orgasme fusionnel.

«S'unir à Dieu, précise Leisegang, ce sera mêler et fondre sa semence avec la substance génératrice du Tout. Le Salut consistera à soustraire sa

---

★ Les églises chrétiennes se revendiquant de Thomas admettent une relation amoureuse entre Jésus et Salomé : «Salomé dit : ''Qui es-tu, homme ; de qui es-tu [issu] pour être monté sur mon lit et avoir mangé à ma table ?''» (*Logion* 65 des *Paroles cachées que Jésus le Vivant a dites à Didyne Jude Thomas*, connues vulgairement sous le libellé *Évangile de Thomas*). Dans le même ordre d'idées, la *Première Épître attribuée à Jean* (3, 9) déclare : «Quiconque est né de Dieu ne commet pas de péché, parce que la semence de Dieu demeure en lui ; et il ne peut pécher parce qu'il est né de Dieu. À ceci l'on reconnaît les enfants de Dieu et les enfants du Diable.»

semence à la destination terrestre et à la ramener à la source céleste de toute semence [18]. »

Voici ce que rapporte Épiphane de Salamine du groupe dont il fut l'adepte :

« Ils offrent au Père, à la Nature du Tout, ce qu'ils ont dans les mains en disant : " Nous t'offrons ce don, le corps du Christ." Puis ils le mangent et communient à leur propre ignominie, en disant : "Voici le corps du Christ, voici la Pâque pour laquelle nos corps souffrent et sont contraints de confesser la passion du Christ." Ils font de même avec les menstrues de la femme. Ils recueillent le sang de son impureté et y communient de la même manière. Et ils disent : "Voici le sang du Christ." Quand ils lisent dans l'*Apocalypse* : "Je vis un arbre qui portait douze fois du fruit dans l'année, et il me dit : c'est l'arbre de la vie", ils l'interprètent allégoriquement du flux de sang mensuel de la femme*. »

« Bien qu'ils pratiquent un commerce promiscuitaire, ils enseignent que l'on ne doit pas procréer d'enfants. Car ce n'est pas en vue de la procréation qu'ils pratiquent l'acte honteux, mais par pure volupté [...]. Ils accomplissent l'acte voluptueux jusqu'à satisfaction, ils recueillent la semence de leur impureté, l'empêchant de pénétrer plus avant et d'aboutir à une conception, puis ils mangent le fruit de leur honte. »

Depuis que Barbélo a donné naissance à l'engeance odieuse de l'Éternel — YHWH-Ialdabaoth-Sabaoth (appelé aussi Kalakau) —, elle a révoqué son statut de mère pour être célébrée comme la Femme fécondée par la jouissance et par l'amour qu'elle dispense. Aussi les barbélites recourent-ils à une forme d'interruption volontaire de grossesse, qui ne manque pas de sel :

« Lorsque l'un d'entre eux, par surprise, a laissé sa semence pénétrer trop avant et que la femme est enceinte, écoutez ce qu'ils font de plus abominable encore. Ils extirpent l'embryon dès qu'ils peuvent le saisir avec les doigts, ils prennent cet avorton, le pilent dans une sorte de mortier, y mélangent du miel, du poivre et différents condiments, ainsi que des huiles parfumées, pour conjurer le dégoût, puis ils se réunissent [...] et chacun communie de ses doigts à cette pâté d'avorton. Ce repas humain achevé, ils terminent par cette prière à Dieu : "Nous n'avons pas permis à l'Archonte de la volupté de se jouer de nous, mais nous avons recueilli l'erreur du frère." Cela aussi est, à leurs yeux, la Pâque parfaite. [...] Lorsque, dans leurs réunions, ils entrent en extase, ils barbouillent leurs mains avec [...] leur émission séminale, ils l'étendent et, les mains ainsi souillées et le corps entièrement nu, ils prient afin d'obtenir, par cette action, libre accès auprès de Dieu. Hommes comme femmes, ils soignent leur corps jour et nuit avec des onguents, des bains, des épices, et ils s'adonnent au sommeil et à la boisson. Quelqu'un jeûne-t-il, ils le maudissent en disant : "Il ne faut pas jeûner, car le jeûne

---

* Épiphane n'a pas compris ou n'a pas voulu comprendre que le Christ, le Messie des barbélites n'est pas Josué/Jésus, mais Barbélo (que Priscillien appelle Barbilon).

est l'œuvre de l'Archonte qui a créé l'Æon★. Il faut, au contraire, se nourrir, afin que les corps soient puissants et capables de porter du fruit en leur temps★★''» (*Panarion*, XXVI, 4-5).

En ce qu'elle présente de plus radical, la doctrine barbélite s'apparente à l'enseignement de Simon de Samarie : le corps est la terre dont la puissance créatrice mérite l'attention exclusive des hommes. Le but est la fusion du moi et du monde, mais, alors que Simon identifie la conscience de la jouissance et la conscience de la création de soi, les barbélites, obéissant à la sollicitation religieuse, aboutissent à une vision mystique du plaisir qui est en dernier ressort l'hommage du *soma* à l'esprit et au divin.

Barbélo, Déesse orgastique et suceuse du sperme universel, tourne, comme dans le tantrisme, les plaisirs de la vie en devoir céleste, la volupté en obligation rituelle. Or l'ignoble n'est pas de communier sensuellement dans le sperme et l'éréthisme, mais bien de travestir l'exaltation amoureuse en une éjaculation du sacré.

La religion barbélite a fomenté une théologie bien antérieure à celle que le catholicisme imposera après Nicée.

Deux forces s'opposent : le Dieu bon, dont Barbélo est l'émanation, et le Dieu créateur d'un monde mauvais. Par la voie de l'orgasme, Barbélo ramène l'homme au royaume de lumière dont le Démiurge l'a exilé pour l'asservir à son odieuse autorité.

«Au commencement étaient les Ténèbres, l'Abîme et l'Eau ; le *pneuma* était parmi eux et les séparait l'un de l'autre. Mais les Ténèbres se courroucèrent et grondèrent contre l'Esprit ; elles s'avancèrent mais le *pneuma* les étreignit et elles enfantèrent un être du nom de *mêtra* [matrice]. Cet être, une fois né, fut fécondé par le même *pneuma*. De la matrice sortirent quatre æons, des quatres æons quatorze autres et il y eut une matrice gauche et une matrice droite, Lumière et Ténèbres. Plus tard, après tous ceux qui précèdent, parut un æon difforme ; celui-ci s'unit à la *mêtra* qui se manifeste dans les hauteurs et c'est de cet æon affreux que tirent origine dieux, anges, démons et les sept esprits» (*Panarion*, XXV, 5).

«Le *Livre de Noria* — qui n'est plus, comme chez les ophites, une fille d'Adam, mais l'épouse de Noé — raconte que Noria n'est pas entrée dans

---

★ C'est-à-dire du Dieu qui a créé le monde (l'Æon). L'expression «Æon» se trouve fréquemment dans les lettres présumées de Paul, mais les traducteurs se font immanquablement un devoir de le rendre aussitôt par «monde», «siècle» ou «époque», afin d'éviter la connotation gnostique.

★★ L'*Évangile des Égyptiens* justifie lui aussi le refus d'engendrer des enfants : «Et Marie-Salomé demanda au Seigneur : ''Maître, quand finira le règne de la Mort ?'' Et Jésus répondit : ''Lorsque vous autres femmes ne ferez plus d'enfants... Lorsque vous aurez déposé les vêtements de honte et d'ignominie, lorsque les deux deviendront un, que le mâle et la femelle seront unis, quand il n'y aura plus ni homme ni femme, alors finira le règne de la mort...'' Salomé reprit : ''J'ai donc bien fait, Maître, de ne point enfanter ?'' Et Jésus répondit : ''Mange de tous les fruits, mais de celui d'amertume [la maternité], ne mange point''» (cité par Clément d'Alexandrie, *Stromates* III, IX, 66 et par *Épître II à l'Église de Corinthe* attribuée à Clément).

l'arche, parce qu'elle voulait faire périr le Créateur de ce monde avec le reste de l'humanité : car elle ne servait pas ce Créateur mais les puissances supérieures et Barbélo, l'ennemie de l'Archonte. À trois reprises, Noria met le feu à l'arche; d'où il faut conclure que "ce qui a été dérobé à la Mère des hauteurs par l'Archonte qui a créé ce Cosmos et les autres dieux, anges et démons avec lui, nous devons le rassembler de la puissance qui se trouve dans les corps, au moyen de l'émission séminale de l'homme et de la femme"» (*Panarion*, XXVI, 1, 8-9).

C'est dans l'*Évangile d'Ève*⋆ qu'apparaît avec une étonnante poésie l'aspiration fusionnelle des barbélites cette identité du moi et du monde qu'offre dans l'éclair de la jouissance la présence irradiante de l'amour :

«Je me tenais sur une haute montagne et je vis un homme de haute stature et un autre rabougri [il s'agit du Dieu bon et de Barbélo racornie et amoindrie par la perte de sa puissance], et j'entendis comme une voix de tonnerre, et je m'avançai pour écouter et elle me dit :

Je suis toi et tu es moi,
et où tu es, je suis,
et en toutes choses je suis semée.
Et si tu le veux, tu me rassembles,
et si tu me rassembles, tu te rassembles aussi toi-même.»

(*Panarion*, XXVI, 3, 11)

⋆ Ève, en hébreu Hawwah, signifie «vie».

CHAPITRE VIII

Trois christs esséno-chrétiens :
Seth, Melchisédeq et Josué dit Jésus

Les diverses sectes du mouvement auquel fut prêté le nom général d'essénisme ont inscrit au rang de leurs préoccupations, auxquelles l'agitation zélote contre Rome confère une réalité dramatique, la question du messie, de l'envoyé à qui Dieu confiera le soin de mener le peuple vers une nouvelle terre promise.

Les pharisiens réprouvent, en raison de leur collaboration avec l'occupant, les spéculations messianiques, en particulier celles qui, espérant la réincarnation d'Adam ou de l'un de ses fils, prétendent que le premier homme fut partenaire de Dieu et prit part à la création du monde. Pour eux, aucun messie, de quelque puissance qu'il s'infatue, ne doit s'arroger un droit et une fonction exclusivement réservés à Adonaï, au Seigneur, au Créateur. Adam a choisi le mal et ils stigmatisent du nom de *minim* (gnostiques) quiconque affirme, comme dans l'*Epistula apostolorum*, qu'Adam s'est repenti, a choisi le bien et a été sauvé★.

Plusieurs factions esséniennes soutiennent la thèse d'un Adam siégeant à la droite de Dieu, à la fois comme rédempteur du genre humain et corégent de Dieu, proposition inadmissible pour le monothéisme yahwhiste, mais qui transparaît dans certaines lettres de Saül/Paul.

La *Lettre aux Colosséens* (1, 15) fait du Christ un agent préexistant de Dieu dans la création. « Le Messie est appelé ''Image de Dieu'' et ''la tête du corps'', ce qui signifie originellement l'univers entier (l'''Église'' est presque sûrement une addition pour détruire le parallélisme entre l'hymne et la vision cosmique présentée★★ [2]. »

★ « Il existait des traditions juives sur Adam qui le représentaient comme vice-régent de Dieu, installé comme un roi dans une sphère au-dessus du monde et imposant sa domination à la création tout entière. Quelques rabbins perçurent le danger de contradictions et tentèrent de faire échec aux positions les plus périlleuses [1]. » Il y eut très tôt lutte entre rabbins et groupes qui prétendaient valoriser Adam comme essence du Messie, voire comme Père du Messie appelé Fils de l'Homme.

★★ C'est l'exemple d'une des nombreuses falsifications des lettres de Saül/Paul par ses copistes et ses traducteurs. Il s'agit de faire oublier que Saül a appartenu au gnosticisme juif.

Cependant, le nom du messie varie selon les sectes ; or le nom est précisément ce qui confère son pouvoir à la communauté ou Église. Un fragment d'un *Livre de Daniel* apocryphe retrouvé à Qumrân insiste sur l'attente d'un sauveur délégué par Dieu et portant le Nom : « Il sera appelé le Fils du grand Dieu et par son Nom il sera nommé. Il sera salué comme le Fils de Dieu, on l'appellera le Fils du Plus-Haut [3]. »

La querelle porte sur le nom secret du Fils de Dieu : est-ce Adam réincarné ou le fils d'Adam, le Fils de l'Homme ? Le *Testament d'Abraham*, un écrit d'origine juive du Ier siècle après l'ère chrétienne, décrit Adam couronné au ciel. Telle est aussi la vision de Saül/Paul dans la seconde *Lettre aux Corinthiens* (22-23) qui évoque la présence d'Adam dans le paradis ou troisième ciel.

Un autre texte du Ier siècle d'origine judaïque, retrouvé à Nag-Hammadi, l'*Apocalypse d'Adam* (Nag-Hammadi Library V), contient la révélation de la destinée future des adamites, offerte par Adam à son fils Seth.

Pour Fossum, « Adam est la première manifestation du Vrai Prophète [4] ». Il possède l'esprit de Dieu qui donne la connaissance (la gnose) de toutes choses passées et futures (*Homélies de Pierre*, III, 17). Le cycle des légendes adamiques constitue l'axe des spéculations juives qui tournent autour de la nature du messie. Il explique originellement le thème de la descente et de l'ascension du sauveur [5].

Selon le *Poimandres*, l'Adam céleste est fait dans la forme et à l'image de Dieu, formulation que reprend Saül/Paul quand il assure que Jésus a été dans une forme de Dieu [6].

LE MESSIE SETH

Le nouvel Adam et Fils de l'Homme que les ébionites ou nazoréens baptiseront du nom de Josué est, pour certains esséniens, le troisième fils d'Adam, Seth. L'importante littérature séthienne découverte à Nag-Hammadi prouve la vogue d'un syncrétisme religieux qui n'hésite pas à absorber les doctrines d'autres sectes, comme les naassènes (certains séthiens estiment que le sauveur a trompé le créateur en revêtant la forme d'un serpent), les caïnites, dont Seth est le frère, les sectateurs de Josué (l'*Évangile des Égyptiens* exprime l'équivalence entre Seth et Josué/Jésus*).

Seth est né d'Adam et de la vierge Ève. Ses descendants sont les Fils de Lumière « spirituels », « pneumatiques » ou « parfaits » qui prônent l'ascétisme et l'exacerbation de l'esprit aux dépens du corps.

---

* La collection de Nag-Hammadi comporte un grand nombre d'ouvrages séthiens, parfois peu distincts, en raison des vagues syncrétiques successives, des ouvrages naassènes, barbélites ou chrétiens de Josué/Jésus : les *Trois Stèles de Seth*, l'*Épître d'Eugnoste* (devenue *Sophia Jésus*), la *Paraphrase de Sem* (Seth) où l'Esprit médiateur intervient dans la lutte primordiale entre Lumière et Ténèbres [7].

Selon leur mythologie, telle qu'elle se dégage des écrits de Nag-Hammadi, Ialdabaoth, le Dieu de la *Genèse*, a créé un monde mauvais. Dans l'homme qu'il a produit s'est cependant perpétuée une étincelle céleste qui, aspirant à retourner aux lieux supérieurs d'où elle est issue, montre la voie du salut. Comme Sophia, Barbélo, Naas, Seth est le messie du Dieu bon, supérieur à Ialdabaoth.

Ils divisent l'histoire en quatre périodes : l'âge d'Adam, l'âge de Seth, l'âge des premiers séthiens et le présent où les séthiens préparent le retour de leur messie. Après la fin des temps, les fidèles, fils de la Lumière, rejoindront un plérôme supérieur aux lieux créés par le Démiurge. Car «leur royaume n'est pas de ce monde». Venus d'ailleurs, «allogènes», comme ils disent, ils retourneront aux côtés du Père, dans un univers illuminé par quatre entités : Hermozel, Oroiael, Daveithe et Eleleth (de même que les judéo-chrétiens ont élu quatre anges : Michaël, Raphaël, Gabriel et Ouriel, les catholiques placeront quatre évangiles canoniques sous quatre symboles doublant les noms de Marc, Matthieu, Luc et Jean : l'aigle, le lion, le taureau et l'homme).

Le messie Seth annonce le retour de l'«autre monde». La race de Seth, écrit Puech, de ses fils et de leur descendance est une «autre» race, une race étrangère au sens fort du terme[*][8]. L'idée est commune aux sectes chrétiennes, y compris celles de Josué/Jésus dont les adeptes, au grand scandale des Grecs et des Romains — pour qui les religions prennent leur sens dans le culte citoyen de l'État —, manifestent le plus grand mépris de la mort et des supplices parce qu'ils sont assurés de rejoindre le vrai royaume de lumière (et telle est encore la profession de foi de Justin l'apologiste, condamné à mort vers 165).

L'*Elenchos* cite des extraits d'une cosmogonie séthienne où se perçoit, comme chez les naassènes, une récupération religieuse de la tentative de Simon de Samarie pour rapporter au corps l'inspiration mythologique du *Pentateuque*. Le cosmos est à l'image du ventre de la femme enceinte :

«Dans la matrice les empreintes innombrables ont donné naissance à des multitudes infinies d'êtres vivants. Dans cette infinie variété qui s'est épanouie sous la forme des différents êtres nés sous le ciel, a été semé l'effluve odorant du Pneuma qui vient d'en haut avec sa lumière et il s'est mêlé à elle. De l'eau a surgi un principe premier-né, un vent puissant, impétueux, cause première de toute existence ; car le vent fait pour ainsi dire bouillir les eaux et les soulève en vagues. Or la formation des vagues ressemble à l'effort de la matrice pour se délivrer de l'homme ou de l'esprit dès qu'elle a été excitée et échauffée par le choc du Pneuma[**]. Quand cette vague soulevée par le vent

---

* Strounsa pense que le fameux Elisha bien Abuya — condamné par l'orthodoxie juive au début du IIe siècle parce que, ayant rejeté le *Talmud*, il est devenu *aher*, «autre», «étranger», «allogène» — a pu rejoindre les séthiens [9]. *Sperma eteron* traduit en effet *zera aher*.

** Par une démarche inverse à celle de Simon et de son cosmo-somatisme, le *sperma* (sperme) devient *pneuma* (esprit) ; l'accouplement de l'homme et de la femme qui crée le monde cède la place à l'allégorie religieuse, à la spiritualisation. Les séthiens s'appellent eux-mêmes pneumatiques, par opposition aux hyliques, fils de Caïn, et aux psychiques, fils d'Abel.

se fut élevée au-dessus des eaux, elle conçut et, conformément à sa nature, reçut en elle le fruit de la femme, elle retint la lumière disséminée d'en haut avec l'effluve odorant du Pneuma, c'est-à-dire l'Esprit revêtu de formes variées qui est le Dieu parfait, descendu d'en haut, de la Lumière et du Pneuma inengendrés dans la nature humaine comme dans un temple, né de l'eau par l'impulsion de la nature et le mouvement du vent, combiné et mêlé aux corps, comme le sel imprègne les choses et la lumière des ténèbres, aspirant à s'affranchir du corps sans pouvoir trouver salut ni issue. Car ce qui a été mêlé, ce n'est qu'une toute petite étincelle, une sorte de fragment séparé du rayon lumineux qui a été introduit dans le monde corporel aux formes multiples et qui ''retentit du fond des grandes eaux'' (*Psaume* 29, 3), comme s'exprime le psaume. La lumière d'en haut n'a donc qu'une pensée et qu'un souci : comment l'Esprit pourra-t-il être délivré de la mort honteuse et du corps ténébreux, délivré de son père d'en bas, le vent qui a soulevé les vagues en tourbillons déchaînés et engendré l'Esprit, son Fils parfait mais d'une essence différente. Car c'est un rayon de cette lumière parfaite descendu d'en haut, emprisonné dans l'eau ténébreuse, affreuse, amère et impure, c'est le Pneuma lumineux qui était porté au-dessus des eaux (*Genèse*, 1, 2). Quand donc les vagues soulevées des eaux ont conçu le fruit de la femme, elles retiennent sous toutes sortes de formes, comme le ventre d'une femme grosse, la lumière disséminée, comme on le constate chez tous les êtres vivants. Le vent impétueux et terrible déroute ses tourbillons comme un serpent, un serpent ailé★. C'est donc par ce vent, c'est-à-dire par le serpent, qu'a commencé la création de la manière qu'on a dite, toutes choses ayant amorcé leur génération à la fois. Quand donc la Lumière et le Pneuma eurent été reçus dans la matrice chaotique, impure, source de corruption, le serpent, le vent des ténèbres, le Premier-né des eaux y pénétra et elle engendra l'homme, et la matrice impure n'aime ni ne connaît d'autre forme. Le Logos d'en haut issu de la lumière étant semblable au serpent, il la trompa par cette ressemblance et pénétra dans la matrice impure pour rompre les liens qui enserraient l'Esprit parfait qui avait été engendré par le Premier-né de l'eau, le serpent, le vent, la bête dans la matrice impure. Telle est la forme d'esclave ; telle est la nécessité qui oblige le Logos de Dieu à descendre dans le sein d'une vierge. Mais il ne suffit pas que l'Homme Parfait, le Logos, pénètre dans le sein d'une vierge et apaise dans ces ténèbres les douleurs de l'enfantement. Après être entré dans les mystères honteux du ventre, il s'est lavé et il a bu de la coupe d'eau vive jaillissante que doit épuiser quiconque veut se dépouiller de la forme d'esclave et revêtir le vêtement céleste★★» (*Elenchos*, V, 19-22).

La bibliothèque de Nag-Hammadi a livré un écrit séthien, intitulé l'*Épître*

★ Les serpents ailés sont les *seraphim* (séraphins). Comme chez certains naassènes de tendance ascétique, le Serpent rédempteur s'oppose au Serpent de la luxure. Ici, la matrice est impure, à l'inverse de la conception simonienne.

★★ Il suffira aux sectes de Josué/Jésus de traduire le mythe en une légende de naissance virginale, agrémentée d'une saga familiale. De même, la triade Lumière, Pneuma, Ténèbres, *alias* le Père, la Mère (ou l'Esprit féminin, la Sophia/Sagesse) et le Fils, engendrera les futures spéculations ariennes et catholiques sur la Trinité.

d'Eugnoste, où s'expriment clairement des idées que les sectes de Josué/Jésus des IIᵉ et IIIᵉ siècles ne se feront aucun scrupule d'exploiter et de récupérer au nom de leur héros mythique.

« Dans l'Infini est apparu le Père produit par soi-même : il a produit un homme androgyne dont le nom masculin nous est perdu mais dont le nom féminin est Sophia-Pansophos. L'homme immortel se crée un grand éon avec des dieux et des archanges : il est appelé : Dieu des dieux et Roi des rois ; il est la Foi des choses qui se produisirent ensuite ; il possède une intelligence, une ennoïa, une pensée... comme l'être primordial. Ce premier homme céleste, s'unissant avec sa Sophia, a produit un fils androgyne ; ce fils est le Père premier engendreur, le Fils de l'Homme, que l'on appelle aussi : Adam de la Lumière. Il se crée à son tour un éon peuplé d'une multitude d'anges que l'on nomme : l'Ecclésia des saintes lumières. Il s'unit avec sa Sophia et produit une grande lumière androgyne qui est, de son nom masculin : le Sauveur créateur de toutes choses — et, de son nom féminin : Sophia génératrice de tout, que l'on appelle aussi Pistis [10]. »

Affirmer que les sectes messianiques ont déformé le message dogmatique de Jésus et de ses apôtres, c'est supposer qu'ait existé au Iᵉʳ siècle cette orthodoxie encore balbutiante aux IVᵉ et Vᵉ siècles. Par une étrange complaisance à l'égard des falsifications ecclésiales, nombre d'historiens préfèrent ignorer la stratification de syncrétismes successifs qui, englobant séthiens, naassènes, barbélites, elchasaïtes, nazoréens et autres, ont fini, sous le nom de Josué, par offrir aux pouvoirs fédérés des évêques un puissant bouclier et une universalité qu'exigeait leur projet politique d'une conquête de l'Empire.

L'*Épître d'Eugnoste* a ainsi été découpée et recomposée sur le mode d'un dialogue entre Jésus et ses disciples, pour adopter le titre de *Sophia de Jésus*★ [11].

LE MESSIE MELCHISÉDEQ

L'*Épître aux Hébreux*, attribuée à Saül/Paul par les catholiques, à Barnabas par Tertullien et à Apollos par Luther, rattache le sacerdoce du Messie Josué/Jésus au sacerdoce de Melchisédeq. Selon Fitzmayer, elle s'adresserait à des esséniens [12].

Qui est Melchisédeq ? Pour la mythologie biblique et les juifs orthodoxes, un personnage de peu d'importance, un roi-prêtre de Salem (Jérusalem). Or les écrits esséniens le traitent avec vénération, le créditant, à l'égal d'Adam et de Seth, avec qui il se confond parfois, d'une vocation de messie.

La cave 11 de Qumrân a révélé un *midrash* où Melchisédeq est tenu pour l'annonciateur de la Bonne Nouvelle (autrement dit l'Évangile) et n'est autre

---

★ De même, le prologue de l'*Évangile canonique attribué à Jean* s'inspire de textes séthiens.

que le Messie par qui viendra le salut [13]. Héros de la lutte des Fils de Lumière contre les Fils des Ténèbres, il vaincra Bélial, le maître du mal («Celui qui annonce la Bonne Nouvelle, c'est le Messie»).

Melchisédeq se trouve en outre associé à Michaël, chef des anges. D'autres caractéristiques qui achèvent de dessiner la figure de l'archange Michaël seront de grande conséquence pour la christo-angélologie. On donne à Michaël le nom de Melchisédeq et c'est à lui que l'on rapporte le *Psaume* 110/1 et 4. Il est investi d'une fonction cosmogonique, il est le mainteneur de l'univers. Selon *Hénoch*, 69/14 *sq.* : «Dieu a déposé dans la main de Michaël le Nom secret par lequel le ciel fut suspendu avant que le monde fût créé, et pour l'éternité; le Nom par lequel la terre a été fondée sur l'eau, et par lequel des secrètes profondeurs des montagnes viennent de belles eaux [14].»

Le *Zohar* précise par ailleurs : «Partout où tu trouveras mentionné Michaël, qui est le premier des anges, sous-entends la Shekhina [15].» Or la Shekhina (ou Achamoth) n'est autre que l'Esprit, féminin en hébreu, figurée sous les traits de Sophia, de Mariamné, Myriam ou Marie.

Les *Livres d'Hénoch*, chers aux esséniens, appellent Melchisédeq le Fils de l'Homme, selon l'expression du *Livre de Daniel*, qu'adopteront les sectes de Josué/Jésus pour qualifier leur Messie [16].

S'échelonnant du IIe siècle avant l'ère chrétienne au Ier siècle qui l'inaugure, les textes d'Hénoch existent en trois versions manuscrites, grecque, éthiopienne et slave, du XIe ou XIIe siècle. On distingue une rédaction juive orthodoxe, où YHWH châtie sans pitié les deux cents veilleurs ou égrégores, et une rédaction esséno-chrétienne où Dieu jugeant leur faute pardonnable se réconcilie avec eux, un adoucissement qui, à l'égal du salut accordé à Adam et au Serpent, chez les séthiens et les naassènes, suggère l'apparition d'un Dieu de bonté opposant sa miséricorde à l'intransigeance du Dieu d'Israël.

La naissance miraculeuse de Melchisédeq dans *Hénoch* annonce celle de Josué/Jésus : il est engendré par une femme sans intervention d'un père charnel (la femme est l'Esprit, la Shekhina / Achamoth / Sophia, Mariamné / Myriam et plus tard Marie la Vierge). D'après l'*Épître aux Hébreux* (7, 16), le Messie doté du nom de Jésus «n'a pas été fait selon la loi d'une ordonnance charnelle».

Enfin, Melchisédeq, dont le nom contient une allusion à la justice (*tsédeq*), participe de la thématique essénienne du Maître de Justice. Le *Testament de Lévi** dit : «Et alors le Seigneur suscitera un Prêtre nouveau auquel toutes les paroles du Seigneur seront révélées, et lui, il exercera un jugement de vérité sur la terre durant une multitude de jours. »

Un manuscrit de Nag-Hammadi pousse plus loin l'identification; il évoque des messagers célestes qui lui assignent son futur rôle de grand-prêtre et lui prédisent une destinée de Messie voué à subir les tourments pour triompher de la mort.

À la fin du IIe siècle, les melchisédéquiens désapprouveront Théodote Tra-

---

* Lévi deviendra Matthias, auteur fictif d'un évangile apocryphe, avant de se changer en Matthieu, auteur tout aussi fantaisiste d'un évangile canonique.

pezétès, avec qui ils partagent pourtant la croyance en un ange-messie ou *angelos-christos*. Ils estiment en effet que c'est Melchisédeq et non Josué/Jésus qui est l'ange suprême. La querelle reprendra au IVe siècle avec Arius qui, loin d'innover, reste fidèle à la vieille angélo-christologie, admise par l'ensemble des sectes chrétiennes jusque dans la seconde moitié du IIe siècle.

Werner montre qu'Arius interprétait l'*Épître aux Hébreux* comme une preuve de l'angélo-christologie (Jésus comme ange du Seigneur) et s'inspirait de l'argumentation des melchisédéquiens tirant de la même épître la conclusion que le Christ, quant à son essence et à son rang, n'était pas au-dessus mais au-dessous de l'ange céleste Melchisédeq [17].

JOSUÉ/JÉSUS, PROPHÈTE INCONNU ET MESSIE SYNCRÉTIQUE

La créature dont le corps crucifié et l'esprit de sacrifice ont subjugué deux mille ans d'une inhumaine civilisation a poussé l'abstinence et l'abnégation jusqu'à ne laisser dans l'histoire aucune trace de son passage.

Historiens, philosophes, littérateurs, polygraphes, personne au Ier siècle n'a entendu parler du héros des romans évangéliques. Pline l'Ancien (instruit pourtant de l'existence des nazoréens), Justus de Tibériade, Juvénal, Martial, Dion Chrysostome, Philon d'Alexandrie, Pétrone l'ignorent.

Flavius Josèphe, observateur attentif d'une guerre des Juifs où il collabore avec les Romains, cite Theudas, Jacques et Simon, fils de Juda de Gamala. Jamais ne lui est parvenu le moindre écho, si lointain soit-il, de la geste exemplaire d'un nouveau Josué, nommé Jésus par les Grecs ; si ce n'est par le truchement d'un copiste qui, dans une version slave du XIIe siècle, ajoute sur Jésus des informations dont l'absence lui paraît inadmissible de la part d'un historien contemporain. Le patriarche de Constantinople, Photios, fait montre à cet égard de plus d'honnêteté, sinon de naïveté. Commentant un exemplaire des *Chroniques* des rois des Juifs, dues à Justus de Tibériade, dont il possède le manuscrit (aujourd'hui disparu), il s'indigne, dans son *Myriobyblion* (108), recueil d'analyses de 279 écrits lus par lui, du silence sur Jésus d'un auteur qui a vécu à quelques kilomètres de Caphernaüm, ville célèbre dans la géographie sacrée de l'Église [18].

Les manuscrits de Qumrân connaissent Seth, Melchisédeq, le Maître de Justice. Ils ne possèdent rien sur Jésus, si ce n'est une manière de portrait-robot du Messie et un texte plagié dans le *Sermon sur la montagne*.

Pour la *Lettre attribuée à Barnabé*, fin du Ier ou début du IIe siècle, écrit judéo-chrétien prônant l'abandon de la loi mosaïque non dans l'esprit mais dans la lettre (la circoncision du cœur doit remplacer la circoncision du sexe), Jésus n'est autre que Josué fils de Noun. Vers 230-250, Origène, dans un *Sermon sur Josué/Jésus*, célèbre encore la gloire intemporelle et exemplaire du Josué biblique qu'il nomme Jésus.

En 135 (et non en 80-90), la convention pharisienne condamne l'hérésie des *noisrim* ou nazoréens, mais ignore tout d'un chef de communauté nommé Jésus.

Il faut attendre le début du IIᵉ siècle pour relever une allusion à des *chrestianoi*, autrement dit à des messianistes (*Chrestos* ou *Christos* traduit en effet l'hébreu *Messiah*). Vers 111, une lettre de Pline à Trajan interroge l'empereur sur le sort à réserver à des *chrestianoi* — selon toute vraisemblance des elchasaïtes — qui «se rassemblent avant le jour pour chanter des hymnes au Messie comme à un Dieu» (*Christo quasi Deo*).

À la même époque, Tacite dans ses *Annales* et, un peu plus tard, Suétone parlent eux aussi non d'un Jésus mais d'un *Chrestos*, cause d'agitation sous Néron. Or il existe dans le même temps un Chrestos, bien historique celui-là, qui préoccupe l'empereur Hadrien et suscite la réprobation de l'opinion gréco-romaine : le Messie nationaliste Bar Kochba, héros de la dernière insurrection du peuple juif.

Tacite et Suétone n'ignorent pas que la Rome de Claude et de Néron a réprimé plusieurs agitations du messianisme juif alors dirigées par le courant zélote. Le comportement elchasaïte décrit par Pline dans sa lettre à Trajan, et envers lequel il use de mansuétude, ne justifie pas la répulsion de Tacite et de Suétone : leurs commentaires injurieux s'inspirent bien davantage des insultes adressées à la religion juive et de la poussée contemporaine d'antisémitisme.

Vers 160, le Christ ou Messie d'un chrétien comme l'apologiste Justin n'a rien d'un individu historique. C'est un Dieu incarné sous la forme d'un homme, martyrisé sur terre et retourné vers l'essence divine dont il avait été l'émanation (c'est la doctrine de l'*angelos-christos*, que le catholicisme condamnera plus tard sous le nom de docétisme). L'ironie veut que la conjecture d'un prophète né d'un homme et d'une femme émane d'un juif. Justin la rapporte dans son *Dialogue avec le juif Tryphon* :

«Ceux qui affirment que le Christ était un homme, et qu'il fut oint et devint le Christ par élection, me semblent plus près de la vérité que votre doctrine. Car nous les juifs, nous attendons le Christ en tant qu'homme né d'un homme, et Élie viendra l'oindre lorsqu'il sera venu. Mais si celui dont vous parlez s'avérait être le Christ, l'on doit de toute façon conclure qu'il était un homme né d'un homme. Cependant, puisque Élie n'est pas venu l'oindre, je ne considère pas qu'il soit le Christ⋆ [19]. »

Et Tryphon objectera encore : «Vous autres chrétiens, vous suivez de vaines rumeurs, vous vous êtes inventé un Christ à votre manière pour lequel vous sacrifiez inconsidérément vos vies [21]. »

Comment des historiens quelque peu attachés au témoignage des faits attestés ont-ils pu accréditer la fable catholique et romaine d'un Jésus historique alors qu'il est encore pour Justin (saint et martyr selon l'Église) un *angelos-christos* ; qu'il ne possède ni famille ni histoire dans les lettres de ce Saül/Paul mentionné pour la première fois par Marcion.

⋆ Marthe de Chambrun-Ruspoli, qui cite Justin, ajoute : «C'est peut-être pour répondre à cet argument que nous lisons dans l'Évangile qu'Élie serait revenu dans la personne de Jean-Baptiste [20]. »

Dans un défi aux forgeries d'Eusèbe de Césarée et des «Pères de l'Église», l'empereur Julien, écrivant vers 350 son *Contre les Galiléens* (détruit précautionneusement hormis quelques citations), se trouvait fondé à affirmer : « Si vous pouvez me montrer que l'un de ces hommes est mentionné par les écrivains notoires de cette époque — ces événements arrivèrent sous Tibère et Claude —, alors vous êtes en droit de me considérer comme un parfait menteur [22]. » Manifestement, Julien n'appartient pas à la longue lignée des menteurs.

En revanche, au IVe siècle, Jérôme, saint selon l'Église, œuvrait à la vérité en propageant des lettres que Sénèque aurait échangées avec Paul, prouvant, comme les aventures imaginées par les *Actes des apôtres*, que l'auteur des épîtres disposait d'une existence historique et dogmatique bien avant sa découverte par Marcion*.

Tout se passe aujourd'hui comme si les historiens, percevant enfin l'énormité du mensonge officiel, s'attachaient à évoquer de plausibles Jésus historiques en dépit des deux premiers siècles où il joue l'ange-messie : une étincelle emprisonnée dans un corps se libère à la mort et retourne à Dieu. N'ignorant pas le caractère de «fables pieuses» (selon Loisy, Bultmann, Guillemin, Schweitzer) des anecdotes qui traduisent exotériquement les éléments du mythe, ils tirent d'un Nouveau Testament, dont les textes furent remaniés jusqu'au IVe siècle, des informations accouplées à quelques événements des années zéro. Brandon avance ainsi l'idée d'un Jésus zélote, crucifié entre deux *lestoi* ou brigands, du terme dont Josèphe qualifie les guérilleros antiromains [24]. Afin de se concilier les bonnes grâces de Rome, l'école paulinienne aurait fait du martyr un pacifiste crucifié non par les Romains mais par les Juifs. Quant à Robert Ambelain, se fondant sur la crucifixion de Jacques et de Simon, les fils de Juda de Gamala, il infère que Jésus était leur frère, zélote lui aussi [25].

ÉLÉMENTS D'UNE FORGERIE

Les quelque 70 écrits canoniques et apocryphes élaborés pour la plus grande gloire du Messie Jésus illustrent de manière exemplaire une remarque de Robert Graves : «Les contes [sont] surtout des explications de rituels ou de la théorie religieuse proposées sous forme d'histoires : un véritable recueil d'instructions à la manière des livres hébraïques et possédant de nombreux points communs avec eux [26]. »

Il entre dans la fabrication d'un Jésus historique un tel nombre d'éléments que les comptabiliser exigerait plusieurs volumes et une somme d'énergie que, pour ma part, je préfère investir en de plus passionnantes

---

* La question des Évangiles qui, canoniques ou apocryphes, ne sont, selon l'expression de Soden, que des «*Kultlegende*» sera examinée plus loin [23].

matières. Je me contenterai donc d'en rappeler les composantes les plus manifestes.

Les seuls Jésus connus du Ier siècle sont le Josué biblique, fils de Noun, et Jésus ben Sira, dont le nom apparaît dans un livre de Sagesse.

Le mythe de Josué véhicule une double eschatologie : un salut national rappelé par le fleuve Jourdain, au-delà duquel le successeur de Moïse conduit son peuple, et un salut universel car la traversée du fleuve céleste ou l'immersion baptismale dans ses eaux mène sans coup férir au royaume du Père. Le syncrétisme né de l'opposition zélote aux occupants romains n'a pas manqué de fondre en une eschatologie universelle les préoccupations zélotes, esséniennes, nazoréennes. La réincarnation du *Tsedek*, du Juste martyrisé vers −63, se ravive dans la crucifixion de Jacques et de Simon de Gamala, frères ou témoins de Dieu, selon une expression midrashique reprise par l'*Apocalypse attribuée à Jean*.

Dans *Revolution in Judea*, Maccoby suppose que Barrabas et Jésus ne forment qu'un, le premier, mis à mort comme «bandit», symbolisant politiquement le second. J'inclinerais plutôt à rapprocher la signification des deux noms : Bar Abbas, Fils du Père, et Josué/Jésus, «Dieu a sauvé, sauve, sauvera». D'autant que la trinité d'une secte naassène évoque clairement Kalakau ou Adam, l'homme d'en haut, Saulassau, l'homme mortel d'en bas, et Zeesaï, le Jourdain qui coule vers le haut et que l'Adam déchu dans la souffrance terrestre franchit pour retourner vers le Père.

C'est encore Josué, le Jourdain et l'âme emprisonnée dans la matière que décrit un hymne naassène transcrit dans l'*Elenchos* :

> Jésus dit : regarde Père,
> Poursuivie de maux sur la terre,
> Loin de ton souffle, elle erre vraiment :
> Elle cherche à fuir le chaos amer,
> Et ne sait comment le traverser.

Les catholiques ont, à l'instigation de Cyprien — évêque de Carthage, mort en 258 —, appelé *Ecclesiasticus liber* ou *Ecclésiastique* la *Sophia Ièsou uiou Sirach*, la *Sagesse de Jésus fils de Sirach*, dernier livre sapiental à figurer dans la Bible des Septante. Écrit à la veille du soulèvement des Maccabées, l'ouvrage jouissait auprès des zélotes d'une grande considération.

«Celui qui se saisit de la Loi reçoit la Sagesse.» Et celle-ci «vient au-devant de lui comme une mère, comme une épouse vierge elle l'accueille ; elle le nourrit du pain de la prudence, elle lui donne à boire l'eau de la sagesse». Comme dans tous les développements gnostiques et chrétiens, cette Sophia, mère, épouse et vierge tout à la fois, règne à côté de Dieu et communique son savoir (sa gnose) aux fils d'Israël afin qu'ils soient sauvés. Mais son propos englobe plus que le peuple hébreu. Elle entend fonder une alliance où Dieu rencontrera Israël pour promouvoir l'ordre qui permettra à l'humanité tout entière d'accéder au salut.

Ainsi des sectes esséniennes se réfèrent-elles à la Nouvelle Alliance (en latin *Novum Testamentum*) dont le Maître de Justice par son retour exprimera le message universel.

Dans son étude sur Lilith, Jacques Brill remarque pertinemment à propos de la *Sophia Ièsou uiou Sirach* : «L'auteur y est représenté comme un enfant dont les faits et gestes merveilleux illustrent la sagesse, à la manière dont sont traités les faits et gestes de Jésus dans les *Évangiles de l'enfance*[27].»

La Vierge épouse et mère, l'enfant nourri par la sagesse divine n'offrent-ils pas aux imaginations prophétiques et aux commentateurs de règles communautaires assez d'éléments dont une mise en scène anecdotique facilitera l'accès aux âmes simples ? La lourde et confuse didactique des *midrashim* hébreux ou araméens découvre aisément chez les auteurs grecs la forme romanesque qui plaît au peuple. Les *Homélies de Pierre*, le *Pasteur* d'Hermas, les *Actes*, les évangiles apocryphes et canoniques sont des fictions littéraires à prétention apologétique.

Avant la mise en scène et l'imagerie illustrant allégories et symboles, il a peut-être existé, dans le prolongement de Jésus ben Sirach, d'autres recueils sapientaux. C'est le cas d'un ouvrage découvert à Nag-Hammadi : *Les Paroles cachées que Jésus le Vivant a dites et qu'a transcrites Didyme Jude Thomas*, que les catholiques appellent l'*Évangile de Thomas*[28].

L'idée d'un Jésus relevant d'une tradition sapientale a pu opportunément doubler l'ange-messie d'une nature humaine. Là s'esquisse la figure d'insurgé, de penseur audacieux, de philosophe proférant les vérités de la morale biblique, dont l'orthodoxie juive, engoncée dans ses rituels sacerdotaux, fait si peu de cas. La *sophia* qui se dispense sous son nom sert de guide aux chefs de communautés nazoréennes ou ébionites, elle leur prête aussi cette autorité du maître qui rejaillit sur les disciples, les témoins, les frères en esprit.

D'autres recueils de propos sapientaux issus de Jésus ben Sirach se sont propagés puisque Basilide, au IIᵉ siècle, affirme avoir reçu de Matthias les doctrines secrètes du Sauveur, le nom de Jésus se confondant alors avec le rôle salvateur de la Sophia-Esprit. Il existera sous le nom de Matthias, alias Lévi, un évangile apocryphe et un évangile remanié selon le canon catholique.

L'hypothétique conjonction d'un sage né du livre de Jésus ben Sirach et de l'*angelos-christos* nommé Josué se confirme lorsque l'on sait qu'aux environs des années 100 ou 110 le gnostique chrétien Satornil d'Antioche, le premier à fonder sa doctrine sur le nom de Jésus, établit une distinction entre, d'une part, un homme juste et sage nommé Ièsou et, d'autre part, le Messie ou Christos, intelligence du Dieu transcendant qui s'unit à lui dans l'âge adulte.

Au Josué guerrier prophétisant la reconquête de la Palestine, s'ajoute le Josué le Sage appelant sur les hommes l'incarnation de la Sophia-Esprit qui conduira au salut. Et sur l'amalgame se greffe le Josué adamique, le double de Melchisédeq-Michaël.

«Toute la trajectoire de Jésus/Josué, écrit Dubourg, repose dans le christianisme des débuts sur la résurrection et le salut[29].»

L'*Évangile des ébionites* parle de l'union finale de l'Esprit saint (la Sophia) avec Jésus, le dernier des prophètes. Et selon l'*Évangile des Hébreux* : « Le Saint-Esprit dit qu'elle [l'Esprit est féminin en hébreu] a été logée dans tous les prophètes, prenant son repos dans Jésus. » Ébionites, cérinthiens, nazoréens imposent en effet vers la fin du Iᵉʳ siècle un nom syncrétique et prestigieux, de nature à mettre un terme à la querelle des messies où s'entremêlent NHS le Serpent, Barbélo la Femme essentielle, Sophia, Seth, Melchisédeq, le Maître de Justice parfois symbolisé par un autre signe de ralliement messianique, la sixième lettre de l'alphabet hébraïque, WAW [30]*.

Après l'effondrement de la Palestine en 70, le Josué guerrier cède la place à sa transcendance divine, à son *alter ego* spirituel. Ayant perdu la guerre, il propage dans les cœurs un message d'espérance moins contingent, généreusement universel et prudemment intemporel : « Dieu a sauvé, sauve, sauvera. » Cette signification du Nom ne laisse pas de doute.

« Jésus, dont le nom est aussi Sauveur, écrit Ptolémée, ou encore, d'après son Père, Christ et Logos ; ou encore le Tout, car il procède de tous [31]. »

Même l'évangile canonique mis sous le nom de Matthieu ne songe pas à le dissimuler : « Tu lui donneras le nom de Jésus car il sauvera » (*Évangile attribué à Matthieu*, 1, 21).

Jusqu'à la fin du IIᵉ siècle, voire au-delà, ce Josué/Jésus n'est rien d'autre que l'Esprit-Sophia de Dieu incarné dans la souffrance de l'existence terrestre, accablé par la mort, ressuscité, retourné au lieu de sa divine origine.

Chez Justin l'apologiste, le Christ s'identifie à la Sophia ou au Logos décrit par Philon d'Alexandrie : « Dieu a engendré de lui-même une forme de pouvoir et commencement rationnel, avant toutes ses œuvres, qui est aussi appelé par lui le Saint-Esprit, la gloire du Seigneur, et d'autres fois Fils ou parfois Sagesse ou Ange de Dieu ou Seigneur ou Logos. Il s'appelle lui-même parfois ''commandant en chef'' quand il apparaît sous une forme humaine à Joshua, le fils de Noun [32]. »

Au IIᵉ siècle encore, le juif chrétien Aristo de Pella érige en cocréateur le messie revêtu du nom divin. Son *Dialogue de Jason et Papiscos*, cité par Origène (*Contra Celsum*, IV, 52), affirme que le premier verset de la *Genèse* doit se lire : « *In filio Deus facit coelum et terram* », soit : « Dieu fit le ciel et la terre dans la personne de son Fils. »

Même le canonique *Matthieu*, pourtant épuré plus d'une fois de ses résidus judéo-chrétiens et gnostiques, a conservé l'idée d'un Fils de l'Homme cocréateur du monde avec Dieu : « Le Fils de l'Homme arrivera dans sa gloire accompagné par tous les anges, il s'assoira en majesté sur son trône avec toutes les nations réunies devant lui » (*Évangile attribué à Matthieu*, 25, 31-32). Citons encore les fragments liturgiques juifs de la *Constitution des apôtres*, où le Sauveur est à la fois Fils, Sophia, Logos, Grand-Prêtre et Ange du grand conseil.

---

* Une pensée hermétique et une pratique magique se manifestent dans nombre de sectes où abondent les talismans et abraxas gravés de signes de puissance (IAW, WAW, WW, le signe W transcrivant l'oméga et la litanie des sept voyelles). Jung a pu, dans des textes alchimiques tardifs, identifier Jésus et *lapis*, « pierre ».

«C'est une anthologie de *christos-angelos* qu'il faudrait reproduire ici, écrit Henri Corbin [33]. La question est en général si peu présente à l'esprit de nos contemporains qu'il nous faut au moins, à grands traits, choisir quelques références. Il y a la christologie des judéo-chrétiens et des ébionites, pour qui le *Christos* descendu sur Jésus au moment du baptême dans le Jourdain est un des archanges, qui a pouvoir sur les anges et la création en général, et qui est le seigneur de l'*Aiôn* futur, comme le Satan est le seigneur de l'*Aiôn* présent. Il y a les elkésaïtes (issus des précédents), pour qui le *Christos* apparaît comme un ange d'une taille immense et de sexe masculin, révélant le Livre au fondateur de la secte, et qui est accompagné d'un ange féminin, sa sœur, qui est l'Ange-Esprit saint (*ruah* est féminin en sémitique). Chez les valentiniens, le *Christos* est un ange du plérôme. Dans le livre gnostique de la *Pistis Sophia* et les "livres de Jeû", il y a *Christos-Gabriel*. Il y a encore le *Pasteur d'Hermas* qui appartient à la littérature judéo-chrétienne, et où la figure de l'Archange, ou mieux dit celle de *Christos-Michaël*, est la figure dominante. Dans un très ancien traité intitulé *Du triple fruit de la vie chrétienne*, le Christos est l'un des sept archanges créés du feu des sept princes évangéliques (*ex igne principum septem*). Dans le *Livre de l'ascension d'Isaïe*, il y a l'*Angelos-Christos* et l'Ange-Esprit saint. »

Un Josué multiforme, un fils de la Vierge Sophia, un Logos, un *angelos-christos*, un auteur de propos sapientaux, un Adam cocréateur du monde, le Messie est tout cela sauf le fils de Joseph et Marie né à Bethléem, prêchant la Bonne Nouvelle, guérissant les paralytiques, aidant la veuve et l'orphelin, succombant à la méchanceté des Juifs pour avoir préféré le genre humain à Israël.

Pourtant, l'Église catholique décrétera «perversion hérétique» la vision chrétienne qui servit de fondement à l'instauration de son Église temporelle et spirituelle.

Il existait, il est vrai, une christologie ecclésiale, dont le mystérieux Saül/Paul et son école ont pu s'inspirer pour ordonner le projet politique de leurs Églises. Un crucifié, victime non des Juifs mais des Judéens, est bel et bien mort en −63 ; le temps, en matière mythique, ne fait rien à l'histoire. Il tranche avec le désordre des prophètes errants et de leurs partisans. N'a-t-il pas assuré (*Hymne* XVIII, 14-15) que Dieu lui a donné mission d'être «selon Sa vérité celui qui annonce la bonne nouvelle dans le temps de sa bonté, évangélisant les humbles selon l'abondance de sa miséricorde, [et les abreuvant] à la source de sainteté et consolant ceux qui sont contrits d'esprit et les affligés » ?

Tandis que les chants du Serviteur d'*Isaïe* déclarent :

L'Esprit du Seigneur YHWH est sur moi,
parce que YHWH m'a oint
C'est pour annoncer la Bonne Nouvelle aux humbles qu'il m'a envoyé,
pour panser ceux qui ont le cœur contrit [34]...

Et encore, dans le même texte, cette préfiguration de l'annonciation de la Vierge Marie :

> YHWH m'a appelé dès le sein ;
> dès les entrailles de ma mère il a mentionné mon nom.

Et sa trahison par certains de ses disciples :

> Et les hommes de mon Conseil étaient en révolte
> et murmuraient alentour
> Et le mystère que Tu as celé en moi,
> Ils l'allaient calomniant près des fils des malheurs [35].

Ce messie-là offre du fait sur mesure à des hommes de pouvoir résolus à imposer leur autorité à d'autres communautés, voire à fédérer les Églises, en nourrissant le rêve d'offrir un jour à Rome une religion d'État. Les vrais fondateurs d'Églises monarchiques seront Marcion et ce Saül dont il exhibe des lettres. Mais Marcion se discrédite par une fausse manœuvre. Aveuglé par son antisémitisme, il rejette en bloc l'Ancien Testament. Il va plus loin : il ruine les assises mêmes d'une Église temporelle en imputant la création du monde à un Dieu sanglant et fou, à un Démiurge dont l'œuvre atteint à une telle perversité qu'il n'est rien de plus urgent que d'y renoncer en rejoignant dans l'au-delà le Dieu bon et inconnaissable.

Les évêques de Smyrne, Carthage, Rome, Lyon, Antioche, Alexandrie ne conçoivent pas que l'on puisse accroître son emprise sur les mentalités populaires et aristocratiques du monde si l'on professe un parfait dédain de la matière terrestre et corporelle. Ils inventeront un Jésus charnel, les deux pieds sur terre, revêtu certes de la grâce divine et investi d'un rôle salvateur, mais se comportant comme n'importe quelle créature humaine. Un Dieu qui a partagé la commune existence des humbles, avec ses tentations, ses faiblesses. Le christianisme populaire de la Nouvelle Prophétie a beaucoup contribué à brosser le tableau du Sauveur.

Prolétaire par son père, un charpentier un peu niais, il excipe d'une incontestable ascendance divine par sa mère Marie la Vierge, qui fut Sophia, Mariamné, tandis que sa parèdre, Prunicos la prostituée, devenait Marie de Magdala.

Marie elle-même n'est pas née d'hier. Dans *Le Retour du Phénix*, Marthe de Chambrun-Ruspoli note que, selon la vieille religion égyptienne, «TUM, en sa qualité de Créateur, envoya à travers l'abîme l'âme de son Fils, le Verbe, qu'il avait engendré en lui-même de sa propre substance. Et il prononça les mots : "Sois fait chair" (texte de la pyramide de Mer-en-Ra, ligne 97, édition Maspéro). Et l'Esprit (Thot), traversant l'abîme jusqu'à la terre, s'arrêta devant le sycomore au pied duquel se tenait NOUT, la Vierge. Il fit pénétrer dans son sein le germe divin [36].»

Alexandrie et la Haute-Égypte offrirent un creuset ancien aux spéculations sur l'Esprit femelle, plus tard virilisé en un ange procréant le nouveau Josué.

Pourquoi Jésus naît-il à Bethléem ? Parce que le texte biblique de *Michée* (5, 1) déclare :

«Et toi, Bethléem, Ephrata,
Bien que tu sois petite parmi les clans de Juda,
De toi sortira pour moi
Celui qui dominera sur Israël. »

La grotte et la date du 25 décembre, empruntés à la mythologie de Mithra, entrent dans la politique de récupération des cultes concurrents, dont les repères sont christianisés.

Ainsi en va-t-il de la symbolique du pain et du vin empruntés, au IIᵉ siècle, aux rituels d'Attis et remplaçant le banquet eucharistique essénien, où le partage du pain et de l'eau relève simplement de la commensalité soudant les membres d'une même communauté.

La Passion (de *patiri*, «souffrir») puise son inspiration dans le supplice du Serviteur du Seigneur rapporté dans le *Livre d'Isaïe* et remis à jour dans l'épopée du Maître de Justice, Messie souffrant et glorieux.

Nazareth, bourg inexistant avant le IVᵉ siècle, se substitue anecdotiquement au terme «nazoréen» désignant la secte où fut inventée la doctrine syncrétique de Josué-Sauveur. La mention de Nazareth dans un texte, apocryphe ou canonique, indique clairement que le remaniement date au plus tôt du siècle de Nicée.

Le Messie meurt sur le mont des Oliviers parce que Zacharie le cite comme lieu où le grand miracle s'accomplira [37].

Le couple, ou syzygie, Marie et Marie de Magdala reproduit le dédoublement de la vierge Sophia et de la prostituée Prounikos, sa forme déchue et emprisonnée dans la matière. Les miracles populairement attribués à Apollonios de Tyane enrichissent l'imagerie du Messie thérapeute, dont la vie atteint son terme à trente-trois ans, en parfait accord avec un nombre qui est, chez les juifs, celui de la purification.

Le IIIᵉ siècle commence à lui inventer une enfance, où sa mère Sophia-Marie est dotée d'un époux morganatique. L'idée même de la croix ressortit encore au symbole chez Justin. Dans son *Apologie* (60, 5), il note : «Platon [...] dit du Fils de Dieu que Dieu l'a étendu dans l'univers sous la forme d'un X [...]. Il n'a pas vu que le signe était une croix. »

L'instauration d'une religion d'État, en 325 à Nicée, dotait, *ad majoram Dei gloriam*, la Vérité d'un dogme et d'une armée enfin déterminés à l'imposer à l'humanité tout entière. L'Église, redressant à son profit le pouvoir vacillant des empereurs, s'étend sur la terre où la *pax romana* ensevelit les civilisations locales sous les éboulis de son autorité.

L'orthodoxie s'invente un passé et, faisant choix de penseurs comme Paul, Justin, Clément, Irénée — dont les œuvres seront épurées et récrites —, condamne comme perversion hérétique la variété des christianismes qui l'ont précédée et d'où elle extrait les rudiments de sa théologie. La lumière de Jésus, de ses apôtres, de ses fidèles, condamne au mépris et au silence des historiens — juifs, catholiques, protestants, athées, tous à genoux devant le témoignage du Nouveau Testament — l'effervescence de trois siècles dont Bernard Dubourg résume ainsi le plaisant état :

« Et tous ces gnostiques, qui se chamaillent et s'étripent à l'occasion, sont, comme les chrétiens primitifs, des Juifs ou des Samaritains ; tous, comme les évangélistes et comme le (pseudo-?) Paul inventeurs-trouveurs de "Jésus/Josué", ils sculptent des monceaux de monuments narratifs, visionnaires, allégoriques, eschatologiques (mais surtout pas historiques, ça non !) ; et tous cisèlent lesdits monuments, à coups de *midrash*, sur la base unique de la même et unique Bible hébraïque. Telle qu'ils la reconnaissent et la connaissent (comme sacrée) : car longue et âpre est aussi la bataille entre gnostiques, Samaritains orthodoxes, Juifs pharisiens, sadducéens, asséniens, zélotes et chrétiens primitifs (*et* au sein de chaque groupe) à propos de la sacralité, un à un, des livres de la Bible. Rixe à propos d'*Ézéchiel*, rixe à propos d'*Hénoch*, rixe à propos du *Cantique des cantiques*, etc. — rixe à propos des débuts du livre de la *Genèse*. Et tant et tant de textes mis au rebut, excommuniés et enfouis dans les *genizoth* (voyez les manuscrits de la mer Morte) [38]. »

CHAPITRE IX

Les sectes messianiques de Josué/Jésus : nazoréens, ébionites, elchasaïtes

Au confluent de l'essénisme, du samaritanisme et du mouvement baptiste de Dunstan/Dosithée se forment des sectes dont une certaine communauté de doctrine et de pratiques n'exclut pas les rivalités et les luttes de pouvoir. Leur conjonction, sans doute précipitée par l'insurrection zélote, aboutit à la consécration d'un Messie syncrétique investi du nom secret de « Dieu sauve », en qui s'incarne la longue lignée des prophètes « oints par Adonaï » et persécutés pour leurs intempestives révélations.

Toutes se signalent par un ascétisme rigoureux, le mépris des biens matériels, du corps, de la femme, des plaisirs, le recours au rite purificatoire et initiatique du baptême, la fondation de communautés ou *Ecclèsiai* (Églises), une doctrine des deux voies, celle des Lumières et celle des Ténèbres, parfois poussée jusqu'à l'opposition cosmique entre un Dieu bon et un Dieu créateur d'un monde mauvais, l'attente d'un Messie — ou plus exactement de son retour car, envoyé par le Dieu bon, il a été impitoyablement mis à mort par les sacerdoces du Temple de Jérusalem ou leurs séides. La rédemption promise par l'Ange-Messie étendra sa grâce à l'humanité entière, récompensant les justes et punissant les méchants.

Hostiles enfin aux sadducéens et aux pharisiens, elles s'accommodent des spéculations philosophiques de Philon d'Alexandrie. Son monothéisme judaïque prête en effet à la gnose une manière de sauf-conduit dont ne manqueront pas d'user les prétendus Pères de l'Église. En revanche, elles vouent à l'exécration, avec une parfaite unanimité, la Grande Puissance de vie qu'illustre l'œuvre de Simon de Samarie.

NAZORÉENS ET ÉBIONITES

Pline l'Ancien, recopiant des rapports rédigés sur l'ordre de l'empereur Auguste par un de ses généraux, Marcus Agrippa, signale au livre V de ses

Histoires naturelles que, non loin d'Apamée, en Syrie, des nazoréens habitent une ville appelée Bambyx, ou Hiérapolis, ou Mabog.

Marcus Agrippa mourant en −12, Dubourg situe ses investigations entre −30 et −20. Compte tenu du laps de temps exigé par l'installation en Syrie d'une secte née en Palestine, Dubourg juge plausible la présence, vers −50, d'un courant nazoréen [1].

À l'origine prêtre-guerrier consacrant à YHWH une existence d'austérité et de piété, le *nazir* désigne ensuite un homme voué à Dieu par un vœu de «naziréat». Le mot suggère un rapprochement avec «nazoréens» ou «nazaréens» : «les observants, les conservateurs».

Ralliés à la faction rigoriste du judaïsme, hostiles aux sadducéens et aux pharisiens, ils s'inscrivent dans la ligne générale de l'essénisme, dont ils forment peut-être une des communautés ou Églises. Les auteurs grecs des *Actes des apôtres*, qui compilent et réécrivent d'anciens *midrashim* en s'efforçant de réconcilier les écoles de Saül/Paul et de Simon Kephas, mettent en scène un juif orthodoxe vitupérant l'*hairèsis tôn nazoraiôn*, l'hérésie des nazoréens.

Les rabbins pharisiens les connaissent sous l'appellation de *noisrim* et les déclarent hérétiques (*aher*, «autres») non en 90 comme il est souvent avancé, mais en 135 lors de la révolte juive du Messie Bar Kochba à laquelle ils ont refusé de se joindre, donnant naissance à la légende d'un Josué/Jésus pacifique et respectueux des Romains.

Bar Kochba les stigmatise dans ses lettres sous le nom de «galiléens». Au milieu du IIe siècle, Hégésippe appelle ainsi une des sectes juives de son temps, mais, pour l'empereur Julien (331-363) cité par Cyrille d'Alexandrie, «galiléen» est encore synonyme de «chrétien». Plusieurs textes, au reste, désignent le Messie Jésus par le mot «galiléen».

Comme les autres sectes juives antijudéennes, les nazoréens n'ont pas échappé à l'embrasement zélote. Seul leur refus de se rallier aux troupes de Bar Kochba vers 133-135 les exonérera du reproche de violence et les auréolera de ce pacifisme grâce auquel les communautés chrétiennes gréco-romaines entendent se démarquer de la «furie sémitique».

Issu de l'intégrisme juif, le nazoréisme ouvre paradoxalement la porte à une révision incessante du message et de la loi mosaïques. Leurs *midrashim*, propagés dans les assemblées de croyants, préparant la venue du messie qu'Israël invoque au sein des troubles de la guerre, corrigeant les prophéties du passé et les adaptant à la modernité des circonstances, forment les ruisseaux du prévisible torrent qui gonflera cette Bonne Nouvelle annoncée par les Hymnes du Maître de Justice.

On s'abuserait à lui prêter une unité que démentent les échos de querelles entre des chefs dont les noms se sont conservés : Theudos/Thomas l'Égyptien, Jacob/Jacques, Simon Kephas, Jean l'Essénien, Zacchée/Clément, Barnabas, Saül dit Paul, Jochanaan dit Jean le Baptiste.

Une secte des ébionites, survivant encore au IVe siècle, dérive à coup sûr de ces *ebbyonim* («pauvres») qui, parmi les esséniens, jettent les bases d'une pauvreté volontaire dont les messaliens, les vaudois, les bégards, les fraticelles, les apostoliques redécouvriront les périlleuses vertus.

Les nazoréens, ou du moins une tendance pour qui Jochanaan représente la seule autorité prophétique, se perpétueront jusqu'à nos jours dans le mandéisme, toujours vivace entre le Tigre et l'Euphrate. Leur nom signifie «ceux qui savent», les «gnostiques». Ils sont aussi connus comme «chrétiens de saint Jean» — entendez Jochanaan/Jean le Baptiste. Leur doctrine tardive, éclairée par une littérature abondante (*Ginzâ* ou *Trésor*, subdivisé en *Ginzâ de droite* et *Ginzâ de gauche*), forme un syncrétisme où se mêlent éléments judéo-chrétiens, iraniens, babyloniens.

Les mandéens se réclament d'Hibil (Abel), de Shitil (Seth), d'Anosh (Hénoch) et de Jean le Baptiste, et forment une des branches du nazoréisme qui, en quête d'un Messie unique, rejette l'accord opéré par les partisans de Jacques, de Simon/Pierre et de Saül/Paul sur le nom de Josué/Jésus car, selon eux, Anosh a montré que Jésus était un faux prophète.

ELCHASAÏTES

Vers la troisième année du règne de Trajan, soit 100-101, le nazoréisme semble céder la place à une nouvelle génération de chrétiens, les elchasaïtes*. Un livre sacré aurait été délivré au prophète Elchasaï, chef d'une communauté chrétienne — sans doute celle qui justifie l'enquête de Pline le Jeune, légat de Bythinie — par deux anges, l'un mâle, le Fils de Dieu, l'autre féminin, l'Esprit saint. Les *Homélies de Pierre* compteraient, tout au moins dans leurs versions originales, au nombre de leurs écrits. Ils constituent eux aussi un christianisme différent de l'opinion qu'entendent imposer les catholiques du IVe siècle; c'est pourquoi Épiphane de Salamine, ironisant dans son *Panarion ou Boîte à drogues*: «N'étant ni chrétiens, ni juifs, ni païens, mais quelque chose d'intermédiaire, au fond ils ne sont rien», montre *a contrario* qu'ils sont à la fois juifs, chrétiens et pionniers d'un christianisme gréco-romain (mais l'Église attribuera le rôle à l'ennemi des elchasaïtes, Saül/Paul, quand elle l'aura arraché des mains de son découvreur, Marcion).

L'elchasaïtisme, avec son prophète réel ou mythique — Elchasaï s'apparente au Ieksaï araméen, qui signifie «Seigneur caché» —, annonce-t-il le grand courant de christianisme populaire qui, sous le nom de Nouvelle Prophétie, obéit au Christ réincarné dans le prophète Montan? Il n'est pas aisé de se forger une opinion précise dans le va-et-vient des sectes, prophètes et apôtres s'affrontant avec l'ordinaire fanatisme des vérités reçues: les ancêtres des mandéens récusent Josué/Jésus, les partisans de Jacques et de Pierre, hostiles à Jochanaan dit Jean le Baptiste, s'accordent tant bien que mal pour fustiger l'imposture de Saül/Paul, dont les disciples tiennent Pierre pour traître et

---

* La diversité des noms ne doit pas faire illusion. Les «sampséens», qu'Hégésippe nomme «nasbothéens», n'offrent que des variantes de l'expression *seô ayya*, autrement dit «les baptisés».

renégat. Les fidèles de Jude/Thomas triomphent à Édesse, mais sans susciter une vénération unanime, puisque certains l'affublent du rôle de Judas. Ajoutez à cela que l'elchasaïtisme, hostile à Marcion, et actif à Rome avec Alcibiade d'Apamée, a vu naître Mani, futur fondateur de religion, dont les dogmes s'inspirent nettement de Marcion*[2].

---

* Mani, élevé dans une communauté elchasaïte, reprit le titre samaritain d'«Envoyé unique» ou «Vrai Prophète». L'«Envoyé unique» est le vieux nom judéo-samaritain du principal agent de Dieu («Celui qui est désigné comme Envoyé de Dieu a reçu l'Esprit de Dieu», *Isaïe*, 61, 6). C'est aussi le statut du Maître de Justice et de Josué/Jésus. Tout prophète inspiré peut y prétendre, Elchasaï comme Montan. On comprend que le catholicisme en accorde l'exclusivité à Jésus, seul «vrai messie», et qu'il interdise sous peine de mort toute concurrence.

Querelles de prophètes et d'apôtres : Jochanaan, Theudas/Jude/Thomas, Jacob/Jacques, Simon-Pierre, Barnabé, Saül/Paul

Si l'histoire n'a pas conservé la moindre trace d'un nommé Jésus, en revanche ses inventeurs et ses adorateurs travestis au cours du temps en frères, compagnons, témoins, disciples ou apôtres se décèlent sans peine au hasard des témoignages du Iᵉʳ siècle. Ainsi en va-t-il de Jean le Baptiste, de Thomas, de Jacques le Juste, de Simon Kephas, de Barnabé.

Paradoxalement, de Paul, le plus connu, celui sur qui les biographes se répandent avec le plus de jobardise, il ne reste presque rien une fois réduites à l'authenticité de courts billets les lettres qui abritèrent le fourre-tout des marcionites et des antimarcionites avant d'être plusieurs fois lavées, épurées et retaillées selon la ligne rectifiée du IVᵉ siècle.

JOCHANAAN DIT JEAN LE BAPTISTE

Dans ses *Antiquités juives*, rédigées vers 95, Flavius Josèphe parle d'un prédicateur populaire nommé Jean :

« C'était un homme de bien qui incitait les juifs à la pratique de la vertu, à la justice les uns envers les autres, à la piété envers Dieu pour recevoir le baptême. En effet, Dieu considérait que le baptême lui était agréable s'il servait non à se faire pardonner certaines fautes mais à purifier le corps, après s'être purifié l'âme par la justice★. Autour de Jean s'étaient rassemblées beaucoup de personnes qui, à l'entendre parler, étaient gagnées par la plus grande excitation » (XVIII, 116-118).

La version grecque de la *Guerre des Juifs* (vers 90) ne mentionne pas Jochanaan. Deux versions slaves, plus tardives et sujettes à caution, reviennent sur le personnage. On lit dans la première :

★ Cf. le Maître de Justice, Jacques le Juste, Tsadoq, Melkitsédeq.

«En ce temps-là vivait parmi les Juifs un homme en costume étrange ; il s'était appliqué sur le corps des peaux de bêtes partout où il n'était pas couvert par ses propres poils. De visage, il était pareil à un sauvage.

«Il vint aux Juifs et les appela à la liberté disant : "Dieu m'a envoyé afin que je vous montre le chemin de la Loi par lequel vous vous délivrerez de beaucoup de puissants. Et sur vous ne régnera pas un mortel, mais le Très-Haut qui m'a envoyé."

«Et lorsque le peuple eut entendu cela, il se réjouit. Et il fut suivi de toute la Judée, contrée à l'entour de Jérusalem. Et il ne fit pas autre chose que de les plonger dans les flots du Jourdain et de les congédier en leur disant de renoncer aux œuvres mauvaises et qu'il leur serait donné un roi qui les affranchirait et leur soumettrait tout ce qui leur était insoumis mais qui, lui-même, ne serait soumis à personne.

«Les uns blasphémèrent, les autres le crurent. Et comme il avait été conduit devant Archélaüs et que s'étaient assemblés les docteurs de la Loi, ils lui demandèrent qui il était et où il avait été jusque-là. Il leur répondit : "Je suis un homme, l'esprit de Dieu m'a conduit et je me nourris de roseaux, de racines et de caroubes."

«Ceux-ci se jetèrent sur lui pour le torturer s'il ne renonçait pas à ses paroles et à ses actes, mais il dit : "C'est à vous de renoncer à vos œuvres abominables et à vous attacher au Seigneur votre Dieu."

«Et Simon, un scribe essénien d'origine, se leva en colère et dit : "Nous lisons chaque jour des livres divins. Mais toi, qui viens de sortir de la forêt comme une bête, tu oses nous instruire et séduire la foule par tes discours infâmes." Il se précipita pour le châtier corporellement. Mais lui, il les punit en disant : "Je ne vous révélerai pas le mystère qui habite en vous puisque vous ne l'avez pas voulu. Par là est venu sur vous un malheur indicible, et par votre faute."

«Après avoir parlé ainsi, il s'en alla sur l'autre rive du Jourdain et, nul n'osant plus le molester, il continua d'agir comme auparavant.»

La seconde version slave fait intervenir Hérode.

«Seul, cet homme que l'on appelait un sauvage vint devant lui [Hérode] en colère et lui dit : "Pourquoi as-tu pris la femme de ton frère, infâme ? Puisque ton frère est mort d'une mort impitoyable, toi aussi tu seras fauché par la faux céleste. Le décret de Dieu ne sera pas muet, mais te fera périr misérablement en pays étranger. Car tu ne suscites pas lignée à ton frère mais tu assouvis ta passion charnelle, puisqu'il y a quatre enfants de lui."

«Dès qu'Hérode eut entendu cela, il se mit en colère et ordonna de le battre et de le chasser. Mais lui, il ne cessa pas d'accuser Hérode partout où il se trouvait jusqu'à ce que celui-ci le fît saisir et ordonnât de l'abattre.

«De son caractère, il était étrange et sa vie n'était pas humaine. Il vivait tel un esprit sans chair. Ses lèvres ne connaissaient pas le pain. Même à la Pâque, il ne mangeait pas d'azyme, disant que ce pain avait été donné en souvenir de Dieu, qui avait délivré son peuple de la servitude, par consolation parce que la route était triste. Quant au vin et aux boissons enivrantes, il ne les supportait même pas près de lui. Et il avait horreur de tout animal. Il réprouvait toute infraction et pour lui il faisait usage de caroubes.»

Fanatique de l'antinature, moraliste ascète, imprécateur hystérique et intégriste, Jochanaan s'inscrit dans un courant qui n'a jamais cessé, jusqu'à nos jours, d'opposer à la liberté de la vie un système d'occlusion corporelle et spirituelle propageant autour de lui la morbidité et la mort. De telles dispositions s'accordaient, à la faveur des circonstances, avec le ressentiment des déshérités, voire de tout un peuple soumis à la colonisation romaine et qui érigeait son Dieu en une intemporelle machine de guerre contre la violence impérialiste venue d'Occident.

Selon les manuscrits slaves, sa rage contre les gens du Temple n'épargne pas les maîtres du pays. Présenté à Archelaüs, ethnarque de Judée, Samarie et Idumée de −4 à +5 et banni, il aurait succombé plus tard, selon la version des légendes évangéliques, sous les coups d'Hérode Antipas, tétrarque de Galilée de −4 à +38.

Il sévit sur le Jourdain que Josué, conquérant, thaumaturge, faiseur de miracles (il arrête le soleil) et conducteur du peuple juif, a franchi, outrepassant une limite inséparablement terrestre et céleste.

Comme dans l'essénisme, son baptême libère symboliquement l'âme de la «souillure du corps» et consacre un choix pénitentiel, le renoncement aux biens de la terre, la mortification de la chair. Les moindres plaisirs font horreur au saint homme et il exècre les animaux, dont la liberté sexuelle agace son agressive chasteté. S'il se couvre de poils, c'est pour ressembler à un certain Esaü dont parle la *Genèse* (25, 25-26).

L'hostilité des sadducéens et des pharisiens ne lui rallie pas pour autant l'adhésion de toutes les factions esséniennes puisqu'un Homme de la Communauté nommé Simon, assez célèbre pour que Josèphe le cite, le prend violemment à parti, manifestant l'animosité qui règne entre les saints ou parfaits, adonnés à la prière, à l'étude, et les prédicateurs de la pauvreté volontaire ou *ebbyonim*, ébionites. Il s'agit bien ici de courants rivaux de l'essénisme, car il est exclu que Simon siège parmi ses pires ennemis, l'aristocratie sacerdotale du Temple.

Or l'hostilité à Jean le Baptiste a gardé sa vivacité chez les nazoréens-elchasaïtes d'où émanent les *Homélies de Pierre*. Pour les elchasaïtes, adeptes de Jacques le Juste et de Simon-Pierre, Jean le Baptiste incarne l'adversaire du Messie. Une syzygie situe dans l'antagonisme des Lumières et des Ténèbres Jésus, Fils de l'Homme et voie du bien, et Jochanaan, Fils de la Femme et voie du mal.

À l'encontre de l'essénisme des communautés, dont l'agriculture assure la subsistance en mets variés et en vin, et qui permettent aux néophytes de se marier et d'assouvir, dans le dessein de procréer, une sexualité réduite au coït de circonstance, les prophètes errants prônent le dépouillement absolu, la continence sans réserve; ils stigmatisent le «laxisme» de leurs coreligionnaires.

Autre secte issue de l'essénisme, le mandéisme (de *manda*, «gnose») tient Jean le Baptiste pour son apôtre fondateur et, récusant le faux messie Jésus, professe un égal mépris pour les juifs et les sectateurs de l'imposteur «dénoncé par Anosh» (Hénoch).

À l'intérieur même du nazoréisme, les *midrashim* contradictoires retracent les complexités de la querelle des prophètes. L'écho de ces textes hébreux ou araméens aujourd'hui disparus résonne clairement jusque dans les tardifs évangiles canoniques traduisant en grec des écrits dont le sens allégorique et sémitique échappe à leurs rédacteurs.

Dans l'*Évangile attribué à Luc*, Jean le Baptiste n'est pas le simple précurseur de Jésus, mais l'annonciateur de la fin des temps et du royaume imminent de Dieu. Les ouvrages mis sous le nom de Marc et de Matthieu présentent un Jean le Baptiste égal en importance à Jésus qu'il baptise. Celui-ci recrute ses partisans parmi les jochanaanites et n'accède au premier plan de la scène mythologique qu'une fois son maître décapité. Hérode, au reste, voit en Jésus la réincarnation de Jean le Baptiste.

En revanche, l'*Évangile attribué à Jean* réduit son rôle à la portion congrue. Il n'est ni prophète ni Élie, mais seulement «la voix qui clame dans le désert»; non la Lumière, mais le témoin de la Lumière.

D'où la question : le Jean proposé comme auteur à un évangile à l'origine gnostique (naassène ou séthien) ne procède-t-il pas de ce Jean l'Essénien que mentionne Flavius Josèphe ? Quant à l'*Apocalypse*, écrit juif transcrit en grec et attribué lui aussi à un certain Jean, elle ne cite ni Jésus ni Jochanaan, mais évoque deux «témoins de Dieu» en lutte contre la Bête, c'est-à-dire Rome. Mis à mort, ils restent trois jours sans sépulture, puis ressuscitent en montant au ciel. Or il existe bien, selon Josèphe, deux chefs juifs et antijudéens victimes de l'occupant romain : Jacob/Jacques et Simon, fils de Juda de Gamala, témoins mythiques de l'Ange-Messie appelé à conduire les Justes à la victoire finale, en dépit de la défaite terrestre de 70, et à conquérir le monde au nom d'un Dieu plus puissant que YHWH, Dieu sanguinaire et hâbleur.

THEUDAS/JUDE/THOMAS

Les *Antiquités judaïques* de Flavius Josèphe (XX, 97-98) signalent en 45 le tumulte suscité par le «magicien» Theudas, qualificatif fréquemment synonyme d'Égyptien en raison de la grande vogue de l'hermétisme en Haute-Égypte* :

«Fadus étant gouverneur de la Judée, un magicien du nom de Theudas persuada une grande foule de prendre avec eux leurs richesses et de le suivre près du Jourdain. Il disait qu'il était prophète et qu'après avoir divisé le fleuve

---

* Il n'existe en revanche aucune trace, en dehors du roman composite intitulé *Actes des apôtres*, d'un autre agitateur du nom d'Étienne, spéculant sur la *Torah*, inventant ses *midrashim*, s'insurgeant contre les gens du Temple, se revendiquant d'un Juste cruellement persécuté qui reviendra sur terre. L'«imaginaire Étienne[1]» répond au portrait qui se peut esquisser de la plupart des prédicateurs esséniens, tous modelés sur le Maître de Justice, dans une «agitation messianique [qui] commence tôt et ne cesse pas avant Bar Kochba[2]».

par un ordre, il leur permettrait de passer facilement. En parlant ainsi, il trompa beaucoup de monde. Mais Fadus ne le laissa pas jouir de cette folie. Il envoya contre eux une troupe de cavaliers, laquelle tomba sur eux à l'improviste, en tua un grand nombre, en prit beaucoup de vivants et captura Theudas lui-même et, après l'avoir décapité, envoya sa tête à Jérusalem. »

Le *Talmud* identifie le Theudas mentionné par Josèphe à Ben Stada, qui avait promis à ses partisans de détruire les murailles de Jérusalem comme Josué avait rasé celles de Jéricho [3].

Thadeus jouit aussi du privilège posthume d'avoir fourni au moins deux recrues aux légendes évangéliques des apôtres. Car Theudas ou Thaddée correspond à Juda ou Judas, lequel n'est autre que Thomas. Nul Mystère à ce que les actes et évangiles l'appellent « frère jumeau de Jésus », puisque Thaddée, Jude et Thomas signifient « jumeau », d'où le doublet des traducteurs grecs, ignorant le sens originel du nom et surnommant Thomas « didyme » (*didumos*, « jumeau »).

Comme les nazoréens disciples de Jacques et de Simon/Pierre s'implantent à Antioche, les fidèles de Theudas/Thomas se propagent à Édesse où leurs communautés fondent un christianisme spécifique avant d'entrer dans la vague syncrétique des années 90-100. À l'origine, chaque secte exprime la vérité de sa quête du messie unique en se plaçant sous le patronage d'un ancien, d'un témoin ou d'un « frère » du Sauveur. L'unification du courant judéochrétien engendrera la légende des apôtres initialement unis, avec quelques divergences, doutes et trahisons, autour du Seigneur, d'Adonaï descendu sur la terre.

En garantissant à la foule de ses partisans la séparation des eaux du fleuve Jourdain, Theudas/Jude/Thomas s'identifie à Josué. Sa traversée transmute l'eau de mort en eau de vie. Qu'il soit à la fois, dans l'esprit mythique et messianique de l'époque, Josué et Thomas se confirme dans les *Actes de Thomas* (le manuscrit date du VIe siècle, transcrivant un écrit sans doute plus ancien) : « Jésus apparut alors sous la forme de Thomas et s'assit sur le lit. »

À Thomas/Theudas se rapporte vraisemblablement l'*Évangile des Égyptiens*, où s'exprime violemment la volonté d'ascèse commune à tout l'essénobaptisme : Jésus est venu pour abolir les œuvres de la femme, la génération, et par là abolir la mort qu'entraîne toute mise au monde*.

Le même esprit se rencontre dans un écrit découvert à Nag-Hammadi et vulgarisé sous le nom arbitraire d'*Évangile selon Thomas* [4].

L'ouvrage offre des points communs avec l'*Évangile des Égyptiens*, les *Actes de Pierre*, les *Actes de Philippe*, les évangiles canoniques, la doctrine naassène, séthienne ou hénochienne (*logion* 11), l'essénisme (*monachos* désigne non le moine mais le « parfait » comme dans les textes de Qumrân), Marcion (*logion* 32), Théodote et Héracléon (*logion* 144), les *Recognitiones*, version latine et tardive des *Homélies de Pierre*, I, 84 (*logion* 39) [5].

---

* En dehors du milieu chrétien, l'idée existe aussi dans quelques groupes hermétistes d'Alexandrie. Selon le *Poimandres* (18), l'amour est la cause de la mort. *Asclepius* soutient la thèse adverse.

Le texte comprend 118 *logia* ou propos attribués à Josué/Jésus mettant en scène en de brefs dialogues Jacques, Thomas et Simon-Pierre. Le texte, empreint de nombreux sémitismes, sent la récollection de *midrashim* réécrits, traduits, arrangés. Il a manifestement inspiré les auteurs des évangiles canoniques, qui l'ont épuré des archaïsmes doctrinaux et dépouillé de sa rigueur ascétique.

La condamnation du désir et du plaisir aboutit, par un renversement du réel qui est en lui-même l'essence inhumaine de la religion, à identifier l'Esprit saint à une mère, une mère qui donne la vie tandis que de la femme mettant au monde un enfant engendre la mort*. L'adamisme d'un retour au paradis implique un décharnement total de la sexualité. Dans le paradis, l'homme n'était ni mâle ni femelle, mais pareil à un enfant putativement asexué. À peine eut-il mangé du fruit défendu de la volupté que son unité primitive se perdit, produisant un homme différent de la femme. Seul un androgynat spirituel — comme pur esprit d'un corps sans désirs ni pulsions — le rendra à l'unicité désincarnée dont il procède. La même spéculation est illustrée dans l'*Évangile des Égyptiens*. Le catholicisme condamnera comme hérétique l'ascétisme forcené que pratiquèrent, jusqu'au IIIe siècle, les adeptes des communautés chrétiennes vouées à Jude/Thomas (c'est peut-être la raison pour laquelle les romans évangéliques reconnus par l'Église vouent à l'exécration le double du bon Thomas, le délateur Judas) [6].

JACOB/JACQUES

Dans son *Histoire ecclésiastique* (II, I, 3-4), Eusèbe de Césarée cite un extrait des *Hypotyposes* de Titus Flavius Clemens, dit Clément d'Alexandrie, né vers 150 et mort vers 210, philosophe chrétien, classé parmi les orthodoxes par les catholiques, mais que le patriarche et théologien Photios (820-855) juge impie et hérétique dans plusieurs de ses opinions.

Commentateur de textes bibliques, Clément appartient au gnosticisme chrétien antimarcionite, comme les chrétiens de la Nouvelle Prophétie et son disciple Origène. Il puise ses références dans l'*Épître de Jude*, l'*Épître de Barnabé*, l'*Apocalypse de Pierre*, ouvrages condamnés plus tard comme apocryphes, car Clément ignore les canoniques encore inexistants de son temps ; bien entendu, ses copistes futurs veilleront à pallier sa légitime méconnaissance en ajoutant des citations antidatées.

Pour lui, la gnose permet de découvrir la topographie des demeures célestes, habitées par des cohortes d'anges hiérarchisés. Elle lui révèle les mondes superposés ou successifs à travers lesquels l'âme s'élève pour gagner le repos suprême. Et Josué/Jésus n'est autre que le guide averti d'une spirituelle aventure.

---

* C'est en ce sens-là, c'est-à-dire à contresens de la nature, que Jésus est appelé, dans l'ouvrage attribué à Thomas, le «Vivant».

Selon l'extrait produit par Eusèbe, Clément déclare : «À Jacques le Juste, à Jean et à Pierre, le Seigneur, après sa résurrection, donne la gnose ; ceux-ci la donnèrent aux 70, dont l'un était Barnabé*. »

Dans un autre ouvrage, les *Stromates*, où il s'attache à concilier la philosophie grecque et le prophétisme juif, il nomme chrétien le vrai gnostique, par une démarche différente d'Irénée qui, vitupérant les gnostiques chrétiens Marcion et Valentin, juge inconciliables la gnose et l'enseignement prêté à Jésus. Clément se réfère à la «vraie tradition issue tout droit des saints apôtres Pierre, Jacques, Jean et Paul, transmise de père en fils», composant une liste de maîtres anciens où se rejoignent à la faveur d'une volonté d'unité deux courants antagonistes, celui de Saül/Paul et celui de Jacques et de Pierre.

Jacques, en qui s'est incarné le Maître de Justice, joue un rôle de premier plan dans l'ouvrage de Nag-Hammadi : *Voici les paroles cachées que Jésus le Vivant a dites et qu'a transmises Didyme Jude Thomas* : «Les disciples dirent à Jésus : nous savons que tu nous quitteras ; qui, au-dessus de nous, sera [alors] le [plus] grand ? Jésus leur dit : là où vous irez, vous vous rendrez vers Jacques le Juste, celui à cause duquel le ciel ainsi que la terre ont été produits» (*logion* 13 [7]).

«Celui à cause duquel le ciel ainsi que la terre ont été produits» ne désigne rien de moins que Jacques comme cocréateur de l'univers, au même titre qu'Adam et que Jésus dont il est par ailleurs le «frère». Le propos, emprunté à un *midrash* se revendiquant de l'autorité de Jacob/Jacques, illustre bien comment des actes de légitimation d'une Église, en l'occurrence érigeant le maître en auxiliaire et bras droit de Dieu, sont recueillis, collationnés, harmonisés à mesure que les Églises nazoréennes initialement désunies se fédèrent et nouent entre elles des accords. Ainsi verra-t-on paraître, engendré par une communauté s'inspirant d'un Lévi/Matthias, un ouvrage intitulé *Les Paroles secrètes*** que le Sauveur a dites à Judas Thomas et que moi, Matthias, j'ai écrites alors que j'allais en les écoutant parler l'un à l'autre*, appelé parfois *Évangile selon Matthias* [8]. Les pieux mensonges en vertu desquels les Églises locales s'inventent des témoins ou frères du Messie*** passeront pour une inadmissible naïveté aux yeux des rédacteurs du Nouveau Testament, qui, eux, prendront la précaution de prêter à la falsification, ou plus exactement, au mythe, les couleurs de la vraisemblance historique, effaçant les documents originaux, taxés de grossières aberrations.

La figure de Jacques, au demeurant, ne se rattache pas exclusivement au judéo-christianisme puisque les naassènes, aux dires de l'*Elenchos* (V, 7), gardent dans leurs enseignements «les principaux points de la doctrine que Jacques, frère du Seigneur, aurait transmise à Mariamné». Ici, le Seigneur est

---

* Ceci suffit pour qu'Eusèbe consacre Jacques «évêque de l'Église de Jérusalem».

** Saül/Paul parle aussi d'une vision au cours de laquelle il entendit «des paroles ineffables qu'il n'est permis à personne de répéter».

*** Les abbayes du Moyen Age ne procèdent pas d'autre façon quand elles s'inventent un saint patron et exhibent ses reliques pour attirer les fidèles, les foules et les aumônes.

NHS, le Serpent rédempteur, et Mariamné correspond à Myriam/Marie. C'est aussi sous le nom de Jacques que se propagera, après le IIᵉ siècle, le *Proto-évangile de Jacques*, récit des enfances du Christ Jésus et histoire de Marie et Joseph le charpentier.

La spécificité originelle d'un christianisme de Jacques, avec son Église, s'est perpétuée dans le nestorianisme, condamné comme hérésie avant de se prolonger jusqu'à nos jours dans les Églises jacobites.

Jacques, prophète et Messie, assumera le rôle de témoin, frère, apôtre de Josué/Jésus à mesure que les divers courants de l'esséno-christianisme, voire des messianismes séthien, naassène ou barbélite, se rapprochent peu à peu et regroupent leurs patrons ou fondateurs dans la cohorte apostolique du Seigneur.

Un fragment du judéo-chrétien Hégésippe (fin du IIᵉ siècle), transcrit par Eusèbe de Césarée, décrit Jacques le Juste comme un ascète «sanctifié dans le sein de sa mère», un trait appliqué à Jésus et qui rend compte du glissement mythique de Jacques, messie d'une communauté essénienne, à Jésus, messie syncrétique des premières Églises, fédérées peut-être par Elchasaï.

Semblable à Dunstan, à Jochanaan, au Serviteur célébré par *Ésaïe* et autres engeances du Maître de Justice, Jacob/Jacques ne consomme pas de viande, ne s'est jamais rasé, coiffé ni lavé. Il consacre tout son temps à la prière. Hégésippe l'appelle «rempart du peuple» et précise : «Ceux qui avaient la foi la tenaient de Jacques.»

Jacques passe, chez les elchasaïtes, pour le vrai fondateur de leur communauté. L'écrit primitif des *Homélies de Pierre* se donne pour une lettre de Clément, *alias* Zachée, à Jacques.

L'histoire conserve la trace de deux Jacob liés à l'agitation messianique et que l'esprit ahistorique des *midrashim* a pu aisément réunir dans une identification rendue plausible par le front commun du zélotisme et de l'essénisme. Jacob de Gamala, fils de Juda et frère de Simon, a été, au rapport de Flavius Josèphe (*Antiquités judaïques*, XX, V, 2), crucifié vers 45, sous Alexandre-Tibère, qui venait de succéder comme procurateur de Judée à Caspius Fadus, responsable de l'exécution de Theudas/Thomas, quelques mois auparavant.

Le premier Jacob, zélote, se double d'un second, nazoréen ou ébionite. Le *Talmud* et un *midrash* s'élèvent contre un juif chrétien nommé Jacob de Kepher Schanya (ou Maïa Simaï), accusé de contester les rituels de l'orthodoxie prescrit par le *Deutéronome*. Interrogeant rabbi Eliézer sur un point de doctrine, il est invité à se prononcer lui-même et avance une interprétation tirée de *Michée* (2, 7) soulignant la sollicitude de Dieu pour l'intérêt des hommes. Eliézer se rallie à l'explication de Jacob et s'attire ainsi le reproche de complaisance envers le nazoréisme.

SIMON-PIERRE

Nommé gouverneur de Bythinie en 111, Pline le Jeune sollicite de l'empereur Trajan des directives sur la conduite à adopter envers des *chrestianoi* dont les comportements suscitent des réactions défavorables parmi les habitants (*Lettres*, X, 96-97). Oscar Cullmann a montré que la secte chrétienne incriminée est celle des elchasaïtes dont la doctrine synthétise les enseignements du nazoréisme et de l'ébionisme, voire d'autres sectes messianiques [9]. Leurs idées s'expriment dans un ensemble de textes maintes fois remaniés et longtemps tenus pour orthodoxes en vertu du nom de Clément sous lequel ils s'organisent. En effet, Clément (le «doux»), traduction du Zachée de la Bible, passe dans l'histoire officielle du catholicisme pour le troisième pape de Rome. Ces écrits, rejetés plus tard par l'Église, seront rebaptisés *Pseudo-clémentines* par des historiens au demeurant peu empressés de démentir la conjecture aberrante pour l'époque d'un pontificat romain.

Sous le nom de Clément, personnage fictif inventé par Irénée et consacré par Eusèbe [10], pape de Rome et successeur de Pierre, se propage donc un ouvrage dont l'analyse distingue trois états. Les *Homélies* ou *Épître de Clément à Jacques* proposent la révision grecque d'un *midrash* ancien mis sous le nom de Zachée. Un développement grec, l'*Anagnôssos*, a été traduit et remanié sous le titre de *Recognitiones* (*Reconnaissances*) par Rufin, faussaire notoire et censeur des œuvres d'Origène. Enfin, l'*Épithomé* représente la version catholique, amputée du texte des *Homélies*, texte qui reparaîtra plus tard sous l'intitulé *Résumé des prédications de Pierre par Clément*.

La source hébraïque a disparu, mais le noyau primitif, dégagé par Cullmann, révèle explicitement le thème central des spéculations avancées par l'auteur : «Du vrai prophète et de l'intelligence de la loi selon l'enseignement de la tradition mosaïque.» Cullmann le résume de la sorte :

«Le monde avec ses péchés et ses erreurs est comparé à une maison remplie de fumée. Les hommes qui se trouvent à l'intérieur recherchent, en vain, la vérité qui ne saurait entrer. Le vrai prophète seul, en ouvrant la porte, peut la leur donner. Ce prophète c'est le Christ, entré pour la première fois dans le monde en la personne d'Adam, oint de l'huile de l'arbre de la vie. À tous les êtres, Dieu a donné un prototype, aux anges un ange, aux esprits un esprit, aux hommes un *homme* qui est Adam-Jésus. Adam est sans péché, en dépit de certains passages mensongers de l'Écriture. Adam, le vrai prophète, annonce le monde à venir. Ève par contre, qui lui est inférieure autant que la lune est inférieure au soleil, est préposée au monde présent comme prototype des prophètes nés de la femme, alors que Adam est «fils de l'homme». Le principe féminin détourne les hommes de la première génération du chemin de la vérité. Leur dépravation se manifeste surtout dans la pratique des *sacrifices*. Mais depuis le commencement du monde, le vrai prophète ne cesse de parcourir les siècles, changeant de nom et de forme. Il s'incarne dans Hénoch, Noé, Abraham, Isaac, Jacob et Moïse. Moïse a renouvelé la loi éternelle qu'Adam avait déjà promulguée, mais en même temps, en autorisant par une loi les sacrifices, il a fait à l'endurcissement des juifs une concession qui doit mettre un frein à des excès plus graves : les sacrifices devront être offerts à Dieu seul et à un endroit unique. Mais cette permission n'est que provisoire. Moïse annonce un prophète futur qui abolira les sacrifices. Le vrai prophète parvenu enfin au repos paraît finalement dans le Christ. Il met un terme aux sacrifices et les remplace par le *baptême*. Aussi pendant la guerre juive, les baptisés seuls ont-ils été sauvés. Avant de mourir, le vrai prophète avait choisi douze apôtres, et à la façon de Moïse, il avait chargé de la transmission de la vérité 72 docteurs de la loi. En abolissant les sacrifices, le Christ n'a pas aboli la loi, mais ce qui ne fait pas partie de la loi primitive. Il a annoncé que jusqu'à ce que le ciel et la terre aient passé, pas un iota ni un trait de la loi ne tomberaient [11]. »

L'auteur (ou les auteurs) des *Homélies* s'inscrit dans le courant réformiste de plus en plus critique envers les textes bibliques et la loi mosaïque. Il élimine non seulement les prophètes représentant un principe féminin, mais certaines parties importantes du *Pentateuque*. Bien entendu, les elchasaïtes, en conformité avec la matrice essénienne, rejettent les sacrifices du Temple. «Lorsque la Loi a été mise par écrit, elle a subi un certain nombre d'additions contenant des erreurs contre le Dieu unique » (*Homélies*, II, 38). L'argument rappelle celui des dunstanites ou dosithéens. Jacques, leur prophète, préside mythiquement à l'autorité d'une Église à laquelle Pierre lui-même est mis en demeure de rendre des comptes.

Quant à la défense du Dieu unique, elle s'inscrit dans la polémique des deux Dieux et de leur nature. Faut-il à la manière de Marcion vers 140 et peut-être du Saül, ennemi des elchasaïtes, postuler l'existence d'un Dieu bon et chrétien radicalement différent de YHWH, Dieu créateur d'un monde mauvais, Dieu sanglant trahissant son peuple, Démiurge maître d'un univers déplorable ? Ou bien se rallier à la thèse elchasaïte, d'où naîtra en fait le Dieu d'Irénée, de Tertullien puis des catholiques et des protestants : «Dieu tue de la main gauche, c'est-à-dire par le ministère du Mauvais qui, par tempérament, prend plaisir à tourmenter les impies. Mais il sauve et fait du bien de sa main droite, c'est-à-dire par le ministère du Bon, qui a été créé pour se réjouir de combler de bienfaits les justes et les sauver » (*Homélies*, XX, 3) ?

Enfin, les elchasaïtes, entrés dans la querelle générale du «vrai messie», sont peut-être les premiers à produire, avec Saül/Paul et Satornil, le nom œcuménique de Josué/Jésus.

À l'instar de tous les christianismes des deux premiers siècles, leur conception du Messie est celle de l'*angelos-christos*. Il a été créé comme un des archanges — de même que Michaël est aussi Melchitsédeq. «À tous les êtres, Dieu a donné un prototype, aux anges un ange, aux esprits un esprit, aux hommes un homme qui est Adam-Jésus. Adam est sans péché en dépit de certains passages mensongers de l'Écriture [12]. »

Le christianisme elchasaïte croit à des réincarnations successives du Messie qui a «dès l'origine du monde changé sa forme et son nom, et ainsi reparaît-il sans cesse et sans cesse dans le monde» (*Homélies*, III, 10).

Sans doute est-il manifesté par la voix d'Elchasaï comme il prophétisera un demi-siècle plus tard par la bouche de Montanus dans le christianisme populaire de la Nouvelle Prophétie, née en Phrygie, dans le voisinage immédiat de la Bythinie de Pline et des elchasaïtes.

Mais le moyen d'empêcher d'autres illuminés d'obéir à la révélation du Messie ? Les deux grands ennemis de l'elchasaïtisme, comme plus tard du montanisme et de Tertullien, détiennent eux aussi le message du Christ.

Cullmann ne décèle pas dans l'écrit primitif des *Homélies* une charge contre Marcion, plutôt réfuté par un copiste ultérieur remaniant le texte. En revanche, ainsi que Baur l'a démontré, l'hostilité manifestée à l'égard de Simon dit le Mage vise en fait Saül/Paul, tenu pour un faux prophète.

Pourtant, les auteurs des *Homélies* ignorent tout des lettres de Paul, comme des textes de ce Nouveau Testament inventé par Marcion. Ils prêchent tout simplement une bonne nouvelle, un évangile, récusant celui de Saül, fondateur d'Églises concurrentes.

Selon les *Homélies* (II, 17), «l'évangile de mensonge, prêché par le séducteur, vient d'abord, ensuite vient l'évangile de vérité, après la destruction du lieu saint».

Quel lieu saint ? Jérusalem et le Temple ? Mais l'essénisme n'a de cesse d'exiger l'anéantissement d'une ville vouée au «prêtre impie». Ne s'agit-il pas plutôt soit de Qumrân, soit de Damas, c'est-à-dire DMS, le sanctuaire, vers lequel Paul fait route, selon sa légende, quand il a la révélation du Messie★ ?

Si Saül/Paul est traité de faux témoin du Seigneur, ses billets stigmatisent ses adversaires du nom de «faux frères». Entre les différentes communautés investies du message divin, l'harmonie ne règne décidément pas.

Vers la fin du IIᵉ siècle, et plus sûrement au IVᵉ, les Églises monarchistes visant à se concilier les bonnes grâces du pouvoir impérial effaceront de leur histoire les divergences entre les partisans de Jacques et de Pierre et les disciples de Saül/Paul. Simon-Pierre et Paul enfin réconciliés siégeront en saints patrons de Rome, où ils n'ont jamais mis les pieds.

Néanmoins, la haine de l'«imposteur» ne disparaît pas tout à fait sous les ravalements, par le catholicisme, de l'édifice chrétien. Un manuscrit retrouvé par Shlomo Pines, illustrant les opinions d'une communauté juive de Syrie vers le Vᵉ siècle, accuse Paul de Tarse d'avoir falsifié les enseignements du Messie. Le faux prophète aurait rejeté la *Torah* dans le dessein d'attirer sur lui les faveurs de Rome et d'acquérir pouvoir et influence à son seul profit. Flattant l'antisémitisme des Romains, il serait le vrai responsable de la destruction du Temple en 70. Et le texte, entraîné dans les tourbillons polémiques d'une époque, le Vᵉ siècle, où l'Église invente la légende de «Paul apôtre des gentils» gagnant l'Empire aux convictions chrétiennes, s'insurge : «Son christianisme n'est que pur romanisme ; au lieu de convertir les Romains en chrétiens, il a converti les chrétiens en Romains[13].»

Le manuscrit dénonce par ailleurs l'imposture et les contradictions des évangiles canoniques et n'accorde de crédit qu'à l'Évangile originel, rédigé en

★ À moins que l'allusion soit postérieure à 135.

hébreu. La communauté, se revendiquant exclusivement de l'autorité de Jacques et de Pierre, se serait maintenue, aux dires du philosophe juif Saadia Gaon, jusqu'au Xᵉ siècle.

Peut-être est-ce du même milieu que provient une manière de «roman de Paul» battant en brèche le roman officiel des *Actes des apôtres*. Épiphane de Salamine (438-496) s'en fait l'écho dans son *Panarion* (30, 16, 6-9) :

«Ils affirment que c'était un Grec. Selon eux, il vint à Jérusalem et, après y avoir vécu un certain temps, il se prit d'une passion inextinguible pour la fille du prêtre. C'est pour cette raison qu'il se fit prosélyte et se fit circoncire. Mais lorsqu'il fut éconduit par la jeune fille, il en conçut une telle rage qu'il se mit à commettre des libelles contre la circoncision, le sabbat et la Loi. »

La vogue, sans doute assez limitée, de l'elchasaïtisme ne résistera pas à la révolte juive de 133-135 qui se termine par la défaite de Bar Kochba et la fin de la nation palestinienne. L'avenir du christianisme appartient désormais à la tendance paulinienne qu'exploitera l'armateur et fondateur d'Églises Marcion, avant d'être lui-même rejeté par l'essor populaire d'un christianisme hellénisé dont la naissance en Phrygie démontre assez la parenté avec le christianisme du prophète Elchasaï, implanté en Bythinie.

Quant à Simon-Pierre, disciple ou frère cadet de Jacques, son nom découle de l'hébreu Syméon et du sobriquet araméen Kepha, «pierre». Simon le roc, donc, ou Simon l'impitoyable, ou Simon le chauve.

Sa seule trace historique renvoie à Simon, fils de Juda de Gamala et frère de Jacob, mis à mort comme zélote. Se confond-il avec le Simon l'essénien dont Flavius signale la violente hostilité à Jean le Baptiste ? Les *Homélies*, en effet, excècrent Jochanaan. Autre marque d'essénisme, le *Testamentum domini*, inséré dans les *Homélies* et qui compose un discours adressé aux Fils des Lumières.

Les *Reconnaissances*, développement et remaniement des *Homélies*, ont conservé une liste de couples ou syzygies ; l'Antéchrist* y est opposé au Christ comme Caïn à Abel, Ismaël à Isaac, Ésaïe à Jacob, Aron à Moïse, Jean le Baptiste au Fils de l'Homme et Paul à Pierre.

L'autorité de Simon-Pierre éclipsera celle de Jacques vers la fin du IIᵉ siècle. Il a triomphé de Saül à Antioche, où il agit par délégation de Jacques. C'est auprès de lui que Clément s'instruit à Césarée et apprend de sa bouche la doctrine du «vrai prophète». La légende de sa mort, inventée par Tertullien et reprise dans les *Actes de Pierre***, entrera dans le dogme de l'Église aux IVᵉ et Vᵉ siècles en vertu des efforts entrepris pour offrir à Rome, à l'empereur et aux citoyens peu empressés d'embrasser le catholicisme, le patronage

---

* Il n'est pas inutile de rappeler que la première description de l'Antéchrist se trouve, de même que l'horoscope du Messie, parmi les manuscrits de Qumrân.

** Le texte, encore admis dans le canon au IVᵉ siècle, sera rejeté comme «apocryphe» quand aura triomphé la croyance en un Pierre fondateur de l'Église romaine. Au XXᵉ siècle, des archéologues, mus comme les historiens par le sens du devoir chrétien, s'efforceront de découvrir sa tombe. La lumière de la foi n'illuminera que leur ridicule.

antique des deux piliers de la foi, Pierre et Paul, unis malgré eux pour la plus grande gloire de Dieu.

BARNABÉ

Aucune certitude historique ne prête de contours plausibles au personnage de Barnabé. Dans son étude sur les apocryphes du Nouveau Testament, Erbetta en fait un lévite de Chypre, un juif membre du clergé mineur attaché au service de la synagogue [14]. Il aurait été le compagnon d'un certain Marc, auteur d'un évangile gnostique et secret dans la lignée de l'enseignement essénien. Une *Lettre à Théodore* de Clément d'Alexandrie (fin du IIe siècle) affirme de ce Marc qu'il «composa un évangile d'une spiritualité plus élevée pour l'usage de ceux que l'on rendait parfaits [...]. Néanmoins, il ne divulgua pas les choses qui ne doivent pas être prononcées [15].»

Tout laisse supposer que l'apocryphe attribué à Marc, dont le nom couronnera plus tard un évangile canonique substitué à l'évangile gnostique, s'apparente par son contenu à l'épître placée sous le nom de Barnabé, d'un grand intérêt pour la compréhension du judéo-christianisme à la fin du Ier siècle ou au début du IIe. De l'avis d'Erbetta, l'épître, composée à Alexandrie, en Syrie ou en Asie Mineure, daterait, sous sa forme grecque, des années 117 à 130. Retranscrite dans le manuscrit Sinaïticus du IVe siècle, elle fut tenue pour canonique jusqu'au décret de Gélase, qui l'écarta.

Originellement hébreu ou araméen, le texte définit le programme de révision du judaïsme entrepris par l'essénisme dans son ensemble, et plus particulièrement par des sectes de la diaspora, adaptant le christianisme antijudéen à la mentalité gréco-romaine.

Le reproche adressé à l'orthodoxie pharisienne nourrira plus tard la polémique antijudaïque. Il ne s'agira pas de rejeter globalement le yahwhisme, comme le veut Marcion, mais d'expulser les juifs de l'exégèse biblique, dont ils se sont «montrés indignes». Ne choisissent-ils pas, en effet, d'interpréter les écrits de la Bible à la lettre et non dans un sens spirituel? L'*Épître de Barnabé* recommande ainsi de pratiquer la circoncision du cœur et non celle de la chair («Circoncisez la dureté de votre cœur★»).

De même, l'interdit sur les nourritures doit s'entendre symboliquement comme un refus de fréquenter des gens pétris d'immoralité. Que le Temple de Jérusalem le cède au véritable temple, qui réside dans le cœur du croyant. Afin de rompre plus nettement encore avec la pratique juive, le sabbat saute du septième au huitième jour, consacré *dies domini*, dimanche.

La seconde partie de l'*Épître* correspond presque intégralement à ce manuel hébreu revu, corrigé et propagé par les juifs chrétiens sous le nom de *Dida-*

★ L'abandon de la circoncision lors des rites de la conversion favorise indubitablement le prosélytisme et l'adhésion des fidèles non juifs.

chè. S'y retrouve notamment la doctrine des deux voies (*Barnabé*, 18-20) conforme au combat essénien des Lumières et des Ténèbres.

Mais les deux éléments les plus significatifs du judéo-christianisme en voie d'hellénisation tiennent, dans l'*Épître de Barnabé*, à l'évidente influence du naassénisme et à la conception strictement biblique de Jésus. Pour les chrétiens contemporains de la célèbre lettre de Pline, Jésus n'est autre, en tant que Christ, que le successeur de Moïse, Josué, détenteur de la Nouvelle Alliance ou *Novum Testamentum*.

Voici pour le naassénisme : «La chute d'Ève a été provoquée par le serpent. Le Seigneur voulait ainsi les convaincre que leur péché les avait jetés en proie à la malédiction de la mort. Dès lors, bien que Moïse eût ordonné : "Aucun objet fondu ou sculpté ne vous servira de Dieu", lui-même en construisit un pour représenter Jésus. Moïse construisit un serpent de bronze, il l'exhiba aux yeux de tous et, par la voix d'un héraut, appela le peuple à se rassembler. Une fois réunis, ils prièrent Moïse d'intercéder en leur faveur afin qu'ils puissent guérir. Moïse leur dit : "Si l'un de vous est mordu, qu'il se dirige vers le serpent attaché au bois [la croix] et qu'il espère avec ferveur en celui-ci qui, bien que mort, peut donner la vie ; et à l'instant même il sera guéri"» (*Épître de Barnabé*, 12, 7).

Quant à Jésus, son personnage ne présente aucun trait historique. Pas la moindre allusion aux anecdotes complaisamment rapportées par les écrits canoniques et catholiques. Il est simplement Josué, fils de Noun ou Nahum, ange de Dieu, cocréateur du monde, son alpha et son oméga, un être immanent, sans aucun lien avec des événements survenus à l'époque de Tibère et du procurateur Ponce Pilate.

«Que dit ensuite Moïse à Jésus, fils de Noun, après lui avoir imposé, en tant que prophète, ce nom, uniquement afin que le peuple tout entier sache que le Père révèle toute chose au sujet de son Fils Jésus ? Ainsi s'exprima Moïse avec Jésus, fils de Noun, après lui avoir imposé le nom susdit, quand il l'envoya pour visiter la terre : "Prends un livre entre tes mains et écris ce que dit le Seigneur : le Fils de Dieu, à la fin des temps, détruira jusqu'aux racines la maison tout entière d'Amalech." Voici de nouveau Jésus non plus comme fils de l'homme mais comme Fils de Dieu révélé cependant en chair par le moyen d'une effigie qui le précède. Et comme on dit que le Christ est fils de David, ce même David prophétise plein de crainte et conscient de l'erreur des pécheurs...» (*Épître de Barnabé*, 12, 8).

Il convient de comparer l'*Épître de Barnabé* à une lettre attribuée par les catholiques (mais non sans embarras) à Saül/Paul : l'*Épître aux Hébreux*.

Tertullien, dans son *De pudenta* (20), l'impute à Barnabé. Luther la place sous le nom d'Apollos, un des contradicteurs rencontrés par Paul selon ses lettres.

Pour Prosper Alfaric, le texte d'origine alexandrine reprendrait un *midrash* des années 60 remanié et hellénisé vers 135 :

«Le Christ, Fils premier-né de Dieu, intronisé Souverain-sacrificateur, a répandu son sang "une fois pour toutes" afin d'écarter des hommes la douleur et la mort. Divin promoteur d'une Alliance nouvelle, il a dû, sur l'ordre de son Père (5/8), s'abaisser "pour un peu de temps" "au-dessous des anges", prendre forme humaine et subir une Passion. Sa mort et sa résurrection rendent caduques les immolations du Temple, inutiles les sacrificateurs de la race d'Aaron ; car sa nature divine, sublimée par la souffrance, fait de lui la Victime parfaite. Passant par "la porte" du ciel où les justes le rejoindront (13/14), il s'immole dans le sanctuaire céleste, non dans un temple construit "de main d'homme" ; il opère la purification des péchés par son sang, mais il ne les prend pas sur lui et ne devient pas "malédiction" [16]. »

Le drame du Christ intemporel exclut toute existence terrestre historique. Au reste, il n'a pas vécu sur terre, mais est «apparu» en chair (9, 26) pour s'identifier aux humains qu'il a pour mission de sauver. Le prototype suggéré est Melchitsédeq, comme lui «sans père ni mère, sans généalogie, n'ayant ni commencement de jours ni fin de vie». Ceux qui renieront le Christ seront piétinés par lui (10, 13), la géhenne attend les impies.

Plusieurs des traits exposés dans le noyau primitif de l'*Épître aux Hébreux* se retrouvent dans les billets peut-être rédigés par Saül/Paul.

SAÜL, DIT PAUL DE TARSE

Catholiques, byzantins, protestants, chrétiens en tout genre ont érigé Paul et sa théologie christique en pilier de l'Église. Sa biographie offre moins de lacunes que celle de Hölderlin. «On parle partout, ironise Bernard Dubourg, de la psychologie de Paul, des voyages de Paul, des efforts doctrinaux de Paul, des difficultés de Paul, etc. — comme on parlerait, ailleurs et en vrac, des sautes d'humeur de Caligula, des pérégrinations de La Pérouse, des hypothèses et théories de Kepler et des tribulations de Socrate. C'est ça : Paul est, dans la rumeur savante, le Socrate de l'Église... Mieux, c'est un Socrate qui écrit [17]. »

Sur quoi se fonde une si éclatante certitude ? Sur un roman composite pour lequel ses rédacteurs de la fin du IIe siècle compilent des apologues et des *midrashim* juifs dont le sens leur échappe et qu'ils traduisent et explicitent anecdotiquement, historicisant les mythes hébraïques. Et sur quatorze lettres consignées dans des manuscrits contemporains de l'instauration du catholicisme et de l'orthodoxie d'État.

Relevant les incohérences et invraisemblances du premier document, Dubourg souligne en revanche les éléments midrashiques révélés par une rétroversion du texte en hébreu.

Selon les *Actes des apôtres*, Paul serait un juif devenu citoyen romain, et originaire de Tarse, en Cilicie. Il aurait alors changé son nom juif de Saül en Paul. Ses écrits portent effectivement la marque de nombreux sémitismes perceptibles dans la rédaction grecque.

Impossible d'être à la fois juif et romain, déclare Smallwood. L'accession à la romanité «entraînait le devoir de participer aux rites sociaux païens et à des observances religieuses également incompatibles avec l'orthodoxie juive [18] ».

Que les auteurs des *Actes des apôtres* attribuent à Paul la citoyenneté romaine de Tarse indique assez à quelle époque ils forgent leur fantaisie biographique. Car Tarse n'a été romanisée que dans la seconde moitié du IIe siècle. Voltaire n'avait pas manqué de s'en apercevoir dans son *Dictionnaire philosophique* : «Paul était-il citoyen romain comme il s'en vante ? S'il était de Tarse en Cilicie, Tarsis ne fut colonie romaine que cent ans après lui, tous les antiquaires en sont d'accord. »

Son périple de pèlerin évoque celui d'Énée. Après un séjour à Malte, Paul emprunte pour regagner Rome un vaisseau d'Alexandrie à l'«enseigne des Dioscures» (*Actes des apôtres*, 28, 11). Dans la tentative d'accorder les mythes hébreux et la philosophie grecque où le symbolisme des Dioscures ou gémeaux ne revêt pas une médiocre importance, le détail apparemment journalistique éveille des échos de voyage initiatique, comme celui des Argonautes. D'autant que l'inventeur de Paul, le chrétien dualiste et antisémite Marcion, profite de sa profession d'armateur et d'homme d'affaires pour fonder partout ses propres Églises.

Or, par une étrange amnésie, les historiens et biographes de Paul oublient généralement de mentionner qu'il est un produit mis à jour par Marcion, la bête noire d'Irénée, de Tertullien, de Justin, des juifs pharisiens ou chrétiens, et plus tard des apologistes catholiques.

C'est pourtant lui et lui seul qui, vers 140 ou 150, révèle l'existence de dix épîtres écrites par un nommé Paul, fondateur lui aussi d'Églises en Orient.

Cependant, des lettres existent, antérieures à Marcion et attestant de querelles entre diverses communautés ou Églises esséno-chrétiennes. L'hostilité entre les groupes, les uns jurant par Jacques, Pierre ou Thomas, les autres par Saül/Paul, a induit l'historien Bauer à conjecturer que sous le pesonnage de Simon caricaturé dans les *Homélies* se dissimulait en fait ce Saül qui, à l'encontre des «vrais témoins» Jacques et Simon Kephas, prétend avoir reçu la révélation du Messie.

Qu'en est-il, à l'origine, des épîtres de Paul recopiées au IVe siècle dans une atmosphère de fabrication dogmatique et de refonte du passé romain que l'Église de Constantin et de Théodose falsifie sans scrupule ? Loisy doutait de leur intégrité et de leur authenticité. Meaks tient pour véritables sept lettres de Paul, attribuant aux écoles pauliniennes du IIe siècle *Thessaloniciens* 1 et 2, *Timothée* 1 et 2, *Philémon*, *Hébreux* et *Tite* [19].

Pour Ory, «les interpolations des lettres de saint Paul sont certaines et évidentes, elles travestissent d'une manière extravagante l'aspect du paulinisme». Selon Deschner, l'opinion s'accorde aujourd'hui à reconnaître l'existence au Ier siècle de courts billets, échos de mandements, polémiques et spéculations midrashiques sur ce Messie que Saül/Paul, en aucun cas, ne présente comme un personnage historique [20]. Le mot «Christ» vient de la Bible, en particulier d'Ésaïe ; en revanche, il n'est pas exclu que « Jésus » soit un ajout du début du IIe siècle.

À qui les lettres sont-elles adressées ? Les historiens d'obédience catholique ou protestante désignent les *goyim*, les non-juifs, que le catholicisme appelle *gentiles* (gentils) ou *pagani* (paysans).

En hébreu médiéval, *goyim* a la connotation d'impies, que souligne l'anathème : « Que leurs os pourrissent. » « Mais en hébreu de la Bible ou de Qumrân, remarque Dubourg, GWY, GWYM a le sens de ''nation, nations''. Les épîtres de Saül/Paul ne s'adressent pas à des Romains, des Éphésiens, des Galates, des Corinthiens, mais à des juifs ou des judaïsants de la diaspora. Elles s'adressent aux juifs de toutes les nations. Elles portent la trace des *midrashim* de groupes rivaux avant d'être revues par Marcion qui les désolidarise des fondements purement juifs [21]. » Elles véhiculent les thèses révisionnistes et antijudéennes communes à l'essénisme, au nazoréisme, à l'ébionisme, à l'elchasaïtisme.

Si Marcion se sert de l'autorité de Saül/Paul pour prêter un caractère apostolique à des Églises fondées partout par lui contre le christianisme juif, c'est qu'il y découvre assez d'arguments contre le judaïsme orthodoxe, voire contre YHWH.

Les *midrashim* et fragments polémiques de Saül tombent donc entre les mains de Marcion, en rupture avec le courant nazoréen ou elchasaïte. Il les recopie non sans infléchir leur sens selon les orientations polémiques de son temps. Il entend fédérer ses Églises chrétiennes en leur imposant la référence centrale de Rome, annonçant ainsi avec deux siècles d'avance la politique instaurée par le catholicisme. Cependant, son autoritarisme et sa morgue d'homme d'affaires (une légende veut qu'il ait tenté d'acheter les communautés judéo-chrétiennes implantées à Rome, dont le *Pasteur* d'Hermas collationne les mythes, légendes et polémiques) dressent contre lui les judéo-chrétiens et les chrétiens hellénisés qui, eux-mêmes hostiles aux juifs chrétiens, refusent l'homme et sa doctrine, jugeant inacceptables son dualisme et la condamnation globale de la mythologie hébraïque ou Ancien Testament.

Revues par Marcion, les lettres de Paul subiront ensuite les corrections jugées utiles par les antimarcionites : Justin, Polycarpe, Tertullien, Irénée. Ajoutez à cela que Tatien, auteur présumé de la première version des trois évangiles dits synoptiques, en améliore l'aspect esthétique en paufinant et en harmonisant la version grecque [22]. Mais Tatien, condamné plus tard pour l'ascétisme extrême qu'il partage avec les fidèles de la Nouvelle Prophétie, livre des épîtres pauliniennes dont l'orthodoxie exigera quelques aménagements. Combien de révisions, d'interpolations, d'harmonisations se sont-elles succédé, empilées, stratifiées, pour produire l'authenticité historique des manuscrits du IVe siècle ! Des centaines d'érudits ont pourtant fondé leurs études et leur honnêteté sur ces lettres arbitrairement datées du Ier siècle.

Les deux *Lettres à Timothée*, dites « pastorales », comportent des développements antimarcionites*. Elles émanent d'ennemis de l'armateur. L'auteur, qui n'a aucun scrupule à signer « Paul, apôtre du Christ », serait, selon Desch-

---

* En revanche, les voyages évoqués pourraient bien être ceux de Marcion. Les noms de Titus, Marc, Luc y figurent.

ner [23], l'évêque Polycarpe (seconde moitié du IIe siècle), proche du courant chrétien de la Nouvelle Prophétie.

Les deux *Lettres aux Thessaloniciens* désavouent une lettre plus ancienne de Paul [24].

La *Lettre aux Galates* retentit des querelles entre juifs de la diaspora. La première *Lettre aux Corinthiens* prône l'ascétisme et expose l'idée pharisienne d'une résurrection des corps : la seconde évoque des différends avec Apollos.

Dans la *Lettre aux Colossiens*, le mot «Église» prend, à la différence des autres textes, un sens catholique et donc tardif.

Priscillien tenait encore pour un texte authentique de Paul la *Lettre aux Laodicéens*, texte marcionite des années 160-190 [25].

Faut-il rappeler que toutes les lettres dites catholiques, mises sous le nom de Pierre (1 et 2), de Jean (1, 2, 3), de Jacques, de Jude, sont des faux ? Origène (milieu du IIIe siècle) les mentionne pour la première fois et les juge sujettes à controverses.

La correspondance de Sénèque et de Paul, sans doute inspirée par Jérôme, «Père de l'Église», offrait le mérite un peu trop voyant de présenter un Paul contemporain de Néron et parfait citoyen romain. Elles ont connu le sort des lettres échangées entre Jésus de Nazareth et le roi Agbar. Dauber sur quelques faux outranciers prêtait plus aisément de la vérité aux tripotages épistolaires de l'apôtre.

Que subsiste-t-il d'un Saül/Paul passé au crible d'une critique à laquelle il eût paru légitime de soumettre n'importe quel personnage historiquement douteux ?

C'est un Juif, assurément, hellénisé peut-être mais certainement pas citoyen romain. Peut-être a-t-il appartenu au pharisaïsme, comme le suggèrent ses légendes. Son syncrétisme retient en tout cas l'idée pharisienne de résurrection des corps et une organisation ecclésiale dont la synagogue offrait un modèle efficace. «C'est suivant la voie* qualifiée par eux de parti, que je sers le Dieu de mes pères, gardant ma foi à tout ce qu'il y a dans la Loi et à ce qui est écrit dans les prophètes, ayant en Dieu l'espérance, comme ils l'ont en eux-mêmes, qu'il y aura une résurrection des justes et des pécheurs.»

Les traces d'essénisme ne manquent pas. Murphy O'Connor en relève la présence dans le corpus paulinien.

À la doctrine des deux voies, Lumières et Ténèbres, à l'antijudéisme, au refus des sacrifices d'animaux au nom du sacrifice pénitentiel s'ajoute, signalé par Dubourg, le symbolisme de la conversion de Paul sur le chemin de Damas, non la ville mais DMS, le sanctuaire. Saül rejette le pharisaïsme anti-essénien, et rencontre la révélation du Messie attendu. Il affirme le retour du Maître de Justice, de ce Juste dont Jacob/Jacques s'affirme le frère. Il l'a vu dans la lumière de l'essénisme. Et il fonde des Églises, suscitant l'animosité des communautés établies qui le traitent de faux prophète.

S'il prêche l'Église universelle, c'est dans la stricte obédience du Maître de Justice dont l'Église «se veut universelle, présente dans le monde

---

* *Odos*, la «voie», et non pas *hairèsis*, le «choix».

entier, éternelle; elle se sent en communion avec l'Eden et avec le Shéol même [26]».

Dans le roman des *Actes des apôtres*, une confusion possible est évoquée entre Paul et l'Égyptien, c'est-à-dire Theudas/Thomas. Saül a-t-il rallié un moment les groupes fidèles au «frère jumeau du Seigneur» avant de s'ériger lui-même en témoin privilégié?

Comme Moïse a entendu la voix de Dieu dans un buisson de feu, Saül aperçoit le Messie et perçoit sa voix dans une illumination. Il proclame «avoir été individuellement élu apôtre par le Christ lui-même, dans un tête-à-tête dont il est le seul témoin [27]».

Le voici seul détenteur de la vérité, privilégié de sa propre autorité parmi ces apôtres dont un manuscrit qumrânien, l'*Écrit de Damas*, précise: «Les appelés d'un nom sont ceux qui se tiennent debout à la fin des temps.» Mais Simon de Samarie recourt à la même expression, dans un tout autre sens il est vrai: l'*Hestôs*, Celui-qui-se-tient-debout, est l'homme créant sa destinée en prenant conscience de la Grande Puissance (la *Megalè Dynamis*) présente en lui. Bien que la doctrine de Saül/Paul se situe dans une perspective radicalement opposée à celle de Simon, ses adversaires le stigmatiseront en l'identifiant à un Simon «qui voulut être Dieu*».

Les traces de querelles ne manquent pas. Une tradition légendaire, rapportée par Eusèbe, voulait que Paul ait assassiné Jacques le Juste. Les *Homélies* contiennent, comme le souligne Cullmann, une attaque directe contre Saül: «La vérité n'a pas besoin d'être recherchée dans un état extatique, mais elle s'impose d'elle-même à celui qui croit au vrai prophète. Par cette voie naturelle, elle avait été révélée à Pierre lorsqu'il fit sa confession: Tu es le fils du Dieu vivant. Simon [c'est-à-dire Paul] en revanche appuie sa prétendue connaissance de Jésus sur une vision qui n'a aucune valeur et qui ne lui confère nullement le droit à l'apostolat [28].»

Les pauliniens, de leur côté, ne ménagent pas Pierre. La fable évangélique l'accuse d'avoir renié le Christ, de s'être comporté en somme comme un autre traître, Judas/Thomas. Ainsi les romans apologétiques traduisent-ils les querelles d'ascendance entre les diverses communautés esséno-chrétiennes du Ier siècle.

La *Lettre aux Galates* (2, 11-14) s'en prend nommément à Simon-Pierre: «Mais lorsque Kephas vint à Antioche, je lui résistai en face parce qu'il était répréhensible. En effet, avant l'arrivée de quelques personnes envoyées par Jacques, il mangeait avec les païens. Mais quand elles furent venues, il s'esquiva et se tint à l'écart, par crainte des circoncis. Comme lui, les autres juifs usèrent aussi de dissimulation, en sorte que Barnabas lui-même fut entraîné par leur hypocrisie.»

L'allusion aux circoncis, inimaginable de la part du juif Saül, sent l'intervention de l'antisémite Marcion (Horace prête à l'appellation un sens injurieux et parle de «faire la nique aux circoncis»).

---

* Il existe dans les textes bibliques un Saül fils de Simon, dont la polémique s'est peut-être malicieusement inspirée.

Dans la deuxième *Lettre aux Corinthiens*, Saül regimbe : « Je ne suis en rien inférieur à ces ''très hauts'' apôtres bien que je ne sois rien. »

La réponse souligne assez la nature du reproche. Une autre indication intéressante paraît dans la *Lettre à Timothée*, faussement attribuée à Paul, qui adjure son interlocuteur de demeurer à Éphèse pour combattre ceux qui se réfèrent à « des fables généalogiques sans fin ». N'est-on pas fondé à supposer que certaines Églises entreprennent de prêter une consistance historique à un Jésus dès lors très différent du Messie dont parle Saül/Paul ?

Car le seul Messie que reconnaisse Paul, c'est l'*angelos-christos*, l'envoyé d'Adonaï. Et sa croyance s'accorde sur ce point avec celle des judéo-chrétiens, des marcionites et des antimarcionites comme Justin l'apologiste. Renan s'en est aperçu qui écrit : « Pour Paul, Jésus n'est pas un homme qui a vécu et enseigné, c'est un être tout divin. »

L'ironie a voulu que le prophète le plus cher à l'Église catholique tombe indéniablement sous le coup d'une accusation d'hérésie, dictée au catholicisme par le souci d'accréditer l'existence historique de Jésus : le docétisme, la croyance en un ange-messie revêtant l'apparence humaine pour une brève déchéance terrestre et volontaire.

Le Sauveur incarné, mort et ressuscité n'a rien de commun avec un rabbi agitant le peuple, ni avec le sage quelque peu brahmane dispensant sa secrète sagesse dans des *logia* pieusement et faussement recueillis par des Matthias et des Thomas.

Pour les chrétiens de Saül, les nazoréens, les ébionites, les elchasaïtes, les marcionites, les antimarcionites (du moins jusqu'à Justin), Jésus/Josué n'a ni enfance, ni parents, ni aventure autre que sa descente dans les ténèbres de la matière et son ascension vers la Lumière. Il apparaît soudainement sans que nul sache d'où il vient. C'est un Adam céleste et un Logos. Même l'évangile canonique mis sous le nom de Marc ignore Jésus enfant et se contente de mettre en scène anecdotiquement des propos (*logia*) de sagesse et le message pénitenciel.

Comme tous les chrétiens jusqu'aux années 150 ou 160, Paul est gnostique. « Dans le christianisme paulinien, écrit Maccoby, la *gnôsis* que le Sauveur donne n'est rien d'autre que la connaissance du pouvoir salvateur de son propre sacrifice, qui ne prend sens que si l'initié partage l'expérience mystique sacrificielle [29]. »

Le texte grec des lettres présente bon nombre d'expressions en usage dans les écrits gnostiques ; les traductions latines et autres ont pris soin de les effacer. Parlant de l'assaut des forces du mal contre le Messie, il dit textuellement : « Aucun des archontes de cet æon [*archonton tou aionos toutou*] ne l'a connue [sa gloire], car s'il l'avait connue [gnôsis], ils n'auraient pas crucifié le Seigneur de gloire » [*I Corinthiens*, 2, 8]. Le Christ est un *pneuma* : « Le Seigneur est l'Esprit » (*II Corinthiens*, 3, 17).

« Si je vis, ce n'est plus moi qui vis, c'est le Christ qui vit en moi », écrit-il dans l'*Épître aux Galates* (2, 10), mais le Christ étant *pneuma*, Paul est lui-même un *pneumaticos**, un « parfait » possédé par l'esprit qui s'exprime en

---

* Sa conception d'un baptême pneumatique l'oppose aussi aux elchasaïtes et aux nazoréens partisans du baptême par l'eau.

lui. Et Leisegang remarque : «Ce n'est plus lui qui vit mais le Christ qui vit en lui, parle par sa bouche, est devenu lui. Tel est le sens dans lequel Simon avait conscience d'être la Grande Puissance Dieu [30]. »

Son dualisme s'exprime dans la voie des Lumières et la voie des Ténèbres, l'homme intérieur et l'homme extérieur, la lutte entre le Christ et Bélial, chef de ce siècle. Néanmoins, aucune allusion aux deux Dieux ne met en cause le monothéisme judaïque.

Par ailleurs, il combat d'autres gnostiques, qui, à Corinthe — nicolaïtes ou barbélites —, estiment que l'extase, où se révèle le *pneuma*, l'esprit saint, dispense la liberté d'agir selon ses désirs (*I Corinthiens*, 6, 12, 15, 16). Une fois de plus, le choix d'une pratique quotidienne gouvernée par l'ascétisme ou par l'hédonisme détermine la démarcation entre les différents gnosticismes.

La *Lettre aux Colossiens* évoque l'opposition du courant paulinien à un groupe hermétiste recourant à la magie astrale que véhiculent les amulettes ou abraxas. L'épître rejette explicitement la doctrine des *stoichea*. Il faut y renoncer pour suivre le Christ, «car c'est en lui que réside réellement tout le plérôme de la divinité », et «nous étions asservis aux éléments du monde [*upo ta stoicheia tou cosmou**] »,.

En revanche, il fait allusion à une doctrine secrète, au sens que lui donnent les évangiles révélant les *apocrypha*, les choses cachées. «Je connais un homme en Christ qui, voici quatorze ans — était-ce dans mon corps ? je ne sais, était-ce hors de mon corps ? je ne sais, Dieu seul le sait —, cet homme-là fut enlevé jusqu'au troisième ciel [...] et entendit des paroles inexprimables qu'il n'est pas permis à l'homme de redire » (*II Corinthiens*, 12, 2). Valentin, qui, vers 140, quitte l'Égypte pour Rome où il a dû connaître et combattre Marcion, ne prétendait-il pas que, «par l'intermédiaire de Theudas, un des propres disciples de Paul, il avait lui-même compris l'enseignement secret de Paul [31] » ? Or Theudas n'est autre que Thomas, sous le nom duquel paraissent les *Logia de Jésus* découverts à Nag-Hammadi**.

La Bonne Nouvelle (évangile) de Paul constitue le seul évangile auquel se réfèrent les chrétiens de tous bords jusqu'au IIIe siècle. L'*Épître attribuée à Clément*, émanant d'un milieu judéo-chrétien du début du IIe siècle, laisse entendre que le messie dont le retour a été si souvent promis n'est pas encore venu.

La Bonne Nouvelle de Paul — mais n'est-ce pas plutôt celle de Marcion ? —, c'est que le Rédempteur s'est bel et bien manifesté en un Messie souffrant. Non seulement les Juifs ne l'ont pas reconnu, mais ils l'ont mis à mort.

---

* La théorie des *stoicheia* accorde à des rites magiques, à des incantations comme le «chant des sept voyelles planétaires », le pouvoir d'agir sur les astres et la destinée des hommes.

** L'évangile canonique attribué à Jean s'apparente aux évangiles gnostiques par plusieurs traits de vocabulaire et d'idées. Ainsi, le Christ a existé *en archè* (au début du monde) ; il est le *Logos* de Dieu, la *Zoê* (la Vie) et la *Phôs* (la Lumière) qui répand le *pneuma* (l'esprit) de la vie. Cela n'exclut pas le refus de la gnose samaritaine, que traduit l'entretien de Jésus avec une femme samaritaine à qui il explique que le salut des Samaritains vient de Judée.

CHAPITRE XI

Marcion et l'hellénisation du christianisme

En dépit des deux siècles et de l'accusation d'hérésie qui le séparent de la religion d'État, née à Rome au IVe siècle, Marcion mériterait de passer pour le véritable père de l'Église catholique, un père maladroit abandonnant au monde un avorton que ses ennemis seuls conduiront à maturité.

Le zèle missionnaire, l'acharnement à fonder des communautés, l'espoir d'une autorité suprême dont il recevrait l'investiture à Rome, l'organisation monarchique des *ekklèsiai*, la virulence antisémite, la conception d'une philosophie chrétienne épurée de son judaïsme, une théologie inspirée par la pensée grecque, composent autant de traits fondamentaux de la future Église catholique.

Avec Marcion, le christianisme s'arroge, au mépris de la vérité historique, une genèse hellénique propagée par le mythe de Paul «apôtre des gentils». Aujourd'hui encore, beaucoup d'historiens ratifient sans vergogne l'acte de naissance d'origine grecque.

Le talent de Marcion est celui d'un homme d'affaires. Il a compris, en raison des événements de son temps, que le christianisme renonçait à tout avenir s'il ne brisait toute solidarité avec un judaïsme partout réprouvé dans le monde gréco-romain en raison de l'état insurrectionnel endémique de la Palestine et de la diaspora.

À Cyrène, dans l'année 115, les juifs détruisent le temple de Zeus. Un agitateur nommé Luknas ou André (un nom annexé par la légende apostolique) prend le pouvoir et est acclamé comme roi des juifs. André appelle à détruire, avant le Jour du Seigneur, tous les monuments de l'idôlatrie. La rumeur se propage que les insurgés mangent leurs ennemis et s'oignent de leur sang. Le massacre des non-juifs frappe d'horreur les bonnes consciences grecques et romaines ; on possède, émanant de la mère d'un général envoyé contre les émeutiers, une lettre où elle prie pour que son fils ne soit pas «rôti par les juifs». On sait comment les exactions communes aux tumultes de ce genre nourriront pendant près de deux mille ans de criminalité religieuse les griefs des foules catholiques, protestantes, byzantines et athées déchaînant leurs pogromes contre les pacifiques ghettos.

La même année, l'insurrection des juifs d'Alexandrie s'étend au Delta, à la Thébaïde, gagne la Palestine, la Syrie, la Mésopotamie, Chypre. Dans la guerre sainte menée contre les *goyim*, les juifs détruisent Salamine. Vers 117, Trajan vient à bout des révoltes. Dix mille juifs sont exécutés [1].

Pourtant, Siméon Bar Kochba reprend les armes en 132 et combat Rome. En 135, il est battu et tué dans sa forteresse de Béthar. La nation juive est mise au ban de la «civilisation» gréco-romaine, où la hauteur de pensée s'accommode si aisément des jeux du cirque.

Bien avant la nouvelle insurrection, les judéo-chrétiens ont, à la différence des esséniens pendant le Ier siècle, pris leurs distances envers la guerre sainte. Ils refusent d'apporter leur concours au messie Bar Kochba : une de ses lettres condamne l'attitude des «galiléens». Désormais, les chrétiens accentueront ce qui les sépare des juifs : la profession de foi pacifiste, la non-violence, la vertu du sacrifice, le rejet de la circoncision★ et des observances rituelles judaïques.

Après 135, la persécution frappe impitoyablement les communautés juives. Rabbi Hannaniah meurt brûlé vif, rabbi Akiba subit le supplice de l'écorchement. Dans son *Contra Celsum*, Origène rappellera encore le grand massacre de tous les «circoncis». Même si le chrétien refuse le culte des idoles et s'abstient d'offrir des sacrifices à l'empereur, il revendique hautement sa citoyenneté de Grec ou de Romain, et proclame de manière absolue sa différence avec les juifs.

La réforme antijudaïque de Marcion survient dans le désarroi propagé par l'embrasement politique au cœur des Églises judéo-chrétiennes en proie aux luttes d'influences. Elle préconise une politique ecclésiale axée sur Rome et forte de sa rupture avec la «juiverie». Les rares éléments biographiques le confirment.

Marcion serait né dans les dernières années du Ier siècle à Sinope, dans le Pont (vers 95 ou 100 selon Harnack [2]).

Il entre très tôt en conflit avec les communautés judéo-chrétiennes. Son père, épiscope d'une *Ekklèsia*, le chasse pour avoir soutenu des opinions hostiles à la foi, sans doute inspirées de Saül et de ses disciples. Il gagne l'Asie Mineure où il se heurte aux Églises chrétiennes locales, elchasaïtes selon toute vraisemblance.

Riche armateur, Marcion a l'intelligence pratique de l'homme d'affaires. Son rationalisme, séduit par la philosophie grecque, répugne à l'esprit analogique des *midrashim*, à ces jeux de mots hébreux que la traduction grecque réduit à des absurdités. Le caractère sanguinaire et inhumain des textes bibliques lui fournit un argument opportunément confirmé par la violence des révoltes juives. Au dualisme larvé des esséno-chrétiens, Marcion substitue le caractère inconciliable de YHWH, Dieu créateur d'un monde de guerre et de misère, et d'un Dieu bon auquel se réfèrent implicitement les écoles de Jacques, de Simon-Kephas, de Thomas, de Clément, de Saül/Paul.

★ D'autant qu'Hadrien, se fondant sur la loi romaine interdisant les mutilations corporelles, la prohibe formellement.

Il mise sur l'antijudéisme, sur l'hostilité aux gens du Temple, à Jérusalem, aux pharisiens, aux meurtriers du Maître de Justice. Il soutient sa doctrine à l'aide de raisons péremptoires, promises à un bel avenir dans l'Église, mais qui pour l'heure heurtent, insultent à la pauvreté volontaire des communautés : il offre 200 000 sesterces aux Églises romaines afin de les assujettir à son autorité en vue d'une fédération internationale.

Car Marcion est le premier à comprendre que Rome, constituant le centre d'une civilisation proposée en exemple au monde entier, est l'axe de gravitation selon lequel le christianisme, épuré de sa barbarie, peut espérer rayonner d'une gloire «universelle» (le mot *catholicon* est attesté vers la fin du IIe siècle et vulgarisé au Ve★).

Vers 140, dans la cité romaine où les Églises, encore judéo-chrétiennes, se déchirent en rivalités de pouvoir, aux dires du roman contemporain d'Hermas *Le Pasteur*, Marcion rencontre Cerdon, disciple de Satornil d'Antioche. Il compose deux ouvrages, perdus ou détruits par l'Église.

L'*Apostolicon* n'est autre que le recueil des lettres attribuées à Saül, romanisé en Paulus. L'*Evangelion* expose la Bonne Nouvelle, l'Évangile unique, celui de Paul, auquel se réfèrent marcionites et antimarcionites. Se fondant sur des lettres qu'il recopie et réécrit en les dépouillant de leur sémitisme, Marcion rédige donc le message évangélique de Paul.

Resch tient l'*Évangile canonique attribué à Marc* pour l'œuvre de Marcion, une version corrigée ensuite par les antimarcionites[3]. Il note que l'enfance de Jésus n'y souffre aucune mention, que l'opposition de Jésus à la *Torah* ne présente pas la moindre ambiguïté et que la mise en scène des propos ou *logia* ne rompt pas avec la conception — commune au judéo-christianisme, à Saül/Paul et à Marcion — d'un *angelos-christos*, incarné dans un être de sagesse, une émanation de la Sophia.

Dans la réaction suscitée contre Marcion, des prologues antimarcionites seront ajoutés aux évangiles attribués à Marc, Luc et Matthieu. Eux-mêmes, conçus pour combattre l'idée de l'ange-messie, empruntent à la matière allégorique les traits d'un personnage de roman historique. Les récits de propagande montanistes sur Pilate, Paul et Pierre (*Évangile de Nicodème, Actes de Paul et de Thècle, Apocalypse de Pierre*, etc.) contribuent au décor événementiel du drame.

Marcion meurt vers 165 après une vie aventureuse dont les périples de Paul marquent vraisemblablement le jalonnement antidaté. Ne tire-t-il pas sa légitimité apostolique, partout où il se présente, de la simple assertion que Paul y fut présent quelques générations auparavant ?

Son disciple Apelle poursuit son œuvre à Rome et à Alexandrie. Il démontre l'absurdité des textes bibliques dans ses *Syllogismes* (perdus). Il semble pourtant avoir rompu avec la doctrine marcionite des deux Dieux. Il en admet un seul, bon et créateur du monde angélique, d'où se serait échappé un ange pervers, le Démiurge inclinant toute chose vers le mal. Apelle se rapproche du christianisme de la Nouvelle Prophétie : il prête à Jésus non une simple

---

★ Tertullien avouera : «La tradition hérétique de Marcion a rempli l'univers.»

apparence humaine, mais un vrai corps et la mission de corriger l'œuvre néfaste du Démiurge. Ses *Révélations* (perdues, à moins qu'il ne s'agisse de l'une ou l'autre apocalypse de Paul ou de Pierre) retranscrivent les visions d'une prophétesse appelée Philomène. Une polémique l'aurait opposé à Rhodon, disciple de Tatien.

Marcion invente un christianisme occidental, sans passé juif. Il rejette les *midrashim* des Églises nazoréennes et elchasaïtes, dont les éléments entreront plus tard dans les évangiles grecs attribués à Matthias, Thomas, Jacques, André, Philippe. Excipant, selon Joseph Turmel [4], de courts billets de Saül, il donne à ses Églises, «catholiques» avant la lettre, un maître romain, un citoyen de cette ville de Tarse romanisée vers 140 ou 150.

Son renoncement ascétique ne contrevient en rien à la morale du christianisme dans son ensemble (sauf dans les sectes où domine le syncrétisme naassène ou barbélite). La Nouvelle Prophétie, pourtant hostile au marcionisme, abonde dans la même pratique, sinon dans le même sens. Marcion refuse la sexualité, les plaisirs et jusqu'au mariage, jugé propice à l'œuvre du Démiurge. La Nouvelle Prophétie, elle, se borne à encourager le détachement du corps au profit de l'esprit.

Le dualisme même n'a pas encore revêtu, dans le rejet violent du judaïsme, le caractère scandaleux que lui imprimera le monothéisme catholique d'État. En veut-on un exemple? Dans son *Dialogue avec Tryphon*, Justin l'apologiste, antimarcionite convaincu, prête à son interlocuteur un propos évoquant le trouble que suscitait la croyance en un Dieu bon:

«Nous savons, dira-t-il, votre opinion sur ces sujets, mais il semble que ce que vous dites est une sorte de paradoxe absolument improuvable; car votre assertion que le Christ était Dieu, préexistant avant tous les siècles, et condescendant à devenir homme et à naître, non pas comme un homme d'un homme, me semble non seulement un paradoxe, mais une absurdité. Répondez-moi d'abord comment vous prouvez qu'il y a un autre Dieu à côté de celui qui est le Créateur de toute chose et, ensuite, montrez-moi comment ce Dieu à également condescendu à naître d'une vierge [5].»

Son activité missionnaire et sa détermination d'implanter partout des Églises non juives et unifiées n'offrent en soi aucune prise à la réprobation puisque, à la faveur d'un trucage propre à l'Église catholique comme à tout pouvoir, la gloire ôtée à Marcion rejaillira sur le personnage de Paul, sacré «apôtre des gentils».

Son activité a fait montre d'une telle efficacité qu'en l'an 400 subsistent encore des Églises marcionites à Rome, dans toute l'Italie, en Égypte, en Palestine, en Arabie, en Syrie, en Arménie, à Chypre et même en Perse, où se développera le manichéisme. Partout, il propage l'unique évangile inspiré de Paul et cette appellation adoptée par le catholicisme: l'Ancien Testament, auquel il oppose le Nouveau Testament, traduisant ainsi l'expression Nouvelle Alliance qui définit, selon les manuscrits de Qumrân, l'Église du Maître de Justice.

Leisegang résume comme suit les conceptions de Marcion [6]:

« L'Évangile du Christ enseigne l'amour miséricordieux, l'Ancien Testament, une justice punitive malveillante. Le Christ est le Fils d'un Dieu d'amour, et la foi en ce Dieu est l'essence même du christianisme. L'histoire tout entière du monde décrite dans l'Ancien Testament, d'Adam au Christ, forme un drame immoral et repoussant, monté par un Dieu qui a créé ce monde aussi mauvais que possible et qui, partant, ne vaut pas mieux lui-même que sa lamentable création. Impossible donc que le Christ soit le Fils du créateur révélé dans l'Ancien Testament. Ce créateur est juste et cruel, alors que Jésus est l'amour et la bonté personnifiés. Or, Jésus est, de son propre aveu, le Fils de Dieu. Il ne pourra donc être le Fils que d'un Dieu tout différent de celui de l'Ancien Testament. Il est le Fils d'un Dieu bon, demeuré jusqu'ici inconnu de l'homme et étranger à cet univers, parce qu'il n'avait absolument rien de commun avec lui. Ce Dieu est le Dieu inconnu que saint Paul annonçait sur l'agora d'Athènes. C'est de lui que le Christ est le Fils.

« L'Ancien Testament perd sa qualité d'Écriture sainte du christianisme. Il ignore le vrai Dieu et n'en sait pas plus sur Jésus. Les paroles des prophètes et des psaumes, jusque-là considérées comme des prophéties relatives au Christ, doivent subir une réinterprétation littérale, après quoi elles ne s'appliquent plus à Jésus. La Loi et les prophètes vont jusqu'à Jean-Baptiste. Jean est le dernier prophète juif ; comme ses prédécesseurs, il prêche un démiurge à justice cruelle, il ne sait rien du Dieu bon, qui est resté étranger à tous les Juifs. Qu'il en soit bien ainsi, Jésus lui-même le confirme. Il n'a cessé de violer, par son langage comme par sa conduite, la Loi de l'Ancien Testament, de désobéir au Dieu qui l'a instituée. Il a déclaré une guerre ouverte aux docteurs de la Loi, aux scribes et aux pharisiens. Il a accueilli les pécheurs tandis qu'il se détournait de ceux qui passaient pour justes au sens de l'Ancien Testament. Il a montré dans le dernier prophète de l'Ancien Testament, Jean-Baptiste, un ignorant et un sujet de scandale. Surtout, il a dit lui-même que le Fils est seul à connaître le Père, que, par suite, tous ceux qui sont venus avant lui n'ont rien su de lui, mais ont prêché un autre Dieu. [...]

« Lorsque Jésus parle de l'arbre mauvais qui ne peut porter que de mauvais fruits et de l'arbre bon et de ses bons fruits, il entend par l'arbre mauvais le Dieu de l'Ancien Testament, qui n'a créé et ne pouvait créer que du mauvais. L'arbre bon, au contraire, c'est le Père du Christ, qui ne produit que de bonnes choses. Et, en défendant de coudre une pièce neuve à un vieil habit et de mettre du vin nouveau dans de vieilles outres, Jésus a interdit expressément aux siens d'établir quelque rapport que ce soit entre son Évangile et la religion de l'Ancien Testament avec son Dieu. »

Et quand Marcion écrit : « Ô merveille des merveilles, ravissement et sujet de stupeur, on ne peut absolument rien dire ni penser qui dépasse l'Évangile, il n'existe rien à quoi on puisse le comparer », il donne le ton à des générations d'historiens pour qui le christianisme est un produit de la civilisation grecque et ne doit rien aux juifs.

Pourtant, Marcion soulève en son temps une vive réprobation. Faut-il incriminer son autoritarisme, sa rigueur extrême, l'envie des autres chefs d'Église, la haine des judéo-chrétiens dont l'antijudéisme n'implique pas le rejet de la Bible ?

La réponse réside dans les réactions et polémiques engendrées par ses thèses. Contre lui se rédigent des évangiles et actes rapportant que Jésus a été un agitateur juif, mis à mort par des Juifs, certes, mais nourri au lait de la sagesse biblique. L'Évangile rédigé sous le nom de Luc détaille l'enfance du Christ, un homme né d'une femme, même si le *sperma* s'appelle *pneuma*, «Esprit».

Paul, l'apôtre marcionite, pénètre dans des écrits antimarcionites où sa «véritable existence» est attestée. Les *Actes des apôtres* réconcilient ainsi, dans un roman qui se donne pour une chronique historique, l'apôtre Simon-Pierre et l'apôtre Paul[7].

D'autres lettres de Paul sont écrites, les prétendues «pastorales». Joseph Turmel a établi que les lettres d'Ignace d'Antioche, celles-là mêmes où la tradition signale l'apparition du mot «catholique», relevaient d'une première version marcionite (au plus tôt vers 135) ; avant d'être remaniées, vers 190-210, par un autre évêque d'Antioche, Théophile, qui, en dépit de son hostilité à Marcion, s'étend complaisamment sur l'inspiration du *Novum Testamentum*[8]. Ce Théophile n'hésite pas à parler des lettres de Paul comme du «Verbe saint et divin», non sans avoir veillé au préalable à les débarrasser de la parole marcionite. Il empruntera aussi à Théodote la notion de trinité et rédigera une «harmonisation des évangiles, qui lui paraissent donc passablement dépourvus d'harmonie», remarque Deschner[9].

À ses côtés se dressent, pour abattre Marcion, Denys de Corinthe, Philippe de Gortyne, Hippolyte de Rome, Clément d'Alexandrie, Irénée de Lyon, Justin l'apologiste, Bardesane d'Édesse, Tertullien, Rhodon, Modestus, pour la plupart hommes jouissant d'un certain pouvoir en tant que chefs de communautés chrétiennes.

Mais le pire ennemi de Marcion, c'est Marcion lui-même. Comment un fondateur d'Églises, engagé dans la politique et les affaires temporelles et spirituelles, espère-t-il bâtir le pouvoir de Dieu sur les assises d'un monde qu'il condamne parce qu'il est l'œuvre d'un Démiurge, d'un Dieu sanguinaire et pernicieux ? Comment réussirait-il à implanter une Église universelle dans une société odieuse et à laquelle la simple foi invite à renoncer aussitôt ? Et quelle autorité un évêque ira-t-il légitimer durablement sur un Jésus qui n'a pas vécu la vie des humbles qu'il régente ?

Rompre avec la mythologie juive, n'était-ce pas ôter son crédit à un christianisme tout entier emprunté aux exégèses bibliques ? Justin l'a bien compris qui condamne Marcion et explique à Tryphon que, les juifs ayant perdu la clé de son interprétation, la Bible appartient désormais aux chrétiens, seuls en mesure de lui conférer son sens vrai.

Irénée, évêque de Lyon, ne se sent pas davantage en sympathie avec l'inventeur de Paul, lui dont l'*Epideixis* explique la doctrine chrétienne en partant des prophéties bibliques. Ni Tertullien, pourtant proche de celui qui appelle le mariage une ordure et une obscénité. Car si Marcion, en dépit de son dualisme, n'est pas gnostique — en effet, pour lui, la foi (*pistis*) prime la *gnôsis*, et l'adhésion au Christ ne se fonde pas sur la connaissance (*gnôsis*) —, en revanche, il dépouille le martyre de Jésus de son sens pénitenciel lorsqu'il le sépare de la tradition d'Ésaïe et des prophètes bibliques. Or, privée du modèle sacrificiel de l'homme mort sur la croix, l'Église perd signification et utilité.

CHAPITRE XII

Les inventeurs d'une théologie chrétienne : Basilide, Valentin, Ptolémée

L'espérance d'un Sauveur qui démêlât les voies obscures du destin de l'humanité avait fondu dans le creuset d'Alexandrie les matières disparates de la vieille sagesse égyptienne, de la pensée grecque, de la magie orientale et des mythes hébraïques.

Philon d'Alexandrie et Simon de Samarie projetaient, en des directions opposées, l'ombre d'un personnage absent, taillé dans l'ascétisme judéo-chrétien ou dans l'aspiration de l'homme à se sauver lui-même.

Contre le nazoréisme et l'elchasaïtisme, formes de l'essénisme offertes à la modernité grecque, se dresse la volonté de s'émanciper des dieux, célébrée par des hommes comme Lucrèce de Rome, Simon de Samarie, Carpocrate d'Alexandrie et son fils Épiphane. Entre les deux extrêmes, écoles, sectes, sociétés secrètes ou hermétiques, cénacles de mages ou sorciers s'entremêlent, brassant pour leur usage et selon les règles d'existence qu'ils préconisent une étonnante luxuriance de concepts, de visions, de représentations où la pluralité des mondes intérieurs et extérieurs accouplent, au-delà ou en deçà du meilleur et du pire, les plus extravagantes imaginations.

Là, dans l'interpénétration quotidienne des univers infernaux et paradisiaques, rythmée par les émeutes, les pogromes, les luttes sociales, naît une théologie qu'émondations successives, rajustements rationnels et raisons polémiques transformeront en un édifice dogmatique toujours branlant sur ses nébuleuses assises et que l'Église ne cessera de colmater par l'action conjuguée de penseurs stipendiés et d'un terrorisme d'État.

Quand les historiens modernes auront renoncé à suivre Eusèbe de Césarée, pour qui l'Église catholique illumine le monde dès le début de l'ère chrétienne, suscitant l'envie de Satan et de ses séides*, peut-être entreprendront-

---

* « Les Églises illuminaient déjà le monde entier, tels des astres resplendissants, et la foi en notre Seigneur et Sauveur florissait dans toute l'humanité quand le diable, l'ennemi du bien et de la vérité, qui ne cesse d'entraver le salut des hommes, tourna contre l'Église tous ses artifices [...]. Il mit tout en œuvre pour que les imposteurs ils de dégager des systèmes philosophiques et moraux, hâtivement rassemblés sous le titre de «gnose», les idées et opinions d'où sont issus les écrits dogmatiques du Nouveau Testament et les thèses de Nicée.

BASILIDE D'ALEXANDRIE

La connaissance de Basilide s'épuise à ce jour avec les diatribes d'Eusèbe, qui fait état d'une réfutation ancienne due à un certain Agrippa Castor, d'Irénée, si hostile à Valentin qu'il fourre tous les gnostiques dans le sac à malices de son adversaire, de l'*Elenchos* où l'auteur s'attache à démontrer que la gnose procède de la philosophie grecque.

Que devine-t-on de l'existence de Basilide ? Contemporain de Carpocrate, il dirige à Alexandrie une école pythagoricienne* adaptée au goût du jour. Sa renommée culmine vers 125 ou 135. Son fils Isidore perpétue son enseignement.

Le syncrétisme de Basilide englobe des éléments judaïques, peut-être par le biais de Philon, de l'elchasaïsme et du naassénisme.

Il se réfère à Barkabbas et à Barkoph, fils présumés de Noé et frères de cette Noria attestée dans les écrits naassènes, séthiens et barbélites. Clément d'Alexandrie (vers 150-vers 215) lui prête pour maître un certain Glauias, «disciple de Pierre», c'est-à-dire chrétien elchasaïte ou nazoréen. Plusieurs de ses considérations morales entreront dans les propos que les *Évangiles attribués à Luc et à Matthieu* font tenir à Jésus.

Sa morale tente de tracer, par une juste modération, une voie médiane entre l'ascétisme outrancier des judéo-chrétiens et la liberté sexuelle de Carpocrate et des barbélites. Elle ne laisse pas d'évoquer la thèse de Pélage. Rien n'établit cependant que l'adversaire d'Augustin ait eu connaissance du philosophe alexandrin.

Basilide suppose chez l'homme une volonté de perfection apte à assurer son salut d'être spirituel. Il distingue, selon le rapport de chacun avec son impulsion sexuelle, trois catégories d'individus : ceux qui n'éprouvent aucun attrait pour la femme, les eunuques et les hommes de désir à qui le mérite est octroyé de vaincre leurs passions et de permettre le triomphe de l'esprit sur le corps :

«Certains hommes ont une aversion naturelle innée pour la femme ; s'ils se conduisent conformément à cette disposition naturelle (par l'abstention des relations sexuelles), ils font bien de ne pas se marier. Ce sont là les eunuques de naissance. Les eunuques forcés, ces ascètes de tréteaux qui ne se domi-

---

et les séducteurs, usurpant le nom de notre religion, fissent tomber dans l'abîme de la corruption les fidèles qu'ils attiraient à eux...» (Eusèbe de Césarée, *Histoire ecclésiastique*, IV, 7).

* De Pythagore, Basilide conserve la théorie de la métempsycose.

nent que pour s'attirer la louange, ce sont ceux qui se sont mutilés et ont été rendus eunuques par accident et de force. Ils sont eunuques de force et non en vertu d'une résolution de la raison. Ceux qui se sont eux-mêmes rendus eunuques à cause du royaume éternel ont pris cette décision en raison des suites naturelles du mariage, parce qu'ils redoutaient les soucis qu'entraîne la préoccupation de la subsistance [1]. »

Aux troisièmes, Basilide, ennemi d'une obsédante abstinence et de la férocité qu'elle entraîne, prône les vertus du défoulement intermittent et de l'assouvissement, soumis néanmoins aux régulations de la volonté et de l'esprit :

« Ne jette pas ton âme au feu en résistant jour et nuit dans la crainte de manquer à la continence, car une âme qui s'épuise dans une résistance ininterrompue se retranche de l'espérance. Tiens-toi donc, comme je te l'ai dit plus haut, à une femme de tempérament, afin de n'être pas détourné de la grâce de Dieu. Et quand tu as éteint le feu du désir par l'effusion séminale, prie en bonne conscience. Mais si [...] tu désires, non pas agir parfaitement à l'avenir, mais simplement ne pas tomber, marie-toi*. Pourtant tel est jeune ou pauvre ou faible et, suivant le conseil du Seigneur, ne veut pas se marier. Que celui-là ne se sépare pas de son frère mais dise : Je suis parvenu au sanctuaire, rien ne peut plus m'arriver. Garde-t-il une défiance de lui-même, qu'il dise : frère, impose-moi les mains afin que je ne pèche pas, et il obtiendra aide spirituelle et sensible. Il suffit qu'il veuille accomplir le bien pour y parvenir. Maintes fois il nous arrive de dire des lèvres que nous ne voulons pas pécher, alors que notre pensée est entêtée à pécher. Un tel ne fait pas ce qu'il voudrait, uniquement par crainte d'encourir un châtiment. Il y a dans la nature humaine des choses qui arrivent par force et par nature et des choses qui sont simplement naturelles. Ainsi, le vêtement est quelque chose d'aussi forcé que s'il était naturel. Mais les plaisirs de l'amour ne sont que naturels, nous n'y sommes pas contraints [2]. »

La responsabilité de l'individu dans le choix d'une morale vertueuse s'étend à la souffrance ou à l'infortune ressenties ; elles sont le châtiment d'une faute. Son sens de la culpabilité et de la nature, comme source de souillure et d'impureté, procède d'une vision judaïque dont le christianisme a hérité. Même l'enfant est un coupable en puissance.

« Je dis que tous ceux qui ont encouru cette affliction ont dû ce bienfait à Celui qui conduit tout avec douceur, parce qu'ils ont péché, mais que leurs fautes sont restées cachées. Si, en fait, on leur fait grief de tout autre chose, c'est afin qu'ils ne souffrent pas cette peine en qualité de prévaricateurs pour les mauvaises actions qu'ils ont commises et ne soient pas outragés comme adultères et assassins ; mais parce qu'ils sont chrétiens, Il les appelle à la souffrance, qui les console de sorte qu'ils s'imaginent ne pas souffrir. Quelqu'un a pu encourir la souffrance sans avoir aucunement péché, mais c'est là quelque chose de très rare. Et encore cet homme n'est pas tombé sous le coup

---

* Le propos sera repris, sans doute en un sens antimarcionite, dans la première *Lettre aux Corinthiens* (7, 9), attribuée à Saül/Paul : « Mieux vaut se marier que brûler. »

de la souffrance, parce qu'une puissance sournoise lui aurait posé des embûches, mais il faut envisager sa douleur comme celle de l'enfant qui souffre,
alors que, apparemment, il n'a pas péché [...] C'est un avantage pour l'enfant
qui n'a pas péché, ou tout au moins n'a commis aucun péché d'action, mais
n'en porte pas moins en lui la disposition au péché, de tomber dans la souffrance et de subir beaucoup d'infortunes ; de même, plus d'un homme, même
parfait et n'ayant commis aucun péché d'action, tombe dans la souffrance
et souffre de la même façon que l'enfant. Il porte en lui la disposition au péché ;
s'il n'a pas péché, c'est parce qu'il n'en a pas eu l'occasion, de sorte qu'il
n'y a pas lieu d'inscrire l'innocence à son crédit. Celui qui a l'intention de
commettre un adultère est un adultère, même s'il ne va pas jusqu'à l'acte ;
celui qui a l'intention de commettre un meurtre est un meurtrier, même s'il
n'a pas pu l'exécuter. Il en va de même de l'innocent dont je parle ; quand
je le vois souffrir sans avoir rien fait de mal, je dis qu'il est mauvais, parce
qu'il a eu l'intention de commettre des péchés. Tout, plutôt que d'imputer
le mal à la Providence. [...] Peut-être ne tiendras-tu aucun compte de mes
paroles et penseras-tu me mettre dans l'embarras en me citant telle personne
et en me disant : celui-ci ou celui-là a donc péché puisqu'il souffre ; je te répondrai, si tu me le permets : il n'a pas péché, il était semblable à l'enfant qui
doit souffrir. Si tu insistes avec plus de véhémence, je te dirai : quelque homme
que tu puisses me citer, ce sera toujours un homme ; de juste il n'est que
Dieu. Personne n'est pur de souillure, a dit quelqu'un★[3]. »

Un fragment attribué à Isidore, fils de Basilide, expose une théorie que le
catholicisme adoptera dans la question du libre arbitre :

« Quand tu auras convaincu quelqu'un que l'âme n'est pas simple, que c'est
de la force qui lui est inhérente que naît la passion du pire, le mauvais n'aura
pas pour autant meilleur motif de dire : j'ai été forcé, j'ai été entraîné, j'ai
agi malgré moi, j'ai accompli tel acte contre ma volonté, alors qu'il a, en fait,
incliné lui-même ses désirs vers le mal et n'a pas lutté contre les puissances
de la matière qui lui est inhérente. Nous devons nous montrer les maîtres
de la partie inférieure de notre nature, en prenant sur elle la haute main par
notre raison. »

Pour fonder cosmiquement sa morale du «parfait», «pneumatique» ou
«homme selon l'esprit», Basilide recourt à une cosmogonie dont nombre de
composantes filtreront dans les futures querelles théologiques. Leisegang établit justement un rapprochement entre l'idée d'un Dieu supérieur chez Basilide et la conception répandue sous le nom de Denys l'Aréopagite [4].

Basilide :

« Il y eut un temps où rien n'était ; ce rien n'était pas une des choses exis-
tantes, mais, pour parler nettement, sans détour, sans aucune espèce d'artifice, absolument rien n'était. Quand je dis "était", je ne veux pas affirmer
que le rien "existait", mais faire comprendre ce que je veux dire, à savoir
qu'absolument rien n'existait [5]. »

★ *Livre de Job* (14, 4). De telles idées nourrissent les lettres attribuées à Saül/Paul.

Le Pseudo-Denys :

« Nous élevant plus haut, nous disons maintenant que cette cause [Dieu] n'est ni âme ni intelligence ; qu'elle ne possède ni imagination, ni opinion, ni raison, ni intelligence ; qu'elle ne peut ni exprimer ni concevoir, qu'elle n'a ni nombre, ni ordre, ni grandeur ni petitesse, ni égalité ni inégalité, ni similitude, qu'elle ne voit pas, qu'elle ne demeure immobile ni se meut ; qu'elle ne se tient au calme, ni ne possède de puissance ; qu'elle n'est ni puissance ni lumière ; qu'elle ne vit ni n'est vie ; qu'elle n'est ni essence, ni perpétuité, ni temps ; qu'on ne peut la saisir intelligiblement ; qu'elle n'est ni science, ni vérité, ni royauté, ni sagesse, ni un, ni unité, ni déité, ni bien, ni esprit au sens où nous pouvons l'entendre ; ni filiation, ni paternité, ni rien de ce qui est accessible à notre connaissance ni à la connaissance d'aucun être ; qu'elle n'est rien de ce qui appartient au non-être, mais rien non plus de ce qui appartient à l'être ; que personne ne la connaît telle qu'elle est, mais qu'elle-même ne connaît personne en tant qu'être ; qu'elle échappe à tout raisonnement, à toute appellation, à tout savoir ; qu'elle n'est ni ténèbres, ni lumière, ni erreur, ni vérité ; que d'elle on ne peut absolument rien affirmer ni rien nier ; que lorsque nous posons des affirmations et des négations qui s'appliquent à des réalités inférieures à elle, d'elle-même nous n'affirmons ni ne nions rien, car toute affirmation reste en deçà de la cause unique et parfaite de toutes choses, car toute négation demeure en deçà de la cause unique et parfaite de toutes choses, car toute négation demeure en deçà de la transcendance de Celui qui est simplement dépouillé de tout et qui se situe au-delà du tout [6]. »

Or, de ce Dieu, tout-être et tout-non-être, et qui est *Sigè*, pur Silence*, s'éjacule une semence d'où naissent trois entités. La première est le Fils de Dieu, *consubstantiel* à son Père — et le terme employé par Basilide est le fameux *homoousios* autour duquel s'organiseront et la querelle de l'arianisme et la rupture avec Byzance. Le Fils est donc de même nature que son Père. La deuxième naissance est celle du *pneuma*, l'Esprit, étincelle de Dieu plongée dans la matière et qui aspire à retrouver son royaume céleste. Et la troisième, véritable raclure du sperme divin, n'est autre que la terre, le corps, la matière, heureusement éclairée par l'étincelle pneumatique, spirituelle.

Le *pneuma* s'ébat entre deux espaces, le cosmos inférieur, notre univers, et un hypercosmos. Or, le *pneuma* s'élevant et croyant avoir atteint le point le plus élevé, il se fit Seigneur (archonte), créa un fils qui lui parut si beau qu'il le fit asseoir à sa droite. Il conçut alors l'Ogdoade ou huitième ciel, où il régna sur les créatures célestes.

Quand les êtres éthérés eurent été ordonnés surgit, toujours issu du Logos Spermaticos que produit le néant divin, un second archonte appelé à régner sur les sept autres ciels ou Hebdomade. L'archonte de l'Hebdomade est celui qui a parlé à Moïse et s'identifie au Démiurge. Sa création multiplie les embûches matérielles et spirituelles que les pneumatiques doivent franchir pour regagner le Pneuma, corégent du Seigneur de l'Ogdoade.

---

* D'où un silence de cinq ans exigé, dit-on, des disciples par Basilide.

De même que le péché est entré dans le monde parce que le premier archonte a prétendu à une puissance qui ne lui était pas due par sa nature, de même tout le péché de l'homme réside dans la volonté de puissance qui l'incite à dépasser les limites de sa nature.

Tant l'ascèse extrême que la licence relèvent du péché parce qu'elles s'écartent de ce juste milieu dont se prévalait la morale épicurienne.

Irénée présente une version plus tardive de la théologie de Basilide, à laquelle s'adjoignent des bribes d'une légende de Jésus :

« Du Père inengendré a d'abord été engendré Noûs, de celui-ci le Logos, du Logos Phronêsis, de Phronêsis Sophia et Dynamis, de Sophia et Dynamis les Vertus, les Puissances et les Anges qu'il nomme les premiers, et c'est par eux que le premier ciel a été créé. De ces anges tirent origine d'autres anges qui ont fait un second ciel semblable au premier. De ces anges en ont procédé d'autres, à leur tour et de même façon, à l'image des anges supérieurs, et ces anges ont formé un troisième ciel. De ce troisième ciel en est né un quatrième et ainsi de suite, de manière analogue, des Princes, des Anges et 365 cieux. C'est d'après ce nombre de cieux que l'année a aussi 365 jours. Le dernier ciel, celui que nous voyons, est rempli par les anges qui ont fait tout ce qui est dans le monde. Ils se sont partagé entre eux la terre et tous les peuples qui sont sur la terre. Leur chef est le Dieu des Juifs. Ce dernier ayant voulu soumettre à ses gens, c'est-à-dire aux Juifs, les autres peuples, les autres princes se soulevèrent contre lui et paralysèrent ses plans. C'est pourquoi les autres peuples sont animés de sentiments hostiles à l'égard de son peuple. Mais, ayant vu leur corruption, le Père inengendré et innombrable envoya son Fils unique, Noûs, qui est appelé Christ, pour délivrer ceux qui croiraient en lui de la domination de ceux qui ont fait le monde. Il se manifesta sur la terre à leur peuple comme homme et accomplit les puissances. Mais ce n'est pas lui qui a souffert, c'est un certain Simon de Cyrène qu'on a contraint à porter sa croix à sa place. Celui-ci a été crucifié par erreur et inconsciemment, après qu'il eût été changé par Jésus de manière à être pris pour lui. Jésus, lui, prit la forme de Simon et se moqua d'eux, car il se tenait tout près. Il était la puissance incorporelle et le Noûs inengendré ; c'est pourquoi il a pu se transformer à volonté, et il est remonté ainsi vers celui qui l'avait envoyé, se moquant de ceux qui n'avaient pas pu le retenir, et il fut invisible pour tous. Ceux qui savent cela sont délivrés du Prince et Créateur de ce monde. Ce n'est pas le crucifié qu'il faut confesser, mais celui qui a été crucifié en apparence, c'est-à-dire Jésus qui a été envoyé par le Père pour détruire par cette action les œuvres de ceux qui ont fait le monde. Celui donc qui confesse le crucifié est un esclave au pouvoir de ceux qui ont créé le monde des corps ; au contraire, les autres sont libres ; ils savent comment le Père inengendré a ménagé tout cela. Mais la rédemption ne s'étend qu'à l'âme, car le corps ne peut que se dissoudre conformément à sa nature... Les prophéties proviennent pareillement de leurs chefs qui ont fait le monde, la Loi, en particulier, de celui qui a fait sortir le peuple de l'Égypte. Les sacrifices aux dieux doivent être méprisés et tenus pour rien, mais on peut y prendre part sans scrupule ; est pareillement indifférente n'importe quelle action et l'exercice de n'importe quelle volupté. Ils pratiquent pareillement la magie, les évocations de revenants et tous les autres tours magiques ; ils inventent toutes sortes de noms d'anges et placent ceux-ci dans le premier ciel, ceux-là dans le second, et ils s'appliquent à distinguer les noms, les principes et les anges et les puissances de leurs [...] 365 cieux. C'est ainsi, par exemple, que le monde dans lequel le Sauveur est descendu et d'où il est remonté s'appelle, pour eux, Kaulakau. Celui qui connaît tous les anges et leur origine, celui-là devient invisible et insaisissable à tous les anges et aux puissances, à l'instar de Kaulakau. De même que le Christ a été inconnu à tous, ils ne doivent être reconnus par personne, ils sont invisibles et inconnaissables pour tous, tandis qu'eux connaissent tous les êtres et peuvent les traverser tous. "Toi, connais tout, mais que personne ne te connaisse !", telle est leur formule. [...] Peu de gens sont capables de cette connaissance, un sur mille, deux sur dix mille. Ils ne sont plus juifs, disent-ils, et pas encore chrétiens★. Il est interdit de révéler leurs secrets, on doit les garder en silence. Ils déterminent le site des 365 cieux à peu près comme les mathématiciens. Ils leur ont emprunté leurs théories et ils les appliquent aux exigences particulières de leur doctrine. Leur chef est Abraxas ; la valeur numérique des lettres de ce nom est de 365 [7]. »

Débarrassé du christianisme des années 180, dont Irénée affuble les basilidiens, leur syncrétisme suggère, par l'importance conférée à Abrasax et aux intailles magiques, dites abraxas, un rapprochement avec le culte de Mithra auquel les sectes de Josué/Jésus emprunteront précisément l'image de divinité solaire. Il est probable que Basilide ait facilité l'échange entre mithraïcisme et christianisme.

L'importance de la magie, en revanche, paraît indiscutable. Bonner a étudié les talismans qui portent la représentation d'Abrasax, divinité angipède à tête de coq, unissant donc le soleil et la terre, la lumière et les ténèbres, le mâle et la femelle [8].

Sur les rapports d'Abrasax et de Mithra, « Jérôme★★ note que Basilide désignait son Dieu tout-puissant du nom magique d'Abraxas ; en additionnant les valeurs numériques respectives de chaque lettre grecque de ce mot, on obtient le nombre de cercles que le ''Soleil'' décrit au cours d'une année ; c'est le même dieu que Mithra, ce dernier nom, quoique formé de lettres différentes, totalise la même valeur numérique :

1.	A	=	1		M	=	40
2.	B	=	2		E	=	5
3.	P	=	100		I	=	10
4.	A	=	1		Θ	=	9
5.	Ξ	=	60		P	=	100
6.	A	=	1		A	=	1
7.	Σ	=	200		Σ	=	200
	ΑΒΡΑΞΑΣ	=	365		ΜΕΙΘΡΑΣ	=	365

★ Ils constituent néanmoins une branche du buisson esséno-chrétien, mais une branche hellénisée, différente du marcionisme, bien que l'absence de femme dans leur cosmogonie confirme la tendance à l'ascétisme.

★★ Jérôme, In Amos III (P.L., XXV, col. 1018 D).

« Dès lors la signification des 365 cieux s'explique. De même que le circuit des sept planètes distingue sept cieux, de même chaque cercle décrit par le soleil forme un ciel, c'est-à-dire une enveloppe sphérique dessinée par ce cercle. Or, le soleil parcourt chaque jour un cercle légèrement différent de celui du jour précédent, et c'est ainsi que, suivant le comput égyptien, qui compte les mois de trente jours, il existe trois cent soixante cercles ou cieux. Les cinq autres cercles échoient aux planètes, excepté le soleil et la lune auxquels est assigné un rôle particulier, ou à la semaine intercalaire annuelle de cinq jours, ce qui revient d'ailleurs au même, puisque les jours de la semaine portent des noms de planètes. Le soleil est Hêlios, et Mithras-Abraxas est l'Archonte qui embrasse en lui dans une unité l'ensemble du cercle solaire. Mithras et Hêlios sont dans un rapport de père à fils. Mithras est le grand Dieu ; Hêlios est son Logos, grâce auquel il se développe, crée le monde ; et il joue le rôle de médiateur entre l'homme et Dieu. Il a la même fonction que Christus-Logos, témoin la "liturgie de Mithra" et le discours de l'empereur Julien sur Hêlios Roi [9]. »

Chez Basilide, le grand Archonte a un fils, Christ de l'Ogdoade. L'Hebdomade a ensuite son Archonte et celui-ci, à son tour, un fils, Christ lui aussi, Christ solaire, pendant à la fois divin et humain du Christ supérieur de l'Ogdoade.

Abrasax devient ainsi prototype du Christos-Hélios et du temps qu'il gouverne.

« Abraxas, de même que Mithra, désigne le Dieu qui unit en lui la puissance des sept planètes, car son nom se compose de sept lettres. Ces sept lettres ayant valeur totale de 365, il s'ensuit qu'il contient en lui 365 dieux partiels ou subalternes. Comme grandeur temporelle, il contient toute une année ou chaque année que vit le monde ; il est l'Æon, l'Éternité. Chaque dieu partiel préside à un jour. Un écho de cette croyance a subsisté dans le calendrier de l'Église catholique, dans lequel chaque jour porte le nom d'un saint, le roi de ce jour. Les dieux chrétiens ont simplement pris la place des dieux païens [10]. »

VALENTIN ET LES VALENTINIENS

Dans une lettre au consul Servianus, l'empereur Hadrien (117-138) donne une idée de la confusion des sectes messianistes appelées maintenant « chrétiennes » :

« Hadrien Auguste au consul Servianus, salut ! Je n'ai trouvé dans l'Égypte, que tu me vantes tant, qu'une nation foncièrement frivole, inconstante, à la merci de la brise du premier cancan venu. Les adorateurs de Sérapis y sont chrétiens et ceux qui s'intitulent évêques chrétiens adorent Sérapis. Impossible d'y trouver un archisynagogue, un samaritain, un prêtre chrétien qui ne soit en même temps astrologue, devin et charlatan. Quand le patriarche vient en Égypte, les uns le contraignent à adorer Sérapis, les autres à adorer le Christ. Ils n'ont qu'un seul Dieu. Il est adoré des chrétiens, des Juifs et de tous les autres peuples [11]. »

C'est du microcosme d'Alexandrie qu'est issu Valentin, père de la théologie spéculative avec Philon et Basilide. Fuyant les troubles et répressions de la dernière guerre des Juifs, il gagne Rome où il séjourne de 136 à 140, il croise sur son chemin les judéo-chrétiens dont le *Pasteur* d'Hermas déplore les dissensions, Marcion et ses Églises pauliniennes, les disciples de Carpocrate pour qui l'hédonisme trace la voie du salut, et la tourbe des évêques ou chefs de sectes chrétiennes aux doctrines incertaines mais aux appétits de domination s'assouvissant à tous les râteliers.

Brillant rhéteur, poète, auteur de lettres et d'essais, il n'a de chrétien qu'une certaine propension à l'ascétisme et la référence à un rédempteur, Christ-Logos ou entité spirituelle chargée de guider les âmes vers le royaume du Dieu ineffable et bon. Il serait l'auteur d'un traité *Des trois natures* (perdu) et de l'*Évangile de vérité*, découvert à Nag-Hammadi.

A-t-il prophétisé à la manière d'Elchasaï ou, une vingtaine d'années plus tard, de Montanus, Priscilla et Maximilia, initiateurs de la Nouvelle Prophétie ? Rien ne permet de l'assurer, si ce n'est l'importance accordée à l'extase, selon un rapport tardif d'Épiphane de Salamine :

« Esprit indestructible moi-même, je salue les indestructibles. Je vous annonce des mystères indicibles, inexprimables et supra-célestes, que ne peuvent saisir ni les Puissances, ni les Dominations, ni les Forces subordonnées, ni aucun être composé, mais qui ne sont manifestés qu'à la pensée de l'Immuable » (*Panarion*, XXXI, 5, 1-2).

Le système théologique valentinien développe, en une complexité qui évoque les tortueux discours scolastiques, la cosmogenèse de Basilide. Selon l'*Évangile de Vérité*, le monde divin ou Plérôme (qu'exprime assez le terme moderne de « totalité ») se fonde sur une dualité : l'Ineffable, principe mâle, et Silence, principe femelle. De leur accouplement naît une seconde dualité et d'elle un principe quaternaire, le tout formant l'Ogdoade (2 + 2 + 4 = 8). Onze couples d'Æons (entités, puissances, forces) en procèdent, mâles et femelles dessinant cette aventure amoureuse de la création, aussi étrangère au judaïsme qu'au catholicisme. Le tout atteint 8 + 22, soit 30 Æons, dont le dernier, le plus jeune, n'est autre que Sophia. Reléguée le plus loin de la dualité primordiale, elle s'engrosse de désir et de révolte, engendrant le Démiurge, le Dieu de la *Genèse*, et le monde.

En s'efforçant de séparer son désir de l'obscurité qui règne en dehors du Plérôme, elle abandonne dans la chair un fragment d'esprit et d'âme. Afin de sauver l'esprit emprisonné dans la matière, le Messie céleste envoie le Christ Jésus pour enseigner aux hommes la nature et la destinée de leur âme, en sorte que, franchissant le seuil de la mort, elle retourne dans son lieu d'origine.

Le platonisme, inhérent à l'idée d'un monde reflet imparfait de l'Æon primordial, explique assez par quel biais la théologie de Valentin préfigure la version simplifiée et désexualisée du dogme catholique, mais annonce aussi les arguties des théologiens, de l'arianisme au jansénisme.

Quant à Jésus, s'il n'est plus Josué — car le christianisme de Valentin se veut purement grec —, il reste le rejeton de Sophia, *pneuma* ou Esprit, désigné cette fois par le terme de Logos.

Dans un poème, Valentin illustre un autre propos, que lui prête l'*Elenchos* (VI, 42, 2) : «Valentin prétend qu'ayant vu un enfant nouveau-né, il lui demanda qui il était; celui-ci lui répondit qu'il était le Logos.» La manière de procéder de l'auteur de l'*Elenchos* illustre bien la réduction anecdotique d'un discours philosophique. Voici le poème, retranscrit peu auparavant par l'*Elenchos* (VI, 36, 7).

> Je vois dans l'éther tout se mêlant au *pneuma*,
> Je vois dans l'esprit le *pneuma* porter la totalité :
> La chair suspendue à l'âme,
> L'âme emportée par l'air,
> L'air suspendu à l'éther,
> Des fruits sortant de l'abîme,
> Un petit enfant montant de la matrice.

C'est en réaction contre de telles conceptions que naîtront des évangiles racontant l'enfance de Jésus, ses frasques, sa famille. Ils découleront principalement d'un christianisme populaire, un christianisme qui rejette les abstractions et l'élitisme des valentiniens parce qu'il a besoin de légendes exemplaires pour soutenir ses martyrs et la foi, la *pistis*. La Nouvelle Prophétie, poussant plus avant la simplicité de l'elchasaïtisme, condamne les spéculations sur le Sauveur, la Sophia, le Dieu bon, le monde mauvais, incompréhensibles pour les humbles. Clément d'Alexandrie, dans ses *Stromates* (II, 3), ne s'y trompe pas quand il écrit : «Les valentiniens nous attribuent la foi à nous les simples; quant à eux, ils prétendent posséder la gnose, car ils sont sauvés par nature, avantage qu'ils doivent à la semence supérieure; ils disent que cette gnose est extrêmement éloignée de la foi, selon que le pneumatique est séparé du psychique.»

Clément est lui-même un philosophe mais, à l'instar d'Irénée, évêque de Lyon, il adhère sinon directement à la Nouvelle Prophétie, du moins au mouvement de ferveur qu'il suscite et que seul lui aliénera plus tard son goût excessif du martyre et du puritanisme agressif. Irénée prendra la plume contre la «prétendue gnose» tandis que Clément identifie la gnose à la foi du chrétien, mais tous deux choisissent, contre une hellénisation du christianisme qui l'assimile peu à peu à un renouveau de la philosophie grecque, l'embrasement social et non violent réunissant dans les Églises et sous l'autorité des évêques les pauvres et les riches dont l'esprit mythique et œcuménique décrit pour la première fois un Jésus dépouillé de son angélisme et portraituré comme un agitateur : celui-là chasse les marchands du Temple, guérit les infortunés, encourt la trahison de ses amis, subit une mort infamante et ressuscite en gloire dans le royaume des cieux, selon l'espérance des martyrs montanistes (le même Clément écrira une homélie sur la question : Quel riche peut être sauvé ? où il prône la collaboration des classes dans le détachement des biens de ce monde*).

De Valentin sortira pourtant le futur corps théologique de l'Église. Le *Traité tripartite* de Nag-Hammadi expose la conception trinitaire de Dieu, composé du Père, du Fils et de l'*Ekklèsia* au sens, illustré par Hermas, de «communauté mystique des fidèles». La même conception se retrouve, selon Tertullien, chez Héracléon, disciple de Valentin. Théodote, valentinien lui aussi, parle du Père, du Fils et du Pneuma-Esprit, près d'un siècle et demi avant Nicée.

Le *Traité sur la résurrection* (Nag-Hammadi), d'origine valentinienne, soutient une doctrine selon laquelle «la résurrection des croyants est déjà arrivée» et exhorte les chrétiens à vivre comme s'ils étaient déjà ressuscités. La Nouvelle Prophétie s'insurgera contre pareille assertion et deux lettres mises impunément sous le nom de Paul, les *Lettres à Timothée*, entreprendront de combattre l'argument valentinien.

Les pneumatiques ou parfaits tentent ainsi d'accéder à l'état de pur esprit. Leur conception de Jésus répond à leurs aspirations, comme le fils du charpentier, ami des pauvres, correspond au populisme de Montan.

Pour les valentiniens, à en croire Clément [12], Jésus «mangeait et buvait, mais n'évacuait pas. La puissance de sa continence était telle que les aliments ne se corrompaient pas en lui, parce qu'il n'y avait en lui aucune corruption.» Peut-être les barbélites et les carpocratiniens ne se sont-ils pas fait faute de railler une telle concordance entre ascèse spirituelle et constipation.

Le Logos, incorruptible, devient ainsi le principe d'éternité : «Vous êtes immortels depuis le commencement, vous êtes enfants de la vie éternelle et vous voulez vous partager la mort afin de l'épuiser et de la dissoudre et que la mort meure en vous et par vous. Car lorsque vous dissolvez le Cosmos sans être dissous vous-mêmes, vous dominez la création et la corruption entière [13].» Propos amirable s'il n'entrait dans une perspective radicalement hostile à la vie, car il implique une spiritualisation où le corps et ses désirs sont précisément réduits à néant.

Le valentinisme n'exclut pas la relation à l'hermétisme, surtout développé par Marc. Un certain Monoïme**, cité par l'*Elenchos* (VIII, 14), se fonde sur le iota de Ièsou et s'inspire de Platon et de Pythagore pour argumenter : «Les racines, les octaèdres et les tétraèdres et toutes les figures semblables dont se composent le feu, l'air, l'eau et la terre proviennent des nombres renfermés dans ce simple trait du iota, lequel est le Fils parfait de l'Homme parfait.» De telles doctrines fleuriront parmi les docteurs de la kabbale et chez des érudits de la Renaissance comme Marsile Ficin. S'accordant mal à la volonté politique des évêques et de leurs ouailles de pousser Jésus vers les

---

* L'écho en retentira dans la composition vers la fin du IIe siècle de l'*Évangile attribué à Matthieu*.

** Il s'agit selon toute vraisemblance d'une appellation symbolique, comme l'Allogène ou l'Autogène.

marches du palais impérial, elles ne rencontreront que condamnation et mépris.

PTOLÉMÉE

Ptolémée occupe dans l'école valentinienne une situation particulière. Il est connu par une *Lettre à Flora* qu'Épiphane retranscrit dans son *Panarion*, non sans la truffer de citations des évangiles canoniques, avec le catholique souci d'entériner l'ancienneté d'un dogme que déformerait le pervers et hérétique Ptolémée.

Confrontée à la variété des doctrines qui composent le christianisme dans la seconde moitié du IIe siècle, Flora perd quelque peu les lumières de l'Esprit. Marcionisme et antimarcionisme agitent alors les milieux chrétiens juifs et gréco-romains.

Ptolémée s'estime d'autant mieux préparé à suggérer un dépassement philosophique des deux positions qu'il avoue son appartenance passée au marcionisme : «Moi qui ai été gratifié de la connaissance des deux Dieux [14].»

Plus de deux siècles après la naissance de l'essénisme, le problème de la loi mosaïque continue de nourrir les spéculations des milieux préoccupés par le choix d'une voix religieuse.

«Ma chère sœur Flora. Peu de gens jusqu'ici ont compris la Loi donnée par Moïse, parce qu'ils n'ont connu exactement ni le législateur, ni ses commandements. Cela te sera bien clair, je pense, lorsque tu auras appris les opinions contradictoires ayant cours sur elle. Les uns disent qu'elle a été donnée par Dieu le Père ; d'autres, à l'extrême opposé, soutiennent qu'elle a été établie par l'Adversaire de Dieu, le diable corrupteur, de même qu'ils lui attribuent aussi la création du monde, affirmant que c'est lui qui est le Père et le créateur de cet univers. Les uns et les autres sont entièrement dans l'erreur, se contredisent mutuellement et aucun des deux camps n'a su saisir la vérité du sujet [15].»

Dans la Loi de Moïse, Ptolémée distingue trois états : une Loi de Dieu, une Loi des Juifs, une révision selon l'Esprit (le *pneuma*) qui fonde le christianisme.

«La *Loi de Dieu*, pure et franche de tout alliage inférieur, c'est le Décalogue, ces dix commandements divisés en deux tables, qui interdisent ce qu'il faut éviter et commandent ce qu'il faut faire ; ces commandements, purs sans doute, étaient encore imparfaits et réclamaient d'être complétés par le Sauveur.

«La *Loi mêlée d'injustice* a été donnée pour la vengeance et le talion contre ceux qui avaient commis une injustice et ordonne d'arracher œil pour œil et dent pour dent et de châtier le meurtre par le meurtre. Car celui qui commet une injustice en second lieu n'est pas moins injuste que le premier ; il n'y a de différence que dans l'ordre, l'œuvre est la même. Ce commandement, d'ailleurs, était et reste juste, ayant été édicté à cause de la faiblesse des destinataires au cas d'une transgression de la Loi pure. Il n'empêche qu'elle ne s'accorde ni avec la nature ni avec la bonté du Père du Tout.

Peut-être cette prescription répondait-elle à son but, mais elle ne s'explique que par une nécessité. Car celui qui ne veut pas que soit commis un seul meurtre en édictant : "Tu ne tueras point", et qui a ordonné de tuer en représailles le meurtrier, a donné une seconde loi ; et, en distinguant deux sortes de meurtres, celui qui avait interdit tout meurtre n'a pas vu qu'il avait été dévoyé par la nécessité. C'est pourquoi le Fils envoyé dans le monde par ce Dieu a abrogé cette partie de Loi, tout en reconnaissant qu'elle était aussi de Dieu ; car il la range dans l'Ancien Testament avec les autres commandements quand il dit : "*Dieu a dit : Celui qui maudit son père et sa mère doit mourir.*"

« Enfin, il y a la *partie typique de la Loi*, instituée à l'image des lois pneumatiques par excellence, j'entends par là les prescriptions relatives aux sacrifices, à la circoncision, au sabbat, au jeûne, à la Pâque, aux azymes, etc. Toutes ces pratiques, n'étant que des images et des symboles, ont reçu un autre sens, une fois la vérité manifestée. Elles ont été abolies dans leur forme extérieure et leur application corporelle, mais elles ont été restaurées dans leur sens pneumatique ; les mots sont restés les mêmes, leur contenu a changé. Ainsi le Sauveur nous a ordonné d'offrir des sacrifices, non pas des sacrifices d'animaux sans raison ou de parfums, mais des sacrifices d'hymnes, de louanges, d'actions de grâces, de charité et de bienfaisance envers le prochain. Il veut de même que nous pratiquions la circoncision, non celle du prépuce corporel, mais celle du cœur pneumatique. Il exige le jeûne, non pas le jeûne corporel, mais le jeûne pneumatique, qui consiste dans l'abstention de tout mal. On observe néanmoins aussi chez nous le jeûne extérieur, car il peut être de quelque profit à l'âme, s'il est pratiqué avec discernement, si on ne l'observe pas pour imiter les autres, ou par routine, ou parce que c'est jour de jeûne, comme s'il pouvait être fixé un jour pour cela. On le pratique en même temps en rappel du jeûne véritable, afin que ceux qui ne peuvent pas encore observer ce dernier en aient la réminiscence grâce au jeûne extérieur. L'agneau pascal, de même, et les azymes sont des images, comme le montre l'apôtre Paul. "Le Christ, notre pâque, a été immolé", dit-il, et "afin que vous soyez sans levain, ne participant pas au levain (ce qu'il appelle levain, c'est le mal), mais que vous soyez une nouvelle pâte".

« Ainsi donc, la partie qui est incontestablement la Loi de Dieu se divise en trois parties. L'une a été accomplie par le Sauveur, car les commandements : "Tu ne tueras point, tu ne commettras pas d'adultère, tu ne feras pas de faux serments", sont compris dans la défense de se mettre en colère, de convoiter, de jurer. La seconde partie a été totalement abolie. Le commandement "Œil pour œil, dent pour dent", qui est mêlé d'injustice et contient lui-même une œuvre d'injustice, a été aboli par des commandements contraires du Sauveur, car les contraires s'excluent mutuellement.

« Enfin, elle se divise en une partie transposée, et transformée, du corporel au pneumatique, cette partie symbolique qui est donnée à l'image des lois par excellence. Car les images et symboles qui représentaient d'autres choses avaient une valeur aussi longtemps que la vérité n'était pas apparue ; maintenant que la vérité est là, on doit faire les œuvres de la vérité, non celle de l'image. C'est ce que montrent aussi ses disciples et l'apôtre Paul, qui a fait allusion à la partie symbolique, ainsi que je l'ai dit, à propos de l'image de la Pâque et des pains azymes et à la partie de la Loi mêlée d'injustice quand il a dit : "La loi des commandements est devenue sans effet par un nouvel enseignement" (*Éphésiens*, 2, 15) ; à la partie non mêlée de mal quand il a dit : "La loi est sainte et le commandement est saint, juste et bon" [16]. »

Si les citations de Paul participent aussi bien du révisionnisme judéo-chrétien que du marcionisme, la fin de la lettre esquisse un retour au monothéisme. Le catholicisme développera — sous l'impulsion d'Augustin d'Hippone et de sa thèse sur la faiblesse de l'homme, le péché originel et l'attrait libidinal de Satan — l'explication ptoléméenne du mal introduit dans le monde.

« Autant que cela est possible dans un court espace, je pense t'avoir suffisamment montré l'intrusion, dans la Loi, d'une législation d'origine humaine, aussi bien que la division en trois parties de la Loi de Dieu lui-même. Il me reste à dire quel est bien ce Dieu qui a établi la Loi. Mais cela aussi, je crois te l'avoir montré par ce qui précède, si tu as prêté toute ton attention. Car, si cette Loi n'a été instituée, ni par le Dieu parfait lui-même, comme je l'ai dit, ni non plus par le diable (ce qu'il n'est même pas permis de dire), ce législateur doit être un troisième en plus des autres. C'est le Démiurge et le créateur de ce monde tout entier et de tout ce qu'il contient. Il est différent des deux autres essences, intermédiaire entre elles ; aussi lui donnerait-on à juste titre le nom d'Intermédiaire. Et si le Dieu parfait est bon par essence, ce qu'il est vraiment — car notre Sauveur a dit qu'il n'y a qu'un seul Dieu bon, son Père, qu'il a manifesté, — si le Dieu d'essence contraire est mauvais, méchant, caractérisé par l'injustice, celui qui se tient entre les deux, n'étant ni bon, ni mauvais, ni injuste, pourrait être appelé juste, puisqu'il juge conformément à sa justice à lui. D'autre part, ce Dieu sera inférieur au Dieu parfait, au-dessous de sa justice, puisqu'il est engendré et non pas inengendré (un seul est inengendré, le Père d'où proviennent toutes choses, parce que toutes choses dépendent de lui, à leur manière) ; d'autre part, il sera plus grand et plus puissant que l'Adversaire. Il sera ainsi, par nature, d'une autre essence et d'une autre nature que l'essence des deux autres. L'essence de l'Adversaire est corruption et ténèbres — car il est matériel et de formes multiples — tandis que l'essence inengendrée du Tout est incorruptible et lumière en soi, simple et homogène. L'essence du Démiurge donne naissance à une double vertu, mais il n'est, lui-même, que l'image du Dieu bon. Maintenant, ne t'inquiète pas de savoir comment d'un principe unique de toutes choses, simple, que nous confessons et que nous croyons, d'un principe inengendré et incorruptible et bon, ont pu provenir les essences mêmes de la corruption et de l'Intermédiaire, d'essence dissemblable, alors qu'il est dans la nature du bien d'engendrer et de produire des êtres semblables et de même substance [17]. »

Ptolémée annonce ensuite dans sa lettre-préambule à une initiation chrétienne que Flora doit maintenant s'élever à un degré supérieur d'instruction. Son statut de chef de communauté ou d'évêque, légitimé par une prétendue filiation apostolique, l'autorise à conférer un tel enseignement :

«Car, s'il plaît à Dieu, tu apprendras plus tard l'origine et la naissance de ces natures, quand tu seras digne de la tradition des apôtres, tradition que moi aussi j'ai reçue par succession, et je confirmerai de même toutes ces paroles par l'enseignement de notre Sauveur.

«Je ne me suis pas lassé, ma sœur Flora, de t'avoir dit cela en quelques mots. Je t'ai dit plus haut que je serais court, mais j'ai pourtant traité le sujet exhaustivement. Ces remarques pourront t'aider beaucoup dans la suite, si, après avoir reçu, comme une belle et bonne terre, des semences fécondantes, tu mets au jour leur fruit [18].»

Ainsi pénétrait dans les milieux aristocratiques et cultivés de l'Empire un christianisme élitiste substituant à la matière brute de la mythologie hébraïque le raffinement d'une tradition philosophique. Sur ce christianisme d'écolâtres, source de la future théologie catholique, va déferler soudain un christianisme sauvage, fanatique, populaire, érigeant en vertu de renoncement et de sacrifice la misère et le ressentiment des classes déshéritées. Son programme s'inscrit dans le propos, hostile aux «pneumatiques», prêté au Jésus des laissés-pour-compte : «Heureux les pauvres d'esprit.»

LA *PISTIS SOPHIA*

Texte tardif (IIIe siècle), la *Pistis Sophia* forme un roman ésotérique, passablement embrouillé, dont le propos semble obéir au souci d'accorder deux notions antithétiques, la *pistis* (foi) et la *gnôsis* (connaissance). Leisegang la résume comme suit :

«On est dans la douzième année après la résurrection de Jésus. Jésus raconte à ses disciples réunis sur le mont des Oliviers son voyage à travers le monde des Æons et des Archontes dont il a brisé la puissance. Au cours de son ascension, il a rencontré Pistis Sophia, dont il décrit tout au long les aventures. Elle avait à l'origine sa demeure dans le treizième Æon, le désir du monde supérieur de la lumière lui fit lever les yeux vers la lumière des hauteurs. Elle s'attira ainsi la haine des Archontes des douze Æons; il faut entendre par là les maîtres du ciel des fixes qui correspondent aux douze signes du Zodiaque. C'est entre ce ciel et le domaine de la lumière, dans le lieu intermédiaire, hors du monde limité par le ciel des astres, qu'habite Sophia. Une fausse lumière l'a attirée vers le monde et elle s'est enlisée dans la matière. Désespérée, elle adresse treize prières de contrition à la lumière des hauteurs et implore d'être sauvée des embûches de ses ennemis. Lorsqu'elle est arrivée à sa neuvième prière de contrition, Jésus est envoyé dans le monde chaotique sur l'ordre du premier mystère. Il fait transporter Sophia du Chaos dans un lieu écarté du monde. Pistis Sophia adresse alors à Dieu toute une suite d'hymnes d'actions de grâces parce qu'il l'a sauvée de sa détresse. Finalement, Jésus remonte et ramène Pistis Sophia — c'est-à-dire des émanations du grand Invisible — et de leurs inengendrés et de leurs auto-engendrés et de leurs engendrés et de leurs astres et de leurs impairs et de leur archontes et de leurs puissances et de leurs seigneurs et de leurs archanges et de leurs anges et de leurs décanes et de leurs liturges et de toutes les demeures de leurs sphères et de tous les ordres de chacun d'eux. Et Jésus n'avait pas dit à ses disciples toute l'extension des émanations du Trésor ni de leurs ordres, et il ne leur avait pas dit comment sont les sauveurs de chaque ordre, et il ne leur avait pas dit le gardien qui se trouve à chacune des portes du Trésor de lumière, et il ne leur avait pas dit le lieu du Sauveur Jumeau qui est l'Enfant de l'Enfant, et il ne leur avait pas dit le lieu des trois amen, les lieux dans lesquels s'étendent les cinq arbres, ni rien non plus sur le lieu et l'extension des sept autres amen, c'est-à-dire des sept voix. Et Jésus n'avait pas dit à ses disciples de quel type sont les cinq parastates ni en quels lieux ils sont placés ; il ne leur avait pas dit de quelle façon s'était déployée la grande lumière, ni en quels lieux elle est placée ; il ne leur avait pas dit les cinq régions, ni rien touchant le premier commandement, mais il leur avait seulement parlé en général, leur enseignant qu'ils existaient ; de leur extension et de l'ordre de leurs lieux, il ne leur avait pas parlé... C'est tout un monde englouti qui se découvre à nous dans cette infatigable énumération d'entités supraterrestres, de régions célestes et de symboles magiques ; un monde dans lequel les premiers lecteurs du livre devaient se trouver parfaitement à l'aise parmi les Æons, les décans, les liturges, les archontes et les anges, les innombrables mystères et leurs lieux [18]. »

CHAPITRE XIII
Marcos et l'hellénisation de l'hermétisme juif

Irénée vitupérant l'hermétiste Marc, ou Marcos, dans sa *Réfutation de la prétendue gnose* dévoile ses sympathies pour le mouvement contemporain de la Nouvelle Prophétie, dont plusieurs fidèles avaient péri dans les pogromes de Lyon, en 177. Il raille les faveurs que lui prodiguent l'aristocratie, «les dames à la robe bordée de pourpre» (privilège de la classe sénatoriale) et sa propension aux agréments de l'amour. Vraie ou fausse, l'anecdote qu'il rapporte, si souvent plagiée par les rapports inquisitoriaux, traduit la réprobation du christianisme populaire devant le «péché de la chair» :

«Un de nos diacres d'Asie l'ayant accueilli dans sa maison, mal lui en prit. Comme sa femme était fort bien faite, le charlatan la séduisit corps et âme et elle le suivit pendant longtemps. À la fin, et non sans peine, les frères la convertirent. Elle ne cessa de faire pénitence et de pleurer sur l'outrage que lui avait causé le charlatan[1].»

Rompu à la gématrie — interprétation du chiffrage des lettres de l'hébreu —, Marcos appartient aux milieux juifs de la Palestine ou de la diaspora. Il a dû hanter Alexandrie, où il subit l'influence de Philon, de Basilide, de Carpocrate, l'Asie Mineure, berceau de l'elchasaïtisme et du prétendu «montanisme», et la Gaule, où Irénée le combat.

Marcos renoue avec la nature féminine de l'Esprit (Achamoth ou Sophia). C'est le sens de l'initiation qu'il pratique, bien que le rapport d'Irénée n'exclue pas un usage érotique du prophétisme, si prisé par les fidèles de Montan : «Après avoir introduit le germe de la Lumière dans la femme qu'il initiait, il lui déclarait : Vois, la grâce est descendue en toi. Ouvre la bouche et prophétise ! Si elle balbutiait qu'elle ne savait pas prophétiser, il faisait des invocations et répétait : Ouvre la bouche, dis n'importe quoi, tu prophétiseras[2].» Il est plaisant de rappeler ici l'identité originelle du *pneuma* et du *sperma*, et le caractère orgastique des modulations vocales prêtées jadis à la pythie.

Selon l'*Elenchos*, il reproduisait ces miracles que les contes de propagande montaniste diffusaient sur un Jésus passé de l'*angelos-christos* au Zorro des pauvres. Il transformait devant les fidèles de l'eau en vin, le versait dans une petite coupe qu'il transvasait dans une grande miraculeusement remplie à ras bord. Ses prêtresses administraient ensuite le breuvage en guise de communion.

Lorsque l'Église du IVe siècle se déchaînera contre la Nouvelle Prophétie et son puritanisme baptisé « encratisme », la polémique entretiendra calomnieusement la confusion entre le montanisme, qui accorde certaines fonctions sacerdotales à des femmes dévotes, sanctifiées par leur virginité, et le culte de Marcos où la femme incarne l'esprit fécondant les corps par l'amour, pratique que l'Église ne perçoit qu'en termes de « licence », « débauche », « fornication ».

Par une naturelle malédiction, le fanatisme ne résiste jamais à la tentation d'exposer, en la sauvant de l'anéantissement, la doctrine qui fait l'objet de son exécration. Irénée livre ainsi de précieux renseignements sur l'enseignement de Marcos, point de rencontre de la mystique pythagorienne et de la kabbale juive.

La *Sigè* dont parle Basilide, le Silence du Dieu-Néant, a, selon Marcos, déposé en lui comme dans une matrice le germe de la Tétrade ou Quaternaire. En hébreu, tétrade ou quaternaire se dit *Kolorbas*, que les hérésiologues ont transformé en un certain Colorbase, disciple de Marcos.

La Tétrade, émanation du Dieu ineffable, est descendue des lieux invisibles sous la forme d'une femme. Elle lui révèle sa propre essence et la genèse du Tout[3].

« Quand, à l'origine, l'Apatôr, inconcevable, sans essence, ni mâle ni femelle, voulut rendre saisissable son insaisissable nature et visible son invisible nature, il ouvrit la bouche et émit la Parole (Logos), égale à lui-même. Le Logos se plaça devant lui et lui montra son essence, car il était la manifestation visible de l'Invisible. La prononciation du nom eut lieu de la manière suivante : il dit le premier mot de son nom ; c'était :

$$\begin{array}{cccc} A & P & X & H \\ 1 & 2 & 3 & 4 \end{array}$$

Il se composait de quatre lettres. Puis il prononça le second mot qui était formé, lui aussi, de quatre lettres. Puis vint le troisième qui contenait dix lettres. Le suivant en contenait douze. La prononciation du nom entier comprenait donc trente lettres et quatre mots. Chacun de ces éléments a ses lettres particulières, son caractère particulier, sa prononciation particulière, son aspect particulier, et aucun d'eux ne connaît la figure du mot dont il n'est qu'un élément, pas même la prononciation de son voisin ; il s'imagine, par son propre son, prononcer le Tout. Car chacun d'eux prend le son qui est le sien pour le tout, alors qu'il n'est qu'une partie du tout, et il ne cesse de résonner jusqu'à ce que, dans son émission, il soit parvenu à la dernière lettre du dernier élément. D'après lui, la restauration du Tout aura lieu quand le Tout sera arrivé à une seule lettre et fera entendre une seule et même émission de voix ; d'après les marcosiens, l'image de cette prononciation serait représentée par l'Amen que nous disons tous ensemble. Les sons forment l'Æon sans substance et inengendré ; ils sont les formes que le Seigneur a appelées anges et qui voient sans cesse la face du Père. Les noms communs et exprimables des lettres-éléments sont Æons, Logoi, Racines, Spermata, Plérômes et Fruits. Quant à leurs noms individuels et particuliers, ils sont, d'après Marcos, contenu dans le nom de l'Ekklêsia. Le dernier signe de la dernière lettre de ces éléments fit entendre sa propre voix ; le son de cette voix sortit et engendra, à l'image des lettres, ses éléments propres ; c'est de ceux-ci que les choses de notre monde ont été faites et qu'ont été engendrées celles qui étaient avant elles. La lettre elle-même, dont le son suivait l'écho d'en bas, fut reprise en haut par sa propre syllabe pour compléter le nom entier ; quant au son, il demeura en bas, comme rejeté en dehors. L'élément lui-même, duquel le signe est descendu avec sa prononciation, se compose de trente lettres, et chacune de ces trentes lettres contient en elle-même d'autres lettres, grâce auxquelles est déterminé le nom de cette lettre ; et ces dernières lettres, à leur tour, sont désignées par d'autres lettres, et ainsi de suite, de sorte que leur multitude s'étend à l'infini, car chacune à part s'écrit à son tour avec des lettres. L'exemple suivant fera mieux comprendre ce qu'on veut dire : la lettre Λ = ΔΕΛΤΑ contient cinq lettres Δ, Ε, Λ, Τ, Α. Ces lettres, à leur tour, s'écrivent au moyen d'autres lettres et ainsi de suite. Si donc la structure du delta se décompose déjà en une infinité de parties, chaque lettre en engendrant d'autres à son tour et en relayant d'autres, combien plus vaste sera l'océan de lettres de cet Élément primordial. Et si une unique lettre est à ce point infinie, voyez l'abîme plein de lettres du nom entier dont, suivant la Sigé de Marcos, se compose le Propatôr. Aussi le Propatôr, conscient de son incompréhensibilité, a donné aux éléments, que Marcos appelle aussi æons, la faculté de faire retentir chacun sa propre prononciation, un seul étant incapable d'exprimer le Tout. »

Vient ensuite l'évocation de la Vérité nue, dont chaque partie du corps correspond à des lettres, elles-mêmes jumelées aux douze signes du zodiaque, à douze planètes, à douze heures, à douze maîtres (archontes) d'entités ou puissances tutélaires (daimôn) :

« Après lui avoir exposé cela, la Tétraktys lui dit : Je veux te montrer Alêtheia elle-même ; car je l'ai fait descendre des demeures d'en haut afin que tu la voies nue et que tu remarques sa beauté, que tu l'entendes même parler et que tu admires sa sagesse. Regarde en haut

sa tête	A Ω
son cou	B Ψ
ses épaules avec ses mains	Γ X
sa poitrine	Δ Φ
son diaphragme	E Γ
son ventre	Z T
son sexe	H Σ
ses cuisses	Θ P
ses genoux	I Π
ses jambes	K O
ses chevilles	Λ Ξ
ses pieds	M N »

La tradition ancienne, issue vraisemblablement des milieux juifs d'Alexandrie au Iᵉʳ siècle, éclaire le propos repris dans l'*Apocalypse attribuée à Jean* : « Je suis l'Alpha et l'Oméga, dit le Seigneur Dieu, Celui qui est, Celui qui était, et Celui qui vient, le Tout-Puissant★. »

L'ensemble des correspondances entre lettres et æons constitue le plérôme. La magie permet, en saisissant un æon dans sa globalité, d'agir sur l'univers★★.

Le syncrétisme de Marcos, en s'annexant le Logos Jésus, se définit comme un christianisme et révèle peut-être pourquoi un accord s'est opéré vers la fin du Iᵉʳ siècle ou le début du IIᵉ, à Alexandrie et à Antioche, autour des écoles de Satornil de Cérinthe, de Pierre, de Jacques, de Thomas, de Saül sur le nom secret du Messie, sur le Josué biblique érigé en symbole du judaïsme révisé.

Sa version hellénisée renvoie probablement aux mêmes calculs qui intriguèrent les cercles ésotériques auxquels l'essénisme avait donné le ton (cf. l'horoscope du Messie, les interprétations de la lettre *Waw* [ou *Episemon*], sixième lettre de l'alphabet hébreu) :

« Lorsque la Tétraktys eut dit ces mots, Alêtheia le regarda et ouvrit la bouche pour prononcer une parole (Logos). Cette Parole devint un nom et le nom est celui que nous connaissons et disons : Christ Jésus. Ce nom prononcé, elle rentra aussitôt dans un profond silence. Comme Marcos s'attendait à ce qu'elle en dit davantage, la Tétraktys s'avançant de nouveau dit : As-tu donc considéré comme si insignifiante la Parole que tu as entendue de la bouche d'Alêtheia ? Il ne s'agit pas là du nom que tu connais et crois posséder depuis longtemps. Tu n'en connais que le son, tu ignores tout de sa vertu. Car ΙΗΣΟΥΣ est un nom insigne entre tous ; il se compose de six lettres et il est invoqué par tous les appelés.

« Les trois éléments primordiaux, qui se composent des trois paires de puissances (Patêr et Alêtheia, Logos et Zoê, Anthrôpos et Ekklêsia) et qui donnent, réunis, le nombre 6, et desquels procèdent les vingt-quatre lettres, si on les multiplie par quatre, c'est-à-dire par le Logos de l'ineffable Tétrade, donnent le même nombre que les lettres — à savoir vingt-quatre. Ces vingt-quatre éléments appartiennent à l'Innommable. Ils sont portés par les six puissances pour produire la ressemblance de l'Invisible. Les images des images de ces éléments sont les trois lettres doubles — ΞΨΖ qui comptent double, comme six lettres ; si, en vertu de l'analogie, on les ajoute aux vingt-quatre lettres, on obtient le nombre 30. Comme fruit de ce calcul et de cette écono-

---

★ Dubourg a signalé l'origine hébraïque de la formule «Celui qui a été, est, sera» : « Les verbes hébreux ne se conjuguent pas au présent, au passé ou au futur (...) mais à l'accompli ou l'inaccompli. » Par exemple, l'accompli du verbe dire (MR) signifie il dit/a dit/dira, complètement, absolument ; son inaccompli (Y'MR), il est/était/sera en train de dire.

★★ Le manuscrit 44 de Nag-Hammadi contient une invocation en suite de voyelles. La «symphonia» ou chant des sept voyelles, dont chacune représente une planète, permet par ses combinaisons d'exprimer l'harmonie des sphères célestes et d'agir sur les astres. Fourier exposera une conception similaire. L'univers conçu comme langage prête son sens aux recherches kabbalistiques et magiques.

mie est apparu, à la ressemblance d'une image, celui qui, après six jours, est monté sur la montagne comme quatrième et devint sixième, qui est redescendu et a été retenu dans l'Hebdomade, étant lui-même l'Ogdoade et possédant en lui le nombre complet des éléments. Ce nombre a été révélé par la descente de la colombe lorsqu'il est venu pour être baptisé. La colombe est l'omega = 800 et l'alpha = 1, car sa valeur numérique est de 801.

«C'est pour la même raison que Moïse dit que l'homme a été formé le sixième jour (le nom de ΙΗΣΟΥΣ se compose de six lettres), c'est pourquoi aussi l'économie salutaire de la Passion s'est accomplie le sixième jour ; elle est la préparation par laquelle le dernier homme est apparu pour la régénération du premier. Le commencement et la fin de cette économie du salut fut la sixième heure, l'heure à laquelle il fut cloué sur le bois. Car le Noûs parfait, sachant que le nombre six renferme en lui une vertu de création et de régénération, a manifesté aux fils de la lumière, par l'épisémon qui apparaît en lui, la régénération qui s'opère par lui. [...]

«Quant à Jésus, voici son origine ineffable : de la première Tétrade, Mère du Tout, est sortie, à la manière d'une fille, la deuxième Tétrade ; ainsi fut formée l'Ogdoade, de laquelle sortit la Décade. Ce fut l'origine du nombre dix-huit. La Décade donc, étant venue se joindre à l'Ogdoade et l'ayant multiplié par dix, engendra le nombre quatre-vingts ; et le nombre quatre-vingts, multiplé de nouveau par 10, produisit le nombre 800, en sorte que le total des lettres, en allant de l'Ogdoade à la Décade, est 8, 80, 800, ce qui est Jésus, car le nom de Jésus a pour valeur numérique 888 :

$$
\begin{array}{rcl}
\text{I} & = & 10 \\
\text{H} & = & 8 \\
\Sigma & = & 200 \\
\text{O} & = & 70 \\
\text{Y} & = & 400 \\
\underline{\Sigma} & = & \underline{200} \\
\text{ΙΗΣΟΥΣ} & = & 888\,[5].»
\end{array}
$$

CHAPITRE XIV

Carpocrate, Épiphane
et la tradition de Simon de Samarie

À l'encontre du courant chrétien, généralement ascétique, propagé au
IIᵉ siècle par l'ésotérisme gnostique et par la *pistis* de la Nouvelle Prophétie,
l'enseignement de Carpocrate et de son fils Épiphane s'inscrit dans une ligne
de vie, dont seul Simon de Samarie sut tracer les déliés sur la grisaille tourmentée de l'époque.

Sa biographie demeure obscure. Origène le confond avec Harpocrate, fils
d'Isis et d'Osiris, Dieu solaire sous la domination gréco-romaine, souvent
représenté dans les papyrus magiques assis sur un lotus, principe mâle pénétrant le principe féminin pour le féconder de sa lumière. Il aurait professé
à Alexandrie, et épousé Alexandreia. Leur fils, Épiphane, mort à dix-sept
ans en 138, fut enterré dans son île natale, Céphalonie. Vers 155-156,
une philosophe, Marcellina, enseignait à Rome les doctrines du père et
du fils.

Clément d'Alexandrie a eu le mérite de retranscrire un court extrait d'Épiphane sur la justice :

«La justice consiste dans une communauté d'égalité. Un même ciel se
déploie et embrasse dans sa circonférence la terre entière, la nuit montre également tous les astres ; quant au soleil, auteur du jour et père de la nuit, Dieu
l'a fait briller d'en haut sur la terre, également pour tous les êtres qui peuvent voir. Ils le voient tous en commun, car il ne fait aucune acception de
riche, de mendiant ou de souverain, d'insensé ou de sage, de femme ou
d'homme, d'homme libre ou d'esclave. Les animaux sans raison eux-mêmes
n'ont aucune peine à se donner pour le voir, car Dieu a déversé d'en haut
sur tous les êtres la lumière du soleil comme un bien commun, et il a fait
éprouver sa justice aux bons comme aux méchants ; personne ne peut donc
en posséder davantage ni en dérober à son prochain afin de doubler sa part
de lumière. Le soleil fait pousser la pâture pour la jouissance commune de
tous les animaux et sa justice est répartie entre tous en commun et à égalité.
C'est pour une telle vie que l'espèce des bœufs a été faite aussi bien que chaque bœuf, celle des porcs aussi bien que chaque porc à part, celle des brebis

aussi bien que chaque brebis, et ainsi de suite. Car la justice se manifeste
en eux sous la forme d'une communauté.

«En outre, tout a été répandu à égalité pour l'espèce d'après le principe
de la communauté ; la nourriture a été répandue également pour les bêtes qui
paissent, pour toutes également, et sans être réglée par une loi ; au contraire,
elle est donnée par la libéralité du Maître pour tous en conformité avec sa
justice. Même pour la génération, il n'existe pas de loi écrite ; car ce serait
une fausse loi. Ils procréent et engendrent de même façon et pratiquent une
communauté qui leur a été inculquée par la justice. Le Créateur et Père du
Tout a donné à tous en commun la vue pour voir, et sa législation a consisté
exclusivement dans la justice issue de lui. Il n'a pas fait de distinction d'homme
ou de femme, de raisonnable ou de sans raison, ni d'aucun être d'un autre.
À égalité et communément il a partagé la vue et il l'a donnée également à
tous par un seul et même commandement. Quant aux lois, qui ne sauraient
punir des hommes qui les ignorent, ce sont elles qui leur ont appris à agir
contre la loi. Car les lois particulières fragmentent et détruisent la communion à la loi divine. Ne comprends-tu pas la parole de l'Apôtre : ''Je n'ai
connu le péché que par la loi'' ? L'Apôtre signifie par là que le mien et le
tien ne sont entrés dans le monde que par les lois et que ç'a été alors la fin
de toute communauté. Car que reste-t-il de commun à ceux qui ne jouissent
ni de propriétés, ni de biens, pas même du mariage ? Et pourtant Dieu a créé
communément pour tous les vignes qui ne chassent ni le passereau ni le voleur,
et de même les céréales et les autres fruits. Mais c'est du jour où la communauté n'a plus été comprise au sens d'égalité et a été déformée par la Loi,
qu'elle a produit le voleur qui vole bêtes et fruits. Dieu ayant tout créé pour
la jouissance commune de l'homme, il a réuni l'homme et la femme pour
un commerce commun, et il a accouplé pareillement tous les êtres vivants
pour manifester sa justice comme la communauté dans l'égalité. Mais ceux
qui sont nés grâce à cela ont renié leur origine de la communauté qui rapproche les hommes. Ils disent : ''Que celui qui en épouse une la garde'', alors
que tous peuvent avoir part à elle, comme le montre l'exemple de tous les
autres êtres vivants. » Épiphane enseignait encore en propres termes que «Dieu
a mis dans les êtres mâles un désir puissant et impétueux de propager l'espèce
et qu'aucune loi, aucune coutume ne saurait l'exclure du monde, car elle est
l'institution de Dieu. Ainsi la parole du législateur : ''Tu ne convoiteras pas''
(*Exode*, 20, 17 et *Deutéronome*, 5, 21) est-elle ridicule et plus ridicule encore
ce qui suit : ''le bien de ton prochain'', car le même Dieu qui a donné à
l'homme le désir destiné à accoupler les êtres en vue de la génération ordon-
nerait de détruire le désir, alors qu'il ne le reprend à aucun être vivant. Mais
le plus risible de tout est encore ''la femme de ton prochain'', car c'est ramener de force la communauté à la séparation [1]. »

Le texte d'Épiphane, d'une étonnante modernité, participe d'une pensée
et d'un comportement radicalement hostiles aux morales stoïciennes, épicu-
riennes et chrétiennes.

Carpocrate et Épiphane appartiennent tous deux à un milieu grec qui rejette
le judaïsme. De même que Simon de Samarie ramenait au corps l'esprit du

Pentateuque, et de la *Genèse* en particulier, Épiphane raille les commandements bibliques, la notion de péché, la culpabilité. La Loi de Moïse fomente le crime par la raison même que l'interdit engendre la transgression.

Dès lors, ou bien les citations de Paul relèvent de l'ordinaire remaniement des hérésiologues, ajoutant des extraits canoniques pour changer en dissidences du christianisme des doctrines qui n'offrent rien de chrétien mais annexent à leur syncrétisme le Messie Josué au même titre que Sérapis, Seth, Abrasax, Harpocrate ; ou bien elles renvoient à un Paul tout différent de l'image qu'en présentent Marcion et ses manipulateurs successifs, un Saül/Paul dont l'enseignement justifierait le nom de Simon dont l'affublent les elchasaïtes vivant sous Trajan.

Écrite vers quinze ou seize ans, l'œuvre de celui que Jacques Lacarrière qualifie de Rimbaud gnostique relie l'égalité sociale au libre exercice des désirs. Sa critique de la propriété outrepasse la conception rousseauiste, et il faut attendre Fourier et la radicalité de l'anarchie individuelle, avec son principe : « Ne nous groupons que par affinités », pour que ressurgisse en écho le génie précoce d'Épiphane de Céphalonie.

Je ne vois pas pourquoi Marcellina, disciple de Carpocrate et d'Épiphane, aurait, en professant à Rome vers 160, décoré son école, selon Irénée, « avec des icônes peintes, rehaussées d'or, représentant Jésus, Pythagore, Platon et Aristote [2] », si ce n'est pour fournir à l'évêque de Lyon l'occasion de condamner les chrétiens qui préféraient la philosophie grecque à la Bible.

En revanche, il est probable que la communauté fondée sur la liberté des désirs ait puisé dans la théorie pythagoricienne l'idée que « l'âme doit avoir tout éprouvé avant la mort ». Car, « pour Épiphane, le désir est proclamé l'expression de la volonté première de Dieu et de la nature [3] ». Et le désir s'identifiant, selon Simon, au feu, principe de la création et principe de la passion, il n'est rien qui le puisse limiter dans l'unité du macrocosme et du microcosme.

Épiphane applique sa conception de la justice à l'homme, aux animaux, aux plantes. Le vivant s'y perpétue en changeant de forme. Irénée interprète en termes de magie et de métempsycose une théorie que tout lui rend étrangère et odieuse :

« Ils pratiquent aussi la magie, les incantations, les philtres amoureux et les agapes, l'évocation des esprits des morts et des esprits du rêve, les autres formes de nécromancie, prétendant qu'ils ont pouvoir sur les princes et créateurs de ce monde et par-dessus le marché sur toutes les créatures de ce monde. Ils ont à ce point lâché la bride à l'aberration qu'ils prétendent avoir toute liberté de commettre toute action qui leur plaît, impie ou athée ; aussi bien c'est l'opinion humaine qui fait toute la différence d'une action bonne d'avec une action mauvaise. Les âmes, disent-ils, doivent, par une migration d'un corps dans un autre, épuiser toute forme de vie et d'action possible si elles ne l'ont déjà fait dans leur première vie. Nous n'osons pas dire ni entendre, pas même penser ou croire que de telles choses se soient passées dans nos villes ; mais leurs écrits enseignent que l'âme doit, avant la mort, avoir tout éprouvé jusqu'au dernier reste [4]. »

Un trait d'Irénée ne laisse pas de paraître troublant : «C'est la foi et l'amour qui sauvent ; le reste est indifférent et seule l'opinion humaine y met une distinction de bien et de mal. »

La foi en soi et l'amour conduisent selon la *Megalè Apophasis* de Simon à la Grande Puissance, qui réside en chacun et meut le monde. L'étonnant est que le thème de la foi et de l'amour donne naissance dans une lettre de Paul à un développement enthousiaste qui détonne avec la misogynie et la sécheresse ascétique attestée partout dans l'œuvre épistolaire de celui qui, succédant à Moïse, lui a subtilisé le titre d'Apôtre : Quand je parlerais en langues, celle des hommes et celle des anges, s'il me manque l'amour, je suis un métal qui résonne, une cymbale retentissante. Quand j'aurais le don de prophétie, la science de tous les mystères et de toute la connaissance [gnosis], quand j'aurais la foi la plus totale, celle qui transporte les montagnes, s'il me manque l'amour, je ne suis rien. Quand je distribuerais tous mes biens [aux affamés], quand je livrerais mon corps [en tant qu'esclave] pour en tirer orgueil, s'il me manque l'amour, je n'y gagne rien. L'amour prend patience, l'amour rend service, il ne jalouse pas, il ne plastronne pas, il ne s'enfle pas d'orgueil, il ne fait rien de laid, il ne cherche pas son intérêt, il ne s'irrite pas, il n'entretient pas de rancune, il ne se réjouit pas de l'injustice, mais il trouve sa joie dans la vérité. Il couvre tout, il croit tout, il endure tout. L'amour ne disparaît jamais... (*Épître aux Corinthiens*, I, 13). Quel antimarcionite a, en pénétrant dans ces auberges espagnoles que sont les épîtres de Paul, amené un fragment de la doctrine carpocratienne pour l'insérer dans une perspective chrétienne?

CHAPITRE XV

La Nouvelle Prophétie et l'essor du christianisme populaire

Né sous l'impulsion de la guérilla zélote et de la lutte contre l'oppression gréco-romaine, le messianisme du Iᵉʳ siècle participe exclusivement d'un judaïsme en voie de réformation, hostile aux sadducéens et aux pharisiens.

Les sectes spéculant sur le nom secret du messie ne s'accordent sur celui de Josué que vers les années 80 ou 90. Elles développent une doctrine philosophique et ésotérique peu propice à une grande diffusion. Les chrétiens elchasaïtes, qui éveillent la suspicion du gouverneur de Bythinie, Pline le Jeune, offrent sans doute le premier exemple d'un christianisme implanté en milieu moins fermé. Ils pratiquent l'aide sociale envers les veuves, les orphelins, les déshérités, imitant les prescriptions en honneur dans les communautés pharisiennes, ils prient et célèbrent le Dieu-Messie (*christo quasi Deo*, dit la lettre de Pline).

Leur importance numérique n'a pas encore éveillé la méfiance des autorités, en dehors de la Bythinie, région voisine de la Phrygie où dominent encore les cultes d'Attis et de Mithra. Là prendra son essor le premier christianisme déjudaïsé et exotérique, un christianisme de masse, propre à chatouiller l'imagination saint-sulpicienne des Sienkiewicz et *tutti quanti*, rajeunissant d'un siècle les martyrs de la Nouvelle Prophétie pour les jeter en pâture aux lions de Néron.

Il n'est pas inutile d'y insister : l'Église s'est comportée envers les christianismes dont elle est issue comme Staline excluant de l'histoire les premiers bolcheviks tout en érigeant Lénine en saint apôtre. Le vrai christianisme, celui qui prête à Jésus une existence historique, invente Marie, Joseph, l'Enfant, l'agitateur populaire, l'ennemi des juifs, le bon larron mis à mort sous Tibère, regroupe les apôtres d'Églises rivales, enfin réunies dans un grand mouvement de masse, cite pour la première fois Ponce Pilate — ce christianisme-là qui engendre de nouveaux penseurs, dont Tertullien, encourra sous le nom d'hérésie phrygienne, de montanisme, de pépuzisme, d'encratisme, les foudres de l'Église du IVᵉ siècle.

Tandis que les Églises marcionites brandissent l'autorité de l'apôtre Paul

LA RÉSISTANCE AU CHRISTIANISME

174

à l'appui de lettres programmatiques et se heurtent aux communautés judéo-chrétiennes traditionnelles, un christianisme prêché par le prophète Montanus connaît en Phrygie un succès qui ne tarde pas à embrasser l'Afrique du Nord, la Palestine, l'Asie Mineure, pour remonter vers Rome et gagner la Gaule.

Montan s'adresse aux déshérités, aux esclaves, aux artisans, aux riches renonçant à leurs biens ; et non plus à des exégètes versés dans l'interprétation des écrits mythologiques, non plus à des rats bibliques grignotant les mots pour nourrir leur ascendant sur une poignée de disciples.

L'important, ce n'est plus la gnose, la connaissance, le savoir démêlant les voies obscures du salut, c'est la foi, la *pistis*, le sentiment d'appartenir à l'armée du Christ, d'être disposé à lui sacrifier sa vie comme il a sacrifié la sienne au profit des hommes, à quelque nation et à quelque classe sociale qu'ils appartiennent.

Le mouvement qui se propage sous le nom de Nouvelle Prophétie contresigne l'acte de naissance du véritable christianisme moderne, dépouillé de sa judaïté, récusant l'intellectualité gnostique et enseignant des principes demeurés vivaces jusque dans le déclin du catholicisme et du protestantisme : le sacrifice, le renoncement aux biens de ce monde, la pauvreté volontaire, le goût du martyre, le sacre de la souffrance, la chasteté, la virginité, l'abstinence, la misogynie, l'exécration du plaisir, la répression du désir.

Bien que diversement reçu selon les régions et les Églises — les marcionites, les pneumatiques le méprisent, les évêques tolérés par le pouvoir impérial redoutent ses prétentions ostentatoires au martyre —, il emporte une large adhésion et aboutit pour la première fois à une puissante fédération d'Églises où se fondent les obédiences rivales de Kephas, Jacques, Thomas, Clément, Saül/Paul, voire certaines franges du naassénisme et du séthisme. Il est le christianisme évangélique dont rêveront millénaristes et apostoliques en lutte contre l'Église de Rome qui, née dans la corruption du pouvoir temporel, demeurera pouvoir et corruption.

Vers 160, le prophète Montan, en qui le Christ s'est incarné, prêche la bonne parole en Phrygie et en Mysie. Il est secondé par deux prophétesses, Prisca ou Priscilla et Maximilia, une innovation en contradiction flagrante avec le judéo-christianisme et le marcionisme.

La Nouvelle Prophétie annonce la fin des temps. C'est un millénarisme auquel Irénée et Hermas se montrent sensibles. L'ascétisme est érigé en règle de conduite. Les fidèles, invités à se repentir, à jeûner, à se purifier de leurs péchés, inaugurent la Nouvelle Jérusalem, destinée à se concrétiser à l'emplacement de deux bourgs dont la trace s'est perdue : Pépuze et Tynion.

Le syncrétisme de Montan puise abondamment dans la grande religion concurrente, celle d'Attis. De l'époque datent la communion par le pain et le vin identifiés à la chair et au sang du Messie, comme il était d'usage dans le rituel d'Attis. À la castration volontaire du prêtre de Cybèle-Attis se substituent la castration des désirs, l'abstinence et la vertu de virginité à laquelle certaines fidèles se montrent si attachées qu'elles préfèrent les supplices au choix d'y renoncer.

Le goût provocant du martyre a tôt fait de solliciter les ardeurs agressives des foules, toujours disposées à se défouler sur les faibles et les résignés, et de fonctionnaires ravis de fournir diversion à leur politique de spoliation et de forfaitures.

Vers 166 ou 167, les pogromes de Smyrne entraînent la mort de l'évêque Polycarpe. Or Polycarpe, auteur putatif d'une lettre de l'Église de Smyrne à la communauté de Philamalium, en Phrygie, et suspect par conséquent d'adhérer à la Nouvelle Prophétie, a été célébré dans des *Actes* exaltant son martyre. Mais — fait révélateur des procédés de l'Église — Eusèbe de Césarée, ainsi que l'a prouvé Campenhause, a pris soin d'y ajouter une interpolation antimontaniste [1].

La Nouvelle Prophétie domine à Carthage, où brillera Tertullien, et à Lyon, où Irénée défend leur millénarisme et leur ascétisme. À Rome, ils jouissent de la faveur d'au moins un évêque, Éleuthère. Plusieurs pogromes, massacrant indistinctement juifs et chrétiens, les déciment à Lyon et à Vienne, en 177, en Palestine en 178. Tertullien chantera les louanges des martyrs de Scillita, lynchés en 180. Les persécutions que les nouveaux chrétiens attirent, comme le paratonnerre la foudre, engendrent partout dans des mentalités volontiers antisémites des massacres encouragés non plus par l'assentiment sournois de ces procurateurs qui jouent le rôle de Ponce Pilate se lavant les mains, mais ordonnées par le pouvoir impérial.

La quête du martyre provoquait la répugnance des persécuteurs mêmes. Dans une protestation adressée au proconsul Scapula*, Tertullien ne rapporte-t-il pas qu'en 185 le proconsul d'Asie, Arrius Antoninus, rencontra un groupe de chrétiens portant des cordes nouées autour du cou et demandant qu'on les exécutât ? Le proconsul les renvoya, leur disant que s'ils voulaient se suicider, il y avait pour cela des falaises et des précipices où se jeter [2].

Il arriva qu'une propension aussi ostentatoire à la mort sanctifiée par les tourments suscitât la prudente réprobation des évêques, chefs de communautés dont ils espéraient négocier la liberté de culte, voire de simples chrétiens estimant que la continence et les privations suffisaient à garantir leur bonheur dans l'au-delà. Les mêmes réticences se ravivèrent vers le milieu du IIIᵉ siècle, quand le mouvement de Novatien ranima la Nouvelle Prophétie en ses aspects les plus extrêmes ; et au IVᵉ siècle, lorsque donatistes et circoncellions excommunièrent les *lapsi*, ces prêtres qui avaient abjuré en arguant que mieux valait pour propager la foi un prêtre vivant qu'un curé mort.

La Nouvelle Prophétie rencontre donc l'hostilité de certains chefs d'*ekklèsiai*. Ainsi l'épiscope d'Anchiale, en Thrace, prend-il des mesures à l'encontre des adeptes en 177, tandis que la persécution sévit à Lyon. Un certain Thémison produit contre le nouveau christianisme une *Épistola ad omnes ecclèsias*, que Rufin s'empressera d'interpréter comme une référence sûre au catholicisme**.

L'évêque Méliton de Sardes se dresse lui aussi contre la rage prophétique

---

* *Ad Scapulam*, 5, 1 ; le texte date de 212-213.
** En réalité, le montanisme fonde la première universalité ecclésiale (*catholicon*) effectivement populaire, et non plus élitiste comme chez Marcion.

du montanisme dans *Sur la vie chrétienne et les prophètes*. Il a les meilleures raisons du monde puisque, à l'instar de Justin, il adresse aux empereurs des apologies et plaidoyers en faveur d'une religion pour laquelle il sollicite la tolérance. On cite aussi Théophile d'Antioche et Athénagoras.

Vers 195, un ennemi personnel de Tertullien, Apollonios d'Éphèse, affirme — ce qui n'a rien de surprenant — que «Montanus et ses prophétesses folles» furent pendus et — ce qui sent davantage son Eusèbe — que «Priscilla et Maximilia s'adonnaient à la débauche [3]».

D'après Runciman, «au VIᵉ siècle, des congrégations de montanistes se brûlèrent elles-mêmes vivantes dans leurs églises plutôt que de subir la persécution de Justinien. Au VIIIᵉ siècle, les restes de la secte périrent dans un semblable holocauste [4]».

Réduite en 331 seulement à l'état de secte marginale, baptisée hérésie phrygienne, montanisme, voire pépuzisme (Basile, Épiphane, le codex de Théodose, Augustin d'Hippone, qui l'emprunte à Épiphane), la Nouvelle Prophétie forme les assises du christianisme gréco-romain. L'ironie veut que son masochisme outrancier ait fourni à l'histoire de l'Église une bonne partie de son martyrologe officiel.

Les catholiques s'approprieront ainsi Blandine et ses compagnons de Lyon. Les *Actes* exaltant le supplice des fidèles, ainsi assurés d'une félicité éternelle, ressortissent aux écrits de propagande montaniste. Au IIIᵉ siècle, deux ouvrages connaîtront un remarquable succès populaire : *Le Martyre de Montanus et de Lucius* et *Le Martyre de Perpétue et de Félicité*, sous forme d'une lettre à l'Église de Carthage (montaniste) racontant le supplice de deux vierges mises à mort en 203, sous Septime Sévère, qui avait interdit tout prosélytisme aux juifs et aux chrétiens.

Le martyre de la montaniste Perpétue a inspiré une vision, qui lui est attribuée et qui est censée raffermir la conviction des futures victimes. L'auteur y évoque un *refrigerium*, un lieu de conservation où le martyr, rafraîchi et lavé de ses plaies, attend l'aube de sa gloire et, parfois, se manifeste aux vivants afin de les exhorter au devoir religieux. Le *refrigerium* où le supplicié, doté d'un corps neuf, s'apprête à resplendir aux côtés de Dieu par une ascension imminente, donnera plus tard naissance au purgatoire.

Dans leurs premières versions, il est plus que probable que les *Actes* d'André, de Pilate, de Paul et Thécla, de Pierre, des apôtres, émanent des «services de propagande» de la Nouvelle Prophétie. Plusieurs subirent des remaniements dans un sens aisément supputable.

Parmi les traits peu prisés par un clergé aspirant à exercer son sacerdoce avec la bénédiction de l'État, le prophétisme risquait de prêter à de fâcheux abus. Le prophète s'arroge le droit de changer la Loi et les lois, puisque Dieu parle par sa bouche.

Montan, si l'on en croit Épiphane de Salamine dans son *Panarion* (II, 1, 18), proclame : «Je ne suis pas un ange ni un messager, je suis le Seigneur, le Dieu tout-puissant, présent devant vous sous la forme d'un homme.» Montan marque clairement la rupture avec une conception du Messie qui avait prévalu jusqu'alors, celle de l'*angelos-christos*, de l'ange messager de Dieu★.

Le propos, désavouant le judéo-christianisme et le marcionisme, implique le caractère humain de Jésus et sa nature d'être divin, d'esprit capable de se réincarner dans d'autres prophètes.

Tertullien ne s'y est pas trompé : c'est l'homme possédé par l'esprit qui peut pardonner, non l'Église. «L'Église accordera sans doute le pardon des péchés, mais l'Église de l'Esprit, par un homme spirituel, non l'Église comme ensemble des évêques» (*De pudicitia*, 21, 17). Voilà une concurrence que l'Église catholique ne saurait tolérer. Elle affirmera unir en elle la temporalité du Fils et l'incarnation de l'esprit parlant par sa voix, proférant des vérités — des orthodoxies — et vouant à la mort les prophètes qui se succéderont du IXᵉ au XVIIᵉ siècle.

Pourtant, la Nouvelle Prophétie se contente de suivre à la lettre l'Apôtre, le seul apôtre du IIᵉ siècle (en 220, Tertullien ignore encore tout autre autorité que Paul). Et la première *Lettre aux Corinthiens* le prescrit sans ambages : «Celui qui prophétise édifie l'assemblée [...]. Je préfère que vous prophétisiez. Celui qui prophétise est supérieur à celui qui parle en langues. »

La Nouvelle Prophétie accorda à celui qui parle par l'Esprit «le plein pouvoir pour renouveler de fond en comble les conceptions eschatologiques traditionnelles [5]».

La prophétie entre dans la pratique de la plupart des communautés chrétiennes. Elle est prescrite par la *Didachè*. Elle reparaîtra, au XVIIᵉ siècle, dans les sectes piétistes, qui s'identifient volontiers à un christianisme primitif. Priscilla, pratiquant l'extase, ne laisse pas d'évoquer Machtilde de Magdebourg, Béatrice de Nazareth, Hadewijch d'Anvers et Thérèse d'Avila quand elle affirme que le Christ la visite et dort près d'elle, à Pépuza, prenant la forme d'un feu et la pénétrant de sa sagesse.

À la Nouvelle Prophétie s'attachent aussi le millénarisme, l'imminence de la fin des temps, l'instauration du royaume de Dieu sur terre. Tertullien de Carthage et Irénée de Lyon s'en montreront les ardents défenseurs. Montan est l'Esprit saint descendu sur terre. «Maximilia est la dernière prophétesse après laquelle on ne doit attendre que la fin du monde [6]. »

En chaque millénarisme, le même scénario se reproduira : «La Nouvelle Jérusalem va descendre du ciel à Pépuza. Les montanistes reçoivent des promesses exceptionnelles qui doivent se réaliser à la fin des jours. En raison de cette fin prochaine, les exigences éthiques prennent un relief exceptionnellement aigu [7]. »

Pour Tertullien, éviter le martyre, c'est s'accrocher à un monde condamné à la destruction prochaine. «N'allez point souhaiter de mourir dans votre lit et dans les langueurs des fièvres, écrit-il dans *De fuga*, mais bien dans le martyre, afin que soit glorifié celui qui a souffert pour vous. »

★ Entre ses deux «Marie», Montan concrétise de façon humaine le personnage de Jésus jusqu'alors abstrait, nom secret et sacré, ange descendu des cieux et ressuscité dans l'au-delà le temps d'assurer le salut de tous par son sacrifice.

En somme, les supplices infligés par la foule ou par la justice ne viennent-ils pas clôturer en bonne logique une existence à laquelle l'ascèse prescrit d'arracher tous ses agréments ?

Car Tertullien, adepte et philosophe du nouveau courant, jette les fondements d'une morale chrétienne, envers laquelle le catholicisme use d'accommodements, mais que le calvinisme et le protestantisme en général s'acharneront à promouvoir. Respectueuse des consignes d'abstinence prônées par son adversaire Marcion, la Nouvelle Prophétie prête pourtant à son ascèse un sens tout à fait différent. Les marcionites et les tenants d'un monde mauvais créé par le Démiurge fou refusent les plaisirs, la procréation, les nourritures autres que frugales, afin de ne pas entériner une œuvre qu'ils dénigrent. Les chrétiens de la Nouvelle Prophétie ne rejettent ni le monde ni la chair, ils veulent seulement les purifier et se purifier en sorte que l'Esprit y descende résider sans les entraves de la matérialité.

Les jeûnes prolongés récusent le plaisir des nourritures terrestres et exaltent la communion spirituelle. Le refus des relations amoureuses ne poursuit pas, comme chez les gnostiques «hors du monde», une volonté d'éteindre la race des hommes, mais elle proscrit le plaisir en ménageant à la manière essénienne un coït de procréation*. La haine de la femme**, commune à Tertullien, Épiphane, Augustin et les maîtres à penser de l'Église, s'accompagne d'un culte de la virginité. L'idée de Marie, vierge et mère du Christ, tire à coup sûr ses légendes de la propagande montaniste.

De même le montanisme prêche-t-il, pour la première fois dans l'histoire du christianisme, cette résurrection des corps si curieusement empruntée par Saül/Paul aux pharisiens. Dans son *De resurrectio carnis*, Tertullien signale : «De ceux qui nient la résurrection de la chair, la prophétesse Prisca dit : ils sont chair et ils haïssent la chair.» C'est que les martyrs échangent en mourant leur corps déchiré contre un corps de gloire qui entrera dans la cohorte divine des saints, véritable Église céleste.

Bien que vierges et pénétrées par l'Esprit, les prophétesses de Montan suscitèrent la réprobation de plusieurs chefs de communautés. Tertullien eut beau célébrer leur chasteté dans *De exhortatione castitatis*, l'auteur de l'*Elenchos* (vers 230) reproche aux nouveaux chrétiens de «se laisser guider par des femmelettes» et Origène, qui pourtant poussera l'abnégation jusqu'à se châtrer, retourne contre eux cet apôtre Paul*** qui constitue leur autorité suprême, ce Paul polymorphe dirigé contre Marcion, son inventeur, et maintenant contre les antimarcionites : «Que les femmes, dit l'Apôtre, se taisent dans

---

* «Il n'est plus permis, une fois chrétien, de contracter un second mariage, que seuls le contrat et la dot différencient peut-être de l'adultère et de la fornication» (Tertullien, *De pudicitia*).

** «Les rapports de l'homme et de la femme sont une œuvre de pourceaux et de chiens» (*Elenchos*). Tertullien : «Femme, tu es la porte du Diable. C'est toi qui as persuadé celui que le Diable n'osait attaquer en face. C'est à cause de toi que le Fils de Dieu a dû mourir : tu devrais toujours t'en aller vêtue de deuil et en haillons.»

*** Priscilla tient pour authentique la *Lettre aux Laodicéens*, texte initialement marcionite, de 160 ou 170, mis sous le nom de Paul.

les communautés ecclésiales. Voilà une prescription à laquelle n'obéissaient pas les disciples des femmes, ceux qui se laissaient instruire par Priscilla et Maximilia. »

LA NOUVELLE PROPHÉTIE ET LES PHILOSOPHES CHRÉTIENS DU IIᵉ SIÈCLE

La Nouvelle Prophétie jette dans la mare des multiples gnosticismes chrétiens le pavé de la foi. La *pistis*, qui porte les foules exaltées aux supplices et à une ardeur de conviction que le polythéisme ignorait, exerce sur les mentalités gréco-romaines une manière de fascination que le judaïsme avait exercée précédemment et que la xénophobie réprouvait depuis la dernière guerre des Juifs.

Un christianisme « vrai » balayait les arguties théologiques des systèmes gnostiques. La fabrication de textes redessinait avec le réalisme de l'existence quotidienne le personnage du Christ Jésus. Elle refoulait au second plan les spéculations sur l'*angelos-christos*, raillant sans ménagements ces intellectuels chrétiens qui s'étaient détournés des juifs et de leurs Écritures pour se précipiter dans la mythologie grecque et la scolastique platonicienne.

Justin l'apologiste, Irénée de Lyon, les auteurs du *Pasteur* et Tertullien lancent contre la « prétendue gnose » (selon l'expression d'Irénée) l'offensive philosophique implicitement soutenue par l'armée du Christ, méprisant la mort au nom de l'Esprit vivant.

JUSTIN L'APOLOGISTE

Bien que sa mort coïncide avec les années de naissance de la Nouvelle Prophétie, Justin appartient au christianisme hellénisé et antimarcionite : la recherche du martyre, la récupération des Écritures juives, le souci d'inviter l'État à reconnaître une religion épurée d'un sémitisme odieux aux Grecs et aux Romains, une Église dont l'idéal pacifiste et non violent ne contrevienne nullement à l'ordre public.

Né vers 100 à Flavia Néapolis, en Samarie, il s'initie à la philosophie, et en particulier à Platon et au stoïcisme. Il fonde des écoles où il enseigne un christianisme en rupture avec le judaïsme essénien, sans pour autant rejeter les textes de l'Écriture.

Rédigé vers 135, après la défaite de Bar Kochba et dans la vague d'hystérie antisémite qui la salue, son *Dialogue avec le juif Tryphon* affirme que, les chrétiens ayant dégagé des Écritures une vérité que les juifs n'appréhendent plus, la Bible appartient de plein droit aux Églises du Christ★.

★ À la même époque circulaient une *Diatribe contre les Juifs* d'Apollonios Molon et *Sur les Juifs* de Philon de Byblos.

Si son Messie s'apparente encore à l'*angelos-christos* du judéo-christianisme et du marcionisme, il révoque le dualisme agressif de Marcion. Son Dieu bon affronte non pas le Démiurge créateur du monde, mais l'Adversaire, l'ange déchu, le rebelle sanguinaire dressé contre l'ordre divin, Satan le tentateur.

Ses écoles sont célèbres en Asie Mineure et à Rome. Il écrit contre Marcion un libelle qui s'est perdu. Tatien, son disciple, découvrira dans la Nouvelle Prophétie l'application des leçons de Justin : suivre l'exemple du Christ par la pureté des mœurs et le sacrifice de soi mené jusqu'au martyre.

Parmi les premiers de la religion nouvelle, Justin jette les bases d'une politique de reconnaissance par l'État central (il est possible, en ce sens, que l'outrance morbide des montanistes eût été de nature à lui déplaire, comme elle répugna à Méliton de Sardes, mais il est vrai que Tertullien, autre apologiste, ne s'en trouve nullement embarrassé). Il publie une *Apologie au Sénat romain en faveur des chrétiens*. Quelques années plus tard, vers 154, il réitère avec une *Deuxième Apologie à Antonin le Pieux en faveur des chrétiens**.

En vain. Grecs et Romains ne se soucient pas de distinguer les chrétiens des juifs et les amis de Justin de la kyrielle de sectes — séthiens, caïnites, nazoréens, elchasaïtes, marcionites, judéo-chrétiens, valentiniens, antimarcionites — qui justifient toutes d'un messie crucifié et ressuscité au nom duquel elles excluent comme idolâtries les autres cultes que Rome, en bon État marchand, tolère libéralement.

Le fanatisme religieux paraissait particulièrement odieux aux Grecs et aux Romains. Leur intérêt prescrivait de le chercher en Palestine. Le *Deutéronome* n'enjoint-il pas (17, 12) : «Celui qui cédant à l'orgueil ne voudra pas obéir à l'autorité du prêtre qui sert YHWH ton Dieu et à la sentence du juge, mourra, et tu extirperas ainsi le mal d'Israël»?

Or, que demande Justin à l'empereur? L'aide de l'État contre les contempteurs de l'esprit sacré — par quoi l'on peut entendre les partisans de Simon de Samarie et tous ceux à qui il est permis de les assimiler. Ammien Marcellin aurait pu écrire au IIe siècle ce qu'il constatait au IVe : «Les animaux les plus sauvages sont moins à craindre pour les hommes que les chrétiens les uns pour les autres [8]. »

L'intolérance, tel est encore le principal reproche adressé par Celse en son *Discours vrai* (178-180) à des gens pour lui indifféremment juifs et chrétiens, sectateurs du Serpent crucifié, du Dieu à tête d'âne (Seth) ou d'un magicien nommé Jésus.

Les palmes du martyre dont Justin s'est trouvé encombré, il les doit tout autant à son fanatisme qu'à ce goût de la mort célébré par Tertullien et les

---

* Les *Apologies* reflètent la nouvelle ligne politique des Églises. Une fédération, dont Rome prendrait la tête, assurerait à l'État une religion de rechange, une solution de substitution au polythéisme défaillant et au culte solaire de l'empereur. Ainsi Quadratus d'Athènes écrit-il à Hadrien, Aristide et Justin à Antonin (138-166), Méliton de Sardes et Apollinaire de Hiérapolis à Marc Aurèle (169-177). Athénagore d'Athènes (177-178) ne déclare-t-il pas dans sa *Supplique en faveur des chrétiens* : «L'Empire et le christianisme ont grandi côte à côte. Le prince n'aurait rien à craindre, mais tout à gagner à la conversion de l'Empire»?

chrétiens de la Nouvelle Prophétie. Lors d'une mauvaise querelle qui l'oppose au philosophe cynique Crescentius, celui-ci le défie d'assumer jusqu'au bout sa logique du mépris de l'existence. Le conflit s'envenime, un procès s'ensuit. Crescentius trouve un allié dans le préfet Junnius Rusticus, lui-même philosophe stoïcien, et qui avait initié Marc Aurèle à la doctrine d'Épictète. La polémique se conclut dramatiquement par la décapitation de Justin en 165.

Un dialogue, qui s'est conservé, joue sur le sens de «gnose» — science, savoir, connaissance.

Rusticus : «Toi qui sais [qui as la connaissance, le savoir], comment peux-tu t'imaginer que si je te fais décapiter tu ressusciteras et monteras au ciel ?»

Justin : «Je ne l'imagine pas, mais je le sais d'une science certaine.»

Dans son pamphlet *Sectes à l'encan*, Lucien de Samosate, contemporain de Justin, dédaigne de citer les chrétiens. Néanmoins, il n'est pas douteux que dans un extrait de *La Mort de Peregrinus*, cité par Rougier dans son *Celse contre les chrétiens*, l'auteur considère les chrétiens de la Nouvelle Prophétie quand il ironise : «Les malheureux se figurent qu'ils seront immortels et qu'ils vivront éternellement. En conséquence, ils méprisent les supplices et se livrent volontairement à la mort [9].»

Aiguillonnées par les sollicitations du masochisme collectif, les foules ne s'adonneront que plus aisément aux sanglants débordements par lesquels ils s'exonèrent des répressions et refoulements subis. Car, dans les premiers temps, les victimes ne succombent pas sous les coups de procès intentés par Antonin le Pieux ou Marc Aurèle. Les vingt-trois ans de règne du premier comptent parmi les moins sanglants de l'histoire romaine et se sont conservés dans la mémoire par la *suavitas morum*, la douceur des mœurs de l'empereur. Pour Marc Aurèle, en dépit d'une excusable répugnance pour la morbidité sanctifiante, il ne déroge pas au principe institué par Trajan : ne pas rechercher les disciples du Christ, mais les punir uniquement si, dénoncés, ils refusent l'obédience à l'empereur et l'offrande aux cultes traditionnels.

HERMAS ET *LE PASTEUR*

Vers le milieu du IIe siècle circule à Rome, sous le nom du *Pasteur*, un ensemble de textes collationnés en une manière de roman dont l'auteur prétend s'appeler Hermas. Tenu en grande estime par les chrétiens pendant trois siècles, il sera exclu des livres canoniques par le décret de Gélase, à la fin du Ve siècle.

Ouvrage didactique d'inspiration judéo-chrétienne, *Le Pasteur* se donne pour une révélation*. Il contient cinq visions, dont la dernière est effectivement une apocalypse, douze préceptes et dix paraboles. L'esprit, encore proche du *Manuel de discipline* et de l'*Écrit de Damas* esséniens, forme en quelque

---

* L'auteur se réfère à l'apocalypse (perdue) d'*Eldat et Modat*.

sorte la jonction entre le nazoréisme et la Nouvelle Prophétie en gestation, sans succomber à l'influence marcionite. Le dualisme n'a rien de commun avec les « deux Dieux ». Il se réfère aux deux esprits de la *Règle de la Communauté* : « Dieu qui a créé l'homme a placé devant lui deux esprits pour [qu'il soit] guidé par eux jusqu'au moment de la visite : ce sont les esprits de vérité et d'iniquité. »

Embarrassant pour l'Église catholique, *Le Pasteur* donne de l'état du christianisme un panorama tout différent des relevés fantaisistes de l'histoire officielle.

Hermas ignore tout non seulement d'un Jésus historique, mais du nom même de Jésus. Il ne sait rien de Marie, Joseph, Pilate et consorts.

« Les visions nomment une seule fois le Fils de Dieu dans une formule : ''Le Seigneur l'a juré par son Fils'', qui double cette autre : ''Le Maître l'a juré par sa gloire'' (6, 8, 4), qui de ce fait est suspecte [10]. »

Le fils de Dieu, c'est l'Esprit, le Grand Archange, parfois nommé Michaël.

Alors qu'Hermas et ses comparses résident à Rome, ils n'ont jamais entendu parler, et pour cause, des évangiles canoniques, rien de Matthieu, de Luc, de Marc, de Jean. Les seules références d'Hermas sont la Bible, que Marcion appelle l'Ancien Testament. Si *Le Pasteur* parle des apôtres, c'est dans le sens de missionnaires itinérants, propageant la doctrine chrétienne : il les distingue des *didaskaloi*, ceux qui enseignent (l'époque est celle de la *Didachè*, s'inspirant de l'*Épître dite de Barnabé*).

Hermas n'a pas davantage connaissance, en 150, d'un épiscopat monarchique, *a fortiori* du « pape Anicet » qui selon les historiens règne alors sur les destinées de l'Église. « Presbytes et épiscopes sont synonymes pour lui [11]. » Bien plus, il dénonce la caste ambitieuse des prêtres, il les compare dans une *Vision* à des apothicaires empoisonneurs et dans la *Neuvième Similitude* à des reptiles venimeux.

Comme dans l'essénisme ou selon la pratique pharisienne, l'Église s'identifie à une communauté chargée de protéger les veuves, les orphelins, les pauvres. Elle lui apparaît comme une vieille femme et il appelle à son rajeunissement par la purification des fidèles.

La pureté des mœurs et la nécessité de la pénitence qui lavent l'âme des péchés constituent l'articulation centrale de la doctrine chrétienne d'Hermas. La tradition essénienne ancienne épouse avec lui le mouvement de la Nouvelle Prophétie à l'état naissant.

La chasteté est exaltée dans une scène qui préfigure l'aventure de Parsifal : Hermas résiste à la tentation de femmes qui le cajolent et sollicitent son amour. Bien lui en prend car, ayant triomphé de l'épreuve, il lui est révélé que sous l'apparence de séductrices se cachaient des « natures virginales ». Et « ces vierges, qui sont-elles ? Ce sont des esprits saints. » Ainsi les vierges martyres de la Nouvelle Prophétie accèdent-elles à leur réalité de saintes, revêtant par-delà les affres de la mort ce corps resplendissant, auréolé de vertu, que par un plaisant retour des choses les peintres italiens, peignant pour les églises leur maîtresse en extase, rendront à leur native sensualité*.

---

* Les madones de Filippo Lippi représentent, on le sait, la jolie nonne qu'il séduisit et qui délaissa le Dieu de son couvent pour celui de l'amour, dont la révélation l'aurait auréolée.

Hermas, en accord avec le futur rigorisme de Tertullien et du nouveau christianisme, s'insurge contre ceux qui jugent que les péchés de la chair importent peu. Pourtant, son ascétisme s'oppose à l'esprit de Marcion et à sa doctrine des deux Dieux : «Crois qu'il n'y a qu'un seul Dieu [...]. Crois donc en lui et crains-le, et, par cette crainte, sois continent. » La foi (*pistis*) l'emporte sur la *gnôsis* ou connaissance. En revanche, s'il existe une possibilité de salut par les œuvres, par les bonnes actions, en aucun cas Hermas ne se réfère à un quelconque rachat accompli par Jésus. De surcroît, la question de la pénitence et du rachat se règle entre le pécheur et Dieu sans intervention du prêtre. Le fidèle est celui qui, vivant dans la crainte de déplaire au Dieu de bonté, bannit de son existence les plaisirs et les nourritures terrestres : «Celui-là aussi commet l'adultère qui vit comme les mécréants [*tois ethnesin*]. » Calvin ne parlera pas d'autre façon.

IRÉNÉE DE LYON

Vers 180, Irénée, évêque d'une communauté chrétienne de Lyon, écrit contre d'autres chrétiens, principalement marcionites et valentiniens, un ouvrage où il attaque la gnose et le salut par la connaissance. Il rapporte l'ensemble des doctrines à une source unique, la radicalité de Simon de Samarie.

Son essai correspond au rejet, par les chrétiens de la Nouvelle Prophétie, de l'élitisme philosophique, de l'ésotérisme, voire des pratiques magiques véhiculées au nom du Messie par une classe culturelle à laquelle s'oppose la foi des simples fidèles, peu soucieux d'arguties spéculatives et obéissant au souci d'assurer leur félicité posthume par une existence austère et une constante aspiration au martyre.

Trois ans plus tôt, à Lyon et à Vienne, un pogrome a entraîné, dans le massacre des juifs, la mise à mort des nouveaux chrétiens, les gnostiques marcionites, valentiniens et marcosiens y échappant, selon toute vraisemblance, en raison de leur accointance avec les classes aisées (les «dames à la robe bordée de pourpre» disciples de Marcos).

Dans son souci d'épurer les Églises de l'influence outrancière que l'antisémitisme accorde à la philosophie grecque, il écrit non pas *Contre les hérésies*, selon un titre latin et tardif suggérant que l'auteur parle au nom d'une Église catholique et d'une orthodoxie bien établie), mais *Mise en lumière et réfutation de la prétendue gnose*.

Aux développements abstraits des gnostiques, qu'en vertu des conventions polémiques il rapporte souvent, sous forme d'un tissu d'absurdités, il oppose la foi aveugle, la *pistis* des simples qui suivent la loi du Christ sans se poser de questions. Il a cette profession de foi déjà pascalienne et qui inspirera aux auteurs d'évangiles le «Heureux les pauvres d'esprit» prêté à Jésus :

«Il est meilleur, il est plus utile d'être ignorant et peu savant, mais de se rapprocher de Dieu par charité, que de paraître savoir et connaître beaucoup en blasphémant contre celui qu'ils appellent Démiurge [12]. »

Irénée a deux bonnes raisons d'attaquer Marcion et le gnosticisme. Partisan d'une politique d'unification des Églises, résolu à conférer l'autorité suprême à un évêque romain, il perçoit assez le caractère antithétique du monarchisme ecclésial et de la croyance en deux Dieux, l'un insaisissable, l'autre infâme.

En second lieu, Irénée est l'auteur d'une *Epideixis* où la doctrine chrétienne s'explique à partir des textes prophétiques de la Bible, ceux-là mêmes que Marcion récuse pour immoralité et incohérence.

L'amour de la tradition prophétique rapproche Irénée du christianisme de la Nouvelle Prophétie et de ce Christ incarné en Phrygie, suscitant partout dans l'Empire une vague de conversions. À l'appui d'une telle hypothèse, il convient de rappeler que Tertullien fait mention d'un évêque de Rome partisan du courant montaniste et l'on sait qu'Irénée interviendra en faveur de la foi nouvelle auprès d'Éleuthère, évêque d'une des Églises de Rome entre 170 et 190.

Annexé par le catholicisme en raison de son hostilité à la gnose et de sa défense du principe monarchique dans l'Église, Irénée a subi le sort d'Origène, revu et corrigé par Rufin. L'*Epideixis* a disparu. Son millénarisme, commun à Hermas et à la Nouvelle Prophétie, a été éradiqué de son œuvre et il a fallu la découverte d'un manuscrit, au XIXe siècle, pour rétablir dans son «hérésie» millénariste un évêque sanctifié par l'Église au prix de quelques censures.

L'œuvre d'Irénée a été recopiée, remaniée, farcie d'interpolations (entre autres de citations d'évangiles canoniques alors que Tertullien, particulièrement érudit, ne connaît d'autre évangile que la «Bonne Parole» de Paul). De l'original de la *Réfutation*, il ne subsiste en fait de fragments grecs que des citations dues à l'auteur de l'*Elenchos* et à des faussaires notoires : Eusèbe de Césarée, Épiphane de Salamine, Théodoret de Cyrus.

TERTULLIEN, PHILOSOPHE DE LA NOUVELLE PROPHÉTIE

Né vers 160 à Carthage et issu de l'aristocratie, Tertullien dispose d'une instruction classique. Rompu à la rhétorique, à la philosophie, au droit, il s'adonne à la dissipation de la jeunesse pour y renoncer soudain, peut-être vers 190, et se convertir à un christianisme qui, pour la première fois, se propage massivement.

«Nous ne sommes que d'hier, écrit-il en 197, et déjà nous avons rempli la terre et tout ce qui est à vous : les villes, les îles, les postes fortifiés, les municipes, les bourgades, les camps eux-mêmes, les tribus, les décuries, le palais, le sénat, le forum ; nous ne vous avons laissé que vos temples [13]. »

Alors que les persécutions avaient le plus souvent la forme de pogromes — bien que Tertullien, dans son *Adversus Judeos*, ait pris soin de séparer le bon grain de l'ivraie —, en 180, le proconsul Vigellius Saturninus fit décapiter dans la petite ville de Scili dix-huit Africains romanisés et chrétiens.

Tertullien s'enflamme pour la Nouvelle Prophétie. «J'étais aveugle, privé de la lumière du Seigneur, gémit-il, n'ayant pour guide que la nature [14]. » C'est pourquoi il n'est plus au monde que «pour pleurer [ses] fautes dans les austérités de la pénitence [15]».

Son ascétisme militant rejette maintenant les poètes «songe-creux qui prêtent aux dieux les vices et les passions des hommes », les philosophes devenus «patriarches des hérésies [16]». Il admire Justin, Tatien, Théophile d'Antioche, Irénée qu'il imite en une série de polémiques contre Marcion et les valentiniens*.

Il prône le martyre** («Le sang est la semence des chrétiens»), condamne le second mariage (dans une polémique contre le peintre carthaginois Hermogène, qui défend l'éternité de la matière, il lui reproche de s'être marié plusieurs fois), appelle à la continence, méprise la femme et les jouissances de l'amour.

Associant la richesse au luxe et à la débauche, la Nouvelle Prophétie heurte de front une partie du clergé, qui subsistait de la dîme des fidèles et accordait sans peine les devoirs de la foi et les compromissions d'une représentation mondaine. C'est pourquoi Tertullien, comme du reste l'auteur de l'*Elenchos*, s'en prend à Callixte, un des principaux évêques de Rome (dont le nom sera donné à un ensemble de catacombes) en lui reprochant son laxisme.

L'Église ne manquait pas d'arguments pour condamner Tertullien. Mais l'importance de son œuvre apologétique incitera le catholicisme à l'écarter par d'autres procédés. Ses biographes insinuent qu'il n'entre dans les vues montanistes que tardivement, entendez sous l'emprise du gâtisme, ce que malheureusement la vigueur de sa pensée et de son style n'accrédite pas. Un libelle contre les hérésies lui sera même attribué, où l'antignosticisme voisine avec d'âpres critiques du montanisme!

---

* La Nouvelle Prophétie professe un ascétisme forcené, bien que différent dans son propos de celui de Marcion pour qui le plaisir recherché était une concession à l'œuvre mauvaise du Démiurge. «Le Dieu de Marcion, écrira Tertullien dans son *Adversus Marcionem*, en réprouvant le mariage comme mauvais et entaché d'impudicité, agit au détriment de la chasteté, dont il a l'air de défendre les intérêts. » Si les femmes ont quelque importance dans la révélation montaniste (au point que l'auteur de l'*Elenchos* raillera «leur respect à l'égard des divagations des femmelettes qui les endoctrinent»), c'est au prix d'une chasteté hautement revendiquée, d'un statut de vierge inviolable (les martyres préfèrent la mort à la défloration). Mouvement spirituel par excellence, fondé sur le refoulement des désirs, il répond à l'objurgation de Tertullien : «En économisant sur la chair, tu acquerras l'Esprit» (*De exhortatione castitatis*).

** La doctrine qui va à la fois provoquer l'adhésion hystérique au montanisme et provoquer son reflux et son discrédit croissant, c'est le goût du martyre. Dans son *De fuga*, Tertullien ne proclame-t-il pas : «N'allez point souhaiter de mourir dans votre lit, dans les langueurs des fièvres, mais bien dans le martyre, afin que soit glorifié celui qui a souffert pour vous» ?

CHAPITRE XVI
Tatien et la fabrication du Nouveau Testament

Né en Syrie vers 120, Tatien a subi, à titre posthume, les foudres de l'Église pour son extrémisme en matière d'ascétisme. Irénée l'attaque parce que, «comme Marcion et Satornil, il appelle le mariage une corruption et une débauche. Il soutient qu'Adam n'est pas sauvé[1].»

Converti au christianisme et disciple de Justin à Rome, il est, lui aussi, en butte aux attaques de Crescentius, l'accusateur de l'apologiste. Enseignant le christianisme à Rome, vers 172-173, il professe l'antimarcionisme de son maître et le transmet à son disciple Rhodon. Il part ensuite pour l'Orient, fonde des écoles tandis que la Nouvelle Prophétie prend son essor. Il meurt, suppose-t-on, dans la fin de la décennie.

Sa seule œuvre connue ressortit au genre apologétique. Son *Discours aux Grecs* oppose le christianisme aux philosophes grecs en général et aux stoïciens en particulier. Il y développa des idées communes à Tertullien et au nouveau courant populaire. Sa profession de foi monothéiste dément les accusations de dualisme souvent portées contre lui par les catholiques. En revanche, son idée du Christ n'a pas évolué depuis Justin : «Le Logos céleste, esprit né du Père, raison issue de la puissance raisonnable, a fait, à l'imitation du Père qui l'a engendré, l'homme image de l'immortalité, afin que, comme l'incorruptibilité est en Dieu, de même l'homme participe de ce qui est le lot de Dieu et possède l'immortalité. Mais avant de former l'homme, le Logos a créé les anges[2].» L'Esprit saint y est appelé le Ministre de Dieu qui a souffert.

Son essai *Sur la perfection selon le Sauveur* s'est perdu, mais Clément d'Alexandrie y relève une condamnation absolue du mariage qui outrepasse l'esprit montaniste. L'Église en a profité pour l'ériger en chef d'une hérésie fantôme nommée encratisme et sous laquelle elle regroupe, en raison de sa lutte au IVe siècle contre les donatistes et les circoncellions, les tenants d'un rigorisme moral excessif.

Il existe sans doute une autre raison à l'animosité de l'Église contre Tatien. Deschner le cite parmi les copistes qui ont retravaillé les lettres de Paul et leur ont prêté une unité de style[3].

La vogue du christianisme populaire engendre une reprise générale des *midrashim* juifs, traduits tant bien que mal par les judéo-chrétiens, et qu'il s'agit maintenant de déjudaïser et d'expliquer rationnellement au grand public. Tatien passe pour avoir harmonisé, outre les lettres de Paul, les nombreux textes de propagande qui se donnent comme l'Évangile prêché par l'Apôtre (car on le nomme alors comme s'il n'en existait qu'un seul).

Pourtant, ni Irénée, ni Tertullien, ni Clément d'Alexandrie ne mentionnent ce *Diatessaron euaggelion* qui restera jusqu'au Vᵉ siècle l'œuvre dogmatique par excellence dans les Églises chrétiennes syriennes avant d'être remplacé par les quatre évangiles de l'Église catholique. Un fragment grec de quatorze lignes retrouvé à Dura-Europos date au plus tard de 230. Il propose, mis bout à bout, des fragments des évangiles attribués à Marc, Luc et Matthieu. Mais s'agit-il du *Diatessaron* et, si oui, est-ce celui de Tatien? Comment Tertullien, admirateur de Tatien, n'en fait-il pas mention? Quant aux fragments d'Irénée, ils sont trop altérés pour offrir un témoignage sérieux d'un canon évangélique au IIᵉ siècle [4].

LES ÉVANGILES CANONIQUES

Quel aspect le christianisme présente-t-il à la fin du IIᵉ siècle? Bien que Grecs et Romains ne le distinguent pas du judaïsme et confondent sectateurs de Jésus, séthiens, naassènes, barbélites et autres messianistes, la Nouvelle Prophétie a implanté en milieu urbain un christianisme populaire attirant les esclaves, une fraction de la plèbe et de la petite bourgeoisie ainsi qu'une frange de l'aristocratie, jusqu'alors plutôt sensible aux doctrines gnostiques, au christianisme philosophique.

Si l'importance accordée à la foi, à la vie selon le Christ, à l'ascétisme, au refus des richesses, à la vocation du martyre, réduit le gnosticisme à une marginalité, que le catholicisme exploitera néanmoins dans la genèse de sa théologie, elle embarrasse par ailleurs bon nombre d'évêques ou chefs de communautés qui, depuis les conventions de Trajan, renouvelées par Hadrien, se sont intégrés à la vie publique et, soucieux d'éviter tout scandale, se comportent déjà comme les futurs bureaucrates ecclésiastiques de l'Église triomphante. L'ardeur et le fanatisme des chrétiens pauvres gênent les évêques laxistes du IIᵉ siècle. Ceux-ci formeront le courant proto-catholique ou, plus exactement, seront choisis aux IVᵉ, Vᵉ et VIᵉ siècles comme les représentants d'une orthodoxie antidatée.

Les réticences ecclésiastiques se renforceront d'autant plus que le nombre des *lapsi* augmente avec les persécutions du IIIᵉ siècle, alors que l'intransigeance montaniste se perpétue parmi les partisans de Novatien et plus tard de Donat.

Les *midrashim* des Églises elchasaïtes et judéo-chrétiennes conféraient une légitimité à des Églises particulières et souvent rivales : les Églises de Thomas, de Simon-Pierre, de Jacques, de Saül-Paul, de Clément, de Philippe, de Matthias... L'unité imposée par le grand mouvement de la Nouvelle Prophétie collationne maintenant des écrits d'origines diverses plusieurs fois traduits de l'hébreu ou de l'araméen, remaniés et imités. L'ensemble, hétéroclite, donne alors naissance à une littérature de propagande adaptée à la facture populaire du mouvement. L'antisémitisme, les fables miraculeuses, l'exaltation de la pauvreté et du sacrifice composent peu à peu un Jésus plus conforme à la mentalité plébéienne. Les apôtres, initialement les témoins du Seigneur, dont l'autorité mythique cautionne telle ou telle communauté, forment désormais une cohorte chargée de propager la loi chrétienne substituée à la loi mosaïque.

Les apôtres érigés en saints et en martyrs servent de modèle à l'exaltation des chrétiens de Carthage, de Scili, de Lyon, de Vienne, de Rome.

Les *Actes* circulent, racontant les aventures merveilleuses, la mort et l'ascension de Pierre, Paul, Barnabé, Philippe, André, Jacques, héros d'une saga dominée par ce Josué, enfin taillé dans la même étoffe que les chrétiens suscitant le scandale et périssant pour leur foi.

Justin[5] et Tertullien[6] mentionnent des *Actes de Pilate*★. Tenu pour saint et martyr en Syrie et en Égypte, Pilate appartient encore à une dramaturgie où l'*angelos-christos* entre dans un contexte historique le temps d'une brève existence terrestre.

Les *Actes de Pilate* contiennent des matériaux qui serviront, sous les mains de copistes moins exaltés et plus soucieux de vraisemblance historique, à la fabrication des évangiles canoniques :

«On était à la sixième heure, une obscurité se fit sur la terre entière jusqu'à la neuvième heure. Le soleil s'était obscurci : le voile du temple se rendit du haut en bas et se coupa en deux. Jésus cria d'une grande voix : Mon Père, Abi, Adasch, Ephkidron, Adonaï, Sabel, Louel, Eloei, Elemas, Ablakanei, Orioth, Mioth, Ouaoth, Soun, Perineth, Jothat[7]. »

Les noms évoqués par Jésus et qui l'identifient à un mage ou à un thaumaturge correspondent à des æons de puissance dont plusieurs figurent sur les abraxas ou talismans de rituels magiques[8].

Le récit de Tertullien dans son *Apologétique* mérite d'être cité parce que, effaçant les aspects thaumaturgiques, il compose une version plus sobre et pourtant très différente de celle que retiendra le canon catholique. Le Christ est encore l'*angelos-christos*, mais en proie à un drame terrestre que comprennent parfaitement des fidèles promis aux supplices et à une radieuse résurrection céleste :

«Ainsi, ce qui est sorti de Dieu est Dieu, Fils de Dieu, et les deux ne font qu'un. Ainsi l'esprit qui vient de l'esprit et Dieu qui vient de Dieu est autre par la mesure, il est second par le rang, non par l'état, et il est sorti de sa source sans s'en être détaché.

★ Augmentés au Vᵉ siècle d'une description de l'enfer, ils formeront au XIIIᵉ siècle l'*Évangile de Nicomède*, où apparaît la légende de Joseph d'Arimathie et du Graal. C'est à l'origine un texte montaniste ou prémontaniste, exclu du canon.

« Donc ce rayon de Dieu, comme il l'avait toujours prédit auparavant, descend dans une Vierge et, s'étant incarné dans son sein, il naît homme mêlé à Dieu. La chair unie à l'esprit se nourrit, croît, parle, enseigne, opère, et voilà le Christ. Acceptez pour le moment cette ''fable'' (elle est semblable aux vôtres), en attendant que je vous montre comment le Christ est prouvé et quels sont ceux qui ont fait circuler d'avance parmi vous des fables de ce genre, pour détruire cette vérité.

« Les Juifs savaient aussi que le Christ devait venir, car c'est à eux que parlaient les prophètes. Et, en effet, aujourd'hui encore, ils attendent sa venue, et entre eux et nous il n'y a pas d'autre sujet de contestation plus grand que leur refus de croire qu'il est déjà venu.

« Car deux avènements du Christ étaient annoncés : l'un, qui s'est accompli dans l'humilité de la condition humaine ; l'autre, qui est attendu pour la consommation du siècle, dans la sublime splendeur de la puissance paternelle reçue et de la divinité clairement manifestée. Or, ne comprenant pas le premier, ils ont cru que le second était l'unique, et ils l'espéraient comme étant plus clairement prédit.

« Par leur péché ils ont mérité, en effet, de ne pas comprendre le premier : ils l'auraient cru, s'ils l'avaient compris, et ils auraient obtenu le salut, s'ils l'avaient cru. Ils disent eux-mêmes dans l'Écriture qu'ils ont été privés, par châtiment, de la sagesse, et de l'intelligence, et de l'usage des yeux et des oreilles.

« De son abaissement, ils avaient donc conclu que ce n'était qu'un homme ; et naturellement, à cause de sa puissance, ils le prirent pour un magicien : en effet, ils le voyaient, par sa seule parole, chasser les démons du corps des hommes, donner la vue aux aveugles, purifier les lépreux, redresser les paralytiques, enfin faire revenir les morts à la vie, toujours par sa seule parole, se faire servir par les éléments, apaisant les tempêtes et marchant sur les eaux, montrant ainsi qu'il était ce Fils autrefois annoncé par Dieu, et né pour le salut de tous, ce Verbe de Dieu, éternel, premier-né, accompagné de sa puissance et de son intelligence, ayant pour support son esprit.

« En entendant prêcher sa doctrine, qui confondait les docteurs et les notables des Juifs, ceux-ci étaient exaspérés, surtout qu'ils voyaient une multitude immense affluer vers lui : au point que, finalement, ils le livrèrent à Ponce Pilate, qui gouvernait alors la Syrie au nom des Romains, et par la violence de leurs suffrages ils forcèrent le procurateur à le leur livrer pour le mettre en croix. Lui-même avait prédit qu'ils agiraient ainsi ; ce serait peu encore, si les prophètes ne l'avaient aussi prédit auparavant.

« Et cependant, attaché à la croix, il a fait beaucoup de prodiges propres à cette mort. En effet, de lui-même il rendit l'âme avec ses dernières paroles, prévenant l'office du bourreau ; au même instant, le jour fut privé de soleil, au moment où il marquait le milieu de son orbe. On crut certainement que c'était une éclipse, et ceux qui ne savaient pas que ce prodige avait aussi été prédit pour la mort du Christ, n'en comprenant pas la raison, la nièrent, et pourtant vous trouvez consigné dans vos archives cet accident mondial.

« Alors, les Juifs, après avoir détaché le corps et après l'avoir déposé dans un sépulcre, le firent surveiller avec grand soin par une garde militaire : comme il avait prédit qu'il ressusciterait d'entre les morts au troisième jour, ils avaient peur que ses disciples, emportant furtivement le cadavre, ne trompassent leurs soupçons.

«Mais au troisième jour, la terre tremble tout à coup, la pierre énorme placée sur le sépulcre s'écarte, la garde se disperse frappée de frayeur, les disciples ne se montrent nullement, et dans le sépulcre on ne trouve rien d'autre que la dépouille d'un tombeau.

«Néanmoins les notables juifs, qui avaient intérêt à faire croire à un crime et détourner de la foi un peuple tributaire et placé sous leur dépendance, répandirent le bruit qu'il avait été dérobé par ses disciples. En effet, lui, de son côté, ne parut pas devant la multitude, pour ne pas arracher les impies à leur erreur et aussi pour que la foi, destinée à une si précieuse récompense, coûtât quelque peine aux hommes.

«Mais il passa jusque quarante jours avec quelques disciples en Galilée, de la province de Judée, leur enseignant ce qu'ils devaient enseigner. Et puis, leur ayant confié la mission de prêcher par toute la terre, enveloppé d'un nuage, il fut enlevé au ciel : ascension beaucoup plus vraie que celle que chez vous des Proculus ont coutume d'attribuer aux Romulus.

«Pilate, qui était lui-même déjà chrétien dans le cœur, annonça tous ces faits relatifs au Christ, à Tibère, alors César*. Les Césars eux-mêmes auraient cru au Christ, si les Césars n'étaient pas nécessaires au siècle, ou si les Césars avaient pu être chrétiens en même temps que Césars.

«Quant aux disciples, se répandant par le monde, ils obéirent au précepte de leur Maître divin ; après avoir, eux aussi, beaucoup souffert des Juifs persécuteurs, confiants dans la vérité, ils finirent par semer avec joie le sang chrétien à Rome, pendant la cruelle persécution de Néron.

«Mais nous vous montrerons des témoins irrécusables du Christ dans ceux-là mêmes que vous adorez. C'est un grand point, que je puisse alléguer, pour vous obliger de croire les chrétiens, ceux-là mêmes qui vous empêchent de croire les chrétiens.

«Pour le moment, voilà l'histoire chronologique de notre religion ; voilà, nous le déclarons, l'origine de notre secte et de notre nom, avec leur auteur.

«Qu'on ne nous reproche plus aucune infamie, qu'on ne s'imagine pas qu'il y a autre chose, car il n'est pas même permis à personne de mentir sur sa religion. En effet, en disant qu'on adore autre chose que ce qu'on adore, on nie ce qu'on adore et l'on transporte ses hommages à un autre, et en les transportant, on n'adore plus ce qu'on a renié.

«Or, nous disons, et nous le disons publiquement, et nous crions, quand nous sommes déchirés par vos tortures et ensanglantés : "Nous adorons Dieu par le Christ." Croyez-le un homme, si vous voulez ; c'est par lui que Dieu a voulu être connu et adoré.

---

* C'est sans doute de la légende chrétienne de Pilate qu'est tirée la mise en scène historique du procès de l'agitateur Jésus. Les événements ressortissent ici à la dramaturgie cosmique et à la hiérophanie.

«Pour répondre aux Juifs, je dirai que c'est par Moïse qu'eux aussi ont appris à adorer Dieu ; aux Grecs, je dirai qu'Orphée dans la Piérie, Musée à Athènes, Mélampus à Argos, Trophonius en Béotie ont lié les hommes par des initiations [9].»

Dans le même temps que se propagent des évangiles gnostiques, persistance d'un christianisme plus ancien, que l'on découvre à Nag-Hammadi, des récits fantastiques pareils à celui que Tertullien décante à l'usage des Grecs et des Latins prêtent de plus en plus à Jésus les traits d'un personnage historique assez proche d'Apollonios de Tyane, non sans rappeler qu'il demeure Dieu dans la réalité même de son aventure humaine. Pour la nouvelle vague chrétienne, Jésus n'est pas un pur esprit. Une telle croyance fonde entre autres un passage de l'évangile canonique attribué à Luc (24, 36-43).

Bref, ce sont les polémiques et les idées du IIᵉ siècle qui, récupérant et explicitant les spéculations juives et esséniennes sur le Messie, aboutissent par ajouts et corrections aux romans de Jésus, de ce Jésus qui va faire oublier Josué (mais tardivement car Origène, vers 240, souligne encore l'omniprésence du guerrier de Moïse).

A tous ceux qui entrevoient dans la puissance croissante du christianisme la perspective d'une accession au pouvoir, s'impose la nécessité d'ordonner et d'harmoniser les actes, lettres, apocalypses, évangiles qui sont presque en aussi grand nombre que les communautés rivales.

C'est l'époque où Celse, dans son *Discours vrai* (vers 180), raille la multitude de prophètes chrétiens, leurs rivalités, leur peu de scrupule à fabriquer des textes et à remanier plusieurs fois les anciens*. Chaque Église place son évangile ou texte sacré sous le nom d'un «père fondateur» ou apôtre.

La plupart sont inconnus. On cite néanmoins Tatien et un certain Leucius Charinus. Tertullien attribue les *Actes de Paul*, avec le récit de son martyre et l'amour que lui porte la jeune Thécla, au zèle d'un prêtre oriental vouant un véritable culte à l'Apôtre (le texte connaîtra une grande vogue populaire en versions grecque, latine, copte, syriaque, arménienne, slave, arabe). Les *Actes de Paul* participent de la ferveur montaniste, de même que l'*Évangile attribué à Barthélemy*, où Jésus dit, comme s'il s'adressait à Montan : «Salut à toi mon jumeau, second Christ.»

En revanche, l'*Ascension de Jacques*, d'origine elchasaïte, s'en prend vivement à Paul.

La méconnaissance de l'hébreu ou de l'araméen engendre au cours des traductions en cascade des incohérences et bizarreries d'autant plus sensibles dans les évangiles apocryphes et canoniques qu'ils abondent en emprunts aux mythologies hébraïques.

L'*Epistula apostolorum*, probablement issue d'Asie Mineure ou d'Égypte, vers la seconde moitié du IIᵉ siècle, apparaît comme une tentative de syncrétisme, insistant sur les miracles et la résurrection de Jésus. Une apocalypse s'inscrit dans les préoccupations millénaristes du montanisme : Jésus y répond

---

* Tertullien indique où le bât blesse quand il s'irrite : «Qu'on ne dise pas que nous forgeons nous-mêmes nos matériaux.»

aux questions sur la date de la parousie et de la résurrection. Il s'y rencontre des éléments communs avec l'*Évangile attribué à Jean*, l'*Apocalypse de Pierre*, l'*Épître de Barnabé*, *Le Pasteur* d'Hermas. Dans le même esprit, mais sans allusion millénariste, les *Actes des apôtres*, retenus comme canoniques, réconcilient en un roman historique les vues rivales de Paul et de Simon-Pierre. Ils corrigent l'*Epistula* qui, elle, s'en prend, dans la ligne du montanisme, aux évêques et aux prêtres accusés d'avoir égaré le peuple de Dieu, après avoir fait l'apologie de «Saül qui veut dire Paul [10]».

Quatre-vingt-quatorze écrits de propagande chrétienne s'échelonnent ainsi du IIe au IXe siècle. Vingt-sept d'entre eux seront retenus pour former le corpus néo-testamentaire et définiront l'Écriture sainte catholique. Ces «vérités d'évangile» procèdent d'un *melting pot* sur lequel se sont acharnées des armées de copistes remodelant et taillant des matières de deuxième et de troisième main avec les ajustements exigés par les polémiques du temps★ pour aboutir à un état dogmatique que les instances impériales, pontificales et inquisitoriales mettront hors de toute contestation. L'argument d'autorité demeure efficace, si l'on en juge par la pusillanimité avec laquelle les historiens d'aujourd'hui abordent la question. Or, à l'exception — et encore — de quelques phrases des épîtres pauliniennes —, tous les textes du Nouveau Testament sont des faux, des falsifications historiques couvrant des luttes — bien réelles — engagées à diverses époques, au même titre que ces *Lettres des Juifs envoyées aux frères d'outremer au temps de Jésus* où les Juifs de l'an 30 se félicitent d'avoir crucifié le Messie★★.

Personne n'ignore pourtant que le manuscrit dit *sinaiticus*, qui contient d'importants fragments des évangiles choisis comme canoniques, fait partie d'un lot d'une cinquantaine de manuscrits qu'Eusèbe de Césarée, thuriféraire de Constantin, fait transcrire vers 331 sur ordre de l'empereur qui souhaitait en distribuer des copies aux principales Églises de l'Empire afin d'unifier autocratiquement la tradition catholique naissante. Encore subiront-ils des modifications, comme le souligne l'abbé Bergier dans son *Dictionnaire de théologie* : «Les hommes vraiment savants en matière d'exégèse, et surtout sincères, reconnaissent que le texte du Nouveau Testament n'a pas été fixé avant la fin du VIe siècle.»

Jésus avait été un ange-messie, puis un agitateur mis à mort malgré le chrétien Ponce Pilate et par la faute des Juifs. De la facture exotérique, assurée par le montanisme, se dégage un Jésus Dieu et homme — comme chez Tertullien — dont la réaction antimontaniste va s'emparer pour le remodeler.

Le catholicisme est issu de la victoire et de la vengeance des *lapsi*, des prêtres qui, par peur des supplices, ont abjuré pendant les persécutions succes-

---

★ Celse : «Il est de toute notoriété que plusieurs parmi eux [...] ont remanié à leur guise trois ou quatre fois, et plus encore, le texte primitif de l'évangile, afin de pouvoir réfuter ce qu'on leur objecte.»

★★ Elles procurèrent aux habitants d'Ulm, en 1348, d'excellentes raisons d'en finir avec la «juiverie» de la cité [11].

sives du IIIᵉ siècle. Aux principes montanistes de Novatien et plus tard de Donat, ils opposeront un Jésus conciliant, moins intransigeant, moins pénétré d'ascétisme que le Messie de Tertullien, Clément ou Origène.

La critique des sources, qui a attendu la fin du XXᵉ siècle pour s'essayer timidement, montre assez, à travers l'examen des propos du Messie, les divers degrés de transformation du Josué biblique en Jésus de Nazareth.

Lorsqu'une communauté ou Église éprouve le besoin d'affirmer sa cohésion, elle se donne des règles qu'elle fonde sur une autorité plus ancienne. Elle emprunte donc à la Bible ou à des *midrashim* des propos (*logia*) qu'elle attribue au Seigneur, maître spirituel des fidèles, plus tard identifié à Josué/Jésus.

« La parole : "Il y a plus de bonheur à donner qu'à recevoir", présentée par les *Actes des apôtres* (20, 35) comme un *logion* de Jésus, est en fait à l'origine une maxime juive. On la retrouve également en *Didachè* (1, 5), mais il n'est pas certain que ce texte lui reconnaisse le statut de parole du Seigneur. [...] L'Église a adopté des préceptes juifs en les adaptant à ses besoins et en les transformant en *logia* de Jésus [12]. »

En s'hellénisant, les christianismes du IIᵉ siècle se référeront de surcroît à des fables grecques et à des préceptes philosophiques.

Les *logia*, inspirés aussi par les « sagesses » de Salomon et de Jésus fils de Sira, s'inscrivent ensuite dans la perspective du christianisme gnostique. Jérôme, citant un *logion* de l'*Évangile des Hébreux* dans son *In prophetam Ezechielem commentarius* : « Quiconque aura attristé l'esprit de son frère est coupable du plus grand crime », en fait un commandement moral banal, qu'il place dans la bouche de Jésus. Or, le propos participe du gnosticisme, ainsi qu'un passage d'Hermas le précise : la tristesse est un vice, car elle chasse l'Esprit saint qui habite l'âme humaine. L'esprit du frère n'est pas l'*animus*, mais le *pneuma*.

« On peut trouver d'autres raisons théologiques qui conduisirent à la transformation d'anciennes paroles et à l'élaboration de nouveaux *logia* : par exemple à l'occasion de la controverse qui eut lieu à propos du renouvellement du pardon accordé aux pécheurs après leur conversion au christianisme [...] l'argument qui pouvait s'appuyer sur le contenu d'un *logion* ne pouvait qu'en acquérir plus de poids [13]. »

En fait, la grande controverse naquit de la rigueur et de l'intransigeance de la Nouvelle Prophétie. C'est contre elle que les rédacteurs des évangiles mis sous les noms de Matthieu et de Luc prêtent à Jésus ces propos : « Si sept fois par jour ton frère t'offense et que sept fois il revienne à toi en disant : "Je me repens", tu lui pardonneras » (*Évangile attribué à Luc*, 17, 4) ; et dans une mise en scène insistant sur le pardon que méritent, contre l'avis de Novatien ou de Donat, les prêtres apostats : « Alors Pierre s'approcha et lui dit : "Seigneur, quand mon frère commettra une faute à mon égard, combien de fois lui pardonnerais-je ? Jusqu'à sept fois ? Jésus lui dit : Je ne te dis pas jusqu'à sept fois, mais jusqu'à soixante-dix sept fois sept fois » (*Évangile attribué à Matthieu*, 18, 21-22 [14]).

L'expansion populaire du christianisme dans l'Empire gréco-romain, sous l'impulsion de Montan et de Tertullien, aboutit à la traduction anecdotique des spéculations gnostiques, à l'apologue et à la mise en scène des *logia*. Avec la Nouvelle Prophétie se propage une imagerie que l'Église catholique, à l'encontre des réticences protestantes, a toujours encouragée parmi les « simples d'esprit ».

Un passage de l'*Épître attribuée à Barnabé* montre l'origine de l'éponge de vinaigre présentée à Jésus sur la croix :

« L'*Épître de Barnabé* témoigne d'une autre manière, assez simple, de donner à quelque énoncé l'autorité d'une parole du Seigneur. À deux reprises dans ce texte la citation d'un *logion* du Seigneur vient conclure un débat exégétique.

« Dans un premier passage, l'auteur demande dans le cadre d'une discussion sur le sens des rites sacrificiels juifs (*Épître de Barnabé*, 7, 11) : "Et pourquoi met-on la laine au milieu des épines ? C'est une préfiguration de Jésus proposée à l'Église : les épines sont redoutables, aussi celui qui veut enlever la laine écarlate doit-il souffrir beaucoup pour s'en rendre maître à travers l'épreuve." Et de continuer, dans le style des *logia* de Jésus formulés à la première personne, et en faisant précéder la phrase suivante de l'expression φησῖν ("il dit") :

« "Ainsi ceux qui veulent me voir et atteindre mon royaume doivent me saisir à travers l'épreuve et la souffrance."

« Comme Barnabé donne une signification typologique à l'ensemble du rite, une telle parole de Jésus pouvait, à partir du modèle juif, être "dégagée" sans effort particulier.

« Un autre passage (*Épître de Barnabé*, 7, 4-5) offre un second exemple de ce genre de méthode : "Tous les prêtres, mais eux seuls, mangent les entrailles non lavées avec du vinaigre. Pourquoi cela ?" Et Barnabé fait à présent intervenir le Seigneur en personne, pour donner la réponse à sa question :

« "Parce que vous me ferez boire du fiel avec du vinaigre, à moi qui offrirai ma chair pour les péchés de mon nouveau peuple, mangez, vous seuls, pendant que le peuple jeûne et se lamente dans le sac et la cendre [15] !" »

Ainsi se composeront laborieusement les trois évangiles dits synoptiques, harmonisés tant bien que mal, et mis sous les noms de trois inconnus : Marc, dont il existait un évangile secret, que Harnack attribue à Marcion, Matthieu, issu peut-être d'un *Évangile apocryphe attribué à Matthias*, aujourd'hui disparu, et Luc, un styliste, un écrivain professionnel comme Leucius Charinus ou Tatien★. Ils éclipseront de leur « vérité indiscutable » un grand nombre d'évangiles « secrets » (*apocrypha*, en grec), au point que l'Église imposera au mot « apocryphe » le sens de « faux, falsifié ».

Les écrits retrouvés à Nag-Hammadi ignorent toute référence aux synoptiques et le Jésus attesté par quelques textes n'est jamais que l'ange-messie.

★ Il semble acquis pour l'*Évangile attribué à Jean* qu'il s'agit au départ d'un texte, sinon naassène ou séthien, du moins gnostique chrétien. Les plus anciens fragments dateraient — selon l'édition de I. Bel, *Christian Papyri*, Londres, 1935 — des années 125-165.

Mais il importait à l'Église du IVe siècle, en lutte contre Arius et contre Donat, de fixer historiquement le personnage du Messie Jésus afin qu'il ne paraisse plus de «second Christ» comme Montan, et qu'à sa nature divine se mêle «consubstantiellement» la nature humaine d'un prophète dont l'Église de Rome s'érigeait en légataire universel par la filiation de ses douze apôtres — et surtout de Paul, citoyen romain, et de Pierre, premier «pape» de la Nouvelle Jérusalem latine.

Trois christianismes locaux : Édesse et Bardesane, Alexandrie et Origène, Antioche et Paul de Samosate

Tandis que la Nouvelle Prophétie concrétisait pour la première fois, et malgré le dissentiment d'une minorité d'évêques, le projet d'un christianisme lancé à la conquête de l'Empire gréco-romain et aboutissant à l'unité d'Églises rivales, trois cités où s'était enracinée la plus vieille tradition judéo-chrétienne gardaient leurs particularismes et perpétuaient leurs privilèges d'anciennes communautés.

Tel est le cas d'Édesse, d'Alexandrie et d'Antioche, forteresses de l'esséno-nazoréisme.

BARDESANE D'ÉDESSE

Édesse a formé dès la fin du Ier siècle une plaque tournante de l'expansion chrétienne.

« La structure du christianisme archaïque d'Édesse, écrit Drijvers, montre l'existence de groupes variés avec des opinions diverses qui se combattent et se plaignent les uns des autres [1]. »

Là s'est implanté dès le Ier siècle, dans le même temps qu'il agitait les esprits à Alexandrie, à Antioche, à Éphèse, un système de croyances issues de l'essénisme et engendrant, sur un fond de particularismes locaux, des Églises obéissant à leurs propres lois et doctrines.

La communauté ou *ekklèsia* d'Édesse s'est trouvée placée, sans doute par l'action missionnaire de quelque disciple de Theudas, sous le patronage de Jude ou Thomas, élu mythiquement «témoin» du Seigneur.

Son organisation a dû se régler dans le courant du IIe siècle selon des *logia* imputés à Josué/Jésus et prétendument recueillis par Matthias ou Thomas. Les Églises d'Édesse ont perpétué un judéo-christianisme de type elchasaïte, évoluant sans doute vers l'antisémitisme sans verser, semble-t-il, ni dans le marcionisme ni dans le montanisme.

À Édesse fut édifié en 201 le premier bâtiment destiné à la réunion des fidèles et qui prendra le nom d'église. Signe d'une singulière incurie du Dieu tutélaire, il fut détruit peu après par une inondation[2].

Vers 180, l'une des Églises, dirigée par l'évêque Palut, tente d'imposer son autorité à l'ensemble des chrétiens. Ses adeptes se désignent par le nom de « palutiens ». Les luttes de préséance entre les diverses Églises d'Édesse dureront jusqu'au Ve siècle : la faction des palutiens s'assure alors du pouvoir et, se ralliant aux thèses de Nicée, se revendique du catholicisme. Elle s'empressera, par conséquent, d'étiqueter comme hérétiques les Églises qui dans le passé leur avaient manifesté de l'hostilité.

Ainsi en ira-t-il de l'œuvre de Bardesane ou Bar Daysan, qui offre un exemple original d'un des nombreux syncrétismes dont les stratifications successives composent le christianisme des quatre premiers siècles.

Né à Édesse en 144 ou en 155, il appartient à l'aristocratie et reçoit une formation philosophique sérieuse avant de se convertir vers 180 à la religion nouvelle*. Sa vaste culture embrasse de surcroît l'astrologie, l'ethnologie, l'histoire. Avec son fils Harmodius, il compose quelque 150 hymnes, en honneur dans les Églises syriaques.

Son *Dialogue de la destinée* et son *Livre des lois des nations* dont son disciple Philippe recueillit les enseignements n'ont pas échappé à la destruction ordonnée par l'Église, non sans qu'Eusèbe de Césarée ne s'autorise à en citer quelques extraits[3].

Lorsque Caracalla, en 216, porte un coup mortel à l'indépendance d'Édesse, Bardesane s'exile et gagne l'Arménie où, selon Moïse de Chorène, il poursuit des recherches historiques et travaille à la propagation du christianisme. Son enseignement accorde alors une place accrue à l'idée de liberté.

On n'exclut pas une rencontre entre Bardesane et une ambassade indienne envoyée, vers 218, auprès de l'empereur Héliogabale. Il meurt, croit-on, vers 222, laissant des disciples, et des communautés chrétiennes qui se perpétueront jusqu'au Ve siècle.

Son christianisme philosophique se situe à égale distance de la Nouvelle Prophétie, dont il récuse le rigorisme ascétique et le masochisme fanatique, et d'un courant ecclésial visant à s'intégrer, en tant qu'autorité reconnue, dans l'ordre social de Rome.

S'il reprend au valentinien Théodote la conception trinitaire, Père-Fils et Pneuma-Esprit (ou Sophia), qui triomphera à Nicée, il s'oppose à Marcion, rejetant la création démiurgique. Le monde est selon lui l'œuvre d'un Dieu bon puisque, en dépit de ses imperfections, le salut entre dans les possibilités de l'homme. Aussi est-ce à tort qu'Éphrem le Syrien incrimine l'influence de Bardesane sur Mani, fondateur de la religion manichéenne. Si les bardesanites excluent de leur canon les deux épîtres de Paul aux Corinthiens, c'est sans doute en vertu du marcionisme que présentent les versions antérieures aux corrections catholiques.

Il ne divise pas les hommes en trois classes, selon l'opinion gnostique

---

* Il aurait, pour un temps, adhéré à l'école valentinienne.

commune au IIe siècle — hyliques, psychiques et pneumatiques —, mais distingue en chacun trois niveaux dans l'échelle de la conscience : le *soma*, la *psychè*, le *pneuma*. Dieu a donné par le Christ le modèle d'une élévation graduelle qui trace la voie du salut.

Les bardesanites ignorent évidemment les évangiles canoniques, mais se réfèrent aux *Actes de Thomas* et aux *logia* qui composent l'évangile attribué à l'apôtre mythique d'Édesse.

Drijvers décèle une influence de Philon d'Alexandrie, transmise par les milieux juifs, bien implantés à Édesse [4]. La doctrine essénienne et judéochrétienne des deux voies, Lumière et Ténèbres, a laissé des traces dans sa conception de la liberté.

Celle-ci procède d'un esprit d'origine divine, qui, s'unissant à l'âme, descend à travers les sept sphères des planètes (l'Hebdomade) pour s'implanter dans le corps humain à l'instant de la naissance. L'âme ayant subi l'influence des forces planétaires, qu'elle devra amadouer lors de sa future ascension, l'heure de la naissance détermine donc le cours de l'existence et distribue fortunes et infortunes.

Dieu, dans sa bonté, a néanmoins permis à l'homme d'échapper à l'inéluctable. Uni à l'âme, l'esprit s'arroge le privilège d'influer sur les circonstances. La connaissance de l'horoscope intervient d'une manière décisive dans le salut. Adam a fait mauvais usage d'un tel don et n'a pas autorisé son âme à retourner aux lieux de son origine divine, que Bardesane appelle « la chambre nuptiale de Lumière★ [5] ».

La venue du Christ — encore conçu comme *angelos-christos* non comme fondateur historique d'une religion — a dévoilé à l'âme le chemin du salut, la manière de démêler obscurité et ténèbres pour vaincre la détermination des planètes et assurer sa rédemption finale. Bardesane expose ici la théorie du libre arbitre, cheval de bataille du futur catholicisme.

Envoyé de Dieu, Jésus n'a rempli d'autre mission que d'indiquer par le sacrifice de la chair la voie salvatrice et la gnose qui enseigne comment sortir de l'obscur chaos du corps. Nulle outrance ascétique comme en exige la Nouvelle Prophétie, mais un exercice sacrificiel qui élève l'esprit et, l'unissant au souffle de l'âme, détient le pouvoir de vaincre la conjuration des injonctions planétaires pour retourner à la lumière. Qui s'identifie au Christ modifie les lois astrologiques et accroît sa puissance sur le macrocosme. Tel est l'enseignement de Bardesane. C'est, inversé par son antiphysis et dénaturé par l'exemple christique, le propos de Simon de Samarie. Un propos qui, si christianisé qu'il soit, n'en demeure pas moins inacceptable pour une autorité ecclésiale puisque Bardesane confie l'œuvre de rédemption aux mains de chacun, sans l'aide d'une Église.

★ L'*Évangile attribué à Philippe* évoque vers la même époque la relation entre rédemption et *koinôn*, « chambre nuptiale », où s'accomplit l'union avec le Plérôme, la Totalité divine ou Ogdoade. L'âme, l'esprit et le corps y donnent naissance à une traduction anecdotique assez piquante : « Trois marchaient avec la Seigneur en même temps : Marie sa mère et sa sœur et Madeleine qu'on appelle sa compagne. Car Marie est sa sœur, est sa mère et est sa compagne » (§ 32).

AUDI

À en croire Michel le Syrien, l'archidiacre Audi (ou Audie) appartient, vers la fin du IIIe siècle et le début du IVe, aux communautés bardesanites. À l'appui de sa légitime autorité, il produit des Apocalypses et des *Actes des apôtres*, que l'Église constantinienne, adoptant la ligne politique des «palutiens», condamnera comme «apocryphes».

Le théologien arabe du XIIe siècle Grégoire Bar-Hebraeus attribue à Audi 94 Apocalypses ou Révélations. Sous la réduction méprisante et anecdotique qu'il impose aux idées d'Audi transparaît la doctrine bardesanite de la descente et de la résurrection de l'Esprit confronté aux æons planétaires : «[Audi prétend] que le Christ est descendu de tous les firmaments et que leurs habitants ne l'ont pas connu, et que son corps était céleste, et qu'il fut blessé par la lance et qu'il ne fut pas blessé, qu'il fut pendu au bois et qu'il ne fut pas pendu [6].»

La conception d'Audi ne diffère pas essentiellement de celle d'Arius dont la querelle, à la même époque, irrite tant la tyrannie naissante de l'Église catholique, apostolique et romaine. Audi rejettera les décisions de Nicée. Exilé en Scythie, il propagera son christianisme parmi les Goths [7].

ORIGÈNE D'ALEXANDRIE

Le sort réservé à Origène et à son œuvre dévoile le travail de falsification accompli par l'Église après le tournant constantinien. Authentique martyr chrétien et philosophe au service de la foi, il subit une condamnation pour hérésie parce que, en dépit des remaniements de sa doctrine, sa christologie est encore celle de l'ange-messie et son Jésus puise sa source en Josué. Il nourrit de surcroît des sympathies pour la Nouvelle Prophétie, se voue à l'ascétisme avec une rigueur déconcertante, qui l'autorise à mépriser le clergé apostat de son époque — celui dont l'Église constantinienne revendiquera l'héritage.

Son œuvre, réduite comme par hasard à de menus fragments, tient en plusieurs gros volumes, tant le zèle des Rufin et autres gardiens de l'orthodoxie ont pris soin de la reconstituer et de la rectifier selon la droite ligne du dogme.

Né vers 185 de parents chrétiens à Alexandrie, cité de toutes les doctrines, il est dans l'adolescence quand son père, Léonidès, livré au supplice en 201, périt lors des persécutions engagées contre la Nouvelle Prophétie.

Il s'initie à la philosophie néo-platonicienne, qu'il tente d'accorder avec le christianisme. Disciple de Clément d'Alexandrie, il combat l'ouvrage de Celse, *Le Discours vrai*, dirigé contre la nouvelle religion. Il rencontre à Rome Hippolyte, évêque et philosophe, à qui est parfois attribué l'*Elenchos*. De même qu'Hippolyte, proche en cela de Tertullien et des montanistes, vitupère le laxisme d'un autre évêque de Rome, Callixte*, Origène, qui a succédé à Clément à la tête du *didaskalè* chrétien d'Alexandrie, entre en conflit avec l'évêque Démétrius. Il est vrai qu'Origène a poussé le souci de la chasteté jusqu'à se châtrer, afin de résister sans ambages aux tentations de la chair. Contraint de s'exiler à Césarée en 231, il mourra des suites des tortures infligées vers 254, sous la persécution de Dèce.

Mal noté par le parti clérical des *lapsi*, il s'attire, un siècle après sa mort, les foudres d'Épiphane de Salamine, avant d'être condamné officiellement par l'empereur Justinien Ier au deuxième concile de Constantinople, en 553.

L'Église lui reproche d'avoir négligé le caractère historique de Jésus-Christ, sous doute trop fraîchement inventé et que l'habileté de Rufinus, qui amenda, expurgea, corrigea tout ce qui ne concordait pas avec le dogme, ne réussit pas à introduire.

Car Origène, interprétant la Bible dans un sens allégorique, identifie le Christ à un Logos éternel, nommé Josué, qui est retourné vers le Père sans cesser d'être présent dans l'esprit des chrétiens. Ses commentaires sur Jésus, fils de Noun, expliquent : « Dieu a donné le nom qui est au-dessus de tout nom à Jésus-Christ notre Seigneur. Or le nom qui est au-dessus de tout nom, c'est Jésus [...]. Et parce que ce nom est au-dessus de tout nom, pendant des générations nul ne l'a reçu. » Et Origène rappelle la première mention de Jésus. Elle se trouve dans l'*Exode* : « Dieu appela Jésus et l'envoya combattre contre Amalec. »

Dans la préface à l'édition de l'*Homélie sur Josué/Jésus*, Annie Jaubert souligne l'importance de la typologie de Josué : « La raison est que cette typologie se constituait précisément en opposition au judaïsme. Nul pour les juifs n'était plus grand que Moïse, prophète et législateur ; les chrétiens devaient prouver que déjà l'Ancien Testament, à travers la personne de Jésu Navé, manifestait la supériorité de Jésus sur Moïse [8]. »

Comment ne pas inférer d'un tel raisonnement l'apparition de Jésus comme fondateur mythique du christianisme au début du IIe siècle, un double de Moïse que le *remake* gréco-latin érigera en agitateur montaniste puis en fondateur de l'Église romaine ?

Origène conserve en effet un christianisme dont l'esprit s'est formé originellement à Alexandrie, dans les cercles de spéculation esséniens, nazoréens, philoniens, elchasaïtes. Comme Clément, il reste un gnostique en ce sens que la connaissance dévoile à la conscience ce que la foi de la Nouvelle Prophétie dévoile au corps, une purification en quoi réside l'accès au salut. À ce prix, Dieu, dans l'infini de son amour, accordera une rédemption universelle où les démons et le Diable lui-même seront sauvés.

Malgré les calomnies des prétendus « Pères de l'Église », dont les moins bornés admirent son érudition, Origène se perpétuera dans les ouvrages du Pseudo-Denys l'Aréopagite, de Grégoire de Nysse, de Jean Scot Érigène, voire de Hildegarde von Bingen et d'Eckhart.

---

* Que nombre d'historiens tiennent tout de go pour un pape.

PAUL DE SAMOSATE, ÉVÊQUE D'ANTIOCHE

Au début du IV⁰ siècle, à Édesse, le roi Abgar, converti à une religion récemment reconnue par l'État, fait circuler des lettres personnelles adressées à Jésus-Christ et auxquelles celui-ci a obligeamment répondu. Ainsi réédite-t-il à son profit l'opération engagée par l'Église pour prêter à Jésus, Paul et Pierre un statut de personnages historiques. Rejetées plus tard comme des faux grossiers, ces lettres ne diffèrent pourtant des textes du Nouveau Testament que par leur seul degré, trop élevé, d'invraisemblance.

Le roi Abgar, comme tous les potentats touchés par l'affairisme de Rome, se sert du catholicisme comme d'un instrument de pouvoir. Il réorganise le clergé de la cité, lui confère une forme monarchique, transforme les temples en églises, les fêtes traditionnelles en sacres des saints, balisant religieusement l'espace et le temps de la cité comme l'Église l'entreprendra à l'échelle de l'Imperium Romanum [9].

Paul de Samosate, évêque d'Antioche en 260, anticipe de cinquante ans sur la réforme du roi Abgar. À la charge de gouverner l'Église d'Antioche, il ajoute celle du gouverneur de la province syrienne de Commagène et de secrétaire commis aux finances de la reine Zénobie de Palmyre.

Personnage de premier plan dans la région, il vit dans les meilleurs termes avec Zénobie, favorisant un nationalisme syrien qui éveille la suspicion de Rome et encourage la fronde de ses pairs et rivaux ecclésiastiques. Un synode réuni à Antioche le dépose en 268.

Sa doctrine montre la ligne d'incertitude où s'arrêtait encore le débat sur la nature du Christ. Pour Paul de Samosate, Dieu a engendré le Logos qui peut être appelé le Fils. Le Logos a inspiré Moïse et les prophètes, puis Jésus, qui n'était qu'un homme quand, au baptême, le Logos entra en lui, le transformant en un être parfait. Dès lors, il accomplit des miracles, triompha du péché en lui et en tout homme, de sorte que sa mort racheta et sauva l'humanité tout entière. Il a préexisté et jugera les vivants et les morts.

Ironie des choses, le synode qui le déposa rejeta le terme *homoousios* (consubstantiel) par lequel Paul désignait l'identité de Dieu et du Christ ; or c'est la qualité même que l'Église imposera au IV⁰ siècle comme seule vérité trinitaire.

Sa conception de la Trinité revêtait, il est vrai, une tournure personnelle peu compatible avec l'idée que s'en forge l'Église du IV⁰ siècle. Selon Leontius de Byzance, «il donnait le nom de Père à Dieu qui créa toutes choses, celui de Fils à lui-même qui était purement homme, et Esprit à la grâce qui résulte des apôtres [10]».

Théodore de Mopsueste lui prête un propos dont l'écho, mille ans plus tard, se répercute encore parmi les amauriciens et les partisans du Libre-Esprit : «Je n'envie pas le Christ parce qu'il a été fait Dieu ; car tel qu'il a été fait, j'ai été fait, puisque cela se trouve dans ma nature [11].»

Ses ennemis ne cèdent pas exagérément aux facilités du mensonge quand ils affirment qu'à Antioche les psaumes chantés l'étaient moins en l'honneur de Dieu qu'en son honneur. Il accordait dans les offices religieux une place aux femmes, mais rien ne permet d'affirmer que ce ne fût à l'instar des montanistes et de leurs vierges prophétesses.

Les hérésiologues décèlent son influence dans le nestorianisme du Ve siècle et dans le mouvement paulicien en lutte contre Byzance dès le VIIIe siècle.

CHAPITRE XVIII

Novatien, le clergé apostat
et la réaction antimontaniste

Le souffle du christianisme populaire avait attisé les bûchers où se consumaient les fidèles et que nourrissait le ressentiment des foules accoutumées aux pogromes et à la chasse aux juifs. Le pouvoir impérial imputa, selon l'usage, la responsabilité des désordres non aux bourreaux mais aux victimes. Les persécutions d'État relayèrent les lynchages sournoisement fomentés, frappant indistinctement tous les partisans d'un Dieu hostile aux autres divinités.

En 202, Septime Sévère, à l'encontre, dit-on, de son épouse, Julia Mammea, favorable à la religion nouvelle, promulgue un édit interdisant le prosélytisme, tant juif que chrétien. La mort de l'empereur suspend la répression ; elle se ranime sous Maximin, s'éteint de nouveau, non sans se rallumer sporadiquement dans l'ordinaire flambée des pogromes. L'un d'eux éclate en Cappadoce, à l'instigation du gouverneur. Celui d'Alexandrie, en 249, inspire à Dèce des rigueurs accrues. Ainsi rêve-t-il de restaurer les valeurs religieuses anciennes et de revigorer, par l'anéantissement des juifs et des chrétiens, l'unité de l'Empire. Un projet similaire roule dans la tête que les évêques influents ont su garder sur les épaules. Il fonde peu à peu une doctrine nouvelle, une manière de christianisme réaliste et politique : le catholicisme.

Parmi le petit nombre de victimes des procès engagés dès 250, le philosophe Origène, adepte de l'ascétisme montaniste, meurt des suites des tortures endurées.

Un rescrit de Valérien, promulgué contre les chrétiens en 257, leur suggère non de renier leur culte, mais de sacrifier dans le même temps aux dieux anciens. L'édit de tolérance de Gallien rétablit la paix en 260. Pourtant, l'idée d'une religion nationale poursuit son chemin. L'empereur Aurélien, pénétré du désir de raviver l'éclat de Rome, par le rayonnement d'une croyance universelle, rajuste à sa mesure le vieux monothéisme du *Sol invictus*, le culte du Roi Soleil. La mort l'empêche de redorer un sceptre que la propagande ecclésiale récupère aussitôt : elle assimile Jésus-Christ au Soleil invaincu. Sous la férule d'évêques agglutinés à leurs prérogatives, et aux aguets de toutes les compromissions profitables à leur pouvoir, l'austère christianisme des essé-

niens, des nazoréens, des gnostiques, des marcionites, de la Nouvelle Prophétie s'apprête à se prostituer dévotement à l'État.

Dès l'Édit de Galien, l'exercice du christianisme est toléré par la police et
les gouverneurs. Mais la trêve s'interrompt brutalement pour laisser place
à la dernière et à la plus sanglante des répressions, celle de Dioclétien qui,
de 303 à 305, poursuit d'une fureur également insensée chrétiens et manichéens. Ceux qui abjurent, et ils sont nombreux, cessent d'être inquiétés.

L'édit de tolérance accordé par Galère en 311 souffre une brève interruption sous Maximin, mais celui-ci est vaincu en 313 par Licinius, dont la victoire annonce le triomphe du christianisme comme religion d'État.

Eusèbe de Césarée, thuriféraire de l'empereur, qui par cautèle et flagorne-
rie a assuré son crédit à la cour, n'entreprend pas sans raison d'exalter la foi
et la fermeté de martyrs qu'il estime à plusieurs dizaines de milliers. Frend,
historien des persécutions, dénombre, pour plus d'un siècle, de 2 500 à
3 000 victimes en Orient contre 500 en Occident[*][1]. Prêtres et évêques proches de Rome abjurèrent donc plus volontiers que les Orientaux, solidaires
d'Églises locales, dont l'hostilité au pouvoir romain ne désarmera pas de sitôt,
suscitant le donatisme et l'arianisme avant de provoquer le schisme de Byzance.

Par son culte hyperbolique des martyrs, Eusèbe fait songer à Staline qui
allie la glorification du bolchevisme originel au massacre de ses survivants.
Qui a œuvré le mieux au triomphe d'Eusèbe et de la bureaucratie cléricale,
dont le filet de mailles s'abattra sur le monde ? Les *lapsi*, les apostats, les relaps.
Quant au christianisme authentique, le parti de la Nouvelle Prophétie, seul
détenteur de la palme des martyrs, il tombera, sous le nom de montanisme,
dans les poubelles de la «perversion hérétique».

Dès le début du IIIe siècle, la tension s'accroît entre les chrétiens fervents,
plus attachés à la foi qu'à la vie, et les évêques dont le sens des réalités préfère un prêtre renégat à un prêtre mort. Passée la tourmente, le renégat dispose en effet, pour la plus grande gloire de l'Église, du loisir d'exploiter à
des fins édifiantes l'œuvre des martyrs. Vieil argument des factions où les
principes le cèdent à la nécessité. Le délire masochiste des chrétiens du IIe siècle offrait, il est vrai, à des esprits pondérés quelques raisons de se ressaisir
et de réprouver tant d'offrandes à la mort. Soit. Mais le «parti des évêques»,
méprisé par Hermas, Origène, Tertullien, s'emploie d'abord, tandis que Rome
accroît l'ampleur de sa répression, à sauvegarder un pouvoir ecclésial dont
la modération fait coup double en se gardant des fureurs policières et en
condamnant un ascétisme peu compatible avec la licence gréco-romaine.

Déjà Tertullien avait stigmatisé le laxisme de certains évêques et leur goût
du pouvoir. «*Episcopatus semulatio schismatum mater est*», écrivait-il dans son
Adversus Valentinos : «La rivalité des évêques est source de schismes. »

Callixte, un des principaux évêques de Rome entre 217 et 222, s'attire la
réprobation d'un autre évêque, Hippolyte, parfois identifié à l'auteur de l'*Elen-*

---

[*] Les catacombes de la Via Latina sont datées des années 320-350 ou 350-370.
Contrairement aux assertions des légendes saint-sulpiciennes, aucun sarcophage chrétien
connu n'est antérieur au IIIe siècle.

chos. Accusé de laxisme parce qu'il accorde l'ordination à des prêtres rema-
riés (Tertullien et le montanisme interdisent le remariage), Callixte entre, pour
l'auteur de l'*Elenchos*, dans la catégorie des hérétiques : « Un chrétien d'une
autre école vient-il à pécher ; ce péché, quel qu'il soit, ne lui est pas imputé,
disent-ils, pourvu que le coupable accoure à l'école de Callixte. » L'école de
ce Callixte (que les historiens tinrent longtemps pour un pape et dont le nom
a été donné à des catacombes) est, selon l'*Elenchos*, aux mains de suppôts
de l'avortement : « C'est alors que des femmes, soi-disant chrétiennes, commencèrent à faire usage de médicaments propres à empêcher la conception
et de bandages destinés à les faire avorter [2]. »

Le pseudo-Hippolyte n'hésite pas à situer Callixte dans la ligne de cet elchasaïtisme né dans la troisième année de Trajan (vers 100) et dont un certain
Alcibiade aurait possédé le livre sacré. L'hérésie, comme il apparaît ici et
comme le confirmera la suite, circonscrit d'abord une catégorie où serrer de
manière infamante ce qui s'oppose ou conteste l'autorité de l'évêque. Callixte, assassiné dans une émeute vers 222, a beau subir les foudres de l'*Elenchos*, sa politique « laxiste » lui ouvrira les portes de la sainteté. Mieux, les
dictionnaires le consacreront seizième pape de Rome, bien que la papauté
n'apparaisse pas avant le VIIe siècle.

Vers 250, Cyprien, évêque de Carthage, où dominèrent Tertullien et la Nouvelle Prophétie, s'érige en défenseur des *lapsi*. Sa doctrine, exposée dans un
essai *Sur l'unité de l'Église*, jette les bases politiques du catholicisme. Pour
lui, tout évêque légitime est héritier de la « chaire de Pierre » et a le droit de
combattre quiconque la lui conteste. Tel est le principe qui le plus souvent
fonde l'hérésie. L'expression « chaire de Pierre » ici destinée à renforcer le
pouvoir local sera attaquée par Étienne, évêque de Rome vers 254-257, esquis-
sant le conflit du IVe siècle entre Rome, qui accapare la « chaire de Pierre »
et accrédite l'exécution de Simon-Pierre dans la cité impériale, et les Églises
fortement implantées en Orient.

Contre la *Realpolitik* ecclésiale, Novatien tente de ranimer les ardeurs de
la foi montaniste. Ordonné évêque en 249, il n'échappe pas à la querelle des
préséances, qui dresse les uns contre les autres les chefs de communautés.
Après l'exécution de l'évêque Fabien, Novatien prend le contrôle d'une partie du clergé romain et prône une rigueur accrue dans l'ascétisme et les devoirs
de la foi. Indigné par le grand nombre des fidèles et des prêtres qui abjurent
en acceptant de sacrifier à l'empereur ou en achetant des certificats d'abjuration, il refuse d'admettre à nouveau dans la communauté les coupables d'un
reniement. À l'encontre d'un autre évêque de Rome, Cornelius, partisan de
la modération, Novatien développe un courant pénitenciel et s'assure le soutien de plusieurs Églises. Il ordonne lui-même d'autres évêques ralliés à ses
déterminations.

Sa doctrine émane directement de la Nouvelle Prophétie. Dans *Sur les avantages de la chasteté*, il abjure les membres de l'« Église virginale » de rester purs
pour garder un lieu d'accueil à l'Esprit saint. Tertullien ne s'exprimait pas
autrement. L'influence d'Origène se traduit dans son écrit *Sur les nourritures*

juives où il perçoit dans les aliments condamnés par les textes bibliques la description allégorique des vices.

Ses ennemis, Cornelius de Rome et Cyprien de Carthage, tenaient en estime un traité appelé plus tard *Sur la Trinité*, bien que le mot *trinitas* n'y figurât pas. Il y disserte de l'unité du Père et du Fils. Parce que le Fils de Dieu est devenu homme, il peut conduire l'humanité au salut éternel. Après le tournant constantinien, de telles spéculations seront invoquées à l'appui d'un conflit qui s'accentuera : celui des Églises locales, proches des fidèles et attentives à la foi, opposées à l'Église centralisée et fonctionnarisée de Rome et de son empereur[3].

CHAPITRE XIX

L'arianisme et l'Église de Rome

Le concile de Nicée, réuni sur les ordres de Constantin, porte à 325 la date de naissance de l'orthodoxie, et par conséquent des hérésies. La ligne tortueuse d'un dogme qui mettra des siècles à préciser son immuable vérité s'arroge alors le privilège d'une rectitude que les Eusèbe, Épiphane, Augustin, Jérôme et consorts prolongeront vers le passé et jusqu'à ce Jésus, élu fondateur de l'invariance catholique.

L'Église pousse alors le cynisme jusqu'à se revendiquer d'un christianisme dont elle condamne comme hérésies les manifestations successives : nazoréisme, elchasaïtisme, marcionisme, antimarcionisme, gnosticismes chrétiens, Nouvelle Prophétie.

La notion d'*hairèsis*, ou choix discutable et sujet à polémique, était devenue au IIIe siècle une arme grâce à laquelle les évêques défendaient leurs privilèges contre toute contestation. Aux mains d'empereurs puis de papes, elle se trouvera assimilée juridiquement à un crime de lèse-majesté. Lorsque les papes arracheront à l'Empire déclinant l'autorité ecclésiale qu'il s'était arrogée, ils perpétueront en droit la vieille législation romaine jadis utilisée contre les juifs et les chrétiens, qualifiés de «rebelles» à l'État et de «pervers» contrevenant à l'ordre moral.

En s'imposant comme empereur de droit divin, Constantin menait à bien une entreprise politique où ses prédécesseurs n'avaient réussi que médiocrement. Le parti des collaborateurs, que forment les chrétiens *lapsi*, rencontre les visées de Constantin qui, après avoir vaincu Maximin et Licinius, entend consolider l'unité de l'Empire. Nourrie par la conception d'un monarchisme ecclésial érigeant Rome en Nouvelle Jérusalem, la raison d'État préside à la naissance d'un catholicisme dont le triomphe restera à jamais grevé par le souvenir des christianismes qui le fondèrent et qu'il traita en bâtards et en avortons.

Les polémiques des trois premiers siècles entraient dans la liberté des options. Le concile de Nicée définit la vérité religieuse et inaugura dès lors la permanence du mensonge : forgerie des évangiles, falsification des écrits, destruction des ouvrages hétérodoxes, fabrication d'une histoire officielle à laquelle la plupart des érudits et historiens souscrivent encore aujourd'hui.

Constantin touché par la grâce ? Allons donc. J'emprunte les lignes suivantes au catholique Henri Guillemin : «Constantin ne croit pas, ne croit en aucune façon à "Jésus-Christ" ; c'est un païen et qui ne se convertira (s'il l'a fait) qu'au seuil de la mort en 337. Lorsqu'il ordonne, en 325, la réunion de Nicée, c'est seulement quelqu'un d'avisé, un réaliste, un "pragmatique" et qui, devant la montante importance numérique prise dans son Empire par les sectateurs de "Krestos", tire de ce fait les conséquences qui s'imposent pour le bien de son gouvernement [1]. »

Au lit de mort de l'empereur se trouvait le véritable père du catholicisme, Eusèbe de Césarée.

EUSÈBE DE CÉSARÉE

Dans son commentaire sur la *Vie de Constantin*, écrite par Eusèbe de Césarée, Jacob Burckhardt qualifie celui-ci de « premier historien totalement malhonnête et injuste de l'ancien temps [2] ».

Pour comprendre la nécessité où Eusèbe se trouve de fabriquer une *Histoire ecclésiastique*, des textes canoniques et une filiation apostolique avec les pièces éparses d'un puzzle de trois siècles, il convient de rappeler qu'il est avant tout le premier théoricien à « introduire une conception rationnelle du pouvoir impérial à l'intérieur d'une idéologie et d'une métaphysique cohérente [3] ».

Pour Eusèbe, « le royaume terrestre est à l'image du royaume céleste ». La tâche du souverain est celle du Logos : faire régner la loi ici-bas. «Portant l'image du royaume céleste, les yeux fixés vers le ciel, il dirige et gouverne les mortels sur le modèle de l'archétype fortifié par l'imitation de la puissance monarchique [du Logos] [4]. »

Son histoire de l'Église doit logiquement mener à la théologie qu'il développe et qui n'est autre que la justification du pouvoir de Constantin, incarnation du Logos par la grâce du Dieu qu'il a pour devoir de servir :

«Dieu le Père, qu'il appelle l'empereur suprême, a certes créé le monde. Après l'avoir créé, il l'a enserré dans les rênes de la sagesse divine en lui faisant subir la contrainte du temps et du cycle des années. Mais il a confié ce monde une fois créé à son fils unique, le Verbe. Eusèbe de Césarée fait de celui-ci "l'éminent modérateur du monde", le "conservateur commun à toutes choses" ; le Cosmos lui a été donné pour qu'il le gouverne ; "Dieu lui a confié les rênes de cet univers". "Il a reçu du Père infiniment bon un rôle héréditaire" ; "il dirige aussi bien ce qui est à l'intérieur qu'à l'extérieur de la voûte du ciel", et impose à toutes choses de s'harmoniser dans la concorde.

«Le Logos est donc le gouverneur du Cosmos, celui qui maintient l'ordre dans la création. Il fait de toutes choses une harmonie, ajoute plus loin, Eusèbe de Césarée. Il n'est pas pour autant un vice-roi totalement extérieur à l'ensemble qu'il gouverne. Il est comme l'âme et l'esprit du monde. Eusèbe de Césarée décrit, en effet, ses fonctions dans un passage caractéristique : "Le Verbe divin, dit-il, ne se compose point de parties et n'est point constitué de contraires, mais il est simple et indivisible. De même que dans un corps les parties et les membres, les viscères et les intestins sont multiples dans leur assemblage, mais qu'une âme unique, un esprit unique, indivisible et incorporel, sont répandus dans l'ensemble ; de même dans cet univers le monde lui-même est un, tout en étant combiné de parties multiples, mais le Verbe Divin, doué d'une force immense et tout-puissant, unique lui aussi, déployé dans l'univers, non pas errant à l'aventure, mais répandu dans toutes choses, est la cause de tout ce qui s'y fait[5]." »

La théologie fournira désormais son cadre privilégié aux aléas de la politique ecclésiale et du pouvoir impérial, toujours solidaires en dépit de violentes rivalités. Elle s'empare ainsi de deux doctrines qui n'offrent ni la moindre nouveauté ni rien de religieusement choquant : le donatisme et l'arianisme. La première s'inscrit dans la lignée de la Nouvelle Prophétie et de Novatien, la seconde ravive les spéculations gnostico-chrétiennes sur les relations entre Dieu et son Messie.

ARIUS

Bien que son nom se soit trouvé investi d'une gloire propagée par l'artifice d'un prétendu parti arien, Arius ne justifie ni par sa vie ni par ses œuvres la célébrité dont il fut gratifié. Né en Libye ou à Alexandrie vers 260, il étudie auprès de Lucien d'Antioche et vit à Alexandrie où il est mentionné pour la première fois par Pierre, évêque de la ville, exécuté en 311. Il appartient à cette catégorie de prêtres à l'affût d'honneurs et de prééminences. Partisan de Melitius de Lycopolis, rival du défunt Pierre, il accède à la prêtrise sous le successeur de l'évêque martyr, Achillos, puis s'élève en grade sous l'évêché d'un certain Alexandre. Prônant l'ascétisme, il accroît sa popularité auprès des fidèles toujours sensibles à la vieille influence du montanisme rénové par Novatien.

En 318, il s'oppose à son évêque, lui reprochant d'avoir, dans un sermon, attribué une égale éternité au Père et au Fils. Pour Arius, le Fils n'est ni éternel ni égal au Père ; créé selon le principe de toutes choses, il ne reçoit sa nature divine qu'une fois investi sur terre de sa mission de sauveur. La première opinion s'apparente au gnosticisme juif, essénien ou nazoréen, selon lequel Adam ou le nouvel Adam érigé en messie rédempteur est cocréateur du monde. La seconde relève du montanisme : le messie est un homme, partageant les vicissitudes de la commune existence humaine, mais l'Esprit divin s'est incarné en lui à la naissance, puisqu'il est fils de la Sophia ou de Marie. Les deux s'inscrivent dans l'évolution du christianisme des premiers siècles.

Un synode d'une centaine d'évêques, réuni vers 318 ou 319, exclut Arius et ses partisans de la communauté chrétienne, lui refusant la communion qui marque l'appartenance à la congrégation. Il quitte Alexandrie et gagne Nicomédie où il jouit de l'appui de l'évêque Eusèbe, non sans avoir écrit un pamphlet, *Thalia* (le Banquet) en vers et prose, qui connaît un grand succès populaire. Alexandre rétorque par un rapport circonstancié sur la querelle. L'hostilité de Licinius aux chrétiens et sa guerre contre Constantin relèguent les débats au second plan des préoccupations, mais, une fois Constantin maître de l'Empire après la défaite de Licinius, il s'investit triomphalement de la double souveraineté spirituelle et temporelle, et, à la demande des amis d'Arius, convoque un concile à Nicée, non loin de Nicomédie.

En 325, Constantin, circonvenu par son conseiller Hosius de Cordoue, gagné au parti de l'évêque Alexandre, détermine trois cents évêques à prendre position contre Arius.

Le credo de Nicée résulte d'une opinion impériale hostile à la théorie d'Arius selon laquelle «Dieu était quand le Fils n'était pas» et «il n'existait pas avant de naître». Il fait du Fils un «vrai Dieu issu du vrai Dieu et formant une même substance avec le Père», que rend le terme grec *homoiousios*.

Arius s'incline et renie sa doctrine. En 328, Eusèbe de Nicomédie et Théognis de Nicée, exilés avec leur ami Arius, regagnent leur siège. En 335, le synode de Tyr réhabilite Arius. Constantin, dont le seul désir, en l'excluant, était d'assurer l'unité de la jeune Église universelle, s'apprête à le réintégrer dans le clergé d'Alexandrie quand l'infortuné contestataire meurt en 336*.

D'une querelle inconsistante, où seule importait l'autorité de l'empereur élevé à la dignité de *pontifex maximus* — de souverain pontife —, les théologiens ont tiré un énorme fatras d'implications aussi tonitruantes que creuses. Sous les arguties de ce parti arien, artificiellement gonflé pour prêter de l'importance à l'infime, se profilent toujours une lutte de pouvoir entre Rome et les Églises orientales, et un incessant combat entre l'Occident et Byzance.

D'un point de vue spéculatif, il était aisé de brandir à l'encontre de l'évêque Alexandre et de sa thèse «Dieu éternel, Fils éternel» le reproche de dualisme, voire des «deux Dieux» de Marcion. C'est pour parer au marcionisme, dont se revendiquait la religion manichéenne, que le credo de Nicée implique la reconnaissance d'un Dieu unique.

À la mort de Constantin Iᵉʳ, la réconciliation semble régner. Pourtant, très vite, son successeur, Constant, soutient le parti de Nicée, tandis qu'en Orient Constantin II apporte son appui aux ariens. Après la mort de Constant en 350, Constantin II, manœuvrant par le truchement de plusieurs conciles, tente d'arianiser l'Occident et chasse les ennemis d'Arius.

Cependant, des dissensions naissent de la soudaine victoire de l'arianisme. Trois factions se dégagent : les anoméens affirment que le Fils n'est pas sem-

---

* La version officielle et chrétienne de sa mort voulut lui décocher la dernière flèche de l'élégance polémique en propageant le bruit qu'il avait trépassé inopinément en satisfaisant un besoin urgent. L'abbé Pluquet, après d'autres hérésiologues, se réjouit fort d'une preuve aussi éclatante du courroux divin [6].

blable (*anomoios*) au Père ; les semi-ariens ou homoiousiens, que le Fils participe de la même substance (*homoiousios*) que le Père ; les homoéiens, que le Fils est comme (*homoios*) le Père.

En fait, les positions doctrinales ne sont que des pions sur l'échiquier des influences rivales : Valens, empereur de 364 à 378, penche en faveur des homoéiens. Gratien et Théodose Ier★ défendent Nicée. Les décrets de 380 et 381 condamnent l'arianisme, chassent ses partisans de l'Église et préludent à plusieurs exécutions, premières victimes de l'orthodoxie avant Priscillien. En 381, le concile de Constantinople réaffirme le credo de Nicée et condamne les semi-ariens ou homoiousiens.

Avec l'émergence d'une religion d'État, l'*episcopatus aemulatio*, la course aux honneurs épiscopaux, que raillait Tertullien et dont il faisait la «mère de tous les schismes» se déchaîne d'autant plus aisément que la destinée de martyr n'est plus à redouter.

Rhéteur à Antioche et né en Cilicie vers 300, Aétius a été disciple d'Arius avant de fonder le parti anoméen et d'assurer sa propre doctrine en décelant une dissemblance entre le Père et le Fils, où s'est incarné le Logos ou Saint-Esprit. Ami de l'empereur Gallus, il dispose des chances de faire triompher ses vues, mais le sort lui est contraire. Condamné à l'exil à la chute de Gallus (354), il suscite la réprobation du concile d'Ancyre (358) et de Constantinople (360). Rappelé par l'empereur Julien et nommé évêque, il résilie ses fonctions à la mort du dernier empereur tolérant (celui que l'Église nomme l'Apostat parce qu'il voulut restaurer la liberté religieuse). Il participe à la révolte de Procope, cousin de Julien, échappe de peu à la peine capitale et meurt peu après à Constantinople où son secrétaire, Eunome, développera une doctrine selon laquelle le Père et le Fils, dissemblables en essence, sont unis par une même volonté.

Athanase, le successeur d'Alexandre, combattant les thèses d'Arius et d'Aétius, renforce le parti nicéen et invente le parti arien dans son *Discours contre les ariens*; il l'affuble d'une puissance menaçante pour la foi et fait d'Arius l'esprit même de l'hérésie.

D'une hyperbole théologique où s'abritaient de banales rivalités de pouvoir entre les notables de Rome, d'Alexandrie, d'Antioche et de Constantinople jaillit une vocation missionnaire arienne qui faillit emporter la palme de l'orthodoxie en gagnant la sympathie des nouvelles puissances rivales de Rome.

Constantin n'avait condamné Arius qu'en vue de garantir et l'unité de l'Église et celle de l'Empire. Arius menaçait la stabilité et l'ordre dans la seule mesure où son influence ne recueillait pas l'adhésion du plus grand nombre. Constantin ne l'ignorait pas qui, exilant Arius, condamna au même sort son principal ennemi, Athanase. De même, Constantin II tient également à l'écart Athanase et Aétius, dans l'incertitude où se situe encore l'orthodoxie. Tout

★ Théodose impose à tous les chrétiens une foi orthodoxe à laquelle il apporte la fermeté répressive qui empêchera désormais de dévier de la raison d'État. Il est, au sens strict, le fondateur de l'orthodoxie catholique.

peut à chaque instant se renverser. Affaiblis par l'édit de tolérance de l'empereur Julien (361-363), les deux partis connaîtront chacun une manière de victoire. Les nicéens l'emportent en Occident, les missionnaires anoméens convertissent les Goths qui, envahissant l'Espagne et l'Afrique du Nord, y imposeront l'arianisme. Quant à Byzance, dont l'hostilité à l'égard de Rome n'a cessé de croître, elle prêtera à son schisme un prétexte théologique en rejetant une formule post-nicéenne née dans l'Espagne du VIIe siècle : « L'Esprit saint procède du Père *et* du Fils », querelle dite du *Filioque* (et du Fils).

Les rivalités entre factions ariennes, anti-ariennes ou pseudo-ariennes rallièrent bon nombre d'individus en quête d'une promotion sociale ou animés par le simple opportunisme★. Acace, évêque et successeur d'Eusèbe de Césarée, ne fut-il pas successivement arien sous Constance, nicéen sous Jovien, anoméen sous Valens ? Tel fut le cas de beaucoup.

Plus intéressant paraît être Aérius, prêtre de Pontus, ordonné par Eustathe, évêque de Sébaste, avec qui il entre en conflit, lui reprochant d'abandonner la conduite ascétique à laquelle il avait souscrit avant d'atteindre aux dignités.

Il s'inscrit à contre-courant de Nicée et de l'étatisation religieuse en avançant l'opinion qu'il ne devrait exister aucune différence de rang entre prêtre et évêque. Il condamne le faste des cérémonies multipliées par l'Église et juge inutiles les prières pour les morts, source de revenus pour le clergé. La Pâque, enfin, relève selon lui de la superstition juive. Épiphane de Salamine — qui use d'un procédé populaire parmi les inquisiteurs du Moyen Âge, la confusion volontaire — l'assimile aux ariens, à qui il impute ainsi des sentiments hostiles à la hiérarchie.

★ Ainsi le schismatique Lucifer, évêque de Cagliari en Sardaigne, jetant à son profit les bases d'une Église anti-arienne.

CHAPITRE XX
Donat et les circoncellions

Dès l'instant où Constantin consent, en 313, au soutien des communautés chrétiennes, il s'empare de l'Église et la traite en instrument de son pouvoir étatique. Aux évêques reconnus par lui, il accorde licence de promulguer des sentences sous caution impériale. Sa politique de grands travaux*, honorant une foi qu'il raillerait ouvertement si elle ne cimentait son absolutisme, suscite la réprobation d'un christianisme populaire imprégné d'ascèse et de martyre depuis la fin du IIᵉ siècle.

Un vieux contentieux oppose le parti des suppliciés, les chrétiens demeurés inébranlables dans leurs convictions face aux bourreaux, et le parti des *lapsi* ou *traditores*, les renégats, les traîtres, les plus nombreux et les mieux habilités, par leur pragmatisme même, à accéder aux charges cléricales conférées désormais par l'État.

L'incident le plus significatif éclate à Carthage, bastion du tertullianisme, que l'offensive antimontaniste a précipité sous la coupe d'un clergé corrompu.

Durant la persécution de Dioclétien, brève mais cruelle (303-305), la majeure partie du clergé avait abjuré. Un petit groupe de prêtres d'Abitina (Tunisie), emprisonnés dans l'attente du supplice, dénonça les *traditores*. Seuls, proclamaient-ils, ceux qui à leur exemple resteraient fidèles à la foi gagneraient le paradis. Leur intransigeance irrita le clergé de Carthage et en particulier l'archidiacre Caecilianus (Cécilien), plus tard accusé d'avoir empêché d'autres chrétiens de porter nourriture et réconfort aux prisonniers[1].

Quand, à la mort de l'évêque de Carthage en 311, Cécilien lui succède, la plupart des fidèles réagissent avec indignation. Un jeune évêque nommé Donatus prend la tête du mouvement de contestation.

Né en Numidie et jeune évêque de Casa Nigra, Donat s'est déjà signalé à l'attention en exigeant, à la fin des persécutions, un nouveau baptême pour le clergé relaps. Sur ses instances, un concile de 70 évêques réuni en 312 dépose

---

* Saint-Pierre, Saint-Jean de Latran, Sainte-Agnès à Rome ; le Saint-Sépulcre à Jérusalem.

Cécilien et le remplace par Majorinus, chapelain de Lucilla, une riche Espagnole exécutée sous le règne de l'évêque collaborateur.

La même année, Constantin écrase son rival Maxence et s'empare de l'Afrique du Nord jusqu'alors soumise à l'empereur déchu. Sur l'avis du clergé romain, où l'apostasie avait dominé, il restaure Cécilien dans sa charge, lui alloue un important subside, et exempte de toute taxe le clergé qui fera obédience au renégat.

Cependant, à la mort de Majorinus, Donat lui succède, à l'assentiment des ennemis de Cécilien, qui font parvenir à l'empereur une liste des crimes imputés à son protégé. Donat va à Rome plaider sa légitimité, mais Militiades, évêque de Rome, consulté par Constantin en raison de ses origines africaines, prend parti contre lui, entraînant sa condamnation par l'empereur.

Essentiellement soucieux d'unifier son Empire, Constantin passe de la menace à la conciliation. En 321, il abroge le décret d'exil frappant Donat, dont l'influence n'a cessé de croître. En 336, pour un territoire qui couvre aujourd'hui la Tunisie et l'Est algérien, 270 évêques donatistes contrôlent des communautés où le parti laxiste de Cécilien est minoritaire. En Égypte, l'évêque donatiste Melèce jouit d'un grand appui populaire.

Donat eût sans doute bénéficié d'une tacite tolérance du pouvoir impérial si ne s'était greffée sur son mouvement la jacquerie des circoncellions, formant l'aile populaire du mouvement donatiste.

En 346, un commando de circoncellions attaque la commission envoyée par l'empereur en Afrique du Nord. En dépit de leur réprobation, Donat et ses principaux partisans sont exilés en Gaule, où l'évêque de Casa Nigra meurt en 355.

Le mouvement des circoncellions allie à un fanatisme religieux, hostile aux laxisme des nantis, les revendications des déshérités des campagnes : laboureurs, bergers, esclaves, paysans pauvres. Leur nom viendrait de *circum cellas*, ceux qui errent autour des granges (*cellae*).

Eux-mêmes se nomment «saints» ou «athlètes» (*agonistes*) termes issus de l'essénisme et du judéo-christianisme. Armés d'une matraque qu'ils appellent Israël, ils attaquent les grandes propriétés et les fonctionnaires, libérant les esclaves à qui ils confient la tâche de traiter leurs maîtres comme ils furent traités en servitude. Ils estiment combattre le Diable en la personne de ses représentants : les propriétaires terriens, les collecteurs d'impôts, les magistrats et les prêtres antidonatistes. Ils agissent sous la conduite de deux meneurs, Axide et Phasir, «*duces sanctorum*» (chefs des saints) qui, selon Optat (340), «font trembler propriétaires et créditeurs [2]». Ils entretiennent le culte des martyrs et opposent la sanctification de l'ascétisme à l'existence oisive et hédonistes des riches.

Désavoués par les donatistes, ils ne résistent pas aux armées impériales et finissent massacrés vers 348.

Le donatisme survivra néanmoins jusqu'en 429, rejetant les principales revendications des circoncellions, si communément reprises par les mouvements millénaristes : règne des saints, égalité universelle sous le seul pouvoir de Dieu, moratoire des dettes, jugement et exécution des riches, suppression de l'esclavage.

Donat, qui au début avait cautionné le zèle des circoncellions dans leur chasse aux apostats, approuvera leur répression mais ne retrouvera pas son crédit auprès de l'empereur.

Le parti des *lapsi* et des laxistes reprend le dessus. Optat attaque ses adversaires dans son *Contre les donatistes*. De 399 à 415, Augustin d'Hippone entreprend de les chasser de Carthage. Ils sont du reste hors la loi dès 411.

Par une des nombreuses ironies de l'histoire, le donatisme disparaîtra en 429, en même temps que la colonisation romaine, balayé par l'invasion des Vandales qui imposent partout comme religion d'État cet arianisme condamné comme hérésie.

Les composantes sociales et politiques qui avaient assuré le succès du donatisme le conduisirent également à sa perte. Les revendications nationalistes de la Numidie et de la Mauritanie découvraient des motifs de satisfaction dans l'opposition de Donat à Rome et dans son projet de créer une Église catholique africaine. Quand il déclare, à en croire Optat dans son *Contre les donatistes* [3] : «En quoi l'empereur a-t-il à faire avec l'Église?», la réponse s'articule doublement. Son Église, hors de laquelle, comme pour celle de Rome, «il n'y a pas de salut», refuse de se soumettre au pouvoir impérial d'un empereur à la fois chef de l'État et du clergé. Il défend le principe d'Églises nationales, indépendantes d'un pouvoir central.

Mais Donat conteste aussi la prééminence du pouvoir temporel sur le pouvoir spirituel. Tel sera l'avis de la papauté dès le VIIe siècle; et Augustin, ennemi du donatisme et partisan de la prédominance spirituelle, ne s'y trompera pas, qui emprunte au théologien donatiste Tychonius sa doctrine des deux cités, la cité terrestre et la cité de Dieu.

En revanche, le montanisme ou le tertullianisme de Donat va à contre-courant de la tentative menée par l'Église de Rome pour se concilier une aristocratie latine peu encline à l'ascétisme et au puritanisme. Son Église se veut l'«Église vierge» de Tertullien, en opposition avec l'Église temporelle des *lapsi*. Elle est un «jardin clos», refuge du peuple souffrant de Dieu où n'ont aucune part les prêtres parjures.

Les donatistes n'admettent pas — et l'on retrouve les arguments de l'*Elenchos* contre l'évêque de Rome Callixte — qu'un dignitaire qui a perdu son existence céleste pour épargner sa vie terrestre ait le droit de poursuivre son ministère. Les sacrements accordés par un tel évêque sont dépourvus de valeur. Le caractère sacré de la fonction ne s'accommode pas d'une forfaiture. Le clergé de Rome, où les *lapsi* furent majoritaires, en juge tout autrement. Pour lui, tout évêque est revêtu du droit de donner les sacrements même si, en tant qu'homme, il se montre indigne de la sacralité qu'il diffuse. Voilà un conflit endémique et qui éclaire, de biais, la notion même d'hérésie : pourvu qu'il ne s'écarte pas du dogme, un prêtre, un évêque, un pape se livrera à la débauche et à l'infamie sans perdre la grâce que l'Église lui accorde tant qu'il y demeure en fils obéissant. Mais pratiquer la vertu en contrevenant à l'orthodoxie par son discours entraîne la damnation dans l'au-delà et ici-bas.

Contre Donat, Augustin formulera sa doctrine de la nature de l'Église et des sacrements. Non seulement il appelle à la répression policière contre les individus et les groupes s'écartant de l'orthodoxie catholique, mais il précise que le sacrement agit *ex opere operato*, par le caractère sacré de l'officiant.

CHAPITRE XXI

Les spirituels, dits messaliens ou euchites

À la différence de l'arianisme, du donatisme et du monophysisme dont la manifestation, née d'une rivalité de nations et d'Églises, ressortit au schisme plus qu'à l'hérésie, le mouvement des «spirituels», appelés par leurs adversaires messaliens ou euchites, n'offre de chrétien qu'une apparence sous laquelle s'exprime ce goût populaire pour la vie, si aisément tourné en déréliction, en ascétisme niveleur et destructeur, en fanatisme religieux ou politique.

En combattant le rigorisme de la Nouvelle Prophétie, telle que la perpétuèrent Novatien, Donat et les circoncellions, l'Église de Rome use d'une sagesse politique dont beaucoup de papes se montreront les dignes héritiers. Tout protégé qu'il soit par son statut de religion unique, le catholicisme n'a pas pour autant gagné la partie. En dehors d'une minorité, l'aristocratie gréco-romaine répugne à bannir de sa vie quotidienne les plaisirs du lit, de la table, voire des jeux sanguinaires du cirque. À l'opposé de l'«Église vierge» chère à Tertullien et à Donat, l'Église catholique, apostolique et romaine n'exige pour accorder les sacrements et la rémission des péchés qu'une stricte obédience à son autorité et à ses représentants. Tous les accommodements ainsi rendus possibles — et les précisions d'Augustin d'Hippone viendront bientôt clarifier les choses —, rien n'empêche un citoyen romain enclin à l'hédonisme d'embrasser le catholicisme. Prêtres, évêques et papes ne mettront du reste un frein à leurs ordinaires paillardises qu'au-delà du XVIe siècle, après la douche froide de la Réforme, lavant de ses souillures catholiques le christianisme primitif, le vrai christianisme occidental, antisémite et puritain, celui de la Nouvelle Prophétie.

Mais l'antimontanisme de l'Église exprime aussi la voix de la sagesse. La trinité, en vertu de laquelle l'Église en tant qu'Esprit exerce la médiation entre Dieu et ce Fils incarné dans la faiblesse et la corruption de la nature humaine et terrestre, remplit aussi une fonction primordiale : elle évite l'affrontement dualiste, elle équilibre la balance du bien et du mal, de l'oppression et de la révolte, du refoulement et du défoulement. Le revers du puritanisme, c'est la licence effrénée. Le mouvement messalien constitue en ce sens le prolongement antithétique du montanisme.

Dans ses *Hymnes sur les hérésies*, composés à Édesse entre 363 et 373, Éphrem parle de gens s'adonnant à la liberté des mœurs sous le couvert de la dévotion. Eux-mêmes s'appellent *pneumatikoi*, «spirituels». Leurs adversaires les désignent sous le nom de messaliens (du syriaque *m'salleyanè*, «ceux qui prient») ou d'euchites (du grec *euchitai*).

Épiphane de Salamine mentionne leur présence à Antioche vers 376 ou 377. Il les décrit comme des vagabonds qui, refusant de posséder quelque bien que ce soit, couchent dans les rues de la ville, hommes et femmes mêlés, rejettent toute forme de travail et se contentent de mendier et de prier.

Adelphe aurait été leur initiateur, mais d'autres noms se rattachent à un courant partout répandu, qui se perpétue tardivement et dont il est permis de conjecturer que, ralliant un grand nombre de gens, plus attirés par les voluptés éphémères que par le prix d'un hypothétique au-delà, il n'a, au fond, jamais cessé de tracer son sillon sous les prudentes apparences de l'obligation religieuse. Dadoès, Sabas, Hermas, Syméon, Eustathe d'Édesse sont ainsi mentionnés dans Photius, Michel le Syrien, Bar-Hebraeus, Philoxène de Mabbourg.

Dans les années 380, Flavien, patriarche d'Antioche, engage contre eux des persécutions qui les chassent vers les provinces de Lycaonie et de Pamphylie, où ils sont condamnés par les évêques vers 388. En 390, Flavien d'Antioche renchérit en frappant d'anathème tous les messaliens, en dépit des tentatives d'Adelphe pour défendre leur cause.

La persécution s'étend à l'Arménie. Létoios, évêque de Mélitène, ordonne d'incendier les monastères où la doctrine messalienne a pénétré*.

Vers 405, Atticus, patriarche de Byzance, insiste sur la nécessité d'expulser les messaliens. Plus tard, Nestorius s'associera à la lutte. En 428, la police impériale est chargée d'intervenir contre eux et les met hors la loi. Le concile d'Éphèse ratifie, en 431, les mesures prises antérieurement, sans grand succès semble-t-il.

Dans la seconde moitié du Ve siècle, les spirituels se réunissent autour de Lampèce, prêtre ordonné vers 460 par l'évêque de Césarée de Cappadoce, Alypius. Selon Théodore Bar Konai, il avait fondé, dans une région montagneuse située entre la Cilicie et l'Isaurie, des monastères d'hommes et de femmes où l'on menait joyeuse vie**. Il en existait d'autres en Égypte où Lampèce

---

* Les récidivistes sont condamnés à avoir les jarrets tranchés [1].

** Déjà aux IIIe et IVe siècles, les christianismes ascétiques condamnaient sous le nom d'agapète (*agapètai*, «les chéries») les femmes vivant avec les évêques, prêtres ou diacres et exerçant elles aussi des fonctions sacramentales. La tradition celtique, relativement favorable à la femme, introduit les agapètes dans les nouveaux cultes chrétiens d'Irlande et de Bretagne, où il existait encore au VIe siècle dans les monastères des hôtes féminins (*cohospitae*) qui conféraient les sacrements sans pour autant renoncer à leur charme. Les légendes arturiennes les évoqueront souvent. Vers 150, *Le Pasteur* d'Hermas prête un sens allégorique à leur double nature de libertine et de «vierge» sacrée.

jouissait de la protection d'Alphéius, évêque de Rhinocoloura (El'Arich, près de la frontière palestinienne). Et comment n'auraient-ils pas ravivé à Alexandrie le souvenir de Carpocrate? Mais le patriarche de la ville, soit nonchalance, soit sympathie, se contenta d'exiger de ces gens «incultes» une répudiation orale de leurs erreurs.

Les dispositions prises au début du VIᵉ siècle par le patriarche d'Antioche et la réfutation entreprise par lui d'un ouvrage de Lampèce intitulé *Testament* montrent la persistance d'un mouvement combattu à la même époque par les Églises monophysites de Syrie.

On retrouve des spirituels à Constantinople vers la fin du VIᵉ siècle autour d'un changeur nommé Marcien, d'où leur nom de marcianites selon Maxime le Confesseur[2]. Photius, auteur au IXᵉ siècle d'une étude sur les messaliens, parle d'hérétiques contemporains dont il eut à s'occuper.

Dans ses aspects les plus radicaux, leur doctrine s'attache à justifier la pratique d'une liberté que leur garantirait le sentiment d'avoir atteint à la perfection et à l'impeccabilité.

L'Église leur reproche au premier chef leur mépris des sacrements et de la hiérarchie ecclésiastique. Hommes et femmes vivent dans la rue ou dans des monastères, animés par la grâce d'avoir vaincu le démon qui était en eux et d'agir selon l'assentiment des anges et de l'Esprit.

Des propos rapportés par leurs adversaires se dégagent les éléments d'une philosophie qui vise surtout à justifier les agréments du mode de vie qu'ils ont choisi.

La chute d'Adam a introduit dans tout homme, et dès sa naissance, un démon qui le domine et le pousse au mal. Le baptême et les sacrements demeurent inopérants contre une telle présence. Seule la prière — et il ne s'agit pas des prières de l'Église, mais plutôt d'incantations continuelles et assidues — a pouvoir de chasser ce démon. Elle doit s'accompagner d'une ascèse sévère, d'une durée parfois étendue à trois ans. Elle aboutit à un état d'impassibilité — l'*apatheia* — qui réalise l'union avec l'Esprit. Le spirituel retrouve alors Adam avant la chute — ou, si l'on préfère, le Christ qui est, selon Origène, Paul de Samosate, Donat et Nestorius, l'homme assumé par le Logos*.

L'expulsion du démon et l'union avec l'Esprit évoquent, selon les témoignages recueillis par Jean Damascène, l'orgasme de l'union amoureuse. L'Esprit, pareil à un feu, fait de l'homme un être nouveau, le recrée car «le feu est démiurge», le feu est comme chez Simon de Samarie l'ardeur des désirs et la Grande Puissance de vie.

Le spirituel est dès lors investi du don prophétique, il est semblable au Christ et ne saurait pécher quoi qu'il fasse. Le recours au jeûne, à l'ascétisme, aux macérations, à la discipline et à l'enseignement de l'âme tombent en désuétude.

Lampèce se moquait des moines qu'il voyait se livrer à l'abstinence et porter des vêtements de pénitence, car ils montraient par là qu'ils n'avaient pas

---

* Certains messaliens passeront ainsi pour nestoriens ou monophysites, avant d'être dénoncés et chassés.

accédé à la perfection. Pourtant, l'engeance d'Antoine et de Macaire ne ménageait pas ses efforts dans la lutte quotidienne contre ces démons de la luxure qu'exprima avec tant de bonheur pictural le Maître du retable d'Isenheim.

Lampèce lui-même vivait dans les plaisirs, vêtu d'habits délicats et dévoilant à ses disciples les chemins d'une perfection qui ne manquait pas d'attraits. « Amenez-moi une belle jeune fille, disait-il, et je vous montrerai ce qu'est la sainteté [3]. »

Se proclamant bienheureux, les spirituels inversent le projet de sainteté poussé à l'extrême par les montanistes et que l'Église antimontaniste exhibe dans les enclos du monachisme ascétique*, dans ses martyrologes hyperboliques et dans le calendrier, où ils remplacent le *daimôn* gouvernant chaque jour, selon les gnostiques. Leur Christ pré-adamique a d'ailleurs tout pour déplaire à une Église, dont ils se passent fort bien si l'on en juge par la singulière voie de salut qu'ils empruntent.

Pratiquant une souveraine liberté, ils rejettent le travail, qu'ils tiennent pour une activité honteuse. Ils déconseillent de faire l'aumône aux indigents et au nécessiteux pour la leur réserver à eux, les véritables pauvres d'esprit, dont le corps a besoin de se sustenter depuis qu'ayant redécouvert la pureté d'Adam ils peuvent s'unir à Ève en toute innocence édénique.

BORBORITES, CODDIENS, STRATIOTIQUES, PHÉMIONITES

Les hérésiologues nourrissent une nette propension à multiplier sous la diversité des noms les opinions qui contreviennent à leur doctrine ou à celle de l'Église de Rome. Ils entendent démontrer par là à quel point la confusion et l'incohérence règnent dès l'instant que l'on s'écarte de leurs vues. Il semble que le mouvement des spirituels se fragmente ainsi en plusieurs appellations telles que stratiotiques, phémionites ou coddiens (du syriaque *codda*, « plateau ») désignant « ceux qui mangent à part ».

Le terme de borborite mérite plus d'attention. Victor Magnien rappelle que le *borboros* ou bourbier symbolise la vie impure dans laquelle reste le non-initié [4]. Plotin identifie les borborites et la troisième catégorie distinguée par nombre de gnostiques : les hyliques, prisonniers de la matière.

Les borborites font l'objet d'une condamnation du codex de Théodose II. Aétius fut, selon Philostorgue, réduit au silence par un borborite [5].

L'opinion ecclésiastique prête à « borborite » le sens de « sale, crasseux, inculte ». En 480, Lazare de Pharb parle de ces gens « ignorants et se moquant bien de toute croyance ». Il dit qu'on peut leur appliquer le proverbe : « Pour la fiancée du cochon, le bain dans l'égout [6]. »

---

* Ce sont ces moines ascètes et catholiques qui, en 415, se défouleront en écorchant vive, à Alexandrie, la belle Hypathie, philosophe et mathématicienne de génie.

S'agit-il des non-initiés soumis aux spirituels parfaits et s'efforçant par un total dénuement d'atteindre à la révélation de l'Esprit, d'où procède l'absolue liberté ? Ou bien le terme désigne-t-il plus simplement l'immense majorité des êtres assez tourmentés par les difficultés de l'existence pour grapiller les moindres plaisirs sans se préoccuper de croire en quelque autre divinité que le hasard heureux ou malheureux ?

CHAPITRE XXII
Monophysites et dyophysites

Trois courants se détachent du paysage tourmenté que présentent les rivalités ecclésiastiques, les querelles d'Églises en lutte pour la reconnaissance
de leur autorité et de leur prééminence. Ils correspondent aux deux pôles du
pouvoir impérial, Rome et Byzance, et au berceau du christianisme hellénisé,
Alexandrie.

Le monophysisme relève du schisme plus que de l'hérésie. La doctrine,
née à Alexandrie, n'innove en rien mais use de vieilles spéculations sur la
nature du Messie pour se démarquer de Rome. Les Églises d'Orient s'en
empareront, après le concile de Chalcédoine de 451, pour en constituer leur
dogme, toujours en honneur chez les coptes d'Égypte, les jacobites de Syrie
et l'Église arménienne. Mais il faut compter aussi avec l'animosité qui n'a
jamais cessé de se manifester entre Alexandrie et Antioche, cité où se sont
implantées dès la fin du Ier siècle des communautés se revendiquant de Jacques et de Simon-Pierre. Une fois de plus se vérifie le constat de Tertullien :
« *Episcopatus aemulatio mater schismatum est.* »

L'Église de Rome avait, en rejetant Arius, défini par le credo de Nicée les
rudiments du dogme catholique : le Christ est Dieu ; il forme une seule substance avec le Père ; bien que créé de toute éternité par le Père, il s'est incarné
en descendant sur terre et est ainsi devenu un homme à part entière. C'est
la position de Tertullien et, pour Rome, celle qui définit le plus avantageuse-
ment le rôle de l'Église : une puissance spirituelle et temporelle, l'union du
royaume céleste et du royaume terrestre. Elle a été fondée par Dieu et par
« Jésus, mis à mort sous Ponce Pilate », dont les deux principaux apôtres, Pierre
et Paul, ont été martyrisés à Rome, désignant par leur sacrifice selon l'exemple du Christ le lieu légitime du « saint siège ».

L'arianisme, issu d'Alexandrie, établissait une relation de subordination entre
Dieu, créateur de toutes choses, et le Fils, créé comme n'importe quel homme
bien qu'investi par le Logos divin. « Aviez-vous un fils avant qu'il fût né ? »
demandait Arius aux mères, et sa question ironiquement adressée à la Mère
Église visait la prétention de la Rome ecclésiastique à la pérennité divine.

C'est encore d'Alexandrie, et de Cyrille, disciple d'Athanase, l'ennemi d'Arius, que part la fronde contre Rome. Elle se greffe sur une de ces querelles spécieuses où s'affrontent depuis des siècles Alexandrie et Antioche.

Passe pour la substance unique du Père, du Fils et du Logos ou Esprit, mais qu'en est-il de la nature, de la *physis* de ce Jésus à la fois homme à part entière et Dieu de toute éternité ?

Pour le parti d'Antioche, il y a dans le Messie deux natures, une divine et une humaine. Telle est l'opinion de Théodore de Mopsueste (vers 350-428), de Théodoret de Cyprus, de Nestorius, patriarche de Constantinople. Erreur, rétorque le parti d'Alexandrie : admettre deux natures, c'est reconnaître deux Messies, deux personnes, l'une Logos éternel, l'autre individu historique. Monophysites ou tenants d'une seule nature entrent dès lors en lice pour combattre les antiochiens ou dyophysites, qui distinguent deux natures.

Le monophysisme découle paradoxalement de l'hostilité manifestée à Arius par Athanase d'Alexandrie, qui insiste sur la nature unique du Dieu Logos incarné. Vers 370, Apollinaire de Laodicée (Latakiech, en Syrie), souhaitant poursuivre la lutte contre l'arianisme, insiste sur la thèse d'Athanase et s'attire l'animosité d'Épiphane de Salamine, le chasseur d'hérétiques, l'ennemi juré d'Origène.

En 374, Épiphane dénonce Apollinaire à Damase, évêque de Rome : Apollinaire est condamné par un synode.

En 381, tandis que le concile œcuménique de Constantinople jette l'anathème sur l'arianisme et sur les thèses d'Apollinaire, un adversaire d'Apollinaire, l'Antiochien Diodore de Tarse, prend le contrepied de la doctrine incriminée et décrète que le plus important dans le Christ, c'est sa nature humaine, sa souffrance, son sacrifice exemplaire. Il compte deux natures dans ce Messie ballotté comme prétexte de l'un à l'autre camp sur les vagues d'une théologie du pouvoir : le Verbe ou Logos, Fils de Dieu, et l'homme Jésus, fils de Marie. Théodore de Mopsueste développa ensuite la théorie de Diodore.

La difficulté où s'empêtrent ces clercs attachés à légitimer leur autorité en la fortifiant de « vérités divines » tient précisément à ce qu'ils transforment en réalités concrètes des raisons purement spéculatives que le gnosticisme judéo-chrétien maintenait dans les limites de la cohérence : un Dieu tire de son essence éternelle un Logos (ou image) dont l'étincelle (ou le reflet) conserve son empreinte dans la matière humaine. De cette Sagesse divine — Sophia ou Marie, Esprit féminin — naît, et toujours de la même essence virginale, un Messie, sauveur, rédempteur, qui revêt le corps d'un homme, connaît le sort misérable des mortels et, par son sacrifice exemplaire, remonte vers son Père en montrant aux hommes le chemin du salut et la voie ascensionnelle du divin qui est en eux. Ce qui gâte et complique la pureté métaphysique d'une telle construction, c'est la volonté ou la nécessité d'en induire un pouvoir temporel, une autorité légale.

L'apologue de Sophia, la vierge, et de Prunikos, la prostituée, se contente d'exprimer allégoriquement la descente de l'Esprit dans la matière et le sort déplorable que lui impose la « malédiction de la chair ». Mais la parthénogenèse d'une jeune mariée juive enfantant un Dieu après avoir accueilli une colombe !

Quand Théodose II, en 423, nomme l'Antiochien Nestorius patriarche de Constantinople, le christianisme populaire grec, revêtant d'habits à la mode les anciennes déesses ordinairement invoquées, a pris l'habitude de célébrer Marie comme la mère de Dieu. Elle est *Théotokos**.

Or Nestorius (vers 381-451), évêque de Byzance de 428 à 431, se revendique de l'école dyophysite d'Antioche. Ses disciples le tiennent, avec Théodore de Mopsueste et Diodore de Tarse, pour l'une des «trois grandes lumières de l'Église». Son réalisme politique, qui l'a incité à persécuter violemment les «hérétiques» et en particulier les messaliens, l'incite à suivre la tradition d'exégèse historique d'Antioche plutôt que la tradition allégorique d'Alexandrie. Il heurte néanmoins le sentiment général des catholiques grecs en rejetant l'expression «mère de Dieu» (*Théotokos*) au profit d'*Anthropotokos* ou de *Christotokos* (mère de l'Homme ou mère du Christ).

Aussitôt, Cyrille d'Alexandrie, adversaire de Nestorius et partisan d'Apollinaire de Laodicée, contre-attaque : «Si le Christ est Dieu et Marie sa mère, comment ne serait-elle pas la mère de Dieu?»

L'empereur convoque un concile à Éphèse en 431. Par une manœuvre qui révèle bien l'obédience politique de l'argumentation théologique, les partisans de Cyrille, arrivés les premiers, obtiennent la condamnation de Nestorius. Marie triomphe en tant que *Théotokos*, mère de Dieu. Nestorius est déposé. Bien qu'à l'issue d'un contre-concile les nestoriens aient répliqué en déposant Cyrille d'Alexandrie, le patriarche de Byzance est banni à Pétra en 436 puis en Haute-Égypte, où il meurt. Par ordre impérial, l'ensemble de son œuvre est brûlée. Un exemplaire de son *Bazzar d'Héraclides* échappera néanmoins à la destruction. Il y proclame que Dieu ne peut pas être né d'une femme, pas plus qu'il n'est mort sur la croix. C'est une thèse communément admise par les chrétiens gnostiques du IIe siècle et que l'Église condamnera sous le nom de «docétisme».

La chute de Nestorius entraînera celle des dyophysites Diodore de Tarse et Théodore de Mopsueste qui, tenus pour orthodoxes à leur époque, rejoignent à titre posthume le camp des hérétiques. Diodore avait pourtant déployé beaucoup d'ingéniosité en expliquant comment, dans l'utérus de Marie, le Logos s'est édifié un temple pour lui-même. Ce temple, c'est l'homme Jésus, promis à la naissance et à la souffrance, tandis que le Logos divin échappe pour sa part à l'emprise d'une destinée humaine.

De même, Théodore insistait sur la réunion en une seule personne de la nature d'homme, complète dans son humanité, et de la nature, parfaite en sa divinité, du Logos-Fils, consubstantiel avec le Père.

En 489, l'école d'Édesse, où le nestorianisme jouissait d'une grande vogue, tombe sous l'interdit de l'empereur Zénon. La persécution chassa les nesto-

---

* Aux IVe et Ve siècles, la coutume d'offrir des gâteaux à Cérès se christianisa. On appela «collyridiens» (du grec *collyres*, «petits gâteaux») les nouveaux chrétiens vouant à Marie les offrandes réservées à son archétype. Épiphane se déchaîna contre eux, sans doute par ordinaire misogynie, mais aussi parce qu'il soupçonnait que, sous la façade chrétienne, les vieux rites de fertilité demeuraient intacts.

riens, dont les Églises essaimèrent partout en Orient, de Samarcande et de Tartarie jusqu'en Inde, voire en Chine. Elles se sont maintenues jusqu'à nos jours en conservant, selon leur dogme, l'idée que l'Esprit saint procède du Père et non du Fils, ainsi que l'affirme l'Église byzantine. L'Occident n'en gardera de trace que dans les doctrines, condamnées sous le nom d'«adoptianisme», de Félix d'Urgel et de l'évêque de Tolède Elipand, excommunié par le concile de Francfort au VIIIe siècle pour avoir soutenu que Dieu avait adopté l'homme Jésus pour y déposer son Logos.

Dans sa volonté de maintenir dans l'unité une Église dont il restait le véritable maître, le pouvoir impérial avait cherché dans la première moitié du Ve siècle à concilier les partisans de Cyrille et ceux de Nestorius.

Eutychès, archimandrite d'un monastère de Constantinople, n'avait-il pas tenté de rallier les points de vue à sa formule : il y a en Jésus deux natures qui n'en forment plus qu'une seule une fois l'union accomplie avec le Logos ?

En 451, l'empereur Marcien réunit un nouveau concile à Chalcédoine, non loin de Byzance. La décision tombe : une personne en deux natures. Atterrement des monophysites lésés par l'attribution de deux natures, mécontentement des dyophysites pour lesquels «une personne» est inacceptable. Dans la foulée, Eutychès lui aussi est exclu. Les Égyptiens se sentent trahis. Ils déclarent : «Nous serons tués si nous contresignons le texte de Léon [l'évêque de Rome qui semble dans son *Tome* envisager deux natures]. Nous préférons mourir de la main de l'empereur et du concile que chez nous [1].» Leur prudence à la perspective d'affronter leurs fidèles n'est que trop justifiée. À peine le concile vient-il de déposer Dioscorus, évêque monophysite d'Alexandrie, que son successeur, Protérius, mandaté par le concile, est lynché par la foule.

Le schisme monophysite entraîne dans son sillage l'Égypte, la moitié de la Palestine, la Syrie, l'Éthiopie, le sud de l'Arabie, la Géorgie, dessinant un front des Églises anti-Chalcédoine. Les Églises d'Arménie, non représentées au concile, rallieront le monophysisme au VIe siècle.

Il subsiste à l'Est un parti chalcédonien : les melchites, professant des opinions hostiles au monophysisme, que l'empereur Justinien s'efforcera de réconcilier avec les monophysites. Ayant fait kidnapper Vigile, évêque de Rome (ou pape, comme on commence à l'appeler), il le garda prisonnier pendant sept ans jusqu'à ce qu'il signe une «capitulation» monophysite.

Le moine syrien Jacob Baradeus (vers 500-578) fondera de nouvelles Églises monophysites partout dans l'Est. Celles de Syrie ont gardé son souvenir en s'intitulant jacobites. Ce sont des Églises orthodoxes pourchassant les hérétiques, comme partout, avec l'aide de leurs penseurs : Sévère d'Antioche, Jacob de Serug, Philoxène de Mabboug, Jean de Tella, Théodore d'Arabie.

Dans le sillage du monophysisme se situe la secte des agnoètes ou ignorants, fondée par Thémistios, diacre d'Alexandrie, qui, préoccupé par l'intellect de Jésus, établit une distinction entre l'omniscience de Dieu, qui est en lui mais à l'état inconscient, et sa compréhension, qui ne dépasse guère l'entendement commun aux hommes. Portée par de puissantes rivalités, la spéculation eût prêté du piquant à la décision du concile de Chalcédoine : deux natures, mais une seule personne en Jésus. Mais Thémistios n'occupait pas dans l'Église une position digne d'intérêt qu'au reste satisfaisait le monophysisme des Églises coptes, désormais indépendantes de l'archevêché de Rome, devenu papauté, et assurées, du côté de Byzance, d'une paix relative.

Euloge, patriarche d'Alexandrie (580-607), et le pape Grégoire Ier condamnèrent Thémistios d'un commun accord.

La querelle des natures du Christ suggéra à Julien, évêque d'Halicarnasse, l'opinion que, Jésus n'étant pas humain à part entière, son corps était demeuré incorruptible et inaccessible à la souffrance. Combattu par le monophysite Sévère d'Antioche, chassé de son siège épiscopal et condamné avec ses partisans sous la barbare étiquette d'aphthartodocètes, il se réfugia à Alexandrie en 518[2].

Sectateur de Julien d'Halicarnasse, Gaïenus, intronisé en 535 à la place du sévérien Théodose, réunit ses partisans ou gaïanites en une faction où il perpétue l'esprit de Paul de Samosate. La communion est donnée en son nom, les femmes baptisent elles-mêmes leurs enfants dans la mer en invoquant le nom de Gaïanus, qui ne dédaigne pas de passer pour le « second Christ » et de recevoir la messe en personne[3].

CHAPITRE XXIII

Pélage et Augustin
ou la conception du libre arbitre et de la prédestination

Par le biais d'Augustin d'Hippone, qui la combat, la doctrine de Pélage enrichit le dogme catholique en formation de deux précisions importantes à la fois par le pouvoir qu'elles confèrent à l'Église de Rome et par les incessantes querelles qu'elles entretiendront au cours des siècles.

D'Augustin datent en effet la contrainte de baptiser les enfants, tenus pour impurs dès la naissance, et cette théorie de la prédestination — plus tard jugée hérétique, sans entraîner pourtant l'impossible condamnation d'un des principaux «pères» du catholicisme — qu'il fabrique afin de la diriger contre son ancien ami Pélage.

Pélage (340?-429?), né en Bretagne ou en Irlande, a sans doute gardé trace de la liberté d'esprit celtique quand il gagne Rome vers 400. Peu avant la chute et le sac de la ville par les Goths, convertis à l'arianisme (410), il se rend avec son disciple Célestius à Carthage où son esprit brillant et ses talents de rhéteur lui conquièrent l'amitié d'Augustin d'Hippone, évêque de la ville. Mais l'autoritarisme d'Augustin cesse vite de tolérer les incertitudes que les idées de Pélage propagent sur la fonction d'une Église dont le maître de Carthage entend fonder l'hégémonie absolue*.

Pélage se réfugie en Palestine où un autre doctrinaire catholique, Jérôme, mis en garde par les émissaires d'Augustin, le persécute et taxe sa doctrine de manichéisme, la religion rivale du catholicisme, partout réprimée avec la plus grande violence**.

Acquittés par le synode de Jérusalem en 415, Pélage et Célestius sont excommuniés deux ans plus tard par le pape Innocent Ier. Zozime, successeur d'Inno-

---

* Il n'a pas hésité à reprendre à Tyconius, partisan d'un donatisme qu'il a anathématisé, la théorie d'une cité de Dieu supérieure à la cité terrestre, dévolue à cette puissance impériable, précisément en déclin dans l'Empire romain.

** Augustin est lui-même un renégat du manichéisme. Il a ensuite tourné sa véhémence contre ses anciens coreligionnaires en appelant sur eux les rigueurs de la loi. C'est de lui que procède la sanglante répression qui frappera les manichéens et plus tard les pauliciens, les bogomiles et les cathares.

cent, marque d'abord quelque sympathie à l'égard de Pélage, mais il se reprend bientôt et le condamne définitivement au concile de Carthage, en 418.

L'enjeu, il est vrai, mettait en branle de puissants intérêts.

Pour mieux comprendre l'enseignement de Pélage et l'attitude d'Augustin, il convient de les situer dans la réaction antimontaniste que la politique «laxiste» des ecclésiastiques majoritaires en Occident avait exercée avec fermeté.

Si l'Église avait su se concilier l'hédonisme gréco-romain en exilant la rigueur puritaine dans des monastères, si elle gardait comme un idéal difficilement accessible la perfection sacrificielle du Christ, elle acquiesçait sans trop de peine aux mœurs dépravées de nombreux prêtres et fidèles pourvu que fussent publiquement privilégiées son autorité et sa fonction sacramentelle.

Les spirituels ou messaliens n'étaient pas seuls à tourner la duplicité de l'Église et à couvrir de quelques arguments christianisés à la hâte leur choix, assez commun, d'obéir aux pulsions sexuelles et aux plaisirs de l'existence sans se préoccuper de quelque obédience ou culpabilité.

Vers 380, un certain Helvidius, disciple, dit-on, d'Auxentius, évêque arien de Milan et prédécesseur d'Ambroise, s'attira les foudres de Jérôme (344 ?-420) pour avoir raillé la virginité de Marie et soutenu qu'elle avait d'autres enfants puisque les évangiles canoniques mentionnaient des «frères du Seigneur». Jérôme entreprit avec ferveur de démontrer que ces frères-là n'étaient que des cousins de Jésus. C'était s'embarrasser outre mesure du mot «frère», identique, dans l'esprit essénien et nazoréen, à «témoin», devenu en grec *martus*, «martyr» en français; le frère ou témoin n'était pour les judéo-chrétiens que celui qui participe du même sacrifice que le «Serviteur du Seigneur» célébré par le *Livre d'Isaïe*.

Mais le propos d'Helvidius se souciait moins de promouvoir l'exégèse historique que d'en finir avec la prétendue supériorité de la virginité sur la relation amoureuse. C'est pourquoi il rejetait Tertullien, Montan et tout le christianisme de la Nouvelle Prophétie.

Une doctrine similaire se rencontre chez Jovinien, d'abord disciple d'Ambroise, évêque de Milan. À Rome où son audience était grande, il ironisa sur la virginité de Marie en arguant qu'une telle naissance eût fait de Jésus cet être fantastique, cet *angelos-christos* dont se prévalent les gnostiques et les manichéens condamnés par l'Église. Il oppose à l'ascétisme hypocrite des fidèles la saine inclination aux plaisirs de la table, de l'amour et des bienfaits de la vie, grâces effectives accordées par la bonté divine. La purification du baptême suffit à ses yeux pour laver de tous les péchés et prémunit contre les embûches d'un démon empressé à gâter et corrompre les dons de Dieu...

Condamné par le pape Sirice et par le concile de Milan, réuni en 390 à l'initiative d'Ambroise, Jovinien fut sur prescription impériale réduit à l'exil.

Parmi ses adversaires les plus acharnés se comptaient évidemment Jérôme — suppôt de la virginité mariale et auteur de *Contre Jovinien* —, le non moins misogyne Augustin, mais aussi Pélage.

Quelle divergence de vue sépare Pélage du puritain Augustin ? Une certaine idée de la dignité humaine. Pélage ne partage pas la conception d'une ignominie fondamentale de l'homme, que l'évêque de Carthage a brillamment résumée dans son constat : « *Inter fesces et urinam nascimur* », « Nous naissons entre la merde et l'urine ».

L'austérité de Pélage s'apparente à celle de Sénèque ou des moralistes athées du XIXᵉ siècle, voire de ces libres penseurs fustigeant les paillardises du clergé. Il estime que l'homme dispose d'une force de volonté suffisante pour atteindre à la vertu et au bien. Point n'est besoin du secours divin ni de la médiation de l'Église pour suivre les règles éthiques partout prescrites. Toutes les vertus résident en germes dans chaque individu ; il lui suffit de les faire fructifier à l'encontre des tentations du mal.

On ne pouvait mieux tracer les chemins de la moralité publique en évitant le détour par l'Église.

L'Église, réduite en somme à la portion congrue, n'intervient par les sacrements qu'afin de garantir le salut de l'âme lorsque la vie terrestre a accompli sa destinée selon les préceptes de la loi morale.

Notre liberté est aussi totale que celle d'Adam et d'Ève avant que, n'en mésusant, ils se soient condamnés à la déchéance. En enseignant dès l'enfance les privilèges de la volonté morale, les hommes obéissent aux desseins de Dieu, et le baptême (qu'il n'est pas d'usage à l'époque de conférer aux enfants) pose simplement le sceau de l'Église comme un laissez-passer vers la béatitude éternelle.

Beaucoup de citoyens de l'Empire, parmi ceux qui attachaient du prix à la rigueur morale ou aux philosophies tant stoïcienne qu'épicurienne, pratiquaient de tels principes sans qu'il fût besoin de leur prêter une coloration chrétienne. Parmi les catholiques mêmes, Théophrone de Cappadoce avait soutenu que l'omniscience de Dieu sait tout ce qui va se produire mais ne le sait pas positivement comme une chose accomplie, laissant à l'homme la liberté d'agir en dehors de toute détermination. Il s'agissait, dans l'esprit de Théophrone, de concilier la puissance absolue de Dieu et la liberté humaine — que l'Église, appelée à se dépêtrer de la prédestination augustinienne, nommera « libre arbitre ».

Or, dans le même temps que Pélage rappelle les principes d'une morale laïque, Augustin, supputant le déclin de l'unité impériale et de son emprise sur l'Occident, prépare l'avènement d'une autorité pontificale qui couvrira le monde entier de rets dont la cité de Dieu et la cité terrestre resserreront sans trêve les mailles enchevêtrées.

Il lance contre Pélage une machine de guerre doctrinale. À la liberté défendue par son adversaire, il oppose une théorie que régurgiteront plus tard, chacun de leur côté, calvinisme et jansénisme : la prédestination.

Le sort de l'homme est tracé de toute éternité par Dieu qui, en maître absolu, décide du salut ou de la damnation de ses créatures. Doctrine terrible et qui, vouant les êtres humains à la crainte et au tremblement, rabat leur orgueil, les abandonne pantelants à la consolation d'une Église qui les rappelle à leur indignité.

Comme pour briser leur excessive confiance en l'homme, le pape Honorius soumit les pélagiens, dont le philosophe Julien d'Éclane, aux peines prescrites contre les hérétiques. Pélage et Célestius moururent, pense-t-on, peu après en exil.

Un autre effet de la prédestination mit alors en lumière une évidence plus embarrassante encore pour l'Église que la liberté laissée à la seule garde de l'homme. Si le sort de chaque être est déterminé selon le caprice de Dieu, à quoi bon se soucier de la protection de l'Église, des prêtres et des sacrements ? Il faudra les laborieux arguments de Thomas d'Aquin pour accorder à la toute-puissance divine cette liberté de choisir salut ou damnation dans une manière de conscience et de volonté nommée «libre arbitre».

Augustin n'encourra jamais la moindre réprobation; il a tant fait pour la grandeur et l'enrichissement de l'Église. Mais en 475, le concile d'Arles condamna comme hérétique un certain Lucide qui soutenait que, la liberté de l'homme ayant été annihilée par la chute dans le péché, chacun tombait sous le coup d'une prédestination voulue par Dieu et en vertu de laquelle sa destinée le menait irrémédiablement à la damnation ou à la vie éternelle.

La fonction amplifiée du péché originel et la souillure imputée aux enfants nouveau-nés fournirent au dogme une réponse visant à anéantir les espoirs que Pélage mettait dans le perfectionnement humain. Les montanistes, dans leur horreur de la nature et de la vie (mais une telle répulsion animait déjà le zèle essénien), avaient les premiers recommandé le baptême pour les enfants, sans que l'habitude s'en fût répandue. Augustin dresse de l'homme, capable selon Pélage de s'élever vers la vertu, un tableau inverse : l'homme est une créature chétive, imbécile, en proie à toutes les tentations de la chair et bien en peine d'y résister. Pourquoi ? Parce que la tache originelle du péché d'Adam l'a pénétré dès sa naissance. Seul le baptême le lave d'une infamie que l'Église ne peut tolérer dès l'instant qu'elle accueille le fidèle dans son sanctuaire.

Une fois le baptême de l'enfant érigé en nécessité, c'est dès les premières heures de son existence que le nouveau-né est consacré à la foi catholique. Les enfants non baptisés meurent comme des bêtes; les autres vivent dans la faute et l'innocence répudiée. Le fructueux marché de la pénitence et du rachat — par des dons, des prébendes, des aumônes ou la soumission — s'enracine dans la doctrine augustinienne de la faiblesse intrinsèque du corps et de l'esprit.

Nul ne dispose d'une force de caractère assez grande pour résister victorieusement à toutes les tentations. C'est pécher par orgueil que de s'estimer en mesure de déjouer les ruses démoniaques de la nature. Eh bien! que l'homme, cet être misérable et infime, succombe donc au péché puisque Rome l'autorise à se racheter, à regagner, non pas, dans le chef d'Augustin, son salut mais le sein réconfortant de l'Église. Plus tard, l'habile agencement des responsabilités et du libre arbitre établira une mathématique du salut et de la damnation qui débouchera sur le commerce des indulgences et sur les absolutions tarifées.

Le crédit d'Augustin en la matière méritait bien que l'on excusât ses écarts doctrinaires dans la noire chevauchée de la prédestination.

CHAPITRE XXIV
Priscillien d'Avila

Parmi les lettres faussement attribuées à Cyprien, évêque de Carthage (exécuté en 258), il en est une, émanant des partisans de Novatien, c'est-à-dire des chrétiens fidèles à la Nouvelle Prophétie et hostiles aux *lapsi*, qui atteste la présence en Espagne de communautés chrétiennes de cette tendance montaniste dont Novatien a ranimé l'ardeur au feu des persécutions impériales.

En 254, un concile africain réuni sous l'égide de Cyprien apporte son soutien aux novatiens qui, à Lérida, Léon, Astorga, rejettent les ministres soupçonnés d'abjuration pendant les répressions de Dèce.

Or, avec le tournant constantinien, la faction ecclésiale catholique accédant au pouvoir a partout reconnu l'autorité des prêtres parjures et collaborateurs*. Un siècle plus tard, l'évêque Pacianus de Barcelone dénonce la discipline pénitentielle et le rigorisme du prêtre ou évêque Sympronianus [1].

L'intervention de Priscillien s'inscrit dans la persistance d'une tradition chrétienne avec laquelle le catholicisme a confirmé sa rupture en raison de ses visées politiques. Son exécution tire un trait sanglant sur le christianisme archaïque sacrifié à la raison d'État.

Par l'argument sans réplique du glaive, le catholicisme se coupe d'un christianisme qui ne cessera de le hanter dans le long cortège mortuaire des vaudois, apostoliques, flagellants, franciscains spirituels, jusqu'au surgissement d'une Réforme où l'esprit de Montan et de Tertullien s'incarne dans les pères fondateurs du capitalisme moderne.

Né vers 340 d'une famille romaine aisée et probablement sénatoriale, résidant en Galice, Priscillien adhère dans la trentaine au courant chrétien traditionnellement ascétique, millénariste et tout aux aguets de la seconde venue du Christ.

Il se heurte très vite aux représentants de Rome et de la nouvelle tendance. Parmi les fonctionnaires cléricaux de l'empereur, deux dignitaires, Ithacius, évêque d'Ossonuba (Faro), et son métropolite, Hydatius d'Emerita Augusta

---

* Voir l'exemple de l'évêque Cécilien, ennemi de Donat à Carthage.

(Mérida), accusent Priscillien d'imposer à ses fidèles un serment de fidélité à sa personne. Ils suscitent le concile de Saragosse, qui réunit en 380 vingt-six évêques d'Espagne et du Portugal, et deux de la Gaule du Sud. Que spécifie l'accusation ? Que Priscillien, très versé dans l'exégèse biblique, se réfère à d'autres textes que les canoniques récemment imposés. Mais surtout, les progrès de la grande religion concurrente, le manichéisme, offrent aux « Romains » l'occasion de recourir à l'amalgame, ingrédient ordinaire des polémiques. Priscillien, en parfait ascète, s'est déclaré favorable au célibat des prêtres. Il n'en faut pas davantage pour l'assimiler aux disciples de Mani, contre lesquels le néo-novatien n'a au demeurant jamais cessé de lutter.

La même année, Priscillien est élu évêque d'Avila. Colère d'Hydatius qui obtient coup sur coup l'appui d'Ambroise, évêque de Milan et futur saint, et un rescrit impérial ordonnant la déposition de Priscillien et le bannissement des « pseudo-évêques et manichéens ».

Aussitôt, Priscillien, deux amis évêques et trois femmes de ses fidèles gagnent Rome par l'Aquitaine pour plaider leur cause et prouver leur orthodoxie religieuse. Ils émettent le vœu d'être jugés non par un tribunal civil, mais par les instances ecclésiastiques. À Milan, Ambroise refuse de leur accorder une audience. S'adressant alors à Macedonius, adversaire d'Ambroise, ils parviennent, par son truchement, à joindre l'empereur Gratien, originaire d'Espagne, qui se rend à leurs arguments et restitue leur siège à Priscillien et à son ami l'évêque Instantius.

Ithacius réagit en gagnant Trèves, où il obtient de rapporter l'affaire devant Gratien. Mais en août 380, Gratien meurt assassiné par un rival, Espagnol lui aussi, Magnus Maximus, acclamé Auguste bien que la reconnaissance légitime lui soit refusée, l'abandonnant aux incertitudes de l'usurpation.

Pressé par le souci de se concilier les sympathies d'une Église unitaire et romaine, il s'empare du procès comme d'un outil politique et convoque un synode à Bordeaux afin de trancher la question en véritable souverain pontife. Sa haine de Gratien lui enjoint de démontrer qu'à l'encontre de son prédécesseur il ne tolère ni polythéisme ni hérésie. Priscillien, mandé à Trèves avec ses amis, affronte des évêques d'Espagne et de Gaule acquis préalablement aux décisions de Maxime.

À l'exception, dit-on, de Martin de Tours, tous accablent l'évêque d'Avila ; lui qui, dans son combat contre les manichéens, leur avait reproché de recourir à la magie, fut accusé et de manichéisme et de sorcellerie. Soumis à la torture, il confessa ses pouvoirs de magicien, son rôle dans les réunions démoniaques, son habitude de prier en l'état de nudité. La tradition répressive de l'Église entretiendra dans l'imagination populaire l'identification du manichéisme, et plus tard du valdéisme, aux rites de sorcellerie qui attisent aisément les bûchers de la peur et de la haine.

L'iniquité du procès ayant suscité la réprobation de Martin de Tours et peut-être de Sirice, dont le pouvoir timide aspire à la reconnaissance du titre pontifical, une seconde chance accordée à Priscillien se clôture abruptement par la décapitation à Trèves, entre 385 et 387, des six inculpés pour « magie et immoralité ». Reçue dans l'indignation des communautés chrétiennes, la nouvelle suggéra à Ambroise de Milan quelques regrets tardifs. Les restes de Priscillien, rapatriés en Galice vers 396, firent l'objet d'une vénération réservée aux martyrs de la foi.

Comme la mort de leur chef n'affaiblissait pas les priscillianistes, l'empereur Honorius lança contre eux le rescrit de 408. En 561 ou 563, le concile de Braga jugea utile d'anathématiser dix-sept « erreurs » imputées à Priscillien.

Il est malaisé de dégager la doctrine priscillianiste des calomnies que l'Église y a mêlées au cours des siècles. La base procède du christianisme dominant de la seconde moitié du IIᵉ siècle à la fin du IVᵉ et que l'Église condamne sous les noms de montanisme, encratisme, novatianisme, origénisme. Il ignore donc les évangiles compilés, et canoniquement enrichis d'arguments hostiles à Arius et au rigorisme ascétique. Il regroupe clercs et laïcs dans des assemblées où l'ascétisme est exalté, ainsi que le culte de la virginité. Si l'on en juge par l'état semblable des congrégations piétistes du XVIIᵉ siècle, il est probable que s'y soient manifestés extases, illuminations, prophétisme et autres formes d'hystérie religieuse communes au puritanisme.

La conception trinitaire de Nicée n'a pas atteint l'Espagne, ni du reste les couches populaires du christianisme. « Bien après Nicée, une vue très archaïque et une expérience similaire de la Trinité continuaient à dominer [2]. »

Selon Priscillien, l'ascèse chrétienne participe de la présence du Dieu-Christ. On songe à la prescription de Tertullien d'éreinter le corps pour y faire croître l'Esprit. Comme chez Justin argumentant contre Tryphon, le Christ n'est rien d'autre que le Logos divin. La présence de Dieu résulte plus d'une expérience personnelle que d'une réflexion rationnelle. La révélation en soi du Dieu-Christ permet à l'homme d'atteindre, par l'exercice de la rigueur, à l'état de perfection. Et Priscillien parle d'une *nova nativitas*, d'une nouvelle naissance. N'est-ce pas son héritage que recueillera le catholicisme espagnol qui, de Dominique à Queipo de Llano, en passant par Ignace de Loyola et, *genius loci*, Thérèse d'Avila, fourbit contre la vie les armes du *Viva la muerte* et du *Perinde ac cadaver*?

Faut-il exclure d'un enseignement, fondé sur l'imitation du Christ et qui confère « *quies, libertas, unitas* », le recours à l'astrologie sinon à la magie ? « Les hérétiques priscillianistes, affirme le pape Grégoire, pensent que tout homme naît sous une conjonction d'étoiles. Et ils appellent au secours de leur erreur le fait qu'une étoile nouvelle apparut lorsque Notre Seigneur se montra dans sa chair [3]. » Peut-être la notion de nouvelle naissance a-t-elle donné lieu à des spéculations astrologiques semblables à celles qu'analyse Bardesane d'Édesse. Quant à la magie, sa pratique est courante dans les milieux chrétiens, ainsi que l'attestent les abraxas ou talismans où le Christ remplace Seth, Ophis, Mithra, Sérapis, Abrasax. Le culte des saints lui-même sert d'appoint à des invocations où le signe de croix se substitue au chant des voyelles et aux gestes qui en traduisent les diverses expressions.

Ce serait oublier le massacre des ariens et des donatistes que de reconnaître en Priscillien, ainsi qu'il est d'usage chez les historiens, la première victime de l'orthodoxie et de la juridiction adoptée en matière d'hérésie. La nouveauté réside plutôt dans l'iniquité du procès et dans les arguments invoqués à l'encontre des accusés. De fait, le rideau s'est levé à Trèves sur une longue série de mises en scène où des accusés, condamnés d'avance par le jugement de l'Église, entrent sous le signe parodique de la justice dans le cercle de feu du sacrifice expiatoire par lequel le clergé impose aux pécheurs le dogme de sa pureté et de sa puissance divine.

CHAPITRE XXV

Pauliciens et bogomiles

Au IVᵉ siècle, le christianisme arménien offre, aux particularismes près, le même paysage que celui des villes du Latium et de Grèce, sinon de l'Empire tout entier : un christianisme ancien, d'esprit ascétique, un parti clérical pro-romain, de mieux en mieux structuré, des communautés marcionites, des Églises locales, comme celle de Paul de Samosate, et des cultes archaïques soit christianisés, soit incluant le Christ dans leur œcuménisme : naassènes, barbélites, séthiens, valentiniens, souvent toutes croyances confondues★.

En Arménie, la faction pro-romaine tente de se dégager du christianisme montaniste, des Églises marcionites et des écoles de Bardesane. Épiphane, comptable des mouvements de résistance à l'emprise du catholicisme de Rome, mentionne une secte fondée par un certain Pierre de Kapharbarucha, qu'il désigne sous l'appellation d'« archontiques » et dont Eutacte de Satala propage la doctrine. Elle relève syncrétiquement du marcionisme et du barbélisme. De Marcion, elle tient son antisémitisme, et un dualisme selon lequel le Démiurge, créateur d'un univers odieux, n'est autre que Sabaoth, Dieu des Juifs, qui réside dans le septième ciel et gouverne l'Hebdomade. Pour rejoindre sa Mère originelle, l'âme doit s'élever jusqu'au huitième ciel (Ogdoade). On ignore par quel type de pratique extatique l'union s'établit avec l'adepte, sans doute induit par le secours d'incantations à éviter les pièges tendus par les séides de l'abominable Sabaoth [1]. Les archontiques ne se soucient bien entendu ni de baptêmes ni de sacrements.

À dater de 325, les monarques embrassant le catholicisme par complaisance et diplomatie l'imposent à leurs sujets. La faction cléricale romaine s'empare donc partout des postes clés et engage la répression contre tous les îlots de

★ Contrairement à ce qu'affirment la plupart des historiens, et comme le montre la sépulture des Aurélii.

résistance, aussitôt répertoriés dans les catalogues d'hérésies, fiches signalétiques dont les polices inquisitoriales useront jusqu'au XVIIIᵉ siècle.

Les pauliciens, apparus vers le milieu du VIIᵉ siècle en Arménie, province limitrophe entre l'Asie Mineure et l'Empire byzantin, semblent provenir de Samosate d'où les persécutions les ont chassés. Fuyant l'Arménie et le zèle conjugué de l'Église et des princes, ils trouvent refuge près de Coloneia, sous la suzeraineté du califat arabe. Peu après 630, en effet, les Arabes se sont emparés rapidement des provinces byzantines d'Afrique du Nord, d'Égypte, de Palestine et de Syrie ; ils menacent dès lors Byzance, déchirée par les luttes intestines.

Bien que Pierre de Sicile ait cru faire remonter le mouvement à Paul de Samosate, il paraît plus crédible de le rattacher à Paul l'Arménien qui, de 699 à 718, le consolide.

Dualistes, les pauliciens n'appartiennent pas à la religion manichéenne. Leur doctrine relève plutôt d'un christianisme gnostique archaïque, adapté à leur statut de minorité combattante.

Paysans groupés dans de «libres» communautés agraires*, ils se sont faits soldats pour résister à tout pouvoir qui prétendrait les inféoder à sa tutelle. Un Dieu bon soutient leur foi ; l'autre, Dieu du mal, s'identifie à l'autorité byzantine, acharnée à les anéantir. Ils ne s'embarrassent pas de sacrements, ne connaissent ni baptême, ni communion, ni pénitence, ni mariage. Ils rejettent le jeûne et les jours fériés du catholicisme. Ils exècrent la croix, instrument de supplice et de mort, le culte des saints et les icônes qui en perpétuent l'usage superstitieux.

Leur conception de Jésus est celle de l'*angelos-christos*. Ils voient dans l'Ancien Testament l'œuvre du Démiurge. Quant aux prêtres, les jugeant inutiles, nuisibles et corrompus, ils ne manquent pas de les tuer si l'occasion s'en présente.

Eux-mêmes n'admettent aucun clergé, mais accordent leur confiance à des pasteurs chargés des prêches et à des *didachoi* ou enseignants expliquant les textes sacrés. Sans verser dans l'ascétisme de Marcion, ils s'apparentent à son christianisme primitif, vénérant l'apôtre Paul et récusant l'autorité de Pierre.

Leur persécution commence dès leur installation à Coloneia, où l'évêque les décime avec l'assentiment de l'empereur. Le premier chef de la communauté, l'Arménien Constantin, meurt sur le bûcher en 682. Son successeur, Siméon, subit le même sort vers 688. Ils trouvent alors chez les Arabes une tolérance cruellement absente parmi les catholiques. Sous l'impulsion de Paul l'Arménien, leur doctrine, jusqu'alors d'un christianisme commun vers 140 (à l'exception du baptême, qu'ils refusent peut-être tardivement), prend une coloration plus nettement hostile au clergé et au catholicisme.

Leur histoire se confond dès lors avec la guerre atroce que Byzance mène contre eux.

---

    * Le modèle communaliste paulicien joue un rôle dans le soulèvement des paysans d'Asie Mineure (820-824) sous la conduite de Thomas le Slave.

Cependant, ravagé de 726 à 843 par le conflit des icônes, l'Empire détourne sa rage du paulicianisme pour l'investir en factions hostiles que la querelle des iconoclastes précipite les unes contre les autres*.

Dans l'esprit de Nestorius, les iconoclastes ne tolèrent pas la figuration des principes divins mais, à la différence des pauliciens, ils vénèrent la croix et ne nourrissent aucune sympathie envers les marques d'hérésie. Au reste, la pire persécution s'engage à l'initiative de l'iconoclaste Léon V (813-823). Elle se poursuivra sous Théodora, qui rétablit le culte des images.

Exterminés dans Byzance, les pauliciens demandent l'aide des émirs arabes. Certains s'enrôlent dans les troupes islamiques qui harcèlent la cité impériale. En 843, une expédition punitive de Byzance entraîne la rébellion d'un officier, Corbéas, dont le père, paulicien, a été empalé. Il prend la tête de 5 000 hommes et fonde un État indépendant à Téphrique, où il dispose de l'aide bienveillante des émirs de Mélitène et de Tarse.

Avec ses milices de soldats-paysans, Corbéas brise en 856 l'offensive de Pétronos, frère de l'impératrice Théodora. Deux ans plus tard, il remporte la victoire sur l'armée de Michel III. En 860, des raids contre Nicée et Éphèse attestent la puissance de Téphrique. Tué lors d'une bataille en 863, Corbéas est remplacé par Chrisocheir, jadis dénoncé par le patriarche et hérésiologue Photius.

L'intervention d'un ambassadeur, Pierre de Sicile, envoyé chez les pauliciens, ressortit moins à la tentative de conciliation qu'à une mission d'espionnage, car si Basile Ier subit la défaite devant Téphrique en 870 ou 871, l'assassinat par traîtrise de Chrisocheir en 872 entraîne la fin de Téphrique, saccagée par les Byzantins. Les prêtres, inquisiteurs avant la lettre, organisent le massacre systématique des pauliciens, hommes, femmes et enfants. Les rescapés se réfugient dans les Balkans et en Thrace, où Alexis Comnène entreprendra de les réduire entre 1081 et 1118.

Dans les armées arabes qui s'emparèrent de Constantinople en 1453 s'étaient enrôlés des chrétiens pauliciens dont la haine envers l'Empire oppresseur avait nourri l'esprit de vengeance.

En 1717, il subsistait à Philippopolis une communauté chrétienne vénérant l'apôtre Paul et reconnaissant, par hostilité à l'Église orthodoxe, l'autorité de Rome. Elle s'est maintenue jusqu'à nos jours sous le nom d'uniates.

LES BOGOMILES

«Durant le règne du très-chrétien Pierre, sur la terre bulgare, apparut un prêtre du nom de Bogomile [celui qui aime Dieu] ; en vérité, il eût dû se nom-

---

* La querelle des images ne fait qu'envenimer l'état de guerre sociale endémique où s'affrontent deux factions : les bleus, de tendance aristocratique, et les verts, composés surtout d'artisans, souvent favorables aux hétérodoxies.

mer Bogunemil [celui qui n'est pas aimé de Dieu]. Le premier, il commença à propager l'hérésie sur la terre bulgare.» Ainsi commence le *Traité contre les hérétiques, par l'indigne Cosmas le prêtre*, source précieuse de renseignements sur le mouvement qui porte le nom de son fondateur.

Celui qui, avec une servilité complaisante, s'intitule «prêtre indigne», reprend les termes d'une lettre envoyée par Théophylacte, patriarche de Byzance, au roi Pierre de Bulgarie (mort en 969) où sont anathématisés les représentants «d'une ancienne hérésie réapparue, d'un manichéisme mélangé à du paulicianisme [2]».

Dans sa spécificité et sans relever précisément de la religion manichéenne, le bogomilisme a joué un rôle de plaque tournante entre les communautés pauliciennes, héritières lointaines de Marcion, et les croyances cathares qui, dès le XIe siècle, atteignent la vallée du Rhin, Cologne, la Flandre, la Champagne, l'Italie du Nord et la Provence.

Initialement gouvernée par une aristocratie foncière de boyards et fondée sur la commune rurale slave, la Bulgarie se féodalise dès les IXe et Xe siècles. Sous l'influence de l'Empire byzantin voisin, ses princes adoptent le catholicisme et, comme partout, l'imposent à leurs sujets. Rien n'est plus faux en effet que l'idée d'une conversion spontanée des peuples à la doctrine de Rome et de Byzance. Les christianismes nazoréen, elchasaïte, marcionite, valentinien, montaniste ou tertullianiste ont suscité l'adhésion d'un nombre croissant de fidèles ; le catholicisme, lui, s'est toujours propagé par le haut, à la pointe persuasive du glaive temporel. Il a dès 325 cessé d'être chrétien, comme le christianisme cesse d'être juif après 135. Et il traitera, avec plus de rigueur encore que les Juifs, les adeptes de la pauvreté volontaire de Valdès, de Michel de Cézène, les apostoliques rêvant de raviver le christianisme de la Nouvelle Prophétie, et les réformés qui, prenant le relais de l'Église abhorrée, justifieront à leur tour le massacre des anabaptistes et des dissidents.

Colonisée par le clergé byzantin, la Bulgarie se couvre de monastères et voit s'abattre sur le paysannat une «vermine monastique» subsistant du travail des communautés rurales.

La doctrine de Bogomile ne s'embarrasse pas de la complexité manichéenne. Elle professe un dualisme modéré, conforme à l'antagonisme des forces et des intérêts en présence.

Dieu a créé l'univers, soit les sept cieux et les quatre éléments, feu, air, eau, terre. Dieu, résurgence du Dieu pluriel Elohim, règne harmonieusement sur une cohorte d'anges, lorsque l'un d'eux, Satanaël, se révolte et est précipité sur la terre, qu'il sépare de l'eau, créant, sous la lumière essentiellement divine du soleil, l'univers matériel et les hommes. Pourtant, Satanaël a inclus dans le corps humain un fragment angélique, de sorte que la dualité du bien et du mal s'y trouve incarnée.

Afin d'aider l'humanité, Dieu envoie l'ange Christ — toujours l'*angeloschristos*. Satanaël ordonne de le crucifier, mais le Messie ressuscite, confond son adversaire et l'envoie en enfer, l'exilant d'une terre qu'il n'aura de cesse de reconquérir pour y parachever son œuvre maléfique. Or Satanaël a des alliés tout disposés à le restaurer dans ses privilèges : les rois, les prêtres, les riches et l'Église. Ainsi le bogomilisme redécouvre-t-il dans le dualisme le ferment subversif propagé par les pauliciens, eux aussi attachés à l'indépendance et à l'autarcie des communautés rurales.

Hostiles à la fréquentation des églises, les bogomiles appellent Sainte-Sophie la résidence des démons. Ils se moquent du baptême : si l'eau possédait un tel pouvoir, remarquent-ils, alors tous les animaux et surtout les poissons seraient baptisés. Les rites du pain et du vin relèvent pour eux d'une symbolique absurde.

Sans verser dans les excès de l'ascétisme, ils blâment l'existence dissolue des prêtres qui les exaltent à la sanctification de l'âme, comme le rapporte Cosmas : « Si vous êtes des saints comme vous l'affirmez, pourquoi dès lors ne pas mener une vie telle que la décrit Paul à Timothée ? L'évêque ne doit pas avoir le moindre vice, il ne doit épouser qu'une seule femme, il doit être sobre, honnête, correct et accueillant ; il ne doit être ni buveur ni querelleur, mais un homme doux qui gère bien sa maison. Les prêtres font l'inverse. Ils s'enivrent, ils volent, ils s'adonnent aux vices en cachette et il n'y a pas moyen de les empêcher[3]. »

Et Cosmas précise : « Ils dénigrent les riches, ils enseignent aux leurs à ne pas se soumettre aux seigneurs et à exécrer le roi. Ils crachent à la figure des notables et blâment les boyards et pensent que Dieu éprouve de la haine pour tous ceux qui servent le roi et ils enseignent à tous les serfs de ne plus travailler pour leur seigneur*[4]. »

Comme les pauliciens, ils se moquent des saints, des icônes et des reliques, sources d'un fructueux commerce. Ils voient dans la croix un simple morceau de bois qu'ils nomment « l'ennemi de Dieu ». Les miracles du Christ relèvent selon eux de la fable, à moins de les interpréter dans un sens symbolique**.

Rejetant l'Ancien Testament, œuvre de Satanaël, ils se réfèrent de préférence à une version de l'*Évangile attribué à Jean* sous sa forme ancienne de texte gnostique.

Le vieux gnosticisme marque aussi de son sceau leur organisation en deux classes : les parfaits ou chrétiens, noyau actif et intellectuel (ceux qui savent), et les croyants, paysans ou bourgeois à qui suffit la *pistis*.

Ils appellent *consolamentum* une forme d'intronisation où le néophyte accède au statut de parfait par l'imposition sur la tête de l'*Évangile attribué à Jean*, en guise d'acquiescement de l'assemblée.

Les parfaits refusent toute alimentation carnée, prêchent, ne travaillent pas mais ne perçoivent aucune dîme. Tous les croyants reçoivent le *consolamentum* sur leur lit de mort ou dans un âge avancé.

Qui est Bogomile ? Un prêtre macédonien initialement fidèle à l'Église de

---

* À quoi Cosmas rétorque : « Tout homme doit se soumettre aux puissants. Il n'est pas de seigneur qui ne vienne de Dieu. »

** Au XVIIᵉ siècle, l'Anglais Thomas Woolston mourra en prison pour avoir soutenu la même thèse.

Byzance et de Rome. Révolté par le sort des paysans, victimes des guerres, des boyards et du clergé, il rompt avec le catholicisme et prêche dans la région de Skopje et en Thrace.

Cosmas lui oppose la doctrine officielle : « Les prêtres de la vraie foi, même s'ils vivent dans la paresse, n'offensent jamais Dieu », et encore : « Il t'est ordonné d'honorer les officiants, même s'ils sont mauvais [...]. Les hommes d'Église sont toujours consacrés par Dieu [5]. »

Sur les misères du monde, Cosmas fournit une explication simple et œcuméniquement convaincante puisqu'elle satisfait la religion hébraïque, la papauté et Calvin : « Chacun d'entre nous doit se demander [...] si ce n'est pas à cause de lui que Dieu a envoyé cette guerre sur la terre [6]. » Telle n'est pas l'opinion de Bogomile et de ses partisans, de plus en plus nombreux.

Les événements prêtent en effet au bogomilisme une assise non seulement sociale mais nationale lorsque, en 1018, l'empereur Basile II met fin à l'existence du royaume bulgare et écrase la nation sous le joug de l'autorité byzantine. À la faveur des soulèvements paysans, auxquels la noblesse et les villes apportent maintenant leur secours, l'influence bogomile polarise la résistance à l'Empire ; elle envahit les cités, franchit les frontières et atteint Byzance en dépit de persécutions constantes et cruelles.

Euthyme d'Acmone, qui les poursuit d'une haine toute cléricale, les appelle *fundagiagites*, c'est-à-dire « porteurs de besace », « véritables impies qui servent en cachette le diable [7] ». Les diatribes d'Euthyme nourriront encore au XIIᵉ siècle le zèle du persécuteur Alexis Comnène.

Au XIIᵉ siècle, le mouvement s'était implanté à Byzance. Anne Comnène, fille de l'empereur, a laissé un récit édifiant de la façon dont un des principaux parfaits de la ville fut capturé et mis à mort en 1111 :

« Un certain moine du nom de Basile réussissait à merveille dans l'enseignement de l'hérésie des bogomiles. Il avait douze élèves qu'il nommait aussi ses apôtres, avait attiré à lui quelques converties, des femmes perverties et de mauvaise vie qui répandaient le mal en tous lieux. Le mal ravageait beaucoup d'âmes avec la rapidité du feu.

« Certains bogomiles furent amenés au palais et tous indiquèrent Basile comme étant leur maître et le chef de l'hérésie. L'un d'entre eux, du nom de Divlati, fut mis en prison et interrogé afin de les dénoncer ; il n'y consentit pas tout d'abord, mais après avoir été soumis à la torture, dénonça Basile et les apôtres que celui-ci s'était choisis. Alors l'empereur fit engager beaucoup de gens à le rechercher. Et l'on découvrit l'archisatrape de Satan, Basile, un homme en habit de moine, au visage émacié, sans barbe ni moustache, de très haute taille, expert dans l'art d'enseigner l'hérésie.

« L'empereur, désirant apprendre de lui le mystère secret, l'invita sous un prétexte spécieux. Il descendit du trône pour venir à sa rencontre, l'invita à sa propre table, lui tendit tous les pièges du pêcheur et mit à son hameçon tous les appâts possibles pour y faire mordre ce monstre omnivore. Retenant plusieurs fois toute sa haine et son dégoût devant le moine, il l'accabla de flatteries et feignit vouloir devenir son élève, et pas seulement lui, mais encore son frère Isaac ; il affecta de reconnaître la révélation divine dans chacune de ses paroles et de se soumettre à lui en toutes choses, à la condition que le méchant Basile implorât le salut de son âme... Et Basile dévoila alors toute la doctrine de l'hérésie. Mais comment cela se fit-il ?

« L'empereur avait ordonné que l'on installât un rideau dans le couloir entre la partie réservée aux femmes et l'endroit où il se trouvait avec ce démon, afin que celui-ci se démasque devant tous et révèle tout ce qu'il cachait dans son âme. Pendant ce temps, un de ses clercs, caché derrière le rideau, écrivait tout ce qui se disait. Ne soupçonnant rien, cet imbécile commença à prêcher, l'empereur jouait l'élève et le clerc inscrivait "les enseignements"... Mais qu'advint-il ensuite ?

« L'empereur tira le rideau et arracha son masque. En même temps, il avait convoqué tout le synode de l'Église, tous les chefs militaires et le sénat au complet. Une assemblée fut convoquée, présidée par le vénéré patriarche de la ville impériale, Nicolas Gramatik. On fit devant tout ce monde la lecture de la doctrine diabolique et il ne fut pas possible de nier l'accusation. Le chef des accusés ne renonça pas à ses idées et aussitôt se mit à les défendre ouvertement. Il déclara qu'il était prêt à passer par les flammes, à subir le châtiment du fouet et supporter mille morts...

« Basile, en véritable hérésiarque, ne voulut en aucune façon se repentir. C'est pourquoi tous les membres du saint synode, les plus dignes moines et le patriarche Nicolas lui-même décidèrent qu'il méritait d'être brûlé vif. L'empereur, qui avait souvent discuté avec Basile et était convaincu qu'il était de mauvaise foi et ne renierait jamais son hérésie, se rangea à cet avis. L'ordre fut donné de dresser un grand bûcher sur l'hippodrome. On fit creuser une fosse profonde où l'on entassa de très hauts troncs d'arbres que l'on recouvrit de feuillages ; on aurait dit une épaisse forêt. Quand on alluma le bûcher, une foule immense pénétra dans l'hippodrome et s'installa sur les gradins, impatiente de la suite des événements. Le jour suivant, on dressa une croix afin de donner à l'impur la possibilité, s'il avait peur des flammes, de renier son hérésie et de se diriger vers la croix. Dans l'assistance, on comptait un grand nombre d'hérétiques venus observer leur chef Basile...

« La foule excitée lui donna la possibilité de jeter un coup d'œil sur l'horrible spectacle que présentait le bûcher, il sentit la chaleur du feu et vit les flammes qui crépitaient, qui s'élevaient comme des langues de feu jusqu'à la hauteur de l'obélisque de granit qui se dressait au milieu de l'hippodrome.

« Ce spectacle ne fit pas hésiter Basile qui demeura inflexible. Le feu ne parvint pas à faire mollir sa volonté de fer, pas plus que les promesses de l'empereur...

« Alors les bourreaux le saisirent par ses vêtements, le soulevèrent très haut et le jetèrent tout habillé dans le bûcher. La flamme, qu'on aurait dit rendue furieuse, engloutit l'impur sans dégager aucune odeur, la fumée resta la même, seule apparut de la fumée une raie blanche parmi les flammes. Voilà les éléments qui se dressaient eux aussi contre les impies [8]. »

L'exécution de Basile et d'un grand nombre de ses partisans n'entrave pas les progrès du bogomilisme. En 1167, un autre parfait quitte Byzance pour gagner l'Italie et la France afin d'y réunir des assemblées : l'Occident le connaîtra sous le nom de «pape Nikita».

Malgré la politique d'extermination menée par les princes serbes et bosniaques, l'activité missionnaire du bogomilisme ne cessa de multiplier les Églises : Église bulgare, Église de Dragovjit (Thrace), Église grecque, Église patarène (Bosnie), Église de Philadelphie (Serbie). Elle trouvait un appui populaire dans les réactions à l'interdit jeté par Rome sur l'emploi des langues autochtones en liturgie, mais aussi dans les combats pour l'indépendance.

L'Église bosniaque, reconnue pour un temps par les princes, subit de nouvelles persécutions de 1443 à 1461 et, par haine du catholicisme, se tourna plus volontiers vers les Turcs. «C'est pourquoi, lorsque la Bosnie tomba sous domination ottomane, un grand nombre de ses habitants adoptèrent la religion musulmane [9]. »

Entre-temps, les adeptes venus de Bulgarie et désignés sous le nom de «bougres» avaient, de Milan au Languedoc et de Cologne à la Flandre et à Orléans, tenté d'instaurer à l'encontre de Rome d'impossibles communautés pacifiques, fraternelles et quelque peu enclines à solliciter le martyre.

CHAPITRE XXVI

Christs et réformateurs.
La résistance populaire à l'Église institutionnelle

En confirmant dans leur autorité personnelle et temporelle les prêtres et évêques laxistes et collaborateurs contre lesquels s'étaient insurgés Tertullien, Hippolyte, Clément d'Alexandrie, Origène, Novatien, Donat et les fidèles d'un christianisme populaire, l'Église lance sur le monde, avec la mission de circonvenir rois, seigneurs, propriétaires terriens, une horde de clercs le plus souvent avides et sans scrupules.

L'*Historia Francorum* de Grégoire de Tours dresse, au sentiment même de l'auteur, un constat accablant des mœurs cléricales du VIᵉ siècle en Gaule. Ce ne sont, à de rares exceptions près, que curés et dignitaires paillards, pillards et meurtriers, rivalisant de violence et de ruse avec les maîtres du sol pour tirer des paysans et des artisans le plus grand profit possible. Alors que la réprobation de l'évêque de Tours, purement formelle, soulage sa mauvaise conscience — à longueur de pages, il déplore que les conditions ne lui permettent guère de remédier à un état de fait qu'il condamne du fond du cœur —, des laïcs, des moines, des prêtres, sensibles à la misère de leurs paroissiens, s'investissent dans une mission sacrée dont l'Église se montre indigne à leurs yeux. Leur intervention finira par inspirer à Rome, mais au cours du XIᵉ siècle seulement, une politique de réformes dont le but — supprimer la vente des sacrements et l'achat des offices ecclésiastiques, et contraindre les prêtres au célibat — répond aussi au souci de dégager l'Église, paroisses et monastères, de la dépendance des monarques et des nobles, maîtres à tous les niveaux des nominations ecclésiastiques. L'idée que l'ordination ne suffit pas à absoudre le prêtre du devoir de mener une vie exemplaire et «apostolique» n'entrera tout à fait dans les vues de Rome qu'au concile de Trente, après le succès remporté par la campagne moralisatrice de la Réforme.

LE CHRIST DE BOURGES

Dans sa chronique pour l'année 591, Grégoire, évêque de Tours, rapporte qu'un habitant de Bourges, s'étant rendu dans une forêt, connut une manière de traumatisme ou d'extase en se voyant soudain environné par un essaim de mouches ou de guêpes* [1].

Demeuré pendant deux ans en état de choc, il gagna ensuite la région d'Arles où, vêtu de peaux de bêtes, il vécut en ermite, réservant tout son temps à la prière. Au terme d'une longue période d'ascétisme, il se prétendit investi du don surnaturel de guérir et de prophétiser.

Parcourant les Cévennes et le Gévaudan, il se donnait pour le Christ réincarné et consacra sa compagne du nom de Marie.

Grégoire attribue au démon les pouvoirs exceptionnels dont il faisait montre et qui lui suscitaient un nombre croissant de partisans. Il distribuait aux pauvres l'or, l'argent et les vêtements dont l'honoraient ses riches fidèles.

Le chroniqueur l'accuse d'avoir formé, sous sa conduite, une bande armée pillant les villes et tuant les évêques. Aurelius, évêque du Puy, devant lequel l'armée du Christ avait surgi, lui envoya une ambassade qui l'assassina par traîtrise. Ses partisans massacrés et dispersés, Marie, soumise à la torture, avoua que le Christ recourait à des procédés diaboliques pour assurer son emprise sur le peuple.

Grégoire admet avoir rencontré lui-même plusieurs de ces saints des derniers jours, éveillant un espoir fugace parmi des gens que leur sort misérable dans l'ordinaire des guerres, pillages, tortures, famines, épidémies et mort disposait tout naturellement à une sédition cautionnée de surcroît par le sceau apostolique du divin [2].

ALDEBERT

En 744, Winfrid, plus tard sanctifié sous le nom de Boniface, réunit à Soissons, avec l'approbation du pape Zacharie et des rois francs Pépin et Carloman, un synode destiné à briser le mouvement populaire du moine Aldebert [3].

Prédicateur errant, se disant moine et pratiquant la pauvreté volontaire, il s'en prend à l'évêque de Soissons qui lui interdit de prêcher dans les églises.

Il érige alors des croix dans les campagnes, au pied desquelles il s'adresse à une foule séduite par ses propos. Bientôt ses fidèles édifient de petites chapelles, puis des églises où il peut prêcher.

À ceux qui l'écoutent, il affirme avoir été revêtu de la grâce divine dès le

---

* Le même phénomène est évoqué dans la révélation du paysan de Vertus.

sein de sa mère. Celle-ci, à l'instar de Marie et comme le rapportaient les évangiles de l'enfance, l'avait mis au monde par le flanc droit, le désignant par là comme second Messie. Sa relation privilégiée avec Dieu s'exprime dans une prière que Boniface retranscrivit à l'intention du pape. Il y évoque le soutien d'anges, grâce auxquels il obtient pour lui et pour ses fidèles la grâce d'être exaucé dans ses désirs. Comme le roi Abgar, il détient une lettre personnelle de Jésus, d'où procèdent ses enseignements.

Les simples et les femmes, note dédaigneusement le rapport synodal, délaissaient pour le suivre les prêtres et les évêques. Il semble avoir été l'objet d'un culte de nature à concurrencer le traditionnel trafic des reliques, car les fidèles conservaient précieusement les rognures d'ongles et les mèches de cheveux dont il les gratifiait.

Arrêté et condamné lors du synode de Soissons en 744, il parvint à s'échapper. L'année suivante, un autre synode, présidé par Boniface et par le roi Carloman, l'excommunia, sans résultats appréciables puisque, la même année, un synode de vingt-quatre évêques présidé à Rome par le pape Zacharie lui-même choisit de le déclarer fou, sans doute en raison de la difficulté de sévir contre un homme aussi populaire et dont le nombre d'adeptes ne cessait de croître. On ignore tout de sa fin, mais en 746 une ambassade du roi Pépin auprès du pape attestait la vogue persistante du Christ dans le nord de la France.

LEUTHARD

Bien que les missionnaires bogomiles, marchands slaves ou byzantins, commencent vers l'an 1000 à propager leur doctrine en Allemagne, en France, en Italie, l'exemple de Leuthard, paysan de Vertus en Champagne, relève moins des premières manifestations cathares que de la tradition des messies et prophètes errants.

Il rentre un jour des champs après une illumination*, décide de quitter son épouse et brise le crucifix de l'église. Avec une éloquence soudaine, nourrie par le sentiment de détenir la parole de Dieu, il prêche le retour aux vertus apostoliques. Aux nombreux adeptes qui se joignent à lui, il enjoint de ne plus payer la dîme et de n'accorder aucune foi à l'Ancien Testament.

Arrêté en 1004 et mené devant l'évêque Gebuin II de Châlons, homme instruit et rusé, il prend conscience de la vanité de son entreprise, se retrouve seul, habilement décrié comme un fou, et se jette dans un puits la même année.

Son rejet de la croix, de l'Ancien Testament et du mariage ne laisse pas de suggérer, s'ajoutant à l'ordinaire condamnation de l'Église et de la dîme, une influence, si confuse soit-elle, d'idées bogomiles. D'autant que, moins

* Raoul Glaber lui attribue, comme Grégoire de Tours au Messie de Bourges, cette aura d'abeilles parfois attestée par le folklore et les contes.

d'un siècle plus tard, dans la région de Châlons, des paysans tomberont sous l'accusation de catharisme. Il est vrai que, vers 1025, l'Italien Gandulf y a ouvertement prêché le bogomilisme.

ÉON DE L'ÉTOILE OU EUDO DE STELLA

Originaire de Loudéac en Bretagne, peut-être de petite noblesse, il prêche au nom du Christ contre les prêtres et les moines vers 1145, alors que Bernard de Clairvaux s'empresse de ramener les ordres monastiques et le clergé à plus de dignité et de sainte apparence. Il vit en communauté avec des disciples que l'on dit nombreux, exaltant l'ascétisme et la vie évangélique.

Ses fidèles le nomment le Seigneur des Seigneurs. Lui-même, en ces temps où le mythe d'une justice immanente nourrit l'espoir des déshérités, est venu pour juger les vivants et les morts. Les chroniqueurs ont raillé son interprétation toute personnelle de la formule d'exorcisme : «Per eum qui venturus est judicare vivos et mortuos», à savoir selon lui : «Par Éon qui viendra juger les vivants et les morts». Mais en quoi agit-il autrement que les exégètes de la Bible, juifs, gnostiques, judéo-chrétiens? N'est-ce pas ainsi que se sont écrits à partir des midrashim hébreux ou araméens les fameuses vérités évangéliques?

Dans les forêts où ses partisans se sont réfugiés comme en un «désert» nouveau, il fonde une Église avec des archevêques et des évêques à qui il donne des noms tels que Sagesse, Connaissance, Jugement, dotés d'une singulière connotation gnostique*.

Tandis que la Bretagne, ravagée par les famines de 1144 et 1145, est en proie aux pillages et aux brigandages, les partisans d'Éon opèrent des razzias qui assurent leur subsistance, détruisant églises et monastères.

Selon Guillaume de Newburgh, Éon et ses fidèles vivaient dans le luxe, vêtus magnifiquement et dans un état de «joie parfaite», une expression qui suggère peut-être — mais Guillaume rédige sa chronique cinquante ans après les événements — une lointaine influence bogomile ou cathare [4].

Comme Paul de Samosate ou Gaïanus, Éon célèbre les messes en son nom. Trait plus curieux, il possède un sceptre en forme de Y. Les deux branches de la fourche élevées vers le ciel signifient que les deux tiers du monde appartiennent à Dieu et un tiers à Éon. Dans le mouvement contraire, la proportion s'inverse, conférant à Éon une puissance presque absolue sur le monde, vieux rêve des marcosiens, de Simon de Samarie, des barbélites, souvenirs d'anciennes conceptions trinitaires, sans doute ignorées par le gentilhomme breton.

---

* Une étude systématique, à la manière de Graves, de toutes les mythologies chrétiennes montrerait le cheminement, voire l'errance, la recréation, la récurrence et la transformation des thèmes fondamentaux.

Comme il est fréquent lorsque la fatuité l'emporte sur la quête d'une vie plus riche, Éon se mêla d'affronter les représentants de l'Église réunis à Rouen en 1148. Jeté dans les prisons de l'archevêché, il y périt de faim et de mauvais traitements. Ses partisans arrêtés moururent sur le bûcher.

DEUX RÉFORMATEURS, PIERRE DE BRUYS ET HENRI DU MANS

Tandis que les villes nouvelles tentent de conquérir par l'insurrection une indépendance que leur refusent les seigneurs laïques et les princes-évêques — objets le plus souvent d'une haine accrue parce que, résidant dans la cité, ils insultent publiquement, par leurs mœurs dissolues et leur rapacité, aux principes de sainteté recommandés par l'Église —, des prédicateurs parcourent la France où paysans et artisans manifestent les meilleures dispositions à recevoir leurs messages. Deux figures, identifiées par la répression ecclésiastique, se détachent parmi d'autres restées inconnues, prêcheurs indépendants, agitateurs communalistes, missionnaires bogomiles, cathares, que dénoncent clercs et moines attachés aux privilèges de Rome et que traquent de véritables chasseurs d'hérétiques stipendiés par l'Église.

Depuis 1105 environ, Pierre de Bruys, un ancien prêtre provençal, parcourt le sud de la France, prêchant surtout à l'est du Rhône. Il appelle à la destruction des églises, car on peut prier aussi bien dans une auberge ou dans une étable. Il brûle les croix, instrument de martyre du Christ, dont le symbole ne s'accorde que trop parfaitement à la cruelle oppression de l'Église.

Les morts n'ont besoin d'aucune prière. Que valent les sacrements administrés par des prêtres le plus souvent indignes, et pourquoi la foi ne suffirait-elle pas à assurer le salut aux fidèles si mal servis par le clergé de Rome?

Non content d'encourager au traditionnel refus de payer la dîme (qui suffit à fonder l'accusation d'hérésie), Pierre de Bruys dénonçait le marché de la pénitence et des indulgences.

Il s'attira ainsi l'animosité de Cluny, où Bernard de Clairvaux s'attachait à moraliser le clergé dans le respect et l'obédience dus aux dignitaires du clergé, et incitait dans le même temps *ad capiendos vulpes*, à capturer les renards de l'hérésie. Le concile de Toulouse condamna sa doctrine en 1119, sans doute en raison de l'agitation qu'il y avait fomentée, au cours de laquelle, croit-on, il rencontra son disciple et continuateur, Henri du Mans.

Il périt dans un guet-apens près de l'abbaye de Saint-Gilles où il prêchait, vers 1126. Une faction, probablement suscitée par Cluny, s'empara de lui et le lyncha avant de le jeter sur un bûcher*.

Quelques années plus tard, Pierre le Vénérable, abbé de Cluny, diffusa un *Traité contre les pétrobrusiens* que justifiaient les doctrines adoptées par Henri

---

* La croix sculptée sur le tympan de la cathédrale, alors en construction, s'érige en défi aux partisans de Pierre, qui en dénonçaient le caractère morbide et mortifère.

du Mans, auxquels les partisans de Pierre s'étaient ralliés. Les conciles de
Pise (1134) et de Latran (1139) préciseront la condamnation.

Mort vers 1148, Henri du Mans (appelé aussi Henri de Lausanne) fonde
davantage son agitation sur les luttes communalistes qui dressent les cités
contre l'Église et l'aristocratie terrienne, souvent hostiles à la bourgeoisie naissante. Sa doctrine, parfaitement cohérente, mêle aux idées défendues par Pierre
de Bruys des éléments issus du bogomilisme et qui préparent la voie au catharisme, voire au mouvement concurrent, le valdéisme.

Son origine reste obscure. Moine ou hermite, il dispose d'une culture assez
étendue pour que Bernard de Clairvaux le qualifie de *litteratus*. Peut-être a-t-il
prêché à Lausanne contre la corruption générale du clergé et dans l'esprit
pétrobrusien qui oppose à l'Église romaine cette *ekklèsia* identifiée à la communauté des croyants. En 1116 , le succès de ses prédications au Mans inquiète
l'évêque Hildebert de Lavardin, qui lui interdit de prêcher. Henri passe outre
et jouit, semble-t-il, d'un ascendant considérable dans le gouvernement de
la cité. Il est probable que l'évêque ait toléré dans un premier temps certaines réformes d'Henri. Comme le pape Innocent III avait recommandé de relever l'état moral des prostituées et de leur épargner le mépris, il les persuada
de se couper les cheveux, de brûler leurs riches habits, de se dépouiller de
leurs parures. La secte leur offrit un trousseau et les adeptes épousèrent des
femmes «impures» et sans dot. Au lieu du mariage, la célébration s'accomplit, ainsi qu'Henri le prescrivait, sur le seul consentement mutuel et sur
l'union sincère des cœurs.

Une rupture aussi avérée avec la misogynie entretenue par l'Église participe de ce courant courtois, si superficiellement étudié jusqu'à présent, pourtant sensible à la cour de Champagne, où André le Chapelain le traite
antithétiquement*, dans le Languedoc, où la liberté de la femme se traduit
aussi dans le domaine juridique.

Son exaltation des vertus apostoliques ne verse pas dans la rigueur ascétiques, car il estime, contrairement aux cathares, que la chair ne mérite ni excès
de dignité ni excès d'indignité.

En 1116, chassé de la ville ou la quittant volontairement, on ne sait, il parcourt le Poitou, le Bordelais, la région d'Albi. Sans doute participe-t-il à l'agitation toulousaine, où il est possible que la rencontre de Pierre de Bruys radicalise
sa doctrine évangélique. En 1119, le concile de Toulouse fustige ses «erreurs».
Il semble bien qu'à l'époque ses partisans saccagent les églises, démolissent
les autels, brûlent les croix, malmènent les représentants de l'Église.

Arrêté par l'archevêque d'Arles, il est traduit devant le concile de Pise ;
mis en présence de Bernard de Clairvaux, il feint de se rendre à ses arguments et accepte d'entrer à Cîteaux, pour éviter la prison, voire le bûcher.

Il s'en échappe rapidement et retourne en Provence. Toulouse, à en croire
Bernard de Clairvaux — résolu d'en finir avec les henriciens —, vit sous

---

* Clerc champenois du XIIᵉ siècle, auteur du *De amore* (vers 1185) en deux parties
dont l'une exalte la femme et l'amour charnel tandis que l'autre collationne les traits
les plus excessifs de la misogynie.

l'ascendant du réformateur. Il est vrai que le comte ne décourage pas le mouvement antiromain, largement populaire et dont le catharisme bénéficiera sans encombre. On ignore s'il tomba entre les mains du cardinal Albéric, légat de Rome, qui avait juré sa perte. Sa trace disparaît en 1144.

Vers 1135, une communauté se revendiquait à Liège de la doctrine henricienne : rejet du baptême des enfants et des prières pour les morts, refus des sacrements du mariage au nom de l'union des cœurs.

Henri incline à rejeter, comme les bogomiles, l'Ancien Testament. Sa condamnation du luxe ornemental des églises, auquel a pu souscrire Bernard de Clairvaux, annonce la pauvreté volontaire des vaudois.

CHAPITRE XXVII
Les prophètes communalistes

Le XIᵉ siècle apporte aux populations occidentales une légère amélioration des conditions de vie, que l'essor démographique a tôt fait de condamner à la précarité. Alors que le développement des cités introduit l'air de la liberté dans l'atmosphère confinée d'un système agraire socialement figé selon les trois ordres de Rathier de Vérone — guerriers, prêtres et travailleurs de la terre —, l'essor économique des villes réussit de moins en moins à absorber l'excédent de main-d'œuvre accourue des campagnes.

Les mendiants pullulent, ferment d'émeutes aisément manipulées dans les directions les plus diverses, masses de manœuvre dont apprennent à jouer le seigneur ou l'archevêque, les chefs de corporations ou les agitateurs populaires. Leur violence frappe aussi bien les maîtres que les insurgés ou les Juifs, boucs émissaires de tous les ressentiments fantasmatiques.

La première croisade, lancée à l'instigation du pape Urbain II en 1095, compte dans ses motivations le souci d'évacuer vers des territoires à conquérir une surabondance de déshérités, de nobles ruinés, de gens dont le sort incertain découvre soudain dans les desseins de Dieu et du pape de quoi sanctifier la soif d'ambition, de cupidité et de sanguinaires défoulements.

L'afflux des pauvres dans les villes pose un dilemme à l'Église : comment christianiser des êtres réduits à la condition de chiens errants et affamés en exaltant la sainteté des pauvres, alors que le haut clergé vit dans l'opulence ?

« C'est surtout dans les villes épiscopales, note Cohn, qu'il y eut des insurrections. À la différence d'un prince laïque, un évêque résidait dans la ville qu'il gouvernait et était naturellement soucieux de conserver son autorité sur les sujets au milieu desquels il vivait. En outre, l'attitude de l'Église en matière économique était profondément conservatrice ; longtemps, elle ne put voir dans le commerce autre chose que de l'usure et dans les marchands autre chose que de dangereux innovateurs dont les desseins devaient être fermement contrecarrés. Les bourgeois, pour leur part, si jamais ils décidaient de briser le pouvoir d'un évêque, étaient parfaitement capables de le tuer, de mettre le feu à sa cathédrale et de repousser ceux de ses vassaux qui pourraient tenter de le venger. Et bien qu'en tout cela leurs buts restassent d'ordinaire strictement limités et entièrement matériels, il fallait bien s'attendre que certains de ces soulèvements fussent accompagnés par un tollé contre les prêtres indignes. Et quand les basses couches de la société urbaine étaient impliquées, c'est en fait sur un ton plutôt strident que les protestations de ce genre avaient tendance à s'élever [1]. »

LE MOUVEMENT PATARIN

La réforme grégorienne entreprise par le moine clunisien Hildebrand, intronisé pape sous le nom de Grégoire VII, tente de promouvoir une politique de moralisation du clergé, de nature à favoriser la christianisation des masses. Dans le même temps qu'elle souhaite dégager l'Église de l'emprise temporelle de l'empereur d'Allemagne ainsi que des grands féodaux, elle heurte les privilèges mêmes des dignitaires ecclésiastiques, princes-évêques, archevêques, évêques, voire curés s'arrogeant sur la communauté rurale ou la paroisse une autorité excessive.

« La pureté de la vie qu'avaient prêchée les hérétiques devient le second grand but de Grégoire VII, qui pose derrière l'office sacramentel du prêtre l'exigence de sa dignité personnelle [2]. »

Le mouvement patarin de Milan et de Florence confère à la réforme de Grégoire une base populaire où la pauvreté volontaire se propose en modèle d'une vie apostolique et organise la communauté des fidèles selon un mode de solidarité et d'entraide assez semblable à celui des synagogues et des Églises du IIe siècle.

Le nom dérive vraisemblablement du quartier de Pataria, habité à Milan par les regrattiers et les brocanteurs. Les patarins, contrairement à une confusion souvent établie entre *cathari* et *patari*, n'ont rien de commun avec les cathares, que ne préoccupent ni la réforme de l'Église ni même l'adhésion au christianisme.

En 1057, Guido, archevêque de Milan, condamne le mouvement patarin. L'insurrection sociale bat en brèche l'autorité de l'homme d'Église, avec l'assentiment du pape, dont la politique mise sur les libertés communales pour briser le pouvoir des évêques féodaux. Néanmoins, « l'union du pape et des patarins est une union dans les moyens et non dans la fin [3] ».

Tactiquement solidaires des réformes, les bourgeois et les tisserands, qui animent le mouvement, revendiquent des libertés que l'Église combattra dès l'instant que l'appoint des alliés perd son utilité.

La *pataria* s'étend rapidement à la Toscane. Elle se poursuivra jusque dans les années 1110 à Florence, 1120 à Orvieto, et dans la région de Trèves. Pourtant, la réaction ne tarde pas. En 1075, les patarins de Milan, accusés d'incendies volontaires, sont massacrés.

Le cas de Ramihrdus, à Cambrai, est en ce sens exemplaire. En 1077, une insurrection de bourgeois et de tisserands avait contraint l'évêque à accorder la franchise à la ville. Le prêtre Ramihrdus, proche des tisserands — qui partout propagent les revendications et les doctrines les plus radicales —, proclame qu'il ne recevra la communion des mains d'aucun de ces abbés ou évêques assoiffés de pouvoir et de gain. Accusé d'hérésie et brûlé vif, il aura la consolation posthume d'être honoré comme martyr par Grégoire VII [4].

Afin de concurrencer les réformateurs trop audacieux, les ermites de Cîteaux forment, sous la direction de Robert de Molesme, des groupes d'ascèse et de pauvreté volontaire, renonçant à la moindre propriété individuelle. «Posséder la plus petite pièce de monnaie était tenu par eux pour une infraction flagrante à ce principe et pour un péché "grave" [5]. »

Dans la même voie, Robert d'Arbrissel et ses pénitents nomades défendent, à l'intérieur de l'Église, un des thèmes de propagande des réformateurs anticléricaux : l'homme n'est que l'utilisateur des richesses dont Dieu demeure l'unique propriétaire. Mais Rome, les églises et les abbayes ne s'étaient-elles pas instituées les dépositaires de la présence de Dieu ? Après vingt-cinq ans d'existence, Cîteaux n'était plus qu'un monastère riche avec une doctrine de pauvres. La papauté ne tardera pas à rendre à l'Église ce qui était la propriété de ce Seigneur dont elle entretenait la gloire.

TANCHELM D'ANVERS

Même dépouillé des calomnies de l'archevêché d'Utrecht, le personnage de Tanchelm diffère par de nombreux traits de Ramihrdus et du mouvement patarin. Ses premiers pas vers le pouvoir s'inscrivent pourtant dans le cadre de réformes pontificales auxquelles se montrait attaché Robert II, comte de Flandre, dont il fut peut-être officier ou notaire. Assurément, il tire parti d'un conflit entre le comte et l'archevêché d'Utrecht pour soulever le peuple anversois contre un clergé corrompu. L'anecdote veut que le concubinage d'un prêtre nommé Hilduin avec sa nièce ait incité Tanchelm à fulminer contre la hiérarchie ecclésiastique.

Il aurait gagné Rome où Pascal II, pape de 1099 à 1118, serait entré dans ses vues. Il prêche alors une doctrine anticléricale à Anvers, Utrecht, Bruges et en Zélande, avec à la clé le refus de payer la dîme et le rejet des sacrements délivrés par des prêtres indignes.

À l'Église des clercs, il oppose l'Église des simples dont il se proclame le guide au nom de l'Esprit qui s'est incarné en lui. Il est peu vraisemblable que, dénonçant le «bordel de l'Église», il se soit livré, comme le prétend Norbert de Xantem — devenu saint à la suite de son combat contre Tanchelm —, à la débauche publique. En revanche, qu'il appelle sa compagne Marie et favorise les mariages «selon le cœur» relève d'une conception peut-être propagée par le bogomilisme, à supposer qu'une idéologie soit nécessaire pour justifier une pratique courante dans les couches populaires.

Prophète communaliste, il gouverne la cité au nom de Dieu, s'entourant d'une garde d'apparat armée et à sa dévotion, multipliant les sermons dans l'hystérie propre à ce genre de cérémonie. Un de ses amis, le forgeron Manassé, dirigeait une fraternité de douze hommes rappelant les apôtres.

Préludant à l'offensive de l'archevêque d'Utrecht, un prêtre le poignarde en 1115. Ses adeptes conservent le pouvoir à Anvers, jusqu'à ce que la force armée, alliée aux prédications de Norbert de Xantem — qui prêche lui aussi, mais dans le cadre de l'orthodoxie, la pauvreté apostolique —, aient assuré l'emprise du clergé sur une ville dont l'histoire se signale par une fronde continue à l'encontre de l'Église.

Tanchelm réunit sous le patronage de l'Esprit divin les fonctions de tribun et la mission de l'apôtre. Les revendications de liberté, exaltées par l'indépendance communale, se marient spontanément à un renouveau de la communauté chrétienne, hostile aux richesses et au faste inutile de l'Église, et identifiant la véritable pratique apostolique à la pauvreté, à la fraternité, à la solidarité organisée par les œuvres d'entraide et de secours aux affamés. L'idée que les biens des riches et du clergé appartiennent à ceux que la misère a sanctifiés sera reprise vers 1250, et à Anvers, par Willem Cornélisz, sorte de «prêtre-ouvrier» proche des tisserands.

ARNAUD DE BRESCIA

Tribun communaliste lui aussi et réformateur, mais sans référence explicite au Christ et aux apôtres, Arnaud, né à Brescia vers 1100, a la stature d'un condottiere dont les aspirations oscillent entre le goût du pouvoir et un attachement sincère aux libertés des plus défavorisés.

Étudiant à Milan, où le marque le mouvement des patarins, puis à Bologne, il part pour Paris afin d'y recevoir l'enseignement d'Abélard.

En 1129, supérieur des chanoines réguliers de Milan, il accède à l'audience populaire en prônant l'ascétisme évangélique, antithèse — si déplorable qu'elle soit dans son esprit — à l'hédonisme oppressif du clergé. Il condamne la propriété des prêtres et exige des réformes plus rigoureuses. Ainsi ne tarde-t-il pas à entrer en conflit avec l'évêque de la ville. Condamné par le concile de Latran, en 1139, alors qu'il ne professe ni les idées de Pierre de Bruys ni celles d'Henri du Mans, il tombe sous le coup d'un édit de bannissement.

Réfugié en France auprès d'Abélard, il encourt les menaces de Bernard de Clairvaux qui poursuit le maître de son animosité. Persécuté par Bernard, Arnaud gagne Constance d'où il doit fuir, dénoncé par une lettre insidieuse du saint réformateur. Les troubles de Rome lui offrent soudain l'occasion d'appliquer ses idées.

À la mort d'Innocent II (1143), un conflit de succession éclate, doublé d'un schisme suscité par un antipape, Anaclet II. La bourgeoisie romaine en profite aussitôt pour exiger la reconnaissance de ses droits. La foule lynche le pape Lucius II. Arnaud survient en médiateur. Il traite avec Eugène III, successeur de Lucius, et le rétablit dans ses fonctions, mais ne réussit pas à le garder sous son contrôle. Le pape, en effet, estime plus prudent de se réfugier à Viterbe.

Les mains libres, Arnaud déclare ouvertement qu'il veut anéantir la puissance de l'Église. Ses sermons prêchent la sécularisation des biens du clergé, la confiscation des richesses des évêques et des cardinaux, l'abolition de leur pouvoir temporel. Chef spirituel de la révolution romaine, il exige une république communale qui exclue le gouvernement du pape. Son programme n'offre au regard de l'histoire que l'inconvénient d'anticiper de huit siècles sur la résolution de Garibaldi.

Le 15 juillet 1148, Eugène III jette sur lui un anathème, bien impuissant à ébranler son pouvoir si la politique du tribun n'eut versé dans les atermoiements et l'indécision. Arnaud s'abuse lorsqu'il appelle à la rescousse l'empereur Frédéric, peu enclin à tolérer que s'instaure à Rome un gouvernement populaire et républicain. Ses partisans se divisent sur le bien-fondé d'un aussi redoutable recours. En 1155, Arnaud quitte Rome et tombe aux mains de Frédéric Barberousse qui, coupant à travers la Toscane, étend vers Rome ses griffes tyranniques. Dès lors, tout se joue très vite. Pour prix d'une réconciliation tactique, Arnaud est livré au pape Adrien IV, qui s'empresse de le faire pendre et brûler.

Les arnaldites, parfois baptisés «pauvres de Lombardie», chercheront refuge en France où ils rencontrent l'adhésion des partisans d'Henri du Mans et de Pierre de Bruys. Quelques années plus tard, Pierre Valdo ranimera le rêve d'une réforme impliquant le retour à la communauté évangélique — celle, historiquement parlant, du IIe siècle mais que la mythologie chrétienne et ses sectateurs rapportent à Jésus et à ses apôtres dans une idyllique Palestine.

UGO SPERONI

Même si la présence d'un tribun ou d'un agitateur particulièrement éloquent prête un relief spécifique aux idées de réforme, la plupart des insurrections communalistes brassent pêle-mêle les revendications d'indépendance, l'appel aux libertés commerciales et la condamnation de l'Église catholique des dignitaires.

Pour discrète qu'elle demeure, l'œuvre d'Ugo Speroni, juriste de Piacenza, n'en est pas moins significative de la popularité des idées traditionnellement qualifiées d'hérétiques et présentées comme l'émanation de petits groupes marginaux ou minoritaires. En 1177, dans le même temps que Pierre Valdo sème le trouble à Lyon, il mène la lutte avec un égal brio sur le front politique et religieux.

Il met l'accent sur l'importance de l'intériorité, l'intime conviction de la foi, qui se suffit à elle-même, et récuse l'Église et son arsenal sacramentel.

Il redécouvre Pélage quand il assure que l'enfant naît sans péché et est donc sauvé sans baptême s'il lui arrive de mourir. Le vrai chrétien n'a nul besoin de passer par le sacrifice de la rédemption pour devenir l'élu. L'obstination morale à pratiquer la vertu suffit à remplir les conditions du salut. C'est au reste de cette force de conviction que découle le droit, pour les purs ou parfaits, de s'unir selon le cœur sans se soumettre au rituel ecclésiastique du mariage [6].

CHAPITRE XXVIII
La philosophie contre l'Église

L'élaboration d'un système théologique qui rendît compte des divers privilèges de l'Église s'était nourrie d'une philosophie grecque dont Justin, Valentin, Clément d'Alexandrie avaient sollicité le secours pour fonder sur une rationalité le monothéisme du Dieu créateur hébraïque. Bien que d'interminables controverses théologiques aient germé au cours des siècles sur le fumier spécifiquement catholique de la trinité, de la prédestination, du libre arbitre, de la grâce, suscitant à l'occasion des accusations d'hérésie — comme dans les cas d'Abélard ou de Gilbert de la Porrée —, elles n'outrepassaient pas le cadre de l'orthodoxie et, en tout cas, ne menaçaient guère les fondements de la foi propagée sous le contrôle de Rome.

Les spéculations gnostiques, platoniciennes, aristotéliciennes, plotiniennes, souvent mal digérées par la doctrine romaine, donneront plus d'une fois la colique au corpus ecclésial, risquant de le vider de sa substance. Car cette philosophie que l'Église entendait traiter en *ancila theologiae*, en servante de l'Église, héritait, pour combattre le système clos du dogme, des armes mêmes que la raison marchande et la libre circulation des biens tournaient contre le conservatisme de la structure agraire. Il lui arrivait aussi de se fonder sur ces aspirations à la plénitude et à l'émancipation que le corps suggère, chez certaines natures particulièrement sensibles, à la pensée.

Ainsi, tôt ou tard, l'économie terrestre absorbe-t-elle l'économie céleste, rejetant le sacré comme un excrément.

En 531, à Éphèse, les monophysites produisent contre leurs adversaires des ouvrages mis sous le nom d'un certain Denys l'Aréopagite, que l'histoire officielle selon Rome donne pour un épigone de Paul et un des évêques d'Athènes. L'archevêque d'Éphèse en conteste l'authenticité. De fait, tout indique pour auteur un philosophe d'Alexandrie, d'inspiration gnostique, écrivant dans la seconde moitié du Ve siècle. Par une singulière destinée, et peut-être parce qu'elles fournissent en arguments les puissantes Églises monophysites, les œuvres du pseudo-Denys l'Aréopagite se conserveront, alimentant nombre de visions mystiques et cette conception connue sous le nom de pan-théisme, où Dieu étant partout n'est en somme nulle part.

Inconnu à lui-même, Dieu se manifeste au moyen d'une série d'émana-tions qui vont des natures spirituelles ou anges aux natures matérielles qui composent le monde. Essence de toute chose, il donne substance à tout ce qui existe.

Dieu ne connaît pas le mal, car le mal ne possède ni substance ni puissance créatrice, mais réside seulement dans le manque de perfection des créatures. Il appartient à chacun de réaliser cette ascension vers le plérôme du bien selon une échelle de perfection et selon le destin de toute chose, qui est de retour-ner à l'unité primordiale. L'âme s'unit à celui qu'on ne peut connaître que par un état d'innocence, par «une connaissance au-delà de toute connais-sance [1]». C'est ce que Nicolas de Cues appellera la «docte ignorance». Les partisans du Libre-Esprit se prévaudront d'une innocence où coïncident savoir et non-savoir pour justifier l'impeccabilité de leur vie sans contraintes.

JEAN SCOT ÉRIGÈNE

Les théories du pseudo-Denys inspirent vers le milieu du IXe siècle un phi-losophe dont la brillante intelligence a séduit Charles le Chauve, résolu dès lors à protéger le penseur contre toute entrave à sa liberté de conception.

Né en Irlande ou en Écosse vers 810, Jean Scot Érigène a quelque trente ans quand Charles le Chauve l'invite à enseigner la grammaire et la dialecti-que à l'école palatiale de Quierzy, près de Laon. Écrit en 851 à la demande d'Hincmar, évêque de Reims, engagé dans une polémique avec Gottschalk, son *De praedestinatione* s'attire la condamnation du concile de Valence en 855, sans conséquences préjudiciables pour l'auteur.

Charles le Chauve le priera de traduire du grec en latin les œuvres de Gré-goire de Nysse, de Maxime le Confesseur et du pseudo-Denys. Composé entre 862 et 866, son *De divisione naturae*, en forme de dialogue entre maître et disciple, dont se rapprochent les idées d'Amaury de Bêne et de David de Dinant, sera condamné en 1210 au concile de Paris, à la suite de l'agitation amauricienne. Le pape Honorius Ier ordonnera d'en brûler les copies en 1225. En 1681, l'édition d'Oxford fera encore l'objet d'une mise à l'Index. Jean mourra vers 877.

Son système exclut en fait la spéculation théologique. Selon son *De prae-destinatione*, «la vraie philosophie est la vraie religion et la vraie religion est la vraie philosophie [2]».

«''La nature universelle, nous apprend-il, se divise en quatre catégories : l'être qui n'est pas créé et qui crée, l'être qui est créé et qui crée, l'être qui est créé et qui ne crée pas, l'être qui n'est pas créé et qui ne crée pas. La première et la dernière de ces catégories se rapportent à Dieu ; elles ne diffè-rent que dans notre entendement, suivant que nous considérons Dieu comme principe ou comme but final du monde[3]." Telles sont les grandes lignes de son système.

«Suivant Scot Érigène, "deux méthodes intellectuelles conduisent à Dieu : l'une par voie de négation (ἀποφατιæή), qui fait table rase de toutes nos représentations de la divinité, l'autre par voie d'affirmation (καταφατιæή), qui applique à Dieu toutes nos conceptions intellectuelles sans en excepter aucune, nos qualités et même nos défauts. Ces deux méthodes, loin de s'exclure, n'en forment qu'une, laquelle consiste à concevoir Dieu comme l'être au-dessus de toute essence, de tout bien, de toute sagesse, de toute divinité, comme le néant inaccessible à l'intelligence, au sujet duquel la négation est plus vraie que l'affirmation, et qui demeure inconnu à lui-même[4]".

«Cet être infini se révèle au moyen de "théophanies", c'est-à-dire par la série des créatures qui émanent de lui. Il devient ainsi accessible à l'intelligence, "de même que la lumière, pour devenir sensible à l'œil, a besoin de se répandre dans l'air". Ce n'est pas en vertu d'un mouvement subit de sa nature que Dieu crée ce qui existe : "être, penser et agir se confondent pour lui en un seul et même état. Dieu crée toutes choses, ne signifie rien d'autre que : Dieu est en toutes choses. De lui seul on peut dire qu'il est ; le monde n'existe qu'en tant qu'il participe à l'être de Dieu[5]."

«"Au nombre des causes suprêmes se trouvait l'homme, notion intellectuelle éternellement conçue par la pensée divine. Il était fait à l'image de Dieu et destiné à être le médiateur entre Dieu et la créature, le lieu de réunion des créatures en une seule et même unité. Si l'homme n'avait pas péché, la division des sexes ne se serait pas produite : il serait demeuré dans l'unité primitive de sa nature. De plus, le monde n'aurait pas été séparé en lui du paradis, c'est-à-dire aurait habité spirituellement dans l'unité de son essence ; le ciel et la terre ne se seraient pas séparés en lui, car tout son être aurait été céleste et sans aucun élément corporel. Sans la chute, il aurait joui de la plénitude de l'être et se serait reproduit à la manière des anges.

«"Rien de ce qui est ne saurait tomber dans le néant ; le terme de la chute de la nature est le point de départ de son relèvement[6]."

«"L'homme ici-bas possède en lui les deux éléments qui composent la nature universelle, l'esprit et la matière ; il réconcilie en lui les extrémités opposées de la création. Il est le médiateur entre Dieu et le monde, le point où toutes les créatures, tant spirituelles que matérielles, doivent se confondre en une seule unité. La nature humaine n'a rien perdu de sa pureté primitive par le fait de la chute ; elle la conserve tout entière. Ce n'est pas en elle qu'est le siège du mal, mais dans les mouvements pervers de notre libre volonté. Comme toute idée première, elle jouit d'une beauté impérissable ; le mal ne réside que dans l'accident, dans la volonté individuelle. L'image de Dieu continue à subsister dans l'âme humaine[7]."

«C'est par l'intelligence humaine que s'opère le retour de la création en Dieu. Les objets extérieurs, conçus par nous, passent dans notre nature et s'unissent à elle. Ils y trouvent les causes premières, dans lesquelles ils rentrent par l'effet de notre pensée, qui sait entrevoir l'éternelle essence dans les phénomènes passagers et s'identifier intellectuellement avec Dieu. Ainsi les créatures visibles remontent avec nous en Dieu. ''Le Verbe est le principe et le but final du monde ; il retrouve à la fin des temps l'infinie multiplicité de son propre être revenue en lui dans son unité originelle'', ou, pour employer le langage allégorique qui réduit les faits de la révélation chrétienne au rôle de symboles et d'images de cette évolution de l'être divin : ''Christ monte au ciel d'une manière invisible dans les cœurs de ceux qui s'élèvent à lui par la contemplation [8].''

« La mort physique est le commencement du retour de l'homme à Dieu. D'un côté la matière s'évanouit sans laisser de traces, de l'autre toutes les divisions successivement issues de l'unité divine et qui coexistent dans l'âme humaine, rentrent l'une dans l'autre. Le premier terme de cette unification universelle est le retour de l'homme dans l'état primitif de sa nature, telle qu'elle existe au ciel, sans la division des sexes. Le Christ ressuscité nous a précédés dans ce paradis de la nature humaine une en elle-même, dans lequel toutes les créatures sont un [9].'' Tous les hommes indistinctement rentreront dans l'unité de la nature humaine, car cette nature est la propriété commune de tous. Mais ici s'établit en eux une triple distinction. Ceux qui se sont élevés durant leur vie jusqu'à la contemplation de l'être divin, s'élèveront au-dessus de l'unité de leur nature céleste jusqu'à la déification ; ceux qui n'auront pas dépassé le niveau ordinaire de l'existence terrestre, demeureront dans le séjour de la nature humaine glorifiée ; ceux, au contraire, qui se seront livrés aux ''mouvements irrationnels d'une volonté perverse'', tomberont dans d'éternels supplices, sans que la nature humaine, qui forme le fond de leur être, soit atteinte dans sa félicité idéale par leurs souffrances. La conscience individuelle seule sera le siège de la douleur.

« ''Après l'anéantissement de ce monde, il ne subsistera aucune malice, aucune mort, aucune misère. La bonté divine absorbera la malice, la vie éternelle absorbera la mort, la félicité absorbera la misère. Le mal aura une fin ; il n'a point de réalité en lui-même, car Dieu ne le connaît pas [10].'' Tout le traité de Scot Érigène sur la prédestination est consacré à l'exposition de cette même idée. Les peines éternelles sont absolument condamnées par la logique de son système [11]. »

DAVID DE DINANT

Si le panthéisme diffus qui, au XXe siècle, tend à rameuter Dieu dans un monde où il n'a que faire et supplée ainsi à l'autorité déclinante des religions, la même conception, à une époque où l'Église impose la présence de sa divinité avec la redoutable persuasion de ses prêtres et les armes des princes, prend un sens diamétralement opposé.

En 1210, le concile de Paris, Pierre de Corbeil, archevêque de Sens, et Pierre de Nemours, évêque de la cité, ont d'excellentes raisons d'envoyer les amauriciens au bûcher et de condamner pêle-mêle Amaury de Bênes, Aristote et

David de Dinant. Tant qu'elles virevoltent dans les cénacles adonnés aux querelles scolastiques, les idées ne menacent pas sérieusement les fondements de la foi, mais, servant de prétexte ou de justification à une irréligion naturelle ou à l'hostilité apeurée que suscite partout la politique cléricale, elles se grèvent aussitôt d'une importance dont leurs auteurs parfois n'avaient pas pris conscience.

Il est malaisé de se représenter avec précision la doctrine de David de Dinant, car rien ne subsiste de son œuvre en dehors de citations. Il sembla néanmoins avoir avancé cette formule qui, au XVIIIᵉ siècle, sous la main de Spinoza, suscitera encore le scandale dans les milieux religieux : *Deus sive natura*, Dieu n'est autre que la nature [12].

Originaire de Dinant, dans le pays mosan, il aurait, selon la *Chronique du moine de Loudun*, vécu dans l'entourage du pape Innocent III, habile politique, juriste et homme d'érudition.

La *Compilatio de novo spirito*, attribuée à Albert le Grand, précise qu'il aurait fui la France à l'époque du concile de 1210, car «il aurait été puni s'il avait été appréhendé».

Albert cite des extraits de son *Liber de tomis sive divisionibus*, aussi appelé *Liber atomorum*.

Tout, selon David, est à la fois matière, esprit et Dieu. Les trois termes forment une substance unique où prennent leur source les composants indissociables du corps, de l'intellect et de l'âme, c'est-à-dire matière, esprit et Dieu [13].

À l'opinion de Jundt, David aurait eu connaissance d'un ouvrage écrit par Avicembron, philosophe arabe, contemporain d'Avicenne, *Fons vitae* (*Fontaine de vie*), qui soutient la thèse d'une substance matérielle dotée de différents modes d'expressions allant du simple au composé.

À l'évidence, les subtilités métaphysiques revêtent moins d'intérêt que la conclusion, à laquelle souscrivent beaucoup de gens bien empêchés de lire ou d'argumenter, à savoir qu'il n'y a de vie que terrestre et qu'il appartient à chacun d'y construire son destin. C'est la leçon que propageront les amauriciens.

THOMAS SCOTO. HERMANN DE RIJSWIJCK

Le nom de Thomas Scoto aurait disparu de la mémoire si soigneusement épurée par l'Église s'il ne s'était trouvé au sein du clergé des bourreaux perpétuant le souvenir de leurs victimes. L'inquisiteur Alvaro Pelayo lui accorde une notice dans son *Collyrium contra haereses*, paru en 1344.

Dominicain puis franciscain, Thomas Scoto aurait enseigné à l'école des Décrétales de Lisbonne dans la première moitié du XIVᵉ siècle.

Après avoir disputé avec lui à Lisbonne, Pelayo le fit jeter en prison puis, selon toute probabilité, brûler.

Quelle doctrine se dégage-t-elle des accusations de l'inquisiteur ? Contrairement à l'opinion accréditant l'absence d'athéisme au Moyen Âge, la conception de Scoto suggère la thèse d'un monde éternel et incréé. L'âme s'anéantit avec la mort. Scoto rejette les sacrements, la virginité de Marie, les miracles du Christ, sa nature divine, l'autorité de l'Église. Quatre siècles avant Isaac La Peyreyre, il soutient que les hommes ont existé avant Adam. Il estime que le monde serait mieux gouverné par les philosophes que par les théologiens, tenant pour gens de peu Augustin d'Hippone et Bernard de Clairvaux.

Est-il abusif de conjecturer que Thomas Scoto n'est qu'un exemple parmi d'autres penseurs que la prudence a gardé de publier des opinions aussi dangereuses ? Parmi les chefs d'accusation, Pelayo note : « Trois imposteurs ont trompé le monde : Moïse a trompé les juifs, Jésus les chrétiens et Mahomet les sarrasins. » C'est le titre célèbre d'un livre attribué à Frédéric II ou à son chancelier Pierre de la Vigne, dont nulle trace n'a été retrouvée en dehors d'une édition de la fin du XVIIᵉ siècle, due à une manière de curé Meslier du protestantisme. Mais, réel ou fictif, le texte ne propage une ombre scandaleuse, du XIIIᵉ au XVIIᵉ siècle, qu'en raison de la concision avec laquelle il résume une opinion que beaucoup professaient secrètement, exprimant dans les milieux universitaires et parmi ces clercs vaguants ou goliards un sentiment que seule l'omniprésente suspicion de clergé empêchait de se divulguer trop ouvertement.

À la fin du XVᵉ siècle, bien avant Geoffroy Vallée, Vanini et Bruno, un autre esprit libre, Hermann de Rijswijck, monte sur le bûcher en 1512 comme relaps, après s'être évadé de la prison à laquelle un procès de 1502 l'avait condamné. Ses ouvrages, disparus, affirmaient que le monde existait de toute éternité et n'avait pas commencé par la création, « qui est une invention du stupide Moïse ». Il dénonçait la « bouffonnerie des Écritures ». En face de l'inquisiteur, du notaire et des témoins, il ajoute à la fin de l'acte d'accusation : « Je suis né chrétien, mais je ne suis pas chrétien parce que les chrétiens sont parfaitement stupides. » Tout, de David de Dinant à Hermann de Rijswijck, en passant par Thomas Scoto, permet de conjecturer qu'il ne fut ni le premier ni le seul athée avant cette Renaissance qui allait infliger à l'Église de Rome en particulier et à la religion en général des blessures qu'aucune cicatrice ne refermerait [14].

CHAPITRE XXIX

Les cathares

Les lumières incertaines de Marcion ont projeté sur le monde et les époques les ombres les plus diverses. Fondateur forcené d'Églises dont il se veut le maître, il imprime au parti ecclésiastique, apparu chez ses adversaires, cette volonté politique où les exigences temporelles plient et replient le christianisme jusqu'à ce qu'il entre dans le moule constantinien. Mani, issu d'un milieu elchasaïte, subit lui aussi l'influence de Marcion. Où les Églises marcionites échouent, parce que le paradoxe d'une autorité missionnaire confrontée au mal absolu de l'univers est insoutenable, Mani se fraie un chemin à travers le vieux dualisme perse, mieux disposé à le recevoir que la propension gréco-romaine à la rationalité marchande et à la raison d'État aisément conquise par le monothéisme.

Les pauliciens et les bogomiles forment d'autres branches parallèles d'un dualisme enraciné dans cette séparation de l'homme d'avec soi-même et diffusant en lumière et ténèbre, bien et mal, spirituel et matériel, l'unité fractionnée d'une vie humaine née de la nature et qui aspire à la retrouver dans une nouvelle alliance pacifique et créative.

Le mouvement cathare, tel qu'il se propage en Italie du Nord, en Provence, dans la région rhénane, en Flandre et en Champagne, procède, à l'origine, des missions bogomiles. Les chasseurs d'hérétiques ne s'y trompent pas qui les appellent «bougres», c'est-à-dire Bulgares (la *Chanson de la croisade*, v. 18, nomme les albigeois «cels de Bulgaria»). Leur désignation par le terme «cathare», du grec *catharos*, «pur», donnera l'allemand *Ketzer*, «hérétique». La Flandre les connaît au début sous le nom de «piffles» et la Gaule les appelle «tisserands», par référence à une corporation prompte à s'insurger contre les tyrannies et à répandre les idées de liberté [1].

Le catharisme se manifeste dans le courant du XIIᵉ siècle comme un nouveau syncrétisme, assimilant quelques notions et textes chrétiens mais sur une base absolument différente du christianisme, et *a fortiori* du catholicisme de Rome.

LES PREMIÈRES MISSIONS BOGOMILES

Le cas de Leuthard de Vertus, si singulier qu'il paraisse, suggère l'action d'émissaires bogomiles, marchands ambulants, pèlerins, journaliers itinérants ou goliards, actifs en Europe occidentale. D'autres sectateurs isolés se rencontrent à Ravenne, à Mayence.

Vers 1018, un groupe important, bien implanté dans les milieux populaires d'Aquitaine, rejette la croix, le baptême, le mariage et la consommation de chair animale. Vers 1022, la population de Toulouse se montre sensible à leur influence — d'où la réputation de vieux nid d'hérétiques que lui attribue Petrus Valium : *Tolosa tota dolosa*.

En 1022 éclate l'affaire d'Orléans. Des nobles et des prêtres de l'Église de la Sainte-Croix, dont un familier du roi Robert et le confesseur de la reine Constance, professent des opinions bogomiles, peut-être à l'instigation d'une missionnaire italienne. Ils tiennent la matière pour impure, rejettent le mariage et les plaisirs de l'amour, le baptême, la communion, la confession, les prières, la hiérarchie ecclésiastique, l'existence matérielle du Christ («Nous n'étions pas là et n'avons pu juger si c'était vrai», disent-ils dans leurs aveux). Par l'imposition des mains, ils purifient le croyant de ses péchés. L'Esprit saint descend alors sur lui ; dès lors, son âme est comblée et le délivre de la souffrance.

Dénoncés au roi Robert, ils montent sur le bûcher le 28 décembre 1022, selon une peine réservée par le droit coutumier aux sorciers. Les chroniques du temps assurent qu'ils allèrent à la mort en riant.

En 1025, dans les diocèses de Châlons et d'Arras, un Italien nommé Gandulf suscite l'enthousiasme des milieux défavorisés et des ouvriers tisserands en prêchant une doctrine où se mêlent thèmes sociaux, bogomilisme et réformes annonçant Henri du Mans et Pierre de Bruys [2].

Pour Gandulf, il est absurde d'imposer le baptême aux enfants, dont la raison n'est pas suffisamment éclairée pour accéder à une vie évangélique. Les prêtres indignes n'ont aucun droit aux prétentions que leur charge leur confère. L'eucharistie n'est qu'un «*vile negotium*», un «vil commerce» : comment le Christ partagerait-il son corps de chair devenu pain entre tant de fidèles ? La foi importe peu au regard des faits. Les églises ne sont que des amas de pierres, la croix et la hiérarchie ecclésiastiques avec ses cloches et ses chants ne méritent aucune attention.

Le mariage revêt une importance nulle : il s'agit seulement de faire l'amour afin de ne pas s'encombrer d'une agressive concupiscence (un tel trait s'oppose absolument au catharisme, mais traduit en revanche les privilèges naissants et éphémères de la femme, qu'exprimera sous une forme édulcorée le courant courtois).

La vie apostolique consiste à vivre du travail de ses mains, à ne haïr personne et à aimer tous ses semblables. Gérard Ier, évêque de Cambrai, homme habile et favorable aux réformes de l'Église, préféra fermer les yeux et, renonçant à la répression contre Gandulf, le «réconcilia avec l'Église».

Au contraire, Terrie, un ermite vivant dans une grotte à Corbigny, dans la région de Nevers, qui répand des propos similaires, sera brûlé à la même époque avec deux femmes de ses fidèles [3].

En Italie, d'où sont issus certains agitateurs, le bogomilisme a fait souche et engendré des doctrines spécifiques. En 1028, une communauté de quelque trente personnes appartenant à la noblesse se réunit au château de Monteforte autour de la comtesse des Ortes. Ils forment un groupe ascétique où les aspirations à un christianisme évangélique assimilent les enseignements de Bogomile et annoncent le catharisme.

Le Christ n'est pas Dieu, mais l'Âme de l'homme, bien-aimée de Dieu. Le sens caché de la Bible* et la révélation de l'Esprit saint président à la régénération de chacun. L'homme nouveau, réprouvant tout ce qui vient de ce monde, découvre dans la virginité son idéal le plus élevé, doctrine du «pur amour**» que proposeront dans des acceptions diverses les moniales du XIIIᵉ siècle, l'érotique des troubadours et les cathares.

«Tout bien doit être mis en commun, on ne doit pas manger de viande, jeûner et prier constamment, *vicissim*, jour et nuit. On doit se mortifier pour le pardon, et dès que la mort naturelle s'approche se laisser achever par ses compagnons afin de gagner le martyre et la sainteté*** [4].»

Lorsque l'archevêque de Milan, Aribert, entreprend de les poursuivre, ils n'opposent aucune résistance, confessent leur foi et, mis en demeure de choisir entre l'adoration de la croix et le bûcher, ils se jettent volontairement dans les flammes, assurés d'un autre monde qui les libère des misérables imperfections de l'existence terrestre.

D'autres adeptes de croyances similaires se manifestent près de Vérone, à Ravenne, en Vénétie. Gérard de Csanad (1037-1046) remarque qu'ils possèdent en Grèce de nombreux frères de foi. Ils méprisent l'Église, les prêtres et leurs rites, et se moquent de la résurrection de la chair.

Entre 1043 et 1048, l'agitation reprend dans la région de Châlons, non loin de Vertus où Leuthard avait peu auparavant semé le trouble. Il est question, lors du concile de Reims en 1049, de mystérieux rassemblements de paysans professant le refus du mariage et des plaisirs de l'amour. Ils pratiquent l'imposition des mains et refusent de tuer les animaux.

En 1051, à Goslar, l'empereur condamne à la potence des paysans lorrains qui répugnaient à tuer des poussins que l'évêque de la ville leur présentait pour éprouver leurs croyances.

Pendant près d'un siècle, aucun document n'atteste la perpétuation de ce bogomilisme soumis à des interprétations locales dans sa propagation vers l'Europe occidentale. Ou ses adhérents s'assurent par une prudence extrême les protections de la clandestinité, ou les insurrections communalistes prêtent aux revendications une tournure moins religieuse.

---

* La reconnaissance de l'Ancien Testament tranche avec les enseignements bogomiles et cathares.

** «S'il est marié, qu'il considère son épouse comme sa mère ou sa sœur et songe que l'humanité, comme les abeilles, se perpétue sans péché.»

*** C'est déjà la mort volontaire ou l'*endura* des cathares.

Il faut attendre les années 1140 pour que la persécution engagée par Byzance contre le bogomilisme chasse vers l'Occident une nouvelle vague de fidèles, souvent assimilés à des manichéens. Sans doute la déplorable issue de la deuxième croisade ramena-t-elle vers leurs foyers des croisés déçus et acquis, depuis leur séjour à Byzance, à ces porteurs d'une foi nouvelle où les puissants sont identifiés aux suppôts de Satan.

LA DEUXIÈME VAGUE DE PRÉDICATION BOGOMILE

Vers la fin de la première moitié du XIIe siècle, les «*novi haeretici*» reparaissent partout et en force. Le nom de «cathare» ne leur sera attribué qu'après 1163. Les prédicateurs, entourés de leurs partisans, ont laissé place à des écoles, des organisations, des Églises.

En 1143, à Cologne, ils sont nombreux à mener une vie apostolique, se glorifiant de ne rien posséder, de travailler de leurs mains et de ponctuer par le jeûne et la prière une existence conforme à la véritable Église, qui n'est assurément pas celle des riches prélats. Les premiers bûchers de l'hérésie s'allument pour eux à Cologne et à Bonn.

À la même époque, deux frères, Évrard et Clément, du village de Bussy, propageant les idées de réforme et de purification, sont livrés à Guibert de Nogent, qui les fait lyncher et brûler par ses sbires [5].

Dans le Périgord, vers 1147, les «*novi haeretici*» séduisent aisément nobles, clercs, moines, nonnes, paysans, tisserands. «En deux ans à peine le mouvement cathare contrôle le pays du Rhin aux Pyrénées [...]. L'étincelle allumée à l'est devient maintenant une puissante flamme [6]. »

Les anciens partisans d'Henri du Mans se rallient à l'évêque cathare qui prêche dans la région d'Albi. Dans le Nord, la Champagne possède un évêché au Mont-Aimé. Le fossoyeur Marcus, gagné à la foi nouvelle, prêche en Lombardie. Des missionnaires errants atteignent Naples et l'Angleterre, où les adeptes sont rapidement mis à mort vers 1162. Le 5 août 1163, plusieurs cathares sont brûlés à Cologne devant le cimetière juif, à l'instigation du chanoine Eckbert. La savante Hildegarde von Bingen n'a pas dédaigné de les dénoncer.

Avec le développement d'une véritable Église surgissent les dissidences internes et les polémiques. Le bogomilisme occidental s'était greffé sur un ensemble de revendications sociales et une manière de réforme apostolique, en laissant la morale pratique prendre le pas sur les questions dogmatiques. L'écart se creusera entre la composante chrétienne d'un évangélisme égalitaire et une religion dualiste qui n'a rien de commun avec le christianisme de type montaniste propagé par les courants de pauvreté volontaire.

L'intervention vers 1167 de Niketas, évêque bogomile de l'Église de Byzance, auprès de Marcus, diacre des cathares italiens, imprime à l'ensemble du mouvement un caractère dualiste plus exacerbé : Satan, maître d'un monde exécrable, est une divinité parallèle au Dieu de bonté. L'ensemble des croyances auxquelles se reconnaissent dès lors la plupart des communautés cathares compose une doctrine inconciliable avec les principes du christianisme. Plus qu'une hérésie, le catharisme se révèle à Rome avec l'ampleur d'une religion concurrente, une régénérescence du manichéisme.

À l'intérieur cependant, les rivalités et les schismes se multiplient. La conception selon laquelle la pureté des idées et des rites dépend de la pureté morale constituait une arme dans les rivalités de pouvoir. Les cathares de Florence rejettent Garattus, candidat à l'évêché lombard, et sa doctrine parce qu'il a été surpris en compagnie d'une « étoile du Berger » ; ainsi l'étoile que Lucifer entraîna dans sa chute désigne-t-elle une prostituée.

Par ailleurs, certains évêques de Toulouse et du val d'Aran protestent, en 1178, de leur foi chrétienne et désavouent la croyance à deux divinités.

De telles dissensions internes introduisent sournoisement un ferment de désespérance dans un mouvement dont la puissance attire toutes les classes sociales, comme le montre Arno Borst :

« Les archevêchés de Bordeaux, de Narbonne et de Bourges sont sérieusement menacés par le catharisme. Dans les environs d'Albi, de Toulouse et de Carcassonne, en Gascogne, les cathares sont si nombreux que le comte de Toulouse, effrayé, en 1177, doit intervenir. Dans le nord de la France, en Bourgogne, en Flandre, les cathares surgissent, ainsi qu'à Nevers, Vézelay, Auxerre, Troyes, Besançon, Metz, Reims, Soissons, Roanne et Arras, et d'autres villes. En Espagne, ils sont encore rares, mais on en retrouve en Angleterre vers 1210. En Allemagne, on en rencontre tout le long du Rhin, dans les archidiocèses en particulier, mais aussi dans les évêchés des bords du Danube, à Passau et à Vienne. Mais leur paradis, c'est le nord de l'Italie, les mondes cloisonnés que sont les cités de Milan, d'Udine, de Côme et de Viterbe. Villes, faubourgs, villages et châteaux en sont remplis. Tout ce qui de près ou de loin avait plus ou moins favorisé l'éclosion d'un œcuménisme cathare se trouve maintenant impliqué à sa grande stupéfaction dans un complot universel contre l'Église catholique. Toutes les couches sociales sont touchées par les missions cathares. La sévérité de la morale cathare attire les classes dirigeantes ; mécènes nobles et princiers, chevaliers, gens riches et cultivés lui sont acquis partout. Prêtres et moines reçoivent et mettent en pratique le nouvel enseignement sacré. Mais ce ne sont pas ces milieux qui le répandent ; car à présent, la morale évangélique n'est plus la préoccupation fondamentale des cathares, le dogme bogomile est passé au premier plan. Celui-ci touche particulièrement les classes populaires avec son rationalisme simple. Un fossoyeur qui journellement fait l'expérience de la destruction de la matière prêche en Italie. Son thème principal : le Démon a créé la chair. Hommes de plume ou tisserands, travailleurs appartenant à des professions sédentaires ou méditatives, suivent la classe dirigeante, ouvriers et manœuvres leur emboîtent le pas. Un intellectualisme prolétarien se saisit de l'enseignement bogomile. Ce n'est cependant pas, malgré cette « affinité du choix » qui unit aux classes laborieuses les couches plus relevées de la société, un mouvement prolétarien que nous avons devant nous. Il reste disparate dans sa structure sociale et, en 1215, nous ne savons pas encore qui va s'imposer, le haut ou le bas, les adeptes d'un christianisme simple ou ceux du dualisme bogomile.

«La situation des cathares sur le plan économique repose aussi sur une contradiction. Ils prônent certes la pauvreté apostolique. Chaque "parfait" doit à son entrée dans la secte faire don de sa fortune et de ses biens à l'Église cathare et subvenir à ses besoins par le travail de ses mains. L'adepte est pauvre sans doute, mais l'Église est riche. En 1162 en Flandre, en 1163 à Cologne, elle offre aux prélats catholiques le spectacle d'une Église corrompue par l'argent ; en 1177, dans le sud de la France, elle nage dans les richesses.

«À Rimini comme à Béziers, les cathares prêtent sur gage. La foule se presse vers eux *"pro subsidiis temporalibus"*. Et les hérétiques, eux-mêmes marchands, conduisent sur la place publique leurs affaires et celles des âmes en même temps. Ils collectent des dons pour leur Église. Ils n'interdisent pas à leurs adeptes de pratiquer le prêt à intérêt ; les croyants riches devant alléger leur conscience par de larges oboles. De nouveau apparaît ce conflit entre les exigences de la morale évangélique occidentale et les nécessités financières d'une Église fondée sur un dogme bien défini ; profitant de la situation confuse que créent les contradictions cathares, un capitalisme précoce s'est installé.

«En politique, la position des cathares n'est pas autrement claire. Dans le sud de la France surtout, les ascètes qui méprisent le monde sont très tôt soutenus par les nobles et au début du XIIIᵉ siècle, les barons sont presque tous leurs adeptes. Le comte Raymond VI de Toulouse (1194-1222) et Ramon Roger de Foix (1188-1223) donnent l'exemple. Leurs épouses apportent leur appui à l'Église cathare. Un vieil aristocrate, Pontius de Rodelle, expliquait à l'évêque catholique de Toulouse, Foulques : les cathares sont nos parents, ils vivent parmi nous. Pourquoi devrions-nous les persécuter ? Mais ce n'est pas uniquement la morale sévère et impressionnante des cathares qui séduisait la noblesse. Cette dernière, en Provence, était pauvre et les cathares étaient les ennemis de l'Église catholique dont les richesses tentaient les seigneurs. Les cathares n'avaient pas de programme politique, aussi deviennent-ils l'instrument de la politique lorsqu'ils offrent leur alliance au comte de Toulouse contre Paris. Le pape n'avait pas tout à fait tort lorsqu'il lui reprochait — ce que fait un puissant est toujours bien fait. Là aussi voisinent l'honneur enthousiaste et la mauvaise conscience ; là aussi l'ici-bas matériel s'infiltre entre la piété et le renoncement[7]. »

La première réaction populaire et chrétienne à se dresser contre le catharisme aurait fourni une arme d'une grande efficacité si l'Église ne l'avait désavouée et rejetée dans l'hérésie. Né vers 1173, à l'instigation du marchand Pierre Valdès ou Valdo, le courant vaudois propage à la fois la fidélité au dogme catholique et la nécessité d'une réforme des mœurs ecclésiales. Peut-être est-il trop tard quand, l'occasion manquée, les papes se hâtent de combattre les cathares sur le terrain de la pauvreté volontaire.

Comme les cathares avaient reproché à l'évêque espagnol Diego d'Osma de prêcher dans la magnificence, il choisit de les affronter sous les dehors de la pauvreté et de l'humilité. Dominique de Guzman et son ordre dominicain adoptent une tactique semblable. Les piètres résultats augurent vite de l'inéluctable recours à la solution finale.

L'assassinat en 1208 du légat du pape Pierre de Castelnau, par des sympathisants du comte de Toulouse et des cathares, justifie aussitôt la nécessité d'offrir au crucifix l'indispensable prolongement du glaive.

Cîteaux prêche la croisade. Le conflit qui oppose le roi Philippe Auguste et son vassal, le comte de Toulouse, ajoute aux intérêts politiques l'espérance de profits et de pillages moins hasardeux qu'en contrées sarrasines.

LA FIN DU CATHARISME

La violence de la croisade contre les Albigeois prête à l'Église une position de force qui la dispense pour un temps de ruser, avec une réforme dont elle s'accommodera de moins en moins. Comment des gens si sensibles aux délices de l'au-delà, où règne le Dieu bon, iraient-ils autrement que résignés à la rencontre des brutes du Nord ? Même quand la résistance s'organise, les cathares portent en eux leur propre défaite. Leur bonté se fonde sur le renoncement à soi, leur amour sur l'abstinence. Quelle force puiseraient-ils dans des plaisirs qui ne sont pas de ce monde ?

Tandis que l'extermination les serre de plus près, ils ne se lassent pas, en revanche, de querelles dogmatiques. Vers 1230, Jean de Lugio compose un vaste ouvrage en latin où il s'efforce de raviver la tradition chrétienne en puisant dans la philosophie la justification du catharisme.

En Italie, les villes gagnées au catharisme sont tour à tour protégées ou réprimées en raison des volte-face politiques qui, brisant et renouant les alliances, incitent l'empereur à embraser les bûchers ou à les éteindre.

Le Languedoc succombe dans le sang, le plus souvent mêlé, des cathares, des catholiques, des paysans pratiquant encore de vieux cultes agraires et de tous ceux qui ne se soucient pas de croire en quoi que ce soit. Mais l'Église portée à la victoire par la *reconquesta* française tombe aux mains du royaume fleurdelisé. Pendant quelque deux siècles, le catholicisme paiera le prix des armes en s'inféodant à la puissance temporelle française.

Frédéric II, prévenant toute initiative romaine, avait aussitôt donné force de loi aux ordonnances du concile de Latran. Il décréta pour tous les cathares la mort par le feu. L'hérésie est pour lui un crime contre l'État ; il tient pour hérétique quiconque ose contester ses décisions, fût-il le pape.

Rome dispose des sbires revêtus de bure, les dominicains. Le Languedoc exècre particulièrement leur inspirateur, Dominique, et son acolyte, Pierre, dit Martyr, que des irréductibles ont réussi à exécuter. En 1231, enfin, l'Inquisition commence à fonctionner. Elle relaie et légalise l'œuvre de chasseurs d'hérétiques, agissant presque à titre personnel, comme Robert le Bougre et Conrad de Marburg, tortionnaires organisant partout où ils passent de grands autodafés.

Vers 1244, avec la chute du bastion de Montségur, le catharisme reçoit le coup de grâce. Il se perpétuera clandestinement, suscitant des regains de répression, en 1295 lorsque le bûcher clôture la campagne d'agitation de Pierre Autier ou en 1321 quand le pasteur Guillaume Bélibaste, tombé aux mains de l'Inquisition, périt par le feu. En 1340, le bûcher s'allume à Carcassonne pour les derniers cathares. Ils survivent jusqu'en 1322 aux environs de Florence, 1340 en Sicile, 1388 à Sienne, 1412 près de Turin*.

DUALISME ET ASCÉTISME

En dépit de leur diversité, les catharismes locaux — dont l'albigéisme, grandi par la croisade, passe à tort pour contenir la réalité du mouvement tout entier — présentent des traits communs, principalement rattachés au dualisme et à cette rigueur ascétique qui composa le premier christianisme gréco-romain.

Il est d'usage de leur reconnaître deux modes de dualisme. L'un, mitigé, conçoit un seul Dieu, créateur de toutes choses, entre autres de l'ange Satanaël qui renie sa bonté native, se corrompt et tire de la matière un monde corrompu. L'âme humaine, procédant des deux natures angéliques primordiales, dispose par le libre arbitre de la faculté de choisir le mal ou le bien et de se jeter ainsi dans le salut ou dans la damnation.

La doctrine se propage dans les milieux attachés à un certain formalisme chrétien.

Le dualisme absolu rompt plus délibérément avec le christianisme et reconnaît deux puissances antagonistes, comme dans le marcionisme. Le monde matériel est l'œuvre d'un Dieu mauvais. Le Dieu bon a engendré un univers incorruptible, celui des esprits ou de l'Esprit.

La théorie de l'*angelos-christos* resurgit dans le catharisme. Le Christ, ange de Dieu, n'a possédé qu'un corps spirituel.

Dans son *Livre des deux principes*, Jean de Lugio tient pour le caractère coéternel du monde parfait, domaine du Dieu de bonté, et du monde mauvais gouverné par Satan. L'idée que Satan contraint Dieu à révéler le mal qui est en lui sous forme de Volonté de justice et de Pouvoir de châtier procède curieusement — peut-être sous l'influence des milieux juifs kabbalistes ou des passagiens** — du gnosticisme juif attesté par une fraction essénienne.

---

* Le «manichéisme noir» du phénomène de sorcellerie, dont les premiers signes d'hystérie apparaissent au XIVe siècle pour culminer au XVIe, suggère — associé à la régression des libertés de la femme et de l'amour — un prolongement du catharisme sans les cathares. Assimilant vaudois et parfaits à des sorciers (on parlera de la «vauderie» d'Arras), l'Église récupère le principe de pureté et poursuit à sa façon le combat des anges contre les forces du mal : marginaux, juifs, races inférieures, tous sectateurs du Diable.

** Secte judaïsante apparue en Lombardie et condamnée au concile de Vérone en 1184. Hostile aux sacrements et à l'Église, elle tient la circoncision pour indispensable au salut.

À l'instar du marcionisme, le catharisme professe un refus absolu de la nature, identifiée au mal, à la perversion, à la mort. Sous un apparent respect de la vie, qui leur enjoint de ne tuer ni hommes ni bêtes, d'exclure de leur comportement viol et violence, de se conduire en homme foncièrement bon — traits que l'on retrouve chez les prêcheurs apostoliques comme Gandulf —, les cathares méprisent les plaisirs de l'existence. Au cœur d'une civilisation où se font jour timidement les privilèges de l'amour et de la femme, ils condamnent comme péché mortel toute relation amoureuse. Le mariage même est une *«jurata fornicatio»*. La femme doit être évitée avec effroi. Certains fidèles estiment que Satan habite le corps des femmes enceintes [8]. Un rigorisme aussi extrême n'allait pas sans revers ni débordements. Il semble que l'évêque cathare Philippe ait hasardé l'idée, reprise par les bégards de Libre-Esprit, qu'«en dessous de la ceinture il n'y a pas de péché».

Les croyants, il est vrai, ne tombaient pas dans les contraintes du puritanisme imposé aux parfaits et disposaient du droit de se marier.

Les parfaits refusent de jurer, de prêter serment ou de siéger dans un tribunal, car la justice humaine est d'essence diabolique. Il ne leur est pas permis de porter les armes, mais pas davantage de consommer de la nourriture carnée ni de s'abandonner à la moindre volupté.

Le *consolamentum*, principale cérémonie et héritage du bogomilisme, absout tous les péchés et intronise dans l'ordre des parfaits.

L'*endura*, ou jeûne prolongé parfois jusqu'à la mort, relève d'une forme de suicide. Elle n'a jamais fait l'objet ni d'une obligation ni d'une incitation, contrairement aux assertions propagées par les catholiques, mais elle a pu se parer d'un certain attrait pour des gens si peu disposés à découvrir les charmes d'ici-bas.

Peu de textes ont survécu, en dehors du *Liber de duobus principiis* de Jean de Lugio et de l'*Interrogatio Johannis*, évangile d'origine bogomile. D'autres écrits circulaient, dont se fait l'écho le cathare apostat Rainier Sacconi dans sa *Summa de catharis*. Les fables, composant une véritable mythologie, traduisaient en récits colorés les enseignements des parfaits (dragon emportant les anges dans les replis de sa queue, combat dans un ciel de verre qui se brise sous le poids des démons, thème du golem animé par Lucifer...). Leur influence sur le folklore n'a pas encore été étudiée.

CHAPITRE XXX

Les vaudois et les adeptes de la pauvreté volontaire

Le mouvement vaudois illustre l'occasion perdue par Rome dans sa lutte contre les cathares et contre les effets subversifs de la paupérisation urbaine exploitée par les réformateurs «apostoliques». Peu de renseignements permettent d'éclairer la figure de son fondateur, un riche marchand de Lyon nommé Pierre Valdo ou Valdès, voire de la Vallée.

La légende avance qu'il aurait perçu, en entendant chanter la *Complainte de saint Alexis*, un avertissement du ciel. Il aurait fait don de tous ses biens pour se consacrer à la pauvreté volontaire et à l'évangélisation, telle que la prescrit un passage du texte canonique attribué à Matthieu : «Si tu veux être parfait, va vendre tes biens, donne-les aux pauvres. »

Vers 1170, des hommes et des femmes se rassemblent autour de lui et commencent à prêcher la pauvreté volontaire dans une stricte volonté d'orthodoxie catholique, sans collusion possible avec le catharisme, ni avec la *pataria*, volontiers anticléricale, ni, *a fortiori*, avec les henriciens, pétrobrusiens ou «apostoliques».

Le conflit naîtra de l'archevêque Guichard (1165-1181), jaloux de ses privilèges, qui interdit les prédications du groupe. Valdo en appelle au pape. Il se rend à Rome où, échaudé par la radicalisation des patarins, le pontife lui enjoint de ne prêcher qu'à la requête du clergé. C'était donner raison à l'archevêque de Lyon. Valdo passe outre. Il est excommunié et chassé de la ville par l'archevêque Jean de Belles-Mains, erreur d'autant plus impardonnable que, selon Thouzelier, Valdo aurait signé, lors d'un synode régional tenu à Lyon en 1180, une profession de foi où il confirme sa dévotion au catholicisme romain [1].

Entre 1181 et 1184 circulait un *Liber antihaeresis* qui opposait clairement le christianisme vrai des vaudois aux enseignements non chrétiens des cathares. Pourtant, convoqués à Vérone en 1184, les partisans de Valdo sont condamnés comme «pertinaces et schismatiques» dans un décret méprisant qui les assimile aux autres hérétiques. La machine répressive, désormais enclenchée, les massacrera jusqu'au XVIIᵉ siècle avec ce raffinement de cruauté que les tyrans réservent à leurs meilleurs amis. Thouzelier situe la mort de Pierre Valdo entre 1206 et 1210, Gonnet entre 1205 et 1206[2].

La rapide expansion du mouvement avait aisément conquis l'Italie du Nord où patarins et cathares se partageaient l'adhésion des populations, unanimement hostiles au clergé romain.

En 1205, Valdo assista vraisemblablement à la scission entre la branche italienne et la branche française. Jean de Ronco prend la tête des «pauvres Lombards» tout en conservant la doctrine de Valdo. Le groupe, portant parfois le nom de roncalistes, connut lui-même d'autres schismes. Le groupe «del Prato», formé à Milan, se rapprocha bientôt du catholicisme.

La secte traditionnelle recommandait le travail manuel et reconnaissait la propriété privée. Dans la pratique sinon dans la doctrine, elle se confondait parfois avec le catharisme populaire. Le valdéisme italien avait rallié très tôt l'adhésion des «*humiliati*», sortes de patarins très actifs dans les milieux ouvriers, principalement dans la classe volontiers subversive des tisserands. Innocent IV eut l'habileté d'accorder son soutien à ces «honnêtes travailleurs». Leur organisation et leur label d'orthodoxie influencèrent, lors du colloque de Pamiers, réuni par les vaudois français (parfois appelés «léonistes»), la scission de Durand de Huesca★ qui, rejoignant le parti de Rome, fonde l'ordre des Pauvres Catholiques et engage contre les cathares cette croisade de la vertu apostolique à laquelle allait succéder deux ans plus tard une croisade plus efficace et mieux armée pour propager la vérité de façon péremptoire.

La communauté vaudoise s'est perpétuée jusqu'à nos jours, en dépit de persécutions séculaires. Elle forme une Église spécifique parmi les courants protestants.

La rupture avec l'Église de Rome prête à la doctrine vaudoise un contenu plus résolument critique. Au nom d'une pratique conforme aux mœurs du christianisme primitif, les vaudois entrent dans le sillage des réformateurs.

L'Église de Rome s'est corrompue, selon eux, à partir du pape Sylvestre. Ils s'indignent de la conception du philosophe cistercien Alain de Lille, pour qui un mauvais prêtre remplit parfaitement son rôle sacré pourvu qu'il suive les rites. Pour les disciples de Valdo, la validité des sacrements dépend de la pureté intérieure du prêtre qui les administre.

Ils rejettent le baptême des enfants pour la même raison que les henriciens et les pétrobrusiens. Ils combattent la vente des indulgences, fondent la pénitence sur une contrition intime et n'acceptent de se confesser qu'à un homme foncièrement bon. Ils dénient toute signification à la messe et à la communion par le pain et le vin, si ce n'est en commémoration de la Cène, le repas réunissant Jésus et ses amis.

Ils estiment comme Paul dans sa *Lettre aux Corinthiens* que mieux vaut se marier que brûler d'une ardeur concupiscente et, si mariage il y a, qu'il se fonde au moins sur une inclination mutuelle des deux époux.

À la différence des cathares, ils reconnaissent à la femme les mêmes droits

---

★ On attribue à son compagnon Ermangaud un *Opusculum contra haereticos*.

que l'homme. Ils nient le purgatoire et souscrivent à l'opinion très répandue que l'enfer existe sur la terre et n'a, dans la conjuration des guerres, famines, misères, massacres et tortures, nul besoin d'autre lieu pour exercer ses ravages.

Leur morale s'apparente assez aux coutumes cathares, sans verser toutefois dans la misogynie et l'horreur du sexe. Ils s'interdisent le serment, car ils n'ont de compte à rendre qu'à Dieu. Ils condamnent la guerre et les pratiques de la justice, s'insurgeant particulièrement contre les châtiments corporels et la peine de mort. Les propos du vaudois Raymond de Sainte-Foix, justifiant devant l'évêque Jacques Fournier une justice sans laquelle «il n'y aurait pas de paix et de sécurité entre les hommes», suggèrent néanmoins que le triomphe du catharisme ou du valdéisme se serait vite accommodé des cruelles répressions pénales en usage à l'époque.

Tandis que le valdéisme renaît sans cesse des bûchers partout allumés pour l'anéantir et se répand en Provence, en Languedoc, en Italie pour atteindre Liège, Trèves, Metz, Strasbourg, Mayence et la région rhénane avant de toucher la Bavière et l'Autriche, le pouvoir pontifical découvre dans un adepte de la pauvreté volontaire l'occasion de récupérer sous contrôle de l'Église l'entreprise prématurément engagée par Pierre Valdo. Exaltant une vertu qu'il sait faillible et dont le pardon passe par le marché ecclésiastique du rachat, François d'Assise (1182-1225) propose un ordre syncrétique où l'orthodoxie présidera au vœu de pauvreté et à l'apologie de la fraternité universelle, y compris avec les bêtes, que les cathares refusent de tuer.

En 1209, Innocent III approuve la règle d'un ordre où, comme chez les vaudois, militent hommes et femmes. Un tiers-ordre, plus spécialement consacré aux laïcs vivant dans le monde, voire mariés, garantit dans les milieux défavorisés et les classes dangereuses la présence catholique en milieu urbain.

Engagé aux côtés des dominicains dans la croisade contre les cathares — où leur mansuétude a pour mission de tempérer la rigueur des «frères prêcheurs» —, l'ordre franciscain digère mal cette hérésie valdéenne qu'il a si hâtivement ingurgitée.

L'observance de la pauvreté engendre très vite une divergence entre les «conventuels» attachés au respect des décisions pontificales et les «spirituels» que leur mépris des biens terrestres dresse de plus en plus contre une politique ecclésiale acquise aux sollicitations de l'essor mercantile et de l'«Enrichissez-vous».

En 1254, un spirituel de Pise, Gerardo da Borgo San Donnino, s'inspire des théories millénaristes de Joachim de Flore et prophétise dans son *Introduction à l'Évangile éternel* la disparition imminente de l'Église romaine et l'avènement d'une Église spirituelle en germe dans le franciscanisme. Il mourra après dix-huit ans d'une sévère incarcération sans avoir renié ses convictions.

Il trouve des continuateurs en Pierre-Jean de Olivi ou Olieu (1248-1298), dont la *Postilla in apocalypsim* annonce le remplacement de l'Église selon la chair, Rome, par l'Église selon l'Esprit; et en Ubertin de Casale (vers 1259-vers 1320), qui prêche à Pérouse contre le pape et la monarchie, et qui appelle l'Église «la Babylone, la grande prostituée qui perd l'humanité et l'empoisonne, livrée aux plaisirs de la chair, à l'orgueil, à l'avarice».

Réduit à l'exil pour échapper au ressentiment du pape Jean XXII, qui s'efforce de décimer le parti des spirituels, Ubertin de Casale n'en avait pas moins sévi comme inquisiteur en Toscane, dans la vallée de Spolète et la région d'Ancône, contre ce libre-esprit qui séduit une dissidence des spirituels eux-mêmes, les fraticelles.

Dans la diversité des formes revêtues par la doctrine de la pauvreté volontaire, le bégardisme et le mouvement des pastoureaux répondent d'une manière antagoniste, mais par un commun refus du valdéisme, au problème social posé par la paupérisation croissante des villes et des campagnes.

Alors que bégards et béguines s'éloignent rapidement du catholicisme, dont ils émanent initialement, pour s'attacher aux enseignements du libre-esprit, la croisade des pastoureaux s'inscrit, avec ses pillages et son antisémitisme, dans la lignée de ces raids contre l'Islam que la papauté a encouragés sous le nom de croisades. Par un retour de flammes prévisible, en raison de l'échec et du désarroi des croisés, le mouvement des pastoureaux tourne contre les prêtres et les «mauvais chrétiens» l'opération de purification jadis entreprise contre les musulmans. Norman Cohn la rapporte dans *Les Fanatiques de l'Apocalypse* :

«À Pâques, en 1251, trois hommes commencèrent à prêcher la croisade en Picardie ; quelques jours après, leur appel avait atteint le Brabant, la Flandre et le Hainaut (tous territoires situés hors des frontières de France) où les masses attendaient le Messie [...]. Un de ces hommes, moine apostat du nom de Jacob, passait pour êtré né en Hongrie, d'où son surnom de ''Maître de Hongrie''. C'était un ascète frêle, pâle et barbu, d'une soixantaine d'années, qui parlait avec éloquence le français, l'allemand et le latin. Il prétendait que la Vierge Marie, entourée d'une foule d'anges, lui était apparue et lui avait fait don d'une lettre qu'il portait constamment à la main, comme Pierre l'Ermite portait, dit-on, celle du Saint-Sépulcre. À l'en croire, tous les bergers étaient invités à venir en aide au roi Louis afin de libérer le Saint-Sépulcre. Dieu, proclamait-il, courroucé par l'orgueil ostentatoire des chevaliers français, avait élu les humbles pour être les instruments de ses desseins. C'est aux bergers qu'avait été annoncée la bonne nouvelle de la Nativité, et c'est par leur intermédiaire que le Seigneur allait manifester sous peu Sa puissance et Sa gloire.

«Bergers et vachers, garçons et filles, délaissèrent leurs troupeaux et, sans même prendre congé de leurs parents, se groupèrent sous de curieux étendards sur lesquels était représentée l'apparition miraculeuse de la Vierge. Des voleurs, des prostituées, des hors-la-loi, des moines défroqués et des coupe-jarrets se joignirent rapidement à eux. Des chefs, issus de ces éléments douteux, commandèrent bientôt à l'ensemble de la troupe. Mais nombre de ces nouveaux venus se déguisèrent en bergers. Aussi leur donna-t-on à tous le nom de ''pastoureaux''. Bientôt leur armée fut forte de plusieurs milliers d'hommes. Il n'est pas question de prendre au sérieux le chiffre de soixante mille, avancé par les contemporains. Ils étaient répartis en cinquante compagnies avançant chacune de son côté, armés de fourches, de hachettes, de dagues et d'épieux qu'ils brandissaient en pénétrant dans les villes ou les villages, afin d'intimider les autorités. S'ils venaient à manquer de provisions, ils prenaient de force tout ce dont ils avaient besoin. Mais de nombreuses chroniques soulignent que les dons bénévoles affluaient de toutes parts, car le peuple les révérait comme de saintes gens.

« [...] Entouré d'une grande armée, Jacob stigmatisait le clergé, accusait les ordres mendiants d'être hypocrites et vagabonds, les cisterciens de se montrer avides de biens et de terres, les prémontrés d'être orgueilleux et gloutons et les chanoines d'être des mécréants, indignes de la robe. [...] Il enseignait à traiter les sacrements avec mépris et à considérer les cérémonies des pastoureaux comme les seules manifestations authentiques de la Vérité. Quant à lui, il prétendait non seulement avoir des visions, mais aussi guérir les malades ; il pratiquait l'imposition des mains sur ceux qu'on lui amenait. Il répétait à tout venant que les mets et le vin disposés devant ses hommes, loin de diminuer, se multipliaient au fur et à mesure qu'on les consommait. Il promit aux croisés que l'eau refluerait devant eux lorsqu'ils parviendraient sur la grève, leur permettant ainsi d'atteindre la Terre sainte à pied sec. Fort de sa puissance miraculeuse, il s'arrogea le droit d'absoudre tous les péchés. Si certains de ses sectateurs et sectatrices souhaitaient se marier, il se chargeait de la cérémonie ; s'ils désiraient divorcer, il ne faisait pas la moindre difficulté. On dit qu'il maria onze hommes à la même femme — ce qui laisse supposer qu'il se considérait lui aussi comme un "Christ vivant", nécessairement entouré de "disciples" et d'une "Vierge Marie". Quiconque contredisait le chef était abattu sur-le-champ par les gardes du corps. Le meurtre d'un prêtre était considéré comme particulièrement méritoire. Selon Jacob, un verre de vin devait suffire comme expiation. Aussi n'est-il pas surprenant que le clergé ait observé avec épouvante l'extension prise par son mouvement.

« Jacob et son armée gagnèrent d'abord Amiens, où ils furent accueillis avec enthousiasme. Les bourgeois mirent mets et boissons à la disposition des croisés, qu'ils appelaient *les plus saints des hommes*. Jacob produisit sur eux une impression si favorable qu'ils le supplièrent de choisir tout ce qui lui plairait dans la ville. Certains s'agenouillaient devant lui, *comme s'il eût été le Christ incarné*. Après Amiens, l'armée se scinda en deux. Un de ses groupes se dirigea vers Rouen, où il eut l'occasion de disperser un synode présidé par l'archevêque. L'autre fit route sur Paris. Jacob acquit un tel ascendant sur la reine mère, Blanche de Castille, qu'elle l'accabla de présents et le laissa libre d'agir à sa guise. Portant un costume d'évêque, Jacob prêchait en chaire et aspergeait les fidèles d'eau bénite, suivant un rite étrange de son invention. Cependant, les pastoureaux répandus dans la ville s'en prirent au clergé, passant de nombreux prêtres au fil de l'épée et en noyant un grand nombre dans la Seine. Les étudiants qui, bien entendu, étaient aussi des clercs, quoique dans les ordres mineurs, auraient été massacrés si le pont-levis n'avait été levé à temps.

« À leur départ de Paris, les pastoureaux se divisèrent en plusieurs bandes placées chacune sous la direction d'un maître qui bénissait la foule dans les villes ou les villages qu'ils traversaient. À Tours, les croisés s'en prirent à nouveau au clergé : les dominicains et les franciscains notamment furent traînés à travers les rues et fouettés. L'église dominicaine fut saccagée et le monastère franciscain pris d'assaut et profané. Le mépris pour les sacrements administrés par des mains indignes reparut : on s'empara de l'hostie qu'on jeta dans la rue après maintes insultes, le tout avec l'appui et l'approbation de la populace. À Orléans se déroulèrent des scènes semblables. L'évêque fit fermer les portes de la ville mais les bourgeois décidèrent de passer outre et firent entrer les pastoureaux. Jacob fit un sermon public ; un étudiant du lieu, ayant eu l'imprudence de le contredire, fut assommé d'un coup de hache. Les pastoureaux se ruèrent vers les maisons où les prêtres s'étaient réfugiés et les prirent d'assaut avant d'y mettre le feu. De nombreux prêtres (dont les professeurs d'université) et de nombreux bourgeois furent massacrés ou précipités dans la Loire. Le reste du clergé dut fuir. Lorsque les pastoureaux quittèrent Orléans, l'évêque, furieux de l'accueil qui leur avait été réservé, frappa la ville d'interdit. Les contemporains étaient en effet unanimes à dire que les pastoureaux devaient une grande part de leur prestige à leur habitude de dépouiller et de tuer les prêtres. Le clergé eut beau protester ou ébaucher un semblant de résistance, il ne trouva aucun appui auprès du peuple. On comprend que certains prêtres, observant les activités des pastoureaux, aient eu le sentiment que l'Église n'avait jamais couru un tel danger.

«À Bourges, le sort des pastoureaux commença à changer. Ici encore, les bourgeois, contrevenant aux ordres de leur archevêque, admirent dans la ville autant de pastoureaux qu'elle en pouvait recevoir, le reste prenant position aux portes de la ville. Jacob prêcha cette fois contre les juifs et envoya ses hommes détruire la *Torah*. Les croisés pillèrent également de-ci, de-là, faisant main basse sur l'or et l'argent partout où ils en trouvaient et violant toutes les femmes qu'ils rencontraient. Si le clergé ne fut pas molesté, c'est qu'il ne se hasarda pas à sortir dans la rue. Mais la reine mère avait fini par comprendre de quoi il retournait : elle proclama hors-la-loi tous les membres de cette croisade. Dès l'annonce de cette nouvelle, à Bourges, de nombreux pastoureaux désertèrent. En fin de compte, un jour que Jacob fulminait contre les mœurs relâchées des prêtres, appelant la population à se tourner contre eux, un spectateur se dressa dans la foule pour le contredire. Jacob se précipita sur lui dague en main et le tua net. C'en était trop : les bourgeois prirent les armes à leur tour et chassèrent leurs hôtes turbulents.

«Ce fut dès lors au tour des pastoureaux de se heurter à la violence. Des bourgeois à cheval se lancèrent à la poursuite de Jacob et le mirent en pièces. Un grand nombre de ses disciples furent capturés par les officiers du roi et pendus. Des groupes de survivants parvinrent jusqu'à Marseille et Aigues-Mortes avec l'espoir d'y embarquer pour la Terre sainte. Mais ces deux villes avaient été mises en garde par des émissaires venus de Bourges et les pastoureaux furent capturés et pendus. Un dernier groupe atteignit Bordeaux mais s'y heurta aux troupes anglaises du gouverneur de Gascogne, Simon de Montfort, qui les mit en déroute. Alors qu'il s'efforçait de s'embarquer pour l'Orient, leur chef fut reconnu par quelques marins et noyé. Un de ses lieutenants s'enfuit en Angleterre et débarqua à Shoreham où il mit sur pied une escorte de quelques centaines de paysans et de bergers. Lorsque la nouvelle parvint au roi Henri III, celui-ci fut suffisamment effrayé pour ordonner que le mouvement fût écrasé par les soins des shérifs dans tout le royaume. Très vite, le mouvement se désintégra de lui-même. L'apôtre fut écharpé par ses propres disciples à Shoreham. Sur ce, les rumeurs pullulèrent. On disait que le mouvement était le fruit d'une conspiration du sultan qui avait soudoyé Jacob pour lui fournir des esclaves chrétiens. Jacob et plusieurs autres meneurs furent bientôt considérés comme des musulmans qui s'étaient assurés un certain empire sur les chrétiens grâce à la magie noire. Mais d'autres étaient persuadés qu'au moment de sa déconfiture le mouvement des pastoureaux n'avait abordé que la première partie de son programme : les chefs des pastoureaux auraient eu l'intention de massacrer d'abord tous les prêtres et les moines, puis les nobles et les chevaliers. Alors, ayant éliminé toutes les autorités, ils auraient entrepris de propager leur doctrine dans l'univers entier[3]. »

Moins d'un siècle plus tard, la peur et le ressentiment suscités par ces déshérités des croisades que furent, dans leur rage et leur vindicte, Jacob et ses pastoureaux, allait alimenter secrètement la haine qui s'abattit sur d'autres héritiers des croisades, la faction privilégiée cette fois, banquiers de l'État français que leur créditeur défaillant grillerait devant Notre-Dame de Paris en 1310. Qualifiés d'hérétiques et de sorciers, les templiers rejoignent dans le même brasier les humbles et les puissants serviteurs d'un pouvoir qui ne ressent plus l'utilité de leurs services et se débarrasse opportunément des témoins de sa turpitude.

CHAPITRE XXXI
Le mouvement du libre-esprit

À l'encontre du système religieux qui capture les êtres et les choses pour les « relier », selon le sens de *religio*, à un pouvoir temporel puisant sa justification dans une transcendance céleste, le mouvement du libre-esprit désigne, du XIIIe au XVIIe siècle, un ensemble d'options individuelles plus que collectives, déterminées à privilégier la relation avec la terre, le corps, le désir et ce flux de vie que la nature régénère sans cesse.

Seules les thèses de Simon de Samarie, rapportées dans l'*Elenchos*, s'apparentent à une tentative qui découvre dans l'irréligion naturelle la matière première de désirs qu'il convient d'affiner pour atteindre à une véritable humanité.

La conception d'une unité relationnelle avec la nature, perfectible sur la terre et dans l'individu, non par les voies de l'ascèse et du renoncement mais, au contraire, par la jouissance de soi et des autres, échappe à la syzygie de l'orthodoxie et de l'hétérodoxie.

Sous sa forme radicale, l'attitude dite de « libre-esprit » par des inquisiteurs bien embarrassés de la situer n'entre pas dans la classification des hérésies, mais appartient à ce projet de l'homme total, aussi vieux dans ses espérances que les divagations de l'homme séparé de lui-même par une économie qui l'exploite.

Pénétrant dans les couvents, les béguinages, le franciscanisme, séduisant des clercs acquis au christianisme ou au catholicisme, l'esprit de liberté revêt alors des dehors plus conformes au discours dominant ; l'affinement des désirs cède la place au bon caprice de celui qui, s'identifiant à Dieu, en induit surtout un projet d'assouvissement qui est celui de tous les tyrans.

LES AMAURICIENS

Le souci ecclésiastique d'identifier à une hérésie particulière les comportements qui échappent au contrôle de l'Église catholique a regroupé sous le nom d'amauriciens ou disciples d'Amaury de Bêne des clercs dont plusieurs sont des curés de villages situés non loin de Paris (Vieux-Corbeil, La Celle, Ursines, Lorris, Saint-Cloud).

Originaire de Bêne, près de Chartres, maître Amaury a enseigné à Paris, où l'une de ses assertions soulève des controverses au sein de l'université. En 1204, sa thèse selon laquelle tout chrétien est membre du Christ et a souffert réellement avec lui le supplice de la croix est soumise au pape, qui la condamne. Amaury abjure et meurt vers 1207. Frappée d'une simple réprobation pontificale, la conception d'Amaury n'aurait présenté en soi rien de bien subversif si elle ne traduisait en jargon théologique une réalité plus concrètement vécue par les simples et que les accusés des procès de 1210 et 1211 expriment plus brutalement : si le Christ est mort pour les péchés de l'humanité, la faute ainsi rachetée dispense chaque homme d'avoir à la payer une seconde fois par la souffrance, le renoncement, la contrition, la culpabilité, la pénitence, la soumission à l'Église.

Dix des accusés périront sur le bûcher, quatre sont condamnés à la prison à perpétuité. En 1211, maître Godin, clerc d'Amiens, est brûlé pour avoir propagé des idées amauriciennes, que le concile de Latran condamnera en les jugeant «encore plus insensées qu'hérétiques». Formule révélatrice : au-delà de l'hérésie, province négative du territoire orthodoxe, il n'existe rien qui ne soit «hors du sens».

Parmi les quatre-vingts victimes exécutées par le feu à Strasbourg en 1215, il s'est trouvé mêlés aux vaudois et cathares quelques accusés pour affirmer que «les péchés les plus grossiers sont permis et conformes à la nature [1]».

En 1216 se manifeste en Alsace et en Thuringe «une hérésie nouvelle et honteuse. Ses partisans assuraient qu'il était permis, et ce en conformité avec la nature, de manger de la viande et d'autres nourritures en quelque jour et temps que ce fût, et même de s'adonner à toute volupté sans s'engager à expier [2]. »

Un inconnu est brûlé à Troyes en 1220 pour avoir prétendu que le Saint-Esprit s'est incarné en lui. Il partage la conviction de ce chevalier combattu par Thomas d'Aquin et qui lui déclare : «Si saint Pierre a été sauvé, je le serai aussi, car en lui comme en moi habite le même esprit. »

Il n'est pas inutile de le rappeler : quand les comportements du plus grand nombre ne tombent pas sous le mélange de terreur et d'espérance contrôlée que propagent à des titres divers l'Église de Rome et la rigueur ascétique prêchée par les missionnaires cisterciens, les cathares et les vaudois, ils se rallient au credo le plus populaire et le plus sommaire : «Jouis de la vie et moque-toi du reste. »

Les goliards ou clercs vagants se moquent de l'Église, parodient les textes évangéliques, chantent la messe du dieu Bacchus : « *Introibo ad altarem Bacchi, ad deum qui laetificat cor hominis.* »

Au XIᵉ siècle, Guibert de Nogent vitupère un de ces nobles peu soucieux de religion. Le comte Jean de Soissons, ami des juifs★, traite de mensonge la Passion du Christ ; il affirme ne fréquenter l'église que pour s'amuser à regarder les belles femmes qui y viennent passer la nuit. Selon lui, il n'y a aucun péché à faire l'amour. À l'article de la mort, il déclare au confesseur : « Tu veux, je le vois, que je donne mes biens aux parasites, c'est-à-dire aux prêtres. Ils n'en auront pas seulement une obole [3]. »

Au XIIIᵉ siècle, parlant des étudiants contemporains d'Amaury, Pierre le Mangeur écrit : « Pour boire et pour manger, ils n'ont point leurs pareils. Ce sont des dévorants à table, mais non point des dévots à la messe. Au travail, ils bâillent ; au festin, ils ne craignent personne. Ils abhorrent la méditation des livres sacrés, mais ils aiment à voir le vin pétiller dans leurs verres et ils avalent intrépidement [4]. »

Un tel constat, applicable à toutes les couches de la société, ne fait en somme qu'authentifier la faiblesse native de l'homme et entériner la résolution de l'Église de l'épauler et d'absoudre ses péchés en échange de gratifications et d'obédience.

Vaudois et cathares, en se passant de ses services, se conduisent en redoutables concurrents ; mais que dire des gens qui poussent l'insolence jusqu'à proclamer que chacun a le droit de suivre ses désirs sans rendre compte à qui que ce soit et sans en éprouver la moindre culpabilité ?

Qu'enseigne Jean, curé d'Ursines, à ses paroissiens ? Dieu fait tout, le mal comme le bien. À quoi bon s'en soucier puisque le mal comme le bien émanent de lui ?

Un certain Garnier de Rochefort a résumé la doctrine amauricienne dans son *Contra amaurianos*. Il y précise que, selon eux, quiconque a compris que Dieu accomplit tout lui-même peut faire l'amour sans commettre de péché. Dieu étant en chacun, il suffit d'atteindre à la révélation intérieure pour se comporter, quoi que l'on fasse, selon ses desseins. Tel est le panthéisme qui, perçu dans ses implications philosophiques, entraînera la condamnation de Scot Érigène, de David de Dinant et d'Aristote en 1215.

Guillaume l'Orfèvre, désigné comme le maître à penser du groupe, avançait que « d'ici cinq ans tous les hommes seront spirituels, si bien que chacun pourra dire : ''Je suis l'Esprit saint'', et : ''Avant qu'Abraham fût, je suis'', tout comme le Christ a pu dire : ''Je suis le fils de Dieu'', et : ''Avant qu'Abraham naquît, je suis [5].'' »

Pour la première fois, semble-t-il, la doctrine de Joachim de Flore découvre son utilisation subversive.

Dans sa *Chronique*, Guillaume le Breton indique à quel point le temps des saints annoncé par Joachim se confond, dès le début du XIIIᵉ siècle, avec cette liberté de l'esprit identique à la conscience que chacun peut prendre d'une

---

★ Guibert, qui vécut de 1053 à 1124, a écrit *Contre les juifs*.

présence divine agissant en lui et lui traçant le chemin de la perfection et de l'impeccabilité* :

«Ils disaient donc qu'en notre époque prennent fin les sacrements du Nouveau Testament et qu'est venu le temps du Saint-Esprit, où il n'y a plus de place pour confession, baptême, eucharistie et autres garanties de salut. Désormais, il n'y aura d'autre salut que par la grâce intérieure de l'Esprit saint, sans aucune œuvre extérieure. Et ils entendaient la vertu de la charité dans un sens si large qu'ils assuraient que tout acte considéré comme un péché cessait de l'être s'il était accompli par vertu de charité. C'est pourquoi ils se livraient, au nom de la charité, au stupre, à l'adultère et aux autres jouissances du corps. Et ils promettaient l'impunité [l'inutilité de la pénitence] aux femmes avec lesquelles ils péchaient et aux simples qu'ils abusaient, prêchant que Dieu est un être de bonté et non pas un juge [6].»

Un sermon de Jean le Teutonique, abbé de Saint-Victor à Paris de 1203 à 1229, insiste sur le trait le plus choquant pour chrétiens et catholiques :

«Voici qu'apparaissent des nouveautés profanes, propagées par des gens qui sont les disciples d'Épicure plutôt que du Christ. Avec une redoutable fourberie, ils s'attachent secrètement à faire croire qu'on peut pécher impunément. Ils assurent qu'il n'y a pas de péché, et qu'en sorte il n'est personne qui, pour avoir fauté, doive être puni par Dieu. Capables d'affecter extérieurement, sur leur visage, dans leurs propos, un air de piété, ils en récusent intérieurement la vertu, dans leur esprit et leurs œuvres occultes.

«Comble de la plus extrême folie et du mensonge le plus impudent : ils ne craignent pas, ils ne rougissent pas d'affirmer qu'ils sont Dieu! Extravagance infinie! Abominable présomption! Ils appellent Dieu l'homme adultère, le compagnon de lit d'autres mâles, l'être souillé de toutes les infamies, le réceptacle de tous les crimes. Voilà qui dépasse l'égarement des gentils, qui mentaient avec plus de modestie en prétendant que les plus grands de leurs princes devenaient, une fois morts, des dieux. Assurément, celui-là déraisonne en son cœur qui a pu dire : ''Dieu n'existe pas.'' Mais il est plus insensé encore l'individu qui prétend : ''Je suis Dieu.''

«Ah! du moins, qu'une telle peste ne pollue pas cette ville, source de toutes sciences et vrai fleuron de la sagesse [7]!»

Si le panthéisme peut se résumer par la formule : «*Deus sive natura*», le libre-esprit implique l'identification : «*Deus sive homo*». La question : «Quel Dieu et quelle toute-puissance?» exige la précision préalable : «À quel choix comportemental obéit l'individu ainsi justifié?»

La soif de pouvoir des souverains et des princes ne s'autorise-t-elle pas d'une volonté divine qui la légitime? Il y a dans le libre-esprit une tendance, souvent attestée, de légaliser par l'autodéification un pouvoir similaire ou revendiqué comme tel. Une tendance radicalement différente s'exprime néanmoins dans la doctrine du «pur amour» ou de l'«amour affiné».

---

* L'idée de la Sophia ou de l'étincelle divine enclose en chacun renoue, après plus d'un millénaire, avec la conception gnostique.

LE « FIN AMOR »

Hadewijch d'Anvers, que ses exégètes, plus soucieux de religion que d'histoire, ont abusivement annexée à leur répertoire de dévotes, mentionne dans sa « Liste des parfaits » la béguine Aleydis, condamnée au bûcher par Robert le Bougre pour son « juste amour ». À la différence des vaudoises brûlées à Cambrai en 1236 par le sinistre chasseur d'hérétiques, Aleydis passe pour avoir professé des idées amauriciennes, alors répandues dans les villes du Rhin (Cologne, Mayence, Strasbourg) et les cités du Nord (Valenciennes, Amiens, Cambrai, Tournai, Bruxelles, Anvers).

La doctrine du pur amour — que cinquante ans plus tard Marguerite Porète identifiera à la force de vie où la nature humaine se libère de sa dénaturation pour se confondre avec la volonté d'un Dieu de bonté — hante les poèmes et les visions de Hadewijch d'Anvers et de plusieurs moniales cisterciennes du Nord, sans qu'on puisse décider avec certitude s'il s'agit d'une extase spirituelle, d'un *amor extaticus*, d'une exaltation de la jouissance amoureuse ou de l'alternance de l'une et de l'autre, comme dans les diverses voies du tantrisme.

La paillardise du temps, à laquelle échappent seuls une partie de la bourgeoisie et quelques défenseurs de l'austérité cléricale, se pratique, ainsi que l'attestent les fabliaux, la littérature et les chroniques, avec un égal attrait dans les chaumières, les couvents, les châteaux ou les églises. Elle s'assigne pour entrave ordinaire ce sentiment de culpabilité, de contrition, de remords qui alimente les caisses du rachat pénitentiel et le marché des indulgences.

Or l'union avec l'Esprit ou avec sa forme chrétienne, le Christ, *alias* le *pneuma* ou Sophia, se révèle, aux yeux des adeptes du libre-esprit, identique à l'union de l'homme et de la femme, au *koinos* qu'évoquent aussi bien l'œuvre hermétique d'Asclépios que l'*Évangile attribué à Philippe*. La jouissance amoureuse identifiée à l'unité enfin renouée entre le corps et l'esprit régénère l'état adamitique, l'état d'innocence où n'existent ni le péché ni la culpabilité. C'est pourquoi, des classes les plus défavorisées à l'aristocratie, le libre-esprit emporte l'adhésion — une adhésion le plus souvent insoupçonnable, au grand dépit de la police inquisitoriale ; car, peu soucieux de sacrifice, les tenants du libre-esprit obéissent à la prudence et, à de rares exceptions, ne se mêlent ni de prêche ni de propagande.

LE NOUVEL-ESPRIT DE SOUABE

Un texte intitulé *Determinatio de novo spirito* et attribué à Albert le Grand contribue à dresser, à l'usage des inquisiteurs, la fiche signalétique d'un courant qui, pour n'être ni cathare ni vaudois, n'en représente pas moins un grand péril pour la religion, qu'elle soit de Rome ou d'ailleurs.

La dénonciation d'Albert concerne plusieurs couvents du Riess, région voisine d'Augsbourg, de Nördlingen, d'Olmütz et de Tübingen.

En 1245, lors du premier concile de Lyon, l'évêque d'Olmütz déplore la présence dans son diocèse d'agitateurs errants, des deux sexes, vêtus comme des religieux mais hostiles à la hiérarchie ecclésiastique et estimant que Dieu se sert dans une absolue liberté [8].

De tels réformateurs, plus proches des idées courtoises que de l'ascétisme cistercien, ont aisément gagné à leurs enseignements nombre de communautés ecclésiales déchirées entre la débauche coupable et l'hystérie puritaine.

N'offraient-ils pas la paix du cœur et la grâce de l'esprit à l'inclination amoureuse qui emporte l'un vers l'autre des hommes et des femmes naturellement passionnés ?

Parmi les articles de la liste d'accusation établie par Albert, plusieurs ne laissent aucun doute sur l'innocence, hautement revendiquée, de relations taxées de culpabilité par l'Église, les hétérodoxies ascétiques et la morale laïque.

« L'homme peut se trouver uni à Dieu de telle sorte qu'il ne commette plus de péché, quoi qu'il entreprenne.

« Selon eux, il n'y a pas d'autres anges que les vertus humaines, pas d'autres démons que les vices et les péchés des hommes. Il n'y a pas d'enfer. Toute création est Dieu dans sa plénitude. Les anges ne seraient pas tombés s'ils s'étaient comportés comme ils le devaient dans leur union avec Lucifer.

« L'homme uni à Dieu, comme ils prétendent l'être, n'est pas tenu de rendre honneurs et respect aux saints, ni d'observer jeûne et choses semblables le jour du Seigneur.

« Qui est uni à Dieu peut impunément assouvir son désir charnel de n'importe quelle façon, avec l'un et l'autre sexe, et même en inversant les rôles.

« Il ne faut pas croire à la résurrection.

« Ils affirment que, pendant l'élévation du Christ, eux-mêmes se trouvent élevés ; qu'ils soient debout ou assis, c'est à eux-mêmes qu'ils adressent ces marques de révérence, mais ils accomplissent ce geste afin de ne pas scandaliser les autres.

« Les gens entravent et retardent leur perfectionnement et leurs qualités lorsqu'ils se livrent au jeûne, à la flagellation, à la discipline, aux veilles et autres choses du même genre.

« Il convient non pas de s'appliquer aux travaux, mais bien de prendre le loisir de goûter combien doux est le Seigneur. Les prières n'ont pas de valeur quand elles sont sous le joug des travaux manuels.

« Ceux qui, chez eux, veulent devenir parfaits ne doivent pas penser à la Passion du Christ.

« Il ne faut se soucier, ni avec douleur ni avec amertume, des fautes commises et des jours perdus. Une telle souffrance retarde en eux l'accès à une grâce plus complète.

« À les en croire, le sang des hommes de bien — comme eux — ou leur plénitude devraient être vénérés au même titre que le corps et le sang du Christ sur l'autel. Ils assurent que la liberté, les maux, le repos et le bien-être corporel créent dans l'homme un lieu et une habitation pour l'Esprit saint.

« Elles disent que le Christ les connaît charnellement, qu'une femme peut devenir Dieu, qu'une mère de cinq enfants peut être vierge, que l'une d'elles a allaité l'enfant Jésus avec sa mère jusqu'à l'épuisement et la défaillance [9]. »

L'amour est au centre du débat qui agite les consciences les plus évoluées des XIIe et XIIIe siècles. La place privilégiée reconnue pour la première fois dans l'histoire à la femme pose la question d'un affinement des mœurs, d'une approche de la sexualité autre que confinée à la règle ordinaire du refoulement, avec ses visions morbides et mortifères, et du défoulement avec son cortège de viols et de cruautés. Le *dolce stil nuovo* et l'érotique des troubadours, si incertains qu'ils demeurent dans leurs pratiques quotidiennes, suggèrent une préoccupation que la fin du XXe siècle commence à peine à redécouvrir et que le chemin initiatique de Dante vers Béatrice a esquissée mythiquement. Ainsi conviendrait-il de dégager du fatras théologique et des falsifications qui les encombrent les œuvres de Hadewijch d'Anvers et de Margerite Porète, que le préjugé religieux des érudits s'est contenté jusqu'à ce jour d'enfouir sous la couverture mitée du mysticisme.

MARGUERITE PORÈTE

Originaire du Hainaut, elle appartient selon toute vraisemblance à un milieu aisé et cultivé, peut-être la cour de Bourgogne, résidant à Mons et où la comtesse Philippa de Hainaut* passait pour un esprit raffiné, attaché aux idées courtoises.

Peut-être fut-elle béguine avant de rompre avec l'ensemble du clergé (« Béguines disent que je suis dans l'erreur, [ainsi que] prêtres, clercs et prêcheurs, augustins et carmes et les frères mineurs [10] »).

Dans la fin des années 1290, son ouvrage sur « l'être de l'affinée amour » est brûlé sur la place de Valenciennes sur l'ordre de Gui II de Colmieu, évêque de Cambrai de 1296 à 1306, qui interdit à l'auteur de diffuser d'autres livres et doctrines.

Elle récidive néanmoins et — provocation ou innocence ? — communique à l'évêque de Châlons-sur-Marne un livre intitulé *Le Miroir des simples âmes*. Dénoncée à l'Inquisition, elle comparaît en 1307 devant Guillaume Humbert, inquisiteur général de France, confesseur de Philippe le Bel et futur complice de Philippe de Marigny dans le procès d'extermination des templiers.

Elle refuse de prêter serment, non à la manière des vaudois ou des cathares mais en raison de « cette âme libre [qui] ne répond à nul si elle ne le veut [11] ».

Le 11 avril 1310, elle est jugée hérétique et relapse. Quinze extraits du livre, condamnés, serviront à la rédaction de l'*Ad nostrum* répertoriant, lors du concile de Vienne de 1311, les principaux chefs d'accusation contre les bégards et les béguines entachés de libre-esprit. Elle est livrée aux flammes à Paris

---

* Fille de Guillaume d'Avesnes.

le 1er juin 1310. Son compagnon ou amant, Guion de Cressonaert, clerc du diocèse de Cambrai, qui se faisait appeler l'ange de Philadelphie★, fut, pour avoir tenté de la sauver, appréhendé et condamné à la prison à perpétuité.

Le texte du *Miroir des simples âmes*, conservé à la bibliothèque du musée Condé de Chantilly et publié par Romana Guarnieri [12], révèle des interpolations d'une grande platitude de style. Leur orthodoxie présentait sur l'original, perdu, l'avantage de faciliter sa diffusion à des époques, plus tardives, où la spéculation mystique des Ruysbroeck et des Gerardt Groote ôtait son caractère subversif aux propositions de Marguerite.

Il est indéniable, en revanche, que les thèses les plus audacieuses du *Miroir* reflétaient une mentalité populaire répandue en Allemagne et jusque dans la région de Langres où l'inquisiteur franciscain Nicolas de Lira, un des accusateurs de Porète, fulmine contre des hérétiques qui, soutenant qu'il faut non pas écouter les prédicateurs mais vivre librement selon la chair, «entretiennent leurs propres immondices sous le manteau de la dévotion [13]».

Marguerite identifie Dieu non à la nature telle qu'elle règne à l'état brut chez les hommes et chez les bêtes, mais à un affinement de la nature humaine qui, la dépouillant de sa gangue, la fait accéder à un état de perfection ou de pureté comparable à celui de la pierre philosophale.

Bien que truffé d'interpolations prescrites par les milieux orthodoxes, le texte du *Miroir* compte parmi les rares témoignages de libre-esprit qu'ait épargnés — peut-être en raison des révisions canoniques — le zèle destructeur de l'Église. Dans sa démarche initiale, la doctrine de Marguerite ne se distingue pas, au reste, du mysticisme d'Eckhart, de Béatrice de Nazareth ou de Mechtilde de Magdebourg : «L'âme touchée par la grâce est sans péché.» Selon une *scala perfectionis*, sept grâces initiatiques conduisent le pneuma à la jouissance de Dieu, rémanence des sept planètes de l'hebdomade au-delà desquelles commence l'ogdoade ou plérôme.

Anéantie en Dieu, l'âme perd sa volonté, ses désirs, son essence et s'identifie à la totalité, au plérôme. Ici, Porète outrepasse les limites de l'amour extatique, de la vision béatifique en laquelle s'abîment les mystiques. Car l'effusion, érigée en jouissance de Dieu, confère la liberté à cet amour qui est présence divine de la vie agissant dans la multiplicité de ses désirs.

«Et aussi, pourquoi de telles âmes se feraient-elles conscience de prendre ce qu'il leur faut quand nécessité leur demande ? Ce serait pour de telles âmes manque d'innocence et *encombrier* [trouble] de la paix en laquelle cette âme se repousse de toutes choses. Qui est celui qui doive faire conscience de prendre son besoin des quatre éléments, comme de la clarté du ciel, de la chaleur du feu, de la rosée de l'eau et de la terre qui nous soutient ? Nous prenons le service de ces quatre éléments en toutes les manières que Nature en a besoin, sans reproche de Raison ; lesquels éléments gracieux sont faits de Dieu, comme les autres choses ; et ainsi de telles âmes usent de toutes choses faites et créées

---

★ Peut-être faut-il y voir une référence à l'Église de Philadelphie, une des Églises bogomiles, toujours actives dans les Balkans.

dont la Nature a besoin, en cette même paix de cœur, comme elles font de la terre sur quoi elles marchent [14]. »

Il s'agit de créer une nature où se réincarne le Dieu de bonté oblitéré par l'avatar du démiurge Ialdabaoth que perpétue le Dieu de l'Église romaine, celle que Marguerite appelle Église-la-petite. Celui qui par la grâce de l'amour pressent en lui la manifestation d'un tel Dieu possède la *mégalè dynamis* dont parle Simon de Samarie. Il lui appartient de la développer pour fonder sur terre une nouvelle innocence édénique.

À l'antiphysis du catholicisme, Marguerite oppose une réhabilitation de l'état de nature avant la chute, avant l'intervention du péché et de la culpabilité. Éveiller en soi le Dieu qui sommeille, c'est s'émanciper de toute contrainte sociale pour accorder les désirs aux libertés de nature.

Il faut, pour qualifier Porète de quiétiste, la lire avec les lunettes du théologien. L'horreur de la sexualité partout propagée dans la société du XVIIe siècle, n'est encore au XIIIe siècle que lettre morte et vain vacarme dans les prônes de clercs vivant ouvertement dans le concubinage et le libertinage. Le visage grimaçant et terrible du péché ne commencera vraiment à s'imposer qu'à la faveur d'un marché de la mort et la morbidité promotionnelles du XVe siècle. À l'inverse de Thérèse d'Avila, de Bourignon, de Guyon, Porète pressant dans l'anéantissement de l'âme une réinvention du corps auquel l'amour confère la marque de sa toute-puissance.

HEILWIGE BLOERMARDINNE

La doctrine de Marguerite et du « fin amor » s'illustre, dans les premières années du XIVe siècle, à Bruxelles, en la mystérieuse prééminence d'une femme dont la renommée tient en échec une inquisition souvent découragée, il est vrai, par la politique libérale des cités opulentes.

De Bloermardinne ne subsiste que la légende populaire d'une thaumaturge révérée par le peuple et les notables, quelques repères biographiques et les pages que lui consacrèrent ses ennemis.

Fille de l'échevin Guillaume Bloemart, mort entre 1283 et 1287, dont la famille compte parmi les plus influentes de Bruxelles, Heilwige a dû naître entre les années 1250-1260 et 1283-1287 ; son acte de décès porte la date du 23 août 1335.

Encore curé de Sainte-Gudule, le mystique Jean Ruysbroeck, plus tard suspecté lui-même de libre-esprit par Gerson, engage contre elle une vive polémique. La tradition assure qu'une telle animosité l'aurait contraint à fuir Bruxelles sous la pression populaire, pour se réfugier à l'abbaye de Groenendael (Vaux-Vert) où se passera le reste de son existence.

Dans sa *Vie de Jan Ruysbroeck*, Henri Pomerius a recueilli le témoignage de Jean de Schoonhoven, compagnon et successeur de Ruysbroeck :

« Il y avait à Bruxelles, dans le temps que le serviteur de Dieu [Jan Ruys-

broeck] y fut prêtre séculier, une femme de croyance perverse, appelée Bloemardinne par le peuple. Elle avait acquis une telle réputation que, lors de
la communion sacrée, quand elle s'approchait de l'autel, l'opinion commune
voulait qu'elle marchât entre deux séraphins.

« Elle avait beaucoup écrit sur l'esprit de liberté et sur le très infâme amour
charnel, qu'elle appelait amour séraphique. De nombreux disciples, qui partageaient ses convictions, la vénéraient en tant que créatrice d'une nouvelle
doctrine.

Pour enseigner et pour écrire, on assure qu'elle s'asseyait dans un fauteuil
en argent. Après sa mort, ce siège aurait été, dit-on, offert à la duchesse de
Brabant, en raison de la pensée de Bloemardinne, dont il gardait l'imprégnation. De même, les estropiés touchèrent son corps défunt en pensant ainsi
recouvrer la santé.

« Un homme plein de piété et souffrant donc de voir se répandre l'erreur
se dressa aussitôt contre la perversité d'une telle doctrine et, si nombreux
que fussent ses émules, il démasqua, au nom de la vérité, des écrits qui ne
contenaient sous couvert de vérité qu'hérésies et que, en mépris de notre foi,
Bloemardinne avait si longtemps attribués à l'inspiration divine. En quoi il
fit preuve de sagesse et de courage, car il ne redouta pas les embûches des
émules de Bloemardinne et ne se laissa pas abuser par l'apparence et l'odeur
de vérité de ces fausses doctrines. J'atteste, en ayant fait l'expérience, que
ces écrits si néfastes étaient, au premier abord, revêtus du voile de la vérité,
si bien que personne n'en pouvait déceler le germe d'erreur, si ce n'est par
la grâce et avec l'aide de Celui qui enseigne toute vérité. »

Sans jamais la nommer, c'est à celle qui affirme l'unité de l'amour charnel
et de l'amour séraphique que s'en prend Ruysbroeck dans l'*Ornement des noces
spirituelles* :

« Ils se croient élevés au-dessus de tous les chœurs des saints et des anges,
et au-dessus de toute récompense, qui puisse être méritée de quelque manière
que ce soit. Ils pensent donc ne pouvoir jamais ni croître en vertus, ni mériter davantage, ni commettre de péchés ; car ils n'ont plus de volonté, ils ont
fait abandon à Dieu de leur esprit adonné au repos et à l'oisiveté, ils sont
un avec Dieu et réduits à néant quant à eux-mêmes. La conséquence c'est
qu'ils peuvent consentir à tout désir de la nature inférieure, car ils sont revenus à l'innocence et les lois ne sont plus pour eux. Dès lors, si la nature est
inclinée vers ce qui lui donne satisfaction, et si, pour lui résister, l'oisiveté
de l'esprit doit en être tant soi peu distraite ou entravée, ils obéissent aux
instincts de la nature, afin que leur oisiveté d'esprit demeure sans obstacle.
Aussi n'ont-ils nulle estime pour les jeûnes, ni pour les fêtes, ni pour quelque précepte que ce soit, et ils ne les observent que pour l'estime des hommes : car en toutes choses ils mènent leur vie sans conscience. »

WILLEM CORNELIEZ D'ANVERS
PAUVRETÉ VOLONTAIRE ET LIBRE-ESPRIT

Quand ils n'oppriment pas le peuple au nom d'un pouvoir émané de Rome, les membres du bas-clergé font volontiers cause commune avec les opprimés. Parmi la population remuante des tisserands anversois, Willem Corneliez semble s'être taillé la réputation d'un homme intègre dont les conseils sont estimés parce qu'ils se soucient moins des intérêts de l'Église que du sort des simples qu'elle entend régenter. Son titre de « maître » apparaît dans un acte de donation de l'église Notre-Dame d'Anvers en 1243. Selon son sycophante, Thomas de Cantimpré, Willem bénéficiait d'une prébende à laquelle il renonça pour fonder un mouvement de pauvreté volontaire.

À l'écart de l'ascétisme vaudois, il ajoute à un programme de réformes contre les indulgences et l'oppression de la classe dominante l'idée que la pauvreté lave de tous les péchés. La cédule d'accusation résume ainsi sa doctrine :

« Les indulgences des prélats ne servent pas aux âmes.

« Nul ne peut donner d'aumône [en la prélevant] sur son superflu.

« Nul riche ne peut être sauvé, et tout riche est avare.

« Il est permis de dérober aux riches et de donner aux pauvres.

« Nul pauvre ne peut être damné, mais tous seront sauvés.

« Il n'y a pas d'enfer après le jour du Jugement.

« Comme la rouille est consumée par le feu, tout péché est consumé par la pauvreté et annulé aux yeux de Dieu.

« La simple fornication n'est pas un péché pour qui vit dans la pauvreté.

« Il n'y a que trois péchés mortels : l'envie, l'avarice et une prodigalité ostentatoire ; ainsi que connaître son épouse quand elle est enceinte.

« Ce qu'on appelle péché contre nature n'est pas un péché.

« Nul homme ne peut connaître son épouse si ce n'est trois fois par semaine. »

Le dernier article appelle une remarque. À la liberté qui règne en matière de relation sexuelle dans le milieu des tisserands, Corneliez tente d'ajouter le respect de la femme, principe même de l'affinement de l'amour. À l'encontre de la misogynie commune à la bourgeoisie et à ses fabliaux, il propose ici un code de courtoisie où la femme n'est ni objet de viol ni sujet spiritualisé. L'état de pauvreté, volontaire ou non, lui accorde le droit de se donner à qui lui plaît (crime qualifié de « fornication » par la police cléricale) et de se refuser si elle le juge bon. Le curé se fait le porte-parole des ouvrières fatiguées par le travail des ateliers — celles-là mêmes dont Chrétien de Troyes a évoqué la misérable existence — au point de ressentir parfois comme inopportune la sollicitation permanente du mâle infatué de ses prouesses viriles.

De telles idées, propagées de 1240 à la fin du XIIIᵉ siècle à Anvers et dans le Brabant, éclairent aussi les écrits de Hadewijch et de son groupe international qu'elle appelle « les Nouveaux » (*De Nuwen*).

Vers 1243, l'agitation de Corneliez tire parti d'un conflit qui oppose le peuple anversois aux évêques de Cambrai (dont dépend la ville), accusés de concussion et de tyrannie.

En 1248, à l'instigation des dominicains qui lui reprochent son peu de zèle dans la lutte contre les hérésies, Guyard de Laon, évêque de Cambrai, se résout à sévir contre les partisans de Willem. Le 23 juin, la maladie l'immobilise à l'abbaye d'Afflighem où il meurt le 16 septembre. L'évêque Nicolas des Fontaines, qui lui succède en 1249, organise et finance lui-même la répression.

La mort naturelle de Willem, vers 1253, ne décourage pas l'ardeur de ses partisans. Nicolas des Fontaines n'y réussit pas davantage en faisant exhumer et brûler vers 1257 le corps de celui qui fut avant la lettre un prêtre-ouvrier. En 1280, les dominicains sillonnent encore le Brabant, où le duc Jean ordonne à ses sujets et à ses officiers de se mettre à leur service quand ils le requièrent.

CHAPITRE XXXII

Bégards et béguines

Vers la fin du XIIᵉ siècle naissent, le plus souvent à l'initiative de magistrats ou de riches bourgeois, des associations à la fois religieuses et laïques, dont les membres, désignés sous le nom de «bégards» et «béguines», vivent dans des maisons communautaires, les «béguinages».

Fondées par mesure d'utilité publique pour endiguer la multiplication des pauvres dans les villes drainant de la campagne un surplus de main-d'œuvre, les communautés sont indépendantes de tout ordre monastique et placées sous la seule surveillance de l'évêque. L'afflux de mendiants et de mendiantes ne cesse d'en accroître l'importance, surtout dans les villes du Nord comme Liège, où les premiers établissements datent de 1180-1184 (et sont, donc, contemporains des initiatives de Pierre Valdo à Lyon), Tirlemont (1202), Valenciennes (1212), Douai (1219), Gand (1227), Anvers (1230). En 1250, on compte plus de 1 000 adhérents à Paris et Cambrai, et 2 000 à Cologne.

Le courant du libre-esprit éveille un écho particulier, mêlant les intérêts individuels et communautaires, dans ces béguinages dont Jundt dresse un tableau idyllique :

« En France et en Allemagne, les béguines demeuraient en assez grand nombre dans une même maison, tandis qu'en Belgique leur habitation nous rappelle moins un cloître qu'une de nos cités ouvrières modernes : elle se composait (et elle se compose encore aujourd'hui) d'une série de maisons assez petites, dont chacune ne renfermait pas plus de deux ou trois béguines ; au centre s'élevaient une église et un hôpital pour les sœurs âgées ou malades ; tout près de là se trouvait un cimetière. Le genre de vie de ces femmes tenait le milieu entre la vie monastique et la vie profane. Elles ne renonçaient nullement à la société des hommes, aux affaires et aux préoccupations terrestres ; elles faisaient vœu de chasteté et d'obéissance, mais non d'une manière absolue comme religieuses ; elles conservaient la liberté de quitter l'association quand elles le voudraient et de contracter mariage. [...]

« Elles ne tardèrent pas à trouver des imitateurs. Des confréries d'artisans, le plus souvent de tisserands, se formèrent à leur image dans les différentes villes où elles possédaient des établissements. Appelés par le peuple *bég-hards*, les membres de ces associations éminemment laïques jouissaient de la même indépendance que les béguines ; ils consacraient leur vie au travail manuel et aux exercices de piété, et s'attirèrent ainsi la faveur des populations.

« Les progrès de ces deux sociétés religieuses ne manquèrent pas de leur susciter des ennemis, surtout parmi le clergé séculier, dont ils éveillèrent la jalousie. Les curés des paroisses recevaient une certaine somme par an, à titre de dédommagement pour les pertes que leur faisait éprouver la présence d'un prêtre spécialement attaché à chacune de ces associations ; on leur abandonnait même une partie du prix des enterrements quand quelque riche bourgeois, et le cas n'était point rare, demandait à être enseveli dans le cimetière attenant à l'établissement : quant aux ordres religieux, ils ne pouvaient que perdre au crédit croissant de ces fondations pieuses qui les privaient, non seulement du concours de beaucoup de membres, mais encore de donations importantes [1]. »

L'esprit de liberté se propage comme un feu de paille dans ces communautés d'hommes et de femmes moins préoccupés de querelles théologiques que des deux grands thèmes débattus au XIIIᵉ siècle, parce que leur réalité est quotidiennement éprouvée : le sens de la pauvreté et la pratique de l'amour, qui d'assouvissement brutal aspire à s'élever à l'art de la jouissance. Où des questions d'une utilité et d'un agrément si immédiats auraient-elles mieux tenté de se découvrir des réponses qu'en ces lieux de refuge et de rencontre où bégards et béguines apprenaient, par une bénéfique oisiveté et sous prétexte de bonnes œuvres, à vivre selon leur gré ?

Dès 1244, l'archevêque de Mayence s'élève contre l'abus que les jeunes béguines font de leur liberté. Il est vrai que les communautés monastiques et les curés voient d'un mauvais œil le zèle intempestif de certains béguinages qui, par la gratuité de leurs secours, les dépouillent d'affaires rentables. Au début, le pape intervient pour défendre les communautés bégardes contre les spoliations et les procès du clergé local, mais très vite les condamnations locales se multiplient. En 1258, le synode de Fritzlar s'en prend aux béguines et bégards errants qui mendient aux cris de « *Brod durch Gott* » et prêchent dans des lieux secrets et souterrains [2].

En 1307, au synode de Cologne, l'évêque Henri II de Virnebourg énumère les chefs d'accusation où se retrouvent des propos communément reçus : « Faire l'amour n'est pas un péché », « Ceux qui sont menés par l'Esprit de Dieu ne sont plus sous la loi, car la loi n'est pas imposée au juste, à celui qui vit sans péché ».

En 1311, le pape Clément V s'inquiète des progrès du libre-esprit en Italie et partout dans le monde. Au concile de Vienne qui a lieu la même année, il dirige contre ceux « qui appellent liberté de l'esprit la liberté de faire tout ce qui leur plaît » deux décrets, *Ad nostrum* et *Cum de quibusdam mulieribus*, dont l'ensemble forme les *Clémentines* et servira dès lors de guide inquisitorial pour la persécution systématique des bégards et des béguines, traînant vers le bûcher nombre de bons catholiques dévoués à la lutte contre la paupérisation, les adeptes du libre-esprit abjurant s'il le faut pour la simple raison que le sacrifice ou le martyre n'entrent pas dans leurs aspirations.

LES COMMUNAUTÉS DE COLOGNE ET DE SCHWEIDNITZ

Auteur du *De novem rupibus spiritualibus* (Des neuf rochers spirituels), aujourd'hui perdu mais que Moscheim consulta encore au XVIIIᵉ siècle, Walter de Hollande avait fondé à Cologne un groupe qui se réunissait en un lieu baptisé «le Paradis». Selon le chroniqueur Guillaume d'Egmont, un couple y figurait Jésus et Marie. Après une cérémonie célébrée par le Christ revêtu d'habits précieux, un prédicateur nu invitait l'assemblée à se dévêtir et à fêter l'innocence édénique retrouvée par un banquet suivi des plaisirs de l'amour.

À l'instar des «*Homines intelligentiae*» actifs un siècle plus tard à Bruxelles, une cérémonie initiatique fondée sur l'«amour affinée» exprimait l'unité du corps et de l'esprit dans l'identification de l'extase amoureuse et de l'Esprit incarné*, ôtant le péché et la culpabilité. Comme chez les barbélites et les messaliens, la courtoisie et l'affinement des jouissances empruntaient pour accéder à la bonne conscience les chemins d'une hiérogamie, d'une psychanalyse avant la lettre où Dieu le Père, le Fils, sa mère, vierge et épouse, facteurs traditionnels de castration et de répression, accordaient soudain leur consentement sans réserve à cette quête essentielle de l'amour.

La persécution, menée par l'évêque Henri II de Virnebourg, envoie Walter au bûcher en 1322. Guillaume d'Egmont évalue à cinquante le nombre de victimes brûlées ou noyées dans le Rhin.

Cependant, une autre communauté existe à l'époque. Elle se perpétuera jusqu'en 1335, indiquant ainsi et l'expansion populaire du mouvement et le peu d'efficacité de la répression.

En 1335, en effet, un certain Jean de Brünn (Brno), qui avec son frère Albert a vécu pendant vingt ans dans une communauté de bégards à Cologne, abjure et évite le bûcher en ralliant l'ordre des dominicains. Dans une confession à Gallus Neuhaus, inquisiteur de Prague, il révèle les singulières pratiques du libre-esprit dans les bas-fonds ecclésiastiques.

La confrérie se divise en deux classes, les néophytes et les parfaits. Les premiers, après s'être dépouillés de leurs biens et de leurs habits au profit des seconds, mendient et apprennent à renoncer à leur propre volonté, afin de se laisser pénétrer par la plénitude divine. Ils s'adonnent à toute œuvre qui les contraigne et leur répugne pour mieux rompre le corps à la puissance de l'esprit. Une fois descendus au-dessous de toute conscience, en sorte qu'ils volent et tuent impunément**, sans scrupules ni remords, ils accèdent à l'état de parfaits et vivent dans le luxe et les plaisirs. Ils font l'amour avec les

---

* C'est, une fois de plus, la résurgence du *pneuma* gnostique assimilé au *sperma*.
** C'est ce qu'ils appellent «renvoyer dans l'éternité».

béguines ou adeptes qu'ils reconnaissent, comme chez les messaliens, par l'usage d'un code et de signes (chatouiller la paume de la main, se toucher le bout du nez), à moins qu'elles ne déclarent simplement : «*Fac mihi caritatem*» («Fais-moi la charité»), car ils excellent à prêter aux formules rituelles un sens plus agréablement sensuel.

Pendant vingt-cinq ans, une communauté de béguines ou de moniales a fonctionné, à Schweidnitz, en Silésie, sur un modèle identique à celui de Cologne. La dénonciation de novices maltraitées a attiré l'attention de l'inquisiteur Johannes Schwenlenfeld, qui mourra, comme plusieurs fonctionnaires de son espèce, sous les coups d'un vengeur anonyme en 1341. Les faits, révélés par une enquête de 1332, mettent en lumière des pratiques assez semblables à celles que Diderot rapporte encore au XVIIIᵉ siècle dans *La Religieuse* et qu'attestent les cadavres de nouveau-nés fréquemment découverts dans les anciens monastères. Elles ne prennent ici un certain relief qu'en raison de la doctrine de liberté spirituelle invoquée pour les justifier. Même annihilation de la volonté chez les novices réduites en esclavage et soumises aux caprices des «marthes» ou maîtresses, même état d'impeccabilité et de licence absolue chez les parfaites, revêtues des plus beaux atours et coulant leur existence dans le luxe et la débauche. Gertrude de Civitatis, supérieure de la communauté, affirmait : «Si Dieu a tout créé, alors, moi, j'ai tout concréé avec lui. Et je suis Dieu avec Dieu, et je suis Christ, et je suis plus.»

Les «marthes» de Schweidnitz visitaient souvent d'autres couvents ou communautés. Leur présence est attestée à Strasbourg, où leur enseignement se reflète dans un sermon faussement attribué à Eckhart : *Telle était sœur Catherine, la fille que maître Eckhart avait à Strasbourg*, qui décrit les divers degrés d'initiation d'une novice accédant au libre-esprit et à l'innocence adamique du «tout est permis».

BÉGARDS ET BÉGUINES ERRANTS

Les procès intentés aux bégards et béguines propageant la doctrine d'une absolue liberté, ou, à la façon de Marguerite Porète, l'art de l'amour affiné, fournissent une indication sur les aires de dispersion d'un courant dont l'Église échoue à comprendre le sens, tant il postule son éradication.

La plupart des condamnés ont ou bien cédé à la présomption et joué les prophètes et les christs d'un apostolat sensuel, ou bien éveillé, par le nombre de leurs partisans, la suspicion des fonctionnaires inquisitoriaux, des moines, des curés toujours prêts à prendre les devants pour éviter le blâme de la police religieuse.

Tandis qu'à Bruxelles la popularité de Bloemardinne et sa réputation de sainteté découragent les inquisiteurs et chassent Ruysbroeck, un traité posteckhartien, *Meester Eckhart en de onbekende leer* (Maître Eckhart et l'enseignement inconnu), atteste la présence de préoccupations identiques en Hollande.

Bientôt, Geert Groote et sa *Dévotion moderne* s'efforceront d'opposer au libre-esprit une mystique à la fois réduite à la pure spéculation intellectuelle et strictement cantonnée dans les limites du dogme. En 1380, le même Geert Groote dénoncera Bartholomé, un augustin partisan du libre-esprit ; il fait déterrer et brûler le corps de Matthieu de Gouda qui avait affirmé qu'il voyait « plus de motifs que le Christ de se dire Dieu [3] ».

En 1336, trois béguines « de haut esprit », arrêtées à Magdebourg, s'empressent d'abjurer « leurs erreurs et horribles blasphèmes » et sont laissées libres. La même année, un certain Constantin est brûlé à Erfurt. En 1339, trois bégards « professant le panthéisme le plus grossier » sont envoyés en prison à perpétuité à Constance. D'autres sont arrêtés à Nuremberg et à Ratisbonne (1340), ainsi qu'à Wurzbourg (1342) ; Hermann Küchener subit la peine du feu à Nuremberg en 1342 pour avoir professé le retour à l'innocence d'Adam avant la chute.

Contre les bégards de libre-esprit, le théologien Jordan von Quedlinburg compose un ouvrage de réfutation dont Romana Guarnieri cite d'importants extraits [4].

L'inquisiteur Schadelant envoie au bûcher à Spire, en 1356, Berthold von Rohrbach, accusé d'avoir prêché en Franconie les thèses du libre-esprit.

Occultée par une Inquisition espagnole qui se confond souvent avec un gigantesque pogrome, l'Inquisition allemande a, plus que partout ailleurs, exercé sa bureaucratique férocité. Elle a allumé le plus grand nombre de bûchers et rodé avec le plus d'efficacité la machinerie procédurière. C'est là aussi, quand s'éteindront les flammes de l'hérésie, que femmes, hommes et enfants accusés de sorcellerie prendront le relais des bégards et des prophètes errants. En ce domaine, il est vrai, les Français Boguet et De Lancre, poursuivant les démons de leurs morbides fantasmes, rendront raison à leurs collègues allemands.

L'exécution en 1366 de la béguine Metza von Westenhove présente un caractère particulièrement odieux. Condamnée une cinquantaine d'années plus tôt pour avoir propagé la liberté d'agir selon ses désirs, elle fut jugée relapse à un âge avancé et offerte en sacrifice lors des fêtes de réception d'un prince organisées par la cité.

Le cas de Johannes Hartmann, dit Spinner (le Tisserand), arrêté et brûlé à Erfurt en 1367, illustre un comportement de certains adeptes du libre-esprit qui n'est pas sans évoquer les conceptions de Donatien Aldonze François de Sade.

L'état de perfection et d'autodéification auquel il a accédé, par le préalable de l'ascèse et de la révélation, lui prescrit de suivre sans réserve les caprices, désirs ou passions que Dieu, c'est-à-dire lui-même et la nature, lui inspire. A-t-il envie d'une femme ? Il la séduit ou la viole. D'un bien ? Il s'en approprie. Le propriétaire rechigne-t-il ? Il l'expédie « dans l'éternité », où s'engrangent aussi bien l'argent dépensé et les plaisirs qu'il s'offre. Et il a cette formule péremptoire : « Plutôt que de renoncer à un acte auquel incite la nature, mieux vaudrait que la terre entière périsse [5]. »

La même année, Walter Kerling, l'accusateur de Hartmann, envoie sept autres bégards sur le bûcher à Nordhausen, en Thuringe.

En France, les troubles de la grande jacquerie et de la guerre avec l'Angleterre avaient laissé aux prédicateurs errants un plus grand loisir d'échapper
aux filets des chasseurs d'hérétiques. Il semble que l'importance numérique
des bégards et béguines connus sous le nom de « turlupins » (comme les Pays-
Bas et l'Angleterre les appelle « lollards ») ait attiré sur eux la répression de
1372 à Paris. Mosheim suppose que plusieurs venaient d'Allemagne, fuyant
les persécutions [6]. L'inquisiteur de l'Ile-de-France, Jacques de More, les fit
périr avec Jeanne Dabenton, leur prophétesse. Son bûcher consuma aussi le
corps de son ami, mort peu auparavant en prison. Certains gagnèrent la Savoie,
où le pape engagea le comte Amédée à sévir contre eux, puis la Suisse. Un
adepte du libre-esprit est brûlé à Bremgarten, près de Berne.

« Suivant Gerson, la secte possédait encore des représentants à son époque ;
mais ils fuyaient les localités populeuses et se cachaient dans des endroits igno-
rés et déserts.

« Gerson nous a conservé les points fondamentaux de leur doctrine. Ils ensei-
gnaient que l'homme, lorsqu'il est arrivé à la paix et à la tranquillité de l'esprit,
est dispensé de l'observation des lois divines ; qu'il ne faut rougir de rien de
ce qui nous est donné par la nature, et que c'est par la nudité que nous remon-
tons à l'état d'innocence des premiers hommes et que nous atteignons dès
ici-bas le suprême degré de la félicité. ''Ces épicuriens, revêtus de la tunique
de Christ, s'introduisent auprès des femmes en simulant une profonde dévotion ; ils gagnent peu à peu leur confiance et ne tardent pas à faire d'elles
le jouet de leurs passions.'' Abolissant toute pudeur, non seulement dans leur
langage, mais encore dans leurs rapports entre eux, ils tenaient des réunions
secrètes, où ils essayaient de représenter l'innocence du paradis à la façon
des hérétiques de Cologne. Dans quelques passages Gerson les met en rapport avec Joachim de Flore. Il est dès lors probable qu'ils ont appuyé leur
principe de la liberté spirituelle sur la théorie des trois âges, et c'est sans doute
l'une des cinq prophétesses chargées d'annoncer le commencement de l'ère
du Saint-Esprit qui a été saisie à Lyon en 1423 [7]. »

Tandis que Geert Groot lance en Hollande le mouvement mystique et orthodoxe de la Nouvelle Dévotion, l'Allemagne intensifie la persécution des
bégards. Le 26 janvier 1381, Conrad Kannler, comparaissant devant le tribunal inquisitorial d'Eichstädt, expose sa conception du libre-esprit : « Elle
est réalisée lorsque cesse tout remords de conscience et que l'homme ne peut
plus pécher [...]. Je suis un avec Dieu et Dieu est un avec moi. » Il insiste
sur la légitimité d'assouvir ses passions, quelles qu'elles soient, à condition
que le désir revête un caractère irrésistible [8]. Ainsi les fraticelles et plus tard
les alumbrados d'Espagne recommanderont-ils aux hommes et aux femmes
de dormir nus côte à côte et de rester chastes aussi longtemps que possible
jusqu'à mener la passion à son point où elle ne se puisse contenir davantage.

Le groupe fondé par Nicolas de Bâle s'inscrit à la fois dans la lignée du
libre-esprit, du millénarisme joachimite et des christs du XIe siècle [9].

Se considérant comme infaillible dans l'incarnation de Dieu, Nicolas disposait de tous les droits et pouvoirs. Détenteur d'une autorité qu'il estimait

supérieure à celle du pape, il lui appartenait de délier ses disciples de toute autre obédience et de l'état de péché ou de culpabilité. Vivre dans sa vénération octroyait aussitôt l'état d'innocence édénique. Il fonda ainsi une « théocratie libertaire », si tant est que s'accordent deux notions aussi diamétralement opposées.

Intronisés par lui, certains de ses disciples jouissaient de prérogatives analogues. Martin de Mayence, un moine originaire de l'abbaye de Reichenau, dans le diocèse de Constance, avait de la sorte acquis le privilège, conféré par son Dieu et souverain pontife, de libérer de toute soumission envers d'autres que lui — Église, seigneur ou maître. Il fut brûlé en 1393. Le « souverain pontife » lui-même monta sur le bûcher avec deux bégards de ses apôtres à Vienne en 1395. Plusieurs disciples de Martin de Mayence, dont la confrérie des « Amis de Dieu » rappelle l'expression de Marguerite Porète : « les vrais amis de Dieu », périrent de la main du bourreau à Heidelberg dans les mêmes années.

Tandis que le zèle inquisitorial incite à une prudence accrue les partisans du libre-esprit, bégards ou simples laïques, la doctrine progresse en Angleterre où Walter Hilton dénonce dans sa *Scala perfectionis* les « erreurs de la fausse liberté spirituelle et du faux illuminisme mystique ».

Le pays prêtait alors une oreille favorable aux réformes de John Wycliffe (1320-1387) qui, sans verser à proprement parler dans l'hérésie, accordait son soutien à la pauvreté volontaire, déniant au clergé le droit de posséder des biens temporels et entrant habilement dans les vues du régent d'Angleterre, le duc de Lancastre, hostile à la papauté. Schismatique, Wycliffe ajoutait à la querelle des papes et antipapes une note nationaliste dont la future Église anglicane tirera opportunément profit au XVIe siècle. Néanmoins, trente ans après sa mort, le concile de Constance de 1415 ordonna que son cadavre fût exhumé et brûlé.

Les lollards ou bégards anglais avaient trouvé dans la réforme de Wycliffe les raisons d'un combat social qui les tenait éloignés des revendications individuelles du libre-esprit. La tendance, cependant, se manifesta çà et là, même si elle ne présentait pas la même radicalité que dans les grandes cités d'Europe.

Disciple de Wycliffe et protecteur des lollards traqués par l'évêque Arundel, John Cobham, lord et aristocrate proche du roi, tombe sous l'accusation d'hérésie en 1413. Sa confession de foi rappelle sa fidélité au roi et dénonce le pape romain, qualifié d'Antéchrist. Condamné à mort, Cobham réussit à s'échapper et prend la tête d'une armée de lollards où pauvreté volontaire et impeccabilité renouent à la fois avec l'égalitarisme de John Ball et le bégardisme allemand.

Capturé et condamné à être pendu et brûlé, il laissa de nombreux disciples dont l'action hâtera en Angleterre l'instauration du protestantisme, mais aussi la vogue d'une certaine « liberté spirituelle » prônée par les familistes et les ranters du XVIIe siècle [10].

On ne sait s'il convient de rattacher au mouvement de Cobham l'action de Paul Crawer, brûlé en 1433 en Écosse pour avoir propagé des idées adamites semblables à celles des *pikarti* et des Hommes de l'Intelligence.

LA FIN DES BÉGARDS ET DES BÉGUINES

Grégoire XI, sensible aux doléances que formulaient les bégards et des béguines restés fidèles à la stricte orthodoxie de leur ordre semi-religieux, avait apporté quelque modération au zèle inquisitorial. En 1394, le pape Boniface IX annula réserves et concessions pour en finir au plus vite avec l'hérésie. Johannes Wasmod von Homburg, inquisiteur de Mayence puis recteur de l'université de Heidelberg, seconda son entreprise en écrivant un *Tractatus contra haeraticos, begardos, lolhardos et schwestriones*, riche en informations sur les communautés encore florissantes.

«Rien désormais n'entravait plus l'action des inquisiteurs. En 1402, deux partisans du libre-esprit, Guillaume et Bernard périrent sur le bûcher ; le premier à Lübeck, le second à Wismar. À Mayence, l'on saisit vers la même époque plusieurs hérétiques qui préférèrent abjurer leurs doctrines plutôt que de subir le supplice. Les dernières victimes que l'Inquisition ait faites parmi les partisans du libre-esprit nous font descendre jusque vers le milieu du XVe siècle. Vers 1430, un nommé Burkard fut brûlé avec ses compagnons à Zurich ; dans le canton d'Uri, on infligea la même peine à un certain frère Charles qui avait su se créer de nombreuses relations parmi les populations de ces contrées. Constance, Ulm et quelques villes du Wurtemberg virent également de pareils supplices ; en d'autres localités les hétériques abjurèrent et subirent des pénitences [11]. »

En 1457, l'archevêque de Mayence fait incarcérer un bégard du nom de Bosehans, coupable de diffuser des livres hérétiques. Une littérature encore mal répertoriée circulait, attribuant souvent à des auteurs orthodoxes des écrits séditieux*.

La mort sur le bûcher à Mayence, en 1458, du bégard Hans Becker, « *laicus indoctus* », brûlé avec ses livres, constitue peut-être la dernière exécution d'un bégard. La prédication se nourrira désormais davantage de revendications sociales, tandis que les appels à la moralisation de l'Église s'acheminent vers la Réforme. Mais il n'est pas exclu que le libre-esprit se perpétue dans une clandestinité mieux aménagée par la prudence. Il reparaîtra au grand jour avec les libertins spirituels combattus par Luther et Calvin et chez les ranters hostiles à Cromwell.

Mathias von Kemnat, relatant dans sa *Chronik Friedrich I* l'exécution d'un bégard à Mayence en 1453, juge encore bon d'adresser à ses lecteurs un avertissement : «Gardez-vous des ermites qui vivent dans les bois, des bégards et des lollards, car ils sont remplis d'hérésies ; gardez-vous des articles qu'ils professent, et qui sont tels que les gens simples ne pourraient pas les entendre sans danger [12]. »

---

* Ainsi le *Miroir des simples âmes* sera mis sous le nom de Marie de Hongrie, *Sœur Catherine* sous celui d'Eckhart, le *Buch von Geistlicher Armut* sous celui de Tauler. Le procédé se reproduira plus tard à la vitesse de l'imprimerie.

À la fin du XVᵉ siècle, le poète satirique Sébastien Brandt raille encore le comportement scandaleux des béguines dans sa *Nef des fous*. Son contemporain, le prédicateur strasbourgeois Geiler de Kayserberg, s'en prend aux «gens du libre-esprit», mais estime qu'ils vivent surtout retranchés dans les forêts et dans les vallées inconnues du reste des hommes, comme s'ils avaient retrouvé dans la nature même cette liberté que leur refusaient désormais les villes sévèrement contrôlées par le clergé. Rêve, regret ou vision ironique, c'est aussi aux enseignements du libre-esprit que Frenger rapporte le monde imaginaire de Jérôme Bosch peignant dans sa paisible retraite d'Hertogenbosch les orages et les frénésies des paysages intérieurs.

CHAPITRE XXXIII
Les millénaristes

Les apocalypses (ou révélations) juives, esséniennes et christianisées exprimaient dans l'aventure de Dieu le mythe historique d'un âge d'or, passé promis au retour, tel que le concevait, dans le regret et l'espérance, la mentalité gréco-romaine, déçue par le désordre des empereurs et parant de toutes les vertus une république idéale et universelle.

Dans les «révélations», le Dieu créateur, originellement insensible et inaccessible, se rapproche de sa créature et, par une épiphanie croissante, se manifeste pour séparer les justes et les fidèles des mauvais et des mécréants, en sorte que, les seconds ayant subi l'anéantissement, il descend sur la terre et bâtisse avec les saints et les élus un royaume de mille ans.

L'Église constantinienne, dite catholique, s'accommode mal d'une doctrine communément reçue auparavant par un christianisme hellénisé qui aspirait au triomphe non d'une autorité ecclésiale mais de l'*ekklèsia* ou communauté des fidèles. Justin l'Apologiste, Irénée de Lyon, Tertullien, Origène sont des millénaristes convaincus. La conception se perpétue discrètement jusqu'au XIIᵉ siècle en dépit des réticences du clergé, détenteur exclusif du salut, qui contrôle l'accès au royaume des saints.

JOACHIM DE FLORE

Avec le renouveau des formes sociales et politiques au XIIᵉ siècle s'esquisse, encore enclose dans la forme cyclique du mythe, une conscience de l'histoire en progrès. Le processus révolutionnaire de l'expansion marchande, qui incite la philosophie à se libérer de la tutelle théologique, instille aussi à l'intérieur même du langage de Dieu le venin du devenir, un venin dont il mourra.

L'idée d'un éden arraché à l'au-delà et inscrit dans un avenir humain plus ou moins proche exprime, au sein d'un cosmos théocentrique, la même espérance des lendemains que chanteront à perte de voix et de vie les idéologies des révolutions toujours à venir.

L'ironie a voulu qu'un tel projet naquît dans la cervelle du moine le moins enclin à semer le trouble dans l'univers ecclésiastique. Les théories de Joachim de Flore n'offrirent, il est vrai, de danger pour l'Église qu'à travers les interprétations qu'y puisa l'effervescence des siècles.

Au IXᵉ siècle, l'évêque Rathier de Vérone avait fondé sur l'équilibre de trois ordres la société conservatrice que produisait l'économie agraire : les *oratores* ou moines et prêtres, les *armatores* ou guerriers, et les *laboratores*, travaillant pour nourrir ceux qui les protègent sur terre et au nom du ciel.

Tout se passe comme si l'essor commercial des villes, flèche décochée vers la modernité du capital, faisait basculer dans l'esprit de Joachim la représentation cyclique et statique de Rathier de Vérone, l'aplatissant et l'étirant selon un devenir linéaire ordonné selon trois âges.

Le *Livre de la concorde du Nouveau et de l'Ancien Testament*, écrit vers 1180, propose un échantillonnage de formules dont aucune n'est armée pour menacer l'Église, mais dont le sens, aiguisé par l'histoire, va pénétrer comme une lame dans la chair adipeuse de la puissance romaine.

«Le premier temps a été celui de la connaissance, le second celui de la sagesse, le troisième sera celui de la pleine intelligence. Le premier a été l'obéissance servile, le second la servitude filiale, le troisième sera la liberté. Le premier a été l'épreuve, le second l'action, le troisième sera la contemplation. Le premier a été la crainte, le second la foi, le troisième sera l'amour. Le premier a été l'âge des esclaves, le second celui des fils, le troisième sera celui des amis. Le premier a été l'âge des vieillards, le second celui des jeunes gens, le troisième sera celui des enfants. Le premier s'est passé à la lueur des étoiles, le second a été l'aurore, le troisième sera le plein jour. Le premier a été l'hiver, le second le commencement du printemps, le troisième sera l'été. Le premier a porté les orties, le second les roses, le troisième portera les lis. Le premier a donné l'herbe, le second les épis, le troisième donnera le froment. Le premier a donné l'eau, le second le vin, le troisième donnera l'huile. Le premier se rapporte à la septuagésime, le second à la quadragésime, le troisième sera la Pâque. Le premier âge se rapporte donc au Père, qui est l'auteur de toutes choses, le second au Fils, qui a daigné revêtir notre limon, le troisième sera l'âge du Saint-Esprit, dont l'apôtre dit : "Là où est l'esprit du Seigneur, là est la liberté [1]."»

Le mélange explosif de la composante joachimite et de l'évolution historique découvre un détonateur dans la date précise que le moine calabrais assigne à l'avènement du troisième âge. Joachim a compté, d'Adam à Jésus, quarante-deux générations de trente années, donc 1 260 années. Comme le même laps de temps doit se reproduire à partir de la naissance du Christ, l'ère nouvelle se profile à l'aube de 1260. De grands troubles et le déchaînement de l'Antéchrist préluderont évidemment à l'accouchement d'un monde paradisiaque où les saints attendront dans la joie le retour du Christ.

Sous l'archaïsme du calcul cyclique se glisse un subtil dessein politique. Joachim a prévu l'importance croissante des ordres mendiants, véritable machine de guerre que l'Église oppose aux progrès de l'hérésie vaudoise et aux réformateurs de la pauvreté volontaires. C'est à leur prééminence qu'il songe lorsqu'il annonce le règne des saints. Et l'ordre le plus proche du dépouillement apostolique, le franciscanisme succombera le mieux, par un malicieux retour des choses, à la séduction du millénarisme.

Avec le règne des élus du troisième âge joachimite s'abolit le règne de l'Église. Il n'y aura plus ni Père, ni Fils, ni rites, ni sacrifices, ni sacrements, mais une seule loi, la *lex libertatis*. Les amauriciens, voire de simples réformateurs, comme Pierre de Bruys et Henri de Lausanne, prédisposent déjà l'esprit joachimite à une pratique sociale et individuelle radicalement hostile à Rome, et, dans le meilleur des cas, à l'essence même des religions, qui est l'exil de soi. Comment, en effet, dans l'imminence d'une nature paradisiaque, où Dieu se dissout, empêcher les concepts abstraits de reprendre corps en brisant la barrière ecclésiastique qui interdit l'accès à la jouissance conjointe du monde et du moi ?

Stérilisés par la spéculation théologique et philosophique, certains mots recouvrèrent la vie. Dans la notion de perfection germa le refus de toute culpabilité, la contemplation devint l'illumination du Dieu de désir que chacun porte en soi, la charité fut élevée à l'art de la courtoisie érotique, l'amour traduisit l'effusion des amants et la liberté évoqua au pis la liberté de nature, au mieux le dépassement du malheureux accouplement de la tyrannie divine et de la nature opprimée et violée.

LE JOACHIMISME

Les écrits de Joachim rencontrent un succès immédiat chez les lettrés. Parmi les amauriciens condamnés en 1210, Guillaume l'Orfèvre et maître Godin d'Amiens ont déjà tiré des implications subversives de l'imminence du Troisième Âge. Si le valdéisme et le catharisme les ignorent, la faction des « spirituels » née des dissensions apparues dans l'ordre franciscain perçoit dans le règne des saints l'émergence d'une société inspirée par la pauvreté volontaire que François d'Assise avait si habilement arrachée aux disciples de Valdo, aux cathares et aux prêcheurs apostoliques.

La date de 1260 prévue par Joachim pour inaugurer l'ère nouvelle éclate dans l'histoire en de multiples fragmentations sociales, politiques et religieuses. Les ondes de choc agiteront la stratification des siècles accumulés par le temps sans que l'échéance édénique, toujours différée, n'entraîne d'autre conséquence que la révision des calculs prophétiques.

Rédigés dans la seconde moitié du XIIIᵉ siècle, deux ouvrages d'une grande diffusion prouvent l'incidence du joachimisme sur la rivalité politique entre Rome et les empereurs d'Allemagne. L'*Abbatis Joachim Florensis scriptum super Esaiem prophetam* (le manuscrit fut tardivement imprimé à Venise en 1517) et l'*Interpraetatio praeclara abbatis Joachim in Hieremiam prophetam* (Venise,

1525) fixent à 1260 la fin de l'affliction de la Cité sainte. L'empereur d'Allemagne, Frédéric II, sera dans la main de Dieu le fouet destiné à punir l'Église
pécheresse. L'*Imperium* ravagé par les Sarrasins, à leur tour détruits par les
Mongols et les Tartares, mènera le monde au bord de l'anéantissement. De
là, naîtra enfin, par contrecoup, le règne de la paix et l'ère des justes*.

L'élitisme des spirituels découvre une nourriture appropriée à ses prétentions chiliastiques dans les théories de Joachim de Flore. En 1254, un spirituel de Pise, Gerardo da Borgo San Donnino, radicalise et vulgarise les idées
joachimites dans son *Introduction à l'Évangile éternel*. Insistant sur l'année fati-
dique de 1260, il prophétise la disparition de l'Église romaine et l'avènement
d'une Église spirituelle, en germe dans le franciscanisme. La condamnation
du livre, en 1255, rejaillit sur l'abbé de Flore, désormais tenu pour suspect
d'hérésie. Condamné à la réclusion perpétuelle, Gerardo da Borgo San Donnino mourra, après dix-huit ans de sévère incarcération, sans avoir renié ses
conceptions [2].

Le joachimisme se ranime alors plus vivement chez les spirituels reprenant
à leur compte le vieux programme de réforme et s'opposant de plus en plus
à la politique affairiste de Rome. Une faction radicale naîtra du courant spirituel, à la frontière du franciscanisme et du libre-esprit, que l'Église condamnera sous le nom de « fraticelles ».

Enfin se dessine, une fois dépouillé du ressentiment antisémite des pastoureaux et du comportement morbide des flagellants, un mouvement social éga-
litariste pour lequel Dieu constitue moins une référence religieuse qu'un
principe de gouvernement excluant l'Église et les princes au nom d'une société
nouvelle et sans classes.

GERARDO SEGARELLI

Dans les villes italiennes, la lutte politique et sociale obéit le plus souvent
à la confusion des querelles entre guelfes, alliés de Rome, et gibelins, partisans de l'empereur d'Allemagne. La volonté d'épurer l'Église de sa corruption (ainsi que l'exigera encore Savonarole en 1491) et le millénarisme
révolutionnaire sont, à peu de chose près, de tous les tumultes mensuels, sinon
hebdomadaires.

En l'année joachimite de 1260, dans Parme ravagée par la famine et les guerres intestines, un boutiquier, Gerardo Segarelli, renouvelant le geste de Pierre
Valdo, vend ses biens au profit des pauvres et décide de promouvoir une communauté de fidèles où revivrait la vertu apostolique du Christ et de ses apôtres.

Illuminé, et empreint sans doute de cette hystérie commune aux prédicants

---

* Telle est encore, au XIXe siècle, en un temps où le langage idéologique a supplanté
le langage religieux, la conception de l'anarchiste Ernest Cœurderoy dans son *Hour-
rah ou la révolution par les cosaques*.

et aux tribuns en tout genre, il joue très vite à Parme le rôle de messie populaire et pittoresque, bien qu'il faille tenir pour mensonges et calomnies la plupart des traits ridicules dont l'accable le franciscain Salimbene⋆. Il jouissait
de la protection bienveillante de l'évêque Opizo, mû peut-être moins par la
sollicitude que par l'aversion pour ces mendiants officiels que constituaient
les dominicains, universellement détestés pour leurs basses besognes de police,
et les franciscains, souvent taxés d'hypocrisie.

Ralliant les flagellants à son œcuménisme, Segarelli parcourait la ville aux
cris de «*Penitenzagite!*», forme populaire de «*Panitentiam agite!*» (faites
pénitence).

Avec l'aide d'un ancien franciscain, Robert, dit Fra Glutto (Glouton), Segarelli organise une confrérie où affluent des disciples que Salimbene qualifie
de «ribauds, vachers, porchers, fainéants courant les rues en reluquant les
femmes, propres à rien ne sachant ni travailler ni prier [4]». Le concile de
Lyon de 1274 leur ordonne en vain de se dissoudre ou de rallier un des ordres
reconnus par Rome.

Forts de leur importance numérique et de leur audience croissante, les ségarellistes envoient partout des missionnaires, apôtres errants souvent confon-
dus avec les bégards dont les rapproche un commun souci de pauvreté
volontaire et de l'impeccabilité qu'elle garantit.

Car l'influence de «l'esprit de liberté» n'est pas absente du ségarellisme,
en dépit des exhortations à la pénitence. Le prophète lui-même assure que
la vie des pauvres est la vraie vie des apôtres, «la plus parfaite des vies [...],
liberté en adorant Dieu, liberté dans le serment, liberté dans les relations entre
l'homme et la femme [5]».

On attribue à Segarelli et à ses disciples la pratique, au reste recommandée
par le très orthodoxe Robert d'Abrissel, du «martyre blanc» et qui consiste
pour un couple à coucher nu et enlacé en résistant aux sollicitations naturelles de l'amour. Le courant de libre-esprit prêtait à l'exercice un sens plus
humain, en le changeant en un patient affinement du désir auquel il convenait de ne céder qu'au terme de l'irrésistible. Il est probable que certains apostoliques de Segarelli se conformaient plus volontiers à la seconde version de
ce martyre, dénué d'excessive rigueur.

Salimbene s'étonne que Segarelli refuse d'assumer un rôle de chef de la
communauté, bien qu'il soit l'objet d'une grande vénération. Sincèrement
attaché au mythe christique, il eût estimé attentatoire à sa sainteté de gouverner au lieu de rayonner. Il ne put néanmoins éviter une manière de pouvoir
temporel.

Guidone Putagi, frère du podestat de Bologne, prit en main le gouvernement de la congrégation et l'exerça pendant plusieurs années, en dépit d'un
train de vie fastueux, peu conforme aux exigences évangéliques.

Un schisme se déclara, qui dégénéra en lutte armée où chaque camp se dis-

---

⋆ Dans sa *Chronique*, il confesse les motifs de son incontinence hargneuse : «Les
gens de Parme donnaient plus volontiers à ces vagabonds qu'aux frères prêcheurs ou
aux frères mineurs [3]. »

putait Segarelli, Dieu assez infortuné dans ses incarnations successives pour assister une fois de plus à la naissance d'une Église.

Les partisans de Guidone l'emportèrent, mais, peu après, Guidone quitte la confrérie et rallie l'ordre des Templiers★.

En 1286, le pape Honorius IV avait condamné les apostoliques ségarellistes, interdisant de les recevoir et de leur délivrer une aumône qui échappait ainsi aux caisses vaticanes.

Un an plus tard, le concile de Würzburg enjoint aux fidèles de ne plus accueillir ni nourrir les apostoliques errants, vêtus d'habits extravagants et appelés *leccatores*, *ghiottoni* ou *scrocconi*, c'est-à-dire «gloutons».

Segarelli, toujours selon Salimbene, se conduisait de plus en plus excentriquement. Trois de ses disciples, accusés de paillardise, furent pendus à Bologne afin de répandre le doute sur la vocation de sainteté si hautement proclamée.

Jeté en prison, Segarelli dut son salut à l'évêque de Parme, qui lui offrit le refuge de sa maison. Pourtant, une nouvelle bulle lancée en 1290 par le pape Nicolas IV relançait la répression. En 1294, sur les instances de l'Inquisition, deux hommes et deux femmes, membres de la congrégation, montèrent sur le bûcher. La même année, et afin de prendre de court une institution unanimement abhorrée, y compris par le pouvoir civil et par certains dignitaires ecclésiastiques, la justice épiscopale traduisait devant elle le prophète dont Rome avait juré la perte et le condamnait à la prison perpétuelle.

C'était compter sans l'acharnement de la police religieuse. Les poursuites engagées par l'Inquisition entraînèrent la condamnation à mort de Gerardo Segarelli, quarante ans après sa révélation divine. Avec lui périrent plusieurs de ses partisans, dont Étienne, l'un de ses principaux évangélistes.

Parmi ceux qui, le 18 juillet 1300, contemplèrent le prophète en sa tunique de flammes, un de ses partisans, Dolcino de Novare, allait prêter au joachimisme la forme moderne d'une révolution sociale et paysanne, inaugurant une tradition qui se perpétuera jusqu'au déclin des colonies, au XXᵉ siècle.

LES GUILLELMITES

Dans le même temps que Segarelli agitait Parme et s'attirait l'hostilité d'une Église obnubilée par l'accumulation du capital, naissait à Milan un groupe millénariste revendiquant pour les femmes le privilège de guider l'humanité tout entière vers le Troisième Âge et le royaume égalitaire.

★ Son appartenance à l'ordre du Temple laisse la voie libre à bien des supputations sur l'ouverture d'esprit des futures victimes de Philippe le Bel et de Clément V. Marchands et banquiers en avance de deux siècles sur leur époque, ils ne dédaignèrent ni le mépris des idées reçues ni les plaisirs que camouflait cyniquement une exemplaire réputation de soldats et d'hommes d'affaires au-dessus de tout soupçon.

En l'année prophétique 1260, arrivent à Milan une jeune veuve et son fils. Guiglelma, dite de Bohême, passe pour être la fille de Constance, épouse du roi de Bohême. Rien n'authentifie une telle parenté si ce n'est la déclaration d'un de ses disciples, Andrea Saramita, que le souci d'une dette à recouvrer aurait mené chez Constance. Très vite, sa piété exemplaire lui attire des dévots, dont le nombre s'accroît avec sa réputation de thaumaturge et la multiplication de guérisons miraculeuses. Le culte de la sainte est bientôt pris dans le tourbillon des idées messianiques à la mode. Ses sectateurs laissent entendre qu'elle a été choisie pour convertir juifs et sarrasins, et pour instaurer l'universalité de la foi chrétienne.

Vers 1276, une légende dorée soutient qu'elle est l'incarnation du Saint-Esprit, érigé par Joachim de Flore en annonciateur du Troisième Âge. Elle s'incarnera dans la troisième personne de la Trinité comme le Christ était l'incarnation de la deuxième dans le corps d'un homme. Sa nature est à la fois divine et humaine, s'il faut en croire deux de ses plus zélés partisans, Andrea Saramita, un notable de Milan, et une *umiliata* de l'ancien couvent de Biassono, sœur Maifreda di Pirovano, apparentée à la puissante famille des Visconti. Guiglelma a la prudence de contester ouvertement une prétention aussi sujette à caution inquisitoriale, mais, avec ou sans son consentement, son rôle de sainte s'inscrit dans la double signification du millénarisme et de cette prééminence féminine qui, des moniales cisterciennes à Hadewijch et Porète, ne laissera pas d'inquiéter l'Église.

Quand Guiglelma meurt, le 24 août 1281, elle laisse ses biens à la communauté cistercienne de Chiaravalle, près de Milan, où elle est enterrée dans un grand luxe de piété. Le culte organisé en son honneur, donne naissance à un profitable commerce. Un mois après la translation des restes, Andrea Saramita fait, en grande pompe, exhumer le cadavre. Il le lave avec du vin et de l'eau, et conserve le précieux mélange comme chrême à l'usage des malades. Maifreda l'utilise pour la guérison des pèlerins, instaurant en outre des cérémonies particulières lors de l'anniversaire de la mort et de la translation de la sainte. L'abbaye, dont le prestige croît d'année en année, s'attire la faveur de généreux donateurs. L'un d'eux, Giaccobe de Novati, un noble milanais, lui lègue tous ses biens et offre aux guillelmites sa puissante protection.

Il n'en faut pas davantage pour que le groupe prétende constituer le noyau d'une nouvelle Église, marquant l'avènement du règne des saints. Andrea, fils spirituel de Guiglelma, s'attache alors à définir un dogme nouveau. L'archange Raphaël a annoncé à la bienheureuse Constance que le Saint-Esprit s'incarnerait en elle ; il a choisi la forme féminine car, sous une forme masculine, il aurait péri comme le Christ, et le monde entier avec lui. Le tombeau de Chiaravalle est élevé à la gloire du Saint-Sépulcre, des rites sont prescrits, une communion s'y organise.

De temps à autre, Guiglelma apparaît à ses fidèles sous la forme d'une colombe. Les évangiles sont remplacés par les écrits d'Andrea, imitant les épîtres de Paul. Maifreda, auteur de litanies et de prières, prophétise la seconde venue de Guiglelma et la fin de la papauté traditionnelle. Elle-même deviendra papesse. Elle s'emploie donc à former un collège cardinalice exclusivement composé de femmes. Elle accorde sa bénédiction, célèbre la messe, consacre l'hostie, donne la communion aux fidèles, somptueusement vêtus.

Le soutien accordé par nombre de riches Milanais, dont les Visconti eux-mêmes, explique selon toute vraisemblance les lenteurs et les hésitations de l'Inquisition. Celle-ci s'est inquiétée des guillelmites en 1284, mais pour se contenter d'une simple admonestation. Les enquêtes de 1295 et de 1296 demeurent sans suite. Toutefois, lorsque Maifreda ranime le danger millénariste, en annonçant la venue du Saint-Esprit pour la Pentecôte de 1300, l'Église décide d'intervenir contre un foyer d'agitation qui consolide le front des apostoliques, des fraticelles, des dolcinites et des bégards hétérodoxes.

Parmi les guillelmites arrêtés, quatre ou cinq sont condamnés comme relaps. Le 23 août 1300, sœur Giaccoba dei Bassani monte sur le bûcher. En septembre, c'est le tour d'Andrea Saramita et de Maifreda. Des peines légères frappent les autres. La dépouille de Guiglelma est exhumée et brûlée. Ainsi prend fin un schisme qui opposait à l'Église patriarcale la volonté de fonder une Église féminine et de prêter à l'espérance millénariste une constitution gynécratique. Il faudra attendre le XVIe siècle pour que reparaisse, dans les écrits de Guillaume Postel, l'idée d'un salut par les femmes.

DOLCINO DE NOVARE

En Dolcino s'incarnent l'aspiration millénariste des milieux urbains et le vieux rêve collectiviste de la commune paysanne, selon une convergence qui, jusqu'au XXe siècle, gouvernera le sens archaïque et moderne des révolutions économiques, politiques et sociales. Homme remarquable par son intelligence, son courage et sa sincérité, Dolcino offre à sept siècles d'histoire l'une des premières et des plus nobles figures révolutionnaires méditant d'instaurer une société nouvelle.

Originaire de la région de Novare, Dolcino était fils d'un certain Giulio, prêtre de Trentano dans le val d'Ossola ou ermite de Prato près de Novare. Un autre prêtre, Agosto, attaché à l'église de Sainte-Agnès à Verceil, prit en charge son éducation et le confia à un pédagogue du nom de Sione. Son esprit brillant lui attira des animosités. Une imputation calomnieuse l'accusant d'avoir volé son protecteur l'éloigna de Verceil. Peut-être rejoignit-il à l'époque une troupe errante d'apostoliques, fraticelles ou bégards, adeptes de Ségarelli. Son prestige et son éloquence lui rallient un grand nombre de partisans. Porté à la tête du mouvement ségarelliste un mois après l'exécution du prophète, il rédige une nouvelle version de la doctrine joachimite.

Trois périodes se partagent le passé. La première couvre les siècles de l'Ancien Testament ; la deuxième s'étend de la venue du Christ au pape Sylvestre et se situe sous le signe de la pénitence ; la troisième court de Sylvestre à Ségarelli, marquée par la décadence de l'Église qu'aucune réforme n'a réussi à sauver, ni celle de Benoît, ni les tentatives de Dominique et de François d'Assise. La quatrième, inaugurée en 1260, s'achemine vers l'anéantissement de l'Église corrompue, la fin des moines et des prêtres, le triomphe des pauvres et des humbles, seuls porteurs de l'Esprit saint et ferment d'une société fraternelle et égalitaire.

Comme tous les prophètes, Dolcino commet l'erreur de fixer à une date précise — dans trois ans, soit en 1303 —, le bouleversement universel d'où jaillira la lumière du royaume terrestre. Il mise politiquement sur Frédéric II, ennemi de la papauté, à qui il incombe d'accomplir les desseins de la justice divine.

Il identifie, selon l'*Apocalypse attribuée à Jean* mais aussi dans la tradition du bogomilisme, les anges des sept Églises : Sylvestre pour Pergame, Benoît pour Éphèse, Dominique pour Laodicée, François pour Sardes, Ségarelli pour Thyatire et lui-même pour Philadelphie*.

Le cours des événements démentit les prophéties à court terme de Dolcino. Boniface VIII meurt en 1303, victime des brutalités que lui ont fait subir Nogaret et Colonna, mandatés par le roi de France Philippe le Bel. Frédéric ne s'est pas manifesté et le nouveau pape, Benoît XI, chassé de Rome par la faction des Colonna, se réfugie à Pérouse et ne tempère nullement le zèle des inquisiteurs contre les dolcinistes.

Une deuxième lettre de Dolcino repousse à deux ou trois ans la fin de l'Église de Rome. En 1304, Benoît XI périt inopinément, sans doute par le secours du poison, sans que Frédéric ait part à la chose. Clément V, l'ennemi des bégards de libre-esprit, proclame sa résolution d'en finir avec le mouvement dolciniste.

À la tête de quelque 4 000 hommes, Dolcino, accompagné de son amie, la riche et belle Marguerite de Trente, dispose d'un état-major d'hommes expérimentés comme Alberto de Cimega, Longino Cattaneo de Bergame, Federigo de Novare, Valderigo de Brescia. Il entame alors une campagne de guérilla, déroutant ses ennemis par une grande mobilité, gagnant Bologne et Modène et de là le nord de l'Italie, probablement les régions de Bergame, Brescia, Milan, Côme. Arrêté trois fois par l'Inquisition, il réussit à échapper. Il finit par s'établir dans les contrées avoisinant Novare et Verceil, où les populations paysannes se regroupent sous sa conduite en une véritable jacquerie.

Milano Sola, un riche propriétaire de Borgo di Sesia, avait offert de l'héberger, mais la pression accentuée d'armées levées par le Saint-Siège l'incita à chercher dans les montagnes de la Valsesia de meilleurs refuges. Le mont Balmara puis, en 1305, le Parete Calvo, sommets neigeux et difficilement accessibles des Alpes, furent érigés en camps fortifiés pour une population de 1 400 personnes, organisée en commune.

Autour du couple formé par Dolcino et Margarita, les partisans étaient appelés à jeter les bases d'un monde nouveau où les biens de survie étaient collectivisés, la propriété abolie et le mariage, qui réduit la femme à un objet

---

* À la même époque, Guion de Cressonaert, ami de Marguerite Porète, s'intitulait lui aussi l'ange de Philadelphie.

d'appropriation, supprimé au nom de l'«union selon le cœur». Dolcino recommandait la pratique de la nudité des couples, affinant les gestes de l'amour jusqu'à ce que le désir irrésistible accomplît la volonté de nature dans une innocence qui révoquât toute culpabilité.

Clément V avait assimilé à une croisade, enrichie d'indulgence, la lutte contre les dolcinistes. Par menaces et par promesses, les gens de Valsesia furent contraints d'adhérer à une ligue destinée à empêcher tout secours aux assiégés. Poussés par les privations, les partisans de Dolcino s'aliénèrent par des raids et des pillages la sympathie des villageois initialement gagnés à leur cause mais que la présence des troupes ennemies précipitait dans une misère de plus en plus insupportable et dans les ordinaires lâchetés d'un tel état.

Pourtant, l'audace de Dolcino tournait en sa faveur une situation jugée désastreuse. Le podestat de Varallo, tombé aux mains des dolcinistes après avoir tenté d'investir le Parete Calvo, fut échangé avec ses troupes contre un important ravitaillement.

Le 10 mars 1306, après un an de séjour dans le froid et la disette, les dolcinistes abandonnèrent une retraite qui les vouait à un lent anéantissement et réussirent à prendre position sur le monte Rubello, près du village de Treverio, dans la région de Verceil. Mal armés, affaiblis, ne dépassant pas le millier, ils n'en parvinrent pas moins à briser deux offensives conduites par l'évêque de Verceil. Poussé par la famine, Dolcino provoquant l'ennemi à la bataille se jeta dans un affrontement hasardeux dont il sortit vainqueur, capturant des prisonniers qu'il échangea contre des vivres.

Alors, Clément V, multipliant les bulles de croisade, les promesses de détaxation et les avantages de tous ordres, obtint des renforts militaires de Lombardie, du Piémont, du comte de Savoie. Au blocus s'ajoutèrent les machines de siège et des armées de mercenaires expérimentés.

Rédigeant à l'époque sa *Divine Comédie**, Dante Alighieri ne dissimule pas les sympathies que suscite en lui la guérilla de Dolcino. Il le met en garde contre une tactique de repli où le climat jouera contre lui et le dépouillera des avantages que lui avait assurés la mobilité de ses troupes aguerries et bien nourries.

À l'approche de l'hiver, une bataille, qui tourna au carnage, vit une fois de plus la victoire des dolcinistes. Un blocus et les rigueurs du froid eurent finalement raison de leur héroïsme. Le 23 mars 1307, l'assaut vint à bout des dernières résistances.

Clément V manifesta son soulagement en accordant prébendes et dispenses fiscales aux croisés. Son ressentiment lui prescrivit d'infliger à Dolcino, à Margarita et à leurs amis les plus odieux supplices. Traînés par les rues de Verceil, ils furent, en de fréquents arrêts sur le chemin du bûcher, dépecés vifs à l'aide de tenailles rougies au feu. Les témoignages assurent que Dolcino ne poussa pas un cri.

---

* L'Enfer, le Purgatoire et le Paradis correspondent aux trois âges joachimites. Les trois degrés de la *scala perfectionis* participent à la fois du processus alchimique et de la quête de l'«amour affiné».

Bernard Gui, l'un des hommes les plus ignobles que le fanatisme inquisitorial ait produits, voua sa vie à les poursuivre. Des dolcinistes sont brûlés à Toulouse, dont Pierre de Lugo, originaire de Galice, en 1322 ; à Trente, en 1332 et 1333 ; à Compostelle, où les disciples du dolciniste italien Richard furent condamnés à l'instigation de Bernard Gui ; à Prague, vers 1315 ; à Rietti, en 1335, malgré les autorités municipales qui refusaient de les livrer à l'Inquisition ; en Angleterre ; à Padoue, vers 1350 ; à Avignon, sous Jean XXII ; à Naples, en 1372 ; en Allemagne, au début du XVᵉ siècle.

Bien que dirigée par le curé Guillaume Cale, la grande jacquerie française s'embarrasse peu de considérations religieuses. Elle relève au reste plus de l'émeute et du tumulte que d'un plan organisé politiquement et d'un programme de revendications précis. Le mouvement paysan dirigé par John Ball, dans la seconde moitié du XIIIᵉ siècle en Angleterre, jouit de la sympathie des lollards mais, en dehors des prêches de Ball et de son célèbre : « Quand Adam bêchait et qu'Ève filait, où donc était le gentilhomme ? », la connotation religieuse en demeure absente. Il en va de même pour la révolte de Watt Tyler et des nombreuses insurrections populaires qui déchirent les grandes villes. Le millénarisme, encore tout imprégné d'esprit sacré, ne reparaîtra qu'avec les anabaptistes de Munster. Il fascinera des penseurs comme Campanella et jusqu'à l'étrange Weitling, contemporain de Marx. Les grands mouvements révolutionnaires lui prêteront une forme plus idéologique que religieuse — non sans qu'il convienne néanmoins de sous-estimer la part de foi irrationnelle et joachimite dans le millénium nazi, dans son antithèse que constitue le projet d'une société sans classes, ou encore dans le paradis écologique, les uns et les autres portés à la conscience par les vagues successives de l'économie [7].

CHAPITRE XXXIV

Les flagellants

Le stoïcisme enseignait à supporter la souffrance; le judéo-christianisme apprend à l'aimer. Du châtiment comme preuve d'amour divin à l'amour du châtiment il n'y a qu'un pas. Les marchés de la déréliction, de la mort et de la peur n'ont-ils pas compté parmi les plus florissants de l'Église?

L'apparition à Pérouse, vers 1250, du mouvement des flagellants s'inscrit dans une conjuration d'événements — la famine de 1250, la peste de 1259, la lutte sanglante entre guelfes et gibelins — propices à nourrir le sentiment que le déplaisir de se perdre porte en soi la consolation d'entraîner à sa suite le monde entier. L'échéance joachimite de 1260 catalyse une fois de plus le tumulte de passions qu'une impossible vie tourne aisément vers l'exutoire de la mort.

D'abord encouragée par l'Église, l'autopunition hystérique et collective en vient rapidement à menacer, par ses prétentions à l'exclusivité, le privilège d'affliger et de consoler réservé au clergé. L'enfer revendiqué sur terre ôte tout crédit aux marchands d'au-delà. L'idée se propage, en outre, que se livrer aux outrages et tourmenter la chair identifie au Christ et délie des devoirs envers l'Église.

La flagellation comptait depuis longtemps parmi les pratiques d'autopunition admises par l'Église. Elle exprimait l'ordinaire mépris de la vie terrestre et des plaisirs, inhérent à toute religion, sans pour autant abréger une existence dénuée d'attraits par la quête d'un supplice sanctificateur, comme dans la Nouvelle Prophétie, ou par l'*endura* cathare.

«C'est dans les cités populeuses d'Italie que des processions de flagellants organisés firent pour la première fois leur apparition. Sitôt le signal donné par un ermite de Pérouse en 1260, le mouvement s'étendit au sud jusqu'à Rome, et au nord jusqu'en Lombardie, avec une telle rapidité que les contemporains crurent à une véritable épidémie de remords. Des masses d'hommes, de jeunes gens et de gamins, guidés en général par des prêtres, défilaient nuit et jour de ville en ville, portant des bannières et des cierges allumés. Chaque fois qu'ils parvenaient dans une ville, ils s'ordonnaient en groupes face à l'église et se fustigeaient des heures durant. Cette forme de pénitence impressionnait grandement la population : les criminels se repentaient, les voleurs restituaient leur butin, et les usuriers les intérêts de leurs prêts ; les ennemis se réconciliaient, on passait l'éponge sur toutes les querelles. Même les deux partis en guerre qui se partageaient l'Italie, les guelfes, partisans du pape, et les gibelins, partisans de l'empereur, se départirent quelque temps de leur intransigeance. Des villes entières furent submergées par le mouvement : à Reggio, le premier magistrat, l'évêque et toutes les guildes y prirent part. Les processions ne cessaient de grossir en chemin et rassemblaient souvent plusieurs milliers d'hommes. Il arrivait à des hommes de toutes origines sociales d'y participer, mais seuls les pauvres persévéraient dans cette voie : ils ne tardèrent pas à se retrouver seuls.

«Les circonstances qui entourèrent les premières manifestations massives de flagellants sont particulièrement significatives. Même selon des critères médiévaux, la situation de l'Italie était particulièrement difficile à l'époque. La famine de 1258 fut suivie de la peste, en 1259. Mais surtout, la guerre incessante entre guelfes et gibelins avait plongé le pays dans une misère et une insécurité sans fond. Les villes guelfes, notamment, connaissaient une situation critique après la défaite des Florentins, décimés à Montaperto par les gibelins de Toscane. Manfred, le fils de Frédéric II, était en passe d'établir son hégémonie sur l'ensemble de l'Italie. Aussi le mouvement flagellant se manifesta-t-il d'abord dans une ville guelfe, et fleurit-il essentiellement chez les guelfes. Mais toutes ces tribulations n'étaient à leurs yeux que le prélude à une épouvantable catastrophe finale. Un chroniqueur note que, durant les processions de flagellants, les gens se conduisaient comme s'ils avaient craint de périr tous, foudroyés ou engloutis dans un tremblement de terre, à cause de leurs péchés. Les pénitents qui se flagellaient et se jetaient la face contre terre hurlaient leur terreur dans un monde qui semblait vaciller au bord de l'abîme : *Sainte Vierge, ayez pitié de nous ! implorez Jésus-Christ de nous épargner ! Pitié, pitié ! Paix, paix !* Ils criaient sans relâche jusqu'à ce que les champs et les monts se fissent l'écho de leurs prières. Les instruments de musique se taisaient ; nul n'osait chanter de romance [1]. »

À travers le sentiment d'une intolérable existence, d'où procède si souvent l'obscur souhait d'un universel anéantissement, le principe d'espérance se fraie aussi une voie. Le phénix renaît de ses cendres. Ainsi les traits les plus divers se mêlent-ils au mouvement flagellant : le refus de l'Église et du clergé, la liberté divine à laquelle accèdent de droit les plus déshérités, donc les plus souffrants, ou encore ceux qui, à l'égal des bégards de Cologne, des béguines de Schweidnitz ou des anciens messaliens, ont franchi l'épreuve de la douleur et entrent dans la terre promise du bonheur édénique ; mais aussi le ressentiment des opprimés tourné çà et là contre les puissants et, le plus fréquemment, par l'ordinaire sanie de la lâcheté et du sadisme, torturant et massacrant hommes, femmes et enfants juifs.

En 1349, le pape s'en prenant aux flagellants déclare : «La plupart d'entre eux ou leurs disciples se livrent, sous prétexte de piété, à des actes cruels et impies, versant à flots le sang des juifs que la piété chrétienne accepte et soutient [2]. »

Dans les années 1261-1262, le mouvement franchit les Alpes, remonte le Rhin et se propage en Allemagne du Sud où il revêt un tour à la fois plus populaire, plus anticlérical et plus fidèle à l'eschatologie joachimite. Les appels à la pureté de l'âme et de la foi ne manquent pas de raviver le fond antisémite qu'avaient cultivé Émico de Leningen, le Maître de Hongrie et l'anonyme de Passau*.

Participer à une procession de flagellants, dont la durée, en souvenir des années du Christ, s'étend sur trente-trois jours et demi, suffit pour assurer l'impeccabilité quoi qu'on fasse, et dispense évidemment de l'Église et des sacrements. La menace suspendue sur la rentabilité cléricale justifia dès 1262 l'interdit prononcé à l'encontre des hordes hystériques exhibant par les campagnes et les villes leurs plaies sanguinolantes et excipant des douleurs christiques pour se livrer sans péché à l'accouplement, aux libations, au viol et au pillage.

La peste noire des années 1348-1349 ranima cette propension à la souffrance miséricordieuse dont l'Église du XVe siècle tirera le lucratif marché de la mort. Possédés par une sainte fureur, des groupes de 50 à 500 personnes défilent par vagues successives en Allemagne, aux Pays-Bas, en Hongrie, exorcisant, par une expiation exemplaire, la juste colère dont Dieu accable ses créatures. L'Angleterre, peu soucieuse d'un salut obtenu par une surenchère cynique dans le malheur, les rejeta.

Réprimés à Strasbourg en 1296, à Bergame en 1334, à Crémone en 1346, les flagellants n'envahirent pas moins Bruges, Gand, Tournai, Dordrecht. Des évêques, parfois, les toléraient, s'efforçant vainement de tempérer leur zèle dévastateur.

Comme l'excès d'horreurs accumulées dans les années 1350 élevait la souffrance à la dignité de bien suprême, le millénarisme reparut, suite logique du projet d'anéantissement mené par Dieu avec un grand pouvoir de conviction. Une mystérieuse *Lettre céleste*, issue sans doute du ségarellisme, annonçait la décision du Seigneur, dictée à un prophète de ses amis, d'exterminer le genre humain. Courroucé par la conduite indigne de ses créatures, et en particulier des riches, il n'épargnerait l'humanité qu'au prix d'un repentir général et d'une contrition agrémentée du fouet. Encore devait-on sa clémence à l'intercession de Marie. L'égalitarisme des adeptes de la pauvreté volontaire éloigna du mouvement la noblesse, qui parfois avait cédé aux sollicitations pénitentielles. Clément VI n'avait-il pas prescrit les vertus de la flagellation ? Il se rétracta et, en 1349, condamna le mouvement, tant le messianisme des artisans et des paysans tournait à l'affrontement avec l'aristocratie, la bourgeoisie et le clergé, dont l'hédonisme, jugé contraire aux volontés de Dieu, attisait la colère céleste.

Le plus souvent, l'anticléricalisme cédait le pas à l'antisémitisme. Les pogromes permettaient de se défouler à bon compte sur des marginaux condamnés par la disgrâce de l'Église à servir de boucs émissaires quand ils cessaient de

---

* Une chronique de la seconde moitié du XIIIe siècle où l'auteur, un clerc de Passau, attribue tous les malheurs de la terre aux juifs et aux hérétiques.

remplir les caisses de l'évêque ou du prince. Les communautés juives de Francfort, de Mayence, de Cologne, de Bruxelles sont ainsi exterminées★.

En Thuringe, Conrad Schmid prend la tête de flagellants millénaristes. Il ravive la légende du retour de Frédéric, l'empereur des derniers jours, auquel Dolcino avait imprudemment accordé un crédit politique.

Schmid, renouant avec la tradition des christs itinérants, exige une absolue soumission à sa personne. Il décrète que l'autopunition prélude à la naissance d'un âge édénique prévu pour 1369. L'Inquisition se hâta de s'emparer de lui et de le brûler à Nordhausen en 1368, un an avant l'échéance.

Tout en renforçant la répression, Rome tenta, comme à l'accoutumée, de récupérer le mouvement à son profit. L'Espagnol Vincent Ferrier prenant la tête de pénitents, sévèrement encadrés et contrôlés, gagna sa sanctification en rendant aux zébrures du fouet leur coloration orthodoxe. Il n'y réussit pourtant que médiocrement. Le voyant débordé de tous côtés, Gerson l'abjurera en 1417 de renoncer à son cuisant apostolat.

Dès lors, l'Inquisition reprend l'initiative. Les bûchers réduiront en cendres, principalement en Allemagne, quelque 90 flagellants en 1414, 300 en 1416, une douzaine à Nordhausen en 1446, à Sonderhausen en 1454. Les derniers succomberont vers 1480.

La doctrine des flagellants ne s'embarrasse guère de subtilités théologiques. Conrad Schmid préconise un second baptême, le baptême du sang, qui confère le salut et voue à l'inutilité l'Église, le clergé et les sacrements. Le refus de la dîme et la dénonciation du trafic des indulgences appartiennent à tous les mouvements populaires que l'Église n'a cessé de susciter contre elle et sa bureaucratie cléricale. Le rejet du culte des saints et du purgatoire formeront l'héritage de Luther, tout comme l'antisémitisme, au demeurant.

Brûlé en 1344 à Ascoli, Dominico Savi, dit Mecco Sacconi, atteste la pénétration des idées de libre-esprit jusque dans l'acharnement destructeur des flagellants. Il enseignait en effet les thèses suivantes, ici retranscrites dans l'esprit des inquisiteurs qui l'envoyèrent à la mort :

«Les attouchements impudiques poussés jusqu'à la jouissance ne sont pas un péché ; les hommes et les femmes priant en commun dans l'obscurité de la nuit ne commettent pas de péché, quoi qu'ils fassent dans le même temps ; il est permis aux femmes de se flageller, pour leurs péchés, nues et publiquement ; les laïques ont aussi la faculté d'absoudre tous les péchés [4]. »

Cependant, l'Église découvre aussi dans l'autopunition collective une manière d'exercer sur les populations une emprise dont l'histoire officielle a toujours exagéré la puissance. Le catholicisme n'a suscité une véritable dévotion, qu'au XVe siècle, à la veille du schisme qui l'amputera de la moitié de son empire. Avec la peur de la mort et l'horreur d'un au-delà

★ Déjà, en 1146, Pierre de Cluny remarquait : «À quoi bon s'en aller au bout du monde [...] combattre les sarrasins quand nous laissons demeurer parmi nous d'autres infidèles plus coupables envers le Christ que les mahométans [3] ? »

qui perpétue l'atrocité de la destinée terrestre, Rome rajuste son emprise sur l'homme réduit à l'état de pécheur.

Les danses de Macabré ou danses macabres célèbrent par une imagerie vengeresse et égalitaire — puisque la mort entraîne toutes les classes sociales dans sa sinistre ronde — la fête interminable de la vie morte, et le seul recours de payer au curé, embusqué pour cueillir le dernier soupir, un droit de délivrance qui prête à la douleur un sens salvateur. Il sera beaucoup pardonné à celui qui a beaucoup souffert s'il se résigne à honorer les traites que l'Église prélève à chaque instant sur une existence qu'elle subjugue, des cris de la naissance aux râles de l'agonie. Comble d'ironie, dès le XVe siècle, l'Église s'impose sous les traits d'une mère alors que la mort, en son squelette à demi décharné, revêt la figure de la femme selon le patriarcat : ennemie dans la vie, amie dans la putréfaction.

CHAPITRE XXXV
Les fraticelles

L'appellation de « fraticelles » (de l'italien *fraticelli*, parfois traduit en France par « frérots ») désigne les dissidents radicaux de la faction « spirituelle » qui, dans l'ordre franciscain, oppose à l'aile « conventuelle » ou orthodoxe la stricte vocation de pauvreté, prescrite par François d'Assise.

Bien que Jean XXII applique par malignité polémique le terme aux spirituels, ceux-ci ne se sont jamais fait faute d'attaquer vivement les fraticelles, entachés pour eux du même esprit de liberté que les bégards, béguines, apostoliques et dolcinites.

Respectueux des directives originelles du franciscanisme, les spirituels prônent, avec la pauvreté absolue et le refus de la propriété ecclésiale, des thèses de plus en plus embarrassantes pour une Église engagée dans le tourbillon des affaires et déjà nantie de cette puissance financière moderne que n'a guère entamée, au XXᵉ siècle, le déclin de son autorité politique et spirituelle. Trois hommes prendront la tête du combat contre la politique pontificale : Ange Clareno (Pierre de Fossombrone), Pierre-Jean Olieu ou Olivi, Ubertino de Casale. Ange Clareno a donné dans son *Histoire des tribulations* un historique du conflit.

Selon lui, Crescentius, général de l'ordre de 1244 à 1248, successeur d'Élie de Cortone, a montré « la même avidité pour la richesse et la science, la même aversion pour les pauvres couvents épars dans la solitude, et qu'il changeait en somptueux monastères ; autour de lui, les frères faisaient la chasse aux testaments, citaient leurs débiteurs en justice, s'attachaient aux écoles de dialectique, négligeaient l'oraison et l'Écriture pour les curiosités inutiles d'Aristote [1] ». Le frère Bonadies, jurisconsulte et adjoint du général, « buvait la fraude et le mensonge comme de l'eau ». Il observait d'un œil malveillant la secte grandissante des spirituels « qui ne marchaient pas, pensait-il, selon la vérité de l'Évangile, méprisaient les règles de l'ordre, se croyaient meilleurs que les autres, vivaient à leur guise, rapportaient tout à l'Esprit et portaient même des manteaux trop courts [2] ».

Innocent IV, alors en guerre avec Frédéric II, accorda à Crescentius la permission de poursuivre les dissidents et d'arracher jusqu'à la racine « ses occasions de schisme et de scandale dans l'ordre ». L'accession de Jean de Parme à la tête de l'ordre restitue pour un temps le pouvoir aux spirituels, mais ses sympathies pour les théories joachimites et la réforme de Ségarelli offrirent à ses ennemis l'occasion d'amalgamer les austères spirituels et le parti « libertaire » des fraticelles.

Après un exil en Arménie de 1290 à 1293, un groupe autonome, dirigé par Libérat (Pierre de Macerata) et Ange Clareno, obtient la protection du pape Célestin V et forme en 1294 les *Pauperes heremitae domini Caelestini*. En vain, car le successeur de Célestin, Boniface VIII, accorde le plus vif intérêt aux préoccupations temporelles de l'Église. Il condamne les spirituels, fait jeter en prison le poète Jacopone da Todi qui, converti à la pauvreté volontaire après la mort accidentelle de son épouse (ce qui ne l'empêcha pas de comparer la femme à un serpent et à Satan), avait rejoint les amis d'Ange Clareno.

Libérat et ses adeptes se réfugient en Achaïe, puis en Thessalie. À la mort de Libérat, Ange Clareno prend la direction des spirituels et rentre en Italie. Un de ses partisans, le médecin et alchimiste Arnaud de Villeneuve, convainc Clément V de réconcilier les deux tendances rivales.

Ubertin de Casale, chef des spirituels de Toscane, se rend en Avignon afin d'affronter les responsables de la faction conventuelle, Bonagrazia de Bergame et Raymond de Fronsac. Il n'est pas inutile de le rappeler, Ubertin estime n'encourir aucun reproche de sympathie coupable envers les fraticelles, car il a sévi durement, comme inquisiteur, contre des franciscains partisans du libre-esprit dans la région de Spolète. Arnaud lui-même n'a pas dédaigné d'anathématiser une doctrine si contraire à la religion. La conciliation échoue, car les conventuels n'ignorent pas à quel point les progrès de l'économie confortent la puissance de l'Église romaine et son emprise, jusqu'alors incertaine, sur les nations et les principes.

L'accession de Jean de Cahors, affairiste redoutable, au pontificat sous le nom de Jean XXII donne le signal de la répression. Une même réprobation englobe spirituels, fraticelles, dolcinistes, bégards et partisans du libre-esprit, que Clément V avait fait condamner au concile de Vienne en 1311.

Le pape ordonne aux souverains chez qui les spirituels ont cherché refuge de les expulser comme hérétiques. La bulle *Sancta romana* leur attribue pour la première fois la dénomination officielle de fraticelles.

Arrêté en Avignon puis libéré, Ange Clareno part précipitamment pour l'Italie où, dès 1318, il rallie des partisans à la thèse selon laquelle le Christ et ses disciples ne possédaient rien. Au chapitre de Pérouse, en 1322, il obtient un soutien important en la personne de Michel de Césène, ministre général de l'ordre franciscain, qui tient pour dogme « saint et catholique » l'absolu dénuement de Jésus et des apôtres*.

C'était heurter de front les intérêts de l'Église, tributaire du développe-

---

* Afin de combattre par la propagande iconographique la thèse des spirituels, l'Église recommandera aux peintres de représenter Jésus et les apôtres munis d'une bourse ou d'une aumônière.

ment capitaliste qui se dégageait lentement du mode de production agraire. Aussi vit-on revenir en force la légende joachimite, réécrite et adaptée aux personnages du temps. Jean XXII, chef de l'«Église charnelle», est stigmatisé comme «Antéchrist mystique».

Or l'Antéchrist, faisant fi des réformateurs et de leur misérabilisme, rétorqua par une manœuvre pleine d'astuce.

Alors que François d'Assise avait prescrit que le Saint-Siège détînt tous les biens meubles de l'ordre, le pape décida de les rendre aux franciscains, leur confiant une gestion qui les transformait ainsi, bon gré mal gré, en propriétaires. Dans le même temps, sa bulle du 12 novembre 1323, *Cum inter nonnullos*, condamne comme hérétiques les thèses de Michel de Césène, qui se réfugie aussitôt, avec ses amis, auprès de l'empereur Louis de Bavière.

Ange Clareno s'exile en Basilicate, d'où il continuera à diriger son parti jusqu'à sa mort en 1337.

Les spirituels demeureront actifs dans la région de Naples, en Sicile où s'est retiré le groupe toscan d'Henri de Ceva, et à Tabriz, en Arménie.

C'est chez les adeptes de Monte Maiella que sera accueilli, après son premier échec, le tribun romain Cola di Rienzo.

Il n'existe plus désormais aux yeux de l'Église qu'un seul franciscanisme, celui des «observants». Les dissidents tombent sous l'étiquette inquisitoriale de «fraticelles de l'opinion», l'opinion désignant en l'occurrence l'adhésion aux thèses de la pauvreté volontaire.

BERNARD DÉLICIEUX

Le 7 mai 1318, les premières victimes de l'orthodoxie franciscaine avaient péri sur les bûchers de Marseille. La même année, l'Inquisition condamna à la prison perpétuelle l'un des rares, sinon le seul adversaire public et ouvertement déclaré de la police catholique et romaine.

Né à Montpellier en 1260, entré dans l'ordre franciscain en 1284, Bernard Délicieux s'érige très vite en porte-parole des populations du Toulousain, du Carcassès et du Razès, indignées par les agissements de l'Inquisition et la barbarie des dominicains. À Carcassonne, il prend la tête d'une émeute qui s'empare de la cité et libère les hérétiques détenus au «mur» ou «prison» de l'official.

Il entrait dans ses intentions d'en appeler à la justice du roi de France, plus généreuse en matière de foi, mais, impliqué dans un complot, réel ou manigancé pour le perdre, il s'attira la disgrâce de Philippe le Bel. Le roi fit pendre les consuls de Carcassonne, de Limoux et du Razès dont sa nature despotique supportait mal la politique d'autonomie communale. Gracié en 1307, Bernard tombe en 1313 dans le filet tressé patiemment par la vindicte inquisitoriale. Il est accusé d'avoir, avec la complicité d'Arnaud de Villeneuve, tenté d'empoisonner le pape. La grossièreté de l'accusation eut beau susciter des réserves, il n'échappa au bûcher que pour mourir, en 1320, après deux ans d'incarcération entre les mains de ces bourreaux de Dieu dont il avait dénoncé l'infamie. Il faudra attendre le XVIe siècle et Sébastien Castellion pour qu'une deuxième voix dans le concert du monde exige l'abrogation de la peine de mort pour délit de croyance.

PROUS BONETA

En 1325, l'Inquisition s'empara de Prous Boneta, que les spirituels vénéraient pour son courage et son humanité. Emprisonnée une première fois en 1315 à Montpellier, elle avait, aussitôt libérée, résolu d'apporter avec sa sœur Alissette son secours aux spirituels persécutés.

En 1320, des visions s'emparent d'elle, semblables à celles d'Hadewijch, de Mechtilde de Magdebourg, de Thérèse d'Avila. Plus tard, elle rencontre extatiquement le Christ. Le jeudi saint de 1321, il lui insuffle son *pneuma* et lui promet d'enfanter l'Esprit saint qui inaugurera le Troisième Âge. Selon sa propre version joachimite, Élie est François d'Assise, Hénoch Olivi.

Le pouvoir accordé au Christ par Dieu a pris fin dès l'instant qu'Olivi a été investi de l'Esprit saint : la papauté a aussitôt cessé d'exister, les sacrements et la confession sont tombés en désuétude. La contrition efface désormais les péchés sans qu'il soit besoin de pénitences ni de prêtres.

S'insurgeant contre le massacre des spirituels et des lépreux, iniquement accusés d'empoisonner les sources en 1321 et 1322, et qu'elle compare aux Innocents, victimes présumés d'Hérode, elle offre aux yeux de l'inquisiteur de Carcassonne, Henry de Chamay, tous les traits d'une parfaite accusée. Elle ne renie en face du tribunal aucune de ses convictions et est livrée aux flammes en 1325 [3].

En Avignon, le célèbre troubadour Raimon de Cornet échappa de peu au bûcher en 1326. Le même sort fut épargné de justesse à Jean de la Rochetaillade (Juan de Pera Tallada, mieux connu des alchimistes sous le nom de Rupescisse). Professant des opinions joachimites, ami d'Arnaud de Villeneuve et des spirituels, il comparait l'Église à un oiseau né sans plumes et dépouillant de leur parure tous les autres volatiles pour s'en revêtir par orgueil et tyrannie.

Alors que se multiplient les procès intentés aux spirituels, le libre-esprit et les comportements libertaires sont de plus en plus fréquemment incriminés. Il s'agit le plus souvent de l'ordinaire calomnie par laquelle papes, dignitaires ecclésiastiques et inquisiteurs imputent à de pauvres ascètes leurs propres débauches et fantasmes érotiques. Les spirituels ont toujours combattu les fraticelles et rien ne permet de suspecter de privautés libidineuses les martyrs de la rigueur franciscaine, Francesco da Pistoia, brûlé à Venise en 1337, Jean de Castillon et François d'Arquata, exécutés en Avignon en 1354, Michel Perti, réduit en cendres à Florence en 1389.

En 1341, Jean XXII confirmait définitivement l'acte de dissolution du groupe dissident, voué dès lors à l'extermination. Par un de ces chocs en retour qui souvent conduisent à leur perte des gens pénétrés d'infamie, ce pape sensible à l'odeur des fagots — il avait par ailleurs fait écorcher vif et brûler l'évêque de Cahors, sa ville natale — se mit soudain à réitérer la doctrine de Pélage sur l'innocence des nouveau-nés et l'inutilité de leur baptême. Un concile lui intima le silence sur une matière aussi profitable aux intérêts de l'Église, qu'il avait toujours véhémentement défendus. Effarés d'entendre de sa bouche des propos manifestement hérétiques, les pères conciliaires obtinrent sa déposition et le poussèrent discrètement vers la mort.

BENTIVENGA DA GUBIO

Il appartiendra aux membres de l'Observance franciscaine — un ordre investi dès l'origine de missions inquisitoriales, les franciscains étant réputés agir avec moins de férocité que les dominicains — d'imposer une solution finale à ce que Jean XXII appelait «le fléau pestilentiel du fraticellianisme».

À l'encontre des spirituels rompus à la pratique ascétique, les fraticelles se confondent le plus souvent avec les bégards et les apostoliques de libre-esprit. C'est le cas de Bentivenga da Gubio.

À Parme, Bentivenga adhère au groupe apostolique de Gerardo Ségarelli jusqu'à l'interdiction épiscopale de 1281, qui provoque la dispersion des adeptes. Il rejoint alors les minorites* et rallie en Ombrie les partisans du libre-esprit, qui passent pour nombreux dans la région. Avant son arrivée, il existait à Spolète, autour d'un certain Ottonello, une Congregatio Libertatis combattue par ce même Jacopo da Bevagna, que Claire de Montfaucon suspectera, plus tard, de libre-esprit. Son influence était telle que les flagellants de passage dans la vallée abandonnèrent leurs pratiques pour découvrir les effets du plaisir libéré de la souffrance.

La fatuité l'incita à s'ouvrir de ses théories à Claire de Montfaucon, depuis sanctifiée. Elle le livra à l'Inquisition avec six autres minorites. Ubertino de Casale, du courant spirituel, l'avait déjà pris à partie dans son *Arbor vitae crucifixae Jesu*. Il lui reprochait des idées «inspirées par le diable pour corrompre l'esprit des simples». Il les résume de la sorte :

«1. L'apathie : une tromperie impie est apparue, inspirée par l'ennemi, qui corrompt l'esprit des simples, selon laquelle ils doivent, sous prétexte de sérénité dans la volonté de Dieu, rester insensibles tant à la Passion du Christ qu'à la souffrance du prochain, et se réjouir pour ainsi dire dans la seule jouissance de Dieu, ne se souciant ni de l'injure faite à Dieu ni de la gêne du prochain. Et ils disent : ''Dieu guide tout vers le meilleur des choix.''

«2. L'impeccabilité : ils disent que les hommes ayant la grâce de Dieu et

---

* Frères mineurs ou franciscains.

la charité ne peuvent pécher. Ils affirment que ceux qui pèchent de quelque façon n'ont jamais eu la charité ou la grâce de Dieu.

« 3. De ce très vrai principe de la mort du Fils — que nous ne pouvons rien faire de bien sans la grâce —, ils infèrent que, quoi que nous fassions, tout est fait par grâce. Pour cette raison, ils disent que manger et faire l'amour et autres choses semblables n'est pas faute en nous, parce que la grâce, assurent-ils, incite à ces choses [4]. »

En l'été 1307, Bentivenga fut condamné à la prison à vie à Florence.

PAOLO ZOPPO

À Rieti, l'Inquisiteur Simone da Spoleto entame, en 1334, une procédure à l'encontre d'un groupe de fraticelles réunis autour de Paolo Zoppo. Robert d'Arbrissel appelait « martyre blanc » l'épreuve consistant à coucher nu entre deux femmes pareillement dénudées et à triompher du désir de faire l'amour ; Zoppo, lui, pratiquait avec une veuve et sa servante un style de caresses où les délais imposés à l'« amor extaticus » s'apparentent plutôt à la méthode tantrique d'illumination obtenue par tension sexuelle. La même jouissance retardée à la faveur des Homines Intelligentiae de Bruxelles et des alumbrados ou illuminés d'Espagne. Paolo Zoppo et ses compagnons paieront de la prison perpétuelle le souci d'avoir voulu substituer à l'ordinaire débauche, sournoise et brutale, des couvents les raffinements de la jouissance amoureuse et la célébration de la femme, créatrice de toute joie [5].

Lors du procès de Rieti, il apparut que les fraticelles envisageaient d'élire un pape qui s'opposât à l'« antéchrist Jean XXII ». Ange Clareno lui-même, comme l'attesta François Vanni d'Assise, recommandait d'accorder le pontificat à Philippe de Majorque.

En 1419, l'inquisiteur Manfred de Verceil rapportait que les fraticelles de l'opinion, particulièrement nombreux à Florence, en Toscane et dans la région romaine, refusaient de se soumettre à Martin V parce qu'ils avaient eux-mêmes un pape. Quand Nicolas V charge l'Inquisition de procéder contre des fraticelles réfugiés à Athènes, en 1451, il recommande spécialement de capturer celui qui se fait passer pour pape.

LES PROCÈS D'EXTERMINATION DES FRATICELLES

Chargés par Martin V en 1418 et 1426, et par Eugène IV en 1432, de poursuivre impitoyablement les fraticelles, Jacques de la Marche et Jean de Capistrano, tous deux honorés du titre de saint pour leurs bons offices inquisitoriaux, incendient trente-six résidences des rebelles et multiplient les autodafés. La haine qu'ils suscitaient dans le peuple était telle qu'ils durent se protéger sans trêve contre des tentatives d'assassinat.

En 1449, de nouveaux bûchers s'allument à Florence. En 1452, l'année même où naît Jérôme Savonarole, Jacques de la Marche édite son *Dialogue contre les fraticelles* où il retrace le procès d'extermination de Maiolati.

Là s'était installée depuis les années 1410 ou 1420 une communauté de fraticelles de libre-esprit. Une cloche de l'église portait l'inscription, datée de 1429 : « Frère Gabriel, évêque de l'Église de Philadelphie*, curé et ministre général des frères mineurs. »

Le procès-verbal s'inspire des accusations portées par Épiphane contre les barbélites (les inquisiteurs en ont usé sans scrupules contre les vaudois et les cathares) : hommes et femmes se réunissent de nuit, chantent des hymnes, « éteignent les chandelles et se ruent chacun sur sa chacune selon la rencontre du hasard. Les enfants issus de ce commerce étaient portés dans l'assemblée ; on se les donnait de main en main à la ronde jusqu'à ce qu'ils expirassent. Celui entre les mains duquel ils mouraient était élu grand pontife. Ils brûlaient l'un de ces enfants et jetaient les cendres dans un vase où ils versaient du vin, ils faisaient boire ceux qu'ils initiaient à leur confrérie. Ils combattaient la propriété des biens et soutenaient que les fidèles ne devaient pas s'engager aux magistratures et que les âmes des bienheureux ne verront Dieu qu'après la résurrection[6]. » Ainsi Pierre Bayle rend-il compte en son *Dictionnaire* d'un procès dont, à son habitude, il donne les pièces à charge et à décharge. Il ne croit pas à une pratique souvent invoquée pour justifier les plus cruelles répressions et que les inquisiteurs appellent ici le « *barilotto* ». La propagande habilement menée pour jeter le discrédit des âmes pieuses sur les infortunés fraticelles exerça ses ravages sur l'opinion publique avec un effet durable puisque le langage populaire conserva longtemps l'expression injurieuse : « *Tu sei nato dal barilotto* » (« Tu es né du *barilotto* »).

Bayle n'en estime pas moins qu'une forte probabilité existe pour que la communauté ait pendant une trentaine d'années mené joyeuse vie, se ménageant une existence terrestre aussi luxueuse et luxuriante que possible, avec les agréments du ciel et dans l'absence de culpabilité qui rongeait l'hédonisme tourmenté des puissants. La rage des deux saints inquisiteurs n'en fut que plus exacerbée. Un grand brasier expiatoire illumina les sinistres bas-fonds de leur conscience[7].

En 1466, un groupe de fraticelles arrêtés à Assise et mis à la torture confirment, sur l'insistance des inquisiteurs, l'existence du *barilotto* en l'honneur à Poli près de Tivoli, dans les Marches et à Maiolati. La secte, connue sous le nom à connotation anachroniquement franc-maçonne de « La Vérité », propage des libelles où sont exposées les idées du libre-esprit[8].

Comme chez les bégards de Cologne, la sollicitation à l'amour s'exprime par la formule : « *Fac mihi caritatem* » (« Fais-moi la charité »), *caritas* retrouvant là son sens originel « amour du prochain », de *carus*, « chéri ».

---

* Comme, un siècle plus tôt, l'ami de Marguerite s'intitulait l'ange de Philadelphie.

Les fraticelles disparaissent alors des registres d'inquisition, mais la fable populaire soutient que, retranchés dans les vallées profondes et les forêts, ils perpétuent ces couvents fantasmatiques qui hanteront les imaginations tourmentées des lecteurs de Sade, de Lewis, d'Ann Radcliff, de Walpole et du roman gothique.

CHAPITRE XXXVI

Les réformateurs de l'Est
Hussites et taborites

Rome avait découvert en Bohême une source de richesses considérables. La moitié des terres appartenaient au clergé, qui, les exploitant au nom du Christ, suscitait une haine populaire plus vive encore, s'il est possible, que partout ailleurs.

En 1360, l'ascète réformateur Jan Milič avait dénoncé à Prague la corruption de l'Église, véritable incarnation de l'Antéchrist, et vainement exhorté les prêtres à cette pauvreté volontaire qualifiée d'évangélique.

À la mort de Milič, son disciple, Matthieu de Janov poursuit son œuvre réformatrice. Il oppose au « corps de l'Antéchrist », servi sous forme d'hostie lors de la communion de l'Église corrompue, l'eucharistie de l'*Ekklèsia*, la véritable Église des fidèles. La commensalité du pain et du vin*, que Janov oppose au rituel abstrait et mécanique de la communion des clercs, explique l'exacerbation de la querelle eucharistique en Bohême dans les guerres hussites, taborites et adamitiques.

Vers 1380 commencent à se répandre les doctrines réformatrices de Wycliffe, en faveur desquelles joue l'hostilité sournoise de l'Angleterre à l'égard du pouvoir romain.

Jean Huss, admirateur de Wycliffe, prête soudain, lors de ses prêches, une tournure universelle à des critiques jusqu'alors cantonnées dans les limites de la revendication nationale. Le prestige attaché à sa fonction de recteur de l'université de Prague conférait à sa voix une portée qui la faisait retentir partout en Europe. Il le prouve lorsque Jean XXIII mande à Prague des émissaires chargés de prêcher une croisade contre son ennemi personnel, le roi de Naples, et de collecter par une vente promotionnelle d'indulgences les fonds nécessaires à l'entreprise. Au nom des Écritures sacrées, Huss s'insurge contre le cynisme du pape et condamne une attitude indigne des enseignements chrétiens.

---

* La communion sous les deux espèces est érigée en symbole hostile au catholicisme où l'on communie sous une seule espèce.

Huss n'a rien ni d'un hérétique ni d'un révolutionnaire. Il pousse seulement l'honnêteté jusqu'à l'imprudence lorsqu'il s'en prend à la politique économique et financière de l'Église. Sa présomption l'incite en outre à miser sur le roi Wenceslas, qui lui est acquis mais que des intérêts plus puissants détourneront de son sort.

Excommunié et convoqué au concile de Constance en 1414, il s'y rend, accompagné de son disciple, Jérôme de Prague, et fort d'un sauf-conduit que lui a accordé l'empereur Sigismond. Il y défend ses thèses : le Christ est le chef de l'Église, non le pape. Le concile tranche en sa faveur sur un point : il dépose le pape Jean XXIII* pour simonie, meurtres, sodomie et fornication, griefs qui, au demeurant, auraient pu être produits contre la plupart des souverains pontifes [1].

En revanche, les dignitaires ecclésiastiques n'entendent pas se laisser dépouiller de leurs lucratives fonctions apostoliques. Menés par le cardinal français Pierre d'Ailly qui, tout millénariste qu'il soit, reste attentif à ses intérêts immédiats, les pères conciliaires excommunient Jean et Jérôme, et les livrent au bûcher en 1415. L'empereur Sigismond, qui avait conseillé à Huss de se rétracter, ne souhaitait guère, en fait, que se développe une Bohême indépendante, dont il percevait bien les revendications sous les querelles théologiques. Ce fut un mauvais calcul, car l'exécution de Huss et de Jérôme précipita l'insurrection.

Tandis que, sur les instances du pape Martin V et de son frère l'empereur Sigismond, le roi Wenceslas rompt avec les hussites, l'Église de Bohême passe sous contrôle séculier et est arrachée à la domination de Rome.

Quand, en juillet 1418, Wenceslas exclut du gouvernement de Prague les représentants du quartier populaire de Ville-Neuve, tisserands, ouvriers tailleurs, brasseurs et paysans s'emparent de l'hôtel de ville et défenestrent les nouveaux conseillers. Sous prétexte de chasser les familles patriciennes, hostiles à Jean Huss, le soulèvement s'inscrit bel et bien dans la tradition des luttes de classes communalistes.

Les guildes et les confédérations artisanales expulsent les catholiques, exproprient les monastères et confisquent les richesses ecclésiales au profit du conseil de Prague. Très vite, le fossé se creuse entre le radicalisme prolétarien et les notables hâtivement reconvertis au hussisme. Un parti modéré se dégage qui, proche des catholiques, s'en distingue néanmoins en communiant par le pain et le vin, c'est-à-dire sous les deux espèces. Ses membres prennent le nom d'utraquistes.

En 1419, l'aile radicale du mouvement hussite s'organise sur une base résolument autonome. Installé sur une colline proche du château de Bechyně, un groupe de partisans rebaptise le lieu du nom que l'évangile canonique attribué à Matthieu prête à l'éminence où Jésus aurait annoncé son retour avant de s'élever vers le ciel : le mont Tabor.

Les taborites accordent à chacun le droit d'interpréter les Écritures. Ils rejet-

---

* Au XX\e siècle, afin d'effacer le souvenir d'un pape qui ne compte pas parmi les pires, un autre reprit le titre de Jean XXIII.

tent le purgatoire, les prières pour les morts, le culte des saints et des reliques. Comme les vaudois, ils refusent de prêter serment et se prononcent contre la peine de mort. Une fois de plus s'entremêlent à la faveur de revendications populaires le thème de la pauvreté volontaire, un millénarisme égalitaire et, de manière antagoniste, la poussée du libre-esprit et le poids du fanatisme intégriste.

En 1420, la nouvelle que le feu de Dieu va s'abattre sur les villes et les villages suscite un grand exode vers les montagnes où cinq cités taborites s'érigeront sous protection divine, car «elles ne passeront pas traité avec l'Antéchrist [2]».

Le prédicateur Jan Capek se fonde sur des citations de l'Ancien Testament pour inviter au massacre des pécheurs : «Maudit soit l'homme qui retient son épée de verser le sang des ennemis du Christ. Chaque croyant doit se laver les mains dans le sang [3].» Certains, comme Pierre Chelčicky, fidèles au principe du pacifisme, réagissent à l'hystérie de tels propos et dénoncent la ruse de Satan, habile à suggérer aux furieux qu'ils sont des anges chargés de purifier le monde.

En mars 1420, la trêve rompue entre Sigismond et les hussites modérés laisse place à une guerre sans merci où s'impose la personnalité du chef taborite Jan Žižka. En écrasant les troupes allemandes et hongroises dont le glaive a la bénédiction de Rome, Žižka s'auréole d'une gloire prophétique. Il lui appartient d'instaurer le millénium et de préparer, par le royaume des saints, le retour du Christ sur la terre. Le programme social ne varie guère : «Tous les hommes vivront ensemble comme des frères, aucun ne sera assujetti à autrui [4].» «Tous les seigneurs, tous les nobles et tous les chevaliers seront exécutés et exterminés dans les forêts comme des hors-la-loi [5].» Comme il arrive souvent, les premières victimes du programme d'épuration furent moins les ennemis de l'extérieur que l'aile radicale des taborites, les pikarti, décimés par Žižka au nom de la sainteté des mœurs.

Le collectivisme de subsistance instauré dans les communautés taborites ne s'embarrassant pas d'une organisation de la production des biens, les taborites en furent bientôt réduits à pratiquer des raids de pillage et de ravitaillement. À la spoliation de la noblesse et du clergé succéda l'exploitation des paysans, qui se retrouvèrent dans une situation pire que sous le régime seigneurial.

En avril 1421, Žižka anéantit les communautés libertaires formées par les pikartis ou adamites. Cependant, ses protestations d'égalitarisme ne cessent de se répandre, fomentant des jacqueries en Bourgogne et en Allemagne où une guerre des paysans se développera à l'état endémique.

En 1430, les armées taborites attaquent Leipzig, Bamberg, Nuremberg. Leur victoire provoque des soulèvements contre les patriciens à Mayence, à Constance, Weimar, Stettin. Pourtant, l'aile modérée — les utraquistes — fait sécession et bientôt passe à l'ennemi. En 1434, les taborites sont battus à Lipan par les utraquistes de Bohême. C'est le signal d'une lente débâcle qui s'achève avec la prise du mont Tabor en 1452. Les rescapés d'un massacre général retourneront pour la plupart au pacifisme et fonderont la communauté des Frères moraves. La doctrine taborite ne cesse pas pour autant de se propager et de porter dans les villes et les campagnes cette flamme de la liberté qui trouve un monde vétuste à embraser.

Vers 1460, alors que la Bohême sort à peine d'une longue guerre civile, deux nobles démontrent à quel point est restée vivace l'attente du millénium. À côté des usuelles supputations chronologiques de la parousie, Janko et Livin de Wirsberg exposent une conception originale de Dieu dans son rapport avec le monde qu'il a créé. Par son retour imminent, le Fils de l'Homme s'apprête à sauver non seulement l'humanité mais Dieu lui-même, perclus depuis le commencement des temps par les péchés des hommes. C'est pour être délivré de sa propre souffrance que Dieu fait appel au Sauveur. L'idée poursuit ainsi son chemin d'une divinité qui n'est rien sans les hommes qui l'ont créée.

Comment débutera ce nouveau règne destiné à restaurer Dieu dans sa puissance ? Par une extermination des forces armées de l'Antéchrist : le pape, ses ministres, suivis de tous les opposants. Seules 14 000 personnes survivront, pour constituer l'Église spirituelle. Le «glaive» de la croisade est formé par les anciens taborites, généralement regroupés en bandes de brigands. Après le désastre de Munster, Jan van Batenburg n'agira pas autrement.

Le mouvement, qui a son centre à Eger, exercera son influence jusque sur les fraticelles d'Italie. La date de 1467 prévue pour le retour, en sanglante majesté, du Christ incita le légat du pape à agir avec détermination. Janko échappa à l'opération répressive. Livin abjura pour échapper au bûcher et mourut dans les prisons de l'archevêché, à Ratisbonne.

CHAPITRE XXXVII

Les Hommes de l'Intelligence
et les pikarti de Bohême

Le 12 juin 1411, Willem van Hildernissem, de l'ordre des carmélites, comparaît devant l'inquisiteur Henri de Selles, agissant pour le tribunal épiscopal de Cambrai. Il est accusé d'avoir joué un rôle important dans un groupe de libre-esprit connu à Bruxelles sous le nom d'Hommes de l'Intelligence. Jadis lecteur en Écritures saintes au carmel de Tirlemont, il a trouvé un allié inspiré en Gilles de Canter (Gilles le Chantre, Ægidius Cantor), un laïc sexagénaire décédé à l'époque du procès, issu probablement d'une famille noble.

Tout semble indiquer que les a rapprochés un intérêt commun pour les théories de Bloemardinne, dont le souvenir est demeuré d'autant plus vivace qu'aucun inquisiteur n'a osé la poursuivre. Par une belle voie de conséquence, Henri de Selles, attaché à cette abbaye de Groenendael où Ruysbroeck, l'ennemie de Bloemardinne, est mort en 1381, échappe de peu à une tentative d'assassinat préméditée, au passage d'un gué, par des partisans des *Homines Intelligentiae*. À défaut d'exécution, une chanson courut à Bruxelles, ridiculisant l'inquisiteur.

Le soutien dont le groupe dispose à la fois dans la classe laborieuse et parmi les notables (les réunions se tiennent dans une tour appartenant à un échevin) n'est pas étranger à la mansuétude du jugement. Willem écope de trois ans de prison, peut-être au terme d'une conciliation où il abjure et rejette sur le défunt Gilles la part la plus subversive de la doctrine.

La connotation joachimite est donnée d'emblée par le nom même de la secte. Le Troisième Âge est celui de l'intelligence naturelle des êtres et des choses, une « docte ignorance » où se rejoindraient l'innocence de l'enfant et le savoir de l'homme total, une union en quelque sorte de la *gnôsis* et de la *pistis* au sens non d'une foi en Dieu mais d'une foi en soi. Gilles de Canter raconte ainsi qu'un jour l'Esprit saint l'inspira et lui dit : « Tu es arrivé au stade d'un enfant de trois ans. »

Dans l'état de liberté naturelle originelle, il n'existe plus ni péché, ni culpabilité, ni autorité spirituelle ou temporelle. Église, lois, sacrements n'ont pas de sens, ni la pénitence, ni le rachat. Seule importe une voie de perfection où l'extase amoureuse traduit l'état d'humanité parfaite (et donc de divinité, dans le langage religieux). Les adeptes de Gilles et de Willem parcourent donc, s'ils le désirent, un chemin initiatique marqué par les divers degrés de la jouissance amoureuse, mais libre à chacun ou à chacune de rester chaste ou de s'adonner au libertinage.

Willem van Hildernissem, très versé dans les Écritures saintes, se fait fort de justifier par des citations appropriées n'importe quel comportement, puisque tout a été voulu par Dieu.

Dans le «paradis» où les sectateurs se réunissent sans distinction de classe ou de richesse, Gilles de Canter enseigne, quant à lui, une manière de faire l'amour «qui était celle d'Adam avant la chute». Il s'agit vraisemblablement d'un orgasme retardé et sans éjaculation, aboutissant à l'illumination tantrique et ôtant à la femme la peur d'une éventuelle grossesse.

L'absence de crainte et de culpabilité, alliée à un art de jouir qui s'autorisait dans tous les domaines des quêtes les plus voluptueuses, avait aisément induit dans l'esprit des adeptes le sentiment qu'ils appartenaient à une élite, sans commune mesure avec la masse des contemporains menant sous la houlette des seigneurs et des prêtres une vie absurde et apeurée.

La prudence déployée pendant le procès, la rigueur dérisoire du jugement suggèrent l'habileté des adeptes à propager leurs doctrines en toute sécurité, une grande faveur dans les milieux urbains et la protection des notables. Telles sont les doctrines qui tenteront de s'implanter en Bohême avec ces «pikarti» s'exilant de Picardie pour radicaliser la révolution taborite [1].

LES PIKARTI OU ADAMITES DE BOHÊME

Qui sont les pikarti qui vers 1418 affluent en Bohême, où les taborites instaurent une manière de collectivisme paysan? À l'encontre de l'opinion qui voit dans le mot *pikarti* une traduction de *bagardi*, Aeneas Sylvius Piccolomini lui prête le sens de «Picard originaire de la Gaule belgique [2]». La doctrine de libre-esprit qu'ils propagent suggère une relation étroite avec les *Homines Intelligentiae* dont la communauté de Bruxelles a été poursuivie par l'inquisition.

À l'instar des anabaptistes cheminant un siècle plus tard vers Munster, ils convergent vers la Bohême où l'insurrection hussite jette des lueurs de liberté et fait entrevoir l'opportunité d'une existence accordée aux enseignements de Willem van Hildernissem et de Gilles de Canter.

La doctrine picarde l'emporte surtout dans les régions mal contrôlées par les taborites, comme celles de Žatec, Plzen et Prague. Elle transparaît sous une forme édulcorée dans le champ clos des querelles théologiques chez Sigmund de Repan et surtout chez Martin Húska, dit Loquis, qui prêche une manière de dolcinisme, évoquant la fin des temps et le règne des saints. Húska annonce, selon la mode de l'époque, «un nouveau royaume des saints sur la terre, où les bons ne souffriront pas davantage», car, dit-il, «si les chrétiens devaient toujours souffrir ainsi, je ne voudrais pas être un serviteur de Dieu».

En février 1421, le chroniqueur Laurent de Březová dénonce la progression du libre-esprit parmi les taborites : «À cause de cette hérésie, hélas ! les frères vivant à Tabor se scindèrent en deux factions, l'une picarde, l'autre taborite. Le parti le plus fidèle, les taborites, expulsa plus de 200 hommes et femmes infectés par l'hérésie picarde [3].»

Au XVIIIe siècle, Beausobre attribuera aux pikarti le nom d'adamites, en raison de l'innocence édénique dont ils se revendiquent. Selon Laurent : «Parcourant forêts et collines, quelques-uns d'entre eux tombèrent dans une telle démence qu'hommes et femmes se débarrassaient de leurs habits et allaient nus, disant que les habits avaient été adoptés à cause du péché commis par leurs premiers parents, mais qu'eux étaient dans un état d'innocence. Par une folie similaire, ils s'imaginaient ne pas pécher si l'un des frères avait commerce avec l'une des sœurs. Et, si la femme accouchait, elle disait qu'elle avait conçu du Saint-Esprit. [Le baptême n'existe pas, car] les enfants de parents vivant en sainteté [c'est-à-dire les membres de la communauté] sont conçus sans le péché mortel originel. [...] Ils prient le Dieu qu'ils possèdent en eux en disant : Notre Père qui êtes en nous...»

À l'écart de la radicalisation picarde, Martin Húska reste fidèle à la tradition apostolique et s'inspire des revendications les plus modérées pour instaurer un modernisme religieux en matière d'eucharistie.

L'autonomie de la communauté picarde durera deux mois, de décembre 1420 à janvier 1421. Son porte-parole, Pierre Kaniš, secondé par des hommes et des femmes du peuple comme Rohan le Forgeron, Nicolas dit Moïse, Adam, Marie, prêche dans les tavernes et célèbre ces libres noces de l'amour que les clercs et les taborites appellent fornication ou licence sexuelle.

Bientôt, les persécutions s'abattent sur les pikarti. Nicolas de Pehřimov publie un traité contre Kaniš préludant à l'attaque que, vers la mi-avril, le chef militaire Jan Žižka lance contre les expulsés de Tabor. Cinquante prisonniers, dont Pierre Kaniš, seront brûlés à Klokoty.

Les survivants organisent alors la résistance sous la conduite de Rohan le Forgeron. Le 20 avril, après de violents combats, Žižka écrase les pikarti et envoie au bûcher 25 prisonniers. D'autres sont exécutés à Prague.

Le 21 octobre 1421, des partisans de Kaniš, réfugiés dans une forêt des environs de Bernatice, succombent et sont exterminés à l'exception d'un seul, épargné pour qu'il rapporte la doctrine picarde. Un petit nombre d'adamites occupera pour un temps la forteresse d'Ostrov avant de gagner le sud en menant contre les villages des raids de subsistance qui leur vaudront la réputation de brigandage.

La terreur par laquelle les taborites de Žižka s'exonérèrent du poids de leurs propres difficultés fit de Martin Húska une victime expiatoire. Bien qu'il se soit désolidarisé des pikarti et ait abjuré, Žižka émit le vœu qu'il soit, avec son ami Procope le Borgne, brûlé à Prague. Redoutant les troubles dans la capitale, où Martin jouissait de grandes sympathies, les magistrats préférè-rent envoyer leur bourreau à Roudnica. Martin et Procope y furent mis à mort dans un raffinement de tortures que l'Inquisition eût volontiers envié à la justice des hérétiques taborites, inspirés, il est vrai, par le même Dieu.

CHAPITRE XXXVIII

La victoire des réformateurs et la naissance des Églises protestantes

Ce qui s'est appelé la Réforme et a vu l'émergence d'Églises schismatiques autour de Martin Luther et de Jean Calvin n'enrichit d'aucune nouveauté fondamentale le programme des réformateurs qui, dès le XIe siècle, s'insurgent contre les intérêts temporels du clergé et de Rome. L'idée, communément reçue parmi les historiens, d'une emprise du catholicisme sur les peuples d'Europe se dément dès l'instant où l'on s'éloigne du pouvoir des lois imposées par les princes et la hiérarchie ecclésiastique, avec son quadrillage de paroisses, de confesseurs, de curés, d'inquisiteurs, de prédicateurs propageant la culpabilité, l'horreur de la sexualité, le satanisme de la femme, l'image omniprésente de la mort et d'un enfer inspiré directement par les sévices de la justice pénale.

La peur, la haine, le mépris de l'Église constantinienne n'ont jamais cessé d'animer les classes les plus diverses de la société. L'indifférence et l'irréligion règnent dans les milieux défavorisés, où le cynisme de la fausse piété sert les mendiants et solliciteurs. Seule l'aspiration à un christianisme préconstantinien — ascétique, altruiste, fidèle à la pauvreté volontaire, enclin au martyre, anticlérical et théocratique — prête, du IVe au XVIe siècle, une coloration religieuse aux nostalgies collectivistes. Chaque fois que le christianisme s'est manifesté, l'Église catholique l'a persécuté*.

Attentive à ses prérogatives temporelles qui, par l'enrichissement, lui conféraient un pouvoir considérable, l'Église catholique s'était de plus en plus éloignée de cette *ekklèsia*, ou communauté spirituelle des fidèles, qu'appelaient de leurs vœux vaudois, adeptes de la pauvreté volontaire, franciscains spirituels, lollards de Wycliffe, hussites, taborites et une foule d'agitateurs dont le projet d'abolir la dîme garantissait le succès.

Dans l'Église même, des voix s'étaient élevées pour réclamer de nouveaux accords entre les intérêts de Dieu et les intérêts financiers d'une « multinationale » se revendiquant du zélote Simon, métamorphosé en saint Pierre.

---

* À l'exception d'une courte période au XIe siècle.

«Nos gras chanoines croient être quittes envers Dieu s'ils chantent d'une voix claire, au chœur, un alléluia ou un répons ; puis ils rentrent à leurs maisons, pour se divertir et bien souper avec leurs histrions et leurs jongleurs [1]. » La diatribe n'est ni de Savonarole ni de Luther, mais d'Antoine de Padoue (1195-1231), esprit orthodoxe mais conscient du divorce entre la foi des pauvres et l'Église des riches qui, par son incurie, décourage la résignation de déshérités tout ébaubis de «vivre selon le Christ».

Ni Wycliffe, ni Huss, ni Savonarole, ni Luther, ni Calvin ne poursuivent de visées révolutionnaires, schismatiques ou hostiles au catholicisme. Leur dessein se situe dans la ligne politique de Grégoire IX prenant le parti de Ramihrdus contre le haut clergé.

Le développement du processus économique prête à Luther et à Calvin une arme enfin capable de briser le monopole spirituel que le cynisme de la bureaucratie pontificale a discrédité par le scandale du marché des indulgences et la priorité accordée aux affaires. L'expansion du commerce, l'indépendance croissante des banques et des entreprises artisanales préindustrielles instaurent un état d'esprit favorable aux nouveaux réformateurs. La séparation d'avec Rome ne signifie pas seulement la fin d'une hiérarchie odieuse, entremêlant foi et intérêts financiers : elle implique l'idée que la croyance appartient en propre à l'individu dans sa relation avec Dieu et que la gestion du capital constitue un domaine séparé de la religion, régi par les impératifs de la morale chrétienne. La rigoureuse obéissance à Dieu d'un homme d'affaires calviniste s'accorde avec la recherche intransigeante du profit parce que, bannissant les folles dépenses de l'hédonisme, elle souscrit à une morale ascétique conforme à l'institution chrétienne. Ainsi que l'a montré Max Weber, le protestantisme découvre dans l'austérité de l'accumulation et de la reproduction du capital un puritanisme qui inspire la «libre» relation du pécheur et du Dieu tutélaire, veillant au taux de profit. Où Rome pille et gaspille, le réformé économise et investit.

Le souci de moraliser les mœurs du clergé intervenait trop tard pour endiguer la pieuse éthique des réformés. Le concile de Trente échouera dans sa volonté de restaurer l'autorité du catholicisme sur les régions du Nord, berceau de la révolution industrielle et des premiers régimes bourgeois, parlementaires et démocratiques.

DEUX AGITATEURS À L'AUBE DE LA RÉFORME :
HANS BÖHM ET JÉRÔME SAVONAROLE

«C'était, écrit Norman Cohn, un berger et, à ses moments perdus, une sorte de comédien ambulant, qui jouait du tambour et de la flûte dans les hôtelleries et sur les places de marché — d'où le surnom qui lui est resté, de Tambourineur de Niklashausen. »

Par une ordinaire ironie de l'histoire, Hans entendit parler du franciscain italien Jean de Capistrano non pas en tant qu'inquisiteur impitoyable, auteur du massacre des fraticelles de Maiolati, mais comme frère prônant, trente ans auparavant, en Allemagne, le repentir et le rejet du luxe. Comme il avait incité à ces brasiers de vanités où les gens se défaisaient de leurs beaux habits, de leurs jeux de dés et de cartes, des objets de pur agrément, un jour de carême, le berger brûla son tambour devant l'église paroissiale de Niklashausen et se mit à prêcher.

Marie lui était apparue, lui intimant l'ordre de propager la bonne parole, en sorte que Niklashausen s'élevât à la gloire de la Jérusalem terrestre. Il y avait dans l'église une statue de la Vierge, à laquelle étaient attribués des pouvoirs miraculeux. Le curé de la paroisse ne ménagea pas son soutien à un projet qui érigeait Niklashausen en lieu d'élection de la providence divine à la place de Rome.

Le fait est que le petit berger se révéla soudain doué d'une éloquence extraordinaire. De la fascination qu'il exerçait sur les foules et sur les diverses classes de la société, il inféra bientôt que Dieu l'avait doté de pouvoirs thaumaturgiques. Il se mit à prêcher la simplicité des mœurs, se faisant fort de sortir n'importe quelle âme de l'enfer. Aux bûchers de vanités succédèrent de violentes attaques contre le clergé corrompu et contre les puissants.

Il incita bientôt à refuser le paiement des impôts et des dîmes. Que les prêtres abandonnent leurs outrageants privilèges et se contentent de ce que le peuple acceptera de leur accorder.

L'archevêque de Mayence, qui s'était jusqu'alors cantonné dans une prudente réserve, complota de mettre un terme à une agitation qui gagnait un nombre croissant de régions d'Allemagne.

« Böhm finit par devenir révolutionnaire, raconte Norman Cohn, proclamant l'imminence du millénium égalitaire fondé sur la Loi de Nature. Dans le Royaume à venir, l'usage du bois, de l'eau et des pâturages, le droit de chasse et de pêche, seraient à la libre disposition de chacun, comme autrefois. Les tributs de toutes sortes seraient abolis à jamais. Nul loyer, nul service ne seraient dus à aucun seigneur, nul impôt à aucun prince. Les distinctions de rang et de statut seraient abolies et personne n'aurait d'autorité sur autrui. Tous vivraient en frères, chacun jouissant des mêmes libertés et effectuant la même quantité de travail. *Les princes ecclésiastiques ou séculiers, les comtes et les chevaliers ne devraient posséder rien de plus que les gens du peuple ; ainsi tout le monde aurait suffisamment de biens. Le temps viendra où seigneurs et princes travailleront pour gagner leur pain quotidien.* »

« Certes, l'enseignement de Böhm n'exerçait pas le même attrait sur les différentes classes de la population. La volonté de renverser tous les princes, grands et petits, devait séduire particulièrement les pauvres des villes ; nous savons que les citadins venaient à Niklashausen, non seulement de Würzburg mais de toute l'Allemagne méridionale et centrale. D'autre part, en exigeant que le bois, l'eau, les pâturages, la chasse et la pêche fussent libres pour tous, Böhm se faisait le porte-parole d'une aspiration très générale des paysans. Les paysans allemands croyaient que ces droits leur avaient vraiment appartenu dans le passé, avant d'avoir été usurpés par la noblesse ; c'était là un des torts qu'ils espéraient toujours voir redresser par le futur "empereur Frédéric". Mais, avant tout, c'était le prestige du prédicateur lui-même, de ce miraculeux envoyé de Dieu, qui attirait ces dizaines de milliers d'âmes dans la vallée du Tauber. Les gens du commun, paysans et artisans, voyaient tous en lui un protecteur surnaturel et un chef, celui que "l'empereur Frédéric" aurait dû être : un sauveur qui pouvait leur accorder, individuellement, la plénitude de la grâce divine, et les mener collectivement dans un paradis terrestre.

« La nouvelle des merveilleux événements de Niklashausen se répandit rapidement de village en village et fut transmise au loin par des messagers qui partaient dans toutes les directions. Bientôt d'immenses hordes de gens de condition modeste, de tous âges et des deux sexes, et même des familles entières, affluèrent vers Niklashausen. Non seulement les environs, mais l'Allemagne centrale et méridionale tout entière, étaient en émoi, des Alpes jusqu'au Rhin et à la Thuringe. Les artisans délaissaient leurs échoppes et les paysans leurs champs ; bergers et bergères abandonnaient leurs troupeaux et se hâtaient — souvent vêtus de leurs vêtements de travail et portant pioches, marteaux et faux — pour entendre et vénérer celui qui était désormais connu sous le nom de "saint Garçon". Les gens se saluaient par les seuls vocables de "frère" et "sœur", et ces saluts acquéraient la signification d'un cri de ralliement. Parmi cette foule de gens simples et surexcités circulèrent bientôt les plus fantastiques rumeurs. Ce que la *plebs pauperum* avait cru de Jérusalem, ces hommes et ces femmes le croyaient de Niklashausen. Le Paradis y était littéralement descendu sur terre ; et d'infinies richesses s'étalaient déjà, prêtes à être ramassées par les fidèles qui les partageaient entre eux dans un esprit d'amour fraternel. Cependant, les hordes — comme les pastoureaux et les flagellants — progressaient en longues colonnes, portant des bannières et chantant des hymnes de leur propre composition. »

Les prédications de Hans Böhm avaient commencé vers 1474. Vers la fin de mars 1476, les pèlerinages suscitèrent des mesures de rétorsion de la part des grandes villes. Le conseil municipal de Nuremberg interdit aux habitants de se rendre à Niklashausen. Würzburg ferma ses portes et arma les milices. Le 12 juillet, le prince-évêque envoya une escouade de cavaliers dans la ville sainte. Arrêté, Hans fut incarcéré à Würzburg tandis qu'un paysan, investi à son tour d'un rôle prophétique engageait le peuple à marcher sur la cité épiscopale, dont les murs s'effondreraient comme ceux de Jéricho. Une quarantaine de libérateurs millénaristes furent tués. Jugé à la hâte, Hans Böhm monta sur le bûcher, où il mourut, dit-on, en chantant des hymnes. Les offrandes déposées par les pèlerins dans l'église de Niklashausen furent confisquées. L'archevêque de Mayence, l'évêque de Würzburg et le comte dont dépendait la nouvelle Jérusalem ne dédaignèrent pas de se les partager équitablement. Les cendres du prophète, dispersées afin qu'aucun culte ne lui fût rendu, ne laissèrent pas d'essaimer dans l'air du temps les germes d'un renouveau millénariste et réformateur qui allait briser les reins de la toute-puissante Rome.

JÉRÔME SAVONAROLE

Prophétisme, joachimite, pauvreté volontaire, ascétisme des spirituels, supputations politiques des tribuns communalistes composent chez Savonarole une conjonction d'ambitions diverses qui l'élèveront au pouvoir et comploteront sa chute.

Né à Ferrare en 1452, il se distingue dans l'ordre des dominicains par ses dons d'éloquence et sa culture. Prieur du monastère de Saint-Marc à Florence, il exerce très vite sur la cour brillante de Laurent de Médicis une fascination qu'exacerbe l'attrait de la pureté, si fréquent dans les fléchissements du plaisir coupable.

Jean Pic de la Mirandole, dont les thèses philosophiques avaient été condamnées par l'Église, décelait un allié dans le moine-prophète qui, par ses diatribes contre la *luxuria* et l'*aviditas* du pape et du clergé, prêtait sa voix à la colère populaire accumulée depuis des siècles contre le despotisme de Rome.

Son millénarisme avait aisément séduit en des temps où les revers de fortune et la misère ordinaire suggéraient une apocalypse imminente. Il partagea avec Dolcino le tort de donner à ses prophéties un tour trop précis. Il annonçait de terribles malheurs pour l'Italie. On ne manquait pas d'y croire, puisque le malheur était quotidien. Même la mort s'épanchait au fil des poèmes où Laurent célébrait la jeunesse et la beauté.

Contre les vices et la tyrannie de la papauté, Charles VIII, roi de France, brandirait le «fléau de Dieu, l'épée vengeresse», nouveau Charlemagne, nouveau Frédéric, nouveau roi d'un Troisième Âge. Marcile Ficin, érudit versé dans la kabbale, ami des lettres et des plaisirs, subodora chez le moine l'âcre odeur d'un rigorisme aussi pernicieux que l'hédonisme sadien des prélats et des aristocrates.

Après la mort de Laurent de Médicis, qui, au couchant d'une vie dissipée, avait investi Fra Girolamo d'un secret espoir de rédemption, Pierre de Médicis manifesta plus de réserve, voire de franche hostilité à celui qui ambitionnait maintenant de régenter la vie des Florentins.

Ses appels à la pauvreté volontaire, ravivant le souvenir des fraticelles et des spirituels, lui avaient rallié les suffrages des classes déshéritées. Il versa bientôt dans la mystique puritaine de tous les intégrismes.

La fuite de Pierre, la proclamation de la république florentine en 1494 et l'entrée triomphale du roi Charles VIII dans la cité lui octroyèrent le pouvoir d'un chef spirituel et temporel.

Florence, promue Nouvelle Jérusalem, marquait enfin le début du Troisième Âge, prélude au retour du Christ sur la terre et à la conversion massive des Turcs et des Juifs.

L'hystérie inhérente aux compulsions de la vertu alluma dans la ville, renommée pour le raffinement de ses arts, des flammes purificatrices, que l'on nommait «bûchers des vanités». On y jetait pêle-mêle bijoux, parures, livres, tableaux, habits de luxe.

Sandro Botticelli, le plus sensuel des peintres, succomba à cette folie destructrice, à cette rage où la vie se venge des mépris qui l'accablent en anéantissant avec une joie sinistre tout ce qui en fait l'agrément. À cela se mêlait le légitime ressentiment des exploités, sur l'échine desquels s'appesantissait un luxe dont ils étaient exclus. Les sermons de Savonarole, flattant à la fois des revendications qu'il ne satisferait pas et une haine à laquelle il prêtait des vertus évangéliques, lui aliénèrent peu à peu l'aristocratie et les intellectuels, dans le même temps que ses promesses d'un ordre nouveau demeuraient politiquement lettres mortes.

Le parti de Rome regroupa ses partisans. Le pape Alexandre VI, intelligent, brutal et corrompu, excommunia le moine et lui interdit de prêcher. Savonarole passa outre. Arrêté dans son couvent de Saint-Marc, mis à la torture, chargé d'une accusation d'hérésie, que sur le fond sa doctrine ne méritait pas, il fut, en dépit de l'effervescence de ses partisans — les *piagnoni** —, pendu et brûlé avec deux de ses disciples, Domenico de Pescia et Sylvestri Maruffi, le 23 mai 1498.

Le programme de renouveau de l'Église, que Savonarole avait enserré dans la politique aléatoire d'une cité, Luther l'exposera comme la protestation du christianisme tout entier devant l'ignominie du catholicisme, religion souillée par l'indignité de ses prêtres. Il eut la prudence de rester en Allemagne, où la vieille tradition des empereurs et des princes hostiles à Rome fera jouer en faveur de luthéranisme le vieux principe *cujus rex, ejus religio.*

DE L'HÉRÉSIE À LA RELIGION D'ÉTAT : LUTHER ET CALVIN

La réforme de l'Église triomphe avec Luther et Calvin, mais elle triomphe en dehors de l'Église et contre elle. Quelles victoires espéraient de nouvelles religions d'État ceux qui rêvaient d'un renouveau de la foi et de la liberté de croyance ?

Né en 1483, étudiant puis licencié de l'université d'Erfurt en 1505, Luther est ordonné prêtre en 1507. Il accède au poste de professeur et de prédicateur à l'université de Wittenberg, en raison des sympathies qu'il a éveillées chez le prince-électeur de Saxe.

Un voyage à Rome en 1511 lui révèle l'état de cupidité et de licence qui règne parmi les prélats et à la cour pontificale. Il n'est assurément ni le seul ni le premier à jalouser les fastes et la luxure de l'Église, à s'en indigner avec d'autant plus de véhémence.

La vente promotionnelle d'indulgences, lancée par le pape Léon X pour financer les travaux de l'église Saint-Pierre, lui offre une occasion d'exciter le mécontentement des villes du Nord, des campagnes échauffées par l'agitation de Böhm et des taborites, mais aussi des princes allemands, par tradi-

---

* Du nom de la cloche du couvent de Saint-Marc, la Piagnonia.

tion hostiles à Rome et bientôt (dès 1520) indisposés par l'autoritarisme de l'empereur catholique Charles Quint.

Pour collecter des fonds par la vente d'indulgences, l'archevêque de Mayence avait mandaté le dominicain Tetzel, prédicateur de talent, qui se faisait fort d'absoudre, si l'on y mettait le prix, tous les péchés, « eût-on forniqué avec la Vierge Marie en personne ».

Dès son arrivée à Wittenberg, une violente polémique l'opposa à un Luther disposant du double avantage d'être chez lui et d'exprimer avec la verdeur du langage populaire des opinions amplement partagées. Avec la faconde d'un voyageur de commerce, Tetzel lui proposait de trancher le débat par l'épreuve de l'eau et du feu : « Je me moque, rétorqua Luther, de tes braiements d'âne. Au lieu d'eau, je te conseille le jus de la treille et, en place du feu, le fumet d'une oie rôtie. » Quelques mauvais partis que le peuple réserva aux émules de Tetzel alarmèrent à Rome les responsables de l'opération de *marketing* fondée sur le rachat des péchés, tandis que, enhardi par sa popularité, le moine de Wittenberg résumait en quatre-vingt-quinze articles ses thèses contre la clique de Rome. Le 31 octobre 1517, il les affichait sur les murs de l'église de Tous-les-Saints. En vain le cardinal Cajétan, le nonce apostolique et la hiérarchie ecclésiale l'incitèrent-ils à signer une rétractation.

En 1520, la bulle *Exsurge* condamnait quarante et une propositions de Luther et ordonnait de livrer ses libelles au feu. Accompagné de ses disciples, Luther se rendit à la porte de Wittenberg, où un bûcher avait été allumé, et dans une grande solennité y jeta la bulle papale ainsi que les écrits de ses adversaires.

De l'Allemagne à l'Angleterre en passant par la France et les Pays-Bas, le bûcher de Wittenberg, qui avait symboliquement consumé la puissance de Rome, embrasa l'opinion publique. Le catholicisme n'était pour les princes et les rois qu'un instrument de domination politique. Aucun d'eux ne se faisait scrupule de le reléguer s'il encombrait plus qu'il ne servait. Le très fidèle serviteur de la foi, l'empereur Charles Quint, soumit Rome, en 1527, au sac et au massacre les plus impitoyables qu'elle ait connus depuis les Wisigoths. François Ier, roi de France, non moins bon catholique, brûle les protestants mais aide les réformés allemands dans leur lutte contre Charles Quint ; il n'hésite pas à s'allier avec l'islam par haine de l'empereur.

Où la politique avait condamné Dolcino, les spirituels et Savonarole, elle sauve Luther et son mouvement, elle le porte au pouvoir en vertu de cette force qui, sous les dehors de la religion et des idéologies, commence à apparaître au grand jour comme le véritable mode de gouvernement des hommes : l'économie.

Luther et Calvin entérinent les décrets obscurs de la libre entreprise jusque dans l'écrasement du communalisme paysan et dans la condamnation de ce libre-esprit si résolument inconciliable avec l'emprise économique exercée sur la vie des hommes.

En 1521, Charles Quint somme Luther de comparaître devant la diète des princes réunie à Worms, en Rhénanie. Fort de la sympathie que son acte de rébellion suscitera parmi des seigneurs peu empressés à ramper sous la botte de l'empereur, Luther jette comme un défi sa profession de foi puis, prévenant la prise de corps, se réfugie en Saxe où l'électeur, sous prétexte de l'emprisonner, le protège en son château de Wartburg. Il y traduira la Bible en allemand et jettera les bases d'un nouveau dogme.

En 1521, Thomas Müntzer, prenant à la lettre les libertés revendiquées par Luther, rejoignait les paysans en révolte et ravivait les espérances du Troisième Âge joachimite. En 1525, Luther, dans son libelle *Contre les bandes de paysans pillards et assassins*, appelle à la répression la plus impitoyable, levant les dernières réticences des princes allemands envers sa doctrine et contresignant ainsi la naissance du luthéranisme comme religion d'État. En cinq ans, l'hérésiarque réédite à sa manière l'opération constantinienne de l'Église romaine. Il s'érige en *pontifex maximus* en accordant à l'indépendance nationale et religieuse des principautés et royaumes du Nord le soutien d'une bourgeoisie de libre entreprise qui voit dans l'enrichissement la récompense de son sacrifice et de son obéissance à un Dieu raisonnable.

JEAN CALVIN

La carrière d'hérésiarque de Jean Calvin prit fin par un coup d'État dont il assura lui-même le succès. Il était né en 1509 à Noyon, en Picardie, où son père, procureur du chapitre, le destinait à l'Église. Après des études au collège de Montaigu, à Paris, à Orléans et à Bourges, il publie un commentaire sur l'ouvrage de Sénèque, *De clementia*.

Vers 1533, il adopte les idées de la Réforme. Soupçonné d'avoir rédigé la harangue de son ami le recteur de l'université de Paris, Nicolas Cop, tout imprégné de doctrine luthérienne, il s'enfuit à Angoulême puis se réfugie à Nérac, auprès de Marguerite de Navarre, sœur de François Ier, protectrice des réformés.

En 1534, il est à Bâle, où il rédige sa première version de l'*Institution chrétienne*. En 1536, Guillaume Farel, qui tente d'implanter la Réforme à Genève, l'invite à y user de son autorité pour convaincre les citoyens, peu empressés d'échanger contre une nouvelle vérité religieuse l'ancienne dont ils ne se soucient que médiocrement. Le bannissement les sanctionne tous deux en 1538 et Calvin gagne Strasbourg, où Martin Bucer consolide un des bastions du luthéranisme. De retour à Genève en 1541, il travaille désormais à instaurer son pouvoir. Une opposition s'étant dressée contre lui, fondée, chez les habitants de la cité, sur la conscience d'appartenir à un État libre tout autant que sur la répugnance que l'austérité calviniste suscitait chez des hommes naturellement enclins aux joies de l'existence, Calvin s'acharna patiemment à la briser, stigmatisant sous le nom de «libertins» le parti des libertés politiques, que menait Jacques Gruet, et la faction de Pocques, Perceval et Quintin Thierry, vitupérés sous le nom de «libertins spirituels».

En 1547, après un procès inique, Jacques Gruet est décapité pour avoir défendu le libre choix de l'athéisme et s'être insurgé contre la dictature d'un puritanisme qui forgerait dans le nord de l'Europe cette mentalité anglo-saxonne qu'illustreront le victorianisme anglais et l'américanisme dans son sens le plus déplorable.

Il ne lui manquait, pour confirmer la vérité que Dieu lui avait enjoint d'imposer, que de traîner sur le bûcher le médecin Michel Servet, réfugié en 1553 à Genève pour se soustraire à la barbarie inquisitoriale.

CHAPITRE XXXIX

Les dissidents du luthéranisme
et du calvinisme

En 1523, Luther, publiant le traité *Jésus-Christ est né juif*, accuse le papisme d'avoir éloigné les juifs de la vraie foi. L'Église les a confinés dans l'usure, elle les a calomniés, les accusant d'«utiliser le sang chrétien pour enlever leur mauvaise odeur» et de «je ne sais quelles sornettes». «Si nous voulons les aider, écrit le réformateur, c'est la loi de l'amour chrétien que nous devons leur appliquer, et non la loi papiste [1]. »

Que deviennent d'aussi belles dispositions, après le virage «constantinien» de la religion dite réformée et l'appel à la guerre sainte contre les paysans? En 1543 paraissent coup sur coup deux pamphlets du maître de Wittenberg, *Contre les juifs et leurs mensonges* et *Shem, Hamephoras*.

Jean Delumeau a jugé utile de livrer quelques extraits d'écrits que Hitler fit tirer à des millions d'exemplaires :

«Le Christ, écrit le réformateur, n'a pas d'"ennemis plus venimeux, plus acharnés, plus amers que les Juifs". Celui "qui se laisse voler, souiller et maudire par eux n'a qu'à [...] ramper dans leur cul, adorer ce sanctuaire [et] se glorifier ensuite d'avoir été miséricordieux [...] : ce dont Christ le récompensera le jour du Jugement dernier par le feu éternel de l'enfer". Lorsque Judas s'est pendu, "les Juifs ont peut-être envoyé leurs serviteurs, avec des plats d'argent et des brocs d'or, pour recueillir sa pisse avec les autres trésors, et ensuite ils ont mangé et bu cette merde, et ont de la sorte acquis des yeux tellement perçants qu'ils aperçoivent dans les Écritures des gloses que n'y ont trouvées ni Matthieu ni Isaïe lui-même"... "Quand Dieu et les anges entendent péter un Juif, quels éclats de rire et quelles gambades!"

« "Observez tout ce que les Juifs ont souffert depuis près de quinze cents ans, et il leur arrivera bien pire dans l'enfer [...]. Il faut qu'ils nous disent pourquoi [...] ils sont un peuple rejeté de Dieu, sans roi, sans prophètes, sans temple; ils ne peuvent en donner d'autres raisons que leurs péchés...". "Jamais la colère de Dieu ne s'est manifestée avec plus d'éclat que sur ce peuple."

« "Il faudrait, pour faire disparaître cette doctrine de blasphème, mettre le feu à toutes leurs synagogues et, s'il en restait quelque chose après l'incendie, le recouvrir de sable et de boue afin qu'on ne puisse plus voir la moindre tuile et la moindre pierre de leurs temples... Qu'on interdise aux Juifs chez nous et sur notre sol, sous peine de mort, de louer Dieu, de prier, d'enseigner, de chanter [2]. '' »

Dans la même année 1523, où Luther prône une certaine tolérance envers les Juifs, il propage sur la notion d'hérésie de prudentes réserves, que lui intime sans doute son propre sort :

« ''Si tu veux extirper l'hérésie, écrivait-il en 1523, tu dois savoir comment faire pour l'arracher avant tout du cœur et amener les hommes à s'en détourner par un mouvement profond de la volonté. Par la force tu n'en viendras pas à bout, mais tu la renforceras... Car si, par la force, on brûlait tous les Juifs et les hérétiques, on n'en convaincrait ni n'en convertirait un seul par ce moyen [3]. '' »

« Mais, note Jean Delumeau, après les violences de Th. Müntzer et la guerre des paysans et tandis que princes et villes adhèrent en grand nombre à la Réforme, voici que Luther change de ton, en vertu d'une autre logique contraire à la première : le protestantisme est retour à l'Écriture, éviction des ''nouveautés'' — aussi bien les ''superstitions'' romaines que le ''sacramentarisme'' de Zwingli. Inversement, ''la méchanceté du monde'' se manifeste à la fois par ''l'idolâtrie et l'hérésie''. L'État n'a pas à tolérer ces aberrations sataniques. Le Réformateur juge donc nécessaire l'intervention de l'autorité civile pour faire cesser les ''abominations'' telles que la messe. Sous la menace, le chapitre de la collégiale de Wittenberg doit cesser, à la Noël 1524, la célébration de la messe. Deux ans plus tard, Luther écrit au nouvel électeur de Saxe, Jean : ''En un lieu, il ne doit y avoir qu'une seule espèce de prédication.'' En 1527, il demande à l'électeur d'organiser des ''visites ecclésiastiques'' sur son territoire. Désormais dans les États luthériens l'État contrôlera l'organisation de l'Église, brisera les déviances religieuses, veillera à la prédication de l'Évangile. Les ''spiritualistes mystiques allemands'', déçus par Luther, ont alors beau jeu de lui reprocher ainsi qu'aux autres réformateurs de l'époque d'avoir substitué à la papauté romaine ''une papauté nouvelle'' un ''pape de papier'' (la Bible). Pour Schwenckfeld, Luther ''nous a fait sortir d'Égypte et nous a conduits dans le désert à travers la mer Rouge, mais il nous laissés là, errant à l'aventure, tout en s'efforçant de nous persuader que nous étions déjà dans la Terre promise''. Un peu plus tard, Weigel reproche au ''pape de Wittenberg'' d'avoir organisé un nouvel esclavage et de persécuter les inspirés [4]. »

Des papes qu'il vilipende, Luther, en effet, ne dédaigne pas d'adopter l'ordinaire hypocrisie qui, pour servir de puissants intérêts, prescrit d'étouffer de la main gauche la morale caressée de la main droite. Quand Philippe de Hesse demande à Luther l'autorisation de convoler en justes noces avec une seconde épouse, le maître spirituel, après avoir quelque peu tergiversé, accepte à condition que l'affaire reste secrète. Le landgrave reconnaissant envoie pour prix de l'indulgence un foudre de vin du Rhin. Du moins le pape Jules II avec l'argent extorqué aux catholiques payait-il Michel-Ange.

Calvin ignore de telles faiblesses. Il hait les plaisirs d'une haine viscérale et sa foi n'a jamais toléré le moindre manquement. Quelques mois après avoir assassiné Michel Servet, alors que Sébastien Castellion* s'est élevé contre une telle barbarie, il publie une *Déclaration pour maintenir la vraie foy* où il déclare :

« Nos miséricordieux, qui prennent si grand plaisir à laisser les hérésies impunies [...], voudraient, de peur que l'Église de Dieu ne soit diffamée de trop grande rigueur, qu'on donnât vogue à toutes erreurs... Or Dieu ne veut point qu'on épargne même ni les villes ni les peuples, voire jusqu'à raser les murailles et exterminer la mémoire des habitants, et fruster [*sic*] tout en signe de plus grande détestation, de peur que l'infection ne s'étende plus loin[6]. »

Et Théodore de Bèze de surenchérir :

« La tyrannie est un moindre mal que d'avoir une licence telle que chacun fasse à sa fantaisie et vaut mieux avoir un tyran, voire bien cruel, que de n'avoir du tout prince quelconque, ou d'en avoir un sous lequel il soit permis à chacun de faire tout ce qu'il veut... Ceux qui ne veulent point que le magistrat se mêle des affaires de la religion, et principalement de punir les hérétiques, méprisent la Parole de Dieu expresse... et machinent une ruine et destruction extrême à l'Église[7].

« Le prince "doit dresser et entretenir de bons édits contre ceux qui par seule opiniâtreté voudront résister à l'établissement de la vraie religion, comme nous voyons de notre temps avoir été pratiqué en Angleterre, Danemark, Suède, Écosse, une bonne partie de l'Allemagne et de Suisse, contre la papauté, anabaptistes et autres hérétiques[8]". »

JOHANNES DENCK

Alors que l'ombre du luthéranisme et du calvinisme menace d'étendre sur le monde un obscurantisme qui a sur Rome l'avantage fallacieux de la raison et de la liberté, Johannes Denck est, avec Sébastien Castellion, de ces hommes rares, lucides et sincères pour qui le sentiment humain l'emporte sur les croyances et les idéologies, si promptes à l'étouffer sous leurs sublimes abstractions.

Denck ne fut d'aucun autre parti que le sien ; il n'ambitionnait pas de gouverner les autres. S'émanciper de toute contrainte lui paraissait une tâche suffisante. La liberté luthérienne ne s'accommodait pas de telles licences — peu conciliables, il est vrai, avec quelque Église que ce soit.

Né en 1500 à Habach, en Haute-Bavière, Denck entre à dix-sept ans à l'uni-

---

* Dans le *Traité des hérétiques*, Castellion écrivait : « Nous voyons qu'il n'y a presque aucune de toutes les sectes (qui sont aujourd'hui sans nombre) laquelle n'ait les autres pour hérétiques : en sorte que si en cette cité ou région tu es estimé vrai fidèle, en la prochaine tu serais estimé hérétique[5]. »

versité d'Ingolstadt. Tout en poursuivant ses études à Bâle, il travaille comme correcteur dans une imprimerie, se perfectionnant en latin, grec et hébreu. Il lit Érasme, se passionne pour la mystique médiévale et adhère aux idées de Thomas Müntzer. Sur les instances du luthérien Œcolampade, il est nommé, à vingt-trois ans, recteur de l'école Saint-Sébald à Nuremberg. Il se marie et fréquente les milieux qui se peuvent, sans anachronisme, qualifier de libertaires.

Nuremberg, à l'égale des autres grandes villes préindustrielles, oscillait, dans le ressac de la Réforme, entre la tyrannie luthérienne, la déception de libertés imparfaites et le vieux courant catholique où refluaient les inquiets et les désenchantés. L'indifférence à la chose religieuse, qui sous les impératives observances rituelles avait dominé le règne absolu du catholicisme, se muait en un scepticisme volontiers frondeur.

Nombre d'esprits forts, y compris dans le clergé, partageaient sans doute l'athéisme d'un Thomas Scoto ou d'un Hermann de Rijswijck, mais peu s'enhardissaient à le revendiquer, hors de gens possédant les moyens de leur insolence — comme Frédéric II ou le condottiere Montefeltro dont le casque portait l'inscription promise à un bel avenir : «Ni Dieu ni maître.» La contestation de l'existence de Dieu résultait maintenant de la multiplication des vérités dogmatiques et des partis de la «vraie foi».

L'affaire dite «des trois peintres sans Dieu[9]» offrit à la municipalité l'occasion de sévir contre le parti des sceptiques. Les railleries à l'encontre des religions trouvaient trop aisément des oreilles complaisantes dans le peuple. Elles aiguisaient la langue des intellectuels et des artistes. Les trois peintres mis en cause, les frères Behaim, jouissaient de l'amitié de Johannes Denck, dont l'indépendance d'esprit avait plus d'une fois irrité les notables luthériens, Osiander en particulier.

Le conseil le cita à comparaître et exigea de lui une confession de foi qui le lavât de tout soupçon. Denck s'exécuta et exposa ses doutes en deux écrits successifs, avec une provocante sincérité.

Examinant la croyance en laquelle il a été éduqué, il se range à l'évidence qu'il s'agit d'une foi purement fictive «parce qu'elle n'a pas triomphé de ma pauvreté spirituelle, de mon inclination à pécher, de ma faiblesse et de mon état maladif [...]. Je ne m'aventurerai pas à prétendre que je possède maintenant la foi qui se traduit elle-même dans la vie, bien que je voie clairement que mon incroyance ne peut continuer davantage devant Dieu.» Et il ajoute : «Tous les croyants sont, à un moment ou à un autre, des incroyants. Pour devenir croyants, ils doivent laisser mourir leurs passions et l'homme terrestre de telle façon que ce ne soient plus eux qui vivent, comme ils le font tant qu'ils sont dans l'incroyance, mais que ce soit Dieu qui vive en eux par la médiation du Christ[10].»

La présence de Dieu agissant dans l'homme le délie de toute contrainte et de tout péché : telle sera aussi la doctrine de ceux que Calvin appellera les «libertins spirituels».

Le 25 janvier 1525, Denck s'entend condamner au bannissement. Contraint de quitter sa famille, dépouillé de ses charges universitaires, il se réfugie en juin auprès des anabaptistes de Saint-Gall, victimes eux aussi de la haine des luthériens ; il les choque bientôt par ses conceptions de la liberté individuelle. L'errance le mène à Augsbourg, où il séjournera jusqu'en octobre 1526, y rédigeant *Wer die Wahre warlich lieb hat*, bilan des paradoxes, contradictions et absurdités de la Bible, qui le conduit à cette conclusion : les querelles d'interprétation n'ont aucun sens commun, seule la présence de Dieu en soi, quand l'Esprit daigne la révéler, importe et sert de guide à l'existence par la spontanéité des impulsions qu'elle engendre.

L'hostilité des luthériens le contraint à un nouvel exil. Le même sort l'attend ι Strasbourg, où Bucer et Capito le dénoncent pour activités subversives.

C'est un homme usé par son combat solitaire qui arrive à Bâle en septembre 1527. Œcolampade se montre disposé à lui accorder l'asile, à la condition qu'il abjure. Denck écrit une manière de confession, mêlant à quelques concessions, dictées par la lassitude, des opinions proches de Schwenckfeld et de sa notion d'homme intérieur. Œcolampade entrera dans la tradition du mensonge inquisitorial en publiant le texte sous le titre pour le moins abusif d'*Abjuration de Hans Denck*.

Quand Denck meurt, à vingt-sept ans, de la peste à Bâle, il vient de publier *Von der wahren Liebe*. Il y insiste sur le thème suivant : celui qui aime Dieu et a Dieu dans son cœur n'a pas à se soucier des institutions, qui ne font que l'aveugler.

En 1528, deux de ses textes, parus comme préface et appendice à la *Deutsche Theologie*, précisent «que la créature est nécessaire à Dieu et que l'homme déifié par l'illumination jouit, aussi bien que le Christ, de l'union avec lui», idée que développera, au XVIIe siècle, une autre victime des nouvelles Églises, le philosophe Jacob Boehme.

Le XIXe siècle verra en Denck un des pionniers de la libre pensée. Sans doute a-t-il influencé la conscience lucide et tourmentée de Kierkegaard. Il semble néanmoins que la haine conjuguée des protestants et des catholiques tienne à cette imprégnation du libre-esprit sensible dans sa thèse : «Là où est la foi, il n'y a pas de péché ; là où il n'y a pas de péché demeure la vertu divine [11].»

SÉBASTIEN FRANCK

Philosophe et historien, Sébastien Franck appartient au très petit nombre des humanistes alliant à l'intelligence une passion indéfectible pour la tolérance et le respect de la vie.

Né en 1499 à Donauworth, en Souabe, il s'inscrit à l'université d'Heidelberg, où il fréquente Martin Bucer, futur maître de Strasbourg. En dépit de ses contacts avec Luther dès 1519, il commence sa carrière ecclésiastique dans l'Église catholique, qu'il quitte vers 1525. Prédicateur évangélique dans la région de Nuremberg, il épouse Ottilie Behaim, sœur des peintres Barthold et Sebald, disciples de Dürer et esprits libres à qui répugne toute forme de religion.

À l'époque, cependant, il prend position contre cette justification par la foi défendue par Johannes Denck, ami des Behaim, et lui oppose une éthique conforme aux principes chrétiens. Mais en 1529, il résigne ses fonctions ecclésiastiques, s'installe à Strasbourg, fréquente Michel Servet et Caspar Schwenckfeld, et adopte de plus en plus l'attitude de Denck pour qui les convictions n'ont de sens qu'en raison d'un rapport de cohérence entre les idées et un vécu dépouillé d'artifice et d'hypocrisie. Tel est l'esprit qui anime son œuvre maîtresse, sa *Chronica, Zeytbuch und Geschichtbibel**, publiée en 1531. Érasme, prenant ombrage d'une citation, le dénonce au conseil de Strasbourg et, avec l'appui de Bucer, obtient l'expulsion de Franck. En butte à la haine d'Érasme et des luthériens, condamné par Mélanchton, il finit par se fixer comme imprimeur à Ulm dont le conseil rejette plusieurs demandes d'expulsion, y compris celle introduite par Philippe de Hesse, le protecteur de Luther. Il y prend le temps de publier plusieurs ouvrages personnels et un traité de Cornelius Agrippa avant de tomber sous le coup d'un arrêt de bannissement, en 1530. Réfugié à Bâle où il contracte un second mariage avec l'héritière d'une famille de grands éditeurs, il ne cesse de publier — son recueil de proverbes connaît une grande vogue — et de combattre pour la tolérance et la suppression de la peine de mort**. Il meurt en 1542, à peine âgé de quarante-trois ans.

Hostile à toute forme d'organisation ecclésiale, il rejette, avec l'autorité des prêtres, celle des Écritures. Les évangiles, dit-il, ont remplacé l'autorité pontificale par un «*papieren Papst*» (un pape de papier). La cause de tous les maux, il la dénonce dans une société dominée par la force et le pouvoir du prince. Aucune guerre n'est juste, car elle découle du principe d'appropriation. En revanche, son pessimisme n'accorde guère de crédit à la révolte. Plus proche du tao que de La Boétie, il se contente d'identifier Dieu à un sentiment de plénitude intérieure, où il rêve que s'anéantissent la brutalité et la misère d'un monde immuable.

Dans l'insurmontable et vain affrontement où les vérités se combattent âprement, la tolérance représente pour lui la seule vertu humaine***. Cela suffit à lui valoir l'animosité de la plupart des humanistes, des idéologues et des sectaires de son temps, des catholiques aux anabaptistes. En revanche, Sébastien Castellion mit tout en œuvre pour diffuser ses ouvrages, auxquels rendirent hommage Valentin Weigel, Jacob Boehme, Dirk Coornherdt et l'historien Gottfried Arnold.

---

* *Chroniques, annales et histoire de la Bible.*
** «Si le choix m'était donné, j'aimerais mieux être de la condition de plusieurs que le monde a condamnés pour hérétiques que de ceux qu'il a canonisés [12].»
*** «Prends donc dans chaque secte ce qu'elle a de bon et laisse le reste aller au diable [13].»

CARLSTADT ET SCHWENCKFELD

La rivalité de pouvoir qui oppose très vite Luther et Andréas Rudolf Bodenstein, dit Carlstadt, détermine ensuite une rivalité d'opinions d'autant mieux soumises aux incertitudes que le dogme des réformés se cimentait malaisément dans les controverses. L'Église catholique constantinienne n'avait guère procédé autrement, mais son absolutisme traitait le doute par le glaive. L'opération similaire tentée par Luther, Calvin et Henri VIII d'Angleterre ne s'inscrivait plus dans les mêmes conditions historiques. Sous la prédominance du mode de production agraire s'activait la taupe de l'expansion marchande. Le progrès des valeurs ouvertes à la modernité ne garantissait plus guère la stabilité de l'ordre divin et l'immuable puissance de ses ministres.

La défaite de l'Église romaine, dont la contre-offensive du concile de Trente ne restaurera qu'imparfaitement le pouvoir, interdisait aussi que les prétentions despotiques des papes de la Réforme allassent au-delà de tyrannies locales, résistant mal à la contestation.

À la différence de Denck, Müntzer, Storch, Hoffmann ou Schwenckfeld, Carlstadt ne possède pas de doctrine en propre. Il se contente de narguer Luther, houspillant la baudruche infatuée dont l'ombre s'étend sur l'Europe.

Né vers 1480, il étudie la philosophie et la théologie à Erfurt (1499), puis à Cologne (1500). Le voici professeur de théologie, exégète de la Bible et docteur en droit de l'université de Sienne. Acquis aux revendications de Luther, il se heurte vite à l'intransigeance de l'homme, pour qui l'interprétation dogmatique des textes sacrés l'emporte sur la générosité des élans du cœur. Or n'est-ce pas précisément la part la plus sensible, voire la plus sensuelle, des hommes qui a le plus ardemment mené le combat contre la tyrannie du clergé romain ?

La rencontre avec Thomas Müntzer, dont le millénarisme révolutionnaire le fascine et l'effraie tout à la fois, hâte la rupture avec Luther qui le fait chasser de Wittenberg. Réfugié à Orlamünde, où il se prononce contre la nécessité du baptême et de la communion, il en est expulsé sur les instances de son ancien ami, qui le poursuit de sa haine partout où il dispose de l'appui des princes. Carlstadt ne trouvera la paix qu'auprès de Zwingli qui, à Zurich, a fondé une Église rivale et ne ménage pas Luther. Carlstadt défendra des positions proches des idées de Denck, estimant que la sincérité de la foi dispense de toute autorité spirituelle. Il professait à l'université de Zurich quand il mourut de la peste en 1541.

La liberté fut cause de la rupture entre Luther et Kaspar Schwenckfeld (1490-1561), dont la secte subit une égale persécution de la part des catholiques et des luthériens. Dans la lignée de Denck, il rejette les sacrements et les rites religieux au profit de la foi, en laquelle l'homme fonde son sentiment de conformité avec les desseins de Dieu. Il met l'accent sur l'homme intérieur dont l'expérience mystique participe de l'illumination. Certains piétistes se revendiqueront de ses enseignements.

MICHEL SERVET

Médecin et humaniste, né vers 1509, à Villanueva, en Espagne, Michel Servet doit sa fin dramatique moins à une audace de pensée — plus répandue qu'il n'y paraît, sinon moins imprudente — qu'à un règlement de comptes auquel s'abaissa l'autorité maladive de Jean Calvin. Ses études de médecine aux universités de Toulouse et de Paris l'avaient, comme Rabelais, induit à un certain scepticisme en matière théologique. Lui qui avait découvert les mécanismes de la circulation du sang dans les poumons éprouva quelque peine à trouver de la clarté dans cette trinité qui faisait partie de l'arsenal constantinien et avait présidé à l'instauration du catholicisme comme religion d'État.

L'antitrinitarisme, vulgarisé par Socin et ses amis, répondait moins à une préoccupation théologique qu'à la mise en cause de l'Église par la dérision d'un principe dont elle n'avait jamais réussi à se dépêtrer et dont le caractère mystérieux dissimulait en fait la nécessité politique de tenir ferme entre Dieu (le Père) et les hommes (le Fils) la balance de l'Esprit gouvernant le temporel au nom du mandat céleste.

Publié en 1531, le *De trinitatis erroribus* de Servet donne raison à Arius et au vieux gnosticisme en niant l'Esprit — et donc l'Église — comme être distinct. Tout se passe selon Servet entre le Logos, qui est éternel, et le Fils, qui ne l'est pas.

En 1553, la publication anonyme de son *Christianismi restitutio* attire sur lui les menaces de l'Inquisition. Arrêté à Lyon et emprisonné, il a le bonheur de s'échapper et le malheur de gagner Genève, auprès de Calvin avec qui il avait plus d'une fois échangé des lettres. Sa *Restitutio* ironisant sur l'*Institutio* de Calvin aurait dû le mettre en garde, d'autant qu'il y adoptait des positions proches de l'anabaptisme. Mais, surtout, sa liberté de mœurs et de langage agit sur Calvin comme une insulte à sa majesté de prophète. Un procès inique, auquel personne n'accorda crédit — car les griefs n'offraient aucune commune mesure avec les accusations produites contre Jacques Gruet —, réussit où l'Inquisition avait échoué et mena à bien l'ouvrage de Rome. Servet fut brûlé vif le 27 octobre 1553 [14].

SÉBASTIEN CASTELLION

La Réforme s'inscrivait par la force des choses dans un mouvement de désacralisation, inhérent à cette expansion marchande qui, au XXe siècle, réduirait la religion des pays industriels à une pacotille de supermarché. Le protestantisme avec ses multiples sectes marque la transition entre la théocratie cléricale, soutenue par un grand appareil de papes et de monarques de droit divin, et les idéologies fondées sur une éthique contraignante, oscillant entre les totalitarismes de type nationaliste ou collectiviste et la revendication des libertés qu'autorise en fait le devenir de l'économie.

L'importance de la morale dans la religion réformée prolonge bien la volonté des réformateurs qui, dès le XIe siècle et dans le tourbillon des libertés urbaines, entendent moraliser l'Église. Même si le despotisme éthique succède le plus souvent à la tyranie des prescriptions dogmatiques, l'absence d'une orthodoxie sacrée, d'une perspective rectiligne dont Dieu soit le point de fuite et d'arrivée, n'autorise plus à parler d'hérésies dès l'instant que le protestantisme occupe la prédominance dans un pays ou une région.

Si Calvin a traité Servet en hérétique, c'est qu'il s'estimait, à l'égal du pape, l'élu de Dieu, fixant à Genève cette Nouvelle Jérusalem qui n'en finissait pas de fluctuer géographiquement. Son rôle de dictateur puritain prend le dessus, en revanche, lors de la polémique qui l'oppose à Sébastien Castellion. La controverse n'est plus théologique, mais idéologique. Elle met en cause l'inhumanité du discours répressif prêté à Dieu.

L'histoire officielle fait grand cas d'Érasme, humaniste et antisémite, intellectuel et misogyne, défenseur des libertés et partisan de la peine de mort pour les hérétiques, qu'il dénonce à l'occasion. Elle ignore Guillaume Postel, qui décèle dans l'émancipation de la femme le fondement d'une société humaine, et Castellion luttant pour la tolérance.

Né en 1515 à Saint-Martin-du-Fresne, dans le Bugey, où s'est perpétuée l'influence vaudoise, Sébastien Castellion étudie à Lyon et fréquente les humanistes séduits par les idées nouvelles. Le spectacle des persécutions et la lecture de l'*Institution chrétienne* de Calvin le gagnent à la Réforme. Il part pour Strasbourg, puis pour Genève où Calvin lui offre un poste de professeur en 1542. Ses *Dialogues sacrés* reflètent ses premières réticences à l'égard de l'autoritarisme croissant de Calvin. Il y célèbre la tolérance et remarque : « Il n'y a rien qui résiste plus obstinément à la vérité que les grands de ce monde. » Il quitte bientôt Genève, s'attirant l'animosité d'un homme qu'il a eu la naïveté d'admonester pour son sectarisme.

Lecteur de grec à l'université de Bâle, il donne dans la préface à sa traduction latine de la Bible le premier manifeste de la liberté de conscience. Indigné par l'exécution de Servet en 1553[*], il développe une doctrine opposée à la prédestination dont Calvin s'autorise pour justifier ses crimes.

Paru en 1562, son *Conseil à la France désolée* appelle à la tolérance universelle, au refus de «forcer les consciences». Il s'insurge contre les fanatismes et les horreurs de guerres entreprises pour la plus grande gloire de Dieu. Rarement livre fut accueilli par une aussi unanime réprobation. Luthériens, calvinistes, catholiques et humanistes jugèrent criminel le projet d'abolir la peine de mort pour délit d'hérésie. Son neveu et son beau-frère, coupables d'avoir introduit le livre à Genève, ne durent leur salut qu'à la fuite. Jusqu'à sa mort, le 29 décembre 1563, Castellion ne cessa de diffuser dans l'Europe entière des lettres prônant la liberté de pensée et destinées à tous ceux qu'il estimait capables de partager ses idées et d'en répandre les effets [15].

---

[*] Qui lui inspira *De haereticis an sit persequendi ?* (Bâle, 1654).

CHAPITRE XL

Les alumbrados d'Espagne

Jusqu'alors assez discrète, l'Inquisition s'était déchaînée en Espagne dès 1492, recouvrant du manteau de la foi menacée une gigantesque opération de génocide dirigée principalement contre les juifs, dont la spoliation systématique renflouait les caisses de l'État. La puissance que lui avaient concédée d'insignes services rendus dans l'art d'apurer les déficits du royaume, où les juifs finançaient en quelque sorte la conquête des marchés américains, avait rabattu sur l'Espagne ces fonctionnaires de police religieuse dont l'Europe du Nord avait résilié les contrats et que l'Italie de la Renaissance prisait plus au-dehors de ses frontières qu'à l'intérieur.

Le catholicisme italien s'accommodait de plaisirs tôt ou tard saisis par le rachat, le remords et la contrition. Mieux que le concile de Trente, l'hédonisme d'un pays enclin au luxe et aux passions dressait une barrière naturelle contre les empiétements du puritanisme réformateur, dont l'austérité précalviniste de Savonarole avait présenté l'alléchant programme.

Encore engoncée dans de vieilles structures agraires où le goût de la vie et de la liberté ne s'était frayé un chemin qu'à travers les insurrections des *comuneros*, quelques jacqueries et la richesse naissante des grandes villes, l'Espagne gardait l'héritage du masochisme ascétique de Priscillien et de Dominique de Guzman, inspirateur d'un ordre de tueurs divins dont Loyola ranimerait bientôt la ferveur en lui prêtant un tour moins brutal et plus policé.

L'Inquisition empêcha durablement en Espagne, avec un zèle que lui eussent envié les inquisiteurs allemands, l'implantation du protestantisme qu'elle ne parvenait pas à contenir dans les Flandres en dépit d'effrayantes hécatombes.

Elle demeura néanmoins décontenancée lorsqu'elle découvrit l'existence de groupes, apparemment fort nombreux, de gens qui s'adonnaient aux libertés de l'amour selon les voies de cette extase que, par une étrange référence au vieux gnosticisme et à l'hebdomade, le langage populaire situe dans le septième ciel.

Bataillon date de 1512 l'apparition du qualificatif *alumbrado*, appliqué à un franciscain «*illuminé* par les ténèbres de Satan [1]».

L'Inquisition hésite à poursuivre à Tolède, où l'influence des soufis hétérodoxes de l'islam s'est secrètement perpétuée, Isabel de La Cruz qu'auréole une réputation de sainteté et autour de laquelle s'est constitué un groupe dont les enseignements rappellent ceux de Marguerite Porète. Il faut attendre le 23 septembre 1525 pour que le grand inquisiteur Manrique promulgue un édit contre les *alumbrados*, sans doute à la faveur d'une campagne contre les protestants, avec qui ils ne peuvent se confondre si ce n'est pas quelque malignité du saint-office. Arrêtée en 1529, Isabel de La Cruz est condamnée à la prison à vie. Un de ses disciples, le prêtre Juan Lopez, montera un an plus tard sur le bûcher à Grenade.

Le chroniqueur Alfonso de Santa Cruz a transcrit plusieurs articles de la cédule d'accusation lors du procès de Tolède :

« Ils disent que l'amour de Dieu dans l'homme est Dieu. [... Ils] affirment que l'extase, ou illumination, conduit à une telle perfection que les hommes ne peuvent plus pécher, ni mortellement ni véniellement, que l'illumination rend libre et délie de toute autorité, et ils n'ont de compte à rendre à personne, même pas à Dieu, puisqu'ils se sont confiés à lui [d'où leur refus des sacrements, prières, bonnes œuvres].

« Ils appellent l'hostie un morceau de pâte ; la croix, un bâton ; et les génuflexions, de l'idolâtrie. Ils tiennent pour gloire suprême d'annihiler leur propre volonté. [...] Ils nient l'enfer [...].

« Loin de pleurer la Passion du Christ, ils se réjouissaient et prenaient tous les plaisirs pendant la Semaine sainte. Ils affirmaient que le Père s'était incarné comme le Fils et croyaient parler avec ce Dieu-là ni plus ni moins qu'avec le corregidor d'Escalona. Pour se souvenir de Notre-Dame, ils contemplaient le visage d'une femme au lieu de contempler une image. Ils appelaient l'acte conjugal union avec Dieu. La secte existait autour d'Isabel de La Cruz et d'un certain père Alcázar [2]. »

Dans le même temps, un groupe d'*alumbrados* se développe autour de la *beata* Francisca Hernández, originaire de Canillas, près de Salamanque. Vers 1519, sa cour se compose de jeunes clercs : Bernardino Tovar, le franciscain Gil López, le bachelier Antonio de Medrano, dont la relation amoureuse avec Francisca est dénoncée à l'inquisition, qui condamne les amants à vivre séparément.

Gagnant Valladolid, Francisca habite successivement chez Bernardino Tovar et chez le financier Pedro Cazalla. Dans la tradition des *Homines Intelligentiae*, elle fonde un centre occulte dénommé paradis où les affinements de l'amour confèrent l'innocence édénique au terme d'une initiation qui entremêle chasteté, libertinage et passion exclusive.

Lors du procès, Antonio de Medrano déclare que, depuis qu'il a fait la connaissance de Francisca, Dieu lui a fait la grâce de ne plus ressentir de désirs charnels, de sorte qu'il peut dormir avec une femme dans le même lit sans préjudice pour son âme. Francisco Ortiz affirme en revanche : « Après avoir eu des rapports avec elle pendant une vingtaine de jours environ, j'ai reconnu avoir acquis plus de sagesse à Valladolid que si j'avais étudié vingt ans à Paris. Car c'est non Paris, mais le paradis qui pouvait m'enseigner cette sagesse [3]. »

Francisca Hernández passait pour avoir atteint un tel degré de sainteté que la continence ne lui était plus nécessaire. La part la plus riche de son enseignement a sans doute consisté à débarrasser ses disciples et amants de ce sentiment de culpabilité qui forme avec la peur de jouir le cercle vicieux où s'empoisonne l'amour. Le théologien Melchior Cano exprimera dans une formule d'une étonnante modernité l'entreprise savamment irréligieuse de Francisca : «Ôter la crainte et donner assurance.»

C'est précisément sur l'angoisse et la peur, fondement de toute religion, que l'Inquisition jouera pour anéantir l'alumbradisme. Arrêtées en 1529, Francisca Hernández et sa suivante, Maria Ramirez, dénoncent sous la menace de la torture et du *quemadero* Bernardino Tovar, son frère et quatorze autres personnes. Et, selon la volonté du tribunal inquisitorial, elles les dénoncent non comme *alumbrados* mais comme luthériens, ce qui ne manque pas de piquant lorsqu'on connaît la haine de Luther et de Calvin pour les adeptes du libre-esprit.

Dans plusieurs régions d'Espagne, les *alumbrados* représentent une telle force que l'Église n'ose les attaquer de front et préfère les assimiler aux réformés, dont la condamnation suscite moins de réserve. Ils sont si nombreux à Séville que l'Inquisition renonce à intervenir. «La majeure partie de la ville en est infectée, rapporte une lettre du temps. Il n'y a duchesse ou marquise, femme de haute ou de basse condition qui n'ait à se reprocher quelque erreur de cette hérésie.»

Dans la seconde moitié du XVIe siècle, un groupe d'*alumbrados* pousse l'imprudence jusqu'à contester publiquement les enseignements de l'Église. En 1578, un dominicain, Alonso de La Fuente qui, à Llerena, dans l'Estrémadure, s'en prenait en chaire de vérité aux *alumbrados* fut interrompu par une femme : «Padre, la vie qu'ils mènent est meilleure que la vôtre, et meilleure leur doctrine.» Son audace, soutenue, selon toute vraisemblance, par une opinion favorable, communément admise dans la région, suscita la réaction immédiate de l'Inquisition. Arrêtée, soumise à la torture, elle avoua le nom de ses compagnes et compagnons.

La doctrine était exposée par huit membres du clergé séculier. Fernando Alvarez et le père Chamizo recommandaient aux novices de méditer sur les plaies du Christ crucifié avec une ardeur telle qu'elle suscitât rougeur du visage, sueurs, douleur au cœur, nausées pour culminer dans une extase où, selon leur expression, ils se «liquéfiaient dans l'amour de Dieu». Ainsi Porète parlait-elle de «l'âme anéantie» annonçant l'identification à ce Dieu que Simon de Samarie appelait *megalè dynamis*, tandis que le bégard Jean de Brünn évoquait l'identité du *pneuma* et du *sperma* dans la fusion qui le laissait *totaliter liquefactus*.

Rendus impeccables par l'illumination orgasmique, ils accédaient à l'état de perfection et, plongés en permanence dans l'exaltation intérieure, étaient fondés à suivre leurs désirs, à rejeter l'Église, son autorité et ses rites.

Outre Alvarez et Chamizo, à qui il est reproché d'avoir initié aux jouissances célestes trente-quatre personnes, la communauté de Llerena comprenait Juan Garcia, clerc d'Almendralejo, le bachelier Rodrigo Vasquez, curé de La

Morera, qui affirmait : « Si les Turcs ont pu gouverner et gagner l'Espagne, c'est que chacun d'eux vivait comme il l'entendait » ; le docteur Cristobal Mejia, clerc de Cazalla ; un franciscain de Valladolid, âgé de soixante-trois ans ; Pedro de Santa Maria ; un curé de Zafra, Francisco de Mesa, qui répétait volontiers en parlant de la Passion du Christ : « À quoi bon se préoccuper chaque jour de la mort de cet homme ? »

À Zafra, où les adeptes se réunissaient chez la veuve Lari Gomez, un cordonnier, Juan Bernal, nourrissait l'intention de présenter à la cour un mémoire en faveur des *alumbrados*.

Le groupe existait depuis quatre ans quand l'évêque de Salamanque, Francisco de Soto, fut chargé de l'enquête en 1578. Quand il mourut à Llerena, le 21 juin de la même année, la rumeur accusa les *alumbrados* de l'avoir empoisonné. Ceux-ci périrent pour la plupart sur le bûcher.

Tel est le contexte dans lequel se manifeste l'exaltation mystique de Jean de la Croix et de Thérèse d'Avila. D'abord suspectés d'alumbradisme, l'un et l'autre, s'empressant de fournir les preuves de leur parfaite soumission à l'Église, canaliseront vers un ascétisme morbide les charnelles extases qui avaient su s'auréoler d'une grâce divine.

CHAPITRE XLI
Les libertins spirituels

Dans le même temps que l'inquisition espagnole s'inquiétait de gens qui, se souciant comme d'une guigne du catholicisme, du protestantisme, de l'Église et de ses réformes, vivaient dans la quête de l'amour et y découvraient le sens même de leur existence, Luther et Calvin s'employaient à mater, dans des pays lentement conquis par leurs glaciales vérités, des libertés naturelles qu'avaient autorisées parmi les simples les libertés spirituelles que s'étaient arrogées les réformés.

ÉLOI PRUYSTINCK ET LES LOÏSTES

Avec l'essor économique, Anvers a vu, vers 1520, la nouvelle vague de l'initiative individuelle pousser vers le rivage les audaces de l'entreprise privée, la reconversion de Dieu en un capital divin et, dans le même temps, une propension au luxe et ce sentiment de puissance qui élève l'homme d'affaires à la dignité d'élu, voire de démiurge.

En ce début du XVIᵉ siècle où Dieu, dépecé par deux factions qui s'en disputent l'exclusivité, laisse enfin une chance à l'humain, un «couvreur d'ardoyses» du nom d'Éloi Pruystinck, un prolétaire *illiteratus et mecchanicus* agite le quartier populaire de Saint-André.

Une lettre de David Joris laisse entendre qu'une rencontre a mis aux prises les deux hommes sur la question : quelle est la meilleure vie selon le Dieu de bonté et de liberté que prône la Réforme, du moins dans l'esprit d'Éloi ?

En février 1525, il gagne Wittenberg avec l'intention de persuader de la justesse de ses convictions l'homme vers qui l'Europe vient de tourner les yeux, ce Luther empêtré dans sa gloire soudaine. Il affronte Philippe Mélanchton en présence du maître qui, scandalisé par les opinions libertaires d'Éloi, envoie aux réformés d'Anvers une véritable lettre de dénonciation :

« J'ai appris combien s'agitent dans votre pays les esprits plein d'erreurs qui s'efforcent d'entraver les progrès de la vérité chrétienne ; je sais qu'il est venu chez vous un démon incarné qui veut vous induire en erreur et vous détourner de la vraie intelligence de l'Évangile pour vous faire choir en ses ténèbres. Afin que vous évitiez plus facilement ses embûches, je vous ferai part de quelques-unes de ses propositions : "Chaque homme, selon lui, a le Sain-Esprit ; le Saint-Esprit n'est pas autre chose que notre raison. — Chaque homme a la foi ; la nature m'enseigne à faire à mon prochain ce que je voudrais qu'il me fît ; vouloir agir de la sorte, c'est avoir la foi. — Chacun aura la vie éternelle ; il n'y a ni enfer, ni damnation ; la chair seule sera damnée. — La loi n'est pas violée par les mauvais désirs aussi longtemps que ma volonté ne cède pas au désir. — Celui qui n'a pas le Saint-Esprit n'a pas non plus de péché, car il n'a pas de raison." Il n'est personne qui ne veuille être plus savant que Luther ; c'est à mes dépens que tout le monde veut gagner ses éperons. Votre démon, lors de sa présence chez moi, nia tous ces articles, quoiqu'il fût démontré qu'ils étaient à lui et quoiqu'il se fût trahi lui-même en en défendant plusieurs. Pour vous dire la vérité, c'est un esprit inconstant et mensonger, plein d'audace et d'insolence, qui se permet tout à la fois d'affirmer une chose et de la nier, qui n'ose rien maintenir de ce qu'il a avancé, et qui n'est venu ici que pour pouvoir se vanter d'avoir discuté avec nous. Il soutenait avec énergie que les commandements de Dieu sont bons, et que Dieu ne veut pas que le péché existe, ce que je lui concède volontiers ; seulement, ce qu'il refusait obstinément d'accorder, c'est que Dieu, tout en ne voulant pas le péché, permet cependant qu'il règne sur les hommes. Je ne doute pas qu'il me représente chez vous comme ayant dit que le péché est voulu de Dieu. »

De retour à Anvers, Éloi n'en continue pas moins à propager sa conception d'une vie inspirée par un Dieu bon, hostile à la violence, aux châtiments, à la culpabilité et dont la grâce rend l'innocence édénique à qui suit ses désirs et sa propension au bonheur. Il semble avoir fréquenté l'humaniste Johannes Campanus*, un homme plein de douceur dont le projet, exposé sous le titre *De la possibilité de l'union des chrétiens et des Turcs* (1546), s'inspire en partie des idées de Pruystinck.

En février 1526, Éloi et neuf de ses amis sont arrêtés pour crime d'hérésie et lecture de livres prohibés. La modération pénale que la régente Marguerite d'Autriche encourage dans les Pays-Bas explique la clémence du jugement. Condamné à l'amende honorable et à un signe pectoral le désignant comme hérétique, Éloi, fidèle à son refus du martyre, aurait, selon Van Meteren, simulé une si parfaite dévotion que les magistrats le dispensèrent de la marque infamante.

Autour de lui, se constitue un groupe de plus en plus important dont les libelles de propagande, diffusés jusqu'en Hollande et en Allemagne, sont dus à Dominique d'Uccle, « escrivain de tuis leurs livres ». Parmi les nombreux

---

* En 1530, Mélanchton refusera tout entretien avec Campanus et exigera son arrestation. Celui-ci sera emprisonné pendant vingt ans après l'affaire Servet.

adeptes, Van Meteren relève la présence de plusieurs bourgeois d'Anvers, «les meilleurs, les plus riches et les mieux considérés, qui se mirent à vivre les uns avec les autres joyeusement et de manière épicurienne. Et le chroniqueur déplore «leurs opinions impies, agréables au monde et à la chair, et qui tournaient en dérision, en les traitant de sottises, la religion catholique romaine aussi bien que la réformée».

Comme les *Homines intelligentiae*, un siècle plus tôt à Bruxelles, les loïstes perdent toute prudence à mesure que s'accroît le parti de ceux qu'indiffère la guerre menée au nom du pape de Rome ou du pape de Wittenberg. En 1533, le luthérien Carnovianus, de passage à Anvers, parle avec indignation des «illuminés» anversois dans une lettre à Johannes Hess : «Ces hommes sont de loin plus pervers et plus obstinés que les anabaptistes.»

Le vent de la répression se fait plus violent lorsque Marguerite d'Autriche cède, en 1531, la régence des Pays-Bas à sa nièce, Marie de Hongrie, sœur de Charles Quint, résolue à poursuivre les hérétiques, «qu'ils fussent ou non repentants, avec une sévérité suffisante pour que leur erreur fût d'un coup extirpée, et sans autre considération que celle de ne pas entièrement dépeupler les provinces».

Sans doute la persécution frénétique des anabaptistes détourne-t-elle pour un temps des loïstes l'œil inquisitorial où brille la lueur des bûchers. Ne nourrissant pour les adeptes de Melchior Hoffmann aussi peu de sympathie qu'à l'endroit des autres suppôts du Dieu de Justice, ils n'ont pas pris part au coup de main des munstérites complotant de s'emparer de l'hôtel de ville d'Anvers le 11 mai 1535. L'affreux massacre qui s'ensuit les épargne donc, tandis que le siège de la ville par le duc de Gueldre, agissant pour le roi de France et contre Charles Quint, leur ménage un nouveau sursis.

Le coup fatal viendra de Deventer où Juriaan Ketel, un ami de David Joris, dénonce sous la torture Corneille van Lier, seigneur de Berchem (un village proche d'Anvers), ses deux beaux-frères, le bijoutier français Christophe Hérault, compagnon d'Éloi, et «un couvreur en ardoises». Informée, la gouvernante Marie de Hongrie exige une justice expéditive.

D'autres accusations, sournoisement répandues, procèdent des milieux calvinistes.

En 1544, Vallerand Poulain, de Strasbourg, écrit à Calvin : «Nos frères de Valenciennes qui, naguère, nous avaient apporté certains écrits des Quintinistes sont revenus. [...] De ce que vous prenez vos armes contre les Quintinistes, je m'en réjouis. [...] Raymond, mon frère, m'a écrit que ces horreurs se répandent maintenant dans la Basse-Allemagne par l'action de certains David et Éloi. Il ne m'a pas encore envoyé l'exposé de leur doctrine comme il me l'avait promis. Dès qu'il l'aura envoyé, je vous le transmettrai.» Tout indique que l'exposé annoncé n'est autre que la *Summa doctrinae*, publiée par Döllinger et dont j'ai donné la traduction française dans *Le mouvement du libre-esprit*.

En juillet, la police arrête Éloi, Christophe Hérault, Jean Davion, un riche bourgeois originaire de Lille, Jan Dorhout, un pauvre regrattier, Dominique d'Uccle, l'auteur des brochures, du peintre Henri de Smet, du graveur et sculpteur Cornelis van den Bossche et d'autres.

Un grand nombre de loïstes prennent la fuite et passent en Angleterre où certains rejoindront les familistes d'Henri Niclaes. Le 14 septembre 1544, Dominique d'Uccle, apprenant à quelles tortures Éloi a été soumis, profite d'une absence de son gardien pour se pendre dans sa cellule. Le 25 octobre, Éloi est brûlé à petit feu. Sa légende d'aimable rêveur et de doux épicurien se perpétuera jusqu'au XIXe siècle dans son quartier de Saint-André, où Georges Eeckhout la recueillera. Hérault et ses compagnons sont décapités.

Sans doute le mouvement loïste survivra-t-il clandestinement. Les chroniques n'en font plus mention, mais, en 1550, un groupe d'hommes et de femmes se revendiquant des libertés de l'amour est signalé dans les environs d'Alost, en Flandres. En 1561, l'attaque d'un couvent de dominicains près de Bruges est attribué à la même bande. On s'achemine alors vers la flambée iconoclaste. Les exploits de Jacob Gherraerts, dit le Hollandais, évoquent plus les partisans de Battenburg que les paisibles loïstes, mais il n'apparaît pas dans la doctrine d'Éloi que les partisans de la douceur de vivre aient à se laisser égorger sans se défendre.

L'influence loïste s'exercera sur les familistes, les ranters, Dirk Coornherdt et cet anticléricalisme longtemps vivace dans une cité dont Richard Payne Knight assure qu'elle fut dès l'origine vouée aux cultes fusionnels de la Magna Mater.

JACQUES GRUET

Il est à l'honneur de Genève, corrompue par la dictature, que s'insurgèrent contre les prétentions théocratiques de Calvin des citoyens enclins, selon une tradition de liberté nationale, à revendiquer la libre disposition de soi. Quelques bourgeois éclairés prirent sur eux d'affronter un fanatique résolu de soumettre à ses austères compulsions la population tout entière de la cité.

La fronde, amorcée par des railleries, révéla un courant d'athéisme et d'irréligion que le sort incertain du parti réformé autorisait encore à d'heureuses licences.

Benoîte, épouse du sénateur Pierre Ameux, justifiant la luxuriance de sa vie amoureuse, déclara qu'elle ne voyait là qu'un heureux effet de la «communion des saints [6]».

Jacques Gruet, meneur de l'opposition à Calvin, avait composé un libelle qui évoquait les thèses de Thomas Scoto et de Hermann de Rijswick. Tout en ordonnant la destruction du livre, l'autocrate ne put s'empêcher d'en citer des extraits dans son *Avis que Calvin donna sur la procédure que l'on devait suivre contre le livre de Gruet au sénat de Genève*.

En 1547, Gruet tenta de soulever le peuple de Genève. Il afficha sur les murs de la principale église de Genève un appel à la révolte. Avait-il trop attendu? Calvin obtint son arrestation et celle de ses amis. Les accusés décapités, Calvin règnera en maître dans sa citadelle, jetant en pâture à la colère divine des ennemis qu'il attirait pour les mieux consumer ou qu'il dénonçait aux magistrats, catholiques ou réformés, afin que justice se fît.

Il avait appelé «libertins» les amis de la liberté politique et religieuse que son autorité venait de réduire. Il donna le nom de «libertins spirituels» à une faction qui propageait parmi les humanistes et les gens du peuple, séduits par la modernité de la Réforme et rebutés par l'obscurantisme qui s'y profilait, une doctrine du libre accomplissement des désirs selon la tradition du libre-esprit.

Jacques Gruet rejette l'existence de Dieu et nie la vie éternelle de l'au-delà, «disant de la loi de Dieu qu'elle ne vaut rien ni ceux qui l'ont faite, de l'évangile que ce n'est que menterie, que toute l'Écriture est fausse et folle doctrine[7]».

Dans un article sur l'affaire Gruet, Berriot a publié quelques propos attribués au libelle incriminé. Il y ajoute une lettre découverte lors de l'arrestation de Gruet.

«Moïse est raillé dans sa "personne" et sa "doctrine", comme tous les "patriarches et prophètes", qui sont qualifiés de "folz, resveurs, fantastiques" : pour "leurs escriptures", l'auteur n'éprouve même que "detestation"! Il n'est pas plus tendre à l'égard des "évangélistes" et "disciples" à qui il inflige les titres de "maraux, coquins, apostats, lourdaux, escervelés". Quant à la Vierge Marie — à travers qui Jésus est bien entendu visé —, elle est ridiculisée dans son "honneur" et sa "pudicité", puisqu'elle est qualifiée de "paillarde"... C'est cependant le Christ qui est la cible des plus vives injures : le manuscrit nie sa "divinité", conteste "sa passion" et sa "résurrection" ; Jésus de Nazareth, d'abord nommé "Nycollas de Molle" par le pamphlet, est défini comme "un belistre, un menteur, un folz, un seducteur, un meschant et miserable, malheureux fantastique, [...] rustre plein de presomption maligne" dont "les miracles [...] ne sont que sorcelleries et singeries" et dont la pendaison a été "meritée" ; bref, le Christ, qui "cuidoit estre le fils de Dieu" et qui "faisoit de l'hypocrite", est en fait "mort miserablement en sa follie, follastre insensé, grand yvrogne, detestable traitre et meschant pendu"! Le "Saint Esprit", qui semble peu intéresser l'auteur, est seulement l'objet de quelques blasphèmes, "intolerables"ou "abominables", il est vrai ; par contre, "les [...] Escriptures, tant du vieux que du nouveau testament", font le sujet de plusieurs pages du manuscrit qui exprime à leur égard une véritable "detestation" : "l'évangile ce [...] n'est que menterie", "toute l'escripture est fausse et meschante et [...] il y a moins de sens qu'aux fables d'Esope" puisque "c'est une faulse et folle doctrine"... Ainsi l'auteur avoue-t-il clairement "se mocquer de toute chrestienté" et de "tous les chrestiens qui hont creu en [...] Jesus Christ et croyent et vouldroyent croire". Il met enfin en cause de façon fondamentale "cette loy de Dieu qui ne vaut rien" ; il "blaspheme contre la puissance divine et l'essence de Dieu" et, niant que Dieu soit "createur du ciel et de la terre", il "renonce et abolit toute religion et divinité", pour conclure : "Dieu n'est rien", "les hommes [sont] semblables aux bestes", la "vie eternelle" n'existe pas!

« Devant de tels propos, l'historien des idées, certes, regrette de ne pas avoir à sa disposition les treize feuillets manuscrits brûlés publiquement en 1550, d'autant que l'exemplaire original de la lettre *Clarissime lector* — qu'on avait trouvé lors de l'arrestation et dont Gruet, en 1547, avait nié la paternité mais qu'il reconnaissait avoir eu en sa possession et qu'il disait tenir de Jean des Cordes — a lui aussi disparu, au XIXᵉ siècle semble-t-il... Par une heureuse fortune cependant, François Rocca, secrétaire du Consistoire puis archiviste de Genève à partir de 1768, et qui avait eu connaissance de l'affaire Gruet par la *Lettre* de la Monnoie relative au *Livre des trois imposteurs* a, reprenant l'ensemble du procès dans son *Recueil de memoires manuscrits* relatifs à Genève de 1526 à 1593, recopié plusieurs pièces et transcrit le précieux texte du *Clarissime lector* qui existait alors encore, texte auquel font explicitement référence aussi bien les interrogatoires de juin 1547 que la *Vita Calvini* de Bèze ou l'Épître LXXVII de Calvin à Viret... C'est donc dans ces *Memoires* manuscrits de François Rocca, déposés à la Société genevoise d'histoire, qu'on peut trouver la copie de ce document si important pour l'histoire de la pensée à la Renaissance, et qui mérite, à l'évidence, d'être largement cité :

"Très illustre lecteur,

"Il y a des hommes de diverses opinions : l'un est professeur de belles-lettres (*litterarum professor*), l'autre guerrier (*bellicator*), l'autre épris de richesses, l'autre philosophe, l'autre forgeron. Que t'en semble, très illustre lecteur ?

"Je ne sais ce qu'ont dit et écrit les hommes, mais je crois que tout ce qui a été écrit à propos de la puissance divine est fausseté, songe et fantasme... Quelques sages disent que l'homme a été créé de la substance de la terre et que le premier a été Adam...

"Vraiment, moi, je pense que le monde est sans commencement (*absque principio*) et n'aura pas de fin (*necdam aliqua finis*). En effet, quel est l'homme qui a pu décrire véridiquement les choses du commencement du monde ? Aucun autre que Moïse qui décrivit la première génération, et ce même Moïse écrivit sur ce qui s'était passé deux mille ans avant son époque : or, tout ce qu'il écrivait, il l'avait pris dans son esprit, n'ayant nulle autre autorité que ce qu'il disait lui-même et qu'il disait lui avoir été révélé... Moi, je nie son autorité parce que de nombreux hommes l'ont contestée [...]. Il disait qu'il avait vu un Dieu sous la forme d'un feu et que Dieu s'était présenté à lui sous une autre forme [... comme] une voix [...]. Vraiment, je suis d'accord avec Aristote qui s'écriait, après avoir lu les œuvres de Moïse : je m'étonne de voir que ce cornu parle beaucoup et ne prouve rien (*iste cornutus multa dicit, sed nihil probat*) !

"Le même Moïse affirmait, comme je l'ai dit, que ses premiers récits lui avaient été révélés par Dieu, ce que j'ignore [...]. Après lui vinrent d'autres hommes qui inventèrent encore plus [...] et ajoutèrent d'autres fables et les écrivirent [...] comme Job, Isaïe et les autres anciens. Puis les modernes, comme Jérôme, Ambroise, Bède, Scot, d'Aquin et d'autres barbares (*bar-*

bari) qui inventèrent d'autres faussetés [...]. D'autres viendront ensuite [...].

"Cependant, quelle dignité paraît en leur Dieu ? C'est une chose horrible de faire l'homme, de lui donner la vie et puis, après deux heures et trois jours de vie, de lui donner la mort (*est res nefanda facere hominem, dare illi vitam, post tandem alicui tempus vitae duarum horarum alteri trium dierum et postandem illi contribuere mortem*). C'est une chose invraisemblable de créer l'homme et de le briser [...]. De même, les uns disent que l'âme est dans le corps, les autres disent qu'elle est un esprit : Où va donc cet esprit, en sortant du corps ? Si tu me réponds : il demeure dans un certain lieu attendant l'avènement ultime, alors pourquoi Dieu ne le laisse-t-il dans son propre corps plutôt que de le changer de lieu ? Si tu dis : ils sont en repos glorifiant Dieu et d'autres sont en enfer, s'ils étaient en enfer, quelque essence apparaîtrait, or jamais rien n'a été su de ces choses avec certitude !... De même, s'il était advenu que quelques-uns soient ressuscités d'entre les morts, je crois qu'ils auraient décrit quelque chose de la forme de cet autre monde, comme Lazare et beaucoup d'autres... Mais ce sont des choses inventées au plaisir des hommes comme ceux qui dorment une année ?

"Et puis, celui-là qu'on appelait le Christ, qui disait être le fils de Dieu, pourquoi a-t-il tant souffert la passion ? S'il avait été le fils de Dieu, il aurait démontré la puissance qu'il disait détenir de Dieu. Je ne crois pas qu'il était le fils de Dieu, mais il était un fou (*fantasticus*) qui voulait s'attribuer la gloire, et toutes les choses qui ont été écrites à son sujet sont fausses, très certainement [...].

"Moi, je crois que quand l'homme est mort il n'y a nulle espérance de vie (*Hoc ideo credo quod, cum mortuus est homo, nulla altera expectatio vitae*).

"Enfin, nous qui avons nom de chrétiens, ne pensons-nous pas que les Juifs, les Turcs et ceux qui vivent autrement sont condamnés parce qu'ils ne croient pas au Christ ? Or, si vraiment il n'y a qu'un Dieu maître de toutes choses (*unus Deus actor omnium rerum*) qui a créé les hommes, pourquoi a-t-il créé une aussi grande multitude pour ensuite la faire périr (*quare creavit tantam magnam multitudinem et postea vellet ipsam periri facere*) ? C'est une chose absurde : ne vois-tu pas que tous prospèrent, autant les Turcs que les chrétiens ? [...].

"Cependant, comme je l'ai dit en commençant, il y a une différence dans la nature des hommes : les uns sont assoiffés de sang, les autres sont pacifiques ; les uns sont vraiment chastes au milieu des femmes, les autres sont luxurieux. D'où cela peut-il procéder ? De la nature des éléments (*ex natura elementorum*)... Tandis que nos modernes soutiennent que cette machine (*hanc fabricam*) est entièrement gouvernée par un seul Dieu, moi je pense que les philosophes astrologues sont plus proches de la vérité (*puto philosophos astrologos propinquiores esse veritati...*). Je pense vraiment que rien n'est mû que par le soleil, la lune et les étoiles, avec les quatre éléments (*sole, luna et stellis, cum quatuor elementis*). Pourtant, si tu me demandes qui a fait ces choses, puisque nul n'est leur auteur (*nullus est author de iis*), je ne sais pas ce que je te répondrai. Mais il y a des astronomes [...] comme Platon, Aristote et, si tu les lis, tu percevras de plus près la vérité (*sunt aliqui astronomi* [...] *sicut Plato, Aristoteles quos, si leges, percipias proprius veritatem*) [9]...»*

QUINTIN THIERRY ET SES AMIS

Vers 1525, tandis qu'à Anvers Éloi le Couvreur justifiait par les Écritures la recherche des plaisirs et des agréments de l'existence, Coppin de Lille, connu par les allusions hargneuses de Calvin [10], professe dans sa ville natale un enseignement similaire. Non loin de là, à Tournai, un tailleur du nom de Quintin Thierry (ou Thiefry) quitte son métier et sa cité pour gagner la France où se répandait un état d'esprit à la fois détaché du dogme catholique et réticent à l'égard du luthéranisme. En tout cas, Quintin et un compagnon, Bertrand des Moulins, ne sont guère en peine de rallier les sympathies. Antoine Pocques de Lille et Claude Perceval, sans doute originaire de Rouen, secondent Quintin après la mort de Bertrand des Moulins. À Paris, Quintin affronte Calvin, qui s'infatuera plus tard, dans son libelle, de lui avoir «rabattu le caquet». Nombre d'artisans de la capitale partageaient les opinions du Tournaisien.

De son côté, Pocques gagne Strasbourg où, sous le double langage de la dévotion, il abuse le luthérien Bucer et obtient de lui des lettres de recommandation pour les réformés des autres pays. Pourtant, le même Bucer avait dès 1538 mis en garde la reine Marguerite de Navarre, auteur des contes galants de l'*Heptaméron*, qui, à sa cour de Nérac, abritait les novateurs menacés par la politique de son frère François Ier, quelles que fussent leurs opinions.

Pocques poussa l'insolence et la provocation jusqu'à rencontrer Calvin, mais celui-ci, plus méfiant que Bucer, n'accorda aucune recommandation.

En revanche, la cour de Navarre se montrait favorable à un discours qui prêtait aux ordinaires plaisirs terrestres, volontiers pratiqués en ce genre de société, les meilleures raisons du ciel. N'avait-on pas imputé à la «Marguerite des marguerites» la rédaction du livre de Porète, *Le Miroir des simples âmes*?

Décrivant la petite cour de Nérac, Jundt remarque : «On y parlait, il est vrai, beaucoup de piété intérieure, mais on s'y livrait gaiement aux plaisirs de la vie [11].»

En 1543, Pocques et Quintin reçoivent à la cour de Marguerite un accueil empressé. Ils y développent l'idée qu'il n'y a nul péché à s'adonner aux voluptés de l'amour et que suivre les libertés de nature résulte précisément de la présence en chacun d'un Dieu d'universelle bonté.

---

* Dans son *Scrutelio atheismi*, Spizelius prête à son contemporain Théodore Simon le credo : «Je crois en trois choses : le ciel, la terre et la forme céleste. Le ciel est le père créateur de tout. La terre est la mère nourricière de tout et la forme céleste contient toute pensée et toute parole. Donc mange, bois et prends du plaisir, car Dieu n'est rien d'autre [8].»

Quand arrivèrent à Nérac les accusations de Calvin, serrées dans son traité *Contre la secte phantastique et furieuse des libertins qui se nomment spirituels*, elles ne suscitèrent que mépris et réprobation. Marguerite exprima hautement la contemption en laquelle elle tenait cet écrit dirigé «contre elle-même et contre ses serviteurs [12]». Elle fit savoir à l'auteur qu'elle ne souhaitait avoir parmi ses proches un homme aussi méprisable.

Son insistance finit cependant par alarmer Marguerite, que ses sympathies pour un parti persécuté par son frère plaçaient dans une situation épineuse. Elle convint d'éviter, en plus des foudres de Rome, celles de Genève.

Pocques et Quintin regagnèrent les Pays-Bas, où les séides de Calvin, les Vallerand-Poulain et leurs amis, n'avaient pas chômé. Le 13 septembre 1542, à Valenciennes, Hugues Lescantelier, brasseur de Maire-lez-Tournai, et Caso Hocq étaient décapités pour avoir soutenu une «nouvelle secte appelée libertine».

Lescantelier avait proclamé son état d'impeccabilité, tandis que Hocq, redécouvrant les thèses du christianisme gnostique primitif, expliquait que le Christ n'était pas mort sur la croix, mais qu'il y avait seulement abandonné son apparence humaine, revêtue pour se manifester sur terre.

En 1546, dénoncé par Calvin aux autorités catholiques de Tournai, qui tirèrent du libelle leurs chefs d'accusation, Quintin est arrêté avec plusieurs de ses partisans, cordonniers, menuisiers et autres artisans. Quintin, appréhendé selon Calvin parce qu'il avait rallié à sa secte plusieurs dames de la cité, sera pendu et brûlé. Trois de ses amis périssent par le glaive.

Quintin partageait avec Jacques Gruet un même mépris des prétendus apôtres. Calvin s'indigne : il «avait imposé quelque brocard à chacun des apôtres pour les rendre contemptibles. Comme en appelant saint Paul ''pot cassé'', saint Jean ''josne [jeune] sottelet'' en son picard, saint Pierre renieur de Dieu, saint Matthieu usurier [13].»

Il rejette toute forme d'Église, de rituels, de sacrements. Dieu, en mourant sur la croix lors de sa descente sur terre, a signifié par là qu'il abolissait le péché. Il s'agit dès lors de suivre ses inclinations sans se préoccuper de quoi que ce soit. Quintin et ses partisans célèbrent la passion amoureuse, ce dont Calvin s'offusque avec une verve qui en dit long sur ses propres conceptions en la matière : «Ces malheureux profanent le mariage, mêlant les hommes avec les femmes comme bêtes brutes, selon que leur concupiscence les mène. [...] Sous le nom de mariage spirituel, ils colorent cette pollution brutale : appelant mouvement spirituel l'impétuosité furieuse qui pousse et enflamme un homme comme un taureau et une femme comme une chienne [...]. Ils font aussi une semblable confusion quant aux biens, disant que c'est la communion des saints que nul ne possède rien comme sien, mais que chacun en prenne où il en pourra avoir [14].»

«Vers 1546, leur doctrine fut enseignée à Rouen par un ancien cordelier, qui compta parmi ses prosélytes plusieurs dames de famille noble. Il fut mis en prison l'année suivante comme réformé. Calvin, auquel on communiqua ses écrits, les réfuta dans une épître adressée à la communauté réformée de Rouen. Remis en liberté, le cordelier publia contre cette épître son *Bouclier de défense*, auquel Farel opposa en 1550 le *Glaive de la Parole*. En France, les derniers vestiges des libertins spirituels se rencontrent dans le Nivernais, à Corbigny ; Calvin écrivit en 1559 aux réformés de cette ville pour les mettre en garde contre les menées des hérétiques. Quelques rares indices mentionnent encore la présence des hérétiques dans les villes du Rhin outre Strasbourg. Viret, dans une lettre à Rodolphe Walther, un des théologiens de Zurich, rapporte l'existence de la secte en 1544 dans l'Allemagne inférieure, et Calvin donne à entendre qu'en la même année l'hérésie comptait des partisans à Cologne. En 1545, la communauté wallonne du Wesel déclara dans sa confession de foi qu'elle repoussait, entre autres erreurs, celles des libertins [15]. »

CHAPITRE XLII

Les anabaptistes

Si, au XVIᵉ siècle, aucun mouvement religieux n'essuie autant que l'anabaptisme l'hostilité conjuguée des catholiques, des protestants et des autorités temporelles, c'est que s'ajoute au discours religieux de la théocratie égalitaire le vieux rêve social où la nostalgie de l'âge d'or donne les armes de l'espoir à la lutte désespérée contre les exploiteurs et les destructeurs de la richesse naturelle.

Dans le pressentiment d'un Troisième Âge, dont l'imminence s'accordait assez avec la crise de naissance du capitalisme moderne, les revendications prolétariennes des villes se mêlaient aisément aux aspirations paysannes et aux regrets de la vieille commune rurale autarcique.

Le spectre de ce millénium, dont le fondamentalisme agraire prête encore aux idéologies antithétiques du bolchevisme et du fascisme cette inhumanité inhérente au mandat céleste, engendra partout entre les partisans de l'ordre ancien et les adeptes d'un ordre nouveau un climat de haine et de peur endémique propice à tous les débondements de la cruauté.

Les anabaptistes pacifiques, proches de la tradition vaudoise, n'encoururent pas moins de persécutions que ceux qui prônaient la lutte armée. Les premiers nourrissaient une telle vocation au martyre qu'ils sollicitaient pour ainsi dire la main du bourreau. Les autres montrèrent, à Münster où s'institua leur égalité de droit divin, que le Dieu des petits pères du peuple n'épargnait guère les enfants jugés indignes de sa bonté.

STORCH, PFEIFFER ET MÜNTZER

L'anabaptisme désigne, le plus souvent sous la plume de ses ennemis, un ensemble de groupes indépendants gouvernés par des prophètes, ou apôtres, armés du glaive et de la parole de Dieu. Leurs traits communs évoquent les revendications des réformateurs du Moyen Âge. Ils récusent le baptême imposé aux enfants, parce qu'il procède généralement de prêtres indignes et qu'il n'obéit pas à un choix individuel par lequel chacun s'engage en connaissance de cause dans la communauté des fidèles. En pratique, le baptême joue un peu chez les anabaptistes, en particulier chez les munstériens, un rôle similaire à la carte du parti chez les anciens staliniens du XXᵉ siècle. C'est un signe d'élection autorisant l'accès au royaume égalitaire des saints.

L'autorité absolue qu'ils reconnaissent au Dieu dont ils sont les ministres les dispense d'obéir aux autorités spirituelles et temporelles. Elle exprime, dans les principautés allemandes, le rejet presque unanime du prince-évêque et de ses alliés. La collusion des notables catholiques et luthériens précipite le discrédit de deux religions jugées inconciliables avec les desseins de Dieu. Surtout, l'anabaptisme s'estime porteur d'un ordre nouveau. Il a besoin de détruire les remparts des vieilles tyrannies pour imposer le règne autoritaire des saints. Un tel projet découvrira son ferment social dans les guerres paysannes, les insurrections des mineurs, des tisserands, et des hordes de chômeurs.

Le mécontentement paysan appartient aux constantes de l'histoire depuis les circoncellions et les bagaudes. Les jacqueries de Dolcino, de Guillaume Carle et de John Ball en ont rythmé la permanence avec une énergie qui s'exacerbe chaque fois que l'économie brise, par la libre circulation des biens, le système clos du mode de production agraire, paradis matriciel ruiné par l'exploitation sordide de la nature terrestre et de la nature humaine.

De siècle en siècle jaillissent, comme les étincelles d'une forge où s'active une humanité vouée à l'enfer, des manifestes, prophéties ou pamphlets tels que ce *Livre aux cent chapitres*, écrit au début du XVIᵉ siècle par le «révolutionnaire du Haut-Rhin [1]».

S'inspirant de John Ball et des taborites radicaux, l'ouvrage expose les revendications d'égalité et de justice qui animent la révolte du Bundschuh et insufflent partout l'air d'une liberté que Luther a célébrée avant de la renier.

Regroupant les paysans, les pauvres des villes, les mercenaires errants, le Bundschuh tire son nom de son emblème*, le brodequin à lacet du paysan. Sous l'impulsion d'un personnage sortant du commun, Joss Fritz, garde forestier du village de Lehen, le mouvement s'organise et, après un essai à Sélestat en 1493, s'impose en 1502 dans la région de Spire. L'insurrection est écrasée, mais Joss Fritz parvient à échapper à la répression et suscite en 1513 et en 1517 de nouveaux embrasements qui se propageront en Souabe et jusqu'en Alsace. Son programme millénariste ne s'embarrasse guère de considérations théologiques : il appelle à l'extermination des riches et des nobles, à l'établissement d'une société égalitaire et fraternelle. En dehors de la caste patricienne et du seigneur, la plupart des villes lui sont acquises, et le courant de sympathie suscitée par les guerres paysannes s'exprime si vivement parmi les artistes de l'époque que la plupart des histoires officielles de l'art ont préféré le passer sous silence. Seul Maurice Pianzola a pris le plaisir de signaler ces artistes dans son étude *Peintres et vilains* [3].

---

* Selon Pianzola, le drapeau aurait été peint par Jörg Ratgeb [2].

Ils ont nom Dürer, Grünewald, Jörg Ratgeb — peintre et conseiller militaire des armées paysannes, écartelé à Pforzeim en 1526 —, les frères Hans Sebald et Bartel Behaim — déjà condamnés pour irréligion dans un procès célèbre de Nuremberg —, Lucas Cranach, Nicolas Manuel Deutsch, Urs Graf, Philippe Dietmar — décapité à Wurzbourg en 1525 —, Tilman Riemenschneider, renommé pour la beauté jamais égalée des mains de ses personnages, et auquel les bourreaux brisèrent les doigts lors des tortures de 1526 à Wurzbourg.

Il appartiendra à Müntzer et à ses amis de prêter au mouvement une manière de carapace religieuse — plus propre à l'étouffer qu'à la protéger, tant il est vrai que l'esprit de sacrifice prédispose plus au martyre et à la défaite expiatoire qu'aux victoires de la liberté naturelle.

Né à Stolberg (Thuringe) en 1488, Thomas Müntzer étudie le grec, le latin et l'hébreu au cours de brillantes années universitaires qui le destinent à la prêtrise. Très tôt rallié au parti de Luther, il le quitte non moins rapidement quand, devenu pasteur à Zwickau, non loin de la Bohême, il rencontre le tisserand Nicolas Storch.

Influencé par le mouvement taborite, Storch prêche l'imminence de la révolution millénariste. Les saints ou élus du Nouvel Âge seront les fidèles qui possèdent en eux l'Esprit ou le Christ vivant. Müntzer entre dans les vues de Storch et leur prête un tour plus théologique et non moins sacrificiel.

Dépouillé de sa volonté propre, l'adepte s'exposera, à l'instar du Christ, aux épreuves et aux souffrances, que Müntzer appelle « la croix ». Admis ensuite à une manière de résurrection, il recevra en lui le Christ vivant et la volonté de Dieu se manifestera par son truchement. On le voit, l'idée du Dieu incarné, commune au libre-esprit, passe ici par le préalable du renoncement à la vie, voie d'accès à la purification sociale sans laquelle il n'y a pas de royaume des saints.

Comme Savonarole, il récuse la culture et l'érudition, condamne la lecture, les plaisirs et le luxe. Ses prêches contre les notables luthériens et la luxure des évêques lui attirent la sympathie des tisserands et des mineurs réduits à la misère par l'inflation.

En avril 1521, les autorités municipales le chassent de la cité. Storch déclenche un soulèvement aussitôt écrasé. Müntzer parcourt la Bohême, est expulsé de Prague, erre en Allemagne et se retrouve en 1523 prédicateur à Allstedt, en Thuringe, où il constitue avec les paysans, les ouvriers des mines de cuivre et les artisans de la ville une Ligue des Élus, préfiguration de cette ligue laïque des communistes dont Marx rêvait qu'elle fût le fer de lance du prolétariat.

Invité à prêcher en juillet 1524 devant le duc Jean de Saxe, il prophétise le retour de l'humanité au Christ, à la nature et au paradis dans l'harmonisation et la paix. Le souverain, esprit ouvert et tolérant, a-t-il été séduit par l'éloquence et le programme de Müntzer ? Il prend le temps de la réflexion avant de convoquer le prophète à Weimar pour une conciliation, où il lui demande simplement de s'abstenir de toute déclaration provocante.

Pourtant, comme Heinrich Pfeiffer, un ancien moine, vient de susciter à

Mühlhausen une révolte des classes défavorisées contre l'oligarchie patricienne, Müntzer s'empresse de le rejoindre et de lui apporter le soutien de sa ligue. L'échec de l'insurrection chasse Müntzer de la cité et le décide alors à miser sur le mouvement paysan, bien que Pfeiffer, par un second coup d'audace, ait réussi à renverser la majorité municipale et à instaurer un pouvoir populaire.

En avril 1525, Müntzer arbore dans son église une bannière blanche peinte d'un arc-en-ciel, symbole de la loi divine auréolant la terre. Müntzer prononce alors un discours apocalyptique dont l'ardeur hystérique augure une grande carence dans les moyens requis pour une telle entreprise : « Si vous n'êtes que trois, confiants en Dieu, à ne poursuivre que Son nom et Son honneur, vous ne craindrez pas cent mille hommes. Maintenant, sus, sus à eux ! Il est temps. Les gredins sont comme des chiens désespérés [4]... »

Pfeiffer refuse de quitter Mühlhausen. Storch, en revanche, rejoint les forces paysannes conduites par le messie du Troisième Âge.

Joss Fritz menait avec ses troupes d'habiles et rapides opérations de guérilla. Müntzer, lui, remet le destin de son armée entre les mains de ce Dieu même que Luther invoque de son côté pour secourir les princes et en finir avec la canaille. À Frankenhausen, 5 000 paysans, espérant jusqu'au dernier moment un geste du Sauveur, se laisseront massacrer. L'armée des princes et de Luther perd huit mercenaires. Storch trouve la mort en tentant d'échapper à l'étau que resserrent les maîtres du ciel et de la terre. Le 27 mai 1525, Thomas Müntzer et Heinrich Pfeiffer sont, après les tortures d'usage, décapités. La répression s'abat sur toute l'Allemagne. Mais si l'anabaptisme révolutionnaire reflue des campagnes, c'est pour renaître avec une vigueur accrue dans les villes où l'essor économique progresse au prix d'une exploitation forcenée du prolétariat.

HUT, HÜBMAIER ET HUTTER

Bien que la persécution multiplie dans les villes et les campagnes ces visions de bûchers, gibets et roues dont l'œuvre de Pieter Brueghel dressera l'acte d'accusation devant l'humanité tout entière bafouée, le mouvement anabaptiste hésite entre le pacifisme souffreteux des vaudois et une violence où Dieu, comme à l'accoutumée, reconnaîtra les siens.

Disciple de Müntzer, Hans Hut, natif lui aussi de Thuringe, n'hésite pas à annoncer qu'en 1528 le Christ descendra sur terre pour conférer le glaive de sa justice aux saints rebaptisés afin qu'ils anéantissent curés, pasteurs, nobles et rois. Le royaume de Dieu s'établira dans la communauté des biens et les libertés de l'amour.

Capturé en 1527, il meurt en prison, sans doute sous la torture, laissant à d'autres le souci de mener à bien son programme : « Le Christ leur donnera l'épée et la vengeance, à eux, les anabaptistes, pour punir tous les péchés, effacer tous les gouvernements, mettre en commun toutes les propriétés et tuer ceux qui ne permettent pas qu'on les rebaptise [5]. »

Au Dieu de l'oppression dominante, il n'était pas le seul à substituer un Dieu du ressentiment et de la grande purification. La même année 1528, les anabaptistes d'Esslingen, sur le Neckar, et d'Ulm fomentent la révolution sociale sous le drapeau de ce que le XXᵉ siècle appellera l'« intégrisme* ».

À l'opposé des doctrines de Hut et de Müntzer, Balthasar Hübmaier, dit Pacimontanus, professe un pacifisme absolu et une grande ouverture d'esprit. Pasteur à Waldschut, en Bavière, prédicateur à la cathédrale de Ratisbonne, il épouse en 1525 la cause de l'anabaptisme et, aussitôt inquiété, gagne Zürich, d'où il est chassé en 1526.

Réfugié en Moravie, il rallie à son idéal pacifiste les sympathies des habitants de Nikolsbourg. La protection des seigneurs de Lichtenstein lui est acquise. Il fonde une imprimerie d'où partent les tracts vulgarisant la foi nouvelle. On estime à quelque 12 000 le nombre de ses adeptes.

Vers 1527, Hans Amon, chef des anabaptistes de Basse-Autriche, provoque un schisme dans la communauté de Hübmaier. Amon estime que le croyant ne doit rien posséder en propre, à l'encontre d'opinions plus modérées que Menno Simonsz adoptera plus tard selon la ligne doctrinale tracée par Hübmaier.

Cependant, la Moravie subit bientôt le ressac de la vague répressive qui s'est abattue sur l'Allemagne. Comme Vienne le cite à comparaître pour répondre de ses options religieuses, Hübmaier, qui refuse de se rétracter, est livré à l'Inquisition par ses protecteurs, les seigneurs de Lichtenstein. Il est brûlé le 10 mars 1528.

Hans Amon se réfugie avec ses disciples à Slavkov, mieux connu sous le nom d'Austerlitz. Il y doit faire face, en 1533, à la dissidence d'une faction qui entend, dans le droit héritage des pikarti, ou adamites, vivre selon la liberté du sexe, voire de l'amour.

Jean Hutter, natif de Moso, dans le Sud-Tyrol, invité à diriger la communauté, bannit ceux qui s'enrichissent. Menacé d'arrestation, il quitte la Moravie pour le Tyrol où il mourra, exécuté en février 1536.

La communauté morave connue en Slovaquie sous le nom de « habans » — de l'hébreu *ha banim*, « les vrais enfants de Dieu » — par lequel les anabaptistes s'appelaient entre eux perpétuera sous le nom de « huttérites » les enseignements fondamentaux du valdéisme revus par l'anabaptisme : rejet de la propriété privée, refus d'acquitter taxes et impôts en arguant que l'État se sert de l'argent pour financer les conflits armés, élection du prédicateur qui administrera la communauté, baptême soumis à la décision de l'adulte, refus de porter les armes et condamnation de la guerre et de la peine de mort. Il n'en fallait pas plus pour susciter l'animosité permanente des instances temporelles et spirituelles.

Vers le milieu du XVIᵉ siècle, ils comptent, en Moravie, près de 70 000 adep-

---

* La dernière religion monothéiste, l'islam, le redécouvrira dans un choc similaire entre le déclin du système agraire et l'émergence de la modernité marchande.

tes. À l'incitation des jésuites, les autorités catholiques les chassent du pays. Leur attitude d'insoumis, lors de la guerre de Trente Ans, achève de les disperser. Ils gagneront la Transylvanie, la Pologne, la Russie du Sud, pour se fixer ensuite aux États-Unis, dès le XVIII siècle.

Le mennonisme aura entre-temps éloigné les fidèles de leur ambition d'instaurer sur terre le royaume égalitaire du «chacun pour Dieu et Dieu pour tous».

MELCHIOR HOFFMANN

Le chemin de Melchior Hoffmann se trace irrésolument entre l'agressivité de Müntzer et de Hut et le pacifisme de Hübmaier. Né vers 1495 à Schäbisch Hall, Hoffmann s'enthousiasme pour les ouvrages mystiques de Tauler et les écrits de Luther, qu'il défend à Wolmar jusqu'à son expulsion de la ville en 1523. À Dorpat, en Estonie, il prêche contre l'usage des images, suscitant le 10 janvier 1525 une émeute iconoclaste au cours de laquelle la foule empêche son arrestation.

Son obstination à prophétiser la fin des temps lui attire l'hostilité des luthériens dont un adepte, Tegetmaier, le contraint de quitter Dorpat. À Stockholm, où il se marie, il fixe à 1533 l'avènement de l'ère des saints. Exilé par Gustave Vasa, il fuit à Lübeck avec femme et enfants, passe à Magdebourg le temps pour le luthérien Nicolas Amsdorf d'exiger son expulsion. Accueilli en Holstein, il en est débusqué par les intrigues d'un Luther dont le zèle à persécuter les dissidents n'a rien à envier aux inquisiteurs. Sommé par le duc Christian de comparaître à Flensburg dans une confrontation publique, il répond, non sans superbe, à la question de savoir quels sont ses partisans : «Je ne me reconnais aucun adhérent. Je me tiens debout et seul dans le Verbe de Dieu. Que chacun fasse de même [6].»

Chassé du Danemark, il se réfugie en Frise, où il rencontre Carlstadt, puis gagne Strasbourg. Il y publiera en 1529 ses *Dialogues*, sur la querelle de Flensburg. Il fréquente Kaspar Schwenckfeld et multiplie les textes prophétiques. Il rejoint alors les anabaptistes, et intervient auprès du conseil de Strasbourg pour qu'une église leur soit affectée. C'était emprunter un brandon au feu même de la répression. Le voici derechef en exil. En Frise, il fonde une communauté anabaptiste tandis que Luther fulmine contre ceux qu'il nomme, du prénom d'Hoffmann, les «melchiorites». La parole de Luther a les vertus du couperet. En 1531, Volkertszoon et huit melchiorites sont décapités à La Haye. Comme attisé par l'ardeur du martyre, Hoffmann prêche en Hesse et en Frise où, vers 1532, Obbe Philips devient son disciple.

Dans l'incessant embrasement des violences, il se met soudain à proposer, en un *Commentaire sur l'Épître aux Romains*, une conception pacifique de l'anabaptisme, excluant tout recours aux armes, persuadé que le salut de tous procède de ceux qui prêchent dans le désert.

À peine venait-il d'apaiser les notables et les possédants qu'un pamphlet où il engageait à adresser les prières non au Christ ou au Saint-Esprit mais à Dieu seul mécontenta le clergé protestant, prompt comme tous les prêtres ou ministres à s'offusquer que l'on pût s'adresser au maître des cieux sans en référer aux maîtres de la terre. Bucer, pape de Strasbourg, provoqua son arrestation.

Ses biographes estiment que ce fut là une erreur du point de vue du maintien de l'ordre, car son influence croissante contrebalançait peu à peu les directives de l'aile insurrectionnelle de l'anabaptisme qui, puissante en Hollande, susciterait bientôt une vague de révoltes urbaines, échouant à Amsterdam, à Anvers, à Lübeck, pour réussir à Münster.

Après l'écrasement des münstérites, parmi lesquels avait péri son disciple Rothman, les conditions de détention de Hoffmann s'aggravèrent. Seul l'espoir de lui arracher une rétractation publique, comme s'y employèrent Bucer et Capito, le sauva de la peine capitale. Il mourut en 1543, n'ayant rien perdu de son éloquence, de sa naïveté et de sa foi en l'imminence de la Jérusalem terrestre.

L'ironie voulut que la plupart de ses disciples se retrouvassent au centre de la poudrière münstérienne. Mais il est vrai que l'anabaptisme servit pendant près d'un siècle à exprimer théologiquement un état insurrectionnel endémique dont la violence s'égarait le plus souvent dans les pays dominés par le catholicisme et ses guerres de religions. Comme Hans Denck regrettant ironiquement que Dieu ne lui ait pas permis de croire en lui, les anabaptistes substituaient au Dieu des féodaux un Dieu collectiviste élu par les membres du parti. Münster offrit, en ce sens, un bel exemple de ce collectivisme divin promis à un redoutable avenir une fois Dieu destitué par l'État qui, se suffisant à lui-même, n'éprouvait plus le besoin d'invoquer un fantôme céleste pour perpétuer sur terre le règne de la peur [7].

LES MÜNSTÉRITES

« L'Allemagne du Nord-Ouest au début du XVIᵉ siècle était principalement composée d'un certain nombre de petits États ecclésiastiques, dotés chacun d'un prince-évêque souverain. D'habitude, ces États étaient déchirés par d'âpres conflits sociaux. Le gouvernement était aux mains du prince-évêque et du chapitre du diocèse, qui l'élisait et contrôlait dans une large mesure sa politique. Les membres du chapitre se recrutaient exclusivement dans l'aristocratie locale — une cotte d'armes ornée d'au moins quatre quartiers était généralement indispensable — et ils choisissaient souvent l'un d'entre eux comme évêque. Ce groupe d'aristocrates ecclésiastiques n'était soumis à aucun contrôle supérieur ; dans la diète régionale, ils étaient puissamment représentés, et pouvaient toujours compter sur le soutien de la chevalerie. En conséquence, ils avaient tendance à gouverner dans le seul intérêt de leur propre classe et du clergé du diocèse. Dans un État ecclésiastique, le clergé était non seulement très nombreux — dans l'évêché de Münster on comptait quelque trente centres ecclésiastiques, dont quatre monastères, sept couvents, dix églises, une cathédrale et naturellement le chapitre lui-même —, mais aussi extrêmement privilégié. Les membres du chapitre jouissaient de prébendes et de canonicats abondants. Les moines étaient autorisés à exercer commerce et artisanat séculiers. Surtout, le clergé dans son ensemble était presque entièrement exempt d'impôts [8]. »

En 1531, le chapelain Bernt Rothmann se convertit au luthéranisme à Münster. Il jouit du soutien des guildes et d'un riche drapier, Knipperdollinck. Séduit par l'inspiration prophétique de Melchior Hoffmann, Rothmann prêche l'imminence des «douleurs messianiques», annonçant l'accouchement d'une ère nouvelle en 1533, quinzième centenaire du décès du Christ.

À la mort de l'évêque, les guildes ouvrent la ville aux pasteurs réformés. Chassés de partout, les anabaptistes s'y précipitent comme vers une terre promise.

En 1531, Sébastien Franck avait ainsi résumé la *Cinquième Épître attribuée à Clément* :

«Peu après, Nemrod commença de régner, et ensuite quiconque y réussissait dominait son prochain. Et ils commencèrent à diviser le monde et à se quereller sur des questions de propriété. Alors on distingua le Mien et le Tien. Enfin les gens devinrent farouches, tout comme des bêtes sauvages. Chacun voulait être plus beau et meilleur qu'autrui, espérant en fait devenir son maître. Pourtant Dieu avait fait toutes choses communes, comme aujourd'hui encore nous profitons en commun de l'air, du feu, de la pluie et du soleil, et de tout ce que quelques hommes voleurs et tyranniques ne peuvent s'approprier et garder jalousement [9]. »

Elle offrit un thème de prédilection à Rothmann, dont la popularité croissait avec l'afflux des chômeurs hollandais, que les riches luthériens ne voyaient pas sans crainte parcourir les rues de la cité, tout pénétrés de leur sainteté.

L'emprisonnement de Melchior Hoffmann à Strasbourg affaiblit la faction pacifiste et favorisa l'efflorescence d'apôtres et de prophètes brandissant plus volontiers le flambeau de Müntzer. Parmi ceux-ci, le boulanger Jan Matthys de Haarlem et Jan Bockelson, dit Jean de Leyde, s'érigèrent en porte-parole d'une foule à laquelle Dieu s'apprêtait à remettre les tables d'une nouvelle loi égalitaire.

En février 1534, une véritable hystérie de conversion s'empara de la cité ; les rues s'emplirent d'extatiques protestant de leur obédience au Père éternel, lequel leur livra l'hôtel de ville sans coup férir. Luthériens et catholiques prirent la fuite tandis que Münster se proclamait Nouvelle Jérusalem par la voix de Rothmann, Matthys et Bockelson.

Les biens des luthériens et des catholiques bannis sont confisqués et enrichissent les fonds communaux. Tandis qu'un décret promulgue la peine de mort contre ceux qui rechignent à se laisser rebaptiser, l'évêque de Münster organise le siège de la ville et alerte princes et conseils municipaux afin que soient interceptées et massacrées les hordes qui convergent vers le millénium égalitaire.

Après la mort de Jan Matthys, tué lors d'une sortie qu'un ordre divin lui avait enjoint de tenter, Bockelson impose un régime collectiviste et une dictature théocratique en vertu de laquelle toute opposition équivaut à un crime de lèse-majesté.

Chacun est payé par le pouvoir municipal ; dans les réfectoires, des repas collectifs assurent les besoins de tous sous les auspices de la communion fraternelle. Comme la propriété relève du péché, il est prescrit de garder ouvertes les portes des maisons. Les exécutions d'«hérétiques», présidées par «le roi des derniers jours», se multiplient dans une atmosphère de terreur, à laquelle s'ajoute bientôt la famine. Comme tous les paradis d'obédience céleste ou étatique, le règne des parfaits tournait à l'enfer [10].

La révolution millénariste implosait dans l'horreur. Après la reconquête de la ville par les assiégeants, la grande peur suscitée par l'anabaptisme effacera par une férocité supérieure encore le rêve et le cauchemar des collectivistes de Dieu. Dépecés vifs à l'aide de tenailles ardentes, Jean de Leyde, Knipperdollinck et leur ami Krechting, agonisant sans un cri, condensent en un éternel silence cette inhumanité de l'oppresseur et de l'opprimé qui continue de régner sous le nom abusif d'histoire humaine.

PACIFISTES ET TERRORISTES : MENNO SIMONSZ ET BATTENBURG

L'anéantissement de Münster enragea les irréductibles dans le même temps que le pacifisme de Hübmaier et du vieux Hoffmann ramenait l'anabaptisme dans les chemins de la résignation douce. Dieu retrouvait l'odeur de sainteté dans la fétidité même de son haleine carnassière.

Bien que persécutés à l'égal des münstérites, les disciples de Menno Simonsz ou mennonites professent une doctrine résolument non violente et dépouillée des exigences collectivistes. La tendance inspirée par Hübmaier tombe vers 1537 sous le contrôle de l'ancien prêtre Menno Simonsz (1496-vers 1560), qui l'organise et fonde une de ces nombreuses Églises protestantes encore en vogue aujourd'hui en Hollande, aux États-Unis, au Canada.

À l'opposé, Jean de Battenburg, né en 1495 en Gueldre, marque de sa guérilla une étape de transition entre le désastre de Münster et le déferlement des iconoclastes dans le sud des Pays-Bas et le nord de la France.

Abandonnant ses fonctions de maire de Steenwijck, dans l'Overijssel, il rallie l'aile insurrectionnelle des anabaptistes et, en 1535, lors d'un tumulte suscité par la secte, s'empare d'Oldeklooster, un monastère de la région de Bolsward.

La même année, il fonde avec les rescapés de Münster le groupe des *Zwaardgeesten* ou Esprits du Glaive. S'identifiant à Élie, chargé de préparer le retour du Christ sur la terre, il appelle à la destruction des églises, prêche la polygamie et la communauté des biens, exige le divorce quand l'un des partenaires d'un couple ne pratique pas sa confession et exhorte à exterminer par l'épée quiconque ne partage pas ses opinions.

En 1536, le congrès de Bocholt s'efforce en vain de rapprocher les münstérites, les partisans de Battenburg et les sectateurs de David Joris. Les pacifistes l'emportent et l'appel à la lutte armée lancé par Battenburg est jugé prématuré.

Arrêté en 1537 à Vilvorde, près de Bruxelles, Battenburg meurt sur le bûcher en 1538, laissant à la tête des *Zwaardgeesten* Zeylmaker, Appelman et Mickers. Les coups de main se multiplient contre les monastères et les églises, saccagés à Alkmaar (1538), à Utrecht (1541), dans l'Overijssel, la Frise, le Brabant, la région de Leyde et jusqu'aux environs de Münster, où le battenburgiste Peter van Ork est brûlé en 1544. Malgré l'exécution d'Appelman à Leyde, dans la même année, l'action anticléricale s'intensifie en Frise (1549), à Alost (1550) où un groupe d'insurgés avoue pratiquer la liberté sexuelle, à Leyde (1552), à Courtrai (1553).

Le sac des églises et l'assassinat de leurs ministres suscitaient l'approbation populaire, «car il ne manquait pas alors de gens qui n'aimaient guère les prêtres et qui volontiers eussent applaudi à leurs peines et désastres [11]» et les eussent souhaités «pendus les couilles en l'air [12]», ainsi que l'écrit Marc van Vaernewijck dans ses *Mémoires d'un patricien gantois sur les troubles religieux de Flandre*.

LES ICONOCLASTES

Une fois disparus les chefs du parti battenburgiste, les soulèvements anabaptistes ne continuent pas moins à embraser les Pays-Bas et le nord de la France. Mais, avec une évidence croissante, les mobiles sociaux et politiques l'emportent sur le caractère religieux. La lutte nationale entreprise aux Pays-Bas contre la domination espagnole a créé un front hétéroclite où les intérêts les plus divers tentent de s'unir sur un mécontentement général, à défaut de s'accorder sur un programme commun. Les nobles tolèrent malaisément les restrictions apportées par l'absolutisme de Philippe II à leurs privilèges régionaux, la bourgeoisie répugne à acquitter les impôts d'une guerre qui entrave son essor, le clergé même redoute d'avoir les mains liées par le pouvoir d'État que l'Inquisition sert avec une ferveur intéressée. Quant à ce «méchant animal nommé le peuple», ainsi que le qualifie Granvelle, gouverneur des Pays-Bas, il n'a que le recours de jeter à bas les responsables et les symboles de son oppression, c'est-à-dire la presque totalité de ce qui l'environne.

La violence sociale servit deux fois les desseins politiques du candidat au pouvoir : elle porta Guillaume d'Orange à la royauté et entretint sa légende de libérateur des provinces du Nord. Par la répression qu'elle encourut, une fois la victoire assurée, elle le légitima aux yeux des princes, impatients d'encager les fauves après les avoir laissés rugir.

Le mécontentement semble partir de Saint-Omer en 1566*. Les troubles

---

* Déjà, en 1562, deux tisserands calvinistes conduits au bûcher à Valenciennes avaient été libérés par les émeutiers. En 1564, le peuple força les portes des prisons à Bruges et à Bruxelles.

se propagent vers le nord. Le 13 août, à Bailleul, la foule détruit le cloître, brûle les croix et les habits sacerdotaux, abat les tabernacles. Le saccage dure huit mois et s'étend dans l'enthousiasme à Armentières, à Menin, à Hondschoote (si constant dans sa résolution que, plus tard, les commissaires du duc d'Albe, chargés des sanctions pénales, s'en tiendront à l'écart), à Tournai où quelques magistrats embrassent le parti des iconoclastes, à une partie de l'Artois, au Brabant, à Utrecht, à la Zélande, à Amsterdam. À Anvers, dès le troisième jour, les maisons des riches entrent dans le programme des pillages.

Le 8 avril 1566, prenant prétexte du déferlement iconoclaste, catholiques et calvinistes avaient présenté de conserve à la régente Marguerite de Parme une remontrance contre l'Inquisition et les «mauvais conseillers du roi», connue sous le nom de Compromis des nobles. Ils assortissaient au rejet de l'absolutisme leur promesse de ramener l'ordre. Ils se paraient comme d'un blason de l'épithète de «gueux» qu'un ministre leur avait lancée de manière insultante et que reprirent à l'envi les destructeurs de cathédrales.

Le 25 août 1566, Marguerite de Parme feint de céder. Elle décrète la suppression de l'Inquisition, la liberté du culte réformé, l'amnistie pour les nobles accusés de complot. Ceux-ci s'empressent de réprimer les émeutes et interviennent auprès des consistoires pour calmer les esprits. Guillaume d'Orange marche sur Anvers et le comte d'Egmont entend rétablir l'ordre en Flandre, où le nombre des révoltés est estimé à 60 000 sur un total de 200 000 habitants.

Forts des garanties offertes à la liberté de leur ministère, les prédicateurs calvinistes condamnent le parti iconoclaste, dont l'ardeur n'a pas faibli. Dans un premier temps, ceux que l'on appelle dans le nord de la France les «hurlus» s'abstiennent de tuer et d'emporter les biens ecclésiastiques, généralement détruits sur place. Ils s'enorgueillissent de n'avoir laissé pierre qui vaille de quelque quatre cents églises.

Ayant concentré les troupes espagnoles, Marguerite passe à l'offensive en décembre 1566. Elle annule les décisions que lui avait dictées la nécessité de temporiser et jette l'armée sur Armentières, Tournai, Valenciennes, où elles mènent à bonne fin la répression commencée par les féodaux.

Guillaume d'Orange et Brederode fuient vers les provinces du Nord, où s'engage une guerre ouverte contre l'Espagne. La justice expéditive instituée par l'envoyé de Philippe II, le duc d'Albe, n'épargne ni les iconoclastes, ni les catholiques, ni les calvinistes, ni les nobles jugés félons (les comtes d'Egmont et de Hornes sont décapités en 1568).

Dans les provinces du Sud, les Gueux se livrent sur deux fronts à des opérations de harcèlement. Les Gueux des forêts se battent en Hainaut et en Artois sous la conduite de Guillaume de la Marck, et en Flandre autour de Jan Camerlynck, originaire de Hondschoote, du prédicateur Michiels et de Heule, fils d'une riche famille brugeoise. De leur côté, Jan Abels et ses Gueux des mers attaquent les bâtiments espagnols à l'aide d'embarcations légères. Ils bénéficient de la bienveillance d'Élisabeth d'Angleterre et de l'aide de Guillaume d'Orange, qui s'efforce en vain de les soumettre à son autorité. Le 1er avril 1572, la prise du port de La Brielle et l'occupation de Flessingue, qui lui succède, marquent une étape décisive dans la libération de la Hollande. Albe, qui échoue dans sa tentative de la reconquérir, est rappelé en Espagne un an plus tard. Le mouvement des Gueux tombe alors sous la coupe de Guillaume d'Orange et ne suscite plus guère dans le Sud que des complots politiques sans lendemain.

La dernière flambée d'anabaptisme révolutionnaire embrasa en 1567 la région de Clèves et de Wesel, en Westphalie. Un cordonnier du nom de Jan Willemsen fonda, à la tête de trois cents adeptes, dont certains survivants de Münster, une énième version de la Nouvelle Jérusalem, à laquelle les pratiques adamites prêtèrent un peu plus de piquant. La polygamie y était prescrite et le messie Willemsen épousa vingt et une élues. La communauté des biens n'impliquant aucune économie de production, les saints vécurent de raids et de pillages, attaquant les résidences des prêtres et des nobles. Ils se maintinrent une douzaine d'années avant de succomber sous les expéditions punitives [13].

CHAPITRE XLIII

Les messies individualistes :
David Joris, Nicolas Frey, Hendrik Niclaes

DAVID JORIS

Parmi les prédicateurs errants que la Réforme et la libre interprétation des textes sacrés jettent sur les routes d'Europe, David Joris se distingue davantage par la singularité de sa destinée que par l'originalité de sa pensée. Poursuivi par la haine des catholiques, des luthériens, des calvinistes, des mennonites, des münstériens, cet homme dont la tête est partout mise à prix finira paisiblement sa vie à Bâle, sous les dehors d'un notable, adepte orthodoxe des doctrines réformées, honorablement connu sous le nom de Jean de Bruges.

Né en 1501 à Bruges, peut-être à Delft, moins probablement à Gand, il est prénommé David en raison du rôle traditionnellement joué par son père, Joris, lors des mystères sacrés présentés par la chambre de rhétorique. Après avoir exercé à Delft le métier de graveur sur verre, il parcourt en tant que marchand les Pays-Bas, la France, l'Angleterre, séjournant fréquemment à Anvers où il polémiquera avec Éloi Pruystinck, fondateur d'un groupe de libre-esprit.

En 1524, il épouse à Delft Dirckgen Willems. Son enthousiasme pour la Réforme et son hostilité à l'égard du clergé romain lui valent en 1528 la torture publique et un bannissement de trois ans. Il adhère alors à la secte la plus persécutée, les anabaptistes, gagne Strasbourg en 1535 et manifeste son opposition à la violence des münstérites. Par vertu d'exception, sa mégalomanie ne l'incitera jamais à renoncer à un idéal de pacifisme et de tolérance.

La vision de la prophétesse Anneken Jans lui révèle soudain sa mission eschatologique. S'identifiant à ce David biblique si souvent interprété par son père sur les tréteaux du théâtre local, il prêche le renoncement, l'ascétisme et l'avènement du millénium. Le nombre de ses partisans inquiète bientôt les pouvoirs temporels, qui prennent à son encontre des mesures répressives. Comme tous les élus de Dieu, David soupçonne dans les menaces qui se profilent à l'horizon les traditionnelles épreuves annonçant l'enfantement d'une ère nouvelle. Il écrit à la cour de Hollande, à Philippe de Hesse, à l'empereur, sollicitant leur appui dans la royauté davidique que Dieu lui a enjoint de fonder.

En 1539, alors que Menno Simonsz le dénonce comme faux prophète, Anneken Jans est brûlée à Delft. Condamné à une vie de proscrit, il séjourne clandestinement en Hollande, en Frise, en Belgique. Après la mort de Jean de Battenburg, beaucoup de terroristes rejoignent son parti où la non-violence offre une place de plus en plus grande à certaines idées du libre-esprit, en particulier à l'adamisme, à la nécessité de retrouver l'innocence édénique.

Bien que pourchassé partout en Europe, il se livre à une activité frénétique en vue de se faire reconnaître comme messie. Il court à Oldenbourg et à Strasbourg, y rencontre l'aile modérée des anabaptistes, qu'il irrite par son obstination à réclamer l'obédience. En 1542 paraît son ouvrage le plus important, *Le Livre des merveilles ('t Wonderboeck)*.

David dénie à la Bible le privilège de Livre unique auquel elle prétend. L'expérience mystique prime sur l'Écriture, car seule la révélation illumine en chacun la présence de Dieu. Identifiant le corps de l'homme au temple de Dieu, David avait, dans la première édition, fait représenter par des gravures jugées « obscènes » le « dernier Adam ou nouvel homme céleste » et « la fiancée du Christ, le renouvellement de toutes choses ». Une note précisait que les attraits de la jeune fille ou Ève de l'ère des saints symbolisaient « la félicité, la vie et la volupté de l'esprit ». Une fois encore, la conjonction amoureuse découvrait dans l'androgynat spirituel le prétexte à sa légitimation naturelle. La vie secrète joyeusement menée par David dès la retraite de Bâle usa du discours religieux pour en ôter la honte et la mauvaise conscience.

Jundt cite plusieurs extraits du Wonderboeck :

« Dieu est absolu, sans commencement, une lumière au-dessus de toute lumière, un abîme sans fond, une origine éternelle de tout ce qui est, une fin sans fin. Il demeure en lui-même immuable et impassible, incompréhensible et silencieux, reposant sur le fondement de son propre être, comme un rocher ou une montagne d'or. Essence sans essence, il ne se manifeste pas dans son absoluité, il ne se pense pas ; nul ne saurait exprimer ce qu'il est, tant sa grandeur, sa longueur, sa largeur, sa profondeur dépassent toute conception humaine ; tout est néant à côté de lui. Et cependant il est la suprême activité, il est l'essence éternelle et vivante de tous les objets. Ce n'est pas hors de nous qu'il faut le chercher, mais en nous, car il est Esprit ; il est la lumière infinie de l'éternelle justice, sagesse, vérité et raison, il est le Seigneur de cette même lumière, substance, vie et intelligence qui éclaire les pensées intimes du cœur des croyans, et grâce à laquelle nous distinguons les uns des autres les objets du monde visible : essence sainte et pure, d'une beauté et d'une innocence parfaites.

« Ce Dieu éternel et caché est obligé de manifester son inintelligible essence par sa Parole de justice, dans la puissance de son éternelle sagesse et vérité ; il réalise en elle la virtualité qu'il a de se connaître. Dans cette Parole, il laisse échapper hors de lui et crée sous une forme visible ses Fils et ses Filles, conformes à sa propre manière d'être, et destinés à posséder en toute vérité son Esprit et son essence, en tant que lumières éternelles des cieux nouveaux. Dieu se connaît dans le Verbe, qui est l'image de sa divine splendeur, son Esprit et sa substance en tant qu'inclinée vers le monde des créatures; il exprime en lui tout ce qui existe, ses saintes créatures égales à lui, qui sont ses Fils et ses Filles. Dieu commence de la sorte à exister (sous une forme concrète) dans ses créatures; sa création a son origine éternelle en lui et se poursuit indéfiniment au moyen du Fils, c'est-à-dire de l'intelligence divine et des distinctions que cette intelligence établit dans l'essence absolue. Tout ce qui émane de Dieu, est et reste Dieu; Dieu y demeure tout en tout, lui seul et personne d'autre. Dans cette émanation vers nous, Dieu a reçu en Christ les dénominations multiples, au moyen desquelles nous essayons en bégayant d'exprimer son essence. Cette émanation continue n'épuise pas l'essence divine : semblable à une fontaine qui coule sans interruption, l'Esprit de Dieu déborde de toutes parts et laisse échapper hors de lui la plénitude de son être, sa force, sa vie, son intelligence.

« Quand l'homme s'est élevé à la perfection de la vie de l'Esprit, il n'y a plus pour lui de différence entre le bien et le mal, entre la vie et la mort, entre la chute et le relèvement. Les membres du corps remplissent des fonctions bien différentes, et cependant sont également nécessaires à l'homme : de même il ne faut pas dire : telle chose est moins bonne que telle autre, car toutes choses sont également bonnes aux yeux de Dieu, et il n'est pas possible de les faire autres ni meilleures. Mépriser quoi que ce soit, serait mépriser Dieu dans son œuvre. Ce n'est que pour nous qu'il existe des degrés différens dans la beauté, dans la foi, dans la spiritualité, dans la sainteté : pour Dieu et en Dieu il n'y a ni augmentation ni diminution; il demeure immuable dans son essence tel qu'il a été d'éternité. Si quelqu'un veut, d'après l'exemple des pharisiens, rendre sa vie extérieure irréprochable afin de paraître juste et bon aux yeux des hommes, il ne fait qu'aggraver l'état de corruption dans lequel il se trouve; car il méprise l'œuvre et la vie de Dieu, il damne son âme par sa justice propre et sa sagesse propre. Non, être blâmé et condamné sur la terre, c'est être justifié et sanctifié dans le ciel. Ce qu'on appelle ici-bas laid et corrompu est beau et louable auprès du Seigneur; car ce qui plaît aux hommes déplaît à Dieu; ce qu'ils nomment bien, il le nomme mal; ce qu'ils considèrent comme pur et saint, il le considère comme impur et exécrable. De même que la lumière succède aux ténèbres, que le jour naît de la nuit, il faut que la foi se manifeste par l'incrédulité, l'espoir par le désespoir, l'amour par la haine et l'envie, la bonté de cœur par l'astuce, la simplicité par la duplicité, l'innocence par l'impudicité, la franchise par la dissimulation, l'esprit par la chair, la vérité par le mensonge, l'essence céleste par l'essence terrestre; et, à cet effet, il faut savoir se placer au-dessus du jugement des hommes, qu'ils vous blâment ou qu'ils vous louent, agir en toute liberté, et réaliser, avec une entière indépendance, le bien par le mal, ce qui est impérissable par ce qui est périssable, et laisser ce qui est lumineux et pur se manifester dans sa pureté par ce qui est impur.

« L'homme doit entièrement s'abandonner à la direction de Dieu, et faire ce qu'il commande, la femme comme l'homme. Dieu agit seul d'éternité en éternité; tout ce qui existe est son œuvre. Il s'ensuit que tout ce qui est doit être, et ce qui n'est pas ne doit pas être. Dieu dans sa bonté a tout bien fait. Vivons donc sans prendre souci de rien, car nous sommes libres de tout mal; nous demeurons et nous vivons dans le bien. Abstenons-nous de trouver mauvais quoi que ce soit, car toutes les œuvres de Dieu sont bonnes. Si quelqu'un nous fait du tort, ne nous emportons pas : s'irrite-t-on contre la pierre à laquelle le pied s'est heurté? De même qu'une flûte ne produit pas de sons par elle-même, mais par le souffle de l'homme qui l'a faite, ainsi l'homme n'agit point par lui-même, mais Dieu, qui l'a fait, parle et se manifeste par lui. L'homme est la propriété de Dieu; l'unique but de son existence est de servir à la glorification de son Créateur; aussi ne doit-il chercher en rien sa propre gloire, mais attribuer toute gloire à Dieu et à Christ, selon les termes de l'Écriture. Chacun doit être content de la destinée qui lui a été assignée; l'homme doit obéir sans murmurer aux appels de son Créateur, être prêt à suivre Dieu partout où il lui plaira de le conduire, et laisser Dieu faire de lui ce qu'il veut. Le potier n'a-t-il pas le droit de donner à l'argile telle forme qu'il lui convient? L'Éternel brisera de son sceptre de fer toute résistance de sa créature, aussi facilement que le potier dans sa colère fait voler en éclats les vases qu'il a façonnés. L'homme à qui ces vérités paraîtront trop élevées ne doit point les repousser pour le seul motif qu'il ne les comprend pas; il doit les recevoir en toute soumission et se taire sur ce qui dépasse son entendement, sans quoi il risque, selon les Écritures, de blasphémer Dieu dans son ignorance.

« Les régénérés ne doivent plus désirer, rechercher, épouser selon la chair aucune femme, comme le font les hommes, soumis à leur nature pécheresse, mais désirer, rechercher, épouser selon l'Esprit intérieur la substance céleste, dont la beauté est éternelle et la gloire impérissable; ils doivent concevoir en leur intelligence la splendeur, la pureté de l'essence divine, l'inaltérable satisfaction que Dieu éprouve en lui-même, et laisser tout le reste suivre son cours régulier, selon le bon vouloir de Dieu. L'homme ne doit point s'attacher à une femme, ni la femme à un homme : les élus doivent s'attacher uniquement au Seigneur. Non que l'homme et la femme cessent d'engendrer, ce qui serait contraire au plan et à la volonté de Dieu : il est question ici des mariages des anges, des noces célestes, préparées dès longtemps aux enfans de Dieu, selon la parole de Jérémie, c. XXXI : une femme entourera un homme et s'unira à lui; elle deviendra un homme avec lui, chair de sa chair, os de ses os. Ce n'est pas d'une femme unique que le prophète entend parler, mais de sept femmes réunies dans une, de la Fiancée de Christ demeurant dans sept communautés. Sept femmes, oui sept communautés (comprenez-moi bien!), doivent volontairement s'humilier devant un homme qui est Christ, et être appelées ses épouses. Bien des communautés donnent à Christ les noms de Seigneur, d'Époux, de Roi; elles ne sont pas pour cela ses épouses et son corps : aussi longtemps qu'elles ne seront pas devenues ses épouses, il ne sera pas leur époux et leur vie. Christ vit pour Dieu, et la communauté vit pour Christ, c'est-à-dire la femme vit pour l'homme, et non l'homme pour la femme. L'homme en effet n'est point créé pour la femme, mais la femme est créée pour l'homme. La femme est dépourvue de liberté, de vigueur, de volonté ; elle est placée sous la puissance de l'homme, non sous la protection et la puissance de Dieu. Tels furent Adam et Ève, dont nous portons tous l'image dans notre nature : ce furent deux âmes, réunies primitivement dans un seul corps. Cette unité s'est brisée : l'homme porte en lui la substance du ciel, la femme la substance de la terre. C'est pourquoi il est nécessaire que la femme devienne homme, selon les Écritures, pour que la substance étrangère à l'être divin disparaisse. Alors l'homme sera un ange devant la face de Dieu, et l'homme et la femme seront redevenus ensemble égaux à leur Créateur. Quiconque ne sera point trouvé dans cet état de mariage céleste sera maudit [1]. »

Aussi Jundt conclut-il : « David Joris a donc fondé la légitimité de la polygamie, nous dirions plutôt des affinités électives, sur le principe métaphysique de la recomposition de l'intégrité de la nature humaine par la réunion des sexes en un seul être [2]. »

La fâcheuse tournure des événements n'a pas été sans conforter chez David Joris le sentiment qu'il convenait de vivre selon le Seigneur une existence moins amère que celle de messie, de chef de secte, d'apôtre et de proscrit. Sa mère est décapitée à Delft. À Deventer, son ami et éditeur Juriaen Ketel meurt sur l'échafaud, entraînant par ses aveux la mort d'Éloi Pruystinck d'Anvers et l'exécution de ses amis «libertins». Menno Simonsz le poursuit de sa haine, dénonçant son hypocrisie et les débauches perpétrées sous couvert de perfection.

Une polémique en Frise avec Johannes a Lasco où son autorité de prophète est battue en brèche l'incite à se retirer à Bâle. Il s'y présente, sous le nom de Jean de Bruges, comme un luthérien persécuté par les papistes. Il s'installe en 1544 avec sa famille, parmi laquelle son gendre, Simon Blesdijck, un transfuge des mennonites.

Devenu un respectable citoyen grâce à l'argent que lui envoient ses disciples, il continue d'expédier de nombreuses lettres d'espérance millénaristes à ses partisans disséminés jusqu'au Danemark. Il justifie sa retraite par l'exemple de la fuite du Christ en Égypte. Sans doute trouve-t-il de bonnes raisons pour conforter leur pauvreté volontaire alors qu'il vit dans l'opulence avec les fonds de la secte.

Par ailleurs, il use de son crédit de notable bâlois pour mener ouvertement le combat en faveur de la tolérance. Il prend la défense de Michel Servet, se lie d'amitié avec Schwenckfeld et Castellion. Vers la fin de sa vie, il se brouille avec son gendre Blesdijck, qui de fidèle inconditionnel se mue en ennemi. Il meurt le 25 août 1556 et est enterré en grande pompe dans l'église Saint-Léonard de Bâle.

Or, quelque deux ans et demi plus tard, à la suite de dissensions familiales auxquelles Blesdijck ne paraît pas étranger, son identité est brutalement révélée, provoquant dans la cité un scandale peu banal. Un moment inquiétés, sa famille et ses amis protestent de leur innocence. Ils affirment tout ignorer d'une doctrine professée par David et dont Blesdijck vient de condamner dans un libelle les aspects peu orthodoxes. Ils abjurent publiquement.

Le 13 mai 1559, le corps et les livres de David sont jetés sur le bûcher. Les davidjoristes se maintiendront jusqu'au XVIIᵉ siècle dans le Holstein, entretenant une atmosphère de polémiques et de calomnies. David trouvera un défendeur en Gottfried Arnold, qui s'attache à le réhabiliter dans son *Unpartelische Kirchen — und Ketzer — Historie* [3].

NICOLAS FREY

Le cas de Nicolas Frey offre un piquant parallèle avec l'attitude d'Henri VIII d'Angleterre ; et bien que le glaive de la justice ait accablé l'un et servi l'autre, une même volonté divine confère le sceau de son absolutisme à un choix très personnel dans le traitement des affaires conjugales et privées.

«Nicolas Frey était originaire de Windsheim en Bavière ; il y exerçait le métier de pelletier. Quand la réformation pénétra dans cette ville, il devint un des partisans les plus zélés des idées nouvelles ; mais peu de temps après, il se mit en rapport avec les anabaptistes de la contrée, reçut le second baptême, occasionna des troubles dans sa ville natale, fut emprisonné et puis relâché contre la promesse de changer de conduite. Mais comme les autorités lui demandaient de rétracter publiquement ses erreurs, il préféra s'enfuir plutôt que de subir cette humiliation. Il quitta donc, après quinze années de mariage, sa femme nommée Catherine, dont il avait eu huit enfants, et se dirigea vers Nuremberg. Abusant de l'hospitalité que lui offrit dans cette ville un des citoyens les plus pieux et les plus respectés, il gagna à ses doctrines la sœur de son hôte, nommée Élisabeth, et conclut avec elle ce qu'il appelait un mariage spirituel et céleste. Catherine, l'épouse délaissée, arriva peu de temps après à Nuremberg, et engagea son mari à retourner avec elle dans sa ville natale. Frey, pour toute réponse, la maltraita et la chassa. Plus tard, il écrivit à ce sujet à sa sœur spirituelle ou, comme il la nommait encore, sa sœur conjugale Élisabeth : "J'ai vu dans la Trinité que je devais briser la tête à ma première femme afin que les prophéties de l'Ancien et du Nouveau Testament fussent accomplies. N'est-il pas dit, en effet, que la semence de la femme brisera la tête au serpent ? Ma première femme est le serpent ou démon dont parle l'Écriture ; quant à toi, tu es la femme dont la semence doit lui briser la tête. Pour devenir un disciple de Christ, j'ai dû haïr femme, enfans, demeure, patrie. Si j'ai écrasé le serpent de l'incrédulité, c'est parce que j'ai été forcé de le faire, car ce n'est pas moi qui l'ai fait, mais Dieu qui vit en moi et en qui je vis." Obligé de quitter Nuremberg, Frey vint en 1532 à Strasbourg ; Élisabeth l'y rejoignit bientôt. Leurs menées imprudentes et leurs rapports mal dissimulés avec les autres sectaires de la localité ne tardèrent pas à attirer sur eux l'attention des autorités. Ils furent emprisonnés. Avertie de la présence de son mari à Strasbourg, Catherine se rendit dans cette ville et le supplia de revenir avec elle à Windsheim. Frey fut inflexible. Voyant son obstination, le magistrat le condamna, le 19 mai

1534, à être noyé comme bigame, arrêt qui fut exécuté trois jours après au pont du Corbeau.

« Suivant Capiton, il doit avoir professé les erreurs suivantes : ''L'Église et les sacrements sont une invention du diable. — Toutes les prédictions de l'Écriture se rapportent à moi, à ma première et à ma seconde femme. Ma première femme est la reine du royaume de l'incrédulité ; elle est préfigurée dans la personne de Saül. Ma seconde femme est préfigurée en David, moi-même je le suis en Jonathan. De même que David et Jonathan ont conclu une alliance perpétuelle pour chasser Saül, ainsi je me suis allié spirituellement à Élisabeth pour chasser Catherine. — L'œuvre la plus parfaite qu'un croyant puisse accomplir est d'abandonner sa première femme et d'en épouser une seconde. — La foi qui justifie le chrétien et l'amour du prochain consiste dans l'affection constante d'Élisabeth ; c'est une œuvre que Dieu produit en elle, afin que le chrétien fidèle et pieux soit amélioré et rapproché de son origine. — Élisabeth est la mère de tous les croyants ; c'est par elle que la vraie foi chrétienne a commencé sur la terre. — De même que Marie a engendré le Christ, de même Élisabeth doit révéler l'image du Christ à l'humanité, et pour cette raison elle est tout aussi digne que la Vierge de chanter le *Magnificat*. — Je suis le chef de l'Église ; le Christ a accompli en moi toutes les promesses antérieures ; aucune promesse divine n'a plus à s'accomplir après moi. — Je suis Christ suivant la Parole éternelle, la pierre angulaire que les constructeurs ont rejetée. — Je suis envoyé de Dieu pour montrer aux hommes l'image de Christ en ma personne, de même que Moïse la leur a montrée autrefois dans la sienne. Tous les mystères de la divinité doivent être maintenant dévoilés, car les derniers temps sont venus. — Toutes les créatures qui sont tombées dans la perdition depuis la naissance de Christ doivent être ramenées en moi à leur perfection primitive ; je suis l'instrument par lequel Dieu veut manifester sa gloire. — C'est à la sublime école de Dieu même qu'Élisabeth a puisé ces révélations ; c'est le Saint-Esprit qui les a fait naître dans son cœur. — Les prédicateurs ordinaires de l'Évangile ne sont que des encenseurs d'idoles ; ils savent, il est vrai, équarrir grossièrement les pierres et déblayer le terrain pour l'édifice futur, mais ils ne savent rien construire. Dans leurs prédications ils déshonorent Dieu et séduisent leurs frères à cause de leur manque de foi, car ils disent que nous sommes tous pécheurs et ils défendent d'accomplir la loi sainte et parfaite, qui est d'abandonner femme et enfans pour suivre le Seigneur [4].'' »

HENDRIK NICLAES ET LES FAMILISTES

Fondée en 1540 par Hendrik Niclaes, la Famille d'Amour, souvent assimilée à tort à une secte anabaptiste, entend rétablir dans son innocence la communauté humaine originelle. Son organisation comprend un évêque, dont l'autorité est épaulée par douze sages et quatre classes de prêtres. Tous font don à la secte de leurs biens personnels. Elle comptait un assez grand nombre de fidèles, principalement dans les Pays-Bas et en Angleterre, où son existence est encore attestée au XVIIᵉ siècle.

Né en 1502, Hendrik Niclaes passe pour avoir eu ses premières visions à l'âge de neuf ans, alors qu'il suit les cours d'une école latine. À douze ans, il travaille dans l'entreprise familiale et la reprend à la mort de son père. Arrêté en 1529 pour luthéranisme, il gagne Amsterdam où il séjournera pendant neuf ans, avant d'être suspecté d'anabaptisme. En 1541, il vit à Emden où il possède un florissant commerce de laines. Il passe fréquemment à Anvers où son ami l'imprimeur Christophe Plantin aurait inspiré plusieurs de ses textes.

À cinquante-neuf ans, de nouvelles visions prophétiques et la publicité qu'il leur donne lui valent la torture. Il s'enfuit à Kempen, dans l'Overijssel, puis à Londres, exil temporaire puisque l'on sait que Niclaes sauve opportunément Plantin de la ruine en faisant transporter à Cologne le matériel typographique menacé de saisie lors des poursuites engagées contre l'imprimeur pour fait d'hérésie. Les dissensions dans le groupe assombrirent ses dernières années. Il meurt en 1580. Nippold lui attribue une cinquantaine de brochures répandues clandestinement.

Sa doctrine prêche l'amour, la tolérance et le respect mutuel, rejetant le Dieu de justice au profit du Dieu de bonté. Du millénarisme il tient la prétention d'agir en médiateur de la révélation divine et d'annoncer l'ère nouvelle, où les antagonismes disparaîtront d'entre les hommes.

Son principal disciple fut son serviteur, Hendrik Jansen, dit Barrefelt, sans doute en raison de son lieu de naissance, Barneveld. Lors de sa rupture avec Niclaes en 1573, il prendra le nom de Hiel, qui signifie en hébreu «vie unique en Dieu». Ayant gagné l'amitié de Christophe Plantin, il commence alors à prophétiser pour son compte, peut-être en Angleterre, où la Famille d'Amour existera pendant près d'un siècle. De nombreux adeptes rejoindront les Ranters. Sa doctrine religieuse s'apparente à celle de Hans Denck.

«''Le Père s'humanifie lui-même avec nous selon l'homme inférieur et nous édifie selon l'homme intérieur en un Esprit avec lui. L'âme de l'homme n'est pas une créature, mais une portion du Dieu incréé.'' Aussi s'appelait-il lui-même ''un homme que Dieu a ressuscité d'entre les morts, qu'il a rempli et oint du Saint-Esprit, un homme éclairé de l'Esprit de la vérité céleste et de la lumière véritable de l'essence parfaite, un homme déifié avec Dieu dans l'esprit de son amour, et transformé en l'être de Dieu''. Le Christ, selon lui, n'est que ''l'image de l'être de la droite du Père''; il ne doit plus être envisagé comme un personnage historique, mais comme une ''condition'' commune à tous ceux qui vivent dans l'union avec Dieu. De ce principe métaphysique il déduisait que le péché n'existe plus dans le cœur des régénérés : ses disciples et lui ''ne disent en leurs prières que les trois premières parties de l'oraison dominicale, parce qu'à leur compte ils ne pèchent point d'autant qu'ils sont nés de Dieu''; il en dérivait encore à la fois l'inutilité et l'indifférence des cérémonies religieuses : ''ces Amoureux vivent et meurent sans baptême ni sacrements'', ou plutôt ils considéraient le baptême des enfants comme un acte sans valeur qu'il était loisible aux uns de négliger et aux autres d'accomplir. Ils se distinguaient par là des anabaptistes, auxquels il convient sans doute de les rattacher historiquement. Henri Nicolas fondait sa doctrine sur la théorie des trois âges : ''Moïse n'a prêché que l'espérance, Christ n'a enseigné que la foi, lui-même annonce l'amour qui unit tout. Le premier a pénétré dans le parvis du temple, le second dans le sanctuaire, lui-même pénètre dans le saint des saints [5].'' »

Le puritain John Knewstub disait d'Hendrik Niclaes : « Il met la religion à l'envers. Il construit le ciel sur la terre ; de son Dieu il fait un homme et de l'homme un Dieu [...]. Ce ciel était pour eux les jeux et les rires, l'enfer le chagrin, l'affliction, la douleur [6]. »

JAN TORRENTIUS

Né à Amsterdam en 1589, Jan Torrentius, taxé d'anabaptisme, de davidjorisme, de familisme, fait figure de peintre maudit dans la Hollande libérale, et libérée tout au moins du catholicisme. Auteur de natures mortes et de tableaux prétendument érotiques, il tenta d'illustrer, avec moins de réserve peut-être que Jan Steen, l'hédonisme célébré par la peinture hollandaise du XVIIe siècle.

Membre d'un groupe adamite où se pratiquaient les plaisirs de l'amour et de la table, il est arrêté et soumis à la torture. Il nie toute participation à la secte, mais le caractère « scandaleux » de ses œuvres lui vaut une condamnation à vingt ans de prison.

Libéré sur les instances de l'ambassade d'Autriche, il se réfugia en Angleterre. Son retour à Amsterdam lui attira de nouvelles persécutions de la part des protestants jusqu'à sa mort en 1640. Le gouvernement ordonna de rechercher tous ses tableaux et les fit brûler de la main du bourreau.

CHAPITRE XLIV

Ironistes et sceptiques

Que l'œuvre la plus radicale du XVIe siècle (et bien au-delà), le *Discours sur la servitude volontaire*, s'inscrive hors de tout contexte théologique dans l'histoire de la pensée indique assez la désuétude du discours de Dieu. Le langage religieux, sur lequel l'Église et les orthodoxies prétendaient exercer leur contrôle, cède la prépondérance au langage idéologique où l'économie changeante, faisant de ses libertés d'hier contraintes de demain, éteint les brasiers qu'elle allume sans relâche.

S'il est vrai que se vérifie le principe « Qui tient le sens tient le monde », le pouvoir ecclésial, qui ne concevait d'autre révolte menée contre lui que celle de gens hors du sens — d'insensés, de fous —, commence à perdre dès la Renaissance les moyens de persuasion et de terreur qui, tant bien que mal, affermissaient la droite ligne du dogme autour duquel gravitait l'esprit des êtres et des choses, sinon leur cœur.

Assurément, la raillerie, le sarcasme, l'ironie qui cinglent la croupe austère et malsaine de la religion ne naissent pas des tumultes du XVIe siècle. La différence tient à ceci, qu'elle s'est formulée jusqu'alors dans la parole et non dans l'écriture. L'histoire pénale fourmille de rapports comme celui que Jundt relève dans son étude du panthéisme populaire :

« En 1359, le conseil de la ville bannit à tout jamais un certain Claushorn, surnommé Engelbrecht, l'écolâtre Selden et Cüntzelin d'Atzenheim, parce qu'ils avaient frappé sur un siège de bois et sur un trépied, en disant : ''Voilà Dieu ; nous voulons lui briser un pied'', et parce qu'ils avaient effacé les points noirs dont leurs dés étaient marqués, en disant : ''Voilà Dieu, nous voulons lui crever les yeux.'' L'un d'eux avait même lancé son couteau vers le ciel en s'écriant : ''Je veux frapper Dieu de mon couteau [1].'' »

Le formidable réseau d'éveil et d'abrutissement que l'imprimerie étire par villes et campagnes a d'abord jeté entre toutes les mains ces deux Testaments tout pétris des incohérences, absurdités et infamies par lesquelles Dieu manifeste son incertaine présence dans la société. Johannes Denck, en soulignant les antithèses contenues dans la Bible, abandonnait chacun au soin de s'adonner ou non aux convictions d'une foi intime et dépourvue de raison. Peu après, ceux que l'Église appelle « esprits forts » parce qu'ils menacent la puissance de son Esprit saint commencent à confier à des écrits l'ironie propre à dissoudre l'autorité de ce Livre qui, depuis des siècles, écrase des générations sous son poids de culpabilité, de crainte, de férocité, de mépris de la vie terrestre et voluptueuse.

Beaucoup, dans le mélange d'audace et de pusillanimité qui les caractérise, demeurent mal connus.

VALENTIN WEIGEL

En dépit d'une violence bien moins affirmée, Valentin Weigel (1533-1588) ne laisse pas d'évoquer le curé Jean Meslier. Pasteur luthérien à Zschopau, il mena une existence dénuée de traits remarquables pour révéler après sa mort une œuvre, partiellement publiée à Halle en 1609, où il réduit les textes sacrés à l'*Apocalypse* et la révélation attribuée à Jean au seul nom de la Bête, dont le nombre nourrit ses visions d'un Troisième Âge. Il tient pour antéchrists Luther, le pape, Zwingli et les autres, et conclut à la parfaite inutilité du pastorat. Chaque homme possède en lui l'étincelle divine qui, embrasant le corps et l'âme, rend caducs l'Écriture, la grâce, le clergé, la théologie et toute religion historique. La connaissance de Dieu procède non de la Bible ou des sacrements, mais d'une conviction intérieure que l'on ne saurait contraindre.

DIRK VOLKERTSZOON COORNHERDT

Polémiste, écrivain, graveur et humaniste, Dirk Coornherdt compte parmi les principaux représentants de la Renaissance en Hollande. Versatile et courageux, dans un pays où l'intransigeance protestante succédait à l'intolérance catholique, il mena, en dépit des persécutions, un incessant combat pour la liberté religieuse et contre les exécutions pour fait d'hérésie. Précurseur de la libre pensée, il laisse à chacun le soin de s'en remettre à sa conscience et fonde la morale laïque sur le respect d'autrui et un certain stoïcisme. Sa croyance en une perfection accessible à l'homme l'a fait taxer de «pélagianisme», terme déjà marqué par la désuétude au XVIᵉ siècle.

Né à Amsterdam en 1522, il est éduqué dans la foi catholique, qu'il n'abjurera jamais, même sous le pouvoir orangiste, mais dont il s'attachera surtout à garder les principes évangéliques. Il voyage en Espagne, au Portugal, se familiarise avec l'exégèse biblique, apprend la musique et la gravure. De retour à Amsterdam, il se marie en 1540 et s'installe à Haarlem où il exerce la profession de graveur. Vers 1544, il découvre les œuvres de Luther, de Calvin et de Menno Simonsz. En 1550, il écrit sa *Comedie van de rijcke man*, et traduit peu après le *De consolatione philosophiae* de Boèce. Il fréquente Hendrik Niclaes, le fondateur de la Famille d'Amour, avec qui il se brouillera plus tard, non sans garder la nostalgie d'une communauté originelle idyllique. Il s'enthousiasme par ailleurs pour Sébastien Franck et les fragments mystiques de la *Deutsche Theologie*, dus à Hans Denck. En 1560, il s'en prend à Calvin et à Menno. Deux ans plus tard, Calvin lancera contre lui sa *Réponse à un certain Hollandois lequel sous ombre de faire les chrestiens tout spirituels leur permet de polluer leur corps en toutes idolâtries* et, à la suite d'autres textes de Coornherdt sur le libre arbitre, mettra en garde contre «cet homme qui pousse l'impiété à l'extrême».

Notaire auprès de la cour de Hollande, Coornherdt réussit à se rendre suspect aux catholiques comme aux réformés. À la suite d'émeutes iconoclastes, où son rôle n'est pas clairement établi, il est emprisonné en 1567 à La Haye. Il profite de sa détention pour écrire pièces et pamphlets, s'échappe en 1568 et joue jusqu'en 1572 le rôle d'agent secret du prince d'Orange, en dépit de l'hostilité des protestants. De retour à Haarlem et chargé d'un rapport sur les Gueux dirigés par Lumey, il dénonce leurs brutalités et leurs exactions, et s'attire leur haine. Il se cache à Leyde, puis Zamten. Lorsque Requesens, gouverneur des Pays-Bas, accorde un pardon général en 1574, Coornherdt en est exclu. Il n'hésite pas alors à s'adresser à Philippe II dans l'espoir de recouvrer ses biens confisqués. De là vient la réputation, qui le poursuivit, de «manger à tous les râteliers».

Quand il rentre en Hollande, l'hostilité des réformés s'est accrue à son égard et il ne tente rien pour l'atténuer. Il prend la défense de la minorité catholique opprimée en Hollande, multiplie les appels à la tolérance, se prononce contre la peine de mort appliquée aux dissidents de tous bords, traduit Sébastien Castellion. Il dut à l'influence de Guillaume d'Orange de n'être pas condamné à la prison à vie. Chassé de Haarlem en 1585, il part pour Emden où il publie en 1586 un ouvrage d'inspiration stoïcienne. Banni de Delft après un séjour de trois mois, il cherche refuge à Gouda et y meurt le 29 octobre 1590.

En lui s'opère le passage de la morale chrétienne à la morale laïque, enrichie des idées de tolérance et de liberté d'esprit. L'influence des mystiques et de Denck se traduit dans un langage dépouillé de sa référence sacrée, en une exhortation au respect mutuel des individus. Enfin, l'idée que l'homme peut atteindre à la perfection par un effort constant de sa volonté, si bien qu'il ne peut plus pécher, s'apparente à la thèse de Pélage et non, comme on le lui a reproché parfois, à la doctrine des libertins spirituels.

BERNARDINO OCHINO

L'humaniste Bernardino Ochino (1487-1564) pratiqua en près de quatre-vingts ans d'existence toutes les religions et doctrines du temps. Il n'attendit pas les prémices de la vieillesse pour affirmer, dans les aléas d'une destinée contrastée, que l'unique valeur de la vie tenait à ses terrestres faveurs et saveurs. Né à Sienne dans ce quartier d'Oca dont il tire son nom, il entre dans les ordres franciscains, se fait ensuite prêcheur capucin. Il rencontre Juan de Valdès, se laisse séduire par les idées de Luther. Il rompt avec le catholicisme, gagne Genève, le temps d'éprouver pour Calvin la répugnance d'un esprit tolérant. Le voici à Augsbourg, à Strasbourg, à Canterbury où il vitupère le pape. Il écrit *Le Labyrinthe du libre arbitre ou à vrai dire du serf arbitre et des moyens de s'en sortir*. À l'époque, revenu de tous les systèmes, il professe un discret athéisme, allié à une quête rabelaisienne des plaisirs. On lui attribue à l'époque, et sans doute faussement, la paternité du *Livre des trois imposteurs*, imputé par ailleurs à d'autres aventuriers de son style et dont l'influence mériterait d'être mieux étudiée : le Hennuyer Simon de Neufville, mort à Padoue en 1530, disciple du sceptique Christophe de Longueil, lui-même professeur d'Étienne Dolet.

À soixante ans, Ochino épouse une jeune fille. Ses *Dialoghi XXX*, célébrant les mérites de la polygamie, entraînent son expulsion de Zürich en 1563. Il se réfugie en Pologne puis à Slavkov (Austerlitz) en Moravie, où il succombe à l'épidémie de peste de 1565 [2].

NOËL JOURNET

Instituteur originaire de Suzanne, près d'Attigny-en-Rethellois, Noël Journet compte parmi les disciples de Dirk Coornherdt, qu'il aurait rencontré lors d'un séjour aux Pays-Bas. Il s'inscrit dans la lignée de Johannes Denck par son relevé des incohérences et absurdités de la Bible. La publication de ses commentaires attira sur lui la dénonciation des calvinistes qui le firent brûler avec son ouvrage à Metz le 29 juin 1582 [3].

Le pasteur Jean Chassanion estima utile de réfuter le libelle, attachant ainsi dans les annales son nom à l'infamie du délateur et celui de Journet aux infortunes de la raison.

La Réfutation des erreurs estranges et blasphèmes horribles contre Dieu et l'Escripture saincte et les saincts Prophètes et Apostres, d'un certain malheureux qui pour telles impiétez a esté justement condamné à mourir et estre bruslé en la Cité de Metz, le 29 de juin, l'âme de Nostre Seigneur MDLXXXII, par Jean Chassanion, ministre de l'Église réformée de Metz, cite entre autres :

« Moïse est un ennemi du genre humain, un capitaine de meurtriers et de brigands. Il a donné ordre aux siens de tout saccager lorsqu'ils entreraient en Canaan, de tuer les femmes et tous les enfants mâles qu'ils avaient épargnés en la déconfiture des Madianites, ne réservant que les filles vierges (*Nb* 31, 17-18 ; *Dt* 7, 2).

« Jacob est un trompeur. Il a notamment fait usage de baguettes rayées pour influer sur la couleur des agneaux et augmenter ainsi sa part de bétail (*Gn* 30, 37-42).

« Moïse n'a pas écrit le *Pentateuque*, vu que sa propre mort s'y trouve relatée à la fin (Dt 34).

« Le *Deutéronome* a été rédigé en terre de Canaan, car il est dit, *Dt* 4, 47, que les enfants d'Israël possédèrent la terre de deux rois Amoréens *outre* le Jourdain. »

D'autres affirmations lui ont valu plus sûrement les sanctions de la justice. Il déclare en effet que les magistrats sont tous des « tyrans et larrons », que les tailles sont « vraies tyrannies », que « la femme n'étant mariée à son goût peut prendre un autre mari afin d'éviter paillardise ».

GEOFFROY VALLÉE

Geoffroy Vallée doit sa renommée et sa mort prématurée à un libelle intitulé *La Béatitude des chrétiens ou le Fléau de la foi*. Né à Orléans vers 1550, le « beau Vallée », ainsi que le surnomment ses amis libertins, allie à la recherche des agréments de l'existence le goût de critiquer publiquement ce qui les entrave et les pervertit. Il pousse l'imprudence jusqu'à signer de son nom un pamphlet dirigé non seulement contre toutes les religions mais contre toute croyance, fondée selon lui sur la crainte. Parfois diffusé sous le titre *De arte nihil credendi*, le texte tombe sous le coup d'une accusation de lèse-majesté divine. Arrêté sur ordre du prévôt Nicolas Rapin, Vallée bénéficie aussitôt des appuis et amitiés que ne lui ménage pas cette aristocratie libertine dont se prévaudront au XVIIᵉ siècle les Desbarreaux (dont Geoffroy fut le grand-oncle), les Claude Le Petit, les Bélurgey, les Théophile de Viau, les Blot, les Cyrano de Bergerac, esprits libres et que désespèrent souvent les interdits sanctionnant la simple aspiration au bien-vivre.

La défense, adoptant un vieil argument de l'Église, invoque le caractère « insensé » de l'écrit et de son auteur. Rapin inclinerait à une relative clémence si l'évêque de Nevers, Armand Sorbin, n'intervenait en personne pour exiger l'exécution du jeune homme. Le 9 février 1574, Geoffroy Vallée, âgé de vingt-quatre ans, est pendu puis brûlé. Le jésuite Garasse se réjouit du « beau sacrifice à Dieu, en place de Grève, où il fut brûlé demi-vivant [4] ».

Geoffroy Vallée voue à l'exécration « cette foi comme ils veulent tous que nous y soyons logés toute notre vie, et encore à notre mort ils nous chantent le Credo ». Il examine successivement la foi du catholique « d'où viennent tous les maux » et que forge la peur du diable et des bourreaux, celle du huguenot, avec sa « fausse intelligence [et] cette crainte et coup de bâton que, s'il ne croit, il ne peut être sauvé ». La foi de l'anabaptiste et celle du libertin ne valent guère mieux. Même l'athée n'y trouve pas son compte car, déclarant : « J'ai ma volupté sans Dieu, en Dieu n'ai que tourment », il ne se départit pas de la crainte inhérente à toute croyance. « Toutes les religions, écrit-il, avec une grande lucidité, ont observé d'ôter à l'homme la félicité du corps en Dieu afin de le rendre toujours plus misérable. »

L'important, en somme, n'est pas de croire ou de ne pas croire, mais d'être sans peur : «Qui est en crainte, quelque crainte que ce soit, ne peut être heureux. » Il s'agit donc de bannir la peur inhérente à toute foi afin d'avoir «la raison en la tête, sans la chercher à côté de soi ou dans l'épée. » Vallée atteint là à une radicalité qu'ignoreront les libertins du XVIIᵉ siècle, les athées du XVIIIᵉ siècle et les libres penseurs des XIXᵉ et XXᵉ siècles*.

---

* L'intérêt que présentent des humanistes comme Paracelse, Agrippa de Nettesheim, Guillaume Postel, Tommaso Campanella, Giordano Bruno, Lucio Vanini, relève davantage de l'histoire de la philosophie.

CHAPITRE XLV

Levellers, Diggers et Ranters

La révolution anglaise avait, en décapitant le roi Charles Ier (1649), ôté Dieu des affaires publiques. L'instauration par Cromwell d'une république profitable aux intérêts des petits propriétaires terriens et de la bourgeoisie raviva du souffle des libertés le feu d'insurrections populaires qui n'avait cessé de couver depuis John Ball. Plus que partout ailleurs, la légende de Robin Hood et du brigand bien-aimé avait illustré en Angleterre l'idée, au demeurant fort répandue, que détrousser les riches pour adoucir l'infortune des pauvres relève des naturelles obligations de la solidarité.

L'essor du protestantisme comme idéologie du capitalisme naissant à la modernité brisait la vieille structure du mythe religieux, dans le même temps que cédaient sous la libre circulation des marchandises les barrières et clôtures élevées partout par la féodalité et la prédominance de l'économie agraire. Tout intolérante qu'elle demeurât dans son principe d'inféodation aux maîtres du ciel et de la terre, la religion s'acheminait vers ce statut d'idéologie qui la réduirait à se désacraliser et à se marginaliser en regard du nationalisme, du libéralisme, du socialisme, du fascisme, du communisme. S'ouvrant aux vertus bourgeoises — et nonobstant estimables — de la tolérance formelle, la religion protestante multipliait la diversité des sectes comme autant de chaînes enclavées à un anneau unique, forgé dans un esprit divin de culpabilité et de jouissances réprimées.

Telle est la vengeance des religions judéo-chrétiennes que, dépouillées des armes de la justice divine et du langage théocratique, elles imprègnent d'une odeur de sacrifice, de péché, de compulsion mortifère et de servitude volontaire jusqu'aux idéologies les plus hostiles à leurs simagrées rituelles.

LEVELLERS ET DIGGERS

Tandis que, selon la formule de Wistanlay, «l'ancien monde [...] se recroquevillait comme un parchemin à l'épreuve du feu [1]», les *Levellers* ou Niveleurs, et les *Diggers* ou Bêcheux s'inscrivent moins dans un courant religieux que dans le cadre d'une révolution sociale et économique.

Les faveurs accordées par Cromwell aux petits propriétaires terriens avaient eu pour conséquence d'augmenter la rente foncière, condamnant les fermiers censiers à se louer comme journaliers ou comme bergers. Dès 1649, les Niveleurs forment, sous la conduite de John Lilburne (1614-1657), l'aile gauche des troupes de Cromwell.

«Tandis que les prix alimentaires réduisaient le peuple à la famine, les Niveleurs exigèrent la réélection d'agitateurs et la destitution du Conseil général de l'armée. ''Avant nous étions gouvernés par un roi, des Lords et des Communes, à présent par un général, une Cour martiale et une Chambre des communes; et où est donc, je vous prie, la différence?'' Fin mars, Lilburne [et ses compagnons] Overton, Walwyn et Prince furent arrêtés. Un pamphlet niveleur, *More Light Shining in Buckinghamshire* (*Une lumière nouvelle se lève sur le Buckinghamshire*), exhortait les soldats ''à se tenir à leur poste et à s'opposer à toute forme de tyrannie'', particulièrement celle des hommes de loi, des propriétaires terriens qui clôturaient les communaux et des officiers supérieurs de l'armée qui avaient repoussé les réformes sociales sans rien faire pour les indigents.

«Le mois suivant, des mutineries éclatèrent dans l'armée lorsque les hommes qui refusèrent de se porter volontaires pour l'Irlande* furent démobilisés sans paiement d'arriérés de solde — ce qui précisément avait poussé l'armée à se révolter deux ans plus tôt mais, à cette époque, avec l'assentiment des généraux. En mai des révoltes plus graves éclatèrent parmi les troupes de l'Oxfordshire, du Wiltshire et du Buckinghamshire, et le bruit courut qu'elles étaient soutenues par des civils dans le Sud-Ouest, l'ancien fief des ''Clubmen''. Cromwell et Fairfax, bien décidés à réagir avec la plus extrême vigueur, remportèrent une victoire écrasante sur les régiments mutinés à Burford le 14 mai. La période de crise du régime militaire était terminée. Les conservateurs effrayés se rallièrent et lui apportèrent leur soutien, le considérant comme un moindre mal. L'université d'Oxford et la Cité de Londres s'empressèrent de rendre les honneurs à Fairfax et à Cromwell. Le sermon prêché à cette occasion dénonça fort opportunément ceux qui n'aspiraient qu'à détruire les bornes délimitant la propriété de leur voisin. Les conspirations des Niveleurs continuèrent [...] : mais aucun ne constitua une menace sérieuse pour le régime tant que l'armée, où les purges se succédaient, demeurait étroitement soumise à l'autorité de ses généraux.

«Il n'en reste pas moins que les premiers mois de 1649 furent la période

---

* Que Cromwell avait résolu d'envahir.

de la grande peur des possédants. Pendant un certain temps, le caractère décisif et définitif de la défaite de Burford ne fut pas aussi évident pour les contemporains qu'il nous paraît aujourd'hui. En novembre 1649, Ralph Josselin raconte que les gens avaient encore peur de voyager par crainte du banditisme et que les riches ne se sentaient pas en sécurité à l'intérieur même de leur maison. Les pauvres gens, ajoutait-il le mois suivant, ''ne se sont jamais aussi peu souciés de Dieu qu'à présent [2]''. »

Écartés d'une scène politique où ils figuraient moins par la force d'un appui populaire qu'en raison d'une aspiration démocratique qu'entretenaient leurs discours et manifestes, les Niveleurs révélèrent, en s'éloignant, la présence d'agitateurs ruraux engagés dans la lutte contre les pouvoirs locaux et déterminés à instaurer la propriété collective des terres de culture. Le mouvement des Diggers se caractérise par un net rejet des obédiences religieuses.

En avril 1649, à Walton-on-Thames, six soldats envahissent l'église et annoncent la suppression en bloc des dîmes, des ministres du culte, des magistrats, de la Bible et du «Jour du Seigneur [3]». Non loin de là, des journaliers entreprennent de bêcher les friches, signifiant ainsi leur prise de possession des terres communales. Ils ont choisi le dimanche dans une volonté délibérée d'annuler le gouvernement du temps que l'Église s'est arrogé depuis le VIe siècle.

Avec les Bêcheux, la révolution sociale rejoint la tradition des incendiaires anéantissant Dieu dans ses temples et ses ministres. L'Angleterre a connu dès 1630 une vague de destruction d'églises qui prolonge l'iconoclasme des Pays-Bas au siècle précédent, mais avec plus de conséquence puisque la Bible, bien souvent, est elle aussi vouée au feu ou à l'exécration. Comme l'écrit, en 1657, Clément Writer, drapier de Worcester, dans son *Fides divina* : «Aucun témoignage qui est faillible et susceptible d'erreurs ne peut être un témoignage divin [4]. »

Le nombre de Diggers s'accroît rapidement autour de Gérard Winstanley, un petit commerçant ruiné, devenu salarié agricole à Walton-on-Thames.

Une vision lui ayant enjoint de répandre la nouvelle que «la terre devait devenir le trésor commun où puiserait l'humanité tout entière sans distinction de personne [5]», l'agitation de Winstanley envahit le sud et le centre de l'Angleterre où les Diggers bêchent, fument et ensemencent les communaux en friche. Tandis que Winstanley multiplie les pamphlets entre 1649 et 1650, John Lilburne, leader des Niveleurs, condamne les «principes erronés des Bêcheux» et récuse leur refus de la propriété.

«Pour Winstanley, le Christ était le Niveleur en chef. Il a assimilé de nombreuses idées des Niveleurs, mais sa pensée va plus loin dans la mesure où elle dépasse la notion de petite propriété par son opposition à l'idée même de propriété privée :

«''Au commencement des temps, le grand créateur, la Raison, fit de la terre un commun trésor afin de subvenir aux besoins des bêtes sauvages, des oiseaux, des poissons et de l'homme destiné à régner en maître sur cette création [...]. Au commencement, il n'était soufflé mot de la domination d'une espèce de l'humanité sur les autres [...]. Mais [...] dans leur égoïsme, certains imaginèrent [...] d'instituer qu'un homme enseigne et commande à un autre. Et c'est ainsi [...] que l'homme se trouva soumis à la servitude et que l'esclavage où le réduisirent certains de sa propre espèce fut plus féroce encore que celui où il tenait les bêtes des champs et des bois. Et il advint que la terre [...] se hérissa de haies et d'enclôtures du fait de ceux qui enseignent et gouvernent; des autres, on fit [...] des esclaves. Et cette terre où la création avait entreposé des richesses communes à tous, la voici achetée et vendue, tout entière aux mains de quelques-uns qui déshonorent ainsi horriblement le Grand Créateur, comme s'il faisait acception de personnes, se délectant de l'aisance où vivent les uns et se félicitant de la misère cruelle et de la détresse des autres. Il n'en était point ainsi au commencement..."

«Winstanley dit encore aux propriétaires :

«"Par le glaive, ce sont vos ancêtres qui ont introduit dans la création le pouvoir de clôturer la terre et d'en faire leur propriété; ce sont eux qui les premiers assassinèrent les hommes, leurs semblables, pour ensuite piller et voler la terre qui leur appartenait, puis ils ont légué en héritage cette même terre à vous, leurs enfants. En conséquence, bien que n'ayant ni tué ni volé, vous conservez pourtant cet objet maudit par devers vous grâce à la force du glaive; dès lors vous justifiez les méchantes actions de vos pères, et ainsi le péché de vos pères retombera sur votre tête et celle de vos enfants jusqu'à la troisième et la quatrième génération, et même au-delà, tant que votre pouvoir né dans le sang et la rapine ne sera pas extirpé de la terre."

«Winstanley étendit la justification que donnaient les Niveleurs de la démocratie politique à la démocratie économique :

«"L'homme le plus pauvre peut aussi justement faire valoir son droit à la terre que l'homme le plus riche [...] la vraie liberté réside dans la libre jouissance de la terre [...] Si les gens du peuple ne possèdent d'autre liberté en Angleterre que de vivre parmi leurs frères aînés et de leur vendre leur travail pour un salaire, jouissent-ils donc en Angleterre d'une liberté supérieure à celle que l'on aurait en France ou en Turquie?"

«Il transcenda également la théorie niveleuse du Joug normand selon laquelle il suffisait de revenir aux lois des libres Anglo-Saxons. "Les meilleures lois que possède l'Angleterre, déclara-t-il, sont autant de jougs et de menottes qui enchaînent une sorte de gens à une autre." «Toute loi non fondée sur la justice et la raison, ne donnant pas à tous la liberté universelle mais faisant acception des personnes, devrait [...] être tranchée avec la tête du roi." Mais les dirigeants anglais n'avaient pas mené à bien la Révolution [...].

«Winstanley exprimait certainement le désenchantement de nombreux radicaux lorsqu'il écrivit en 1652 :

«"Je vous le dis, soldats de l'Armée de la République d'Angleterre, prenez-y garde! Si l'ennemi a été impuissant à vous vaincre sur le champ de bataille, il se pourrait pourtant bien qu'il se montre trop fort pour vous dans les détours de sa politique si vous ne serrez les rangs pour veiller à l'instauration de la liberté pour tous. Car si, par malheur, le pouvoir monarchique se glisse à nouveau dans vos lois, alors le roi Charles vous a vaincus politiquement, vous et votre postérité, il a gagné la bataille bien que, selon les apparence, vous lui ayez coupé la tête [6]. '' »

Winstanley va beaucoup plus loin encore quand il exige la suppression des prisons et souligne que toute loi doit être corrective et non punitive. Il est, avant les philosophes, l'un des premiers à exiger que la raison se substitue dans le gouvernement des sociétés à une providence divine surtout profitable aux exploiteurs.

« ''Pour quelle raison, demandait-il, la plupart des gens sont-ils si peu au fait de leurs libertés, pourquoi y en a-t-il si peu qui soient aptes à exercer les charges électives de la république ? C'est que, répondait-il, l'ancien clergé monarchique [...] ne cesse de distiller parmi le peuple ses principes d'aveuglement, entretenant ainsi son ignorance.'' Nombre de ses membres avaient enseigné que Charles Ier était l'oint du Seigneur. Les prêtres ''ont la prétention d'aller tout droit en paradis après leur mort, pourtant ils exigent tout à la fois leur part de paradis en ce monde et mènent grand tapage contre ceux qui refusent de leur assurer une large aisance temporelle. Cela ne les empêche pas de dire aux pauvres gens qu'il leur faut s'accommoder de leur misère et qu'ils auront leur paradis dans l'au-delà. Pourquoi donc, je vous prie, n'aurions-nous pas notre paradis ici-bas (à savoir un gagne-pain qui nous procure le bien-être sur cette terre) et encore le paradis dans l'au-delà tout comme vous ?... Tandis que les hommes tournent leur regard vers le ciel, s'imaginant la félicité à venir ou redoutant l'enfer après leur mort, on leur arrache les yeux afin qu'ils ne voient pas quels sont les droits qui leur reviennent de naissance et ce qu'ils doivent faire ici même sur cette terre pendant qu'ils sont en vie.''

« Un chrétien traditionnel qui ''croit que Dieu est aux cieux par-delà le firmament visible et qui donc prie ce Dieu qu'il imagine là et partout [...] adore en fait sa propre imagination qui n'est autre que le diable''. ''Ton Sauveur doit être une force à l'intérieur de toi, qui peut te délivrer de cet esclavage intérieur, le Christ extérieur ou le Dieu extérieur ne sont que des Sauveurs à l'image de l'homme.'' Winstanley en vint tout naturellement à utiliser le terme ''Raison'' de préférence à ''Dieu'', ''parce que l'on m'a maintenu par ce mot dans les ténèbres où je vois encore grand nombre de gens''. Il nous faut prendre garde ''à ne pas déshonorer le Seigneur en faisant de lui l'auteur de la misère des créatures'', comme le font ces prédicateurs qui menacent les hommes des feux de l'enfer. Winstanley parle de leur Dieu en des termes qui évoquent le Nobodaddy (Papa Personne) de William Blake, à moins que l'on suppose qu'il professait un dualisme totalement manichéen — ce qui paraît fort improbable. Il accusait encore ''les prêtres et dévots professeurs'' d'adorer le diable. Il parlait aussi du ''Diable-Dieu''. ''Le Christ extérieur ou le Dieu extérieur [...] se révèlent être parfois des démons.'' Au tribunal de Kingston, il dit à ses accusateurs : ''Ce Dieu que vous servez, celui qui vous confère vos titres de nobles seigneurs, chevaliers, gentilshommes et propriétaires, ce Dieu-là c'est la cupidité.'' C'est lui qui incitait les hommes à revendiquer la propriété privée de la terre : toujours lui qui ''assignait au peuple le devoir de payer les dîmes au clergé''. C'est ce Diable-Dieu que révère l'Église d'État. "Nous n'accepterons pas de venir à l'église et de servir leur Dieu [7]." »

Proche enfin des partisans de Jacob Boehme qui, vers 1640, se répandent en Angleterre, il refuse de vénérer tout autre Christ que le symbole de la résurrection de l'homme en lui-même. L'éden, c'est l'humanité cherchant à reconstruire les conditions d'innocence détruites par la cupidité et l'appropriation. Toutefois, si Winstanley tient le péché pour une invention lucrative du clergé, il n'entre jamais dans les vues des Ranters qui, eux, le révoquent au nom de la jouissance et des libertés naturelles qu'elle fonde.

Lorsque les expéditions punitives auront eu raison des Diggers, plusieurs sectes — comme les Seekers ou les Quakers —, récupérant leur popularité et les dépouillant de leurs pratiques subversives, accéderont rapidement au statut d'Église, en vertu d'une tolérance sélective acquise à quiconque ne menace pas les fondements de la religion et de l'ordre établi.

RANTERS

Luther et Calvin avaient ôté au péché le contrat d'assurance que l'Église romaine imposait par le moyen de la confession et du rachat. Le péché, que n'allégeait plus le paiement d'une redevance, n'en demeurait que plus redoutable à porter pour la créature en butte aux tentations libidineuses du Malin.

Dans la tradition du libre-esprit, les Ranters ou Divagateurs affirment, par le droit imprescriptible à jouir des bienfaits de l'existence, leur absolu rejet de toute culpabilité.

« Un témoignage (hostile) rapporte qu'au cours d'une réunion de Divagateurs, l'assistance fort mélangée se rassembla dans une taverne et se mit à chanter des paroles blasphématoires sur la musique familière des cantiques du psautier et participa à un grand festin collectif; un convive empoigna un morceau de bœuf et s'écria : "Voici la chair du Christ*, prenez et mangez", un autre jeta une chope de bière dans la cheminée et dit : "Voici le sang du Christ." Clarkson appelait une taverne la maison de Dieu, et déclarait que le xérès était la divinité. Même un adversaire puritain des Divagateurs ne peut s'empêcher de ressentir comme à regret une certaine admiration pour l'allégresse de leurs orgies dionysiaques : "Il n'est pas de plus joyeux diables pour l'entrain avec lequel ils improvisent des chansons lascives [...] choquent leurs verres et s'adonnent à la musique, à la plus franche paillardise et à la danse [8]." »

Un Ranter, retrouvant spontanément les plaisanteries qui, en 1359, avaient valu le bannissement de Strasbourg à trois joyeux drilles, affirmait : « S'il me

---

* Les propos rappellent ceux de Claushorn et de ses amis, bannis de Strasbourg en 1359. Tel était l'ordinaire traitement de Dieu quand la joie et la boisson déliaient la langue de cette religion qui la nouait.

plaît d'adorer le soleil ou la lune, ou bien encore ce pot d'étain là sur la table, cela ne regarde personne [9]. » Le capitaine Francis Freeman, grand amateur de chansons paillardes, déclarait qu'il voyait Dieu dans la table et dans le chandelier.

Le capitaine Underhill ramenait avec autant de lucidité que d'humour les spéculations théologiques à leurs origines et sens terrestres lorsqu'il expliquait que « l'Esprit était descendu en lui pour témoigner de la gratuité de la grâce alors qu'il jouissait avec modération de l'agrément que procure cette excellente créature qu'on appelle le tabac [10] ».

Certains niaient l'existence du Christ ou, s'affirmant Christ ou Dieu, s'autorisaient joyeusement de toutes les licences.

S'il existait un Dieu, proclamait Jacob Bauthumley, il était en lui-même et en toute chose vivante, dans « l'homme et la bête, l'oiseau et le poisson, en chaque végétal, du plus haut cèdre au lierre sur le mur [...]. Il n'existe pas en dehors des créatures [... Dieu est] dans ce chien, cette pipe, il est en moi et je suis en lui★ [11]. »

Actifs entre 1649 et 1651, les Ranters ne se constituent pas en groupes organisés et nul d'entre eux ne prétend au titre de chef ou de maître à penser. Ils se contentent de mener joyeuse vie et d'en répandre la bonne conscience. C'est malencontreusement que le paysan écossais nommé Jack fut pendu en 1656 pour avoir nié l'existence du ciel, de l'enfer, de Dieu et du Christ, car les Rangers se font, par goût de l'existence terrestre, un devoir d'éviter le martyre par une prompte rétractation.

ABIEZER COPPE

Originaire de Warwick, étudiant à Oxford puis prédicateur dans l'armée, il a trente ans quand il se taille une réputation de Ranter ou divagateur. Il publie en 1649 *Some sweet sips of some spiritual wine* (*Quelques douces gorgées d'un vin spirituel*) et, toujours avec le même sens de l'allitération, *Fiery flying rolls* (*Feuilles de feu ailées*).

Ici, nulle prophétie mensongèrement dictée par Dieu. Le message émane de « Ma Majesté très excellente et de la gloire éternelle [en moi] [...] qui suis amour universel, et dont le culte est liberté parfaite et pur libertinage ». Il proclame : « Péché et transgression sont finis et terminés », car Dieu, « puissant Niveleur », se prépare à mettre tout sens dessus dessous ».

Dans un premier temps, Coppe se range dans l'aile radicale des Niveleurs. Il appelle à trancher « le cou de l'horrible orgueil », cause de tout le sang versé. Évêques, rois, seigneurs et grands de ce monde doivent disparaître pour que « parité, égalité, communauté des biens » assurent le règne de « l'universel amour, la paix universelle et la liberté parfaite ».

★ Un esprit similaire anime, au XVIIIᵉ siècle, l'œuvre poétique *Jubilate Agno*, de Christopher Smart.

La «trahison» des Niveleurs accentue en lui le sentiment d'une nécessaire unité entre la jouissance individuelle et la lutte solidaire contre les puissants. Il raconte comment, en pleine rue, il jette son mépris aux hommes et femmes de haut rang, s'en prenant aux carrosses et à leurs occupants. «Ne te refuse pas à ta propre chair, écrit-il, à l'estropié, au gueux, au mendiant, au débauché, au voleur (...) il est ta propre chair.» S'adressant aux riches, il les menace : «Tu as beaucoup de sacs d'argent, et vois, Moi (le Seigneur) je viens comme un voleur, la nuit, mon épée tirée à la main, et comme le voleur que je suis, je dis : donne ta bourse, donne! donne-la, coquin, ou je te coupe la gorge. Je dis [une fois de plus] : donne, donne mon argent... aux gueux, aux voleurs, aux putains, aux coupe-bourses, qui sont la chair de ta chair, et te valent bien à mes yeux, eux qui sont prêts à mourir de faim dans des prisons lépreuses et de nauséabonds cachots...

«Le fléau de Dieu s'est abattu sur vos bourses, vos granges, vos maisons, vos chevaux, la peste emportera vos porcs, ô vous pourceaux engraissés de la terre qui bientôt serez égorgés et pendus au toit, sauf si... Ne vîtes-vous point au cours de cette dernière année ma main tendue ? Vous ne la vites point. Ma main reste tendue... Votre or et votre argent, bien que vous ne le voyiez pas, sont rongés par le chancre... La rouille de votre argent, dis-je, rongera votre chair comme le feu...

«Ayez toute chose en commun, sinon le fléau de Dieu s'abattra sur tout ce que vous avez pour le pourrir et le consumer.»

Mais dans le même temps, il perçoit dans le bonheur de servir ses plaisirs une garantie de paix et un préservatif contre la violence : «Nous refusons l'épée, nous avons un mépris sacré pour toute guerre; nous préférons, ivres morts tous les jours de la semaine, coucher avec des catins sur la place du marché, considérant cela comme d'aussi bonnes actions que de dépouiller de son argent le pauvre laboureur trompé et asservi.»

En 1650, le parlement condamne au bûcher *Fiery flying rolls*, empli «d'affreux blasphèmes», et envoie Coppe à la prison de Newgate. En échange de sa libération, il rédige une rétractation partielle, puis une autre plus complète mais où de malicieuses réserves suggèrent le peu de sincérité de la démarche★. Après la Restauration, la prudence lui enjoignit de changer de nom. Il exerça la médecine et se fit estimer de la petite ville de Barnes, dans le Surrey. Il poussa l'humour jusqu'à se faire enterrer dans l'église paroissiale.

★ Ainsi ne se prive-t-il pas d'ironiser à la manière de Jacques Gruet ou de Noël Journet : «Dieu interdit de tuer, mais ordonne à Abraham d'égorger son propre fils. Il interdit l'adultère, mais ordonne à Osée de prendre une femme de prostitution.» Il proclame que «la communauté des biens est un péché» mais ajoute que «si la chair de ma chair est en danger de périr, si j'ai du pain, celui-ci sera ou devrait être sien». Contraint de reconnaître la notion de péché, il déclare : «Tendre des filets, des pièges et des rets sous les pieds de notre prochain est un péché, que les hommes en aient conscience ou non; il en est de même du refus de soulager un fardeau trop lourd, de libérer les opprimés, de briser les chaînes, de distribuer le pain aux affamés (etc.), que les hommes en aient conscience ou non.»

LAWRENCE CLARKSON

Prédicateur itinérant, né à Preston, Clarkson, élevé dans le puritanisme, accéda très vite à une égale répugnance à l'endroit de l'ensemble des sectes et de la profession cléricale : «Des milliers d'hommes meilleurs que les prêtres de vos paroisses ont fait la révérence au gibet : il est plus respectable d'être voleur de grands chemins que d'obliger un paroissien à entretenir tels qui cherchent sa ruine, et dont la doctrine est un poison pour sa conscience. » Niveleur en 1647, il rallie les Ranters et soutient que, Dieu étant dans tous les êtres vivants et dans la matière, toute action vient de lui et rien n'est péché à ses yeux, pas même la crucifixion du Christ. Il n'y a ni ciel ni enfer en dehors de l'homme. Il déclare publiquement ne croire «ni en Moïse, ni aux prophètes, ni au Christ, ni aux apôtres». «Ivrognerie, adultère et vol n'existent pas pour Dieu (...). Il n'est péché qu'imaginaire. Quelque acte que tu commettes dans la lumière et dans l'amour est lumière et amour, même si c'est l'acte appelé adultère [...]. Peu importe ce qu'Écritures, saints ou Églises disent, si ce qui est en toi ne te condamne pas, tu ne sera pas condamné. »

«Personne, écrit-il, ne peut être libéré du péché avant de l'avoir commis en toute pureté, comme n'étant pas un péché; car je jugeai pur pour moi ce qui pour un esprit ténébreux était impur. »

Il vit joyeusement, dans la douceur et l'amour, parcourant le pays en compagnie de Mrs Star, courant l'aventure avec d'autres femmes, mais prenant soin «de conserver les deniers destinés à mon épouse», s'amusant d'une assemblée de divagateurs où «la servante du Dr Paget se dénuda et gambada».

Arrêté en 1650, il fait valoir ses droits de «sujet né libre», est condamné à l'exil et gracié, sans doute à la suite d'une rétractation. Il s'assagit dès lors, verse dans la magie et l'astrologie pour se convertir à la secte de Muggleton, l'un des nombreux groupes qui se sont perpétués jusqu'à nos jours dans les brumes du millénarisme et de l'apocalypse.

JACOB BAUTHUMLEY

Cordonnier comme Boehme, Bauthumley tombe en 1650 aux mains de la justice pour avoir publié *The light and dark sides of God* (*Lumières et ténèbres de Dieu*). Accusé de blasphème, il a la langue percée au fer rouge. Milton l'admirait et partageait plusieurs de ses idées.

La lumière de Dieu se manifeste dans sa présence en tout être et en toute chose : «Pas la moindre fleur ou herbe dans le champ qui ne renferme l'être divin qui la fait ce qu'elle est; et lorsque celui-ci la quitte, alors elle est réduite à néant, ainsi elle est aujourd'hui habitée par Dieu et le lendemain jetée au four». «Toutes les créatures du monde... ne sont qu'un seul et même être. »

«Rien de ce qui participe de la nature divine, ou qui vient de Dieu, qui ne soit Dieu. » Dieu ne peut aimer un homme plus qu'un autre : tous sont semblables à ses yeux. Dieu «demeure dans la chair d'autres hommes et créatures de manière aussi réelle et substantielle que dans celle du Christ fait homme». Là où Dieu demeure est «le seul paradis auquel j'espère jamais accéder».

Le péché appartient au côté ténébreux de Dieu. Il est une absence de lumière. «La raison pour laquelle nous appelons certains hommes méchants et d'autres saints ne réside pas dans l'homme, mais dans la présence divine qui brille avec plus ou moins d'éclat en eux [...]. Dieu n'est pas plus incité au courroux par le péché qu'il n'est tenté de me bénir par ma sainteté. » Et il précise : «Obéissant également aux décrets de la volonté divine, ceux qui crucifièrent le Christ n'agirent pas plus mal que ceux qui l'embrassèrent. »

Bauthumley nie l'existence d'un enfer et du démon en tant que personne. La résurrection est un acte purement intérieur et ne se conçoit pas dans l'au-delà.

Lui aussi finit comme un respectable citoyen de sa ville natale, Leicester, où il devint bibliothécaire.

THOMAS WEBBE

Recteur de Langley Burhill, Webbe passe pour avoir solennellement promis de ne pas percevoir de dîme auprès de ses paroissiens. Sa popularité, déjà assurée par une mesure dont aucune Église n'avait toléré l'usage, se trouva sérieusement confortée lorsqu'il proclama en chaire qu'il espérait vivre assez longtemps pour «ne plus voir ni presbytères ni prêtres en Angleterre». Pour propager de tels propos, le curé Meslier prit plus tard, en France, l'utile précaution de mourir au préalable.

Webbe soutint l'accusation d'avoir, dans les années 1650, constitué «une vraie Bible d'impiété et de communisme». Admirateur de Coppe, il a laissé dans une lettre à Joseph Salmon un trait remarquable : «Que Dieu nous accorde de connaître le prix de l'enfer, pour nous permettre de mépriser à jamais le ciel. »

En 1650, les notables, soucieux de se débarrasser de lui, le firent juger pour adultère, crime alors passible de la potence. Il obtint l'acquittement. Il passe pour avoir assuré qu'il «vivait au-dessus des lois et qu'il était de son droit de coucher avec toute femme». On lui prête le bon mot : «Il n'est de paradis que les femmes, et d'enfer que le mariage. » Ses ennemis finirent par le condamner au bannissement.

COPPIN, PORDAGE ET TANY

Richard Coppin illustre l'aile modérée des Ranters ; il se satisfait d'un panthéisme où la théologie l'emporte sur le refus des impératifs sociaux et moraux. «Dieu est tout en un, il est donc en chacun», écrit-il dans *Divine teachings* (*Enseignements divins*). «De même tout ce qui est en moi est en toi : le même Dieu qui demeure en l'un demeure en l'autre, demeure en tous ; et la même plénitude qu'il a en l'un, il l'a en tous. » La résurrection consiste à sortir du sépulcre, qui est en nous et dans les Écritures, afin de renaître comme homme nouveau, «qui ne pèche pas».

Coppin refuse l'Église au nom de sa propre expérience dans le Seigneur. Se référant au décret de 1650, qui avait aboli la présence obligatoire à l'office dominical, il parle de «la loi antichrétienne qui astreignait les hommes à fréquenter l'église». Arrêté en 1655, Coppin fut condamné à six mois de prison. Vicaire de Reading puis recteur de Bradfield, John Pordage, disciple de Jacob Boehme attire l'attention de la justice en 1655 pour avoir propagé les opinions des Ranters. Il nie l'existence historique du Christ, croit en la présence de Dieu en chaque homme, refuse le péché, tient le mariage pour une institution malfaisante, annonce la disparition prochaine du Parlement, de la magistrature, du gouvernement d'Angleterre et de tous ces pouvoirs supérieurs dont il ne «se soucie pas plus que de la poussière sous ses pas».

Son ami Thomas Tany, dit Theaureaujohn, estime qu'aucun homme ne peut perdre son salut. Mais il va plus loin et soutient que toute religion est «un mensonge, une fraude, une duperie, car il n'est qu'une vérité, et c'est l'amour». Il exigeait aussi que les terres du peuple fussent rendues au peuple. En 1654, Tany eut un geste exemplaire et d'une rare audace. Avec une belle concision critique, il brûle la Bible à Saint George's Fields, «parce que les gens disent qu'elle est la parole de Dieu, or elle ne l'est pas».

CHAPITRE XLVI

Les jansénistes

Tandis que la Hollande et l'Angleterre, acquises l'une et l'autre aux libertés formelles de la révolution bourgeoise, engendraient une multitude de sectes dont le langage, encore emprunté aux artifices théologiques, dissimulait de moins en moins la texture idéologique, les pays catholiques, en proie à l'affolement de la Contre-Réforme, retrouvaient dans l'absolutisme monarchique et pontifical la garantie d'un catholicisme restauré dans sa puissance temporelle et spirituelle.

Livré à la parodie constantinienne du droit divin, Louis XIV s'acharnait à dissimuler, sous le faste d'une Église où Bossuet jouait les Lulli, les pusillanimités d'une nature tourmentée, rongée par les aigreurs du prestige. Le soleil dont, à l'instar des médiocres, il prétendait s'auréoler ne dispensait sa lumière qu'aux courtisans des lettres et des arts, aptes à diluer leur génie dans l'artifice du panégyrique. L'obscurantisme en revanche ne ménageait pas des esprits libres comme Cyrano de Bergerac, les paysans réduits aux famines et à la rapacité des collecteurs d'impôts, les protestants condamnés par milliers aux galères. Ce fut le règne des cagots, traînant au bûcher le poète Claude Le Petit pour avoir célébré l'art de foutre alors que le souverain bassinait de remords le lit de ses accouplements ancillaires.

La querelle du jansénisme s'inscrit ainsi dans le cadre archaïque de la dispute théologique et dans la tradition politique où le maître temporel prétend légiférer en matière spirituelle.

MICHEL BAÏUS

Né en 1515 à Meslin-l'Évêque, dans le Hainaut, Michel Baïus (ou de Bay) entreprend, en fervent catholique, docteur de l'université de Louvain, de combattre le luthéranisme et le calvinisme, très répandus dans les Pays-

Bas, en se fondant sur ces Écritures érigées en suprême autorité par les protestants.

Avec son ami Jean Hessels, il oppose à Calvin, pour qui l'homme irrémédiablement mauvais tient tout entier dans la main capricieuse de Dieu, une manière d'adoucissement à la doctrine issue en droite ligne d'Augustin d'Hippone. Pour Baïus, la nature est originellement bonne mais éminemment corruptible. Adam a péché librement et, par son péché, il a perdu l'empire qu'il exerçait sur ses sens. Depuis lors, l'homme subit si vivement l'attrait de la concupiscence qu'il n'y peut résister.

Calvin avait induit de la prédestination augustinienne que, sauvée ou damnée par la seule volonté de Dieu, la créature n'avait d'autre choix qu'assumer sa misère par un tourment constant où tout plaisir dissonait obscènement. Mais la prédestination offrait aussi, à la portée de tous, l'argument selon lequel tout était permis puisque Dieu se moquait bien des œuvres humaines. Baïus, peu suspect de paillardise et de licence, entrouvre seulement la porte du libre arbitre théologique sur la désespérante macération à laquelle se vouent les dévots réformés.

Au premier abord, la conception de Baïus et de Hessels ne choqua ni le cardinal de Granvelle, gouverneur des Pays-Bas, ni la papauté puisque les deux théologiens participèrent aux travaux du concile de Trente.

Même lorsque Pie V eut réagi en condamnant, dans une bulle, soixante-treize propositions avancées par Baïus, celui-ci, dont le nom n'avait pas été mentionné, resta chancelier de l'université de Louvain et se soumit de bonne grâce à la rétractation.

Parmi ses adeptes, le théologien louvaniste Jacques Janson et l'évêque d'Ypres Cornélius Jansénius jurèrent de laver Baïus des soupçons d'hétérodoxie, immérités selon eux.

Entre-temps, le jésuite Lessius avait ravivé la querelle dans des milieux à l'affût de spéculations théologiques auxquelles ils prêtaient un intérêt public dont se dispensaient aisément la plupart des gens, suffisamment encombrés par la contrainte des messes, sacrements et rituels ecclésiastiques.

Lessius estimait qu'un pécheur ne perd en rien les moyens d'accéder à la vie éternelle des cieux. Il rejoignait l'opinion du jésuite espagnol Luis Molina (1536-1600), pour qui la prescience divine n'entrave point la libre volonté de l'homme dans son choix du bien ou du mal.

Sous la langue de bois théologique, qu'exprimait la discordance entre les thèses exposées par Molina dans *La Concorde de la grâce et du libre arbitre* et le futur jansénisme, si ce n'est le dissentiment entre la présence chrétienne gouvernant le monde au prix de nécessaires compromissions et un christianisme érémitique cherchant dans la retraite et loin de la mondanité l'approche fébrile et angoissée d'un Dieu intransigeant ? C'était, comme l'illustra Molière, Tartuffe contre le misanthrope de Port-Royal.

CORNÉLIUS JANSÉNIUS

Né en 1585 en Hollande, près de Leerdam, Cornélius Jansénius étudie à Utrecht et à Louvain, où il a pour maître Jacques Janson, disciple de Baïus. Il se lie d'amitié avec Duvergier de Hauranne, futur abbé de Saint-Cyran. Il s'adonne passionnément à l'étude d'Augustin d'Hippone et aux thèses qu'il oppose à Pélage. Après un séjour en France, il retourne à Louvain ; il estime avoir découvert chez le philosophe d'Hippone des arguments propres à réhabiliter Baïus. Il n'est pas aisé de démêler quels mobiles l'incitent à affronter les foudres pontificales et le puissant parti des jésuites. Son affection pour Jacques Janson ? L'espoir de briller au reflet lointain des bûchers ? Un rigorisme correspondant à ses goûts d'ascète et qui l'invite à réprouver la discrète licence de ces confesseurs qui mêlent la dévotion au parfum des boudoirs et pratiquent théologiquement une psychanalyse avant la lettre ?

« Plus j'avance, écrit-il à Saint-Cyran, plus l'affaire me donne de frayeur [...]. Je n'ose dire ce que je pense touchant la prédestination et la grâce de peur qu'avant que tout soit prêt et mûri, il ne m'arrive ce qui est arrivé aux autres [c'est-à-dire être condamné][1]. »

Il a la prévenance de mourir de la peste à Ypres peu après avoir envoyé au pape Urbain VIII une lettre où il s'avoue disposé à approuver, improuver et rétracter « selon qu'il me sera prescrit par cette voix de tonnerre qui sort de la nue du Siège apostolique[2] ».

Son œuvre posthume, l'*Augustinus*, parue en 1640, entraîna deux ans plus tard la condamnation d'Urbain VIII.

Le père d'Avrigny, dans ses *Mémoires chronologiques et dogmatiques*, résume ainsi la doctrine de Jansénius :

« Que, depuis la chute d'Adam, le plaisir est l'unique ressort qui remue le cœur de l'homme ; que ce plaisir est inévitable quand il vient, et invincible quand il est venu. Si ce plaisir est céleste, il porte à la vertu ; s'il est terrestre, il détermine au vice, et la volonté se trouve nécessairement entraînée par celui des deux qui est actuellement le plus fort. Ces deux délectations, dit l'auteur, sont comme les deux bassins d'une balance ; l'un ne peut monter sans que l'autre ne descende. Ainsi, l'homme fait invinciblement, quoique volontairement, le bien ou le mal, selon qu'il est dominé par la grâce ou la cupidité[3]. »

Voilà qui prouve, s'il en était besoin, que la racine de tout ce qui forme matière à controverse religieuse réside dans l'attitude tourmentée des individus devant les jouissances d'une vie qui leur est interdite en vertu des mandats du ciel et de l'Esprit, abstractions désolantes l'une de la terre et l'autre du corps.

La hantise de l'Église ne tient pas à de scandaleuses licences auxquelles le pieux Jansénius eût improbablement livré accès, mais à cette détermination imputée à l'homme et qui, fût-elle tournée vers le plus dévotieux ascétisme, retranche au dogme et au clergé la moindre utilité dans le gouvernement des êtres et des choses.

Le jansénisme prit au reste assez rapidement tournure d'un calvinisme transplanté dans une société qui n'avait pas encore délégué ses pouvoirs à la libre entreprise et à la dévotion de l'argent sanctifié par Dieu.

Jean Duvergier de Hauranne, abbé de Saint-Cyran, de longue date acquis aux idées de Baïus, se donne pour mission de propager la doctrine de Jansénius, son ami. Sa rigueur plut à beaucoup que l'usage des plaisirs glacés par le remords avait menés aux complaisances du désenchantement. Il s'acquit les sympathies de la famille Arnauld, qui suffit, avec Pascal et Nicole, à soutenir le monastère de Port-Royal et à l'ériger en bastion du jansénisme.

Saint-Cyran mort en 1643, le Grand Arnauld lui succède et prend la tête du mouvement, qu'il traite comme une affaire de famille. Il n'est pas inutile de s'attarder un peu sur ce clan qui brandit devant la cour et devant Rome un arsenal théologique dont la puissance de feu semble résulter des relations sans aménité qui opposent les uns aux autres les membres d'une confrérie aussi sainte que tourmentée.

LES ARNAULD

Originaire d'Herment, dans le Puy-de-Dôme, Antoine Arnauld (1560-1619) était né d'un père protestant que la Saint-Barthélemy avait convaincu de se convertir au catholicisme. Il s'établit à Paris en 1577, professant pour la gloire des armes et pour la conquête des faveurs royales un dédain qui allait l'engager à faire de la religion son champ de bataille. De lui découlera cette engeance de robins et d'érudits que la rigueur puritaine, le goût de l'autorité, une propension certaine à la fronde et un sens solide des affaires eussent tournée vers le calvinisme si le jansénisme ne lui avait fourni meilleure opportunité.

Conseiller de Catherine de Médicis, après avoir fait des études à l'université de Paris et son droit à Bourges avec Cujas, il entre ensuite au barreau et se jette avec fougue dans plusieurs polémiques contre les jésuites. Gallican et nationaliste, il raille leur «obéissance aveugle à un général espagnol», défend contre eux l'université de Paris et s'oppose à leur retour une fois que l'attentat de Châtel contre Henri IV les a bannis de France.

Son épouse, Catherine Marion, qui se fera religieuse à Port-Royal en 1641, lui avait donné vingt enfants, parmi lesquels Catherine, Jacqueline-Marie-Angélique, Jeanne-Catherine-Agnès, auteur de *Lettres*, Anne, Marie et Madeleine appartiendront à l'abbaye, comme Robert et Antoine, le vingtième enfant, dit le «Grand Arnauld». Henri deviendra évêque d'Angers, apportant à sa famille, toujours aux frontières de l'hérésie, le gage de son orthodoxie.

Dernier enfant de Catherine Marion, le Grand Arnauld, né en 1612, a sept ans quand meurt le père, tyrannique et brutal; il est éduqué par sa mère, ou plus exactement par le directeur de conscience, Jean Duvergier de Hauranne, le célèbre abbé de Saint-Cyran, qui préside aux destinées de Port-Royal. Pourtant le monde le séduit, la jurisprudence l'attire, il fréquente l'hôtel de

Rambouillet, s'initie à la préciosité, imite Voiture. Mais son sort est décidé, il appartient à la théologie. Entré en Sorbonne en 1633, il étudie Augustin sous la direction spirituelle de Saint-Cyran. Celui-ci, pour qui «rien n'est si dangereux que le savoir», lui impose des épreuves : jeûner deux fois par semaine en priant, lire l'Écriture sainte à genoux.

Ordonné prêtre, il entre un an plus tard, en 1641, à Port-Royal, résolu à «fuir la conversation du monde comme un air empoisonné». On dit qu'il poussait l'amour du mystère jusqu'à dénoncer comme fausse une thèse qu'il jugeait trop intelligible. *La Fréquente Communion* (1643), parue l'année de la mort de Saint-Cyran, l'impose à la tête du courant janséniste et suscite la haine des jésuites, qui intriguent pour le faire embastiller. Pendant les vingt-cinq ans que dure sa retraite, il polémique contre eux (*Nouvelle Hérésie dans la morale*, *La Morale pratique des jésuites*), fournissant à Pascal la matière de ses *Lettres écrites à un provincial*. Rentré en grâce en 1669, il se lie d'amitié avec Boileau et Racine, et attaque violemment le calvinisme, rejoignant par là son frère Henri, l'évêque d'Angers, qui applaudira à la révocation de l'édit de Nantes.

Lorsque la politique prend un tour hostile à Port-Royal, Arnauld fuit à Mons, à Tournai, à Bruxelles, où il meurt en 1694. Une lettre de son ami, l'abbé de la Trappe, donne la mesure de l'estime qu'on lui portait : «Enfin voilà Monsieur Arnauld mort. Après avoir poussé sa carrière aussi loin qu'il a pu, il a fallu qu'elle se soit terminée. Quoi qu'on dise, voilà bien des questions finies [4].» C'était, dira l'abbé Brémond, «une mitraillette théologique en mouvement perpétuel, mais tout à fait dénuée de vie intérieure [5].» Il fallut peu de temps pour s'apercevoir que la grandeur qu'il se prêtait résultait d'un amoncellement de mesquineries.

Un même tissu de mondanités et d'éloquent refus du monde se découvre chez Robert, dit Arnauld d'Andilly. Ses *Mémoires* servent sa gloire plus que celle d'un Dieu qu'il prétend vénérer : «Je n'ai jamais eu d'ambition, parce que j'en avais trop.» L'empire de l'absolu s'accordait cependant chez lui à l'art de la cabale et du trafic d'influences. Un madrigal, qu'il offrit à la *Guirlande de Julie*, montre qu'il mariait sans trop de peine la dévotion à la galanterie. Saint-Cyran en fit son légataire universel à condition qu'il se retirât à Port-Royal. On le vit alors user de tous les prétextes pour retarder la date de la retraite. Il intrigue pour devenir précepteur du dauphin, publie des *Stances sur diverses vérités chrétiennes*, écrit un poème sur la vie du Christ, produit des *Lettres* où il se ménage des appuis du côté des jésuites. En vain. La charge tant convoitée lui échappe et la déception le pousse enfin à Port-Royal, où il s'était hâté d'envoyer six filles, sur les quinze enfants qu'il eut. Le bruit, si longuement orchestré, de sa retraite le rendit célèbre et mit le jansénisme à la mode.

En 1664, la dispersion de la communauté l'exile à Pomponne chez un de ses fils. Ayant été un père odieux, il parut exécrable à sa bru, qui le vit mourir sans déplaisir en 1674. Il avait traduit les *Confessions* d'Augustin, les œuvres de sainte Thérèse, l'*Histoire des juifs* de Flavius Josèphe.

Jacqueline-Marie-Angélique, deuxième fille d'Antoine, née en 1591, est d'une tout autre nature. Sa brutale franchise tranche avec la cautèle de Robert et du Grand Arnauld, personnages plus proches de Tartuffe que du Misanthrope de Molière. Intelligente et vive, elle eût préféré le mariage à l'abbaye, qui lui fut imposée dès l'âge de sept ans. «Vous voulez que je sois religieuse, dira-t-elle, je le veux bien, mais à la condition que je serai abbesse.» À neuf ans, elle fait sa profession de foi, non sans préciser que «se sentant libre devant les hommes, elle se sentait engagée devant Dieu». Sa vocation forcée lui fut toujours en horreur : «J'ai été maudite quand les hommes m'ont faite abbesse et non Dieu, et que les moines de Cîteaux m'ont bénite à onze ans.» Elle reçut de l'autre côté du guichet son père qui lui rendait visite et quand celui-ci, furieux, la traita de monstre parricide, elle constata : «Mes parents m'ont fait religieuse à neuf ans, lorsque je ne voulais pas l'être, aujourd'hui, ils veulent que je me damne en n'observant pas ma règle.»

Tandis que, les unes après les autres, ses sœurs entrent à Port-Royal, elle se jette dans la ferveur comme dans une volupté sombre et désespérée. Nommée abbesse en 1642, elle épouse la cause du jansénisme et n'hésite pas à traiter le pape Innocent X de fourbe lorsque les cinq propositions de l'*Augustinus* sont condamnées en 1653. Dieu fut l'arme de sa vengeance contre les hommes qui l'avaient bannie du monde. Cette femme passionnée, qui eût mérité par son intelligence et le feu d'une sensualité tristement contrainte une destinée mieux accordée à ses espoirs, mourut en 1661, alors que le pape Alexandre promulguait de nouvelles condamnations en un formulaire que le clergé est tenu de signer.

Moins par conviction que par haine des jésuites, un courant populaire inclinait à encenser les jansénistes. Il applaudissait en eux l'insoumission à Rome et l'insolence jetée à la face d'un monarque aussi vaniteux que mesquin, et que ses défaites militaires acharnaient à s'infatuer.

Réduits au silence par la menace de châtiments corporels décrétée par Louis XIV, les jansénistes gagnèrent la Hollande d'où fusèrent leurs libelles. Une Église janséniste, fondée aux Pays-Bas, se maintint jusqu'au XIXe siècle. En France, bien que le combat fût poursuivi par Pasquier Quesnel, la condamnation de ses propositions en 1713 par la bulle *Unigenitus* consacra la fin d'un mouvement qui s'éteignait moins par lui-même que par le dépérissement de la théologie ou langage de Dieu.

Dépouillé de ses arguments célestes, le rigorisme des mœurs révéla les effets du refoulement par des manifestations d'hystérie que ne justifiaient ni prônes religieux ni discours politiques. L'inhumation au cimetière de Saint-Médard à Paris du diacre Pâris, modèle de ferveur janséniste, avait suscité sur sa tombe des accès de convulsion et des guérisons miraculeuses dont la vogue émoustilla les Parisiens. Un édit interdisant les rassemblements convulsionnistes donna lieu à l'inscription célèbre : «De par le roi, défense de faire miracle en ce lieu.» En 1787, Bonjour, curé de Fareins, près de Trévoux, perpétuant la tradition des convulsionnistes, crucifia sa maîtresse sur la croix de son église dans l'espoir de susciter de nouvelles guérisons miraculeuses.

Du Grand Arnauld à Bonjour, le jansénisme avait accompli le destin que la modernité réservait aux hérésies : devenir des sectes dans le même temps que les Églises et ces foudres que Jansénius voyait ingénument crépiter du Saint-Siège entraient dans le spectacle idéologique où, subverties par les grands appareils d'État et leur viol des consciences, elles traîneraient une existence de plus en plus marginale jusqu'à n'apparaître plus qu'à la faveur des rites folkloriques de la naissance, du mariage, de la mort et accessoirement d'une sortie dominicale.

CHAPITRE XLVII
Piétistes, visionnaires et quiétistes

LES PIÉTISTES

Né des prédications du pasteur luthérien Philippe-Jacob Spener (1635-1705), le piétisme procède de la tradition de Johannes Denck pour qui la foi — ou son absence, car seule importe la conviction intime — n'a nullement à s'embarrasser de sacrements, de prêtres ou pasteurs, ni même des textes prétendument sacrés.

Sous les piétismes allemand et anglais couve aussi la pensée de Jacob Boehme (1575-1624), le cordonnier de Görlitz, en Silésie, dont la doctrine participe de la tradition hermétiste et d'une subtile alchimie de l'expérience individuelle.

Sans entrer dans l'analyse d'une conception riche et touffue, il est permis de souligner à quel point son Dieu, dissous dans la nature, anéantit plus parfaitement l'idée de Dieu que l'athéisme, qui se contente de le réduire à une fonction sociale partout présente dans l'exercice du pouvoir et de l'autorité en tant que gouvernement abstrait des êtres et des choses. Les signes du divin, s'ils gardent encore chez Boehme les oripeaux rapiécés de la théologie — Christ, Trinité, grâce —, se répartissent non moins sûrement en signes d'une vie identifiée, comme chez Marguerite Porète ou chez Simon de Samarie, à un flux éternel où la conjonction «amoureuse» crée les êtres et les choses que l'homme recrée à son tour.

L'univers se manifeste à chaque instant dans l'indissociable couple de l'énergie matérielle et de la matière énergétique, dans le désir où se rejoue l'androgynat des amants enlacés et le *mysterium magnum* de la jouissance et de la création.

L'aile radicale du piétisme exprime, le plus souvent par le biais de visions, révélations ou apocalypses, le sentiment d'une sexualité diffuse, en quête d'une expérience où s'accomplisse l'unité de l'individu et du monde.

Il arrive que le véhicule même de la vision jette l'illuminé dans un jeu d'influences politiques où ses prétentions à régenter l'avenir lui attirent la réprobation des autorités, voire pire.

Jean-Albert Adelgreiff en fait la triste expérience. Les sept anges qui l'avaient mandaté pour réformer la conduite des gouvernants ne s'opposèrent point à ce qu'il fût brûlé en 1636 à Koenigsberg. Le tsar Pierre, dit le Grand, procédera de la même manière contre l'infortuné Quirinus Kuhlmann, condamné au bûcher à Moscou en 1689.

Le théosophe alchimiste Paul Felgenhauer passa une grande partie de sa vie en prison ou dans l'errance de bannissements successifs. Son *Aurore de la sagesse*, où se retrouve l'Aurora et la Sophia chères à Boehme, fixe dans le siècle le commencement de ce millénium qui n'en finit pas de prendre date. Avec la même certitude probable, Paul Nagel prévoit l'écroulement du papisme pour le mois de mars 1623.

D'autres, comme l'ouvrier Élie Eller (1690-1750), s'assurent avec plus d'habileté des déterminations prophétiques en matière de destinée. Eller, en quête de travail à Elberfeld, y séduisit une riche veuve avec qui il fonda l'une de ces communautés piétistes où l'exaltation et la prière propulsaient la foi en la présence divine bien au-delà du dôme des temples et autres lieux « souillés par les cafards papistes ou parpaillots ».

La fille d'un boulanger, Anna von Buchel, y plongeait les adeptes en extase par des visions luxuriantes où elle dialoguait avec Jésus-Christ sur un mode très familier. Comme Élie Eller occupait dans le cœur d'Anna la place charnelle de Jésus, l'épouse en prit ombrage et, ayant accusé Anna von Buchel de mystification, s'attira l'accusation de sacrifier à Satan. Eller la fit enfermer comme démente et épousa la prophétesse, dont il consigna les révélations dans un ouvrage intitulé *Hirtentasche* (*Le Sac du berger*).

Le couple, figurant la Mère et le Père de Sion, entreprit de faire renaître Jésus dans le sein d'Anna. Il parut sous la forme malencontreuse d'une fille. Un second enfant, mâle cette fois, mourut aussitôt, sans souci de ses triomphes à venir. Anna succomba à son tour.

Élie Eller conclut un troisième mariage. Ses adeptes étaient nombreux à Remsdorff, dont il avait été nommé maire. Il mourut en 1750 dans la considération générale de ses administrés, sans que l'on sache s'il avait vécu dans l'harmonie de ses désirs ou seulement dans le calcul rusé de la sainteté, de l'honorabilité et du libertinage.

Johann-Willem Petersen (1649-1727) s'inspire de Jacob Boehme et de Valentin Weigel pour prêter à ses pieuses communautés l'effervescence des prédications millénaristes et l'exaltation de visionnaires catéchisant les foules. La fougue religieuse revêtait parfois les couleurs d'une mystique sensualité.

« Assurément, l'Esprit de prophétie ne faisait pas acception de personnes. Voici tout un essaim de voyantes qui voltige autour des chefs de secte : Madeleine Elrich, Christine-Régina Bader, Adélaïde Schwartz, Anne-Marguerite Jahn. Comme dans une troupe bien réglée, chacune a son rôle : Anna-Maria Schuchart est la "chanteuse piétiste". Anne-Eve Jacob est la "suceuse de sang". Il y a d'autres vedettes qui ont, naturellement, un rôle plus important. Jean-Guillaume Petersen avait le privilège d'avoir des illuminations divines, et il avait l'avantage d'être marié avec une femme qui avait des visions, Eléonore de Merlau. Elle composait des ouvrages que le célèbre piétiste éditait sous son nom. Guillaume Postel eut aussi quelque influence sur la pensée de Petersen. Celui-ci se réfère également au livre d'une comtesse anglaise, dont il ne cite pas le nom, et qui composa un *De principiis philosophiae antiquissimae et recentissimae*, ouvrage qui n'est point sans profondeur et qui s'inspire de la kabbale juive.

« Selon Petersen, le règne de mille ans s'établirait dans le ciel et sur la terre, les Juifs se convertiront et, de retour en Palestine, ils rétabliront leur ancien royaume. Petersen se défendait de chiffrer la date du second avènement de Jésus-Christ. On doit, d'ailleurs, observer que la "fin de cet âge" ne désigne pas la conflagration universelle, mais la "fin de cet âge actuel". Contrairement à une certaine tradition, la femme de l'Apocalypse qui enfante (ch. 12) est la nation juive ; elle enfantera le Christ malgré les efforts du Dragon infernal, lequel monstre sera terrassé par saint Michel, l'ange protecteur d'Israël. Rosemonde-Julienne von Asseburg était l'une des coryphées de la troupe des Sibylles piétistes. Leibniz jugeait ses visions fort respectables, à l'égal des visions de sainte Hildegarde, de sainte Brigitte, de sainte Melchtilde et autres saintes dames. Le même Leibniz se constitua l'éditeur de plusieurs ouvrages de Petersen. L'influence de Mme Petersen fut considérable en Allemagne et en Angleterre [1]. »

Avec Johann Georg Gichtel et Eva von Buttlar, la Sophia de Boehme et des gnostiques anciens illustre les deux figures, moins antithétiques qu'il n'y paraît au premier abord, de l'Ève future et de l'Ève présente, de la féminité dans son en-soi de princesse lointaine, et proche dans son pour-soi de tumultueuse sensualité (mais c'est aussi le cas de certaines exaltées piétistes « suceuses de sang » et de ce *pneuma* identique au *sperma*).

Dans son étude sur *Les Disciples anglais de Jacob Boehme*, Serge Hutin a consacré quelques pages à Gichtel :

« Johann-Georg Gichtel (1638-1710), fils d'un conseiller à la cour de Ratisbonne, avait montré dès son enfance des tendances mystiques. Adolescent, il voulut, à l'imitation du Christ, "anéantir" son moi charnel : renonçant à tous les plaisirs, il fit vœu de virginité perpétuelle. Luthérien, il fut rapidement déçu par la sécheresse de ce protestantisme officiel et se tourna vers la religion catholique, qui ne tarda pas à le décevoir aussi. Le jeune homme, s'abîmant de plus en plus dans une dévotion solitaire et exaltée, se passionnait en même temps pour l'étude et passait des nuits entières à se plonger dans le grec, les langues orientales sacrées, la théologie. Après avoir réussi à s'inscrire à la faculté de Théologie de l'université de Strasbourg, il dut cependant céder à ses tuteurs, qui voulaient l'obliger à suivre la carrière paternelle de magistrat : bon gré mal gré, il devint avocat à la Haute Cour impériale de Spire. Mais cette fonction importante ne devait pas l'accaparer longtemps : fuyant de pressantes sollicitations féminines, Gichtel revint en toute hâte dans sa ville natale. Inscrit au barreau de Ratisbonne, il fit par hasard, dans une librairie, la connaissance du baron Justinian Ernst von Weltz ; les deux hommes devinrent sur-le-champ des amis intimes. Ce Weltz (1621-1668) était un riche illuminé qui voulait fonder une société missionnaire, la *Christerbauliche Jesusgesellschaft*, dont les objectifs seraient la réalisation de l'unité chrétienne et la conversion du monde entier à l'Évangile ; il s'associa avec Gichtel, et tous deux soumirent leur projet à l'Assemblée évangélique de l'Église luthérienne : cette dernière fit d'abord bon accueil à la tentative, et le baron déposa dans une banque de Nuremberg la somme — énorme pour l'époque — de 30 000 riksdallers. Mais, prenant conscience du caractère chimérique et nébuleux du projet, les théologiens manifestèrent très vite leur désaccord. Pour se débarrasser des deux associés, qui commençaient à faire du scandale dans les pays rhénans, le délégué apostolique de Mayence leur proposa d'aller convertir les Indiens d'Amérique du Sud ; Weltz et Gichtel se rendirent en Hollande, mais renoncèrent au dernier moment à prendre le bateau.

« Ayant quitté le baron, et de retour à Ratisbonne, Gichtel fut alors l'objet, après des prières ferventes, d'une "illumination" qui le mit en rapport direct avec la Divinité : se soumettant par avance à toutes les épreuves que le Christ lui apporterait, il s'abandonna complètement à la "Volonté" supérieure qui avait "annihilé" sa volonté propre. Perdant toute prudence, il se mit à nier publiquement la nécessité du culte extérieur, dans lequel il voyait un obstacle redoutable à la communication intérieure de l'âme avec Dieu ; et, ce qui était encore plus maladroit, à prendre violemment à partie les pasteurs de la ville. Ces derniers le firent traduire devant les tribunaux comme "séditieux", "enthousiaste" et "anabaptiste". Emprisonné d'abord à Nuremberg, Gichtel languit ensuite treize semaines dans un sombre cachot de Ratisbonne. Condamné pour "hérésie antisociale", il fut excommunié, exclu des sacrements et de toutes les cérémonies de l'Église luthérienne, et faillit même être exécuté ; après l'intervention du bourgmestre de la cité, la sentence de mort fut commuée en celle du bannissement perpétuel : privé de sa charge, de ses biens, de sa qualité de citoyen, le visionnaire fut chassé de Ratisbonne (février 1655).

« Gichtel erra d'abord dans l'Allemagne du Sud, où des personnes charitables l'hébergèrent provisoirement. S'étant rendu ensuite à Vienne, où il avait des relations influentes, il put obtenir une charge à la cour impériale, où il fut assailli par de nombreuses tentations mondaines (richesses, honneurs...) ; voyant sa faveur dans la capitale, ses persécuteurs de Ratisbonne prirent peur et lui restituèrent sa fortune. Mais Gichtel, prenant la résolution irrévocable de renoncer à tous les biens de ce monde, fit vœu de pauvreté intégrale : il donna tout son argent à sa sœur aînée (qui devait dilapider rapidement cette fortune), abandonna la fonction officielle qu'il détenait, quitta ses vêtements luxueux pour de grossiers habits de cuir et partit à pied pour la Hollande.

« Après avoir été retenu à Zwolle par les autorités luthériennes, qui le soupçonnaient d'être un anabaptiste, Gichtel vint s'établir à Amsterdam, où il devait vivre dès lors grâce aux subsides de divers protecteurs — ses convictions religieuses lui ayant expressément interdit d'exercer un métier quelconque.

« En 1669, il devint "l'époux spirituel de la Vierge Sophia" : cette dernière se manifesta à lui, devint son "épouse", lui révéla l'explication dernière de toutes choses et lui enjoignit d'instituer la "prêtrise de Melchisédech", de fonder la "nouvelle Église", celle de la dernière Dispensation ; tous les livres devaient être rejetés, à l'exclusion de la Bible — interprétée théosophique-ment — et des œuvres de Jacob Boehme. Après cette grande "illumination", Gichtel réunit autour de lui un petit groupe de disciples désireux de vivre, à son propre exemple et selon le modèle du Christ, une vie de pureté par-faite : ce fut la communauté des *Frères de la vie angélique*, petite secte qui devait réussir à subsister secrètement en Allemagne jusqu'à nos jours.

«Selon Gichtel, la Réforme avait détruit le catholicisme sans rien substi-tuer de mieux à sa place, et il fallait qu'une *Réforme véritable* fût enfin insti-tuée : cette Réforme devait consister précisément en la mise en pratique de la théosophie de Jacob Boehme. [...]

«Pour mettre en pratique cette nouvelle dispensation, Gichtel instaurait la "prêtrise de Melchisédech", une communauté de "saints", de "Frères de la vie angélique", de "soldats du Christ". Ces frères et sœurs — car les fem-mes furent admises dans la communauté, avec des droits égaux à ceux des hommes — devaient s'efforcer de revenir à l'état de *perfection angélique*, perdu par Adam lors de la chute ; il leur serait ainsi possible de retrouver l'androgy-nie primitive de l'homme : "... dans le ciel, il n'existe ni homme ni femme."

«Cherchant à se libérer de toutes les imperfections humaines, en menant une vie de contemplation et de prières continuelles, ils devaient imiter en tous points l'existence parfaite du Christ.

«"Il [le Christ], disait Gichtel, nous a appris que si nous voulions être ses *disciples*, nous devions renoncer à tous les désirs terrestres, prendre notre choix et le suivre : et cette instruction est adressée non seulement aux apôtres, mais à tous les chrétiens. Les premiers chrétiens *pratiquèrent* ce commandement et témoignèrent ainsi qu'ils aimaient le Christ et qu'ils gardaient Sa loi[2]."»

Son ascétisme forcené redécouvre, jusque dans le sacre de Melchisédeck, cet essénisme qui fut le véritable christianisme originel :

«De même que les prêtres de l'Ancien Testament devaient, pour célébrer le culte, se tenir purs, saints, immaculés et chastes, afin que la Colère de Dieu ne fût pas excitée en eux et qu'ils pussent se tenir devant Dieu dans le Sanc-tuaire, ainsi cette prêtrise de Melchisédech de la nouvelle Alliance demande bien plus encore, parce que le service divin complet exige une renonciation entière à tout amour terrestre[3].»

À la différence des stylites et anachorètes, dont le refoulement sexuel s'allie à une haine de soi qu'ils appellent le mal absolu de Satan, Gichtel extrait de son énergie libidinale transmutée en vision mystique non pas les horreurs des tentations diaboliques, mais une manière de succube ravissant, qui n'est autre que la Sophia des gnostiques et de Boehme. Il a lui-même raconté la fulgu-rance de ses orgasmes éthérés :

«Je vis dans mon cœur une lumière blanche, autour du cœur un gros ser-pent, entortillé trois fois sur lui-même comme une tresse ; au milieu, dans une clarté, apparut le Christ dans la forme décrite par Jean (*Apocalypse*, 1, 13, 14, 15).

«Quand l'âme s'est promenée quelque temps avec sa Bien-Aimée [Sophia] dans le jardin des roses, lorsqu'elle a fait provision de fleurs, le Fiancé [le Christ] prend l'âme tout entière hors du corps. Elle paraît alors comme une boule de feu [...] elle est plongée dans la mer de feu : ceci m'arriva cinq fois en cinq jours consécutifs, pendant mes prières du soir ; je vis qu'elle était en masse d'un bleu cristallin comme le firmament, mais c'était une eau ignée, que l'âme, en la traversant, faisait clapoter en petites vagues de feu ; je n'en puis exprimer la saveur et l'impression délicieuse.

« [...] après qu'un nuage noir se fut d'abord ouvert, un blanc s'ouvrit et il en sortit la noble Vierge céleste Sophia de Jésus [...], sa fidèle compagne et amie, qu'il [Gichtel] avait tant aimée jusque-là sans la connaître. Et elle lui apparut dans son esprit, face à face ; Dieu envoyait ainsi [...] son Verbe éternel Jésus sous forme virginale, pour lui servir [à Gichtel] de conjoint et d'épouse... Ô combien amoureusement elle embrasse son âme ! Aucune femme ne peut s'ébattre plus affectueusement avec son mari que Sophia le fit avec son âme. Et ce qu'il ressentit au cours d'une telle union, il désire également que d'autres âmes en jouissent, car les mots ne pourraient en exprimer l'indicible douceur, même s'il l'était permis [4]... »

Dans sa correspondance avec le colonel Kirchberger, Louis-Claude de Saint-Martin évoque les amours de Gichtel et de sa Sophia :

« "Sophia, sa chère, sa divine Sophia, qu'il aimait tant et qu'il n'avait jamais vue, vint le jour de Noël 1673 lui faire sa première visite ; il vit et entendit dans le troisième principe cette vierge qui était éblouissante et céleste. Dans cette entrevue, elle l'accepta pour époux et les noces furent consommées avec des délices ineffables." Marié avec Sophia, qui "lui fit espérer une progéniture spirituelle", habitant avec elle "dans le fond lumineux intérieur", Gichtel lui tint des conversations quotidiennes : "Sophia avait aussi un langage central, sans mots extérieurs et sans vibration de l'air, et qui ne ressemblait à aucun langage humain ; cependant, il le comprit aussi bien que sa langue maternelle [5]." Elle le dirigea, lui fit des révélations sur l'âme et la nature, l'amena à éditer les œuvres de Jacob Boehme.

« Raadt, un savant fréquentant Gichtel, s'éprit de Sophia et s'imposa avec sa femme la "circoncision spirituelle" pour mériter de voir cette entité. "Elle laissa tomber quelques rayons de son image dans les qualités terrestres de leurs âmes." Autour de Gichtel se forma bientôt la société des Trente, tous amoureux de Sophia et bénéficiant de ses faveurs, ce qui lui fit remarquer "combien l'esprit astral est désireux de jouir des couches nuptiales de Sophia". Des dissensions intervinrent chez les Trente en 1682, mais un jeune négociant de Francfort, Ueberfeld, à qui l'on doit la publication des lettres de Gichtel, vint le trouver et décida de rester avec lui comme son disciple. "À son arrivée, Sophia se manifesta dans le troisième principe aux deux amis réunis, de la manière la plus glorieuse." Ueberfeld reçut Sophia pour épouse, et "il fut élevé aux degrés les plus sublimes".

« On constate que Sophia, l'épouse immatérielle, est polygame, se partage entre tous ses élus, à condition qu'ils soient initiés : "Toutes les âmes, même les bonnes, ne possèdent pas Sophia." Elle peut même être l'épouse céleste d'une femme, puisque la première vision qu'eut la mystique anglaise Jane Leade fut celle de Sophia se manifestant physiquement à elle. Saint-Martin dit des noces de Gichtel et de Sophia : "Tout y porte le cachet de la vérité.

Si nous étions l'un près de l'autre, j'aurais aussi une histoire de mariage à vous conter, où la même marche a été suivie par moi, quoique sous d'autres formes [6]." »

À la même époque, en France, Montfaucon de Villars aborde *cum grano salis* dans son *Comte de Gabalis*, paru en 1670, le problème des relations libertines avec des êtres issus moins du ciel que des arcanes de la nature : « La plus belle [des femmes] est horrible auprès de la moindre sylphide. » L'air, l'eau, le feu, la terre sont remplis de superbes créatures dont l'initié s'assure les faveurs. « Elles n'exigent des hommes que de s'abstenir des femmes dont elles ne peuvent souffrir les défauts [et] nous permettent d'en aimer parmi elles autant qu'il nous plaît. »

Jacques Cazotte traitera dans *Le Diable amoureux* (1772), et sur le même mode galant, des idées déjà en vogue chez les gnostiques et hermétistes alexandrins et que le moine byzantin Michael Psellos avait exposées au XIe siècle dans son *Peri energeias daimonôn*.

Tandis que Gichtel éteignait dans d'ésotériques accouplements les débordements d'une sexualité réprimée, d'autres piétistes mariaient le ciel à la terre en des noces moins désincarnées, sinon moins spirituelles.

L'Allemagne avait vu se multiplier les collèges de piété, sortes de congrégations où l'hystérie religieuse disposait d'un auditoire prêt à se débonder sans réserve. De telles assemblées ont survécu en grand nombre dans les Églises et sectes des États-Unis, où la télévision exhibe avec succès les troubles névrotiques de l'extase.

La Société chrétienne et philadelphienne, créée par Eva von Buttlar, prêta à la Sophia de Boehme et de Gichtel les traits d'une sensualité terrestre et généreuse. Elle avait épousé un réfugié français, professeur de danse à Eisenach. Elle le quitta pour se jeter dans le piétisme. Ayant fondé une association où la piété excitait sa nature passionnée, elle se fit reconnaître comme la Sophia, tout à la fois Ève nouvelle et incarnation du Saint-Esprit. Le ciel, sur lequel elle régnait, lui accorda deux amants. Elle nomma l'un Dieu le Père et l'autre Dieu le Fils. Elle tenait le mariage pour un péché et prônait la sainteté de l'amour librement vécu. Les luthériens obtinrent de la police qu'elle troublât au nom de l'ordre le paradis où Eva von Buttler et ses adeptes pratiquaient, avant la lettre, les enseignements de Dieu selon Fourier.

Les comtes de Wittgenstein avaient ouvert leurs domaines à tous ceux que leurs croyances vouaient à la persécution. Eva s'y réfugia, mais le crime parut inexpiable. Sophia et Dieu le Père, condamnés à mort, parvinrent à échapper à la justice et se consolèrent sans doute de leur paradis perdu dans une prudente clandestinité.

Au tournant du XVIIIe siècle, le piétisme évolue vers l'*Aufklärung*. Deux ouvriers, les frères Kohler, mêlent aux diatribes apocalyptiques les premiers accents d'une insurrection prolétarienne qu'ils annoncent pour la Noël de 1748. L'un est exécuté, l'autre emprisonné. Ils préfigurent ce Weitling, contemporain du jeune Marx qui railla ses archaïsmes. Il proposait une insurrection générale du prolétariat dont le fer de lance, constitué par les criminels sortis de prison et transcendés par leur mission divine, introduirait dans le cadavre du vieux monde le ferment du millénium égalitaire. Il n'est pas assuré qu'un aussi beau projet eût entraîné plus de funestes effets que le très rationnel programme des partis communistes.

Prédicateur itinérant, partout persécuté, Ernst Christoph Hochmann von Hochenau (1670-1721) trouvera lui aussi chez les comtes de Wittgenstein un asile d'où il mènera le combat pour la tolérance et l'abolition de la peine de mort.

Piétiste radical, Gottfried Arnold est le premier à aborder l'histoire de l'Église et des hérésies dans un esprit dégagé du préjugé théologique, sinon religieux. La sincérité des convictions prime pour lui sur les doctrines, et rien n'est condamnable à ses yeux parmi la diversité des opinions et des pratiques si elles n'attentent ni à la vie ni à la dignité des individus. Ce sens humain qui lentement révoque l'obéissance céleste des religions, nul peut-être ne l'a mieux exprimé que Hölderlin, dont la Diotima fut la sensuelle et amoureuse Sophia, et qui exorcisa les affres d'une éducation piétiste en attribuant aux merveilleux desseins de l'enfance la source poétique qui crée et recrée le monde.

LES QUIÉTISTES

L'Église de Rome avait réservé aux communautés monastiques l'exercice de la contemplation et le privilège d'assurer par la prière une transmission directe entre l'humanité et Dieu. Le cours du monde se poursuivait ainsi sous la férule des puissances spirituelles et temporelles sans que les ardeurs de la foi y vinssent inopportunément prétendre déplacer les montagnes institutionnelles.

Le peuple ne nourrissait pas sans déplaisir ces congrégations de fainéants qui monnayaient en corvées, taxes et dîmes le souci qu'ils prenaient de son âme. Il le démontra plus tard en saccageant joyeusement abbayes et monastères.

La Réforme, en expulsant les ordres monastiques, avait accordé droit de cité à ceux qui souhaitaient s'offrir le luxe de dialoguer avec Dieu sans se préoccuper de pourvoir à leur subsistance terrestre.

La forme de piétisme visionnaire connue dans les pays catholiques sous le nom de quiétisme souleva dans le XVIIᵉ siècle la réprobation de Rome et des pouvoirs publics.

La Lilloise Antoinette Bourignon (1616-1680) s'était signalée très tôt par une dévotion extrême, mais de stricte obédience catholique. Une soudaine illumination la persuada de conférer au monde la lumière d'une inspiration divine.

Au nom des puissants mouvements de l'âme, elle condamne les formes extérieures d'organisation religieuse. Kolakowski note chez elle une «répulsion pour sa mère, apparue dans l'enfance, et plus tard sa haine pour les femmes et sa peur obsessionnelle des questions sexuelles [7]».

Ses spéculations sur l'androgyne originel ne manquent pas de piquant : «Il y avait dans son ventre un vaisseau où naissent de petits œufs, et un autre vaisseau plein de liqueur qui rendait les œufs féconds. Et lorsque l'homme s'échauffait dans l'amour de son Dieu, le désir où il était qu'il y eût d'autres créatures que lui pour louer, pour aimer et pour adorer cette grande majesté, faisait répandre par le feu de l'amour de Dieu sur un ou plusieurs de ces œufs avec des délices inconcevables : et cet œuf rendu fécond sortait quelque temps après de ce canal, hors de l'homme, en forme d'œuf, et venait, peu après, éclore un homme parfait. C'est ainsi que, dans la vie éternelle, il y aura une génération sainte et sans fin, bien autre que celle que le péché a introduite par le moyen de la femme, laquelle Dieu forma de l'homme en tirant des flancs d'Adam le viscère qui contenait les œufs que la femme possède et desquels les hommes naissent encore à présent dans elle, conformément aux nouvelles découvertes de l'anatomie [8]. »

Serge Hutin commente :

«La matrice fut arrachée d'Adam lors de la bipartition, consécutive à la Chute, de l'androgyne primitif.

«Ces considérations se lient à une christologie assez originale : le Verbe a été engendré par Adam lorsque ce dernier était dans l'état hermaphrodique d'innocence. L'œuvre de Jésus lors de son incarnation terrestre a été d'enseigner aux hommes les moyens par lesquels ils peuvent recouvrer la faveur de Dieu, revenir à leur condition parfaite d'avant la Chute.

«Pour être sauvé, il faut se détacher complètement des choses terrestres, prendre conscience du fait qu'elles ont disparu et que Dieu seul demeure, l'être étant anéanti en lui ; la seule qualification requise pour prêcher la Vérité doit donc être l'union parfaite de l'âme avec Dieu.

«Antoinette Bourignon décrit aussi la naissance, après la fin de ce monde, de la *Nouvelle Jérusalem*, résidence céleste des justes ; et elle montre comment, après le Jugement, la terre sera transformée en une prison infernale, dans laquelle les volontés individuelles des damnés se livreront une lutte sans merci ; mais la miséricorde divine triomphera finalement, et délivrera les réprouvés [9]. »

Courant le monde afin d'y propager sa vision d'une réalité intérieure et purement spiritualisée, Antoinette Bourignon eut la chance d'échapper au sort de son ami, Quirinus Kuhlmann (1651-1680), et de son contemporain, Simon Morin (1623-1663).

Visionnaire et réincarnation du Messie, Simon Morin eut l'infortune de vivre sous un roi dévot, auquel il fut dénoncé par un littérateur médiocre du nom de Desmarets de Saint-Sorlin. Celui-ci feignit de se mettre au rang de ses prosélytes, obtint de lui un exposé de sa doctrine chiliastique et le livra à la justice. Louis XIV le fit brûler avec ses écrits en 1663. Il avait publié en 1647 ses *Pensées de Simon Morin*.

Quant à Quirinus Kuhlmann, Vulliaud résume sa destinée en quelques mots : «Le bûcher fut son trône [10]. »

À l'âge de dix-huit ans et à l'issue d'une grave maladie, Dieu lui apparaît et l'investit de la mission de révéler son message à toutes les nations. Il quitte alors sa ville natale de Breslau, parcourt l'Allemagne et la Hollande, où il s'enthousiasme pour les œuvres de Jacob Boehme.

Selon Serge Hutin, «à Amsterdam, il fit la connaissance d'un autre jeune visionnaire, aussi exalté que lui, Johann Rothe; tous deux se joignirent à la communauté des "Frères angéliques", mais, s'étant rapidement brouillés avec Gichtel, ils fondèrent leur propre société.

«Après l'arrestation de Rothe, Kuhlmann mena une existence errante, au hasard de ses "inspirations" prophétiques. En 1675, le voici à Lübeck; il veut se rendre à Rome pour y détrôner le pape, mais s'embarque finalement pour Smyrne, où il proclame l'imminence de la Réforme définitive. Persuadé qu'il sera l'artisan de cette dernière, et que le "royaume spirituel" doit être d'abord instauré en Orient, il se rend à Constantinople, où il s'efforce en vain, par l'intermédiaire de l'ambassadeur hollandais, d'obtenir une audience du grand vizir (1678). Il passe alors en Suisse, en Angleterre (il séjourne à Londres en 1679, et fait traduire en anglais deux de ses livres), en France (il est à Paris en 1681) et en Allemagne.

«Il part finalement pour la Russie, dans le but d'y instaurer le "Royaume de Dieu"; il prend deux épouses, fréquente les sectes russes les plus étranges et s'efforce de convertir les Moscovites à sa mission. Pierre le Grand le fait emprisonner comme dangereux hérétique et conspirateur; le 4 octobre 1689, Kuhlmann et son ami Conrad Nordermann sont brûlés vifs à Moscou [11]. »

Pierre Poiret (1646-1719) se situe en quelque sorte à la charnière entre la première et la seconde génération quiétiste. Né à Metz, il exerce des fonctions de ministre calviniste à Heidelberg et à Deux-Ponts. La lecture de Tauler, de Thomas a Kempis et surtout d'Antoinette Bourignon le convertit à ce quiétisme qui réduit l'existence à la pure contemplation d'un Dieu intérieur et aux extases de l'âme abyssale. Chassé du Palatinat par la guerre, il se réfugie à Amsterdam, part pour Hambourg afin d'y rencontrer Antoinette Bourignon et y passe huit ans dans l'étude des mystiques. Persécuté par les luthériens, il se fixe près de Leyde, en Hollande, où il meurt en 1719. C'est lui qui éditera les œuvres d'Antoinette Bourignon et de celle qui offrit au quiétisme ses lettres de noblesse, Jeanne-Marie Bouvier de la Motte, mieux connue sous le nom de Madame Guyon.

MADAME GUYON

En 1675, le prêtre espagnol Miguel de Molinos (1628-1696) avait fait paraître un *Guide spirituel destiné à conduire l'âme à la parfaite contemplation et au riche trésor de la paix du cœur*. Bien accueilli par les milieux catholiques, le livre tombe soudain sous la condamnation de quiétisme et, en 1679, le pape Innocent XI pousse la cruauté jusqu'à jeter l'auteur dans les prisons du Saint-Office où il mourra. Le crime de l'infortuné Molinos n'était que d'avoir ravivé le souvenir des *alumbrados* du XVIᵉ siècle en l'estompant pourtant d'une grande spiritualité. Il engageait à maintenir l'âme et le corps en une inaction absolue afin de laisser Dieu s'exprimer en chacun sans les obstacles de la conscience et des impératifs. Molinos excluait que le fidèle rompît avec l'observance des devoirs religieux, mais il conférait à l'anéantissement de l'âme dans l'extase de tels privilèges que la fonction de l'Église, des sacrements, des œuvres pies s'en trouvait fort amoindrie.

L'évêque de Naples, principal accusateur de Molinos, fit valoir que des gens s'autorisaient d'une quête divine pour révoquer son autorité et suivre librement leurs inclinations. Et sans doute n'était-ce pas pure calomnie, tant les assouvissements de nature excellent à se parer des raisons mêmes qui les combattent.

La doctrine de Molinos trouve des échos en France où Jeanne-Marie Bouvier de La Motte, veuve d'un certain Guyon, recommande l'anéantissement de l'âme jusqu'à ce que disparaisse toute prière autre que l'objurgation : «Que votre volonté soit faite ! »

Violemment attaquée par Bossuet, Mme Guyon obtint la caution de Fénelon, évêque de Cambrai. Condamnée à la prison puis exilée, elle ne renia aucune de ses opinions. Fénelon, accusé par le pape Innocent XII, se soumit à l'abjuration.

Pas plus que les guérinets ou adeptes du curé Guérin dont Racine parle dans son *Abrégé de l'histoire de Port-Royal*★, Mme Guyon ni Fénelon ne disposaient de l'illumination acquise par la prière pour prendre avec l'ascétisme des libertés plutôt jésuitiques. Mais il est probable que les simples en usaient plus commodément avec les grâces divines et les extases si communes en amour. Des chansons qui brocardaient les quiétistes circulèrent à l'époque. L'une des rengaines traduisait ainsi les miraculeux effets de la dévotion : «Pour mon corps, je vous l'abandonne, / Mon âme étant mon seul souci. / Quand à son Dieu l'âme se donne / On peut laisser son corps à son ami. » Il est vrai qu'à l'époque le vertueux Bossuet pratiquait avec Mlle de Mauléon le charmant péril et les disgrâces de l'amour en soutane. Dans une société qu'étouffaient le parti dévot et les pudibonderies d'un pitoyable monarque, il fallait bien que le plaisir des sens s'exaltât à l'ombre des confessionnaux puisqu'il n'allait pas sans danger de rallier avec Saint-Pavin, Blot, Claude Le Petit et Cyrano de Bergerac la fronde joyeuse des libertins.

★ «Ce fut de son temps que deux fameuses religieuses de Montdidier furent introduites à Maubuisson par un de ces visiteurs, pour y enseigner, disait-il, les secrets de la plus sublime oraison. La Mère des Anges et la Mère Angélique n'étaient point assez intérieures au gré de ces Pères, et ils leur reprochaient souvent de ne connaître d'autre perfection que celle qui s'acquiert par la mortification des sens et par la pratique des bonnes œuvres. La Mère des Anges, qui avait appris à Port-Royal à se défier de toute nouveauté, fit observer de près ces deux filles ; et il se trouva que, sous un jargon de pur amour, d'anéantissement, et de parfaite nudité, elles cachaient toutes les illusions et toutes les horreurs que l'Église a condamnées de nos jours dans Molinos. Elles étaient en effet de la secte de ces illuminés de Roye, qu'on nommait les *Guérinets*, dont le cardinal de Richelieu fit faire une si exacte perquisition. La Mère des Anges ayant donné avis du péril où était son monastère, ces deux religieuses furent enfermées très étroitement par ordre de la cour ; et le visiteur qui les protégeait eut bien de la peine lui-même à se tirer d'affaire.

CHAPITRE XLVIII
La fin du droit divin

Le triomphe du protestantisme où les mécanismes économiques gouvernant chaotiquement l'évolution historique crèvent la peau du Dieu qui les revêtait de son mythe avait, dans la profusion de ses diverses tendances, mis fin à la notion d'orthodoxie répressive et, par voie de conséquence, à l'existence des hérésies.

Les sectes rendent au mot *hairèsis* son sens neutre de «choix», «option». Elles entrent dans ces courants d'opinions qui prendront bientôt, avec Destutt de Tracy et Benjamin Constant, le nom d'«idéologies». La décapitation de Louis XVI, monarque de droit divin, ôte à Dieu la tête ecclésiale d'où s'articulait comme d'un monstrueux céphalopode les bras séculiers chargés d'imposer ses mandements. La Révolution française prive de ses instances pénales une Église qui jusqu'alors a imposé sa loi par princes et prêtres interposés.

La jubilation qui, vers la fin du siècle, jettera à bas églises et monastères commence à s'exprimer ouvertement dans des ouvrages où la dérision des choses sacrées montre assez que la religion mérite moins l'estocade de la raison philosophique que la pique désinvolte des quolibets. L'exécution du chevalier de la Barre vint rappeler que l'Église était encore en mesure de mordre cruellement, mais ce fut le dernier crime prescrit par l'obédience des lois civiles au pouvoir religieux.

Néanmoins, si Diderot n'écope pour son insolence que d'un court emprisonnement, les penseurs antireligieux du début du XVIIIe siècle ont encore le plus vif intérêt à faire montre de vigilance et de dissimulation.

Le cas du curé Jean Meslier est trop connu pour être longuement évoqué. Rappelons que, curé d'Étrépigny, il vécut — en dehors de dissension avec le seigneur du lieu et d'amours contrariées avec sa servante — sous les apparences d'un prêtre accomplissant les devoirs de sa charge. Son *Testament*, découvert après sa mort, déracine Dieu de la société et de l'univers en l'extirpant avec le pouvoir hiérarchisé et ce principe d'exploitation de l'homme par l'homme qui en avait fondé la fantasmatique existence. Le texte, mutilé par

Voltaire, ne fut diffusé que tardivement dans sa version non expurgée ; mais la célébrité de Meslier devança l'édition de ses œuvres, en raison de la célèbre formule : «L'humanité ne sera heureuse que lorsque le dernier des prêtres aura été pendu avec les boyaux du dernier des princes.»

THOMAS WOOLSTON

La cocasse irrévérence et le malheur de Thomas Woolston procèdent d'un malentendu. Son *Discours sur les miracles de Jésus-Christ* obéit, même s'il convient de ne pas sous-estimer la part corrosive de l'humour, à une volonté de prouver à quel point les Écritures n'ont de significations qu'allégoriques. C'était déjà l'opinion d'Origène, de Denck, de Weigel ; c'est aujourd'hui le sentiment des théologiens atterrés par l'ordinaire dérision qui atteint les religions de consommation courante.

Né en 1669 à Northamp, étudiant à Cambridge, Woolston acquit la renommée d'un homme d'Église érudit et pointilleux. Sa dissertation latine sur une lettre de Ponce Pilate à Tibère au sujet de Jésus révoquait en doute un document fabriqué, comme beaucoup, à la seule fin d'authentifier un Jésus historique.

Un autre ouvrage expose sa thèse sur la nécessité d'interpréter allégoriquement les textes prétendument sacrés. Intervenant dans la querelle entre Collins et les théologiens sur les fondements du christianisme, il écrit son ironique *Modérateur entre un incrédule et un apostat*.

Son *Discours sur les miracles de Jésus-Christ*, paru en 1727, achève de le brouiller avec ses amis et l'expose aux persécutions de tous les esprits religieux, conformistes ou non. Condamné à un an de prison et à une amende qu'il ne peut payer, il émeut le sentiment démocratique de nombre de ses concitoyens. Samuel Clarke sollicite sa libération au nom de la liberté de pensée dont se revendique l'Angleterre. La justice y consent, à la condition que Woolston s'engage à ne plus rien publier de choquant. Il refuse d'échanger contre un reniement une liberté qu'il estime du ressort des droits naturels et meurt le 27 janvier 1733 en disant : «C'est ici un combat que tous les hommes sont forcés de subir et que je subis non seulement avec patience mais encore de bon cœur.»

Il avait adressé à l'évêque de Londres, son persécuteur, une dédicace acerbe ; il lui rend hommage «avec autant de justice que celle qui vous est due par la persécution que vous avez sagement excitée contre le *Modérateur*, comme contre un incrédule qui vous rend ici ses très humbles actions de grâces, et qui se déclare l'admirateur de votre zèle, de votre sagesse et de votre conduite».

Son *Discours* ridiculise les Évangiles. Il s'y étonne que Jésus-Christ ait permis aux démons d'entrer dans un troupeau de cochons et d'en causer la destruction. «Où était donc la bonté et la justice d'une telle action ?» À propos de la guérison d'une femme qui perdait du sang, il remarque : «Si l'on vous rapportait que le pape eût guéri d'une perte de sang semblable à celle de la femme de l'évangile, que pourraient dire nos protestants, sinon qu'une femme stupide, crédule et superstitieuse attaquée de quelque maladie légère s'est imaginée avoir été guérie et qu'un pontife imposteur, aidé de gens aussi fripons que lui pour s'attirer la vénération de la populace, a fait répandre le bruit d'une telle guérison comme d'un grand miracle ? »

Il ajoute : « Je suis charmé qu'il ne soit pas dit dans l'évangile qu'il ait tiré de l'argent de ces braves gens, pour avoir exercé son métier de devin parmi eux ; sans cela, nos docteurs n'auraient pas manqué de fonder sur un tel exemple un droit en faveur d'exiger des décimes, des salaires et des pensions pour les payer de leurs divinations. »

Il raille la malédiction lancée par Jésus sur un figuier qui se dessèche en une nuit sans qu'entrent en ligne de compte les intérêts du propriétaire ainsi lésé. Il se moque de la résurrection et du fait que Jésus appela Lazare à haute voix « comme s'il eût été aussi sourd que le devait être un homme mort ». Comme Jacques Gruet, Thomas Scoto et Hermann de Rijswick, il qualifie le Sauveur d'« imposteur plein de fourberie ».

L'esprit caustique de Woolston ne s'attaquait pas à l'autorité dont l'Église constantinienne avait investi le mythique Jésus-Christ sans viser dans la même ligne de mire toutes les vérités si promptes à envoyer au bûcher et en prison ceux qui ne s'agenouillent pas devant elles. Il défend la mémoire de Servet contre Calvin. Son refus d'une liberté achetée au prix d'un asservissement aux idées reçues reste un modèle de dignité dans une lutte pour la tolérance où beaucoup se contentèrent, comme Voltaire, d'élever la voix quand le danger était passé et leur gloire sans péril.

L'esprit de Woolston, débarrassé des scrupules de la foi sans l'Église, s'aiguise dans la *Théologie portative* de d'Holbach et surtout dans les ouvrages composés par l'abbé Henri-Joseph Du Laurens (1719-1797), dont *Le Compère Matthieu ou les Bigarrures de l'esprit humain* compte parmi les textes les plus plaisants sur les ridicules du préjugé religieux★.

LE *LIVRE DES TROIS IMPOSTEURS*

Livre mythique s'il en fut, le *De tribus impostoribus* a hanté l'imagination du Moyen Âge et de la Renaissance avant d'offrir aux bibliophiles l'occasion de recherches et de querelles passionnées.

S'il exista jamais sous un tel libellé un manuscrit circulant de la main à la main avec tous les attraits du péril et de l'interdit, son contenu ne dut probablement rien ajouter à la thèse que son titre proposait avec une heureuse

---

★ L'un de ses personnages a ce mot qui contient une grande part du mystère de la foi : « C'est un grand chemin de fait dans l'amour mystique que d'avoir exercé auparavant toutes les facultés de son âme dans celui d'un amant. »

concision : trois imposteurs ont mené le monde — Moïse, Jésus et Mahomet. Fallait-il découvrir des auteurs à une formule dont l'évidence s'imposait un jour ou l'autre, ne fût-ce que furtivement, à quiconque s'inquiétait du chaos et des contrariétés régnant dans la société et l'ordre des choses ? Goliards, étudiants paillards, curés sans vergogne, évêques et papes moins soucieux de foi que de prestige, paysans tyrannisés par l'aristocratie, bourgeois empêtrés dans les injustices fiscales, ouvriers et chômeurs quêtant jour et nuit par les rues un peu de nourriture et d'argent, femmes méprisées ou traitées en créatures de Satan — qui n'aurait, à un moment ou à un autre, craché sur les saintes figures partout dressées comme les sanglants totems du monothéisme et de ses ministres ?

Une étude un peu poussée des mentalités du IVe au XVIIIe siècle montrerait à quel point la croyance religieuse — plus peut-être en certaines orthodoxies qu'en plusieurs engagements hérétiques — n'est généralement qu'une prudente ou confortable couverture* sous laquelle se débondent le tourment et la fugace satisfaction des passions.

Dans la préface à sa réédition du *De tribus impostoribus*, Gerhardt Bartsch a retracé l'histoire d'un texte qui, selon toute vraisemblance, exista sous le bref constat de sa provocante assertion avant d'accéder à la réalité typographique d'un livre [1].

Philosophe appartenant à ce courant karmate qui, du IXe au Xe siècle, rejette et ridiculise le crédit de Mohammed et de l'islam, Abou Tahir aurait dit : «En ce monde, trois individus ont corrompu les hommes, un berger [Moïse], un médecin [Jésus] et un chamelier [Mohammed]. Et ce chamelier a été le pire escamoteur, le pire prestidigitateur des trois.» L'idée, adoptée par Ibn Rachd, mieux connu sous le nom d'Averroès**, aurait suggéré à l'Occident l'existence d'un ouvrage aussi insaisissable que l'opinion qu'il illustrait, le *Liber de tribus impostoribus, sive Tractatus de vanitate religionum* (*Livre des trois imposteurs, ou De l'inanité des religions* [3]).

Professeur en Sorbonne et admirateur d'Aristote, maître Simon de Tournai (1130-1301) aurait proclamé, sans être autrement inquiété, semble-t-il, «que les juifs avaient été séduits par Moïse, les chrétiens par Jésus et les gentils par Mahomet [4].»

Parmi les premiers à étudier la question, l'érudit La Monnoye cite l'accusation de Grégoire IX à l'encontre de Frédéric II, pour qui la religion se réduisait à un simple instrument de domination. Le livre passa longtemps, sans preuve, pour être sorti de sa plume ou de celle de son chancelier, Pierre de la Vigne.

Thomas Scoto dénonce, selon Alvaro Pelayo, l'imposture des prophètes. Hermann de Rijswick y fait référence dans ses aveux. Au reste, les auteurs

---

* En 1470, une ordonnance de police appliquée à Nuremberg aux mendiants étrangers leur concède la permission d'exercer leur métier à la condition qu'ils sachent réciter le Pater, l'Ave, le Credo et les dix commandements.

** «La religion judaïque est une loi d'enfants, la chrétienne une loi d'impossibilité et la mahométane une loi de pourceaux [2].»

putatifs ne manquent pas : Arnaud de Villeneuve, Michel Servet, Jacques Gruet, Fausto Longiano — dont le *Temple de la vérité* (perdu) aurait mis à mal toutes les religions —, Jeannin de Solcia, chanoine de Bergame, condamné le 14 juillet 1459 pour avoir affirmé que les trois imposteurs «avaient gouverné le monde à leur fantaisie*[5]»; et le tout-venant : Ochino, Campanella, Le Pogge, Cardan, Pomponaccio et jusqu'à Spinoza.

Étudiant l'exemplaire imprimé et daté de 1598, qui se trouve à la bibliothèque de Vienne, Bartsch établit qu'il s'agit d'un ouvrage antidaté. Sans préjuger de l'existence antérieure d'un manuscrit, il confirme les thèses de Presser selon lesquelles le livre, paru vers 1753, serait l'œuvre de Johannes Joachim Müller (1661-1733), petit-fils du théologien Johannes Müller (1598-1672), auteur d'une étude intitulée *Atheismus devictus*. Instruit de l'existence du livre mythique, Johannes Joachim aurait entrepris de lui prêter une réalité, fixant, non sans malice, la date de parution à 1598, date de naissance de son grand-père.

Le *De tribus impostoribus*, en sa version moderne, comporte des allusions aux jésuites; il dresse les unes contre les autres les «vérités éternelles» de chaque religion. Il souligne les incohérences des textes sacrés et aboutit à la conclusion : il n'y a d'autre Dieu que la nature et d'autre religion que ses lois.

MATTHIAS KNÜTZEN

Poète de l'athéisme et de la lutte contre l'obscurantisme religieux, Matthias Knützen (1646-1674) connut, dans l'histoire de l'émancipation des hommes sous l'Ancien Régime, une destinée exemplaire et passionnée. Ses thèses ont inspiré les encyclopédistes français sans qu'ils se résolvent pour autant à le mentionner, à l'exception de Naigeon.

Né à Oldenmouth, dans le Holstein, en 1646, il était fils d'un organiste. À la mort de ses parents, il est recueilli par le pasteur Fabricius, qui assure son éducation, sans réussir semble-t-il à lui inculquer l'obéissance et l'austérité des mœurs qui complaisent à Dieu. Des études de théologie à Königsberg achèvent de le gagner à l'athéisme.

À vingt et un ans, il revient dans son village natal sans grand désir d'y prêcher. En 1668, il s'inscrit à l'université de Copenhague, où il écrit un texte aujourd'hui disparu, *De lacrimis Christi*. De retour à Oldenmouth, il scandalise les bons esprits en prenant la parole à Tönningen devant une assemblée de paysans à qui il prône l'insoumission au protestantisme des pasteurs et à l'absolutisme des princes. Banni par le conseil de la cité en 1673, il se réfugie à Krempen, au Danemark, et reprend ses diatribes contre la richesse des consistoires. Chassé de Krempen, il parcourt l'Allemagne où il prêche publi-

---

* Je n'ai pas trouvé trace dans les œuvres d'Antoine Couillard du propos incriminé par Drujon : «Jésus-Christ a fondé sa religion sur gens idiots.»

quement l'asthéisme et la lutte contre l'aristocratie. Le 5 septembre 1674, il dépose dans l'église principale d'Iéna le manuscrit de *Ein Gespräch zwischen einem Gastwirt und drei ungleichen Religionsgästen* et le texte latin *Amicus Amicis Amica*. Le libelle anonyme, envoyé de surcroît aux principales autorités, suscite l'effervescence dans la cité.

Knützen échappe de justesse à la répression, passe à Cobourg, le temps d'y répandre son *Amicus*, dont il recopie diligemment les exemplaires. Il agit de même à Nuremberg. On le retrouve à Iéna sous le pseudonyme de Matthias Donner. Il y fait courir le bruit d'une secte internationale dont il serait l'initiateur, les «conscientaires». Elle n'existait que dans sa volonté de propager partout la liberté individuelle et la révolte contre toute forme de pouvoir. Et, de fait, ses pamphlets, imprimés clandestinement par des émules, dont il ignora vraisemblablement l'existence, passèrent en France où ils comptèrent parmi les premiers textes à ouvrir une brèche dans la citadelle féodale, qu'investirait la Révolution française. On perd sa trace en 1674 et l'opinion prévaut qu'il serait mort en Italie. Une de ses lettres, faussement datée de Rome, a été publiée en français dans les *Entretiens sur divers sujets d'histoire* de La Croze, à Cologne, en 1711.

«Par-dessus tout, écrit-il dans *Amicus*, nous nions Dieu et nous le précipitons de ses hauteurs, rejetant le temple avec tous ses prêtres. Ce qui nous suffit à nous, conscientaires, c'est la science non d'un seul mais du plus grand nombre [..] Cette conscience que la nature, mère bienveillante des humbles, a accordée à tous les hommes, à la place des Bibles [6]. »

LA CHUTE DE DIEU

Comme le souhaitait Knützen, la Révolution française précipita Dieu sur terre, où il agonisa pendant deux siècles, survivant dans l'esprit des grandes idéologies qui supplantèrent les religions européennes. À la fin du XXe siècle, l'effondrement des unes et des autres rassemble dans un unanime discrédit les résidus de la pensée céleste, sacrée et profane, théiste et athée, religieuse et laïque.

Le dépérissement d'une conception intellectuelle du vivant, et tournée contre lui, s'achève dans une manière d'indifférence qui contraste avec la rage qui présida à sa critique. La haine des «calotins» qui, des villes aux campagnes, préluda à la Révolution en saccageant églises et monastères, connut sa consécration légale dans la Constitution civile du clergé, acte de fonctionnarisation qui marque la fin du pouvoir religieux sur les citoyens, auquel se substitue sans partage la répression étatique.

Promulguée en 1790 par la Révolution française, la Constitution civile du clergé n'offre que peu de points communs avec les dispositions qui avaient soumis les ministres de l'Église anglicane au pouvoir royal. Plus que les prérogatives du pape, c'est l'ascendant de la religion qui se trouve révoqué. Le refus de l'autorité romaine procède de la destruction de la royauté de droit divin.

Soutenue par les nouvelles exigences de l'économie, la philosophie triompha d'un «obscurantisme religieux» qui ne cessera en fait de le hanter, perpétuant dans les mentalités éclairées la sanguinaire bêtise qui arrache l'individu à ce qu'il offre de plus vivant pour l'identifier aux vérités figées de la science, de la politique, de la sociologie, de l'éthique, des ethnies. Les drapeaux effaceront la croix, avant de brûler à leur tour. Bien que l'effondrement du jacobinisme et du bonapartisme ait prêté à l'Église du XIXᵉ siècle une puissance considérable, le catholicisme et le protestantisme, rongés par la modernité sociale, ne cesseront de décliner pour ne survivre à l'aube du XXIᵉ siècle qu'à l'état de folklore dominical.

Dans les villes comme dans les campagnes, les premiers mois de l'effervescence révolutionnaire décidèrent du sort réservé au clergé. Les dignitaires, plus proches de l'aristocratie que du peuple, partagèrent le discrédit que véhiculait l'Ancien Régime. Certains choisirent la prudence et la conciliation. D'autres, épousant les convictions de leurs paroissiens, s'honorèrent de les représenter à l'Assemblée nationale. De leur zèle naquit l'image du «citoyen Jésus», qui démontra, jusque dans la théologie de la libération, l'étonnante capacité d'adaptation des valeurs religieuses.

Les premiers refusèrent de jurer et préférèrent l'exil ou la clandestinité, les deuxièmes prêtèrent serment et se parjurèrent au moment opportun, les troisièmes connurent la carrière, pleine d'aléas, de fonctionnaires d'État. Leur inconfort s'accrut à mesure que le centralisme jacobin mécontentait les provinces et les campagnes et suscitaient insurrections libérales et jacqueries catholiques.

Après huit mois de silence, le pape Pie VI condamna la Constitution civile comme «hérétique et schismatique». Il fut aussitôt pendu et brûlé en effigie dans le jardin des Tuileries. Cependant, les curés gagnaient en caractère politique ce qu'ils perdaient en vertu sacralisée. Ceux qui, à l'instar de Jacques Roux, avaient pris le parti des Enragés succombèrent à la persécution jacobine. Les réfractaires étaient poursuivis, les jureurs tenus pour hypocrites. Le haut clergé naviqua habilement pour sauvegarder ses privilèges. Emblème des deux siècles à venir, Talleyrand, assez dénué de scrupules pour prêter serment et consacrer d'autres évêques jureurs, survécut, avec les honneurs du mimétisme, à la Révolution, au bonapartisme, à l'Empire, à la Restauration et à la monarchie.

Sa modernité exemplaire, son art d'écorner le sacré selon les nécessités de la chose politique présageaient le destin d'un christianisme condamné à se socialiser avant de succomber à l'indifférence que la société marchande propagea en matière d'opinions dès la fin du XXᵉ siècle.

REPÈRES BIBLIOGRAPHIQUES

AEGERTER (E.), *Joachim de Flore. L'Évangile éternel*, Paris, 1928.

AENEAS SILVIUS Piccolomini [Pie II], *De hortu et historia Bohemorum*, in *Omnia Opera*, Bâle, 1551.

ALAND (Kurt), *Bibliographie zur Geschichte des Pietismus*, Berlin-New York, 1972.

—, *Augustin und der Montanismus* in *Kirchengeschichtliche Entwürfe*, Gütersloh, 1960.

ALBERT LE GRAND, *Determinatio de novo spiritu*; cf. Haupt, *op. cit.*

ALEXANDRIAN, *Histoire de la philosophie occulte*, Paris, 1983.

ALFARIC (P.), *Le problème de Jésus*, Paris, 1954.

ALLIER (R.), «Les frères du libre-esprit», in *Religions et Sociétés*, Paris, 1905.

ALPHANDÉRY (P.), *De quelques faits de prophétisme dans les sectes latines antérieures au joachinisme*, Paris, 1905.

—, *Les Idées morales chez les hétérodoxes latins au début du XIIIᵉ siècle*, Paris, 1903.

—, *Notes sur le messianisme médiéval latin (XIᵉ-XIIᵉ siècle)*, Paris, 1912.

ALTMEYER (J.-J.), *Les Précurseurs de la Réforme aux Pays-Bas*, Paris, 1886.

ALVERY (M.-T. d'), «Un fragment du procès des amauriciens», in *Archives d'histoire doctrinale et littéraire du Moyen-Age*, Paris, 1950-1951.

ANAGNINE (E.), *Fra Dolcino e il movimento ereticale all'inizio del Trecento*, Florence, 1964.

ANGE CLARENO, *Historia septem tribulationum ordinis minorum*, in *Archiv für Litteratur und Kirchengeschichte des Mitelalters*.

ANGÈLE DE FOLIGNO, *L'Autobiografia e gli scritti della beata Angela da Foligno*; cf. Guarnieri, *op. cit.*

ANNEQUIN (J.), *Recherches sur l'acte magique et ses représentations aux Iᵉʳ et IIᵉ siècles*, Paris, 1979.

ARNOLD (G.), *Unfartheiische Kirchen und Ketzerhistorie*, 1729, reprint 1967.

ARNOLD (K.), *Niklashausen 1476*, Baden-Baden, 1980.

ARPE (P.F.), *Apologia pro J.C. Vanino*, Rotterdam, 1772.

444 LA RÉSISTANCE AU CHRISTIANISME

—, *Aspects du libertinisme au XVIe siècle*, 1974.
AXTERS (S.), *Geschiedenis van de vroomheid in de Nederlanden*, Anvers, 1953.
AZ (L.W.), *De Ketter Willem van Hildernissem*; cf. FREDERICQ, *op. cit.*
BABUT (E.-Ch.), *Priscillien et le priscillianisme*, Paris, 1909.
BACHMANN (R.), *Nicolas Storch*, Zwickau, 1880.
BAERWALD (R.), *Die Schlacht bei Frankenhausen*, Mülhausen, 1925.
BAINTON (R.), *David Joris, Wiedertaüfer und Kampfer für Toleranz in XVI. Jahrhundert*, Leipzig, 1937.
—, *Hunted Heretic*, 1953.
—, «Left-wing religious movements», in *Journal of Religion*, 1941.
BALUZE (E.), *Miscellanea*, Paris, 1678-1683.
BAR KONAI (Th.), *Livre des scolies*, Louvain, 1980-1982.
BARACK (K.A.), «Hans Böhm und die Wallfahrt nach Nicklashausen im Jahre 1476», in *Archiv des historischen Vereines von Unterfranken und Asschaffenburg*, Würzburg, 1858.
BARONIUS (C.), RAYNALDUS (O.), *Annales ecclesiastici una cum critica historico-cronologica*, Lucques, 1738-1759.
BARRET (P.) et GURGAND (J.-N.), *Le Roi des derniers jours*, Paris, 1981.
BARTSCH (G.), *De Tribus impostoribus, anno MDIIC*, Berlin, 1960.
—, *Ein deutscher Atheist und revolutionär Demokrat der XVII. Jahrhundert*, Berlin, 1965.
BATAILLON (M.), *Érasme et l'Espagne. Recherches sur l'histoire spirituelle du XVIe siècle*, Paris, 1937.
BÉATRICE DE NAZARETH, *Seven manieren van minnen*, Louvain, 1926.
BEAUSOBRE (I. de), «Dissertation sur les adamites de Bohême», in LENFANT (J.), *Histoire de la guerre des hussites*, Amsterdam, 1731.
BELL (H.), *Juden und Griechen in römische Alexandreia*, Leipzig, 1927.
BELPERRON (P.), *La Croisade contre les Albigeois et l'union du Languedoc à la France*, Paris, 1948.
BEMMANN (R.), *Thomas Müntzer, Mühlhausen in Thuringen und der Bauernkrieg*, Leipzig, 1920.
BERKHOUT (C.T.), *Medieval Heresies; a bibliography 1960-1979*, Toronto, 1981.
BERRIOT (F.), «Un procès d'athéisme à Genève, l'affaire Gruet (1547-1550)», in *Bulletin de la Société d'histoire du protestantisme français*, 1979.
BEUZART (P.), *Les Hérésies pendant le Moyen Age dans la région de Douai, d'Arras et au pays de l'Allier*, Le Puy, 1912.
Bibliografia Valdese, Torre-Pelice, 1953.
Bibliothèque municipale de Valenciennes, Ms 699 : *Registre des choses communes*, f° 44.
BIDEZ (J.), *La Cité du monde et la cité du soleil*, Paris, 1932.
BIGNAMI-ODIER (J.), *Étude sur Jean de Roquetaillade*, Paris, 1952.
BLOND (G.), «Les encratites et la vie mystique, Mystique et continence», in *Études carmélitaines*, Paris, 1957.
—, «Encratisme», in *Dictionnaire de spiritualité chrétienne*, 1960.
BLOOMFIELD (M.W.), «Joachim of Flora. A critical survey of his canon, teachings, sources, biography, and influence», in *Traditio*, New York, 1957.

BOGAERT (H. van den) [Henricus Pomerius], « De origine Viridisvallis una cum vita B. Joann. Rusbrockii », in *Annalecta Bollandiana*, Paris-Bruxelles, 1885.

BONNER (C.), *Studies in magical, gnostic amulets, chiefly graeco-egyptian*, Londres, 1950.

BORDENAVE (J.) et VIELELLI (M.), *Aux racines du mouvement cathare : la mentalité religieuse des paysans de l'Albigeois médiéval*, Paris, 1973.

BORST (A.), *Les Cathares*, Paris, 1974.

BOUQUET (M.), *Recueil des historiens de la Gaule et de la France*, Paris, 1738-1876.

BOUTERWEK (K.W.), *Zur Literatur und Geschichte der Wiedertaufer, besonders in den Rheinlanden*, Bonn, 1884.

BOVON (F.) et KOESTER (H.), *Genèse de l'Écriture chrétienne*, 1991.

BRAECKMAN (C.), « Guillaume Cornelisz », in *Bulletin de la Société d'histoire du protestantisme belge*, Bruxelles, 1982.

BRANDON (S.G.F.), *Jesus and the zealots. A study of the political factor in primitive christianity*, Manchester, 1967.

BRANDT (O.H.), *Thomas Müntzer. Sein Leben und seine Schriften*, Iéna, 1933.

BRILL (J.), *Lilith*, Paris, 1986.

BROX (N.), *Pseudepigraphic in der heidnischen und judisch-christlichen Antike*, Darmstadt, 1977.

BUISSON (H.), *Sebastien Castellion, sa vie et son œuvre*, Paris, 1892.

—, *Le Rationalisme dans la littérature française, 1533-1601*, Paris, 1957.

CALDWELL (Th.), « Dositheos samaritanus », in *Kairos*, IV, 1962.

CALLARY, *L'Idéal franciscain au XIVe siècle. Étude sur Ubertin de Casale*, Louvain, 1911.

CALVIN, *Opera omnia*, Brunswick, 1864-1900 : vol. VII, *Brieve instruction pour armer tout bon fidèle contre les erreurs de la secte des anabaptistes* ; vol. XII, *Lettres à Marguerite de Navarre* ; vol. XXXV, *Contre la secte phantastique et furieuse des libertins qui se nomment spirituels* ; vol. XXXV, *Épistre contre un certain cordelier suppost de la secte des libertins*.

CAPELLE (G.-C.), *Amaury de Bène, étude sur son panthéisme formel*, Paris, 1932.

CÉSAIRE DE HEISTERBACH, *Dialogus Miraculorum*, Cologne, 1851.

CHADWICK (H.), *Priscillien of Avila. The occult and the charismatic in the early Church*, Oxford, 1976.

CHALUS DE LA MOTTE, *Les Fourberies de l'Église romaine*, Paris, 1706.

CHAMBRUN-RUSPOLI (M. de), *Le Retour du Phénix*, Paris, 1982.

Chapitre d'Utrecht, « Epistola ad Fridericum archiepiscopum Coloniensem de Tanchelmo seductore », *in* Duplessis d'Argentré, *op. cit.*

CHARLES (R.H.), *The Book of Enoch*, Londres, 1917.

CHÂTELLION (L.), *L'Europe des dévots*, Paris, 1987.

CLÉMENT D'ALEXANDRIE, *Les Stromates*, Paris, 1951.

CLÉMENT V, bulle *Ad Nostrum*, dans *Corpus juris canonici*.

—, bulle *Contre les Flagellants*, dans Baronius et Raynaldus.

COHN (N.), *Les Fanatiques de l'Apocalypse*, Paris, 1983.

COLLINS (A.), *Discours sur la liberté de penser*, Londres, 1714.

COORNHERDT (D.), *A l'aurore des libertés modernes. Synode sur la liberté de conscience de 1582*, Paris, 1992.

CORBIN (H.), « Nécessité de l'angélologie », in *L'Ange et l'homme*, Paris, 1978.

COUCHOUD (P.-L.), *Le Dieu Jésus*, Paris, 1951.

—, *Croyants et sceptiques au XVIᵉ siècle. Le dossier des épicuriens*, Actes du colloque de Strasbourg, 1981.

CROZE (M.-V.), *Entretiens sur divers sujets d'histoire, de littérature, de religion et de critique*, Cologne, 1733.

CUETO (A.), *Los Heterodoxos asturianos*, Barcelone, 1977.

CULMANN (O.), *Le problème littéraire et historique du roman pseudo-clémentin : étude sur le rapport entre le gnosticisme et le judéo-christianisme*, Paris, 1930.

CUPPE (R.), *Le Ciel ouvert à tous les hommes*, Amsterdam, 1767.

DANDO (M.), *Les Origines du catharisme*, Paris, 1967.

DE SMET (J.M.), « De monnik Tanchelm en de Utrechtse Bisschopozetel in 1112-1114 », in *Scrinium Coraniense, Mélanges historiques Étienne von Cauwenbergh*, Louvain, 1961.

DECAVELLE (J.), *De dageraad van de Reformatie in Vlaanderen (1520-1565)*, Bruxelles, 1975.

DELACROIX (H.), *Le Mysticisme en Allemagne au XIVᵉ siècle*, Paris, 1900.

DELATTE, *Études sur la magie grecque*, Louvain, 1914.

DELUMEAU (J.), *La Peur en Occident*, Paris, 1978.

DENIFLE (H.S.) et CHÂTELAIN (E.), *Chartularium universitatis parisienis*, Paris, 1889.

DENIS (A.-M.), *Introduction aux pseudépigraphes de l'Ancien Testament*, Leyde, 1970.

DESCHNER (K.), *Kriminalgeschichte des Christentums*, Hambourg, 1986.

DESROCHE (H.), *Dictionnaire des messianismes et millénaristes de l'ère chrétienne*, Paris.

—, *Dictionnaire d'histoire et de géographie ecclésiastique*, Paris, 1930.

DIESNER (H.J.), « Die Circumcelionem von Hippo Regius », in *Theologische Literatur Zeitung*, 1960.

DÖLLINGER (I. von), *Beitrage zur Sektengeschichte*, Munich, 1890.

—, *Prophecies and the prophetical spirit in the christian era*, Londres, 1873.

DONDAINE (A.), « L'Origine de l'hérésie médiévale », in *Rivista di storia della chiesa in Italia*, Rome, 1952.

—, *La Hiérarchie cathare en Italie*, Rome, 1949.

—, *Un traité manichéen du XIIᵉ siècle. Le « Liber de duobus principiis », suivi d'un fragment de rituel cathare*, Rome, 1939.

DORESSE (J.), *Les Livres secrets des gnostiques d'Égypte*, Paris, 1958-1959.

—, *L'Évangile selon Thomas*, Monaco, 1988.

DRIJVERS (H.J.W.), *Cults and beliefs at Edesse*, Leyde, 1980.

—, *The Book of the laws of countries. Dialogue on faith of Bardesane of Edesse*, Assem, 1965.

DUBOURG (G.), *L'Invention de Jésus*, Paris, 1987.

DUHAINE (J.), « Étude comparative de 4 QM²FGGG1-3 et 1 QM », in *Revue de Qumrân*, XIV, n° 55.

DULIÈRE (W.), *De la dyade à l'unité par la triade*, Paris, 1965.

DUNIN-BORKOVSKI, *Quellen zur Vorgeschichte der Unitarier des XVI. Jahrhundert in 75 Jahre Stella matutina*, 1931.

DUPIN (L.-E.), *Histoire des controverses du XIIᵉ siècle*, Paris, 1842.

DUPLESSIS D'ARGENTRÉ (C.), *Collectio Judiciorum de novis erroribus*, Paris, 1755.

DUPONT-SOMMER (A.), *Observations sur le Manuel de discipline découvert près de la mer Morte*, Paris, 1951.

—, *Les Écrits esséniens découverts près de la mer Morte*, Paris, 1980.

—, *La Doctrine gnostique de la lettre WAW d'après une lamelle araméenne inédite*, Paris, 1961.

DUVERNOY (J.-Ed.), *Le Registre d'inquisition de Jacques Fournier, évêque de Pamiers (Benoît XII)*, Toulouse, 1965-1966.

EEKHOUD (G.), *Les Libertins d'Anvers. Légende et histoire des loïstes*, Paris, 1912.

EHLERS (B.), «Bardesan von Edesse. Ein syrische gnostiken», in *Zeitschrift für Kirchengeschichte*, 1970.

EHRLE (F.), «Die Spiritualen, ihr Verhältnis zum Franziskanerorde und zu den fraticelle», in *ALKG*, 1888.

EISENBERG (J.), *Une histoire du peuple juif*, Paris, 1974.

EISENMANN (R.), *Maccabees, zadokites, christians and Qumrân*, Leyde, 1983.

ÉPIPHANE DE SALAMINE, *Panarion*.

ERBETTA (M.), *Gli apocrifi del Nuovo Testamento*, Turin, 1969.

ERBSTÖSSER (M.), WERNER (E.), *Ideologische Probleme des Mittelalterlichen Plebejertums*. «Die freigeistige Häresie und ihre sozialen Wurzeln», Berlin, 1960.

—, *Errores Bechardorum et begutarum*, in HAUPT, *op. cit.*

—, *Errores sectae hominum intelligentiae*, in BALUZE, *op. cit.*

EUSÈBE DE CÉSARÉE, *Histoire ecclésiastique*, Paris, 1952-1960.

FEARNS (J.), *Ketzer und Ketzerbekämpfung im Hochmittelalter*, Göttinger, 1968.

—, «Peter von Bruis und die religiöse Bewegung des XII. Jahrhundert», in *Archiv für Kulturgeschichte*, 1966.

FITZMAYER (J.), «The Q scrolls and the NT after forty years», in *Revue de Qumrân*, 1949-1952.

—, *The Contribution of the Qumrân Aramaic to the study of the New Testament*, in *New Testament Studies*, 1973-1974.

FLAVIUS JOSÈPHE, *Antiquité judaïque*, Paris, 1929.

—, *La Guerre des Juifs*, Paris, 1977.

FOSSUM (J.E.), *The Name of God and the angel of the Lord. The origin of the idea of intermediation in gnoticism*, Utrecht, 1982.

FRANCK (S.), *Chronica, Zeytbüch, und Geschÿchbibel*, Strasbourg, 1531.

FREDERICHS (J.), *De secte der Loïsten, of Antwerpsche Libertijnen (1525-1545)*, La Haye-Gand, 1891.

—, *Robert le Bougre, premier inquisiteur général en France (1ʳᵉ moitié du XIIIᵉ siècle)*, Gand, 1892.

—, « Un luthérien français devenu libertin spirituel », in *Bulletin d'histoire du protestantisme français*, Paris, 1892.

FRÉDÉRICQ (P.), *Corpus documentorum Inquisitionis hereticae pravitatis Neerlandicae*, Gand, 1889-1900.

FREND (W.H.), *Martyrdom and persecution in the early church*, Oxford, 1965.

—, *The Donatist church. A movement of protest in roman North Africa*, Oxford, 1952.

FREND (W.H.C.), *The Rise of the monophysite movement*, Cambridge, 1972.

FREYBURGER-GALLAND (N.), *Sectes religieuses en Grèce et à Rome dans l'Antiquité païenne*, Paris, 1986.

FUMI (L.), *Bolletino di Storia Patria per l'Umbria*, 1989.

GACHARD (L.-P.), *Correspondance de Philippe II*, Bruxelles, 1848-1960.

GARNIER DE ROCHEFORT, « Contra amaurianos », in *Beitrage zur Geschichte des Philosophie des Mittelalters*, Münster, 1926.

GASTER (M.), *Les Samaritains*, Paris, 1984.

GEORGE (J.M.), *The Dualistic Gnostic Tradition in the Byzantine Commonwealth, with special Reference to the paulicion and bogomile movement*, Wayne State University, 1979.

GEREMEK (B.), *Les Marginaux parisiens aux XIVe et XVe siècles*, Paris, 1976.

GERSON (J. Ch. de), *Opera Omnia*, Anvers, 1706.

GIET (P.), « Un courant judéo-chrétien à Rome au milieu du IIe siècle », in *Aspects du judéo-christianisme*, Paris, 1965.

GOOSEN (A.J.M.), *Achtergronden van Priscillianus christelÿke ascese*, Nimègue, 1976.

GOUILLARD (J.), *L'Hérésie dans l'Empire byzantin, des origines au XIIe siècle*, Paris, 1965.

GOULDER (M.), *The roots of the christian myth, the myth of God incarnated*, Londres, 1977.

GRANT (M.), *The Jews in the roman world*, Londres, 1973.

—, *Gnosticism and early christianity*, New York, 1959.

—, *La Gnose et les origines chrétiennes*, Paris, 1964.

GRAVES (R.), *La Déesse blanche*, 1983.

GRÉGOIRE (H.), *Les Persécutions dans l'Empire romain*, Bruxelles, 1964.

GRÉGOIRE DE TOURS, *Historia Francorum*, in *MGHS rerum Merovingicarum*.

GRUNDMANN (H.), *Bibliographie zur Ketzergeschichte des Mittelalters, 1900-1966*, Rome, 1967.

—, *Bibliographie zur Ketzergeschichte des Mittelalters*, Rome, 1967.

—, *Ketzergeschichte des Mittelalters*, Göttingen, 1963.

—, *Religiose Bewegungen in Mittelalter*, Berlin, 1935.

—, *Studien über Joachim von Fiore*, Leipzig-Berlin, 1927.

GUARNIERI (R.), *Il Movimento del Libro Spirito. Testi e documenti*, Rome, 1965.

GUI (B.), *Vita Joannis XXII*, in BALUZE, *op. cit.*

GUIBERT (J. de), *Documenta ecclesiastica christianae perfectionis*, Rome, 1931.

GUILLAUME DE NANGIS, *Cronicon*, avec *Continuationes, I, II, III*, Paris, 1843.

GUILLAUME DE NEWBURGH, *Chronica*, in *Historia Rerum Anglicarum*, t. XXV.

GUILLAUME LE BRETON, *Gesta Philippi Augusti*, in *Œuvres de Rigord et de Guillaume Le Breton*, Paris, 1882.

GUILLEMIN (H.), *L'Affaire Jésus*, Paris, 1982.

HADEWIJCH, *Visionen*, Louvain, 1926.

HADOT (J.), *Histoire des Religions* (cours polycopié), Presses universitaires de Bruxelles, 1980-1981.

HARNACK (E.), *Marcion. Das Evangelium von fremde Gott*, Leipzig, 1921.

HAUPT (H.), « Beiträge zur Geschichte der Sekte vom freien Geiste und des Beghartentums », in *Zeitschrift für Kirchengeschichte*, Gotha, 1885.

—, « Husitische Propaganda in Deutschland », in *Historisches Taschenbuch*, Leipzig, 1888.

—, *Zur Biographie des Nicolaus von Basel*, in *ZKG*, 1825.

—, *Zur Geschichte der Geissler*, in *ZKG*, 1888.

—, *Zwei Traktate gegen Beginen und Begharden*, in *ZKG*, 1891.

HAURÉAU (B.), *Histoire de la philosophie scolastique*, Paris, 1880.

HEATH (R.), *Anabaptism from its rise at Zwickau to its fall in Münster*, Londres, 1895.

HEGEL, *Chroniken von Closener und Königshofen*. Extraits du *Livre secret du magistrat de Strasbourg*, Leipzig, 1871.

HENRI DE VIRNENBURG, *Contra Beggardos et Beggardas*, in FRÉDÉRICQ, *op. cit.*

HERMANT, *Histoire des hérésies*, Paris, 1717.

HILL (C.), *Le Monde à l'envers*, Paris, 1977.

HILLERBRAND (H.J.), *Bibliographie des Täufertums 1520-1630 (Quellen zur Geschichte der Täufer)*, Gütersloh, 1962.

HINRICHS (C.), *Luther und Müntzer, ihre Auseinandersetzung über Obrigkeit und Widerstandsrecht*, Berlin, 1952.

HOCHHUT (W.H.), « Landgraf Philipp und die Wiedertäufer », in *Zeitschrift für die historische Theologie*, Hamburg-Gotha, 1859.

HOFFMAN (R.J.), *Marcion; on the restitution of christianity; an essay on the development of radical paulinist theology in the second century*, Chicago, 1984.

HÖFLER (C.A.C von), « Geschichtesschreiber der husitischen Bewegung in Boehmen », in *Fontes reum austriacorum*, Vienne, 1856-1866.

HOGG (H.W.), *The Diatessaron de Tatien*, in *Nicenefathers*, Grand Rapids, 1951-1956.

HOLL (K.), *Luther und die Schwärmer*, in *Gesammelte Aufsätze zur Kirchengeschichte*, Tübingen, 1923.

HORSCH (J.), « The Rise and fall of the anabaptists of Münster », in *Mennonite Quarterly Review*, Goshen, 1935.

HUBERTIN DE CASALE, *Arbor Vitae crucifixae Jesu*, Venise, 1485.

HUCK (A.), *Synopsis of the first gospel*, Tübingen, 1936.

HUCK (J.C.), *Joachim of Flora und die Joachimistiche literatur*, Fribourg-en-Brisgau, 1938.

HUTIN (S.), *Les Disciples anglais de Jacob Boehme*, Paris, 1960.

—, *Le Gnosticisme*, Paris, 1976.

ILARINO DA MILANO, *L'Érésie di Ugo Speroni...*, Rome, 1945, trad.

IRÉNÉE DE LYON, *Contre les hérésies*, Paris, 1979-1982, trad.

ISSER, « The dositean », in *Studies in Judaïsm in the late Antiquity*, Leyde, 1976.

JANSSEN (H.Q.), « Tanchelijn », in *Annales de l'Académie d'Archéologie de Belgique*, Anvers, 1867.

JARRY (J.), *Hérésies et factions dans l'empire byzantin du IVe au VIIe siècle*, Le Caire, 1968.

JAUBERT (A.), *La Date de la Cène*, Paris, 1957.

JAUJARD (G.), *Essai sur les libertins spirituels de Genève*, Paris, 1890.

JEAN DE ROQUETAILLADE (Rupescissa), *Vade mecum in tribulatione*, in ORTHUINUS (G.), *Fasciculum rerum expetendarum et fugiendarum*, Londres, 1690.

JÉRÔME, *In Amos*, in *Patrologie latine*.

JUNDT (A.), *Histoire du panthéisme populaire au Moyen Age et au XVIe siècle*, Paris, 1875.

JUNOD (E.), *Histoire des Actes apocryphes des Apôtres du IIIe au IXe siècle. Le cas des Actes de Jean*, Genève-Lausanne-Neufchâtel, 1982.

—, « Tradition romanesque et tradition ecclésiastique dans les Actes apocryphes des apôtres », in *Genèse de l'Écriture chrétienne*.

JUSTIN, *Apologian*, Tübingen, 1915, trad.

—, *Dialogue mit dem Juden Typhon*, Munich, 1917, trad.

—, *Œuvres mises de grec en langage français par Jean de Maumont*, Paris, 1559.

KAMINSKY (H.), *Chiliasm and the Hussite revolution*, in *Church history*, New York, 1957.

—, « Hussite radicalism and the origins of Tabor 1415-1418 », in *Medievalia et humanistica*, Boulder, 1956.

—, « The Free spirit in the hussite revolution », in *Millenial dreams in action*, La Haye, 1962.

KLAVITER (F.C.), *The New Prophecy in early christianity and the ancient mediterranean world*, Grand Rapids, 1963.

KNIBB (M.A.), *The Ethiopic book of Enoch*, Oxford, 1976.

KNOX (R.A.), *Enthusiasm, a chapter in the history of religion*, Oxford, 1950.

KOLDE, « Zum Process des Johann Denck und der drei glottlosen Maler von Nürnberg », in *Kirchengeschichtliche Studien Herman Reuter Gewidmet*, 1890.

KÖLLER (W.), *Archiv für Religionswissenschaft*, 1915.

KOLMAR (L.), *Ad capiendos vulpes. Die Ketzerbekämpfen in Lüdfrankreich en der ersten Hälfte des 13. Jahrhundert*, Bonn, 1982.

KRYVELEV (I.), *Le Christ; mythe ou réalité?* Moscou, 1987.

KULCSAR (Z.), *Eretnekmozgalmak a XI-XIV szazadban*, Budapest, 1964.

LABRIOLE (P. de), *La réaction païenne. Étude sur la polémique antichrétienne du Ier au IVe siècle*, Paris, 1934.

LACARRIÈRE (J.), *Les Gnostiques*, Paris, 1973.

LACHÈVRE (F.), *L'ancêtre des libertins du XVIIe siècle, Geoffroy Vallée, brûlé le 9 février 1574, et la Béatitude des chrétiens*, Paris, 1920.

LACROZE (M.), *Entretiens sur divers sujets d'histoire...*, Cologne, 1711.

LANGLOIS (Ch. V.), «Instrumenta facta super examinacione M. Porete», in *Revue historique*, Paris, 1894.

LAPERROUSAZ (E.-M.), *L'Attente du Messie*, Paris.

—, *Les Manuscrits de la mer Morte*, Paris, 1961.

LAURENT DE BRCZCOVA, «De gestis et variis accidentibus regni Boemiae», in *Fontes rerum bohemicarum*, Prague, 1893.

«Le messalianisme», in *Atti del XIX Congresso internazionale degli orientalisti*, Rome, 1938.

LEA (H.-C.), *Histoire de l'Inquisition au Moyen Age*, Paris, 1900-1902.

LEFF (G.), *Heresy in the later Middle Ages. The relation of heterodoxy to dissent, c. 1250-c. 1450*, Manchester-New York, 1967.

LEHRMANN (M.R.), «Ben Sira and the Qumrân literature», in *Revue de Qumrân*, 1961.

LEISEGANG (H.), *La Gnose*, Paris, 1951.

LEONTIUS DE BYZANCE, *De Sectis*.

LERNER (R.), *The Heresy of the free spirits in XIII century*, Londres, 1972.

LÉVY (I.), *Corpus christianorum. Series apocryphorum*, Turnhout, 1983.

—, *Recherches esséniennes et pythagoriciennes*, Paris, 1965.

LINDSAY (P.), GROVES (R.), *The Peasant's revolt of 1381*, Londres, 1950.

LUTHER (M.), *Werke (Kritische Gesamtausgabe)*, Weimar, 1883-1908.

LUTTIKHUISEN (G.P.), *The Revelation of Elchasaï; investigation into évidence for mesopotamien jewish Apocalypse of the second century and its reception by judeo-christians propagandists*, Tübingen, 1985.

MACCOBY, *Paul et l'invention du christianisme*, Paris, 1986.

—, *Revolution in Judea*, Paris, 1984.

MACEK, *Le Mouvement hussite en Bohême*, Prague, 1958.

MACEVEN (A.R.), *Antoinette Bourignon*, Edimbourg, 1910.

MACK (R.), *Libertinärer Pietismus*, 1972.

MAGNIEN (V.), *Les Mystères d'Éleusis*, Paris, 1938.

MANSELLI, *La Techna super Apocalypsim di Petro di Giovanni Olivi*, Rome, 1955.

MANSI (J.D.), *De sacrorum conciliorum nova collectio*, 1759.

MANTEUFFEL (T.), *Naissance d'une hérésie, les adeptes de la pauvreté volontaire*, Paris-La Haye, 1970.

MARCHAND (P.), *Dictionnaire historique*, La Haye, 1758-1759.

MARGUERITE PORÈTE, *Le Mirouer des simples âmes anienties et qui seulement demeurent en vouloir et désir d'amour*, in GUARNIERI, *op. cit.*

MARQUÈS-RIVIÈRE (J.), *Histoire des sectes et des sociétés secrètes*, Paris, 1972.

MARTÈNE (E.), DURAND (U.), *Veterum Scriptorum ac monumentum amplissima collectio*, Paris, 1724-1733.

MATHILDE DE MAGDEBOURG, *Das fliessende Licht der Gottheit*, Regensburg, 1869.

MATTER (J.), *Histoire critique du gnosticisme*, Paris, 1828.

MCDONNELL (E.W.), *The beguines and beghards in medieval culture*, New Brunswick, 1954.

MEEKS (W.A.), *The first urban christians, the social word of the apostle Paul*, New Haven, Londres, 1983.

MELLINCK (A.), *Antwerpen als anabaptism Centrum*, in *Nederlandshe Archiv voor Kerkegeschiedenis*, 1964.
MELLINK (A.), *De Wederdopers in de Noordelijke Nederlanden (1531-1544)*, Groningue, 1953.
—, «The Mutual relations between the Münster Anabaptists and the Netherlands», in *Archiv fur Reformationgeschichte*, Berlin, 1959.
MÉNARD (J.), *Les Textes de Nag-Hammadi*, Leyde, 1975.
—, «L'Évangile selon Thomas» in *Nag-Hammadi Studies*, Leyde, V, 1975.
MENENDEZ Y PELAYO (M.), *Historia de los heterodoxos espanoles*, Madrid, 1929.
—, *Mennonite Encyclopedia*, Scottdale, 1955-1959.
MERX (O.), *Thomas Müntzer und Heinrich Pfeiffer, 1523-1525. Ein Beitrag zur Geschichte des Bauernkrieges in Thüringen*, Göttingen, 1889.
METZGER (B.M.), *The early versions of the New Testament*, Oxford, 1977.
MEUSEL (A.), *Thomas Müntzer und seine Zeit*, Berlin, 1952.
MEYER (C.), *Der Wiedertäufer Nikolaus Storch und seine Anhänger in Hof*, in *ZKG*, 1896.
MIDDENDORP (Th.), *Die Stellung Jesus Ben Sira Zwichen Judentum und Hellenismus*, Leyde, 1973.
MILIK (J.T.), *Discoveries in the judean Desert. I Qumrân Cave I*, Oxford, 1955.
MOMMSEN (Th.), *Histoire romaine*, Paris, 1863-1872.
MONOD (B.), *Le Moine Guibert et son temps*, Paris, 1905.
MONTFAUCON (B. DE), *Lettres pour et contre la fameuse question si les solitaires appelés thérapeutes, dont a parlé Philon le Juif, étaient chrétiens*, Paris, 1712.
MONTGOMERY (J.-A.), *Les Hommes du Garizim*, Paris, 1985.
Monumenta Germaniae Historica, Berlin, 1826.
MOREAU (G.), *Histoire du protestantisme à Tournai*, Bruxelles, 1962.
—, *Le Journal d'un bourgeois de Tournai (Pasquier de La Barre)*, Bruxelles, 1975.
MOREAU (J.), *Ces Persécutions dans l'Empire romain*, Bruxelles, 1964.
MOSHEIM (J.L. von), *De Beghardis et Beguinabus commentarius*, Leipzig, 1790.
—, *Histoire ecclésiastique*, Yverdon, 1776.
MÜLLER (K.), *Calvin und die Libertiner*, in *ZKG*, 1922.
MÜNTZER (T.), *Politische Schriften*, Halle, 1950.
—, *Thomas Müntzer Briefwechsel*, Leipzig, 1931.
NAIGEON (J.-A.), *Encyclopédie méthodique, philosphie ancienne et moderne*, Paris, 1792-an II.
NAUCLERUS (J.), *Chronica*, Cologne, 1544.
NELLI (R.), *Écritures cathares*, Paris, 1968.
—, *Dictionnaire des hérésies médiévales*, Toulouse, 1968.
NEVISAN (G.), *Sylvae nuptialis libri sex*, Lyon, 1556.
NIDER (J.), *Formicarius*, Strasbourg, 1517.
O'CONNOR (M.), *Truth Paul and Qumrân, studies in New Testament Exegesis*, Londres-Dublin-Melbourne, 1968.
OGNIBEN (A.), *I Guglielmiti del secolo XIII*, Pérouse, 1867.
OLIGER (L.), *De Secta spirius libertatis, in Umbria seculo XIV. Disquisitio et documenta (Storia et Letteratura, reccolta di studi e testi)*, Rome, 1943.

OPTAT DE MÉLÈVE, *Contre Parménien le donatiste*.

ORIGÈNE, *Homélie sur Josué*, trad.

ORY (G.), *Le Christ Jésus*, Bruxelles, 1968.

PACKULL (W.), *Mysticism and the early german-austrian anabaptism movement, (1525-1531)*, Londres, 1977.

PAGELS (E.), *Gnostic gospels*, New York, 1981.

PAPEBROCHIUS, *Annales Antwerpienses*, Anvers, 1845.

PARISOT (J.-P.), *La Foi dévoilée par la raison*, Paris, 1681.

PATSCHOVSKY (A.), *Der Passauer anonymus*, 1967.

PELAYO (A.), *De Planctu ecclesiae*, Ulm, 1474.

PFEIFFER (F.), «Swester Katrei Meister Ekehartes Tohter von Strasburg», in *Deutsche Mystiker des Vierzehnten Jahrhunderts*, Leipzig, 1857.

PHILONENKO (M.), *Pseudépigraphes de l'Ancien Testament et des manuscrits de la mer Morte*, Paris, 1987.

PHILONENKO (M.), *Les interpolations chrétiennes des testaments des douze patriarches et les manuscrits de Qumrân*, Paris, 1960.

PHILOSTORGUE, *Epitome historiarum*, in *Patrologie grecque*.

PIANZOLA (M.), *Peintres et vilains. Les peintres de la Renaissance et la guerre des paysans de 1525*, Paris, 1962.

PICARD (J.), *Pseudépigraphes de l'Ancien Testament*.

PICOT (E.), *Théâtre mystique de Pierre du Val et des libertins spirituels de Rouen au XVIᵉ siècle*, Paris, 1882.

PLINVAL (G. DE), *Pélage, ses écrits, sa vie, sa réforme*, Paris, 1943.

PLUQUET (abbé), *Mémoires pour servir à l'histoire des égarements de l'esprit humain par rapport à la religion chrétienne, ou dictionnaire des hérésies, des erreurs et des schismes*, Besançon, 1877.

POCQUE (A.), *Traité mystique*, cité dans CALVIN, vol. XXXV.

PORGÈS (N.), «Les relations hébraïques des persécutions des Juifs pendant la première croisade», in *Revue des études juives*, Paris, 1892.

POTTHAST (A.), *Bibliotheca historica Medii Aevi*, Berlin, 1896.

PRATEOLIUS (G.), *De Vitis, sectis et dogmatibus omnium haereticorum*, Cologne, 1659.

PREGER (W.), «Beiträge zur Geschichte der religiösen Bewegung in den Niederlanden in der zweiten Hälfte des vierzehnten Jahrhunderts», in *ABAW*, Munich, 1894.

PREGER (W.), *Geschichte der Deutschen Mystik im Mittelalter*», Leipzig, 1874.

PRIMOV (B.), *Les Bougres, histoire du pape Bogomile et de ses adeptes*, Paris, 1973.

PSEUDO-DENYS L'ARÉOPAGITE, *Théologie mystique*, Paris, 1943, trad.

PSEUDO-TERTULLIEN, *Traité de la prescription contre les hérétiques*, Paris, 1957, trad.

PTOLÉMÉE, *Lettre à Flore*, trad. et notes de QUISPEL (G.), Paris, 1949.

PUECH (Ch.), «Un rituel d'exorcisme», in *Revue de Qumrân*, 1989.

PUECH (Ch.), «Audianer», in *Reallexicon fur Antike und Christentums*, 1950.

PULVER (M.), «Jesus round dance and crucifixion recording to the Acts of Saint John», in *Erenos Jahrbuch*, 1959.

RAYNALDUS, *Annales ecclésiastiques*, Lucques, 1747-1756.

—, *Rediscovery of Gnosticism*, Leyde, 1986.

REMBERT (C.), *Die Wiedertäufer im Herzogtum Jülich*, Berlin, 1899.

RESCH (H.), *Die Werkstatt des Marcusevangelisten*, Iéna, 1924.

REUSCH (H.), *Die Indices librorum prohibitorum des XVI Jahrhundert*, Tübingen, 1886.

RÉVILLE (A.), *Le soulèvement des travailleurs en Angleterre en 1381*, Paris, 1898.

ROBINSON (A.), *Barnabas, Hermas and the Didache*, Londres, 1920.

ROERSCH (A.), « La Correspondance de Lipse et de Torrentius », in *Le musée belge*, 1926.

RÖHRICH (G.-E.), *Essai sur la vie, les écrits, et la doctrine de l'anabaptiste Jean Denck*, Strasbourg, 1553.

ROKEAH (D.), *Jews, pagans and christians in conflict*, Jérusalem-Leyde, 1982.

ROSENTHIEL (J.-M.), *L'Apocalypse d'Élie*, Paris, 1972.

—, « Portrait de l'Antéchrist », in *Pseudépigraphes...*

ROUGIER (L.), *Celse contre les chrétiens*, Paris, 1977.

—, *Paganisme, judaïsme, christianisme. Influences et affrontements dans le monde antique*, Paris, 1978.

RUDOLF (K.), *Gnosis, the nature and history of christianism*, San Francisco, 1983.

RUNCIMAN (A.), *Le Manichéisme médiéval*, Paris, 1972.

RUSSEL (J.B.), « Saint Boniface and the eccentrics », in *Church history*, Chicago, 1964.

RUYSBROECK (J.), *L'ornement des noces spirituelles*, Bruxelles-Paris, 1928.

SAINT-MARTIN (L.-C. de), *Correspondance inédite*, Paris, 1862.

SALIMBENE DE PARME, *Cronica*, in *MGH Scriptores*, XXXVII.

SALLES-DABADIE (J.-M.-A.), « Recherches sur Simon le Mage. L'Apophasis Megalè », in *Cahiers de la Revue biblique*, Paris, 1969.

SAULAY (F. de), *Dictionnaire des antiquités bibliques*, Paris, 1859.

SCHEERDER (J.), *De Inquisitia in de Nederlanden in XVI eeuw*, Gand, 1944.

SCHMIDT (K.), *Nikolaus von Basel*, Vienne, 1866.

SCHMITT (J.-Cl.), *Mort d'une hérésie : l'Église et les clercs face aux béguines et aux beghards du Rhin supérieur du XIVe au XVe siècle*, Paris-La Haye-New York, 1978.

SIMON (M.), « La polémique antijuive de saint Jean Chrisostome et le mouvement judaïsant d'Antioche », in *Mélanges Cumont*, p. 403-421.

—, *Le Judaïsme et le christianisme antique d'Antiochus Épiphane à Constantin*, Paris, 1968.

—, *Les Sectes juives à l'époque de Jésus*, Paris.

—, *Recherches d'histoire judéo-chrétienne*, Paris, 1962.

SIMON (O.), *Überlieferung und Händtschriftverhältnis des Traktates « Schwester Katrei »*, Halle, 1906.

SIMON DE TOURNAI, « Collectio de scandalis ecclesiae, Florence », *Archivum franciscanum historicum*, Florence, 1931.

SIOUVILLE (A.), *Hippolyte de Rome, Philosophoumèna, ou réfutation de toutes les hérésies*, Paris, 1928.

SMALLWOOD (E.M.), *The Jews under roman rules*, Leyde, 1976.

SODEN (H. von), *Christentums und Kultur in der geschichtliche Entwicklung ihrer Beziehungen*, 1933.

SPÄTLING (L.), *De Apostolicis, pseudo-apostolicis*, Munich, 1947.

SPIZELIUS (G.), *Scrutinio Atheismi*, Cracovie, 1585.

STARCKY (J.), « Un texte messianique araméen de la grotte de Qumrân », in *Mémorial du cinquantenaire de l'école des langues orientales de l'Institut catholique de Paris*, Paris, 1964.

STEFANO, *Riformatori e eretici del Medioevo*, Palerme, 1938.

STROBEL (A.), *Das heilige Land der Montanisten; eine religionsgeographische Untersuchung*, Berlin-New York, 1980.

STROUNSA (G.), *Aher, a gnostic*, in *Rediscovery of gnosticism*, Leyde, 1986.

TARDIEU (M.), *Le Manichéisme*, Paris, 1981.

—, « Les livres mis sous le nom de Seth et les Sethiens de l'hérésiologie », in *Gnosis and gnosticism, Nag-Hammadi Studies*, Leyde, 1977.

—, *Trois mythes gnostiques : Adam, Eros et les animaux dans un écrit de Nag Hammadi*, Paris, 1974.

TEICHER (J.L.), « The teachings of the pre-pauline church in the Deal sea scrolls », in *The Journal of jewish Studies*, 1952.

TERTULLIEN, *Ad Scapulam*, Vindobonae, 1957.

—, *Adversos Marcionem*, Oxford, 1972.

—, *Adversus Judeos*, in *Opera Omnia*.

—, *Contre les Valentiniens*, Paris, 1980-1981.

—, *De Anima*, Amsterdam, 1947.

—, *De Paenitencia*, Paris, 1906.

—, *Apologétique*, Paris, 1961.

THÉRY (G.), *Autour du décret de 1210. David de Dinant. Étude sur son panthéisme matérialiste*, Paris, 1925.

THOMAS DE CANTIMPRÉ, *Bonum universale de apibus*, Douai, 1627.

THOUZELLIER (C.), *Une somme anticathare. Le « Liber contra Manicheos » de Durand de Huesca*, Louvain, 1964.

—, *Catharisme et valdéisme en Languedoc*, Paris, 1966.

TOCCI (N.), *I Manoscritti del mar Morto*, Bari, 1967.

TORREY (C.C.), « Certainly Pseudo-Ezekiel », in *Journal of biblical Literature*, 1934.

TOURNIER (J.), *Meltkisedek ou la tradition primordiale*, Paris.

TRESMONTANT (Cl.), *Le Christianisme hébreu*, Paris, 1983.

TRITHEMIUS (J.), *Annales hirsaugienses*, Saint-Gall, 1690.

TYSCHENDORF (C.), *Apocalipsis apocriphae*, Leipzig, 1966.

VAERNEVIJCK (M. van), *Mémoire d'un praticien gantois sur les troubles religieux en Flandre*, Bruxelles, 1906.

VAILLANT (A.), *Le Livre des secrets d'Hénoch. Texte slave et traduction française*, Paris, 1976.

—, *Le Traité contre les bogomiles du prêtre Cosmas*, 1944.

VAN METEREN (E.), *Historie der Nederlanden*, Amsterdam, 1623.

VAN MIERLOT, « Bloemardinne », in *Dictionnaire d'histoire et de géographie ecclésiastique*, Paris, 1926.

—, «Hadewijch», in *Revue d'ascétique et de mystique*, Paris, 1924.

VANEIGEM (R.), *Le Mouvement du Libre-Esprit*, Paris, 1986.

VERNET (E.), «Bogomiles», in *Dictionnaire de Théologie catholique*, 1909.

VERNET (E.), «Les Frères du Libre-Esprit», in *Dictionnaire de théologie catholique*, Paris, 1920.

VILMAR, *Annales Samaritani Abulfathi*, Gotha, 1865.

VOGT (H.J.), *Coetus sanctorum. Der Kirchenbegriff des Novatien und die Geschichte seiner Sonderkirche*, Bonn, 1968.

VONAUX, *Les Actes de Pierre*, Paris, 1922.

VOS (K.), «De doopgezinden te Antwerpen in de XVI eeuw», in *Bulletin de la commission royale d'histoire*, Bruxelles, 1920.

VUARNET (J.-N.), *L'Extase féminine*.

VULLIAUD (P.), «Fin du monde et prophètes modernes», in *Les Cahiers d'Hermès*, Paris, 1947.

WASMOD (Johann de Homburg), *Contra hereticos Bekardos Lulhardos et swestriones*, in HAUPT, *op. cit.*

WATTENBACH (W.), «Über die Sekte der Brüder vom freien Geiste», in *Sitzungsberichte der königlichen preussischen Akademie der Wissenschaften*, Berlin, 1887. Confession de Jean de Brünn (texte latin), et confession de Johannes Hartmann (texte latin). Texte français dans VANEIGEM; *op.' cit.*

WERNER (E.) et BUTTNER (Th.), *Circumcellionen und adamiten*, Berlin, 1959.

—, et ERTBOSSER (M.), *Sozial-religiose Bewegungen im Mittelalter*, Leipzig, 1957-1958.

WERNER (M.), *Die Entstehung des christlichen Dogmes problemgeschichtlich dargestelt*, Berne-Tübingen, 1953.

WHITTEKER (M.), *Jews and christians : greco-roman views*, Cambridge, 1984.

WIESEL (W.), «Bibliography of spiritual libertins», in *Religion in Geschichte und Gegenwort*.

WILKER (R.-L.), *Le Mythe des origines chrétiennes*, Paris, 1971.

WILLIAMS (G.H.), *The radical Reformation*, Philadelphie, 1962.

WILSON (R.M.), *Studies in the gospel of Thomas*, Londres, 1960.

WIPPOLD (R.), *Hendrik Niklaes, in Zeitschrift für historische Theologie*, 1862.

WITTAKER (M.), *Acta Pilatis*, Paris, 1912.

—, *Oratio ad Graecos and fragments*, Oxford, 1982.

WORKMAN (H.B.), *The Dawn of Reformation*, Londres, 1901-1902.

WUNSCH (R.), *Sethianische Verfluchtungstafeln aus Rom*, Leipzig, 1898.

YADIN (Y.), *The Ben Sira scroll from Masada*, Jérusalem, 1965.

NOTES

CHAPITRE PREMIER. — UNE NATION SACRIFIÉE À L'HISTOIRE

1. M. SIMON, *Le Judaïsme et le christianisme antique*, Paris, p. 49.
2. J. HADOT, *Histoire des religions*, Bruxelles, 1980-1981, p. 14.
3. *Ibid.*, p. 27.
4. C.C. TORREY, «Certainly Pseudo-Ezekiel», *JBL*, 53, 1934.
5. B. DUBOURG, *L'Invention de Jésus*, Paris, 1987, I, p. 251-260.
6. Y. YADIN, *The Ben Sira Scroll from Masada*, Jérusalem, 1965; Th. MIDDEN-DORP, *Die Stellung Jesu Ben Sira zwischen Judentum und Hellenismus*, Leyde, 1973.
7. FLAVIUS JOSÈPHE, *Antiquités judaïques*, Paris, 1929, VIII, 45.
8. C. PUECH, «Un rituel d'exorcisme (11 Q Ps Ap^a)», *Revue de Qumrân*, XIV, n° 55, 1989.

CHAPITRE II. — DIASPORA ET ANTISÉMITISME

1. J. EISENBERG, *Histoire du peuple juif*, Paris, 1974, p. 174.
2. *Ibid.*, p. 163.
3. *Ibid.*, p. 165.
4. Th. MOMMSEN, *Histoire romaine*, Paris, 1863-1872.
5. K. DESCHNER, *Kriminalgeschichte des Christentums*, Hambourg, 1986. I, p. 125.
6. M. SIMON, *Recherches d'histoire judéo-chrétienne*, Paris, 1962; ID., *La Polémique antijuive* in *Mélanges Cumont*.
7. PÉTRONE, *Satyricon*, fr. 371.
8. WHITTAKER, *Jews and christians*, Cambridge, 1984, p. 82.
9. D. ROKEAH, *Jews, Pagans and Christians in Conflict*, Jérusalem-Leyde, 1982.
10. J. EISENBERG, *op. cit.*, p. 179.
11. K. DESCHNER, *op. cit.*, I, pp. 117 *sq.*

CHAPITRE III. — LES SECTES JUDÉENNES

1. B. DUBOURG, *L'Invention de Jésus, op.cit.*, I, p. 266.
2. M. SIMON, *Les Sectes juives à l'époque de Jésus*, Paris, 1960; E.M. LAPERROU-SAZ, *L'Attente du messie*, Paris.
3. FLAVIUS JOSÈPHE, *Antiquités judaïques*, XVII, 10.
4. ID., *La Guerre des Juifs*, II, 4, 5.
5. ID., *ibid.*, II, 18.
6. ID., *Antiquités judaïques*, XVII, 10.
7. *Ibid.*, XVIII, 1.
8. ID., *La Guerre des Juifs*, II, 11.
9. Y. YADIN, *The Ben Sira Scroll from Masada, op. cit.*

CHAPITRE IV. — LES HOMMES DE LA COMMUNAUTÉ OU ESSÉNIENS
1. A. DUPONT-SOMMER, *Les Écrits esséniens découverts près de la mer Morte*, Paris, 1980, p. 408; J. HADOT, *op. cit.*, p. 35.
2. J. MARQUÈS-RIVIÈRE, *Histoire des sectes et des sociétés secrètes*, p. 92.
3. J. PICARD (ou de PICARDIE), «Histoire des bienheureux du temps de Jérémie», in *Pseudépigraphes de l'Ancien Testament*, p. 34.
4. SAULCY (Fr. de), *Dictionnaire des antiquités bibliques*, Paris, 1859.
5. J. DORESSE, *Les Livres secrets des gnostiques d'Égypte*, Paris, 1958-1959, II, p. 328.
6. B. DUBOURG, *L'Invention de Jésus*, *op. cit.*, II.
7. J.-M. ROSENSTIEHL, *L'Apocalypse d'Élie*, Paris, 1972, p. 69.
8. PHILONENKO (M.), *Pseudépigraphes de l'Ancien Testament et des manuscrits de la mer Morte*, Paris , 1987, t. I.
9. A. JAUBERT, *La Date de la Cène*, Paris, 1957.
10. N. TOCCI, *I manoscritti del mar Morto*, Bari, 1967.
11. J. DUHAINE, «Étude comparative de 4 QMª FGGG 1-3 et 1 QM», *Revue de Qumrân*, XIV, n° 55.
12. B. DE MONTFAUCON, *Lettres pour et contre la fameuse question si les Solitaires, appelés Thérapeutes, dont a parlé Philon le Juif étaient chrétiens*, Paris, 1712.
13. A. DUPONT-SOMMER, *Les Écrits esséniens...*, *op. cit.*, p. 16.
14. PHILONENKO, *op. cit.*
15. ID., *Les interpolations chrétiennes...*, Paris, 1960, p. 31.
16. *Ibid.*, p. 20.
17. J. FITZMAYER, S.J., «The Q Scrolls and the NT after forty years», *Revue de Qumrân*, XIII, nᵒˢ 49-52, p. 613.
18. PHILONENKO, *Interpolations*, *op. cit.*, p. 29.
19. A. DUPONT-SOMMERS, *op. cit.*, p. 377.
20. *Ibid.*, p. 373.
21. ID., *Observations sur le Manuel de discipline découvert près de la mer Morte*, Paris, 1951.
22. *Ibid.*, p. 384.
23. *Ibid.*, p. 6.
24. J.L. TEICHER, «The Teachings of the Pre-Pauline Church in the Dead Sea Scrolls», *Journal of Jewish Studies*, 1952, III, nᵒˢ 3-5.
25. A. DUPONT-SOMMER, *Les Écrits esséniens...*, *op. cit.*, p. 235.
26. *Règle*, 11, 6-8, in PHILONENKO, *Pseudépigraphie...*, *op. cit.*, in PICARD, p. 4.
27. A. DUPONT-SOMMER, *Observations...*, p. 24.
28. FOSSUM, *The Name of God and the angel of the Lord*, Utrecht, 1982, p. 154.
29. J.T. MILIK, *Discoveries in the judean desert. I Qumrân, Cave I*, Oxford, 1955.
30. ERBETTA, *Gli apocrifi del NT*, Turin, 1964, t. III.

CHAPITRE V. — LE MOUVEMENT BAPTISTE DU MESSIE SAMARITAIN DUSIS/DOSITHÉE
1. «Can we exclude Samaritan Influence from Qumrân?», *Revue de Qumrân*, VI, 1967, pp. 109 sq.
2. ISSER, s.j., «The Dosithean», in *Studies in Judaism in the Late Antiquity*, Leyde, 1976, XVII; Th. CALDWELL, S.J., *Dositheos Samaritanus*, *Kairos IV*, 1962, pp. 105 sq. ; R. Simon WILSON, *Dositheos and the Dead Sea Scroll ZRGG 9*, 1957.
3. VILMAR, *Annales Samaritani Abulfathi*, Gotha, 1865.
4. FOSSUM, *op. cit.*, p. 37.
5. *Ibid.*, pp. 36 et 37.
6. *Ibid.*, p. 48.
7. M. GOULDER, *The Roots of the Christian Myth*, *The Myth of God Incarnated*, Londres, 1977.
8. O. CULLMANN, *Le problème littéraire et historique du roman pseudo-clémentin*, Paris, 1930, p. 184.
9. VILMAR, *op. cit.*, p. 160.
10. Cité par FOSSUM, *op. cit.*, p. 245.
11. *Ibid.*, p. 39.

CHAPITRE VI. — SIMON DE SAMARIE ET LA RADICALITÉ GNOSTIQUE
 1. J.M.A., SALLES-DABADIE, «Recherches sur Simon le Mage. L'*Apophasis megalè*», *Cahiers de la Revue biblique*, n° 10, Paris, 1969, p. 10.
 2. *Ibid.*, p. 15.
 3. *Ibid.*
 4. *Ibid.*
 5. *Ibid.*, p. 21.
 6. *Ibid.*, p. 25.
 7. *Ibid.*
 8. *Ibid.*, pp. 27-29.
 9. *Ibid.*, p. 33.
 10. *Ibid.*, p. 35.
 11. *Ibid.*
 12. *Ibid.*, pp. 35-37.
 13. FOSSUM, *op. cit.*, p. 160.
 14. J. ANNEQUIN, *Recherches sur l'acte magique et ses représentations aux Ier et IIe siècle*, Paris, 1979, p. 16.
 15. *Ibid.*, p. 17.
 16. *Ibid.*
 17. MÉNARD, *Les Textes de Nag-Hammadi*, Leyde, 1975, pp. 127 et 128.
 18. IRÉNÉE, I, 31, 1.
 19. «Les noces spirituelles dans l'Évangile selon Philippe», *Museon*, Louvain, 1974, LXXXVII, 1-2, p. 157.
 20. DELATTE, *Études sur la magie grecque*, Louvain, 1914, p. 75.
 21. W. KÖLLER, *Archiv für Religionswissenschaft*, VIII, 1915, p. 229.
 22. IRÉNÉE, I, 24, 1-2.
 23. GRANT, *Gnosticism and Early Christianity*, New York, 1959, pp. 15-17.
 24. M. TARDIEU, *Museon*, 87, 1974, p. 530.

CHAPITRE VII. — LES CULTES PHALLIQUES ET FUSIONNELS
 1. W. DULIÈRE, *De la dyade à l'unité par la triade*, Paris, 1965, p. 76.
 2. Rapporté *ibid.*, p. 78.
 3. *Ibid.*
 4. *Ibid.*
 5. J. MATTER, *Histoire critique du gnosticisme*, Paris, 1828, t. II, p. 53.
 6. FOSSUM, *op. cit.*, p. 268.
 7. Cité par LEISEGANG, *La Gnose*, Paris, p. 81.
 8. DELATTE, *op. cit.*, p. 78.
 9. LEISEGANG, *op. cit.*, p. 100.
 10. *Ibid.*, p. 103.
 11. S. HUTIN, *Les gnostiques*, Paris, 1976.
 12. A. DUPONT-SOMMER, *La doctrine gnostique de la lettre WAW*, Paris, 1961.
 13. LEISEGANG, *op. cit.*, p. 104.
 14. D'après LEISEGANG, *op. cit.*, p. 101.
 15. *Ibid.*, p. 115.
 16. R. GRAVES, *La Déesse blanche*, Paris, 1986.
 17. LEISEGANG, *op. cit.*, p. 133.
 18. *Ibid.*, pp. 135 et 136.

CHAPITRE VIII. — TROIS CHRISTS ESSÉNO-CHRÉTIENS : SETH, MELCHISÉDEQ ET JOSUÉ DIT JÉSUS
 1. FOSSUM, *op. cit.*, p. 297.
 2. *Ibid.*, p. 307.
 3. J.A. FITZMAYER, «The Contribution of Qumrân Aramaic to the Study of the New Testament», *New Testament Studies*, 20, 1973-1974, p. 391.
 4. FOSSUM, *op. cit.*, p. 290.

5. *Ibid.*, p. 312.
6. *Ibid.*
7. *Nag-Hammadi, Gnosticism and Early Christianity*, éd. Hedrick et Hodgson, 1988, pp. 55-86.
8. C. PUECH, *Les Nouveaux Écrits*, p. 127 ; M. TARDIEU, « Les livres mis sous le nom de Seth et les séthiens de l'hérésiologie », *Gnosis and Gnosticism*, NHS 8, Leyde, 1977.
9. G. STROUNSA, « Aher, a Gnostic », in *Rediscovery of Gnosticism*, II.
10. J. DORESSE, *Les Livres secrets des gnostiques d'Égypte*, p. 211.
11. *Rediscovery of Gnosticism, op. cit.*, II, p. 656.
12. J.A. FITZMAYER, p. 619.
13. *Revue de Qumrân*, VII, 1970, n° 27, pp. 343 *sq.*
14. H. CORBIN, « Nécessité de l'angélologie », in *L'Ange et l'homme*, Paris, 1978, p. 38.
15. *Ibid.*, p. 39.
16. A. VAILLANT, *Le Livre des secrets d'Hénoch*, texte slave et traduction française, Paris, 1976 ; M.A. KNIBB, *The Ethiopic Book of Enoch*, Oxford, 1976 ; R.H. CHARLES, *The Book of Enoch*, Londres, 1917.
17. M. WERNER, *Die Entstehung des christlichen Dogmas problemgeschichtlich dargestellt*, Berne et Tübingen, 1953, p. 344.
18. I. KRYVELEV, *Le Christ : mythe ou réalité ?*, Moscou, 1987.
19. JUSTIN, *Dialogue avec le juif Tryphon*, 49.
20. M. DE CHAMBRUN-RUSPOLI, *Le Retour du Phénix*, p. 69.
21. JUSTIN, *op. cit.*, 48.
22. P. DE LABRIOLE, *La Réaction païenne. Étude sur la polémique antichrétienne du Ier au IVe siècle*, Paris, 1934, p. 19.
23. H. VON SODEN, *Christentum und Kultur in der geschichtliche Entwicklung ihrer Beziehungen*, 1933.
24. BRANDON, *Jésus and the Zelots*, Manchester, 1967.
25. R. AMBELAIN, *Jésus ou le mortel secret des templiers*, Paris, 1976.
26. R. GRAVES, *La Déesse blanche, op. cit.*, p. 66.
27. MACCOBY, *Revolution in Judea.*
28. J. BRILL, *Lilith*, Paris, 1986.
29. J. DORESSE, *L'Évangile selon Thomas*, Monaco, 1988.
30. B. DUBOURG, *L'Invention de Jésus, op. cit.*, II, p. 264.
31. A. DUPONT-SOMMER, *La Doctrine secrète de la lettre WAW d'après une lamelle araméenne inédite*, Paris, 1961.
32. LEISEGANG, *La Gnose, op. cit.*, p. 212.
33. FOSSUM, *op. cit.*, p. 357.
34. H. CORBIN, *op. cit.*, p. 41.
35. A. DUPONT-SOMMER, *Les Écrits esséniens...*, *op. cit.*, p. 373.
36. Cité par LAPERROUSAZ, *Les manuscrits de la mer Morte*, Paris, 1961, p. 55.
37. M. DE CHAMBRUN-RUSPOLI, *op. cit.*, p. 79.
38. MACCOBY, *Paul et l'invention du christianisme*, p. 60.
39. B. DUBOURG, *op. cit.*, II, p. 46.

CHAPITRE IX. — LES SECTES MESSIANIQUES DE JOSUÉ/JÉSUS : NAZORÉENS, ÉBIONITES, ELCHASAÏTES

1. B. DUBOURG, *L'Invention de Jésus, op. cit*, II, p. 157.
2. G.P. LUTTIKHUISEN, *The Revelation of Elchasai : Investigation into the Evidence for Mesopotamian Jewish Apocalypse of the Second Century and Its Reception by Judeo-Christian Propagandists*, Tübingen, 1985.

CHAPITRE X. — QUERELLES DE PROPHÈTES ET D'APÔTRES : JOCHANAAN, THEUDAS/JUDE/THOMAS, JACOB/JACQUES, SIMON/PIERRE, BARNABÉ, SAÜL/PAUL

1. R. EISENMANN, *Maccabees, Zadokites, Christians and Qumrâns*, Leyde, 1983.

2. *Ibid.*
3. J. MOREAU, *Les persécutions dans l'Empire romain*, Bruxelles, 1964.
4. J. MÉNARD, «L'Évangile selon Thomas», *Nag-Hammadi Studies*, Leyde, V, 1975.
5. *Ibid.* ; GRANT,
6. J. DORESSE, *L'Évangile selon Thomas*, *op. cit.*
7. *Ibid.*, p. 88.
8. *Ibid.*, pp. 31-35.
8. O. CULLMANN, *op. cit.*
9. B. DUBOURG, *L'Invention de Jésus*, *op. cit.*, II, p. 354.
10. O. CULLMANN, *op. cit.*, pp. 82 et 83.
11. *Ibid.*, p. 83.
12. Cité par MACCOBY, *Paul et l'invention du christianisme*, *op. cit.*, p. 260.
13. J.-M. ROSENSTIEHL, «Portrait de l'Antéchrist», in *Pseudépigraphie*, p. 59.
14. ERBETTA, *Gli apocrifi.*
15. Cité par M. DE CHAMBRUN-RUSPOLI, *Le Retour du Phénix*, *op. cit.*, p. 165.
16. P. ALFARIC, *Le problème de Jésus*, Paris, 1954, p. 21.
17. B. DUBOURG, *op. cit.*, II, p. 149.
18. E.M. SMALLWOOD, *The Jews under Roman Rules*, p. 234.
19. MEEKS, *The first urban christians*, Londres, 1983, p. 8.
20. G. ORY, *Le Christ et Jésus*, Bruxelles, 1968.
21. K. DESCHNER, *op. cit.*, III, p. 99.
22. B. DUBOURG, *op. cit.*
23. K. DESCHNER, *op. cit.*, III, p. 99.
24. *Ibid.*, pp. 100 et 101.
25. *Ibid.*, p. 102.
26. ERBETTA, *op. cit.*
27. M. O'CONNOR, o.p., *Truth : Paul and Qumrân. Studies in New Testament Exegesis*, Londres-Dublin-Melbourne, 1968.
28. A. DUPONT-SOMMER, *Les Écrits esséniens...*, *op. cit.*, pp. 378 et 379.
29. M. DE CHAMBRUN-RUSPOLI, *op. cit.*, p. 175.
30. O. CULLMANN, *op. cit.*, p. 85.
31. MACCOBY, *op. cit.*
32. LEISEGANG, p. 74.
33. E. PAGELS, *Gnostic gospels*, New York, 1981.

CHAPITRE XI. — MARCION ET L'HELLÉNISATION DU CHRISTIANISME
1. W.H. FREND, *Martyrdom and persecution*, Oxford, 1965, pp. 222 *sq.*
2. E. HARNACK, *Marcion. Das Evangelium vom fremde Gott*, Leipzig, 1921.
3. H. RESCHE, *Die Werkstatt des Marcusevangelisten*, Iéna, 1924.
4. J. TURMEL, *Histoire des dogmes*, Paris, 1931-1933.
5. Cité par M. DE CHAMBRUN-RUSPOLI, *Le Retour du Phénix*, *op. cit.*, p. 69.
6. LEISEGANG, *La Gnose*, *op. cit.*, pp. 187 *sq.*
7. A. HUCK, *Synopsis of the First Three Gospels*, 1936.
8. J. TURMEL, *op. cit.*
9. K. DESCHNER, III, p. 75.

CHAPITRE XII. — LES INVENTEURS D'UNE THÉOLOGIE CHRÉTIENNE : BASILIDE, VALENTIN, PTOLÉMÉE
1. CLÉMENT d'Alexandrie, *Stromates*, III, 1, 1-3.
2. *Ibid.*
3. *Ibid.*, IV, 12, 83.
4. LEISEGANG, *op. cit.*, p. 146.
5. *Elenchos*, VII, 20.
6. PSEUDO-DENYS L'ARÉOPAGITE, *Théologie mystique*, Paris, 1943.
7. IRÉNÉE, *op. cit.*, I, 24-6.

8. BONNER (C.), *Studies in magical, gnostic amulets*, Londres, 1950.
9. LEISEGANG, *op. cit.*, p. 171.
10. *Ibid.*, p. 172.
11. FLAVIUS VOPISCUS, *Saturn.*, VII, 8.
12. CLÉMENT d'Alexandrie, *Stromates*, III, 6, 59.
13. *Ibid.*, IV, 13, 89.
13. *Lettre de Ptolémée à Flora*, traduction et notes de G. Quispel, Paris, 1949.
14. Cité par LEISEGANG, *op. cit.*, pp. 203 et 204.
15. *Ibid.*, p. 206.
16. *Ibid.*, p. 208.
17. *Ibid.*, p. 209.
18. *Ibid.*, pp. 287 et 288.

CHAPITRE XIII. — MARCOS ET L'HELLÉNISATION DE L'HERMÉTISME JUIF
1. IRÉNÉE, I, 13, 5.
2. *Ibid.*, I, 13 *sq.*
3. *Ibid.*, XIV, 1 *sq.*
4. B. DUBOURG, *L'Invention de Jésus, op. cit.*, I, p. 245.
5. LEISEGANG, *op. cit.*, pp. 227 et 228.

CHAPITRE XIV. — CARPOCRATE, ÉPIPHANE ET LA TRADITION DE SIMON DE SAMARIE
1. CLÉMENT d'Alexandrie, *Stromates*, III, 2, 9, et 3, 9.
2. LEISEGANG, *op. cit.*, pp. 180 et 181.
3. LEISEGANG, *La Gnose, op. cit.*, p. 179.
4. IRÉNÉE, I, 25.

CHAPITRE XV. — LA NOUVELLE PROPHÉTIE ET L'ESSOR DU CHRISTIANISME POPULAIRE
1. FREND, *Martyrdom and Early Christianity*, p. 288.
2. *Ibid.*, p. 293.
3. APOLLONIOS d'Éphèse, cité *in* EUSÈBE DE CÉSARÉE, *Histoire ecclésiastique.*
4. RUNCIMAN, *Le Manichéisme médiéval*, p. 23.
5. ALAND, *Augustin und der Montanismus*, 1960, p. 132.
6. ÉPIPHANE, *Panarion*, 48, 2, 4.
7. ALAND, *op. cit.*, p. 126.
8. AMMIEN MARCELLIN, cité *in* ROUGIER, *Celse contre les chrétiens*, Paris, 1977, p. 13.
9. ROUGIER, *Celse contre les chrétiens*, p. 13.
10. P. GIET, «Un courant judéo-chrétien à Rome au milieu du IIe siècle», in *Aspects du judéo-christianisme*, Paris, 1965.
11. R. JOLY, *Introduction au Pasteur d'Hermas*, Paris, 1968, p. 41.
12. Cité par ROUGIER, *op. cit.*, p. 14.
13. TERTULLIEN, *Apologétique*, 37, 4.
14. ID., *De poenitentia*, I, 1.
15. *Ibid.*, 4.
16. ID, *De anima.*

CHAPITRE XVI. — TATIEN ET LA FABRICATION DU NOUVEAU TESTAMENT
1. IRÉNÉE, *Mise en lumière et réfutation*, I, 28, 1.
2. TATIEN, *Oratio*, VII.
3. K. DESCHNER, III, p. 109.
4. H.W. HOGG, «The *Diatessaron* of Tatien», in *Ante-Nicene Fathers*, Grand Rapids, 1951-1956 ; M. WITTAKER, *Oratio ad Graecos and Fragments*, Oxford, 1982.
5. JUSTIN, *Apologie I*, 35, 9-48, 3.
6. TERTULLIEN, *Apologétique*, 21, 24.
7. *Acta Pilatis*, traduction E. Revillont, Paris, 1912.
8. MATTE-BONNES R. et C. BONNER, *op. cit.*
9. TERTULLIEN, *Apologétique*, XXI, p. 8 *sq.*

10. E. JUNOD, «Création romanesque et tradition ecclésiastique dans les Actes apocryphes des apôtres», *in* H. KOESTER et F. BOVON, *Genèse de l'écriture chrétienne*, 1991.

11. ERBETTA, *Gli apocrifi*, *op. cit.*, p. 139.

12. H. KOESTER et F. BOVON, *op. cit.*, p. 36.

13. *Ibid.*, p. 43.

14. *Ibid.*, pp. 43 et 44.

15. *Ibid.*

CHAPITRE XVII. — TROIS CHRISTIANISMES LOCAUX : ÉDESSE ET BARDESANE, ALEXANDRIE ET ORIGÈNE, ANTIOCHE ET PAUL DE SAMOSATE

1. H.J.W. DRIJVERS, *Cults and Beliefs at Edesse*, Leyde, 1980, p. 194.

2. *Ibid.*, pp. 5 et 7.

3. ID., *The Book of the Laws of Countries. Dialogue on Faith of Bardesane of Edesse*, Assem, 1965.

4. ID., *Cults and Beliefs at Edesse*, *op. cit.*, p. 222.

5. *Ibid.*, p. 219.

6. E. JUNOD et J.-D. KAESTLI, *Histoire des Actes apocryphes des apôtres*, p. 41.

7. C. PUECH, «Audianer», *in Reallexicon für Antike und Christentums*, 1950, pp. 910 *sq.*

8. A. JAUBERT, préface à l'*Homélie sur Josué/Jésus d'Origène*, Paris, 1960.

9. H.J.W. DRIJVERS, *Cults and Beliefs at Edesse*, p. 196.

10. LEONTIUS de Byzance, *De sectis*, 3, 3.

11. THÉODORE de Mopsueste, *Une controverse avec les Macédoniens*, Paris, 1913.

CHAPITRE XVIII. — NOVATIEN, LE CLERGÉ APOSTAT ET LA RÉACTION MONTANISTE

1. FREND,

2. A. SIOUVILLE, *Hippolyte de Rome, Philosophoumena ou Réfutation de toutes les hérésies*, Paris, 1928, p. 194.

3. H.J. VOGT, *Coetus Sanctorum. Der Kirchenbegriff des Novatian und die Geschichte seiner Sonderkirche*, Bonn, 1968.

CHAPITRE XIX. — L'ARIANISME ET L'ÉGLISE DE ROME

1. H. GUILLEMIN, *L'Affaire Jésus*, Paris, 1962, p. 75.

2. R.L. WILKER, *Le Mythe des origines chrétiennes*, Paris, 1971, p. 58.

3. J. JARRY, *Hérésies et factions dans l'Empire byzantin du IVe au VIIe siècle*, Le Caire, 1968, p. 189.

4. *Ibid.*, p. 192.

5. *Ibid.*, pp. 190 et 191.

6. Abbé PLUQUET, *Mémoires pour servir à l'histoire des égarements*, Besançon, 1817, article «Arianisme».

CHAPITRE XX. — DONAT ET LES CIRCONCELLIONS

1. *Acta Saturnini*, *in P.L.*, 18, 8, 701.

2. OPTAT, *Contre Parménien le Donatiste.*

3. ID., *op. cit.*, éd. Vassal-Philips, 1917, 3, 3.

CHAPITRE XXI. — LES SPIRITUELS, DITS MESSALIENS OU EUCHITES

1. RUNCIMAN, *Le Manichéisme médiéval*, *op. cit.*, p. 31.

2. MAXIME le Confesseur, *Scolies sur la hiérarchie ecclésiastique de Denys*, *in P.G.*, 4, 3192b.

3. PHOTIUS, éd. Henry, p. 39.

4. V. MAGNIEN, *Les Mystères d'Éleusis*, Paris, 1938.

5. PHILOSTORGUE, *Epitome Historiarum*, III, *in P.G.*, LXV, 501-505.

6. Cité par RUNCIMAN, *op. cit.*, p. 34.

CHAPITRE XXII. — MONOPHYSITES ET DYOPHYSITES
1. J.D. MANSI, *De sacrorum conciliorum novo collectio*, 1759, 7, 58-60.
2. W.H.C. FREND, *The Rise of the Monophysite Movement*, Cambridge, 1972.
3. J. JARRY, *Hérésies et factions dans l'Empire byzantin du IVᵉ au VIIᵉ siècle, op. cit.*, p. 82.

CHAPITRE XXIV. — PRISCILLIEN d'AVILA
1. H. CHADWICK, *Priscillian of Avila. The Occult and the Charismatic in the Early Church*, Oxford, 1976.
2. A.J.M. GOOSEN, *Achtergronden van Priscillianus'christelijke ascese*, Nimègue, 1976, p. 401.
3. GRÉGOIRE le Grand, cité in *Dictionnaire d'histoire et de géographie ecclésiastique* (Priscillien).

CHAPITRE XXV. — PAULICIENS ET BOGOMILES
1. ÉPIPHANE, *Panarion*, I, 3.
2. B. PRIMOV, *Les Bougres. Histoire du pope Bogomile et de ses adeptes*, Paris, 1975, p. 97.
3. M. ERBSTÖSSER, *Les Hérétiques au Moyen Âge*, Leipzig, pp. 51 et 52.
4. B. PRIMOV, *op. cit.*, p. 120.
5. *Ibid.*, p. 100.
6. *Ibid.*
7. *Ibid.*, p. 157.
8. *Ibid.*, pp. 162-164.
9. *Ibid.*, p. 180.

CHAPITRE XXVI. — CHRISTS ET RÉFORMATEURS. LA RÉSISTANCE POPULAIRE À L'ÉGLISE INSTITUTIONNELLE
1. GRÉGOIRE de Tours, *Historia Francorum*, X, 25.
2. *Id.*, X, 25.
3. J.B. RUSSELL, « Saint Boniface and the Eccentrics », *Church History*, Chicago, 1964, XXXIII, 3.
4. GUILLAUME de Newburgh, *Historia Rerum Anglicarum*, t. XXV.

CHAPITRE XXVII. — LES PROPHÈTES COMMUNALISTES
1. N. COHN, *Les fanatiques de l'Apocalypse*, Paris, 1983, p. 46.
2. A. BORST, *Les Cathares*, Paris, 1974, p. 73.
3. *Ibid.*, p. 73.
4. *Ibid.*, p. 73.
5. T. MANTEUFFEL, *Naissance d'une hérésie. Les adeptes de la pauvreté volontaire*, Paris-La Haye, 1970, p. 29.
6. ILARINO, *L'eresia di Ugo Speroni*, Rome, 1945.

CHAPITRE XXVIII. — LA PHILOSOPHIE CONTRE L'ÉGLISE
1. DENYS l'Aréopagite, *De theologia mystica*, II, 3.
2. J. SCOT ÉRIGÈNE, *De praedestinatione*, I, 1.
3. ID. *De divisione naturae*, II, 1.
4. *Ibid.*, II, 19.
5. *Ibid.*, I, 74.
6. *Ibid.*, V, 7.
7. *Ibid.*, II, 5.
8. *Ibid.*, V, 20.
9. *Ibid.*, V, 7.
10. *Ibid.*, V, 25.
11. A. JUNDT, *Histoire du panthéisme populaire au Moyen Âge et au XVIᵉ siècle*, Strasbourg, 1875, p. 12.

12. C. Théry, *Autour du décret de 1210. David de Dinant. Étude sur son panthéisme matérialiste*, Kain, 1925.
13. A. Jundt, *Histoire du panthéisme populaire au Moyen Âge et au XVIᵉ siècle*, Strasbourg, 1875.
14. R. Vaneigem, *Le Mouvement du libre-esprit*, Paris, 1986 ; P. Frédéricq, *Corpus documentarum*, Gard, 1889-1900, I, p. 452.

CHAPITRE XXIX. — LES CATHARES
1. C. Gaignebet, *Art profane et religion populaire au Moyen Âge*, Paris, 1985.
2. Stafano, *Riformatori*, p. 347 ; Illarino, *Eresie*, p. 68.
3. Dupin, *Histoire des controverses du XIIᵉ siècle*, chap. VI.
4. A. Borst, *Les Cathares*, op. cit., p. 70.
5. B. Monod, *Le Moine Guibert et son temps*, Paris, 1905.
6. A. Borst, *op. cit.*, p. 81.
7. *Ibid.*, pp. 90-93.
8. *Ibid.*, p. 156.

CHAPITRE XXX. — LES VAUDOIS ET LES ADEPTES DE LA PAUVRETÉ VOLONTAIRE
1. Thouzelier, *Catharisme et valdéisme en Languedoc*, 1966.
2. *Ibid.*
3. N. Cohn, *Les Fanatiques de l'Apocalypse*, pp. 98-102.

CHAPITRE XXXI. — LE MOUVEMENT DU LIBRE-ESPRIT
1. Nauclerus, p. 912.
2. C. Oliger, *De secta operitus libertatis*, Rome, 1943, p. 101.
3. B. Monod, *Le Moine Guibert et son temps*, op. cit., p. 202.
4. *Ibid.*
5. R. Vaneigem, *Le Mouvement du libre-esprit*, op. cit., p. 103.
6. *Ibid.*
7. *Ibid.*, pp. 104 et 105.
8. *Ibid.*, p. 113.
9. *Ibid.*, pp. 115 et 116.
10. M. Porete, *Le miroir des simples âmes*, in Guarnieri, *Il morimento del liberto spirito*, Rome, 1965, p. 617.
11. R. Vaneigem, *op. cit.*, p. 127.
12. R. Guarnieri, *op. cit.*
13. R. Vaneigem, *op. cit.*, p. 128.
14. *Ibid.*, p. 129.
15. P. Fredericq, *op. cit.*, I, p. 186.
16. *Ibid.*
17. J. Ruysbroeck, *L'ornement des noces spirituelles*, Bruxelles, 1928, p. 200 et *sq.*
18. Frédéricq, *op. cit.*, p. 120.

CHAPITRE XXXII. — BÉGARDS ET BÉGUINES
1. A. Jundt, *op. cit.*, pp. 45 et 46.
2. R. Vaneigem, *Le Mouvement du libre-esprit*, op. cit., p. 149.
3. R. Guarnieri, *op. cit.*, p. 459.
4. *Ibid.*, p. 459.
5. R. Vaneigem, *op. cit.*, p. 174.
6. Mosheim, *De beghardis et beganibus commentarius*, Leipzig, 1790.
7. A. Jundt, *op. cit.*, p. 111.
8. Haupt, *Beiträge zur geschichte der Sekte von freiern geiste und des Beghartentums*, Gotha, 1885.
9. K. Schmidt, *Nikolaus von Basel*, Vienne, 1866, H. Haupt, *Zur Biographia des Nicolaus von Basel*, in *ZKG*, 1885.
10. H.B.Workman, *The Dawn of the Reformation*, Londres, 1901-1902.

11. A. JUNDT, *op. cit.*, p. 108.
12. *Ibid.*

CHAPITRE XXXIII. — LES MILLÉNARISTES
1. JOACHIM DE FLORE, Concordia, III, 7, 28 c.
2. *Ibid.*
3. E. AEGERTER, *Joachim de Flore. L'Évangile éternel*, Paris, 1928 ; J.C. HUCK, *Joachim of Flora und die joachimistiche Literatur*, Fribourg-en-Brisgau, 1938.
4. *Chronica fratris Salimbene*, in *Monumenta Germaniae scriptores*, XXXVII, I, pp. 255 *sq.*
5. *Ibid.*
6. R. VANEIGEM, *op. cit.*, p. 73.
7. E. AGNANINE, *Fra Dolcino*, Florence, 1964.

CHAPITRE XXXIV. — LES FLAGELLANTS
1. N. COHN, pp. 134 et 135.
2. *Ibid.*, p. 147.
3. Cité par DELUMEAU, *La peur en Occident*, Paris, 1978, p. 313.
4. R. GUARNIERI, *op. cit.*, p. 427.

CHAPITRE XXXV. — LES FRATICELLES
1. CLARENO, *Historia septem tribulationum* (ALKM).
2. Cité dans CANTU, *L'Italie mystique*, p. 198.
3. H.C. LEA, *Histoire de l'Inquisition au Moyen Âge*, Paris, 1900, p. 49.
4. R. VANEIGEM, *Le Mouvement du libre-esprit, op. cit.*
5. F. EHRLE, *Die Spiritualen, ihr Verhältnis zum Franziskanerorde und zu den Fraticelle*, ALKG IV, 1888, pp. 78 *sq.* ; L. FUMI, *Bolletino di storia patria per l'Umbria*, V,1899, pp. 349-382.
6. P. BAYLE, *Dictionnaire*, art. « Fraticelli ».
7. OLIGER, *op. cit.* ; GUARNIERI, p.476 ; EHRLE, *op. cit.*, p. 78 et *sq.*
8. F. EHRLE, *op. cit.*, pp. 127, 137, 180.

CHAPITRE XXXVI. — LES RÉFORMATEURS DE L'EST. HUSSITES ET TABORITES
1. N. COHN, p. 226.
2. *Ibid.*, p. 232.
3. *Ibid.*
4. H. KAMINSKY, *The free spirit in the hussite revolution*, La Haye, 1962, p. 47.
5. *Ibid.*, p. 48.

CHAPITRE XXXVII. — LES HOMMES DE L'INTELLIGENCE ET LES PIKARTIS DE BOHÊME
1. R. VANEIGEM, *op. cit.*, p. 180 et *sq.*
2. L. de BREZCOVA, *De Gestis*, Prague, 1893, p. 431.
3. *Ibid.*
4. R. VANEIGEM, *op. cit.*, p. 186 et *sq.*

CHAPITRE XXXVIII. — LA VICTOIRE DES RÉFORMATEURS ET LA NAISSANCE DES ÉGLISES PROTESTANTES
1. *L'Italie mystique*, p. 156.
2. N. COHN, *op. cit.*, pp. 247-254.

CHAPITRE XXXIX. — LES DISSIDENTS DU LUTHÉRANISME ET DU CALVINISME
1. J. DELUMEAU, *op. cit.*, p. 371.
2. *Ibid.*, pp. 372 et 373.
3. *Ibid.*, p. 518.
4. *Ibid.*, p. 519.
5. CASTELLION, *Traité des hérétiques*, p. 12.

6. CALVIN, *Déclaration pour maintenir la vraie foy*, in *Opera omnia*.
7. Th. DE BÈZE, cité par Delumeau, *op. cit.*, p. 520.
8. *Ibid.*, p. 521.
9. KOLDE, *Zum Process des Johann Deuck*, 1890.
10. J. DANCK, in *Dictionnaire d'histoire et de géographie ecclésiastique*, Paris, 1930.
11. *Ibid.*
12. S. FRANCK, *Chroniques, annales et histoire de la Bible...*
13. *Ibid.*
14. R. BAINTON, *Hunted Heretics*, 1953; G.H. Williams, *Radical Reformation*, 1962.
15. H. BUISSON, *Sébastien Castellion*, Paris, 1892.

CHAPITRE XL. — LES ALUMBRADOS D'ESPAGNE

1. M. BATAILLON, *Érasme et l'Espagne*, Paris, 1937, p. 73.
2. M. MENENDES PELAYO, *Historia de los heterodoxas españoles*, Madrid, 1929, p. 526.
3. *Ibid.*, p. 530.
4. R. VANEIGEM, *op. cit.*, p. 193.
5. *Ibid.*, p. 194.

CHAPITRE XLI. — LES LIBERTINS SPIRITUELS

1. M. LUTHER, *Werke, Weimar*, 1883-1908, vol. XVIII, trad. française *in* JUNDT, *op. cit.*, pp. 122-123.
2. VAN METEREN, *Historia der Nederlanden*, Amsterdam, 1623.
3. *Ibid.*
4. Traduction française *in* R. VANEIGEM, *op. cit.*, p. 210.
5. G. EEKHOUD, *Les libertins d'Anvers*, Paris, 1912.
6. *Histoire de Genève*, I, p. 399.
7. A. JUNDT, *op. cit.*, p. 127.
8. F. BERRIOT, *Un procès d'athéisme à Genève, l'affaire Gruet*, BSHPF, 1979.
9. *Ibid.*
10. CALVIN, *Contre la secte phantastique et furieuse des libertins*, Genève, 1547.
11. A. JUNDT, *Histoire du panthéisme populaire...*, *op. cit.*, p. 128.
12. *Ibid.*
13. CALVIN, *Contre la secte...*, *op. cit.*, p. 113.
14. *Ibid.*
15. A. JUNDT, *op. cit.*, p. 131; R. VANEIGEM, *op. cit.*, p. 215 et *sq.*

CHAPITRE XLII. — LES ANABAPTISTES

1. N. COHN, *op. cit.*, p. 255.
2. M. PIANZOLA, *Peintres et vilains*, Paris, 1962.
3. *Ibid.*
4. N. COHN, *op. cit.*, p. 270.
5. *Ibid.*, p. 278.
6. *Mennonite Encyclopedia*, Scottdale, 1955-1959, article «Melchior Hoffmann».
7. N. COHN, *op. cit.*, p. 279.
8. *Ibid.*, p. 280
9. S. FRANCK, *Chronica*, GA.
10. BARRET et GURGAND, *Le Roi des derniers jours*, Paris, 1981.
11. M. VAN VAERNEWIJCK, *Mémoires d'un patricien gantois sur les troubles religieux de Flandre*, Bruxelles, 1906, p. 173.
12. *Ibid.*, p. 23.
13. BOUTERWEK et N. COHN, *Zur Literatur und Geschichte der Wiedertaufer*, Bonn, 1884, p. 306.

CHAPITRE XLIII. — LES MESSIES INDIVIDUALISTES : DAVID JORIS, NICOLAS FREY, HENDRIK NICLAES

1. A. JUNDT, *op. cit.*, p. 165.
2. *Ibid.*, p. 166.
3. G. ARNOLD, *Unpartelische Kirchen — und Ketzer — Historie.*
4. A. JUNDT, *op. cit.*, p. 178.
5. *Ibid.*, p. 201.
6. C. HILL, *Le monde à l'envers*, Paris, 1977, p. 25.

CHAPITRE XLIV. — IRONISTES ET SCEPTIQUES

1. HEGEL, *Chroniken von Closener und Koenigshofen*, Leipzig, 1871, extraits du *Livre secret du magistrat de Strasbourg*, II, p. 1201 ; cité par A. JUNDT, *Histoire du panthéisme populaire...*, *op. cit.*, p. 106.
2. R. BAINTON, *Bernardino Ochino*, 1940.
3. R. PETER, « Noël Journet, détracteur de l'Écriture sainte (1582) », in *Croyants et sceptiques.*
4. F. LACHÈVRE, *L'Ancêtre des libertins du XVIIᵉ siècle, Geoffroy Vallée, brûlé le 9 février 1574, et la « Béatitude des chrétiens »*, Paris, 1920.

CHAPITRE XLV. — LEVELLERS, DIGGERS ET RANTERS

1. C. HILL, p. 15.
2. *Ibid.*, pp. 88 et 89.
3. *Ibid.*, p. 90.
4. *Ibid.*, p. 207.
5. *Ibid.*, p. 91.
6. *Ibid.*, pp. 105-107.
7. *Ibid.*, pp. 112 et 113.
8. *Ibid.*, p. 159.
9. *Ibid.*
10. *Ibid.*
11. J. BAUTHUMLEY, *The Light and Dark Sides of God*, 1650, p. 4.
12. C. HILL, pp. 166-168.
13. *Ibid.*, pp. 170-171.
14. *Ibid.*, p. 173.
15. *Ibid.*, pp. 174 et 175.
16. *Ibid.*, p. 177.
17. *Ibid.*, p. 178.

CHAPITRE XLVI. — LES JANSÉNISTES

1. Abbé PLUQUET, *Mémoires pour servir à l'histoire des égarements de l'esprit humain par rapport à la religion chrétienne, ou Dictionnaire des hérésies, des erreurs et des schismes*, Besançon, 1817, II, p. 213.
2. *Ibid.*
3. *Ibid.*, p. 214.
4. *Dictionnaire d'histoire et de géographie ecclésiastique*, article « Arnauld ».
5. *Ibid.*

CHAPITRE XLVII. — PIÉTISTES, VISIONNAIRES ET QUIÉTISTES

1. P. VULLIAUD, « Fin du monde et prophètes modernes », *Les Cahiers d'Hermès*, Paris, n° 2, 1947, p. 112.
2. S. HUTIN, *Les Disciples anglais de Jacob Boehme*, Paris, 1960, pp. 16-19.
3. *Ibid.*, p. 21
4. *Ibid.*
5. L.-Cl. DE SAINT-MARTIN, *Correspondance inédite*, Paris, 1862.
6. ALEXANDRIAN, *Histoire de la philosophie occulte*, pp. 366 et 367.
7. KOLAKOWSKI, cité par J.N. VUARNET, *Extases féminines*, Paris, 1991.

8. Cité par S. HUTIN, *op. cit.*, pp. 27 et 28.
9. *Ibid.*, p. 28.
10. P. VULLIAUD, *op. cit.*, p. 114.
11. S. HUTIN, *op. cit.*, p. 25.

CHAPITRE XLVIII. — LA FIN DU DROIT DIVIN
1. G. BARTSCH, préface à la réédition du *De tribus impostoribus*, Berlin, 1960.
2. J. NEVISAN, *Sylvae nuptialis libri sex.*
3. MOSHEIM, *Histoire de l'Église*, p. 151; P. MARCHAND, *Dictionnaire historique*, vol. II.
4. *Collectio de scandalis ecclesiae*, Florence, 1931.
5. RAINALDUS, *Annales ecclésiastiques*, t. XIV.
6. G. BARTSCH, *Ein deutscher Atheist und Revolutionär Demokrat der 17. Jahrhundert*, Berlin, 1965. Une des lettres de Knützen, faussement datée de Rome, a été publiée en français dans les *Entretiens sur divers sujets d'histoire* de La Croze, à Cologne, en 1711.

INDEX

Table des matières

Imprimé en France
FROC02n1358281114
13992FR00006B/84/P

9 782213 030401